Theodor Billroth, Georg Fischer

Briefe von Theodor Billroth

Theodor Billroth, Georg Fischer

Briefe von Theodor Billroth

ISBN/EAN: 9783744719261

Hergestellt in Europa, USA, Kanada, Australien, Japan

Cover: Foto ©ninafisch / pixelio.de

Weitere Bücher finden Sie auf **www.hansebooks.com**

Briefe

von

Hannover und Leipzig,
Hahnsche Buchhandlung.
1893.

An

Frau Hofrath Billroth.

Einer der größesten Chirurgen seiner Zeit zu sein, wie es Theodor Billroth war, genügt nicht, um Interesse für seine Briefe zu erwecken. Erwägt man, daß dieser Mann zuerst den Muth hatte, in der Chirurgie die volle Wahrheit zu sagen, indem er mit beispielloser Offenheit über Alles, was ihm glückte und mißglückte, Rechenschaft ablegte, dann regt sich wohl das Verlangen, einen Blick in das Seelenleben eines solchen Charakters zu thun. Aber damit nicht genug: erst wenn man weiß, daß der Grundton in Billroth's Seele menschliches Empfinden und herzliche Innigkeit waren, dann erwacht im Gefühl des unersetzlichen Verlustes die Sehnsucht, auch über das Grab hinaus mit dem Menschen Billroth durch seine Briefe innig verbunden zu bleiben.

Nach altem Brauch mit der Herausgabe von Briefen ein Jahrzehnt und länger zu warten, ist in unserer gehetzten, raschlebigen Zeit nicht wohl angebracht; dann ist Alles welk. Frisch sollen aber die Blumen sein, welche wir für das Paradies unserer Erinnerung pflücken. In den Briefen wandeln wir in einem Garten, wo die Dankbarkeit und Freundschaft blühen, wo Wissenschaft und Kunst, eng verschlungen, neben einander ranken und ein köstlicher Humor aufschießt; Alles umgrünt von bestrickender Liebenswürdigkeit. Mitunter bewölkt sich der Himmel, und ein Sturm von Leidenschaft rauscht durch die Blätter; aber stets umweht uns eine herzenswarme Luft.

Voll Dankbarkeit blieb Billroth das ganze Leben hindurch seinem ersten Lehrer der Chirurgie treu. Fest geschlossen hielt er die Hand der alten Freunde und vertraute ihnen all' sein Ringen und Sehnen, welches keine Grenzen kannte. War bei dem Bedürfniß nach gleichgestimmten Menschen seine Sympathie für Jemand erwacht, dann gab er mit dem reichen, wissenschaftlichen Schatz auch stets seinen ganzen Menschen hin: offen und wahr, ohne die Comödie des alltäglichen Lebens, ohne Rücksicht auf sociale Stellung. Vorurtheil kannte er nicht; bestechen konnte ihn nur Talent und ehrenhafter Charakter.

In seinen besten Jahren sehen wir ihn rastlos, mit der Kraft eines Löwen arbeiten; Alles kochte bis zum Ueberschäumen. Seine Fahne trug die Worte „naturwissenschaftliche Forschung"; nie galt ihm die Operation als die Seele der Chirurgie, obschon er die operative Chirurgie unendlich erweiterte. Da er schon in der Jugend mit seiner physiologischen und pathologisch-anatomischen Vorbildung alle Fachgenossen überragte, wurde er ein Bahnbrecher der modernen Chirurgie. Er verstand den Pulsschlag seiner Zeit: so Manches, was verschleiert und nur geahnt in der Luft schwebte, erhielt erst von ihm den bewußten Ausdruck. Ein tief historischer Sinn schützte ihn vor Ueberhebung, und seine vornehme Natur erleichterte ihm nicht allein die Anerkennung der Verdienste Anderer, sondern auch das rückhaltlose Eingeständniß des eigenen Irrthums. Im Kampf um Recht und Wahrheit blieb sein willensstarker Charakter unbeugsam, auch wenn er mit manchen idealen Anschauungen Schiffbruch litt; und mit scharnierlosem Rücken wahrte er sich die Unabhängigkeit als eines der höchsten Güter des Lebens.

Mit fascinirender Gewalt packte er die Jugend, welche seiner Klinik aus allen Welttheilen zuströmte; er fühlte mit ihr und eroberte alle Herzen im Sturm. Dafür trug man ihn zeitlebens auf Händen. Unter dem magnetischen Zauber seiner gewaltigen Persönlichkeit und eines universellen Genies, verbunden mit der Gabe, Talente zu entdecken und zur Selbständigkeit zu entwickeln, gelang es dem

Meister, wie keinem deutschen Chirurgen außer seinem Lehrer B. v. Langenbeck, eine Schule zu gründen, aus welcher eine große Reihe von Professoren der Chirurgie für Deutschland, Oesterreich, Belgien und Holland und viele Hospitalchirurgen hervorgegangen sind. Das war sein Stolz und die größeste Freude seines reichen Lebens.

Empfänglich für alle Reize der Natur und schönen Künste durchglühte ihn von Jugend auf die Leidenschaft zur Musik, und zwar mit solch' elementarer Gewalt, daß des großen Chirurgen zweites Ich der Künstler, der Musiker wurde. Musik war die Welt, in welcher er sich ganz glücklich fühlte! Ein Billroth ohne Brahms und Hanslick ist nicht denkbar.

Flott und lebensfroh, dabei weltgewandt und freigebig nach allen Seiten, genoß er das Leben mit vollen Zügen. Theater, Concerte, musikalische Abende im eigenen Hause, wo die ersten Künstler verkehrten, waren ihm, dem feinsinnigen Kenner der classischen Musik und gewandten Clavierspieler, ein Bedürfniß.

Während der Ferien war er fast immer auf Reisen; vor Allem zog es ihn nach Italien. Im letzten Jahrzehnt ging er regelmäßig im Sommer mit Gattin und drei Töchtern in seine von Ihm erbaute, an der „Haltestelle Billroth" gelegene Villa von St. Gilgen (am St. Wolfgangsee bei Ischl), und während der kalten Jahreszeit nach Abbazia.

Dem mit dem Füllhorn des Glückes überschütteten Mann waren auch schwere Zeiten seines wissenschaftlichen Lebens nicht erspart. Er hatte als Preuße anfangs in Wien mit mancherlei Widerwärtigkeiten der Stockösterreicher zu kämpfen, und es dauerte einige Jahre, bis er zur vollen Geltung kam. Als er eine Zeitlang zögerte, die antiseptische Wundbehandlung blindlings anzunehmen, weil er eine auf sicherer, naturwissenschaftlicher Basis fußende Theorie vermißte, und seine in dieser Richtung angestellten Colossaluntersuchungen ihm nur Enttäuschungen eingebracht hatten, verübelte man es ihm. Dann wieder nahm man, zumal in Oesterreich, Anstoß

daran, daß er manche bittere Wahrheiten über das Lehren und
Lernen der medicinischen Wissenschaften an den Universitäten sich
von der Seele geschrieben hatte. Aber keiner der damaligen Chirurgen
wäre wohl im Stande gewesen, Arbeiten, wie gerade diese beiden,
auszuführen.

Kaum 50 Jahre alt, als sein Fettherz bereits Fortschritte
machte, träumte er sich in den Gedanken ein, daß er alt sei, daß
seine Arbeitskraft zu Ende gehe und er, weil nicht mehr im Stande,
den Detailforschungen zu folgen, mit größeren literarischen Arbeiten
abschließen wolle. Seine operativen Erfolge befriedigten ihn nicht,
weil er das Gelungene als selbstverständlich betrachtete und für das
absolut Vollkommene kein Interesse hatte; nur Das, was mißglückte,
reizte und quälte ihn. Jede Grenze war ihm unerträglich. Und
doch trat er, dessen Name durch die Uebersetzung seiner Allgemeinen
Chirurgie in zehn fremde Sprachen schon in der ganzen Welt be=
rühmt geworden war, gerade damals in die Periode seines Lebens
ein, in welcher man ihn wegen seiner neuen, großen Operationen
auch als den kühnsten und geschicktesten Operateur der Welt be=
wunderte. Er wurde der Schöpfer der Darmchirurgie und eröffnete
der Gynäkologie die operative Richtung. Wohl hatten seine Exstir=
pation des Kehlkopfs und Magenresection bei Krebs ihn obendrein
noch populär gemacht; allein das Glück und die Zufriedenheit,
welche der Jüngling am Mikroscop empfunden hatte, fand er an
diesen Virtuosenstückchen, wofür sie ihm galten, nicht. Man ahnte
ja nicht, wie tief traurig es in ihm nachklang, wenn er dem großen
Jammer der Menschheit machtlos gegenüberstand. „Wenn man
doch immer helfen könnte!" Diese Stimmung leuchtete schon aus
dem milden, blauen Auge des Jünglings und deprimirte den Mann
zeitweilig so, daß er sich aus der Praxis fortsehnte, um ganz der
Kunst zu leben.

Die friedliche Ruhe des Alters fand Billroth nicht. Er glich
dem Faust mit seinem unstillbaren Sehnen, immer vorwärts, ohne
Ruh und Rast. Auch für den Idealismus seiner Humanität kannte

er keine Grenzen. Nachdem er ein Buch über Krankenpflege geschrieben hatte, begann er im Anfang der 80 ger Jahre eine seiner edelsten Schöpfungen, den Bau des Rudolfinerhauses in Wien, eines Musterhospitals zur Heranbildung von Krankenpflegerinnen. Dieses sein Lieblingswerk, welches auf freiwillige Beiträge gegründet war, brachte er unter unsäglichen Sorgen und eigenen materiellen Opfern fast zur Vollendung. Inzwischen warf ihn eine schwere Lungenentzündung aufs Krankenlager (1887), wobei ganz Wien für sein Leben bangte. Kaum hatte er die alte Frische wieder erlangt, so stürzte er sich neben seiner Berufsarbeit fast gleichzeitig auf zwei andere, große Unternehmungen: den Bau des Hauses für die k. k. Gesellschaft der Aerzte in Wien, welches er als Präsident kurz vor dem Tode noch einweihen konnte, und den Neubau seiner Klinik. Bald aber nahmen unter dem Herzleiden die Körperkräfte ab. In seinem Hange zur Schwärmerei — er nannte sich selbst einmal einen durch und durch sentimentalen Ostseehäring, eine Hamlet-Natur — trübten melancholische Gedanken mit der Ahnung, daß es bald zu Ende gehen müsse, öfter seine Stimmung. „Himmelhochjauchzend — zu Tode betrübt", fühlte er Sehnsucht nach dem Jugendglück. Noch in den letzten Tagen vor dem Tode lag der Klinikbau wie ein schwerer Alp auf seinem brechenden Herzen, dem er durch musikalische Grübeleien die Ruhe wiederzugeben suchte.

Billroth hatte das Bedürfniß, seine reiche Gedankenwelt in Briefen niederzulegen und sich dadurch über unbestimmte Vorstellungen und Empfindungen klar zu werden. Wessen sein Herz voll war, das floß ihm in die Feder. „Meine Feder ist verzogen, sie beherrscht mich mehr als ich sie!" Sogar in derselben Stadt unterhielt er mit den Freunden eine fortlaufende Correspondenz, und da bei Tage die Zeit dazu fehlte, schrieb er oft bis tief in die Nacht hinein. Vor jeder Mühe schützte ihn ein überaus leichter Stil. Nie verlegen um das Wort, oder um ein seiner regen Fantasie entnommenes Bild gestaltete er die Gedanken natürlich und doch künstlerisch, ohne lange abzuwägen, stets frisch vom Fleck losschießend.

Die Briefe, welche ich mit gütiger Einwilligung der Wittwe, Frau Hofrath Billroth in Wien, im Gefühl tiefsten Dankes gesammelt habe, beginnen im Jahre 1850, als Billroth in Göttingen Medicin studirte. Von hier schrieb er in schwärmerischer Begeisterung für Jenny Lind's Gesang den in der Sammlung einzigen Brief an seine verwittwete Mutter. 1851 ging er zum Studium nach Berlin, wurde 1853 Assistent bei B. v. Langenbeck und 1856 Privatdocent der Chirurgie und pathologischen Anatomie in Berlin. Am 1. April 1860 übernahm er im 31. Lebensjahre die Professur der chirurgischen Klinik in Zürich, und am 20. August 1867 in der Fülle jugendlicher Kraft diejenige in Wien. Deutschland wünschte seinen Sohn zurück; eine Berufung folgte auf die andere: nach Greifswald, Rostock, Heidelberg, Straßburg und zweimal nach Berlin, — stets vergebens. Der arme Pfarrerssohn von Bergen auf der Insel Rügen wurde der populärste Mann in Wien. Aber deutsch war er geblieben.

Billroth starb im 63. Lebensjahre am 6. Februar 1894 Morgens 1 1/4 Uhr in Abbazia. Sein Lieblingswunsch, sich mit dem Blick auf Meer und Berge zum Sterben niederzulegen, war in Erfüllung gegangen. — Ein großer Mann wurde mit hohen Ehren, aber weit mehr noch mit Liebe zugedeckt.

Es giebt Stunden, in welchen uns eine Dichtung, eine Symphonie zum denkbar höchsten Lebensgenuß wird, und das Gefühl inneren Glückes uns alles Ungemach der Außenwelt vergessen macht. In solch' weihevolle Stimmung versetzen uns auch Billroth's Briefe!

Niemals vergessen!

Hannover,
den 11. October 1895.

Dr. Georg Fischer.

1) An Frau Pastor Billroth in Greifswald.
Jenny Lind in Göttingen.

Februar (850*),
geschrieben für meine liebe Mutter.

Als ich am 30. Januar Abends zum Musikdirector Wehner**) kam, hatte er eben von Jenny Lind***), die in Hannover ein Concert gegeben hatte, eine Antwort auf seine Einladung an sie, hier in Göttingen ein Concert zu geben, erhalten, worin sie ihm schrieb, daß sie gern hierher käme, wenn man sie hier zu hören wünschte. Die Worte ihres Briefes „Ich singe so gern der Jugend was vor und komme mit Vergnügen, wenn man mich dort zu hören wünscht" nahmen mich gleich so für sie ein, daß ich mich ebenso sehr freute das liebenswürdige Mädchen, als die Königin der Sängerinnen in ihr kennen zu lernen.

Fordere nicht von mir, meine liebe Mama, Dir unsere Freude, unsere Wonne und unseren Enthusiasmus zu beschreiben. Das ist unmöglich. Die Gefühle der Begeisterung für etwas Großes und Erhabenes lassen sich nicht schildern, sie lassen sich nur fühlen! Dennoch will ich es versuchen Dir eine Schilderung von den Tagen, die wir mit ihr, mit der einzigen Jenny Lind durchgelebt haben, zu geben. Nur das befürchte ich, daß ich oft, wenn ich das Ge-

---
*) Als Professor Baum in Greifswald zu Ostern 1849 die chirurgische Klinik in Göttingen übernahm, folgte ihm Billroth, damals 20 Jahre alt. Derselbe hatte sich im ersten Semester in Greifswald nur mit Musik beschäftigt und begann nun ernsthaft seine medicinischen Studien.
**) Universitätsmusikdirektor in Göttingen, später Capellmeister des Königl. Kirchen-Chors in Hannover, gest. 1880.
***) 1820—1887.

schriebene lese, staunen muß, wie kalt und todt Alles das schwarz auf weiß erscheint, was man doch so warm fühlte.

Da das Orchester hier zu schlecht ist, so forderte Wehner Bähr, Hambruch und mich auf in ihrem Concerte mit ihm zusammen eine achthändige Ouvertüre zu spielen. Du kannst Dir denken, daß wir uns das nicht zweimal sagen ließen, denn schon die Ehre, in ihrem Concerte gespielt zu haben, schien uns sehr groß.

Um Wehner alle mögliche Erleichterung in dem Arrangement des Concertes zu verschaffen, bildete sich sogleich von seinen nächsten bekannten Studenten eine Commission zur Empfangnahme der Bestellungen und Ausgabe der Billets. In dieser waren Wedemeyer als Geheimsecretair, Breul, Becker, Bähr und ich als Commissionsmitglieder. Das Concert sollte im Theaterhause sein, da dies das größte Local war und ungefähr 800 Menschen faßte. Die Parquet- und Logenplätze kosteten 1½ Thaler, die Gallerie und Parterre 1 Thaler. Innerhalb einiger Stunden am Morgen des 31. Januar waren alle Plätze vergeben, und viele Menschen mußten wir oft zu unserem großen Bedauern trotz allen Bitten fortweisen.

Am Abend des 1. Februars kam endlich die lang Ersehnte; wir waren gerade mit dem Einüben der Ouvertüren beschäftigt. Sie war vor dem Gasthof zur Krone ausgestiegen, nahm aber sogleich freundlich Wehner's Einladung, in sein Haus zu ziehen, an. (Ich muß bemerken, daß Wehner sie zuerst in Leipzig 1846 durch seinen Lehrer Mendelssohn kennen lernte, und nachher in Ems im Sommer 1849 durch die Wittwe von Mendelssohn genauer mit ihr bekannt wurde, sodaß er wußte, daß es ihr lieb sein würde, bei ihm zu wohnen.)

Ich war unendlich neugierig sie so bald wie möglich zu sehen, eilte deshalb gleich nach der Nachricht, sie sei angekommen, in Wehner's Wohnung und versteckte mich mit Bähr in ein kleines Cabinet, sodaß wir sie hereintreten sehen konnten, ohne daß sie uns bemerkte. — Der Eindruck, den sie zuerst in ihrer äußeren Erscheinung auf mich machte, war durchaus unbedeutend; ich mußte sie eher für häßlich, als für hübsch halten; nur fiel mir auf, daß sie eine ungemein tiefe, sonore Stimme hatte. Als sie in ihre Zimmer ging, entschlüpften wir eiligst, froh, die einzigen Studenten zu sein, die sie gesehen hatten. Sie war in ihren Reisekleidern sehr einfach, hatte einen grauen Hut auf und ein schwarzseidenes Kleid an, und einen braunen Mantel um. — Einigermaßen beruhigt, gingen wir zu Breul, ließen uns etwas Wein holen und waren noch bis spät in die Nacht mit dem Schreiben der Billete beschäftigt, wobei wir aber in Freude über den uns bevorstehenden Genuß so ausgelassen vor Jubel wurden, daß ich vor Aufregung nur wenig schlafen konnte.

Am anderen Morgen, Sonnabend den 2. Februar, sollte Abends um 7 Uhr das Concert anfangen. Morgens von 10—12 und Nachmittags von 2—4 gaben wir die Billete aus, was uns sehr viel Mühe machte, da alle Menschen in einer grenzenlosen Aufregung waren, und ein so fürchterliches Gedränge entstand, daß es mir noch unbegreiflich ist, wie alle Menschen gesund davon gekommen sind. Wir hatten unten in Wehner's Hause ein kleines Zimmer occupirt, in dessen Thür wir einen breiten Tisch gesetzt hatten, sodaß uns die Menschen nicht zu sehr überstürmen konnten. Nie habe ich bisher so im Gelde herumgewühlt, wie diesen Morgen, da mir das Geldzählen übertragen war. Die Einnahme dieses Concertes war 1009 Thaler, unter denen sich eine Rolle von 25 Doppellouisd'or besonders schön ausnahm. — Ich habe noch vergessen, daß an diesem Morgen ein recht hübsches Gedicht an Jenny von Seiffert, einem Bekannten von mir, erschien, welches Wehner ihr einhändigte, und worüber sie sich höchlichst amüsirt haben soll.

Endlich wurde die Uhr 7. Das Theater war zum Brechen voll, unsere beiden Flügel standen auf der Bühne. Wir traten herauf und spielten die Ouvertüre zu Jessonda, die sich auf den beiden ausgezeichnet schönen Flügeln von Rittmüller über alles Erwarten schön ausnahm, da natürlich Jeder von uns alle seine Kräfte zusammennahm, um sich nicht zu blamiren. Als wir wieder hinter die Coulissen traten, kam uns Jenny entgegen, um uns ihren Dank auszusprechen. Sie imponirte uns aber durch ihre Worte, ihre Grazie und Anmuth so, daß wir ganz erstarrt dastanden und keiner von uns ein Wort herausbrachte, sodaß wir uns schrecklich lächerlich nachher vorkamen. Noch einige Minuten, und sie trat an Wehner's Hand vor.

Doch da fällt mir ein, ich habe ja noch gar nicht gesagt, wie sie aussieht. Wenn dies schon bei jedem Menschen schwer zu beschreiben ist, um wie viel schwerer ist es Jenny Lind zu beschreiben. Sie ist von mittlerer Größe und Stärke. Ihr Gesicht macht einen höchst lieblichen, angenehmen Eindruck, obgleich sie durchaus nicht hübsch zu nennen ist. Kaum öffnet sie aber den Mund zum Singen und Sprechen, so bezaubert sie und reißt selbst die phlegmatischsten Menschen hin. Sie hat blonde Haare, die sie gewöhnlich in Elfenscheitel oder Wellenscheitel trägt, blaue Augen, einen sehr niedlichen Mund, breite Nase und rundes Kinn. — Sie war an diesem Abend in Rosa gekleidet und hatte im Haar sehr schöne grüne Weintrauben über das Nest; ebenso war am Busen eine Traube, was ihr ganz reizend stand, obgleich man es sich nicht schön denken kann, wenn man es beschreiben hört. Außer zwei Ringen an der Hand war sie ganz ohne Schmuck. — Jede ihrer Bewegungen, ihr Lächeln, ihr ganzes Auftreten ist bezaubernd.

Kaum sahen wir sie hervortreten, als sie auch schon im Vordergrund der Bühne war. Der Beifall bei ihrem Auftreten und Erscheinen war so furchtbar, daß ich im ersten Augenblick glaubte, das Haus fiele in Trümmern zusammen. Sie wurde mit Bouquets und Kränzen überschüttet. Die Art und Weise, wie sie die Bouquets aufnahm, und die Bewegungen, die sie dabei machte, riefen aufs Neue furchtbaren Applaus hervor. Endlich schwieg das Publikum, und Jeder harrte der Dinge, die da kommen sollten.

Ich ging mit den höchsten Erwartungen, die sich ein Mensch von einem Menschen machen kann, in das Concert, aber sowie sie einige Takte der Arie aus den Puritanern gesungen hatte, sah ich ein, daß meine sonst nicht ganz geringe Fantasie sich keine Vorstellung von einem solchen Gesang machen konnte. Verlange nicht, liebe Mama, daß ich Dir beschreiben soll, wie sie sang. Nur der weiß es, der sie gehört hat. Ihre Coloraturen sind von einer solchen Schönheit und Abgerundetheit, daß Du, wenn Du Dir auf dem schönsten Instrument von dem größten Künstler einen Lauf gespielt denkst, kaum eine Ahnung von der Art und Weise hast, wie sie eine Tonleiter singt. Ich kann mir denken, daß ein Sängerin brillanter singen kann, aber daß es möglich ist, schöner zu singen, das kann sich Niemand denken, der sie gehört. Wenn sie Verzierungen macht, so sind sie so vollkommen leicht, daß man gar nicht glauben kann, daß sie schwierig sind. Und nun ihr Triller! O! der ist unbeschreiblich und nur mit der Nachtigall zu vergleichen. Sie macht ihn so rasch, daß man nicht im Stande zu sein glaubt, die einzelnen Töne zu hören, und doch hört man sie. Doch was schwatze ich von ihrem Singen. Wenn ich Dir dicke Bücher über ihren Gesang schreiben wollte, so wärest Du doch nicht im Stande Dir eine Idee davon zu machen.

Sie sang an dem Abend die Arie aus der Nachtwandlerin, dann aus dem Freischütz „Und ob die Wolke". Groß ist sie in der Arie! Reizend und bezaubernd auf der Bühne! Aber wenn sie Lieder singt, da hört Alles auf! Das Publikum gerieth bei den Liedern von Mangold und Taubert's reizendem Liede „Ich muß nun einmal singen" in solche gräßliche Aufregung, daß einige weinten, andere lachten und sich vor Wonne garnicht zu lassen wußten, sodaß sie mehrere Male anhalten mußte. Wir waren natürlich immer auf der Bühne, um in ihrer Nähe zu bleiben. Wedemeyer und ich kniffen uns vor lauter Wonne, weil wir uns garnicht zu lassen wußten, fortwährend in den Arm oder krümmten uns wie die Würmer; wir waren in solcher furchtbaren Aufregung, daß wir zu Allem fähig gewesen wären. — Mit grenzenloser Unverschämtheit verlangte das Publikum jedes Stück da capo, und mit engelgleicher Geduld und Liebenswürdigkeit sang sie dreimal dasselbe da capo. Obgleich einige Vernünftigere einsahen, daß es zu unbescheiden wäre fortwährend da capo zu rufen und dies durch Zischen zu erkennen gaben, so machte dies gerade einen höchst unangenehmen Eindruck, da man auch glauben konnte, daß einige das Singen nicht anhören wollten. Obgleich davon keine Rede war, so schien sie sich doch darüber zu ärgern und war am Schlusse des Concertes nicht so heiter, wie Anfangs, was ich ihr auch nicht verdenken konnte.

Als wir zur Eröffnung des zweiten Theils die Ouvertüre zur „Stumme von Portici" spielten, sprach sie uns höchst liebenswürdig ihren Beifall aus. Dieses Mal waren wir schon etwas dreister und erwiderten wenigstens etwas, wenngleich ich nicht mehr weiß, was. — Wie schon oft gesagt, liebe Mama, das Eigenthümliche ihres Gesanges läßt sich nicht beschreiben. Nur das will ich noch sagen, daß sie vom tiefen As bis zum hohen F mit Leichtigkeit singt, und daß ein Ton so schön und voll ist ist wie der andere. Am effectvollsten und einzig in seiner Art ist ihr Crescendo und Diminuendo bis zum leisesten Pianissimo, sodaß man nicht weiß, woher der Ton kommt; er ist so leise, daß man nicht weiß,

ob man ihn noch hört oder nicht; und doch hört man ihn ganz
genau, und nicht etwa dünn und fein, sondern voll und rund. Ihr
Fortissimo ist nie schreiend, sondern immer schön, nie scharf oder
spitz, sondern immer kraftvoll und so, daß es einem kalt überläuft.
In dem einen Augenblick rollen einem die Thränen von den Backen,
und im anderen möchte man laut aufschreien vor Vergnügen. —
Ihre deutsche Aussprache ist im Gesange rein und vollkommen,
sodaß man nicht im Stande ist ihr anzumerken, daß sie eine Schwedin
ist. Wenn sie spricht, merkt man, daß sie eine Ausländerin ist, ob=
gleich sie sehr selten Fehler macht. Die Arien sang sie auswendig,
und doch merkte man nie die geringste theatralische Bewegung. Ihr
Gesang sowie ihr ganzes Wesen ist die Natur selbst. Jede Bewegung
ist schön und malerisch. Sie hat nichts Großartiges in ihrer Er=
scheinung, sondern ihr ganzes Wesen ist so rein weiblich und mädchen=
haft, daß man einen Engel zu sehen glaubt. Sie ist von der Bühne
ganz abgetreten; für diese ist sie auch viel zu gut.

Da habe ich Dir nun ein Bild von meiner lieben Jenny ent=
worfen, und doch wirst Du Dir nicht vorstellen können, wie be=
zaubernd sie ist.

Nachdem sie nach beendigtem Concerte noch auf Verlangen ein
schwedisches Lied gesungen hatte, das sie sich selbst begleitete, und
wo sie in ihrer Originalität als Schwedin uns wieder neu und reizend
erschien, verließ sie das Theater unter Jubel des Publikums und
unter furchtbarem Tumult auf der Straße, indem das aufgeregte
Volk, welches mit von dem allgemeinen Enthusiasmus ergriffen
war, ihren Wagen begleitete und nur mit Mühe verhindert wurde,
daß man ihr den Wagen ausspannte. — Des Eindrucks, welchen ich
von dem Concerte mit nach Hause nahm, bin ich mir nicht klar
bewußt; ich träumte wachend und irrte immer noch in dem Zauber=
garten der himmlischen Töne umher. Da es uns Allen, die wir sie
so nahe bei uns gesehen hatten, unmöglich war in den nächsten
Stunden zu schlafen, so setzten wir uns bei einem Bekannten stumm
und schweigend zusammen. Niemand rauchte, oder aß und trank.
Jeder war in sich versunken. Darin aber stimmten wir Alle überein,
daß etwas Schöneres von Musik nicht denkbar oder für den Men=
schen wenigstens nicht ertragbar sein könnte. Mit der beruhigenden
Hoffnung sie am anderen Morgen, wo wir ihr unsere Rechnung
vorlegen wollten, noch einmal sehen und sprechen zu dürfen, ging

Jeder nach Hause, nicht ahnend, daß dies erst der geringste Anfang einiger schöneren Tage sein sollte.

Am Sonntag Morgen ging sie in die Kirche und soll dort 10 Louisd'or in den Klingelbeutel geworfen haben. Obgleich ich dies für ein übertriebenes Gerücht halte, so ist es doch nicht so ganz unwahrscheinlich, da sie in England sehr fromm geworden sein soll. Daß dies jedoch bei ihr nicht in dem Maße ist, wie man es gewöhnlich von Pietisten sagt, sondern wirklich die reine Frömmigkeit ohne Heuchelei und ohne die Uebertreibung, diese Frömmigkeit äußerlich stets zeigen zu wollen und alle übrigen Menschen zu verdammen, das wirst Du aus dem, was ich Dir noch ferner über sie schreiben werde, selbst einsehen.

Um 12 Uhr gingen wir zu Wehner, um ihr unsere Aufwartung zu machen. Wir trafen dort auch Wedemeyer, Breul, Becker und Seiffert, sowie viele andere Menschen, die sie durchaus sprechen und sehen wollten; unter diesen auch den Syndikus Oesterley, Frau von Siebold u. s. w. Um diese vielen Besuche zu vermeiden, war sie spazieren gefahren nach dem Rhons, und hatte sich die Aula angesehen. Da so viele Menschen dort waren, so gingen wir fort. Sie hatte ausdrücklich gesagt, sie wolle Niemand anders sprechen als uns; denn sie wäre nicht der anderen Menschen wegen, sondern nur unseretwegen hergekommen. Die Studenten hätten ein offenes ehrliches Herz, unsere Begeisterung für die Musik wäre rein und jugendlich. Wir gingen also fort mit dem Vorsatze gegen Abend wieder zu versuchen, ob man sie sprechen könne.

Um 1 Uhr, wie sie zu Hause kam, ging eine Deputation der Corps zu ihr, um sie zu bitten noch ein Concert zu geben. Diese nahm sie höchst freundlich auf und erwiderte ihnen, sie thäte es mit großem Vergnügen, wenn sie es wünschten. Als sie eben fortgehen wollten, rief sie sie zurück und sang ihnen zwei reizende Lieder von Schumann und den „Zwiegesang" von Mangold unaufgefordert vor, durch welche Liebenswürdigkeit der Enthusiasmus für sie noch erhöht wurde. — Nachdem wir dies gehört hatten, traten wir als Commission gleich wieder zusammen, und innerhalb einer Stunde waren wieder alle Billets vergeben. Das zweite Concert war auf Montag den 4. Februar Mittags um 12 Uhr angesetzt in dem Saal der Krone, und zwar wieder zu 1½ Thaler zum Besten der Armen. Im Theaterlocale wollte sie nicht wieder singen, theils weil die

Schauspieler ihn contractmäßig besaßen, theils weil die Musik sich dort zu schlecht ausnimmt. Wir nahmen für das Concert 330 Thaler ein und hätten noch mal so viel einnehmen können, wenn mehr Menschen in den Saal hätten kommen können. Es war nicht allein Göttingen, sondern auch die umliegenden Städte auf den Beinen.

Am Sonntag gegen Abend ging ich zu Wehner's, zum Glück ganz allein. Sie war beschäftigt mit Wehner das Programm für das Montagsconcert zu machen und schien sehr heiter gelaunt. Ich kam so ganz ungenirt hinein und sprach mit ihr und Wehner über das, was sie singen wollte. Ich bat sie dringend doch zwei Mendels= sohn'sche Lieder zu singen, was sie mir mit der liebenswürdigsten Freundlichkeit zusagte. Leider sollte aber diese ruhige Heiterkeit nicht lange dauern, da auf einmal Visiten über Visiten angemeldet wurden: der Graf Winzingerode, der Prof. Zachariae, der Rector der Universität, alle wollten sie sehen und sprechen und warteten im Vorzimmer auf sie. Als ich aus ihrem Zimmer kam, um noch Noten für sie zu holen, hättest Du diese langen Gesichter sehen sollen, die ganz empört waren, daß ich dort freien Zutritt hätte, wo sie, die gewohnt waren, daß Alles sich vor ihnen krümmte, standen und warteten. Durch die unvorsichtige Gutmüthigkeit der Frau Direc= torin Wehner, die so gern Jedem gönnte, sie kennen zu lernen, traten immer mehr ein, sodaß die Lind ganz schrecklich aufgeregt gewesen sein soll. Sie sagte zu Wehner, sie wolle von diesen falschen alten Menschen, die ihr nichts als Gleißnereien sagten, nichts wissen. Da auch Baum's die Absicht hatten, so lief ich in dem allgemeinen Trubel rasch zu ihnen und sagte ihm, er möchte nicht kommen, da Jenny Niemand annähme. Obgleich ich glaubte, daß sie sich darüber ärgern würden, so war Baum, der eben auch in eine Gesellschaft gehen mußte, die ihm nicht gerade angenehm war, ganz außer sich darüber vor Freude, sodaß er sagte, gerade deshalb schätze er sie um so höher, weil sie es verschmähe Schmeicheleien von jedem alten Kerl anzunehmen. Auch er fühle sich nie glücklicher und zufriedener, als wenn er unter seinen Studenten wäre, von denen er wüßte, daß sie mit ganzem Herzen an ihm hingen.

Als ich wieder zu Wehner's kam und der große Trubel sich etwas gelegt hatte, da die meisten Menschen mit langer Nase ab= gezogen waren, schmuggelten Bähr und ich sich ganz unvermerkt ins Zimmer und machten uns mit den Listen und Concertzettel u. s. w. so viel wie möglich zu thun und hatten die Freude, daß sie höchst liebenswürdig gegen uns war und uns gern um sich zu haben schien. Nachdem wir zusammen Thee getrunken hatten und uns sehr gemüthlich unterhielten, setzte sie sich an den Flügel und phantasirte vor sich hin (sie spielt nämlich sehr hübsch Clavier). Darauf setzte sich Wehner an den Flügel, und nun nahm sie ein Heft ihr noch unbekannter Lieder von Schumann vor, das sie fast ganz durchsang. Am Flügel sitzend, und den Arm auf denselben stützend, bot sie ein überaus reizendes Bild dar. Da außer ihr und Wehner's nur Bähr und ich da waren, so fühlte sie sich so vollkommen ungenirt und war so reizend und niedlich, daß wir uns kaum vorstellen konnten, daß das liebenswürdige, natürlich einfache Mädchen die große von ganz Europa gefeierte Jenny Lind sei. Obgleich sie nur mit $^1/_3$ ihrer Stimme, also fast in dem leisesten pianissimo sang und nur bei Stellen, die sie besonders begeisterte, in vollen Tönen einfiel, so war gerade dieser Gesang so himmlisch, daß ich, der ich ganz gemüthlich in einem großen Lehnstuhl saß, zu träumen glaubte. Diese Stunden, welche ich mit ihr zusammen war, zähle ich jedenfalls zu den vergnügtesten und wonnigsten dieser Zeit. Als wir uns um 10 Uhr entfernten und sie uns nochmals für die Mühe dankte, die wir für sie gehabt hatten und uns dann die Hand reichte, hätte ich vor Verrücktheit das Wahnsinnigste anfangen können. So taumelte ich denn zu Hause, immer noch ihre Lieder vor mir hersummend, mehr träumend als wachend!

Nachdem wir am anderen Morgen die Billets zwischen 9 und 11 ausgegeben hatten, wozu der Andrang ebenfalls ganz ungeheuer war, gingen wir um 12 Uhr in das Concert, wo Bähr und ich sich das Vergnügen ausgebeten hatten, in dem Zimmer zu sein, wo sie sich aufhielt, weil wir sonst keinen Platz mehr hätten finden können. — Noch habe ich vergessen, daß an diesem Montag Morgen ihr vom Fürsten Schwarzenberg, Prinzen Radali, Fürsten Adami und von Beaulieu-Marconnay (nicht mit dem anderen Beaulieu verwandt), die hier studiren, durch die Militairmusik aus Northeim eine sehr schöne Morgenmusik gebracht wurde.

Um 12 Uhr fing also das Concert an. Wurde sie im ersten Concert mit Enthusiasmus aufgenommen, so waren diesmal die Leute Alle wahnsinnig. Und auch ich muß gestehen, daß ich keine

Worte finden kann, um auszudrücken, was ich an diesem Morgen in mir fühlte. Es war, als wenn der ganze Himmel herunter kam, um uns arme Menschenkinder zu beglücken. Sie sang in diesem Concert die Arie aus dem Freischütz „Wie nahte mir der Schlummer". Ferner das rheinische Volkslied von Mendelssohn „O! Jugendzeit, du schöne Rosenzeit" auf allgemeines Verlangen zwei Mal; dies sang sie selbst mit großer Begeisterung. Die Worte „Der Himmel steht offen, man sieht die Engelein, O! könnt' ich, Herzliebste, stets bei dir sein!" vergeß' ich nie mein Lebelang. Sie hatte das Lied besonders für uns Studenten ausgewählt. Wenn sie erschien, erscholl immer ein furchtbares Jubelgeschrei, alle Hüte und Mützen wurden geschwenkt, kurz alle Menschen hatten den Kopf verloren, und ich auch. Außerdem sang sie noch das Frühlingslied von Mendelssohn aus dem nachgelassenen Hefte, dann die große Arie der Königin der Nacht aus der Zauberflöte. Zuletzt noch das Taubert'sche Lied wieder zwei Mal. Wie sie die Worte singt „Weiß nicht, weiß nicht, weiß nicht, warum ich singe", das kann kein Mensch sagen! Als zuletzt die Begeisterung ihren Höhepunkt erreicht hatte und die Bouquets und Kränze umherflogen, daß man hätte glauben sollen, die ganzen Göttinger Treibhäuser kämen herangeflogen, setzte sie sich noch einmal an den Flügel und sang noch ein schwedisches Lied. Ich war aber geistig schon so abgespannt, daß ich unfähig war noch mehr Schönes zu ertragen. Als das Concert aus war, und sie mit Wehner in das Nebenzimmer trat, fiel sie ihm in ihrer Herzensfreude um den Hals und sagte, sie sei so froh, daß sie die ganze Welt umarmen könnte.

Nachdem wir uns allmählich erholt hatten, sagte mir Frau Wehner, daß Jenny geäußert hätte, sie tanzte so leidenschaftlich gern, hätte aber nie Gelegenheit dazu, und daß sie deshalb am Abend einen kleinen Thee dansant arrangiren wollten, wozu ich denn auch eingeladen wurde. Um 7 Uhr zog ich zu Wehner's. Es waren an Herren da: Schwarzenberg, Adami, Beaulieu-Marconnay (den sie schon in Berlin und Heidelberg kennen gelernt hatte), Radali, Pfeiffer (der Bruder der Frau Wehner aus Cassel), Breul, Bähr, Becker, Wedemeyer, Hambruch, Pohl und ich. Dazu ungefähr folgende Damen: Jenny Lind, Fräulein von Berlepsch, Fräulein von Quistorp, Fräulein Wöhler, zwei Fräulein von Poten, Fräulein von Knesebeck, Fräulein Berthold;

kurz ungefähr 10 Paare. Einer von uns Herren spielte Clavier. Die Mütter waren zu Hause gelassen, nur einige alte Damen bemutterten sämmtliche junge Mädchen, und auch das wäre unnöthig gewesen, da jeder Herr und jede Dame sich an diesem Tage natürlich von der liebenswürdigsten und nobelsten Seite zeigten. Um Jenny Lind nicht mit Tänzen zu überstürmen, meldeten wir uns bei Wehner zu den Tänzen mit ihr, und auch ich erwischte den zweiten Walzer. Dieser Abend und der folgende Morgen gehören zu den schönsten Stunden meines Lebens. Ich hatte durch die Güte der Frau Professorin Bartling noch eine sehr schöne Camelie erhalten, woraus ich noch ein Bouquet machte und es auf ihren Tisch legte, ehe sie herein kam. Als die meisten Gäste versammelt waren und sie hereintrat, sah sie sogleich das Bouquet liegen und fragte die Wehner, woher dies wunderschöne Bouquet sei. Als diese ihr antwortete, es sei von mir, suchte sie mich mit den Augen, und sogleich waren alle Menschen zwischen mir und ihr verschwunden. Da ich so frappirt war, daß ich nicht einmal zu ihr herantrat, kam sie auf mich zu und dankte mir, indem sie mir ihre Hand reichte, in den liebenswürdigsten Ausdrücken. Ich war natürlich ganz roth geworden, und kam mir selbst höchst lächerlich vor, obgleich mir ihr Händedruck durch Mark und Bein drang. Wenn ich mich je in einer Gesellschaft amüsirt habe, so war es an diesem Abend. Wir waren alle so aus Herzensgrunde heiter, Jenny Lind war so vergnügt und froh, sie tanzte so gern und tanzt so hübsch! Jede ihrer Bewegungen ist anmuthig schön! O! es waren herrliche Stunden. Wenn ich oder Bähr zu langsam oder zu rasch spielten, so kam sie an das Clavier und gab uns den Takt an, indem sie auf den Flügel schlug oder die Melodie des Tanzes mitspielte, sodaß ich mich beim Spielen in ihrer Nähe nicht weniger glücklich fühlte, als wenn ich mit ihr tanzte. — Für uns wurde das Tanzvergnügen auf einige Zeit dadurch unterbrochen, daß die Corps-Studenten ihr einen glänzenden Fackelzug in Gala brachten. Die älteste Studententracht zu Pferde mit Dreimaster und kleinem Degen, sowie die neue in Kanonenstiefeln und Cereviskappen wurden an diesem Abend repräsentirt. Als sie aus dem Fenster winkte und rief: „Es leben die Göttinger Studenten!" war der Enthusiasmus allgemein, die Fackeln und die Mützen wurden geschwenkt. Sie freute sich wirklich wie ein Kind, indem sie in die Hände klatschte und zu Wehner und mir sagte, die wir ihr zur Seite standen: „Ich habe manchen Fackelzug gesehen, aber nie ist mir einer so schön erschienen als dieser!" Und ich muß auch gestehen, daß dieser Fackelzug von ungefähr 400 Fackeln mit allem studentischen Gepränge einen sehr schönen Eindruck machte. Die Deputation der Corps, ebenfalls in Studententracht, wurde eingeladen, da zu bleiben, und als einen Beweis ihres unendlich feinen Gefühls mag Dir nur das dienen, daß sie gleich einen Extratanz arrangiren ließ, wo die Damen die Herren holten. Sie holte natürlich zuerst die Deputation, da diese nachher nicht mit ihr tanzen konnten, weil sie sich zu allen Tänzen schon versagt hatte. So verfloß denn der Abend nur zu schnell. Wedemeyer tanzte mit ihr den Cotillon. Bei der Schleifen-Tour war natürlich das ganze Personal gespannt, wem sie die erste Schleife bringen würde. Sie ging zum Spaß zwei Mal im Kreise herum, und dann ging sie in schnellen Schritten auf mich zu. Du kannst Dir das Erstaunen der hinter mir sitzenden Fürsten und Prinzen denken, die vor Allen glaubten ein Recht auf diese Ehre zu haben; doch wurde auch bei der zweiten Vertheilung nicht ihnen, sondern Wehner diese Ehre zu Theil, sodaß wir die beiden einzigen sind, die wir uns einer Cotillon-Schleife von ihrer Hand zu erfreuen haben. Nachdem der Tanz aus war, wollte noch Jeder ein Andenken an diesen Abend haben. So kam die Wehner auf die Idee und schnitt von Jenny Lind's Kleide zwei große lange blaue Bänder ab, von denen sie jedem Herrn eine zuertheilte. Die Damen hatten an den Bouquets, welche sie zu dem Cotillon von den ihrigen aus den Concerten hergegeben hatte, schon ein hübsches Andenken. Endlich sagten wir ihr Adieu. Einigen von uns gab sie noch einmal die Hand und sagte, wenn wir einmal wieder in einer Stadt mit ihr zusammentreffen sollten, so möchten wir nicht vergessen ihr Grüße von Göttingen zu bringen. Um 1 Uhr zogen wir dann wonnetrunken zu Hause und freuten uns sie am anderen Morgen noch einmal wiedersehen zu können.

Die Verbindung der Hannoveraner, zu denen auch Bähr und Breul gehören, mit der ich sehr speziell bekannt geworden war, wollte ihr das Geleit bis Northeim geben und hatte auch mich zu dieser Feierlichkeit eingeladen. Am anderen Morgen um 8 Uhr fuhren wir dann (den 5. Februar) zugleich mit ihrem Wagen und zwanzig Extraposten vor. Die acht hübschesten Leute und besten

Reiter waren zu Vorreitern in Studententracht mit Kanonen und Cereviskappen gewählt. Sie trugen blaugelbe Schärpen, die Farben Schwedens. Als Jenny Lind in den Wagen steigen wollte, begleitet von Wehner und ihrem Kammermädchen, trat einer der Reiter (Marcard) an sie heran und sagte: „Es ist bei uns Studenten ein alter Brauch, daß wir die fortbegleiten, die wir lieb haben. Erlauben Sie daher, gnädiges Fräulein, daß wir dies auch bei Ihnen thun dürfen!" Diese kurzen Worte hatten ihr eben ihrer Kürze und Herzlichkeit wegen ausnehmend gefallen. So setzte sich denn der wirklich brillante Zug in Bewegung, indem alle zwanzig Postillone die Extrapost=Signale bliesen. Auf dem Wege hielt sie oft still, um sich die Gegend von einem der Reiter erklären zu lassen, und dann winkte sie mit ihren Kränzen uns aus ihrem Wagen zu, worauf der ganze Zug in ein furchtbares Hurrah ausbrach. Man sah ihr an, daß sie diese Huldigungen nicht aus Eitelkeit von uns gern entgegennahm, sondern daß wir ihr eine innige herzliche Freude bereiteten. In voller Extase sagte sie einmal zu Marcard, der fast immer an ihrer Seite ritt: „Sie wissen gar nicht, wie schön Sie sind!", sodaß dieser hierdurch ganz wonnetrunken nichts eiligeres zu thun hatte und Jedem das zu erzählen.

Der Weg nach Northeim ist mir nie so kurz vorgekommen als diesmal. Als wir dort ankamen, und ihr Wagen still hielt, fuhren alle Wagen vorbei, und jeden grüßte sie so freundlich, daß stets ein abermaliges Hurrah ausbrach. Als wir alle ausgestiegen waren, kamen wir oben im Gasthaus der Sonne zusammen und setzten uns in einen großen Saal an eine lange Tafel, an deren Ende Jenny Lind und Wehner präsidirten. Sogleich wurde Champagner kommandirt, und auf ihren Wunsch sang ein Quartett mehrere Studenten= lieder, wo bei den Chorstellen Alle einfielen. Bei dem Chor des Liedes „Mein Lebenslauf ist Lieb und Lust" fiel auch sie mit ein und begleitete uns durch Triller in den höchsten Tönen. Fast hatte die Begeisterung den höchsten Grad erreicht. Jeder wollte noch ein Andenken an diesen Tag. Zu dem Ende ließ Wehner ein Stück blaues Atlas=Band holen, und von diesem schnitt sie für Jeden ein Stück zu einer Schleife ab. Nachdem wir ihre Gesundheit aus= gebracht hatten und sie darauf Wehner's Wohl trank, stets natür= lich unter Hurrah=Schreien, hielt einer der Reiter (Brande) noch eine kurze Anrede an sie, worin er sagte, daß uns dieses Glück und dieser Tag unvergeßlich sein würden, und schließlich noch zuletzt ihr und Schweden's Wohl ausbrachte. Darauf stellte sich Jenny Lind auf einen Stuhl und sprach zu uns einige so schöne und rührende Worte des Abschieds und Dankes, daß wir uns kaum der Thränen zu enthalten vermochten, da auch von ihren schönen Wangen die Thränen aus ihrer Herzensfülle flossen. Sie sagte, sie fühle, daß sie unwürdig der Ehre wäre, die wir ihr anthäten, sie habe schon viel Großes und Erhabenes erlebt, aber der gestrige Abend und der heutige Morgen ständen unauslöschlich in ihrem Herzen geschrieben. Sie schloß mit den schönen Worten „Ich spreche schlecht, ich fühle es besser! Gott segne Euch Alle, meine Freunde, die Studenten!"

Nach diesen Worten ging sie mit Wehner voran, und dann folgten wir immer zwei und zwei ihr zum Wagen. Noch einmal ein Hurrah! und der Wagen rollte dahin! Unvergeßlich ist mir, wie sie sich aus dem Wagen lehnte und uns noch ein letztes Lebewohl zuwinkte! — Als wir ihren Wagen aus dem Gesicht verloren hatten, fingen wir Alle einstimmig an zu singen: „Ist kein schöneres Leben als Studentenleben!"

Für mein ganzes Leben sind mir diese Tage unvergeßlich. O! könnte ich Dir, liebe Mama, sagen, wie erhaben man sich in dieser allgemeinen Begeisterung fühlte. Worte sind zu schwach und zu todt, um dies lebendige Gefühl auszudrücken. Ich vermag nichts mehr zu sagen! Denn Sie ist nicht zu beschreiben. Nur singen kann ich mit ihrem Liede:

„Wie der Gesang zum Herzen drang,
Vergeß ich nimmer mein Lebelang!"

2) An Prof. Baum in Göttingen.

Berlin, 9. November 1851.*)

Hochgeehrter Herr Professor!

Ihre freundliche Aufforderung Ihnen über mein ferneres Ergehen Nachricht zu ertheilen, sowie die große Güte und Theilnahme, welche Sie mir während meines Studiums in Göttingen erwiesen,

---

*) Im Herbst 1851 forderte der Prof. der Physiologie in Göttingen Rudolf Wagner die Studenten Billroth und G. Meißner auf, ihn nach Triest zu begleiten,

machen mich so frei, diese Zeilen an Sie, hochgeehrter Herr Professor, zu richten. Ich glaube gewiß sein zu dürfen, daß Sie den lebhaftesten Antheil an dem tiefen und schmerzlichen Verlust nehmen, der mich durch das, wenn auch nicht unerwartete, doch immer zu frühe Hinscheiden meiner vortrefflichen Mutter getroffen hat. Trotz der großen Schwäche und des unendlichen Leidens, von welchem die Dahingeschiedene jetzt erlöst ist, war sie uns bis an die Todesstunde die treueste sorgsamste Mutter, mit welcher wir eine unendliche Fülle von Liebe verloren haben. Leider wurde die schöne unvergeßliche Reise durch die Trauernachricht, welche mich in Wien traf, für mich abgekürzt, da ich, trotzdem ich in jeder Hinsicht zu spät nach Greifswald kam, doch nicht in der Stimmung war, um die Reise vergnügt fortzusetzen.

Mein Wunsch, meine Studien hier in Berlin, und nicht etwa in Greifswald fortzusetzen, ist durch die gütige Unterstützung meiner Großmutter in Erfüllung gegangen. Ich besuche hier die medicinische Klinik des Herrn Geh. Rath Schönlein, die chirurgische des Herrn Geh. Rath Langenbeck und die geburtshilfliche des Herrn Geh. Rath Schmidt; außerdem höre ich über Auscultation und Percussion mit praktischen Übungen bei Herrn Dr. Traube und pathologische Anatomie bei Herrn Dr. Reinhardt. Ohne mir ein Urtheil über meine jetzigen Lehrer anmaßen zu wollen, gefällt mir von Allen Schönlein am besten. Langenbeck operirt sehr schön, doch will es mir zuweilen scheinen, als suche er seine Operationen mehr zu entschuldigen als zu motiviren. Er operirte vor einigen Tagen das Recidiv einer Geschwulst der mamma, die Sie 1841 in Danzig amputirt haben. Was für eine Geschwulst es sein sollte, ist mir nicht klar geworden; man nennt hier Alles Hypertrophie oder Degeneration. — Die pathologische Anatomie bei Reinhardt gefällt mir sehr. Obgleich ich sie bereits einmal bei Frerichs[*] gehört habe, so konnte ich doch nicht unterlassen, sie von Neuem zu hören, da es mir das einzige Colleg hier zu sein scheint, wo man hört, was

---

um dort am Zitterrochen die Anfänge und Enden der Nerven zu untersuchen. Auf dieser Reise besuchte Wagner mit seinen Schülern die Universitäten Gießen, Marburg, Heidelberg, Wien. Dann ging Billroth nach Berlin, wo er sich im Herbst 1851 immatriculiren ließ. — (Die Briefe an Prof. Baum in Göttingen sind im Besitz des Sohnes, Dr. W. Baum, Chefarzt in Danzig.

[*] Prof. extr. in Göttingen; Director der medicin. Klinik in Kiel, Breslau, Berlin. Gest. 1885.

in der wissenschaftlichen Welt vorgeht. In den Kliniken hört man nur Schönlein, oder nur Romberg, oder nur Langenbeck. Die Hauptsache hier in Berlin ist mir, daß man viele Kranke sieht; wer einzig und allein hier studieren wollte, würde, glaube ich, schwerlich ein für's Leben brauchbarer praktischer Arzt werden; wie wenige von uns werden künftig so gestellt sein, daß sie die Nachbehandlung von ihren Assistenten leiten lassen können. Entschuldigen Sie, Herr Professor, daß ich so ungebührlich ins Schwatzen gerathen bin, ich bitte Sie um Ihre gütige Nachsicht wegen des freien Ausspruchs meiner ersten hier empfangenen Eindrücke.

Auf den besonderen Wunsch, sowie aus eigenem Entschlusse wird mein Bruder Robert Ostern nach Göttingen kommen, zumal da dies einer der Lieblingswünsche meiner einzigen Mutter war: Ich ersuche Sie, hochgeehrter Herr Professor, auch ihm das Wohlwollen angedeihen lassen zu wollen, dessen ich mich in Ihrem werthen Hause erfreuen durfte. Indem ich mich Ihrer Frau Gemahlin unterthänigst empfehle und Sie um Ihr ferneres Wohlwollen ersuche, unterzeichne ich mich

Ihr ergebenster dankbarer Schüler
Theodor Billroth.

3) An Prof. Baum in Göttingen.

Paris, 1. September 1853*).

Mein lieber Herr Professor!

Als ich soeben von St. Germain zurückkehrte, wohin ich mit dem Credé'schen Ehepaar gewesen war, fand ich Ihren lieben Brief vor, den ich sofort beantworte. Ihre Aufträge an Ballière

---

*) Billroth wurde am 30. September 1852 in Berlin promovirt und ging zu Ostern 1853 nach Beendigung des Staatsexamens nach Wien; dann mehrere Wochen nach Paris, wo er mit Baum, Meißner, Sartorius und Wöhler aus Göttingen, zufällig auch mit v. Pitha und Simon zusammentraf. — Im Herbst 1853 kehrte Billroth nach Berlin zurück, um sich als praktischer Arzt niederzulassen. Er hatte in zwei Monaten keinen einzigen Patienten. Ein Zufall führte ihn zu einem Freunde und Landsmann Dr. C. Fock, welcher kurz zuvor Assistent bei B. Langenbeck geworden war. Fock forderte Billroth auf, sich um eine soeben vacant gewordene Assistentenstelle an der Langenbeck'schen Klinik zu bewerben. Billroth erhielt dieselbe.

werde ich morgen früh gleich besorgen. Daß einige Bülletins der Société biologique bestehen, habe ich gesehen, doch weiß ich nicht, wie viele; eine große Anzahl kann es jedoch nicht sein, da die Gesellschaft erst seit 48 besteht. Am letzten Sonnabend wohnte ich einer Sitzung dieser Gesellschaft bei, die gerade nicht erbaulich war; es sind so viele verschiedene Elemente darin, daß keine Einheit im Ganzen zu bestehen scheint. Während einer über Chemie, ein anderer über Physik, ein dritter über Anatomie sprach, redeten alle Anderen fortwährend so laut unter sich, daß man den Redner kaum hörte; es scheint auch in dieser Gesellschaft der wissenschaftliche Ernst völlig zu fehlen. In die Sitzung der Société d'anatomie werde ich morgen gehen. Die Loupen werde ich Ihnen gewiß besorgen und sie Ihnen durch Meißner zuschicken.

Bei Delpeau*) war ich, doch hat dieser seine Vorträge geschlossen und macht nur im Fluge die Visite; es ist dies leider fast bei Allen so, da eigentlich Ferien sind. Bei Jobert sieht man verhältnißmäßig noch am meisten. Ich erfreue mich seiner besonderen Protection, die ich Ihnen verdanke. Mit dem Kniegelenk=Kranken, den wir dort operirt sahen, geht es gut; nach 2 Tagen wurde das Fixationsinstrument herausgenommen; heftige Reactionen sind nicht gefolgt. Der Kranke muß jetzt absolut ruhig liegen; der feste Körper liegt nach hinten und etwas nach oben. An Civiale habe ich Ihre Grüße bestellt; er machte wieder einige Steinzertrümmerungen, sagte jedoch leider nichts über die vorkommenden Fälle. Bei Malgaigne war ich am Morgen Ihrer Abreise pünktlich 8¼ Uhr, wurde jedoch leider mit der Nachricht empfangen, daß die Einrenkung des Oberarmes bereits gemacht sei, und daß Monsieur Malgaigne schon wieder fortgefahren sei. Ich machte zur Entschädigung die Visite bei Denonvillier (verzeihen Sie diese Orthographie!) mit, der mir außerordentlich gefallen hat. Er machte eine Exstirpation eines Rectum=Carcinoms mit einer solchen Ruhe und Verständigkeit, und so ohne alle Ostentation, daß man in ihm den Franzosen ganz vergaß. Es waren viele Deutsche dort, sowie auch Pitha, und

---

*) Delpeau war Prof. der Chirurgie in der Charité (gest. 1867), Jobert am Hôp. Saint=Louis (gest. 1867); Civiale, welcher 1824 die erste Steinzertrümmerung in der Blase gemacht hat, am Hôp. Necker (gest. 1867); Malgaigne in der Charité (gest. 1865); Denonvilliers war Prof. der Chirurgie und Anatomie (gest. 1872). —

wir alle sagten nachher einstimmig, daß dies die beste Operation gewesen sei, die wir hier gesehen haben. In der gestrigen Sitzung der Société de chirurgie sprach Denonvillier sehr lange, aber sehr interessant über den Gebrauch des Chloroforms, und wenn er außer einigen interessanten Zufällen, die ihm beim Chloroformiren vorgekommen waren, auch nicht viel Neues vorbrachte, so widerlegte er doch einige Ansichten des Geheimrath Robert*) äußerst schlagend und ohne persönliche Bemerkungen, welche die Anderen selten aus dem Spiel lassen. Die Chloroform=Angelegenheit scheint wirklich hier gründlich behandelt werden zu sollen. Robert soll einen neuen Bericht, namentlich mit Rücksicht auf die Literatur des Auslandes, über diesen Gegenstand machen, wozu er sich drei Wochen Zeit erbeten hat.

Ich danke Ihnen sehr, lieber Herr Professor, daß Sie mich noch auf einige Leute aufmerksam gemacht haben; ich werde Ihrem Rathe pünktlich folgen. Den Professor Eichstädt habe ich leider noch nicht wiedergesehen; ich hätte ihn jedenfalls aufgesucht, wenn ich nur seine Adresse wüßte. Mein jetziger Aufenthalt befriedigt mich im Ganzen sehr wenig; eine kurze Morgenvisite am Tage, ohne etwas Ordentliches gehört zu haben, ist zu wenig, um davon den ganzen Tag zu zehren. Ich entbehre Sie und Meißner, wie Sie sich denken können, sehr; es fehlen mir hier durchaus Menschen, gegen die ich mich frei aussprechen kann, und das ist mir einmal Bedürfniß.

An Meißner werde ich nächstens nach Hannover schreiben. Wenn ich Ihnen hier in Paris nützlich sein konnte, so war mir dies die liebste Pflicht der Dankbarkeit und Liebe, mit der ich Sie, lieber Herr Professor, verehre; ich werde mich bemühen mich Ihres Wohlwollens würdig zu machen. — Wenn Sie in Berlin etwas zu besorgen haben, so hoffe ich, daß Sie sich an Niemand anders als an mich wenden; es würde mir dies der liebste Beweis Ihres Ver= trauens sein. — An Ihre Frau Gemahlin und Kinder meine besten Empfehlungen!

Ihr treuer
Theodor Billroth.

---

*) Chirurg am Hôp. Beaujou und Hôtel dieu; gest. 1862.

4) An Prof. Baum in Göttingen.

Berlin, 4. Mai 1856.

Hochgeehrter Herr Professor!

In der Hoffnung, daß Sie mir und meiner weiteren wissenschaftlichen Ausbildung, zu welcher Sie den Grundstein gelegt haben, ein bischen Interesse noch bewahrt haben, bin ich so frei, Ihnen beifolgend eine neue Arbeit*) zu übersenden, welche zwar die äußerlich prätentiöse Form eines Buches angenommen hat, dennoch aber nichts weiter vorstellen soll, als einen Complex gesonderter Aufsätze, welche keine längere Lebensdauer beanspruchen, als ihnen nach den statistischen Berechnungen zukommt. Der rothe Faden, welcher sich durch diese Aufsätze zieht und sie verbindet, ist eben das Blut und die Blutgefäße. Die Zusammenstellung dieser Beobachtungen habe ich schon im Sommer vorigen Jahres gemacht, und um die Sachen aus dem Kopfe los zu werden das Manuscript schon im August vorigen Jahres abgegeben. So habe ich von der allgemeinen pathologischen Anatomie Förster's**) nichts mehr benutzen können, da diese erst im Herbst erschien. Ich bedaure dies um so mehr, als meine Beobachtungen und die Art meiner Untersuchung mit seinen Resultaten am meisten übereinstimmt, und seine streng wissenschaftliche objektive Richtung mich mehr anzieht als Schöpfungen Virchow's, welche zwar frappante Glanzlichter, aber auch sehr tiefe Schatten zeigen und ihre Wirkung zum Theil der zeitlichen Beleuchtung allein verdanken.

Sein jetzt definitiver Eintritt in die hiesige Fakultät wird unzweifelhaft einen Wendepunkt der hiesigen medicinischen Verhältnisse mit sich bringen. Es ist ein Schritt, welchen man dem Ministerium und besonders dem König nicht hoch genug anrechnen kann, indem letzterer den ausdrücklichen Wunsch geäußert hatte, daß wenn die Berufung Virchow's von der Fakultät als ein wissenschaftlicher Vortheil erachtet würde, jegliche Rücksichten auf die politische Person Virchow's schwinden sollten. Die Ueberwindung dieser politischen und dann der pecuniären Verhältnisse, indem es sich um die Dotirung einer neuen Professur handelte, waren sehr große.

---

*) Untersuchungen über die Entwicklung der Blutgefäße. Berlin, G. Reimer. 1856.
**) Prof. der pathologischen Anatomie in Göttingen. Gest. 1865.

In zweiter Instanz hatte man mich vorgeschlagen; ich glaube, daß es für mich nicht unehrenvoll war mit Virchow rivalisirt zu haben, wenn ich auch aus dem Felde geschlagen bin. Ich habe dies als eine Bestimmung angesehen, der Chirurgie treu zu bleiben; es ist jedoch unmöglich selbst sich als einen solchen der Öffentlichkeit zu zeigen, so lange man Assistent ist; und was meine literarische Thätigkeit betrifft, werde ich daher in nächster Zeit noch Anatom sein.

Ich habe mich unterdessen habilitirt und lese in diesem Semester pathologische Anatomie und mikroscopische Anatomie; erstere gebe ich, wenn Virchow im nächsten Semester hier sein wird, natürlich auf und werde dafür allgemeine Chirurgie lesen. Mir machen meine Vorlesungen viel Vergnügen, und habe ich die Freude, daß meine Zuhörer (10—12) mir mit Fleiß und Aufmerksamkeit folgen.

Doch entschuldigen Sie, daß ich Sie so lange mit meinen Angelegenheiten unterhalte. Sie würden mich sehr verbinden, beifolgendes zweites Exemplar an Förster zu schicken, der mich durch die Zusendung seines Atlas ebenso erfreut als beehrt hat; ich bitte ihm unbekannterweise meine Empfehlung und meinen Dank zu sagen.

Beifolgend übersende ich Ihnen auch noch im Auftrage von Tante Seifert die neue Auflage von Onkel Seifert's*) Materia medica.

An Ihre Frau Gemahlin und Ihre Familie meine besten Grüße.

In treuer Liebe Ihr dankbarer Schüler

Theodor Billroth.

5) An Prof. Baum in Göttingen.

Berlin, 12. Juli 1856.

Lieber Herr Professor!

Ihr lieber Wilhelm war mir, wie Sie wissen, sehr herzlich willkommen und hätte ich nur gewünscht, mehr für ihn thun zu können. Leider war das Semester schon soweit vorgerückt, daß es nicht möglich war, Ihren Wünschen in allen Stücken zu entsprechen.

---

*) Prof. der Arzneimittellehre in Greifswald; gest. 1845.

Anatomie wird trotz der 3 Professoren der Anatomie im Sommer nicht gelesen; ich hoffte aber, daß Willy noch präpariren könne, um die Neurologie nachzuholen. Leider geht auch das nicht, ich habe noch besonders mit Peters darüber gesprochen; doch kommen im Sommer gar keine Leichen auf die Anatomie.... Er muß meiner Ansicht nach noch einmal präpariren. Hierzu giebt es an den Universitäten in den Ferien freilich wenig Gelegenheit; doch sollte es nicht auf der Anatomie in Hannover bei Krause*) in den Ferien geschehen können? Auch Führer schrieb mir aus Hamburg, daß er jetzt dort Prosector an der Anatomie sei, und daß ich es verbreiten möchte, daß man dort in den Ferien präpariren könne.

Wenn er sich im nächsten Semester mit Virchow beschäftigen will, so hat er keine Zeit zum Präpariren übrig. Was das Studium bei Virchow betrifft, so möchte es vielleicht besser sein, wenn er ein Jahr hier bleibt, da Virchow seine pathologische Anatomie in 2 Semestern liest; auch habe ich von den Studenten gehört, daß er namentlich im Anfang für die Anfänger sehr unverständlich sein soll. Auch in dieser Hinsicht wäre ein längerer Aufenthalt wünschenswerth. Virchow weiß jedoch seine Schüler sehr zu fesseln und für sich zu begeistern; wenn dies auch nicht ganz in Ihrem Sinne wäre, so schadet es meiner Ansicht nach nichts. Es ist immer gut, wenn man sich schon während des Studiums für einen Theil ganz besonders interessirt, wenn man es später auch wieder aufgiebt....

Wilhelm sagte mir, daß er wenigstens 10 Semester studieren würde. Das finde ich zwar ganz vortrefflich, doch, verzeihen Sie, lieber Herr Professor, ich würde ihm das lieber nicht zu nahe legen; man bildet sich dabei gar zu leicht ein, die Zeit könne gar kein Ende nehmen. Ich halte es besser, wenn er gezwungen ist, wenigstens nach Ablauf des Quadriennium zu promoviren; er ist dann genöthigt sich und sein Wissen mehr zu concentriren. Entschuldigen Sie diese Andeutungen zu einem Studienplan mit dem Interesse, welches ich für Ihren liebenswürdigen guten Jungen habe; sonst würde ich mir ja nicht erlauben in dieser Angelegenheit Ihnen gegenüber mitreden zu wollen.

*) Prof. der Anatomie an der ehemaligen chirurgischen Schule in Hannover; gest. 1868.

Die aufmunternde Theilnahme, welche Sie mir erhalten, erfreut mich herzlich; ich weiß, wie unendlich viel ich Ihnen und der Georgia Augusta verdanke und werde dessen stets eingedenk sein. — Ich habe in letzter Zeit viel gearbeitet und muß mir in den Ferien durch einige Veröffentlichungen Luft machen. Jetzt beschäftigt mich hauptsächlich die Prüfung der anatomischen Grundlagen der Virchow'schen Entzündungstheorie. Ich halte dieselben noch nicht für so sicher, wie es gar leicht den Anschein hat; selbst die wundervollen Resultate der Arbeit von His lassen doch verschiedene Deutungen zu.

Ich schicke Ihnen nächstens einige nachgelassene Arbeiten von Meckel*), besonders eine Arbeit über Concremente und Steine, die ich für sehr bedeutend halte.

Ihr treuer Schüler
Theodor Billroth.

6) An Prof. Baum in Göttingen.

Berlin, 6. August 1856.

Lieber Herr Professor!

..... Von Ihrem Willy habe ich in letzter Zeit wenig gesehen, da er ja in Charlottenburg wohnt und ich selten über die Ziegelstraße hinauskomme, zumal jetzt, wo ich durch Verreisen meiner Collegen das ganze Haus versorge. Was ich irgend für ihn thun kann, das geschieht sicher. — Von Meißner habe ich lange keine Nachricht gehabt und freue mich, daß dies nicht durch Krankheit seinerseits verhindert ist. Wohin werden Sie reisen? Ich denke im September nach England und Schottland zu gehen.**)

.... Langenbeck ist recht angegriffen, er hat viel gehustet in letzter Zeit und geht auf Schönlein's Befehl nach Weilbach, dann an die See, um Seeluft zu schnappen, nicht zu baden. Entschuldigen Sie meine Eile, einige Präparate warten mein.

Der Ihrige
Theodor Billroth.

---

*) Meckel von Hemsbach, Prof. extr. der pathologischen Anatomie in Berlin, gest. 1856. Nach dem Tode Meckel's publicirte Billroth obige Arbeit 1856.
**) Billroth machte im Herbst 1856 eine wissenschaftliche Reise nach Holland, England und Schottland.

7) An Prof. Baum in Göttingen.

Berlin, 17. November 1856.

Lieber Herr Professor!

.... Es macht mir eine ganz besondere Freude, daß Wilhelm mein Colleg besucht, er ist ganz außerordentlich fleißig und aufmerksam; ob er bei mir finden wird, was er sucht und braucht, weiß ich nicht. Die Zuhörer dieses Collegs sind sehr verschiedener Art: theils Ärzte, theils Studenten aus den verschiedensten Semestern; es ist dadurch schwierig, es Allen recht zu machen. Ich hoffe jedoch, daß Wilhelm durch diese Repetition für die Practica bei Virchow im nächsten Semester vorbereitet wird, zumal da ich auf Virchow's Ansichten, so weit es die Zeit erlaubt, möglichst eingehe, ohne dieselben unbedingt wiederzugeben. — Virchow hat mich in der ersten Zeit seines Hierseins besucht und war sehr freundlich zu mir; er wünschte, daß ich ein Practicum in normaler Histologie geben sollte und hat mir dazu sein Local und Instrumente angeboten. Vorläufig bin ich wegen eigener Beschäftigung außer Stande hierauf einzugehen, doch vielleicht später.

Mein Colleg über Chirurgie nimmt mich für jetzt so in Anspruch, daß ich für die nächste Zeit an eigene Arbeiten gar nicht denken kann. Dies macht mir insofern Kummer, als ich einige histologische Arbeiten begonnen hatte, die hübsche Resultate versprachen. Doch das gebe ich gern auf, um mich baldmöglichst aus dem anatomischen Larvenstadium zu entpuppen.

Langenbeck ist recht frisch von seiner Reise zurückgekehrt und beschämt seine Assistenten durch seine Ausdauer. Seine Klinik dauert mit Visite jetzt zu unserem größesten Entsetzen zuweilen 3 Stunden.

Ich habe mich sehr gefreut Sie auf unserer Reise so munter und frisch zu sehen. Strengen Sie sich nur nicht zu sehr an und verschwenden Sie nur nicht zu viel Kräfte auf Ihre Privatkranken! Nehmen Sie mir dies nicht übel! bitte lieber Herr Professor! es klingt so ganz respectwidrig und ist doch gut gemeint!

Mit besten Empfehlungen an Ihre Familie

Der Ihrige

Theodor Billroth.

8) An Prof. Baum in Göttingen.

Berlin, 24. October 1857.

Hochgeehrter Herr Professor!

Seien Sie nicht böse, wenn ich Sie heute mit einigen Zeilen belästige und damit eine Bitte einschließe, die mir sehr am Herzen liegt. Sie haben gewiß erfahren, daß Wagner in Danzig zu Ostern die chirurgische Professur in Königsberg übernehmen wird. Da nun hierbei zugleich in Danzig die Stelle des Oberarztes verdoppelt werden soll, indem ein Chirurg und ein Internus dafür eintreten sollen, so bin ich sehr geneigt, meine hiesige Stellung sowie die ganze Universitäts-Carriere vorläufig aufzugeben und mich um die Chirurgen-Stelle in Danzig zu bewerben.

Meine Bitte an Sie, lieber Herr Professor, geht nun dahin, mir womöglich ein Zeugniß auszustellen, welches ich bei einer demnächst nöthigen Eingabe an die Danziger Commission des Krankenhauses beilegen möchte. Eine noch größere Freude würden Sie mir bereiten, wenn Sie mich werth erachten, mir außerdem eine persönliche Empfehlung an einzelne der dort einflußreichen Leute zu geben, wenn Sie mit diesem oder jenem noch in Verbindung stehen. Die Herren, welche für jetzt in der Krankenhaus-Commission sind, sind der Stadtrath und Kaufmann Fr. Hein und die Kaufleute J. T. Gertz, Janke und Pretzell. Sollten Sie einen von diesen Herren kennen, so würden Sie mich außerordentlich verpflichten, wenn Sie mir einige Zeilen zur persönlichen Ueberreichung, wenn ich mich dort vorstelle, senden könnten.

Verzeihen Sie, wenn ich im Vertrauen auf Ihre mir so oft bewiesene Freundschaft diese kühnen Bitten Ihnen so frank und frei vorgetragen habe; doch glaube ich, daß eine Empfehlung von Ihnen das Einzige ist, was mir für Danzig Chancen bieten könnte; ich würde ohne eine solche mich nicht auf den Wahlplatz wagen. Sie haben mir früher erzählt, daß Sie früher sich ebenso an den alten Heim gewandt haben, als Sie sich um Danzig bewarben, wie ich mich heute an Sie wende.

In dem fleißigen Göttingen hat man gewiß schon die Collegia angefangen; wir beginnen erst am 2. November. Ich fürchte mich etwas vor dem Semester, weil es mich wieder wie das vorige entsetzlich zersplittern wird, und weil ich insofern nicht ganz wohl bin, als eine große Reizbarkeit des Magens mich in fortwährender Aufmerksamkeit auf jeden Genuß von Speisen hält, was mir bisher ganz fremd war und höchst fatal ist. — Der alte gute Schlemm*) ist leidend, und ich werde wohl die Operationscurse übernehmen, nachdem ich schon mit Langenbeck zusammen im vorigen Semester Operationscursus gehalten habe. Das heftige Treiben und Jagen, und die Menge des Materials hier in Berlin sind wohl gut und anregend, doch auf die Dauer wenig befriedigend.

Meine besten Empfehlungen an Ihre Familie!
Hochachtungsvoll
Ihr treuer Schüler
Theodor Billroth.

9) An Prof. His**) in Basel.
Berlin, 11. November 1857.

Mein lieber His!

Sie kennen mich hoffentlich genug, um wegen meines langen Schweigens nicht schlecht von mir zu denken; Sie werden die Ursache hören. Zunächst aber nehmen Sie meinen herzlichsten Glückwunsch

---

*) Schlemm, neben Joh. Müller zweiter Prof. der Anatomie in Berlin, gab sehr beliebte Operationscurse; die einzigen, welche lange Zeit in Berlin gehalten wurden. Gest. 1858.
**) Auf Wunsch von Prof. His wird nachstehendes Schreiben an den Herausgeber abgedruckt.

Leipzig, 21. December 1894.

Hochgeehrter Herr Doctor!

Die in meinem Besitz befindliche Correspondenz von Th. Billroth habe ich nunmehr zusammengestellt und geordnet. Abgesehen von einigen, wie ich hoffe, noch ausfüllbaren Lücken, zähle ich 134 über die Jahre 1858 — 1895 sich erstreckende Briefe.

Jetzt, da ich diese Documente in ihrem Zusammenhange durchgehe, tritt mir daraus das Leben des dahingeschiedenen Freundes wie ein einheitliches und harmonisch vollendetes Kunstwerk entgegen. Mit allen ihren menschlichen Zügen äußerte sich in den Briefen dessen edle und reine Natur, immer sich selber getreu bleibend, immer wahr, immer nur nach Großem und Guten strebend.

Wie schwer es mir indessen wird, Ihnen von Billroth's Briefen zur Veröffentlichung mitzutheilen, das habe ich Ihnen bereits geschrieben. Einzelnes aus dem Verband herauszureißen, thut mir leid. Das Ganze aber in fremde Hände zu geben, ist undenkbar. Nicht dazu äußerte man einem Freunde vertrauensvoll, was einem jeweilig bewegt, damit nach kaum geschlossenem Sarge Alles der Druckerpresse überantwortet werde. Auch sind in unserer Correspondenz das Leben unserer beiderseitigen Familien und mein eigenes innig mitverflochten.

zu Ihrer neuen Stellung, die Sie jetzt wahrscheinlich völlig beschäftigt; ich habe eine ganz besondere Freude darüber, daß Sie der reinen idealen Wissenschaft auf diese Weise erhalten bleiben, da die Neuzeit leider oft genug gelehrt hat, daß die Praxis alles verschlingt.

Ich betrachte mich jetzt schon als völlig verloren und thue mir selber leid; wenn Sie das für arrogant halten, so bin ich es in hohem Grade. Ich habe in diesem Winter übernommen selbständige Operationscurse zu halten und bin dadurch so überstürzt, daß ich täglich 2 Stunden operiren lassen muß. Außerdem ist mein Colleg über Chirurgie wider Erwarten zahlreich; es scheint, ich werde hier jetzt zur Modefigur. Die natürliche Folge hiervon ist gewesen, daß ich mein Colleg über Histologie vollständig aufgegeben habe, und damit officiell aus der Reihe der hiesigen Mikroscopiker ausgeschieden bin. Topographische Anatomie und operative Technik hat mich in der letzten Zeit sehr in Anspruch genommen.

Dies Alles ist weniger zu verwundern; es mußte so kommen, und ich habe es gewünscht; doch worüber ich selbst fast staune, ist, daß ich mich entschlossen habe die Universitäts-Carriere ganz aufzugeben und mich um die Stelle des städtischen Krankenhauses in Danzig bewerbe. So lange ich diese Stelle noch nicht habe (und es ist vorläufig noch wenig Aussicht, auch die Entscheidung erst zu

---

Ihrem erneut ausgesprochenen Wunsche nachkommend, habe ich indessen aus den Briefen einige Aeußerungen zusammengestellt, von denen ich annehmen darf, daß sie Billroth's Denkweise und Streben auch bei Anderen klar zu stellen vermögen.

Nur wenige Worte über meine Beziehungen zum Verstorbenen. Histologische Unternehmungen machten es mir vor 38 Jahren wünschbar mit Billroth in directe Beziehungen zu treten, und auf Anrathen unseres gemeinsamen Freundes G. Meißner eröffnete ich damals die Correspondenz, die von da ab bis kurz vor Billroth's Tod sich fortgesetzt hat. Im Sommer 1857 brachte ich einige Monate in Berlin zu, und alle Nachmittage arbeiteten wir zusammen in den Localen der Langenbeck'schen Klinik über Bau und Function der Lymphdrüsen, Milz und verwandte Organe. 1858 verlobten und verheiratheten wir uns fast gleichzeitig, und als dann 1860 Billroth die chirurgische Klinik in Zürich übernahm, entwickelte sich zwischen uns ein sehr reger wissenschaftlicher und persönlicher Verkehr, der durch Billroth's Berufung nach Wien zwar eingeschränkt, aber niemals unterbrochen worden ist. Zum letzten Male habe ich den Freund um Pfingsten 1892 in St. Gilgen besucht. Körperlich fand ich ihn im Rückgang, geistig aber noch von alter Frische und Empfänglichkeit und dabei von hingebendster Herzlichkeit.

Möge Ihr Buch viel Gutes wirken.
Mit hochachtungsvollem Gruße

Ihr ergebener
W. His.

Ostern), brauchen Sie mich noch nicht ganz aufzugeben. Ich habe nur noch einen Wunsch, nämlich die Beobachtungen, die mit Zeichnungen und unvollständigen Manuscripten halbfertig liegen, zu vervollständigen und als pathologisch-histologische Memoiren ans Licht der Welt zu setzen. Hoffentlich führe ich das noch im Laufe dieses Winters durch. Ich lege Ihnen, histologisch sterbend, nochmal die Milz zc. ans Herz ...

Erfreuen Sie mich recht bald mit einigen Zeilen, wie Ihnen die Anatomie mundet, und was Sie arbeiten. Vielleicht kann ich Ihnen bald etwas schicken, was Sie im Sommer hier durch Ihre liebenswürdige Gegenwart gefördert haben; soeben erhalte ich die Correctur der Nervenplexus und Epithelien.

Mit herzlichem Gruße

der Ihrige

Theodor Billroth.

10) An Prof. Baum in Göttingen.

Berlin, 20. November 1857.

Mein lieber Herr Hofrath!

Nehmen Sie meinen innigsten und aufrichtigsten Dank für die mir zugesandten Briefe, die mir von dem wesentlichsten Nutzen sein werden, wenn ein Auswärtiger überhaupt Aussichten auf jene schöne Stelle haben wird . . . . .

Die Verhältnisse haben seit Kurzem in meinen Arbeiten einen plötzlichen Umschwung herbeigeführt, der später oder früher kommen mußte, und den ich zum Theil selbst wünschte. Nachdem ich mich noch im vorigen Sommer mit der Histologie sehr speciell beschäftigt hatte, sodaß ich vorwiegend davon eingenommen wurde, ist jetzt völlig das Gegentheil eingetreten; mir liegt jetzt plötzlich das Mikroscop ganz fern, und ich fürchte fast, daß ich nicht einmal meine unvollendeten Manuscripte zu beendigen Zeit gewinnen werde. Da mir durch Langenbeck's Bemühungen vom Ministerium Leichen zur Disposition gestellt wurden, um im Winter Operationscurse zu halten und dies von Seiten der jungen Ärzte und Studirenden zu meiner größesten Freude sehr viel benutzt wird, so stecke ich jetzt bis über die Ohren in operativer Technik. Auch mein Colleg über Chirurgie ist so besucht, daß es mich außerordentlich zu immer neuen Anstrengungen anregt. Ich habe das Colleg über Histologie daher völlig aufgegeben und wünschte nur mehr Zeit zu haben, um chirurgisch-literarisch mehr studieren zu können. Doch Sie wissen, wie es hier ist; es treibt und überstürzt sich hier Alles, und selten hat man ruhige Momente, und in diesen ist man erschöpft. Ich freue mich, wenn ich endlich einmal in eine wenigstens etwas ruhigere Lage kommen sollte . . . .

Ihr treuer Schüler

Theodor Billroth.

11) An Prof. Baum in Göttingen.

Berlin, 3. Januar 1858.

Hochgeehrter Herr Hofrath!

Nachdem ich gestern von meiner Reise nach Danzig zurückgekehrt bin, kann ich nicht umhin, Ihnen noch einmal meinen herzlichsten Dank für ihre freundlichen und warmen Empfehlungen zu sagen, denen ich es zu verdanken hatte, daß alle Leute in Danzig mir mit einer Freundlichkeit und Herzlichkeit entgegen kamen, die mir äußerst wohlthuend war, und mir auch für den Fall, daß meine Hoffnungen fehl schlagen sollten, eine äußerst angenehme Erinnerung an Danzig zurücklassen wird . . . . Wie schwierig eine Regelung der ärztlichen und administrativen Verhältnisse an einem Krankenhause ist, habe ich während meiner vierjährigen hiesigen Dienstzeit genugsam kennen gelernt; schließlich kommt es immer darauf an, daß man sich unter einander verständigt und das Wohl der Kranken als erstes Princip festhält, wobei man doch immer noch genugsam die pecuniären Verhältnisse berücksichtigen kann . . . . Soll ich wiederum in eine abhängige Stellung treten, so habe ich keinen Grund die jetzige zu verlassen, wo ich das Wohlwollen meiner Vorgesetzten in so hohem Maße besitze, wie ich es niemals zu hoffen wagte.

Einer meiner Haupt-Concurrenten ist Gurlt. Wir stehen beide auf freundschaftlichem Fuße und sind zusammen in Danzig gewesen; einer kann es ja doch nur werden, wir haben daher eine offene Concurrenz beide vorgezogen. Wie ich höre wird sich Oskar Heyfelder auch bewerben; doch müßte er erst den Cursus machen, von dem man ihn wegen seiner „Kindheit des Menschen" schwerlich dispensiren wird. Materiell ist die Angelegenheit für den Augenblick wohl wichtiger für Gurlt und Heyfelder, und ich wünsche ihnen eben so gut wie mir selber den besten Erfolg!

Ihr dankbarer Schüler
Theodor Billroth.

12) An Prof. Baum in Göttingen.

Berlin, 7. März 1858.

Hochgeehrter Herr Hofrath!

Sie haben vielleicht schon auf directem Wege erfahren, daß die Danziger Stellen an Dr. Stich und Prof. Pohl vergeben sind. So sehr ich die Stelle gewünscht hätte, glaube ich doch, daß Pohl eine sehr geeignete Persönlichkeit für die dortigen Verhältnisse ist und seine Wirkungsweise eine segensreiche sein wird; ich kenne ihn nicht genauer, doch wird er von allen Seiten für einen vortrefflichen, liebenswürdigen Menschen gehalten ...

Vielleicht ist es besser wie es ist; es wird sich ja auch mit der Zeit noch für mich eine Stelle für selbständiges Wirken finden. Langenbeck hat soviel liebevolle Nachsicht mit mir, daß ich in meinem Verhältniß zu ihm und zur Anstalt so frei bin, wie es möglich ist; daher werde ich auch bleiben, solange er mich behalten will; meine Stellung ist etwas schwierig geworden, doch für mich immer sehr belehrend.

Daß die Richtung meiner Studien, wie es wohl natürlich ist, sich etwas geändert hat, habe ich Ihnen schon früher geschrieben. Die letzten kleinen histologischen Arbeiten haben Sie wohl erhalten. Hoffentlich ist mein von mir immer noch aufrichtig verehrter Lehrer Wagner nicht böse über die Nervenplexus, gegen die ich früher unter seinem Panier zu Felde zog; es hat mir große Freude gemacht, daß sich Müller*) und Dubois**) sehr für meine Präparate interessirten.

Ein neues größeres Manuskript habe ich vor einigen Tagen an den Buchhändler abgegeben. Es faßt unter dem Titel „Beiträge

---

*) Prof. der Anatomie und Physiologie in Berlin. Gest. 1858.
**) Nach J. Müllers Tode Prof. der Physiologie in Berlin.

zur pathologischen Histologie" mehrere Aufsätze zusammen, in denen ich die allgemeinen Anschauungen erläutert habe, zu denen ich in Bezug auf die Cellularpathologie gekommen bin. In ihren Consequenzen werden die Virchow'schen Ansichten so allgemein, daß ihre Bedeutung sehr zusammenschrumpft. Je einfacher das Morphologische in Bezug auf Gewebsentwicklung unter pathologischen Verhältnissen geworden ist, um so fühlbarer wird das Bewußtsein, daß man mit der Erkenntniß der feinsten Form der Natur der Processe nicht viel näher gekommen ist!

Die Beobachtung am Krankenbett ist doch viel schöner als die Mikroscopie!

Ihr treuer Schüler

Theodor Billroth.

---

13) An Prof. Baum in Göttingen.

Berlin, 7. April 1858.

Hochgeehrter Herr Hofrath!

Nehmen Sie meinen herzlichsten Glückwunsch zu der Verlobung Ihrer Fräulein Tochter, von welcher ich bereits durch Dr. Kugler gehört hatte .... Ich rechne darauf, daß die Instrumente und der Gyps bereits in Ihren Händen sind. Kleinere Quantitäten kann man gut nur in Blechkapseln aufbewahren und versenden, da der Gyps sonst zu viel Wasser anzieht und unbrauchbar wird. Wir brauchen hier gewöhnlich die mit trockenem Gyps eingeriebenen Binden, wie ich Ihnen eine Probe beigelegt habe. Obgleich auch dabei viel Schmutzerei ist, so ist es doch nicht so schlimm, als beim Pirogoff'schen Verbande, sowie überhaupt bei allen Manipulationen mit dem Gypsbrei.

Hier cursirt allgemein das Gerücht, daß Hofrath Wagner abtreten wolle; ist etwas daran wahr, oder ist es eine Berliner Erfindung? Man vermuthet allgemein hier, daß Credé an Busch's Stelle kommen wird.

Die Greifswalder Fakultät wünscht mich für Pohl als Professor extraord. für pathologische Anatomie. Doch ist die Dotation der Stelle gar zu dürftig im Verhältniß zu meiner hiesigen Einnahme, und außerdem habe ich zu wenig Interesse für die reine pathologische Anatomie.

In letzter Zeit bin ich ein eifriger Jünger der Ophthalmologie geworden und fast den ganzen Tag bei Gräfe*); es war eine böse Lücke bei mir, die mich schon lange sehr gedrückt hat, und die ich jetzt auszufüllen hoffe. — Wenngleich aus der Danziger Stelle nichts geworden ist, so will ich deshalb nicht undankbar sein gegen das, was ich hier habe, und womit ich zufrieden sein kann. Nur Unabhängigkeit fehlt mir; doch mag diese Beschränkung recht heilsam für mich sein.

Wenn Meißner noch in Göttingen ist, so grüßen Sie ihn tausend Mal von mir.

Der Ihrige
Th. Billroth.

14) An Prof. His in Basel.

Christel Michaelis
Dr. Theodor Billroth.
Verlobte.
Potsdam und Berlin,
den 5. Mai 1858.

Ihr gutes Beispiel hat mir Muth gemacht, mein lieber Freund! Vergessen Sie mich nicht!

Der Ihre
Th. Billroth.

15) An Prof. Baum in Göttingen.

Berlin, 6. August 1858.

Hochgeehrter Herr Hofrath!

Durch den kleinen guten Zeis**), der gestern hier durchreiste und noch völlig überwältigt von seinen übermäßigen Studien in der Göttinger Bibliothek unter der Last der Wissenschaft förmlich keuchte

---

*) Albrecht von Graefe; gest. 1870.
**) Professor der Chirurgie und Oberarzt der chir. Abth. am Stadtkrankenhause zu Dresden. Gest. 1868.

— habe ich gehört, daß Sie frisch und munter sind und mich herzlich darüber gefreut.

Von einem Ihrer Schüler in Goslar*) habe ich neulich einen sehr netten Aufsatz über Tracheotomie gelesen, in dem ich Sie überall wiedererkannte und mich innerlich freute, daß ich im Princip der Operation sowie in ihrer Technik völlig mit Ihren Ansichten übereinstimme. Auch ich kann den Enthusiasmus des Pitha'schen Instrumentes nicht begreifen; ich operire immer mit dem Messer allein. Unter einigen 30 Fällen, die Langenbeck operirt hat, sind nur 2 durchgekommen. Trotz diesem ungünstigen Verhältniß ermuthigt er immer von Neuem zur Operation. Die Aerzte in der Stadt sind hier sehr dagegen, da die übrigen hier in Berlin operirenden Chirurgen diese Operation nicht machen, weil sie ungünstige Chancen bietet und das Renommé verdirbt.

Bei den hiesigen Veränderungen bin ich nicht weiter betheiligt, als daß ich den Operationscursus im Wintersemester für mich habe und dadurch vorläufig meine Existenz sichere. Die Physiologie wird nicht ersetzt. Da Dubois nicht von Berlin fortgehen will und doch Physiologie liest, wenn er auch kein Gehalt bezieht und nicht Ordinarius wird, so wird das Geld gespart! Wie finden Sie das? Bei der Geburtshülfe sind die Vorschläge der Fakultät gar nicht berücksichtigt. Martin ist eine Errungenschaft der Hofparthei.

An der Universität sind für Chirurgie habilitirt und respective angestellt: Jüngken, Langenbeck, Böhm, Troschel, Angelstein, Kranichfeld, Friedberg, Ravoth, Gurlt, Billroth, v. Gräfe, Erdmann. Sie können daraus entnehmen, daß die Concurrenz groß ist, weniger in der Wissenschaft, als in der Geschicklichkeit Studenten zu greifen. Wenn ein Mann wie X. Collegia privatim anzeigt unter der privativen Versicherung, daß er jedem Studenten, der bei ihm belegt, den Friedrichsd'or wieder herausgeben will, so weiß man als Privatdozent nicht, was man dazu sagen soll! Ich bin im Allgemeinen so von Glück begünstigt gewesen und durch Langenbeck so sicher gehalten, da er mich wirklich lieb hat, wie ich ihn, daß ich nicht klagen kann. Ich habe etwa 20 Zuhörer in der Chirurgie, will auch jetzt Fracturen und Luxationen und Akiurgie lesen, sodaß ich allmählich die chirurgischen Collegien in

---

*) Dr. Sayer, Archiv f. physl. Heilk. N. F. B. II. 1858, p. 91.

So sah ich im 29. Jahr als Assistent von
B. v. Langenbeck und Privatdocent der pa-
thologischen Anatomie und Chirurgie in
Berlin aus.   Billroth

1858.

meine Hand bekomme; die Hauptstütze habe ich darin, daß ich die
Poliklinik und den Operationscursus habe. Die schlimmsten Con=
currenten für die Studenten sind diejenigen Collegen, die die Chi=
rurgie in 4 bis 6 Wochen den Studenten einpauken; es wird dadurch
viel Unheil angeregt! Ich bleibe noch ein Jahr vorläufig poliklini=
scher Assistent bei Langenbeck, dann bin ich 6 Jahre hier. Ob ich
jetzt, wo ich außerhalb des Spitals wohnen werde, Privatpraxis be=
kommen werde, davon hängt für meine Existenz sehr viel ab. Vor=
läufig ist die ganze Berliner chirurgische Privatpraxis in den Händen
von Wilms*) und Angelstein. Langenbeck hat fast ausschließlich
Fremde und hier nur die höheren Kreise; die mittleren und jüngeren
Ärzte consultiren ihn ungern, da er sehr unpünktlich sein soll.

Am 20. dieses Monats werde ich in Friedrichsroda bei Rein=
hardsbrunn in Thüringen Hochzeit machen und dann etwas reisen.
Vielleicht treffe ich Sie in der Schweiz irgendwo! . . . .

Der Ihrige
Th. Billroth.

16) An Prof. Baum in Göttingen.

Berlin, 8. October 1858.

Lieber Herr Hofrath!

Herzlichen Dank für Ihren lieben Brief vom 28. vorigen Mo=
nats, den ich vor einigen Tagen erhielt, als ich von einer längeren
Reise durch Schweiz, Oberitalien und Paris mit meiner Frau zurück=
kehrte. — Gestern habe ich auch Meißner's Verlobungsanzeige
erhalten und mich innig darüber gefreut. Ich war zwei Tage bei
ihm in Freiburg mit meiner Frau, und wir haben ihm kräftig zu=
geredet sich zu verheirathen; er entbehrte gerade bei seinen rastlosen
Arbeiten eines häuslichen Wohlbehagens sehr schmerzlich. Das
Beispiel von His und mir hat ihm hoffentlich Courage gemacht;
es hat mich lange nichts so erfreut, wie diese Verlobung.

In Betreff der Meckel'schen Abbildungen danke ich Ihnen
herzlich für Ihre freundlichen Bemühungen; doch glaube ich nicht,
daß noch etwas zu machen ist. Meckel hat früher schon bei Müller,
Ehrenberg, Humboldt versucht die Herausgabe des ganzen Werks

---

*) 1852 ordinir., und 1862 dirigir. Arzt der chirurg. Abtheil. in Bethanien.
Gest. 1880.

von der Akademie zu erreichen. Ich habe wiederholentlich mit
Müller, der Meckel sehr schätzte, darüber gesprochen; doch wurde
mir gesagt, das Werk sei zu speciell pathologisch-anatomisch und
dafür zu kostspielig, als daß die Akademie es übernehmen könnte.
Ich habe mich damals nicht dabei beruhigt, sondern durch Bekannte
den Atlas an Ballière und Masson in Paris anbieten lassen;
doch wollten sich auch diese nicht darauf einlassen. Es kommt der
schwierige Umstand hinzu, daß ein laufender Commentar zu dem
Atlas gemacht werden müßte. Wer soll das machen? Mir liegt
der Gegenstand gar zu fern, besonders jetzt. Einzelne Gegenstände
wie die Schalen von Schnecken und Muscheln sind für mich völlig
unverständlich, wenigstens kann ich darüber kein Urtheil haben. Die
Muscheln sind außerdem so wunderbar gemalt, theils auf Hausen=
blase mit Gold und Silber, daß die Tafeln so garnicht nachzumachen
sind. Ich habe früher die Sache mit Reimer sehr viel überlegt; der
Atlas würde 800—1000 kosten, wenn es gut gemacht werden soll,
und es würde die Herausgabe sehr lange dauern. — Beifolgend er=
halten Sie meine pathologisch-histologischen Memoiren.*)

Herzlichen Dank für Ihre freundlichen Glückwünsche.

Ihr treuer und dankbarer Schüler

Th. Billroth.

(7) An Dr. Fock in Magdeburg.**)

Berlin, 22. November 1858.

Mein lieber Fock!

Ich habe ein dringendes Bedürfniß einmal wieder etwas von
Dir zu hören; ich hoffte immer Dich einmal hier in Berlin zu sehen,
doch vergebens! Wie ich höre, bist Du auch schon so glücklich ver=
heirathet zu sein, wie ich; doch wann und wo, das weiß ich nicht.
Wie lebst Du? Wie geht es Dir? Wie hat sich in letzter Zeit Dein
Wirkungskreis gestaltet? Das sind Alles Fragen, die mich aufs
höchste interessiren, und deren Beantwortung ich erwartend ent=
gegensehe.

---

*) Beiträge zur pathologischen Histologie. Berlin, bei G. Reimer. 1858.
**) Die Briefe an Dr. Fock sind im Besitz der Wittwe. Nach seinem Tode
im Jahre 1865 schrieb Billroth den Nekrolog (Archiv f. klin. Chirurgie Bd. VI.).

Seit dem 20. August, wo meine Hochzeit in Reinhardsbrunn in Thüringen war, bin ich Ehemann und habe vorgestern also das erste Quartal als solcher gefeiert. Ich wohne jetzt Louisenstraße 38, und wenn Du herkommst, so wisse, daß Du mich am sichersten zwischen 5—6 triffst.

Meine Stellung bei Langenbeck habe ich beibehalten, vorläufig bis 1. November 1859. Privatpraxis habe ich vorläufig noch gar nicht und friste mein Dasein von den Operationscursen, die ich täglich von 10—12 halte. Ich lese Chirurgie und Fracturen mit mäßiger Zuhörerzahl. Gurlt dito. Der Arme war 6 Wochen verheirathet, dann starb seine Frau.

In meiner Häuslichkeit fühle ich mich unbeschreiblich wohl und fange an sehr beleibt zu werden. Meine Frau mußt Du kennen lernen, wenn Du herkommst; sie ist ein lebhaftes, munteres, stets heiteres Wesen und dabei sehr verständig! es ist gar zu nett verheirathet zu sein!

Schreib mir recht bald
Dein
Th. Billroth.

❀

18) An Prof. Baum in Göttingen.

Berlin, 18. Mai 1859.

Hochgeehrter Herr Hofrath!
Mein lieber Herr Professor!

Auf Ihre freundliche Aufforderung noch weitere Schritte zu thun für die Herausgabe der Meckel'schen Tafeln, hat Baerensprung, der mit Magnus bekannt ist, sich darum bemüht; doch hat es Magnus abgelehnt die Sache selbst in die Hand zu nehmen und an der Akademie in Anregung zu bringen. Ebenso wenig ist es gelungen Dubois, Peters oder Reichert dafür zu gewinnen; Ehrenberg hat sich mit großer Entschiedenheit dagegen erklärt. Glauben Sie, daß vielleicht die Göttinger Bibliothek die Originaltafeln, zu denen von Meckel's Hand eine kurze Erläuterung existirt (wenn ich nicht irre) kauft, so will ich besorgen, daß Ihnen dieselben zur Ansicht geschickt werden.

Doch der Zeitpunkt ist jetzt gar zu ungünstig. Hier hört man jetzt nur noch von Politik reden. Es bezweifelt bei uns Niemand, daß es auch mit uns zum Kriege kommen muß, und da das jetzige Uebergangsstadium jede geistige Thätigkeit und Gewerksthätigkeit hemmt, so wünscht jeder den Krieg sobald als möglich. Da wir ja Alle hier bei uns mit marschieren müssen, so giebt es keine Familie, in die nicht die Weltereignisse unmittelbar eingreifen. Doch das wäre das wenigste; das schlimmste ist die entsetzliche Lage, in welche die Arbeiter versetzt sind. Da Credit und Geld jetzt nicht zu haben sind, so haben die Fabriken ihre Arbeiter auf den vierten Theil reducirt, und dadurch sind dann gleich Tausende von Familien brodlos. Es ist ein großes Elend, daß die Börse die Welt regiert, und doch ist es nicht zu leugnen. Im Allgemeinen herrscht ein unbegrenztes Vertrauen auf die Regierung, und jeder ist bereit Opfer zu bringen. Die jüngsten Aerzte freuen sich auf den Krieg; wer sich bereits nach vielen Jahren der Plackerei endlich einen eigenen Heerd geschaffen hat, verliert durch die Mobilmachung für seine Familie die Existenz; viele unserer jüngeren Collegen sind sehr schlimm daran. Doch Preußen hat schlimmere Zeiten durchgemacht, wir werden mit Gottes Hülfe auch diese Krisis überstehen! Für den französischen Kaiser wäre es werth irgend eine ganz neue Strafe zu ersinnen; ich würde vorschlagen, ihm die Glieder Zoll für Zoll zu ecrasiren!

An der Universität verspüren wir den Krieg durch den Mangel der Ausländer; im Ganzen sind die Collegia noch ziemlich besucht. Doch sind die Studenten sehr zaghaft im Belegen auf der Quästur, da man immer glaubt, es geht nächstens los. Ihren Wilhelm sehe ich täglich bei Langenbeck; er ist fleißig und weiß gut bescheidt, wenn er als Praktikant auftritt. Ich habe ihm gerathen sich möglichst zu concentriren, nicht zu viel zugleich zu treiben. Ich habe ihn gebeten mich öfters Abends zu besuchen, da ich sehr häuslich lebe und fast immer zu Hause bin.

Ihr dankbarer Schüler
Theodor Billroth.

19) An Prof. Baum in Göttingen.

Berlin, 30. Mai 1859.

Mein lieber Herr Hofrath!

Es hat mir besondere Freude gemacht, einmal wieder eine Geschwulst aus der Göttinger Klinik zu untersuchen; ich sehe noch zuweilen mit Vergnügen auf meine ersten Notizen über die von Ihnen zu meiner Zeit exstirpirten Geschwülste, so unvollkommen sie auch sind.... Verzeihen Sie, wenn ich Sie länger aufgehalten habe, als es Ihre Geduld erlaubt; doch Sie haben einmal wieder meine Lust an den Geschwülsten aufgeregt, und da weiß ein junger Mann wie ich selten das rechte Maß zu finden. Ich finde jetzt viel Freude daran mich mit chirurgisch-historischen Studien zu beschäftigen; auch dazu haben Sie den Grund gelegt.

Heute war ich sehr bekümmert durch den unglücklichen Ausgang einer Herniotomie. Es war eine seit vier Tagen eingeklemmte Schenkelhernie, die Peritonitis leider schon sehr ausgebildet, als ich operirte. Ich bin durch Cooper und zuletzt durch meinen Aufenthalt in London sehr für die Operation ohne Eröffnung des Bruchsacks eingenommen; doch gelang die Reposition auch in diesem wie in früheren Fällen nicht, nachdem der Schenkelcanal sehr weit dilatirt war. Auch Wilms, der über 200 Herniotomieen gemacht hat, ist nicht damit zufrieden. Haben Sie einmal ein Bischen Zeit, so erfreuen Sie mich gelegentlich durch die Mittheilung über Ihre Erfahrungen in dieser Hinsicht. In unserer Klinik kommen sehr wenig Herniotomieen vor, und dann werden sie immer so spät gebracht, daß man sich nur daran ärgert.

Für Wilhelm habe ich eine Verbandtasche besorgt von mittlerer Größe mit guten und niedlichen Instrumenten. Die ganz kleinen Dinger, wie ich eine von Luer und eine von Charrière habe, scheinen mir doch recht unpraktisch. Der Preis ist etwa 20 Thaler. In Bezug auf das Mikroskop für Wilhelm habe ich ihn an Virchow empfohlen, da ich mit den Optikern ganz außer Conney bin ...

Mit dem größesten Bedauern habe ich von dem Tode Ihres Herrn Bruders in Danzig gehört; ich erinnere mich sehr wohl der angenehmen musikalischen Abende, die wir mit ihm zusammen in Göttingen hatten und der Freude, die er über die Mozart'schen Quartette hatte.

Leider höre ich, daß sich Stich in Danzig bereits mit der ganzen Stadt, mit Pohl und allen Collegen überworfen hat und völlig isolirt ist; er ist ein gar zu schroffer Charakter, wenn auch unzweifelhaft ein genialer Mensch.

Heute hatten wir eine sehr unerquickliche Exstirpation eines Carcinoms am Halse, wobei V. jugul. int. und Carotis unterbunden werden mußten.*)

Ihr dankbarer Schüler
Th. Billroth.

20) An Prof. Baum in Göttingen.

Berlin, 19. August 1859.

Lieber Herr Hofrath!

... Da Sie durch Beckmann**) jetzt einen unmittelbaren Weg zu der Mutter Meckel's haben, so glaube ich meine Mission in dieser Hinsicht niederlegen zu können.

Den Dynamometer besitzen wir, haben ihn jedoch noch nicht angewandt; doch will ich versuchen Langenbeck dazu zu überreden und in der nächsten Woche selbst einen Versuch damit machen. Was den von Ihnen erwähnten tödtlich abgelaufenen Fall betrifft, so lag dabei meiner Ansicht nach die Ursache nicht an der zu sehr forcirten Extension, sondern daran, daß dieselbe in einer Woche dreimal gemacht wurde und nicht gelingen konnte, da Fractur des Kopfes dabei war. Der Effect der Extension auf die entzündeten Theile war natürlich ein sehr verderblicher, es trat Gangrän und Tod ein. Leider durften wir die Section nicht genauer machen und konnten nur heimlich das obere Ende des Humerus herausnehmen, wobei wir dann die Fractur, die bei der letzten Extension diagnosticirt ward, fanden. Der Fall war mir sehr lehrreich, da ich dadurch, wie bei manchen anderen lernte, was man nicht machen soll. Dies natürlich nur entre nous.

Was Senftleben's Aufsatz betrifft, so ist derselbe sein alleiniges Eigenthum†). Langenbeck ist es nicht eingefallen bei allen intra-

---

*) B. Langenbeck: Archiv f. klin. Chir. Bd. I. p. 78. 1861.
**) Professor der pathologischen Anatomie in Göttingen, gest. 1860.
†) Dr. Senftleben, Assistent Langenbeck's, hatte in den Annalen der Charité B. VIII. 3. 1859 den Rath gegeben, bei nicht vereinigtem intracapsulären Schenkelhalsbruch, wenn Alter und Kräfte es gestatten, sogleich die Extraction des oberen Fragments vorzunehmen.

capsulären Schenkelhalsfracturen den Kopf herausnehmen zu wollen; er würde sich überhaupt bedanken, Alles auf sich zu nehmen, was wir Assistenten behaupten; und wir suchen etwas darin möglichst selbständig zu denken und zu schreiben. Unser Verhältniß zu Langenbeck und besonders das meine ist ein durchaus collegialisches, und das ist für die Betheiligten gewiß von Vortheil.

Die Chloroforminjection bei Hydrocele ist hier wieder ziemlich verlassen. Da hier fast alle Hydrocelen poliklinisch behandelt werden, so sind wir wieder zum Jod zurückgekehrt, weil das Chloroform zuweilen doch zu heftige Reaction macht, als daß man die Leute damit könnte ohne Weiteres zu Hause gehen lassen. Einen Todesfall haben wir nie beim Chloroform gehabt. Ist das propter hoc in dem Fall von Esmarch wirklich nachzuweisen? mir ist nichts darüber bekannt geworden.

Ich bin für die Civilpraxis durchaus gegen die Kniegelenkresectionen und habe mich auch in dem beifolgenden Aufsatz*) in dieser Weise darüber ausgesprochen.

Henle's**) Kritik meiner Arbeiten hat mich recht betrübt. Er erklärt meine Darmnerven für zerfallene elastische Fasern, er hat sie gewiß nicht nachuntersucht. J. Müller hat alle meine Präparate darüber nachuntersucht; er und Dubois haben mir darüber ihre größeste Freude ausgedrückt, und Henle erklärt sie für ein Phantom, eine Täuschung. Ist diese Art der Kritik auch Wissenschaft? Ist das eines Mannes wie Henle würdig die Wissenschaft so zu treiben? Meine Untersuchungen über die Structur der Tonsillen hat er nicht einer Silbe gewürdigt, vermuthlich weil sie gegen seine Ansichten sprechen. Diese Art, Alles zu läugnen, was nicht von ihm selbst ausgegangen ist und wie die österreichische Politik immer auf demselben Punkt sich zu drehen, wird ihn bald zu einer völlig vergessenen Persönlichkeit machen. Ich habe Meißner sehr vor dieser Allianz mit Henle gewarnt. Virchow erhält sich fortwährend an der Spitze dadurch, daß er stets den Beobachtungen Rechnung trägt; er fördert auf diese Weise dauernd. Henle hemmt entschieden, so lange er überhaupt noch einen Einfluß hat.

Graefe erzählte mir gestern von dem Unglück, welches Wernher†)

---

*) Über die Resection des Kniegelenkes. Deutsche Klinik, Nr. 33. (1859.
**) Prof. der Anatomie in Göttingen, gest. 1885.
†) Prof. der Chirurgie in Gießen; gest. 1883.

in Gießen betroffen hat, der jetzt hier ist. Er hat sich mit Blen=
norrhoe beide Augen inficirt. An dem einen Auge ist schon Perforation
eingetreten, an dem anderen sind tiefe Ulcerationen! Welch' entsetz=
liches Geschick! Mit der Bitte um Ihr ferneres Wohlwollen herzlich
der Ihre
Th. Billroth.

21) An Dr. Fock in Magdeburg.
Berlin, 15. December 1859.

Lieber Fock!

Herzlichen Glückwunsch zu dem fröhlichen Ereignisse Deines
Hauses. Möge Dein Junge so gut gedeihen, wie der meinige, der
nun schon 5 Monate alt ist und anfängt die ersten Spuren geistiger
Regsamkeit von sich zu geben.

Mir und meiner Familie geht es gut; ich für meine Person
habe in neuester Zeit einen Kummer gehabt, der mich sehr gekränkt
hatte, da ich gegründete Aussichten auf die Professur in Zürich
hatte, die sich leider nicht realisiren, sodaß ich nun wieder hier sitzen
bleibe.*) Ich habe auffallendes Pech mit meinen Bewerbungen
nach außerhalb; es scheint, daß ich durchaus hier verkümmern soll.
Einst flogen meine Pläne hoch; jetzt bin ich zufrieden meine Existenz
hier gesichert zu sehen. — Ich freue mich zu hören, daß es Dir
gut geht.
Der Deine
Th. Billroth.

22) An Prof. Baum in Göttingen.
Zürich, 8. April 1860.

Lieber Herr Hofrath!

Anhängenden Prospect**) übersende ich Ihnen mit der Bitte,
unsere Bestrebungen möglichst durch Beiträge aus Ihrer reichen
Klinik zu unterstützen.

---

*) An Billroth's Weihnachtsbaum hing der Brief, welcher ihm, dem 30jährigen
Privatdocenten, die Ernennung zum ord. Professor der Chirurgie in Zürich brachte.
**) Prospect des Archiv's für klinische Chirurgie, herausgegeben von B. Langen=
beck, redigirt von Billroth und Gurlt. Verlag von A. Hirschwald, Berlin.

Seit wenigen Tagen bin ich erst hier, bin jedoch über Alles, was ich hier in Betreff meines Wirkungskreises gesehen habe, sehr zufrieden! In Eile

Ihr dankbarer Schüler

Th. Billroth.

23) An Prof. Baum in Göttingen.

Zürich, 15. December 1860.

Lieber Herr Hofrath!

... Sie werden sich aus meinen Mittheilungen in Basel vielleicht erinnern, daß ich nicht abgeneigt bin meinen Wohnsitz unter Umständen zu ändern. Bei vielen Vortheilen der hiesigen Stellung ist einerseits die pecuniäre Beengtheit drückend für mich und meine Familie; andererseits bleibt ein Deutscher in Zürich stets ein Fremder, und dieses Gefühl kann durch die Liebenswürdigkeit Einzelner nicht ganz unterdrückt werden; ein behagliches, gemüthvolles Wohlsein ist hier nicht zu erwarten. Es kommt hinzu, daß sich meine Frau hier sehr unglücklich fühlt, was mich oft recht bedrückt. Diesen Schattenseiten gegenüber giebt es glänzende innerliche und äußerliche Lichtseiten, wovon ich nur nennen will das große schöne Hospital, das reiche Material an Kranken, und im Sommer zumal der Reiz der großartigen und dabei doch so lieblichen Natur!

Sie werden mir daher wohl zugeben, lieber Herr Hofrath, daß ich diese Vortheile nur gegen andere aufgeben kann. Das nordische Leben in Rostock würde meiner Pommernnatur wohl behagen, auch die pecuniäre Stellung wäre besser als hier, meine Familie würde sich dort wohler fühlen, und ich wäre wieder in Deutschland! Das sind die Punkte, die mich reizen! Doch unter den von Ihnen geschilderten Verhältnissen könnte ich wohl kaum darauf eingehen, dabei würde ich wissenschaftlich Schaden leiden. Hier mit freier Disposition über 70 Betten, mit wissenschaftlicher Benutzung von den 30 Betten der chirurgischen Secundär-Abtheilung, dort vielleicht 2 kleine Augensäle und eine Poliklinik, das würde ich nicht können, nicht dürfen. — Was die Ophthalmologie betrifft, so habe ich mich damit in Berlin zwar viel beschäftigt und stand mit Graefe stets in wissenschaftlichem und freundschaftlichem Verkehr; doch hier habe ich keine Freude an diesem Feld gefunden. Zwar habe ich zwei

Augensäle, doch im ganzen Jahr vielleicht 20 Kranke darin, sodaß ich sie stets mit chirurgischen Kranken belege. Diese Augenkranken sind fast ausschließlich Conjunctivitiden und ganz alte Jrido=Choroi= diten; etwas anderes ist mir hier noch nicht vorgekommen. Das kommt nun ganz natürlich daher, daß Horner eine große Privat= klinik schon hatte, ehe ich herkam und als Eingeborner ein großes Renommé besitzt; außerdem ist er ein sehr tüchtiger Ophthalmologe. Die Augenkranken sind indeß ganz entwöhnt vom Spital. So wird es in Rostock auch wohl sein. Wenn dort eine Privatklinik besteht und Dr. Klassen ein tüchtiger Mensch ist, so dürfte es mir keines= falls gelingen die Augenkranken von ihm ins Spital zu ziehen, denn ich halte die Trennung der Ophthalmologie von der Chirurgie, so= wie die Sache jetzt einmal steht, für ganz zweckmäßig und würde nie durch irgend welche Maaßregeln einen tüchtigen Collegen in der Ausübung seiner Specialität stören.

Den größeren Theil der chirurgischen Klinik müßte ich daher jedenfalls beanspruchen. Ich möchte um Alles nicht Strempel*), den ich persönlich sehr hochschätze, drängen und gar verdrängen; doch kann ich nicht eine Stellung übernehmen, die mir, soweit ich es aus den vorläufigen Vorschlägen zu beurtheilen im Stande bin, in sich selbst unhaltbar erscheint.

Seien Sie nicht ungeduldig, lieber Herr Hofrath, daß ich Sie so lange heute aufgehalten habe; doch es wollte sich nicht kürzer thun lassen.

Ihr dankbarer Schüler

Th. Billroth.

24) An Prof. Baum in Göttingen.

Zürich, 16. März 1861.

Lieber Herr Hofrath!
Mein lieber Lehrer!

. . . . Der Schluß Ihres lieben Briefes, wo Sie von Ihren Jahren sprechen und ein wehmüthiger Ton durchklingt, paßt durch= aus nicht zu Ihrer sonstigen Jugendfrische. Sie sind uns ja Allen

---

*) Professor und Director der med.-chir. Klinik in Rostock. Gest. 1872.

ein Vorbild, wie man sich durch die Wissenschaft unverändert erhält und stets noch Allen im Streben nach dem Schönen und Edlen voraneilt! Ich hoffe, es war eine vorübergehende Stimmung. In der schönen harmonischen Folge unserer Dur- und Moll-Gedanken liegt ja der Reiz des Lebens. An die Schlußsymphonie des Lebens, wie sie Beethoven so schön am Schluß des Egmont und der „Freude, Freude" gemalt hat, brauchen Sie noch lange nicht zu denken! Gott erhalte Sie noch lange auf Ihrem Capellmeisterposten, und haben Sie Nachsicht mit einem Ihrer älteren Orchestermitglieder, nemlich mit Ihrem Geiger, der darnach strebt der erste zu werden.

Der Ihre

Th. Billroth.

25) An Prof. His in Basel.

Zürich, 28. Juli 1861.

Lieber His!

Welch' beneidenswerthes Leben der Erholung und des Naturgenusses mögen Sie jetzt führen, während wir hier noch im Joch der Arbeit schwitzen! Und wenn es das Alles wäre! Der Monat Juli hat mir eine so große Menge schwerster chirurgischer Fälle gebracht, daß mich Kummer und Sorge um das Leben so mancher kräftiger lebensfrischer Menschen nicht verläßt. Wenn es bei unseren anatomischen Studien nicht zu Ende kommen will, was thuts! Andere werden es doch vollbringen. Doch wenn man sich als Arzt sagen muß, wie viel in unserem Wissen und Wirken Stückwerk ist, das müssen zuweilen Menschenleben büßen, von denen die Existenz ganzer Familien abhängt! wenn man doch immer helfen könnte!

Von solchen Stimmungen verfolgt, habe ich immer wieder das Bedürfniß nach positivem Forschen, und so komme ich dann immer wieder zum Mikroscop; denn solange mein Auge sich erhält, weiß ich doch, was ich sehe und weiß, daß das wirklich ist, was ich sehe. Da haben Sie die Ursache, weßhalb mir meine anatomischen Arbeiten lieb sind und immer lieber werden. Verzeihen Sie, daß ich Sie mit diesen Reflexionen quäle und langweile, doch das liegt so in der zeitweisen Stimmung.

Doch jetzt bitte ich Sie mir einen oder zwei Tage zuvor zu

schreiben, wann Sie mich besuchen wollen; ich freue mich sehr darauf, ich möchte Ihnen mancherlei zeigen, doch um Sie nicht zu ermüden zuvor meine Präparate ordnen . . . .

Wenn ich irgend kann, möchte ich noch Mitte August (am 8. oder 10. beginnen unsere Ferien) auf einige Tage ins Engadin; Sie werden uns den besten Aufschluß geben können, wie wir dies am besten machen.

Herzlichst der Ihre
Th. Billroth.

26) An Dr. Fock in Magdeburg.

Zürich, 13. November 1861.

Lieber Freund!

Deine letzten Arbeiten haben mich aufs lebhafteste interessirt, Du hast vortreffliche Erfolge! Was die Hüftresectionen betrifft, so halte ich dieselben freilich auch für viel weniger gefährlich als die Kniereseetion. Doch gehst Du mir mit den Indicationen doch zu weit, und glaube ich, daß Du sie mit der Zeit einschränken wirst. Bei erwachsenen und älteren Personen verläuft die Operation doch nicht immer so gut, wie Du es dargestellt hast. Jeder bildet sich natürlich seine Ansicht nach seiner Erfahrung. Ich habe hier 3 Resectionen der Hüfte gemacht, 2 mit günstigem, 1 mit lethalem Ausgang. Ich hoffe immer, man wird die Prognose für die Resectionen a priori noch immer bestimmter stellen; eigentlich sollte man keinen verlieren. Du siehst, ich gehöre zu den philiströsen Operateuren und werde immer scrupulöser in gewissen Operationen, operire überhaupt ungern mit zweifelhafter Prognose wenigstens in theoria; in praxi läßt es sich nicht immer so von der Hand weisen. — Ich habe hier 3 Tracheotomieen bei Croup gemacht, der hier sehr selten ist. Alle 3 Kinder sind gestorben; eins erstickte während der Operation durch Bluteintritt in die Trachea, ich war ganz allein ohne Assistenz in einer ärmlichen Hütte. Da habe ich etwas dégout vor dieser Operation bekommen, wie begreiflich. Gelenkkörper habe ich hier noch nicht gesehen, sonst viele Gelenkleiden.

Damit Du mich jedoch nicht für operationsscheu hältst, will ich Dir mittheilen, daß ich noch in neuester Zeit einige kühne Operationen

gemacht habe, unter anderen eine osteoplastische Resection des Unter=
kiefers mit Wiedereinheilung des provisorisch resecirten Stückes, eine
gelungene Staphylorraphie bei einem Kinde von 6 Monaten, gewalt=
same Extractionen des halb necrotischen ¾ Unterkiefers bei Phos=
phornecrose vom Munde aus ohne Schnitt und mit Ablösung aller
Neubildung ꝛc.

Das Material ist hier überhaupt sehr befriedigend. Ich habe
100 chirurgische Kranke zur Disposition und allein über die Auf=
nahme zu entscheiden, sodaß ich mir viele langweilige Fälle vom Halse
halten kann. 30 Kranke werden von einem Secundärarzt besorgt;
70 habe ich für die Klinik speciell. Die meisten Fälle sind Ver=
letzungen, zumal Maschinenverletzungen oft schwerster Art; Geschwülste,
zumal Carcinome äußerst selten.

Auch mit meinem Lehrerfolg bin ich recht zufrieden. Die Kliniken
waren unter Locher und Lebert recht verwahrlost. Griesinger*)
und ich übernahmen dieselbe mit etwa 6—8 Zuhörern. In diesem
Winter sind 20 Praktikanten, und ein anderer Geist und reges
Interesse belebt die Leute; das spornt sehr an und erfreut das Herz,
wenn es auch viel Mühe macht und fortwährendes Arbeiten er=
fordert.

Meine Lehr= und literarische Thätigkeit nimmt mich aber auch
ganz in Anspruch. Praxis habe ich fast gar [nicht], wenige Consul=
tationen und Operationen auswärts und in der Stadt; Hauspraxis
lehnte ich von vornherein ab. In Folge dessen lebe ich nicht brillant,
und haben meine Einnahmen noch nicht die Höhe erreicht, wie in
der letzten Zeit in Berlin. Das erste Jahr hat mich horribel ge=
kostet; doch lebe ich innerlich sehr befriedigt und kläre mich wissen=
schaftlich immer mehr ab, wie ich hoffe. Das Leben ist hier sehr
theuer; ich lebe gut, doch ohne jeglichen Umgang und brauche jähr=
lich etwa 15000 Frcs., habe 3000 Frcs. Gehalt. Es ist die Pro=
fessur also hier so eine Art Luxus.

Mein Bub ist jetzt 2¼ Jahr und ein recht munterer lebhafter
kleiner Kerl. Meine Frau erwartet im December wieder ihre Nieder=
kunft; schon deßhalb vermeide ich gesellschaftlichen Verkehr . . . .

Ich bin jetzt in einer anderen mehr allgemein chirurgischen
Richtung thätig und halte es für meinen Beruf als Redacteur des

---

*) Prof. der inneren Medicin, gest. 1868.

Archivs, bald hier bald dort neue Gegenstände anzuregen, oder alte modern umzuformen. So läuft jetzt eine lange Arbeit über Wund= fieber und Wundkrankheiten von Stapel; dann soll eine allgemeine Bearbeitung der Geschwüre folgen, ferner eine Arbeit über Perio= stitis und Osteitis. Dies sind Alles Vorarbeiten und Vorläufer für eine allgemeine Chirurgie*) auf modernem Boden, an der ich stück= weise schon arbeite; sie soll in Form von Vorlesungen erscheinen nach englischen Mustern. Die künstlerische Verarbeitung des Stoffes und die Abrundung des Ganzen erfordert viel Grübeln, Um= arbeiten 2c.

Langenbeck war im Herbst bei mir; er war jünger geworden, voller Leben und Geist! Die schöne zugleich liebliche und großartige Natur Zürich's fesselte ihn ungemein und in der That, es ist un= vergleichlich. Ich wohne außerhalb der Stadt mitten im Grünen; von meinem Schreibtisch der Blick auf die ewigen schneeigen Alpen ist wunderbar schön, und der See und das Grün im Vordergrund bezaubernd anmuthig!

Nun hast Du eine Vorstellung von meiner hiesigen Existenz; die körperliche lege ich im Bilde ein, mit der Bitte mir das Gleiche zu thun und mich bald mit einem Briefe zu erfreuen. Ich hoffe Du besuchst mich im nächsten Sommer. Wie glücklich sind wir doch eine praktische Stellung zu haben. N. war im Herbst hier. Der Arme erstickt fast in seinem wissenschaftlichen und körperlichen Fett.

Der Deine
Th. Billroth.

27) An Prof. Baum in Göttingen.

Zürich, 26. December 1861.

Lieber Herr Hofrath!

.... Ich begreife, wie schwer es Strempel sein muß von seiner Stellung abzutreten, nachdem er sein ganzes Leben dahin ge= arbeitet hat die medicinische Fakultät in Rostock nach Kräften zu reorganisiren. Es kann daher nicht davon die Rede sein, daß ich es ihm oder Ihnen übelnehme, wenn die Sache anders kommt, wie

---

*) Die allgemeine chirurgische Pathologie und Therapie in fünfzig Vorlesungen. Berlin bei G. Reimer. 1863.

es anfangs schien … Ich finde, Strempel sollte die Stelle vorläufig behalten, wie sie ist, so lange er kann. Seine Regierung ist ihm zu viel Dank schuldig, als daß sie ihm das Amt nehmen könnte, und es ist gewiß besser, wenn man dann später die Stelle ganz besetzt, als jetzt halb.*)

Zum neuen Jahr meinen herzlichsten Gruß.
Der Ihre
Theodor Billroth.

※

28) An Prof. Esmarch in Kiel.

Zürich, 6. März 1862.

Lieber Freund!

.... Unzählige Mal habe ich unseres vergnügten Zusammenseins hier in Zürich gedacht; es war für mich eine rechte Erquickung mich mit Ihnen und Langenbeck auszusprechen, da ich sonst in Chirurgicis hier ganz auf mich beschränkt bin, und äußere Verhältnisse mich verhindern in den Ferien zu reisen. Übrigens fühle ich mich mit der Zeit immer behaglicher hier, und auch meine Frau gewöhnt sich immer mehr an das Unvermeidliche.

Viel Neues habe ich nicht gemacht. Die Osteoplastik hat indeß doch vielleicht mehr Zukunft als ich früher dachte, wenngleich ich keineswegs so dafür schwärme wie Langenbeck. Mit der Uranoplastik ist es aber ein famoses Ding. Haben Sie es schon gemacht? Im nächsten Heft unseres Archiv's kommen darüber einige Fälle von mir. Ich weiß nicht, warum sich Langenbeck in einen fruchtlosen Prioritätsstreit verwickelt hat; es scheint mir doch höchst gleichgültig, ob die Operation früher hier oder dort einmal geglückt ist. Zur Methode ist sie erst durch Langenbeck erhoben, erst durch ihn ist die Operation empfehlenswerth geworden. Seine Beschreibung ist classisch, und nur, wenn man sich verbotenus an seine Schnittführung hält, ist das Resultat absolut sicher. Da werden die Franzosen wieder guten Unsinn machen, wenn sie anfangen die Operation auf ihre Weise zu machen! denn sie wollen bekanntlich Alles besser machen!

---

*) Billroth lehnte 1862 einen Ruf nach Rostock ab.

Ich habe kürzlich Berichte privatim von einem jungen Arzt aus Paris gehabt, und die Haare haben sich mir gesträubt über das, was dort vorgeht.

In neuester Zeit, wo mir 6—8 scheußlich große kalte Abscesse zur Behandlung kamen, habe ich mich denn auch an die Drainage gemacht! ich kann nichts mehr darin finden als in den Setons, und bin nicht sehr entzückt von dieser Behandlung. Doch die Sachen an sich sind zu gräulich, zumal je torpider die Processe; es stecken doch in 100 Fällen von kalten Abscessen wenigstens 80 mal unheilbar gelegene Knochenleiden dahinter.

Im nächsten Heft des Archivs wird nun endlich meine Fieberarbeit*) von Stapel laufen. Wenn Sie dieselbe lesen, so bitte ich Sie keinen anderen Maaßstab anzulegen, als wie man ihn an einen Versuch legt, mit neuen Hülfsmitteln mancherlei zu sichten und zu ordnen; erst wenn von vielen Seiten in gleicher Richtung gearbeitet wird, kann etwas Brauchbares daraus werden! Doch hoffentlich wird Ihnen die darin neuangebahnte streng klinische Richtung behagen, denn bisher gab es gar zu viel Koketterie mit Operationen ꝛc. in der chirurgischen Literatur. Es ist Zeit, daß man wieder mehr aus ärztliche Beobachten mahnt; ich weiß, daß Sie darin mit mir übereinstimmen werden, und glaube auch, daß die Zeit mit Operationen und pathologischer Anatomie fast übersättigt ist.

Eine neue Arbeit**) bereite ich vor, nämlich einen Versuch einer chirurgischen Epidemiologie zur Entscheidung der Frage, ob Erysipelas, Trismus, Eiterungen an äußeren Theilen wirklich epidemisch auftreten, wie es den Anschein oft genug hat. Ich sammele augenblicklich von den Ärzten des Canton Zürich Beobachtungen hierüber ein aus den Jahren 1860 und 1861. Die Zahlen werden nicht eminent sein; doch glaube ich, daß nach dieser Richtung Exacteres angebahnt werden sollte.

Wenn Sie mir über meine Fieberarbeit Ihr aufrichtiges Urtheil schreiben wollten, würden Sie mich sehr erfreuen, da Sie wissen, wie viel Werth ich darauf lege.

Für heute leben Sie wohl! Besuchen Sie uns im Herbst wieder.

---

*) Beobachtungsstudien über Wundfieber und accidentelle Wundkrankheiten. Erste Arbeit (Archiv f. kl. Chirurgie Bd. II. 1861).
**) Ein kleiner Beitrag zur Frage, ob gewisse chirurgische Krankheiten epidemisch vorkommen (Archiv f. kl. Chirurgie Bd. IV. 1862).

Einliegend meine Photographie? Können Sie mir eine von Stromeyer*) verschaffen?

Der Ihre
Th. Billroth.

29) An Prof. His in Basel.

Zürich, 20. April 1862.

Lieber His!

Ihr Bericht, den ich eben erhielt, hat mich außerordentlich interessirt; zumal freut es mich, daß Sie auch die Häute jetzt in Angriff nehmen. Hier ist es auch die von Ihnen erwähnte Eiterresorption, die mich vor Allem interessirt und mich zu folgenden kurzen Bemerkungen veranlaßt.

Die Möglichkeit der Resorption von jungen neugebildeten Zellen ist gewiß bei jedem Entzündungsprozeß gegeben, und doch hat sie entweder gar keinen Effect (wenn man nicht das Fieber als Folge nehmen will), oder sie kommt doch nicht zu Stande trotz der gegebenen anatomischen Verhältnisse. Es ist gewiß eine der merkwürdigsten Erscheinungen, daß der z. B. traumatisch angeregte Proceß gewöhnlich sich sobald begrenzt, nur ausnahmsweise über gewisse Grenzen sich ausdehnt; man sieht gar nicht ein, warum die in der Umgebung der Wunde angeregte Zellenbildung nicht peripherisch weiterschreitet, nicht immer zur Vereiterung oder zum Tumor führt! Hier liegt das Wunder, wie so oft im Alltäglichen. Sie wissen aus Ihren Cornea-Untersuchungen, daß sehr bald das ganze Gewebe seine Structur verliert und in eine homogene gallertige Intercellularsubstanz mit rundlichen Zellen aufgelöst wird; wird dies Gewebe vascularisirt, so ist es Granulationsgewebe. Da nun die Lymphgefäße keine Wandungen haben, ihre Existenz daher auf einer gewissen Starrheit des Gewebes beruht, so werden in dem schleimigen sulzigen Granulationsgewebe keine Lymphgefäße existiren können, und durch diese Granulationsschicht keine Resorption (wenigstens nicht durch die Lymphgefäße) stattfinden. Dies wäre freilich erst anatomisch nachzuweisen. Die Praxis lehrt, daß die Resorption zersetzter Substanzen durch Granulationsgewebe hindurch nicht zu er-

---

*) Generalstabsarzt in Hannover, gest. 1876.

folgen pflegt, sondern daß sie hauptsächlich in einer Zeit zu Stande
kommt, wo noch keine Granulationen vorhanden sind. Bei ausge=
dehnten offenen Quetschwunden, die in Zersetzung übergehen, tritt
die Resorption innerhalb der ersten 3 Tage ein; hier entsteht die
wahre Septicämie. Ist die Wunde, wenn auch noch so groß in
Eiterung übergegangen, so können sich Massen von Zersetzungen,
nekrotisirenden Fetzen 2c. auf der Wunde bilden, es erfolgt keine
Resorption fauliger Substanzen. Das Volk verbindet seine Wunden
mit Kuhmist, mit Urin 2c. ohne wesentlichen Schaden, wenn die
Wunde einmal granulirt.

Der Beweis, daß in späteren Stadien Eiter ins Blut gelangt,
und daß dieser Eiter die Ursache der (nicht auf Embolie beruhenden)
Metastase ist, ist kaum zu liefern. Experimente und mikroscopische
Untersuchungen gaben hier nur negative Resultate. Virchow hat
Jahre lang, wie Sie wissen, daran gearbeitet, ist aber nicht über
die Embolie hinausgekommen. Diese reicht nun gerade für die
chirurgischen Fälle wenig aus, und man kommt nicht über die
phlogistische oder purulente Diathese hinweg, die ihr bestes Analogon,
sowohl was die Ausbreitung als den Sitz der Metastasen betrifft,
in der carcinomatösen Dyscrasie findet. Es würde demnach sehr
interessant sein, wenn nachgewiesen würde, wie die Lymphgefäße
sich beim Beginn der Entzündung verhalten, wie gegen die Granu=
lationsfläche, wie in der Nähe von Geschwülsten und in denselben.
Wenn ich Ihnen doch könnte Material zuschicken; doch ausgeschnittene
Hautstücke, zumal im Sommer versandt, werden Ihnen nicht viel
nützen können.

An einer eidgenössischen Hochschule wäre dies freilich besser.
Sie haben diesen Gegenstand angedeutet; ich habe freilich Züricher
nicht darüber gehört, doch habe ich so meine eigene Meinung darüber.
Vergönnen Sie mir einige Worte darüber; wenn ich auch nicht
Schweizer bin, so glaube ich nach einem zweijährigen Leben in diesem
schönen Lande doch die Verhältnisse ein Bischen studirt zu haben.

Nachdem ich durch eigene Anschauung gesehen habe, wie man
in Bern und Basel und hier fleißig wissenschaftlich arbeitet, und wie
jede Universität sich bestrebt sich hervorzuthun, würde ich es für sehr
wenig vortheilhaft halten die verschiedenen Bildungsheerde zu zer=
stören, oder auch nur zu beeinträchtigen. Benachtheiligt sind nur
die französischen Cantone; sie sollten in Genf noch einen wissen=

schaftlichen Centralpunkt haben, eine Universität, damit sie nicht nach Paris zu viel geistige Beziehung haben und nähren. Ein Bedürfniß für die studirende Jugend scheint mir für die Mediciner durchaus nicht vorzuliegen; es ist für sie gut gesorgt. Weder die Naturwissenschaften, noch die practische ärztliche Ausbildung gedeiht auf großen Universitäten, und als eine solche soll man sich doch die eidgenössische Hochschule denken. Kurz, ein Bedürfniß scheint mir für die Studirenden der Medicin nicht vorzuliegen.

Wohin sollte die eidgenössische Hochschule verlegt werden? Verlegen Sie dieselbe auf eine der bestehenden Universitäten, so werden die Französisch-Schweizer immer benachtheiligt sein; Sie mögen noch so viele französische Lehrer anstellen, oder selbst alle Fächer doppelt besetzen. Denn nie wird sich der Genfer in das deutsche Zürich, Basel oder Bern hingezogen fühlen; denn wenn er auch französisch lernen kann, kann er nicht französisch leben. — Verlegen Sie die eidgenössische Hochschule nach Genf oder Lausanne, so wird sie immer ganz französisch bleiben. Die deutschen Schweizer werden in Basel, Bern, Zürich bleiben; die deutschen Studenten gehen sicher nicht in das französische Genf oder Lausanne, und die eidgenössische Hochschule wird cantonal französisch bleiben. Genf soll der reichste Canton sein; warum hält er sich nicht mit dem Waadtland zusammen eine Universität?

Eine deutsche eidgenössische Hochschule würde ich für einen großen politischen Fehler halten; eine französische würde cantonal sein oder werden.

Gehen wir etwas auf die Details ein. Entsteht eine große eidgenössische Universität, eine medicinische Schule à la Würzburg, Berlin, Wien, so hat keine der Schweizer Städte genug Material. Die Leichen, die Kranken müßten von allen Cantonen centralisirt werden. Thun Sie nur einen Blick in die Geschlossenheit der Verwaltung jedes Cantons, jeder Gemeinde, so wird Ihnen die praktische Unmöglichkeit einleuchten hier einzugreifen. — Anders stellt sich allerdings wohl die Sache für die übrigen Fakultäten, zumal für die Juristen und Theologen; sie werden hier freilich in jeder Hinsicht sehr stiefmütterlich behandelt. Die Anzahl der Studirenden wird immer in diesen Fakultäten klein bleiben, wo es gerade ganz wohl anginge, daß ihre Zahl ad infinitum anstiege, da dort nicht zu demonstriren ist, sondern der Professor für 2—300 ebensogut

seinen Vortrag halten kann, als für 10—12. Hier wäre eine eid=
genössische Universität mit Aufhebung der übrigen ein Segen,
wenngleich ihr ebenfalls die nöthige Anzahl französischer Elemente
beigegeben werden müßte.

Das Hauptargument, welches man für die eidgenössische Hoch=
schule anzuführen pflegt, ist gewöhnlich, daß man dieselbe besser
ausstatten könne, die besseren Lehrkräfte besser besolden und fixiren
könnte, als es unter den jetzigen Verhältnissen der Fall sein kann.
Dies ist im Allgemeinen zuzugeben, doch mache man sich keine
Illusionen über die pecuniären Erfolge. Die Schweiz wird an ihren
Universitäten stets Ausländer gebrauchen. Kein Land Deutschlands,
weder Preußen noch Oesterreich, besetzen ihre Professuren nur mit
Inländern, und wenn es Oesterreich vorwiegend thut, so geschieht
es zu seinem eigenen Schaden, denn die kleinen österreichischen Uni=
versitäten haben nur noch rein locale Bedeutung. Nun kann man
freilich die Ausländer theilweise durch Gehaltserhöhung halten, doch
sehr oft kehren die Leute in die Heimath zurück und würden es
thun, wenn man ihnen auch Schätze böte; das Geld ist hier nicht
die alleinige Ursache. Außerdem liegt doch auch ein nicht unbe=
deutender Vortheil darin, stets frische Kräfte zu haben und nicht
benöthigt zu sein ganze Fakultäten zu Tode zu füttern. Eine solche
alternde Fakultät ist schwer zu beleben; man sieht es ja am besten
jetzt wieder in Heidelberg in der medicinischen Fakultät. Helm=
holtz*) und Friedreich**) sind nicht im Stande den alternden
Stamm der Fakultät zu beleben. Die Schweizer Fakultäten bleiben
stets jung, weil ihnen genug Gelegenheit zum Wechsel gegeben ist.
Die Bedeutung der Fixation ist also auch eine sehr zweifelhafte.

Ich schwärme, wie Sie sehen, nicht für eine eidgenössische Hoch=
schule und habe es nie gethan. Würden gar die Schweizer Studenten
aus Patriotismus nur die eidgenössische Hochschule besuchen, so
wäre das nichts weniger als vortheilhaft, denn den Binnenschweizern
thut es sehr gut, wenn sie auch einmal anderes Land und Leute
kennen lernen.

Eine Hebung der Universitäten durch eidgenössische Geldmittel
würde ich indeß nicht allein zweckmäßig, sondern auch billig und

---

*) Prof. der Physiologie in Heidelberg, dann Prof. der Physik in Berlin, gest. 1894.
**) Prof. der inneren Medicin in Heidelberg; gest. 1882.

gerecht halten; denn daß die Cantone, welche Universitäten halten, dadurch große Opfer bringen, die der gesammten Schweiz zu Gute kommen, liegt ja auf der Hand. Die übrigen Cantone sollten mit herbeigezogen werden, man sollte alle 4 Universitäten (mit Genf) eidgenössisch, mit eidgenössischen Mitteln verwalten. Dies würde bei dem Sondergeist der Cantone wohl nur durch die Bundesversammlung zu bewerkstelligen sein, obgleich ich mir auch einen anderen Weg denken könnte, nämlich den, daß die Schweiz sich in vier Universitätsdistricte theilt, und daß die den Universitäten benachbarten Cantone mit zur Erhaltung derselben beitragen; dann wären die Mittel sicher vorhanden mehr zu thun. Noch besser würde mir folgendes gefallen: die Jurisprudenz, Theologie und Philosophie mit doppelten Professuren nach Bern als den doppeltnationalen Canton zu concentriren und daneben eine naturwissenschaftliche Akademie zu stellen, die medicinischen Fakultäten aber in Genf, Basel, Zürich, auch in Bern zu belassen und mit eidgenössischen Mitteln zu versehen. Es wäre dann eine auf verschiedene Orte vertheilte eidgenössische Hochschule mit gemeinsamer Verwaltung. Ich sehe wohl ein, daß auch dieser Plan sehr schwierig auszuführen sein wird; doch scheint er mir zweckmäßig, wenigstens für die medicinischen Fakultäten.

Es wäre mir lieb von Ihnen zu hören, welche Pläne Sie und die Parteiführer in Basel haben. Die mitgetheilten Ansichten sind nicht die Züricher, sondern meine persönlichen Reflexionen über diesen Gegenstand, über den ich mich aber stets in dieser Weise ausgesprochen habe.

Das Polytechnikum paßt wenig zum Vergleich mit der Hochschule. Die technischen Wissenschaften, aus der modernsten Zeit entsprungen, waren nie national, sondern gleich vom Beginn ihres Entstehens universell europäisch; hier macht sich eine kosmopolitische Combination von selbst. Der Mangel an ausgedehnten Instituten dieser Art begünstigte dies Unternehmen ganz besonders. Die Universitätswissenschaften waren aber seit dem heutigen Zustand von Europa immer national deutsch, französisch, oder englisch; dies ist historisch zu sehr begründet, als daß es sich rasch verwischen sollte. Es spricht sich auch schon darin aus, daß es stets in Philosophie, Naturwissenschaft ꝛc. specifische Schulen gab. Technische Schulen in dem erwähnten Sinn hat es nie gegeben.

Doch Sie haben gewiß soviel über diesen Gegenstand gehört und gesprochen, daß Ihnen ganz unwohl werden muß, wenn ich Ihnen soviel davon vorschwatze; Sie sind aber selbst daran Schuld, da Sie das Thema angeregt haben . . . .

Ich höre, daß im Mai der Elias in Basel aufgeführt wird mit Stockhausen. Können Sie mir schreiben, wann dies sein wird; ich hätte Lust dazu herüberzukommen, wenn es sich mit meinen hiesigen Lehrerpflichten vereinigen läßt. Sollte dies nicht angehen, so sehen wir uns hoffentlich in Olten bei der jährlichen Zusammen=kunft.

Herzliche Grüße von uns an Ihre Frau! Waren Sie in Straßburg?

Der Ihre

Th. Billroth.

30) An Prof. Esmarch in Kiel.

Zürich, 29. Mai 1863.

Lieber Esmarch!

Herzlichen Dank für Deine freundliche Zusage, die ich um so mehr schätze, als ich weiß, daß Deine Zeit sehr in Anspruch ge=nommen ist. Ich acceptire also Deine Rectummonographie[*]); über das Nähere später theils durch Enke, theils durch mich. Vorläufig ist es noch ein Chaos unter den Mitarbeitern; manche möchten wohl, doch der eine will hü, der andere hot!

Anliegend erhältst Du einen Entwurf zu unserem neuen Unter=nehmen. Ich bitte Dich denselben zu prüfen. Die eingeklammerten Worte sind Sachen, über die ich mir selbst nicht recht klar bin; ich bitte zu streichen, zu ändern nach Belieben. Zeige es nicht zu Vielen, doch soll es mich freuen, wenn Papa Stromeyer auch das Ding ansieht und seinen Segen dazu giebt. — Principienfrage: 1) Soll die Sache national deutsch bleiben? Dann der Erfolg pecuniär sehr fraglich. 2) Sollen die Beiträge nur von Deutschen kommen, doch

---

[*]) Aus dem Handbuch der allgemeinen und speciellen Chirurgie, bearbeitet von verschiedenen Chirurgen, redigirt von Prof. v. Pitha und Prof. Billroth (Verlag von Ferd. Enke). Die ersten Lieferungen erschienen 1865. — v. Pitha, Prof. der Chirurgie an der Josephs-Academie in Wien; gest. 1875.

zur Verbreitung die Uebersetzung in drei Sprachen gegeben werden? schon besser für den pecuniären Erfolg, doch vielleicht nicht sicher genug für den reellen Werth der Beiträge. 3) Soll das Unternehmen ein internationales werden? Sollen wir Beiträge aus Frankreich, England, Rußland ꝛc. (Amerika mit seinem chirurgischen Humbug schließe ich aus) annehmen? Dann erhalten wir vielleicht eine Fluth von Schund, und die Abwehr ist sehr schwierig. — Wir müssen über diese Fragen uns principiell einigen; dann kommt immer noch der Verleger mit seinen Bedenken. Noch eins: der bei Hirschwald erschienene Atlas von Liebreich soll sehr schön ausgeführt sein. Sollten wir vielleicht zuerst versuchen bei Hirschwald anzufragen; er vertreibt seine Sachen famos, und das ist wichtig.

Besten Dank für Deine übrigen Mittheilungen. Ich bin heute etwas pressirt; dies ist der sechste Brief in einer Stunde. Die Sache pressirt nicht. Prüfe sie und schreibe mir dann bald.

Der Deine
Th. Billroth.

31) An Prof. Esmarch in Kiel.

Zürich, 21. September 1863.

Lieber Esmarch!

Zu meinem heutigen Schreiben bin ich durch den Wunsch meines Collegen N. veranlaßt, welcher von der Vacanz der Professur für .. in Kiel gehört hat und es gern sehen würde einen Ruf dorthin zu erhalten ... Er gehört im Ganzen auch zu denjenigen, die zu viel deutschen Patriotismus und deutschen Stolz haben, um sich hier so recht zu amalgamiren ...

Engelmann hat mir Grüße von Dir vom Riffelhause gebracht. Hoffentlich seid Ihr jetzt alle glücklich in Hannover angelangt, wohin ich diesen Brief dirigire. Beste Grüße an Deine Frau, Bartels*) und Frau und Stromeyer.

Der Deine
Th. Billroth.

---

*) Prof. der inneren Medicin in Kiel, gest. 1878.

32) An Prof. Esmarch in Kiel.

Zürich, 18. November 1863.

Lieber Esmarch!

Was zunächst unser projectirtes literarisches Unternehmen betrifft, so finde ich, daß die Zeit so böse aussieht, daß schwerlich ein Buchhändler dazu Courage findet. Ich dachte mir wohl, daß auch der reiche und liberale Vieweg sich nicht Hals über Kopf hineinstürzen würde. Ich finde ferner auch, daß ein Zusammenhang mit Langenbeck, eventuell mit dem Archiv wünschenswerth sein mag. Daß nur in München guter Farbendruck gemacht wird, darin irrt sich Vieweg; in Berlin bei Winckelmann werden vortreffliche Sachen der Art gemacht. Was nun meine Mitwirkung bei dem Unternehmen betrifft, so bin ich für den Augenblick außer Stande thatkräftig einzugreifen. Es plagen mich manche Arbeiten; ich muß ein nicht unbedeutendes experimentelles Material über Fieber durch Resorption putrider Substanzen verarbeiten, damit es mir nicht über den Kopf wächst; ich möchte ferner meine Untersuchungen über Periostitis und Caries abschließen, über die Volkmann nicht ganz richtig geurtheilt und seine eigenen Bilder meiner Ansicht nach falsch gedeutet hat; ich muß endlich an meinen Abschnitt „Krankheiten der Brust" denken; kurz ich habe alle Hände voll zu thun. Ich bitte Dich daher die Sache mit dem Atlas in der Hand zu behalten, mit Langenbeck darüber zu sprechen und mit ihm zu entscheiden. Ich will dann gern beitragen was ich habe; doch ist es nicht so viel als Du hast, und mein guter Zeichner wird immer bummliger, sodaß ich Noth habe ihn zu etwas zu bringen.

Für die Zusendung des Planes Eures neuen Krankenhauses besten Dank. Ich finde ihn wohl zweckmäßig; doch wie Ihr die Abwartung der chirurgischen Kranken in den vielen kleinen Zimmern, die doch nur einen Eingang haben, besorgt, ist mir nicht klar. Ihr müßt enorm viel Wärter und Wärterinnen haben. Auch für den klinischen Unterricht sind die kleinen Zimmer unbequem; doch das wäre mehr Nebensache. Es hat eben Alles seine Licht- und Schattenseiten.

Prof. Müller in Kiel hat mir einige Aufsätze zugeschickt, die mich sehr interessiert haben; ich bitte Dich ihm in meinem Namen bestens zu danken. Seine Milzauffassung ist so kurz beschrieben, daß ich nicht daraus klug werde, wieweit sie mit der meinigen stimmt.

Seine Methode die Milz erst in chroms. Kali, dann in Weingeist zu legen, ist nicht immer gut; ich habe auch viel damit gearbeitet; doch das feine Netzwerk kommt dabei nie so gut heraus, als bei einfacher Erhärtung in Weingeist. Dagegen ist die Methode gut für die Lymphdrüsen. — Daß sich in einem Fall von Lymphdrüsenhypertrophie einmal eine Drüse durchgängig für den Lymphstrom gezeigt hat, beweist nur, daß sie noch nicht sehr erheblich erkrankt war; sie war auch nicht sehr vergrößert, wie aus seiner Zeichnung hervorgeht. Geht die Lymphdrüsenhypertrophie allmählich in Sarcomgewebe über, so ist von Injection von Lymphbahnen keine Rede mehr, wie ich mich selbst wiederholt überzeugt habe. Die ganze Geschichte des Verhältnisses zwischen Leukämie, Lymphdrüsenerkrankung und Milzhypertrophie ist doch immer noch höchst problematisch. Ich habe schon sehr oft solche Drüsen erstirpirt bei Individuen, wo von Leukämie keine Rede war. Griesinger hat eine ganze Reihe von Fällen von Milzhypertrophie ohne Leukämie beobachtet. Vom Standpunkt der abstracten pathologischen Anatomie werden oft solche Dinge mit einer Sicherheit construirt, die den Kliniker in Erstaunen setzt, ohne daß er daran zu glauben braucht. Es ist immer bedenklich, durch eine Injection einer mäßig hypertrophischen Lymphdrüse die schwierige Frage nach der Ursache der lymphatischen Leukämie „entscheiden" zu wollen, wie sich Müller ausdrückt. Ich bin mit allen solchen Dingen schon so vorsichtig geworden, daß ich mich mit einem solchen Schluß höchstens bis zur Wahrscheinlichkeit versteige.

Fast hätte ich über mein anatomisches Geschwätz vergessen, Dir zu schreiben, daß Nußbaum*) dringend wünscht die Colotomie und Anus artificialis überhaupt in sein Gebiet zu nehmen, sodaß Du bei der Atresia ani etc. Dich auf den früheren Abschnitt, soweit es den An. artif. betrifft, berufen kannst. Ich hoffe es wird Dir diese kleine Erleichterung nichts ausmachen. Ich bin neugierig, wie das Ganze werden wird . . . .

Wir haben in diesem Semester 91 Mediciner; ich habe 34 in der Klinik und 20 in der Vorlesung.

Dein
Th. Billroth.

---

*) Prof. der Chirurgie in München; gest. 1890.

33) An Prof. Meißner in Göttingen.

Zürich, 7. Juni 1864.

Lieber Freund!

Schon viel früher hätte ich Deinen Brief beantwortet, wenn nicht die Photogramme meiner Frau ausgegangen wären und ich doch gern für Deine liebenswürdige Frau Hofräthin eines beigelegt hätte. Dies konnte nun erst heute geschehen . . . Meine Frau und ich erinnern sich mit großem Vergnügen der mit Euch so angenehm in München verlebten Tage.

Wir haben jetzt ziemlich viel Zuwachs aus Deutschland und sind sehr stolz es in diesem Semester auf 100 Mediciner gebracht zu haben, was für Euch natürlich eine verächtlich kleine Zahl ist. Doch ist es ein angenehmes Gefühl für uns Kliniker, jetzt doch 45 in der Klinik zu haben, nachdem wir im ersten Semester hier nur 7 in der Klinik hatten, und ich meine Chirurgie wegen Mangel an Zuhörern nicht lesen konnte.

Wagner's Tod ist unter den zuletzt mit ihm eingetretenen Verhältnissen kaum ein Verlust für Göttingen zu nennen; die Verdienste seiner Arbeitsperiode und seines Wirkens als Lehrer werden jetzt wieder in reinerem Lichte erscheinen.

Grüße Deine Frau bestens von der meinigen und von mir, ebenso Baum und W. Krause*), den ich sehr abgearbeitet fand. Vergiß mich nicht!

Dein

Th. Billroth.

34) An Prof. Esmarch in Kiel.

Zürich, 11. Juni 1864.

Lieber Esmarch!

So sehr ich mich freute einen Brief aus Kiel heute Mittag von Dir vorzufinden, so sehr hat mich der wesentliche Inhalt desselben erschreckt, denn wir können uns nicht verhehlen, daß Rindfleisch zu denjenigen aus unserer Fakultät gehört, welche wesentlich dazu beitragen, daß die Frequenz unserer Studenten fortwährend im Zu=

---

*) Prof. der pathologischen Anatomie in Göttingen, Laboratoriumsvorstand im I. anatomischen Institut der Universität Berlin.

nehmen ist. Wenn die pathologische Anatomie und Histologie richtig gehandhabt wird und mit dem klinischen Studium in einander greift, so ist sie eine der integrirendsten Theile der modernen Medicin. Dies richtige Verhältniß, glaube ich, haben wir durch Rindfleisch hier hergestellt, der sich vortheilhaft durch eine gewisse Bescheidenheit in seiner Wissenschaft gegenüber dem Kliniker vor anderen Schülern Virchow's unterscheidet.... Rindfleisch ist noch sehr jung, etwa 27 Jahre alt, docirt jetzt seit 3 Jahren und besitzt einen Feuereifer fürs Dociren; mit jedem Semester gewinnt er an Reife und hat eine ganz besondere Anziehungskraft für die Studenten. Er hat 30 Zuhörer in seiner Vorlesung über pathologische Anatomie, 20 in seinem praktischen Cursus (Uebungen in Sectionen machen und praktisch mikroscopische Untersuchungen in pathologischer Histologie). Bei diesen Erfolgen seiner Lehrthätigkeit .... war es für uns etwas schwer, die nöthigen Räume und Mikroscope zu beschaffen. Das ist nun Alles ermöglicht; nur fehlt ihm noch der Titel und ein anständiges Gehalt, er hat bisher nur den Titel Professor und ein Gehalt von 800 fr. Der Erziehungsrath wollte auch in dieser Beziehung meinem Wunsche gemäß Rindfleisch's Stellung bessern, doch ist dies leider von einem unserer Fakultätsmitglieder hintertrieben, da es natürlich immer Leute giebt, die neidisch auf die Erfolge junger Docenten sind. Hierdurch ist Rindfleisch natürlich gedrückt und gekränkt, denn bei seinem Gehalt von 800 fr. muß er, da er verheirathet ist, natürlich fast ganz aus eigener Tasche leben, wenngleich er jetzt durch Collegienhonorar wohl doppelt soviel einnimmt, als er Gehalt hat. Auch die jüngeren Aerzte der Stadt haben privatissime bei ihm Curse in pathologischer Histologie. So fürchte ich denn, daß Rindfleisch den Ruf nach Kiel annehmen würde und müßte, da es wohl zweifelhaft ist, ob er je soviel Gehalt hier bekommen wird, als Ihr ihm bieten könnt.

Was das Verhältniß von Rindfleisch zu den Kliniken betrifft, so macht er meine Sectionen, so wie ich es mit ihm verabredet habe, kurz und meinen klinischen Zwecken entsprechend; ich gebe ihm Alles aus meiner Klinik, da ich weiß, daß er es den Studenten besser demonstrirt als ich. So gewinne ich auch Zeit für die Klinik. Ueber besondere Geschwülste giebt er mir, wie auch Griesinger über besondere Fälle auf unseren Wunsch schriftliche Referate. Griesinger ist mit seinen Sectionen sehr pedantisch in seinem Sinne; auch paßt ihm wie auch uns Chirurgen nicht immer die Virchow'sche Art der ausführlich beschreibenden Sectionsberichte; er macht daher seine Sectionen allein und überläßt dann die Leiche zu weiterer Verwerthung an Rindfleisch für die Curse. Außerdem hat Rindfleisch aber das Recht auf die Sectionen der Secundärabtheilungen, der Straf-Pfründ-Anstalt ꝛc., sodaß er genug Material hat, und wenn nur nicht der heikle Punkt mit dem Gehalt wäre, der uns schon so viele tüchtige Kräfte gekostet hat, so hätte er wohl alle Ursache, zufrieden zu sein. Ich ermächtige Dich mit Ausnahme der roth angestrichenen Stellen, die personalia enthalten, Alles der Facultät mitzutheilen.

Wie steht es mit der Physiologie? Schade ist es doch, daß Panum*) ein Däne ist; seine letzten Arbeiten haben mir einen großen Respect vor ihm eingeflößt . . .

Daß Ihr endlich von den Dänen befreit seid, darüber wird sich Jeder freuen; über das Wie bin ich weniger erbaut. Gewiß hätte das Gleiche erreicht werden können, wenn Preußen nicht als Großmacht, sondern als Leiter der nationalen deutschen Aktion mit den Bundestruppen gehandelt hätte. Ob dadurch der Krieg nicht eine viel größere Dimension angenommen hätte, ist allerdings nicht zu sagen. Was jetzt daraus wird, ist auch wohl noch nicht ganz zweifellos; doch läßt sich wohl aus dem neuen Waffenstillstand schließen, daß eine Einigung in Aussicht steht. Hoffentlich klärt sich Alles bald ab, und bei der markigen Kraft Eures Landes werden auch die Kriegsspuren bald verwischt sein.

Was hat eigentlich Langenbeck im Felde gemacht? ich denke mir, er muß den angestellten Militärärzten höchst lästig gewesen sein, wenn er nur so ab und zu geritten ist und nur hat operiren wollen. Er muß eine besondere Liebhaberei an dieser Art des Practisirens haben. In Berlin hat inzwischen wohl die Klinik ganz aufgehört? Sollte er wirklich in Schleswig viel genützt haben?

Was das große gemeinsame Buch betrifft, so hat das eine ganz unerwartete Unterbrechung erlitten, die mir höchst traurig ist . . . . Ohne diese Geschichte könnte jetzt ein erstes Heft ausgegeben werden, das vortreffliche Abschnitte von O. Weber**) ent-

---

*) Prof. der Physiologie in Kiel; gest. 1885.
**) Prof. der Chirurgie in Bonn, Heidelberg, gest. 1867. Billroth schrieb den Nekrolog im Archiv f. kl. Chirurgie, Bd. IX.

hält. Für Deinen Abschnitt hast Du mindestens noch ein Jahr Zeit . . . .

Der Deine
Th. Billroth.

33) An Prof. Esmarch in Kiel.

Zürich, 23. Juli 1864.

Lieber Esmarch!

Es freut mich Dich bald zu sehen, um so mehr, als ich fast fürchtete, Du würdest Dich in diesem Jahre kaum losmachen können. Doch die Kriegstrompeten schweigen, und das Schnarren und Pfeifen der Diplomatenmusik beginnt. Ich hoffe, du wirst dich bald in der Schweiz erholen, wo Du wenigstens von politischen Gesprächen nicht gequält wirst. Man sammelt hier fortwährend für Polen, Dänen, Alser, Holsten, Juden, Christen und Heiden, wie das einem neutralen Staat zukommt; das ist das einzige Politische, was hier passirt.

Ich werde, wenn meine Studenten aushalten, bis zum 13. August lesen, dann bin ich frei. Vom 22. bis 24. August haust die Schweizer Naturforscherversammlung hier, wo ich anstandshalber hier sein muß, obgleich ich sonst eigentlich dieser Schweizer Feste sehr satt bin, wo man schlecht ißt und sauren schweren Schweizer Festwein ex officio trinken muß . . .

Ich freue mich, bald mit Dir plaudern zu können. Was sagst Du zu den neuen Kriegschirurgieen von Neudörfer, Pirogoff[*]), Demme?[**])

Also auf baldiges vergnügtes Wiedersehn. Wenn Du keine andere Reisebegleitung findest, komme ich wohl auf die eine oder andere Tour mit. Ich möchte gern in diesem Jahre mit meiner Frau nach Zermatt.

Der Deine
Th. Billroth.

---

[*]) Prof. der Chirurgie in Petersburg; gest. 1881.
[**]) Docent der Chirurgie in Bern; gest. 1864.

36) An Prof. Schmidt in Leipzig.

Zürich, 25. August 1863.

Geehrtester Herr College!

Ich muß schon ein gutes Vertrauen auf mich bei Ihnen voraussetzen, wenn ich hoffen darf, daß Sie es mir verzeihen, wenn ich erst heute Ihr geehrtes Schreiben vom 17. d. M. beantworte. Seien Sie überzeugt, daß nur ganz außergewöhnliche Verhältnisse daran Schuld sind, daß ich Ihnen über den Fall, dessen Schwere und Wichtigkeit ich in jeder Hinsicht würdige, bisher noch nicht berichtet habe. Die Ursache davon ist, daß ich verreist war und bei meiner Ankunft hieselbst sofort mich als Wirth in die Strudel der hier versammelten Schweizer Naturforscher stürzen mußte, aus denen ich erst gestern Abend ermüdet und abgespannt wieder frei wurde.

Ich sah den Herrn X. am vorigen Sonntag wieder, 8 Tage nach der ersten Consultation. Es ist keinem Zweifel unterworfen, daß im Lappen, der bei der letzten Operation verschoben war, ein Recidiv vorhanden ist. Dasselbe wuchert und ulcerirt theils in den Mund hinein, theils ist auch bereits die Haut nach außen durchbrochen, und es bilden sich hier auch schon schwammige Ulcerationen; dabei ist starker Foetor aus dem Munde; gemüthliche Depression, von Zeit zu Zeit heftige Schmerzen in der Geschwulst sind die subjectiven Beschwerden bei übrigens guter Ernährung und unverändertem Aussehen. Die submaxillaren Lymphdrüsen waren mäßig geschwollen, als ich Pat. zuerst sah; jetzt hat diese Schwellung wieder abgenommen.

Was die Prognose und Diagnose betrifft, so glaube ich, daß hier einer von den immerhin seltenen Fällen vorliegt, wo bei einem jungen Mann ein Cancroid allmählich in die Form des Markschwammes übergegangen ist. Die pathologische Anatomie will von solchem Wechsel in dem Charakter der Geschwülste nichts wissen; doch muß ich nach meinen klinischen Erfahrungen entschieden daran festhalten. — Es ist aber nicht zu verkennen, daß die beschränkt locale Recidivfähigkeit hier eine große Rolle spielt; ich glaube daher, daß in diesem Falle der Exit. lethal. nicht durch innere metastatische Geschwülste erfolgen wird, sondern nur durch die örtlichen Störungen und durch einen Marasmus, Blutungen und Jauchungen aus der rasch wuchernden Geschwulst. — Eine spontane Heilung ist auf keinen Fall zu erwarten. Ein Erlöschen der Krankheit nach einer neuen Operation, sei es für Jahre, sei es für immer, halte ich für möglich, wenngleich nicht sehr wahrscheinlich. Immerhin giebt dies die einzige Hoffnung, wenn auch eine schwache. Ich bin daher entschieden für eine neue Operation; doch würde ich ein älteres Verfahren versuchen, nämlich einfach das jetzige Recidiv weit zu umschneiden und zu exstirpiren, dann die Wundränder durch Granulationen offen heilen zu lassen, dabei jede verdächtige Stelle sofort wieder zu exstirpiren und erst nach völliger Benarbung den Defect zu decken. Die Schläfenhaut wird wahrscheinlich als Lappen mit Stiel nach unten das beste Material hergeben. — Dies ist das einzige Verfahren, was ich aus Noth rathen möchte. Ich habe über solche verzweifelte Fälle wohl zuweilen von hier aus mit Chelius*) consultirt; er liebt dabei die Aetzpfeile von Chlorzinkpaste, doch hat dies nie etwas geholfen. Langenbeck würde in diesem Falle auch entschieden für neue schnelle Operation sein. — Ich habe Pat. gerathen, von vorigen Sonntag an noch 14 Tage zu warten, dann hieher zurückzukehren oder direct nach Leipzig zurück. Ich rathe sehr, die Operation nicht länger aufzuschieben, denn der Defect wird immer größer und die Gefahr der Mitleidenschaft der Lymph=drüsen dringender. Die von mir hier empfohlenen Mittel sind rein palliativer Natur: Mundwasser mit etwas Kali chloricum, außen auf die Wucherung an der Backe täglich einmaliges Bestreuen mit rothem Präcipitat.

Indem ich nochmals um Entschuldigung wegen der Verspätung der Antwort bitte, unterzeichne ich mich

ergebenst

Dr. Th. Billroth.

37) An Prof. His in Basel.

Zürich, 18. December 1864.

Mein lieber Freund!

Seit drei Tagen ist es entschieden, daß ich hier in Zürich bleibe. Man nahm mich in Heidelberg**) sehr freundlich auf. Ich fand

---

*) Prof. der Chirurgie in Heidelberg, gest. 1876.
**) Billroth lehnte einen Ruf nach Heidelberg ab.

jedoch die praktisch-medicinischen Anstalten miserabel; es hätte jedoch
mit der gehörigen Energie und mit gehörigen Mitteln dort etwas
Schönes geschaffen werden können. Heidelberg ist durch seine mittel-
deutsche Lage und seine reizende Umgebung so bevorzugt, daß bei
den nothwendigen Maßnahmen auch die medicinische Fakultät ihre
Zugkraft auf die deutsche Jugend ausüben würde. Die Behörden,
welche mir persönlich Alles zusagten, waren jedoch lahm und taub
für sofortige weitere Organisationen, und da ich hier Bereitwilligkeit
zu mancherlei Verbesserungen fand, und auch weiß, daß die Mittel
vorhanden sind, so habe ich mich dann bald entschlossen. Ich konnte
den Heidelbergern die Züricher Verhältnisse der medicinischen Fakultät durchaus als Muster aufstellen und mußte leider als Deutscher
empfinden, wie gering die Energie ist, mit welcher man selbst in
dem sonst politisch glücklichen Badischen Lande diese Universitäts-
angelegenheiten angreift.

Man kommt mir hier mit einer Liebenswürdigkeit entgegen,
die mich herzlich erfreut und beschämt; es droht mir Fackelzug und
Festessen, was mich als einen der ungeschicktesten öffentlichen Redner
in die peinlichste Verlegenheit versetzt. Nur einen Herzenswunsch
habe ich noch, nämlich auch Dich hier in Zürich zu haben. Wer
weiß, was die Zukunft bringt??

Herzliche Grüße an Deine Frau von der meinigen und von
mir. Ein fröhliches Fest und ein herzliches Prosit Neujahr!

Der Deine
Th. Billroth.

38) An Prof. His in Basel.

Zürich, 2. Januar 1865.

Lieber Freund!

Ich hätte Dir schon auf Deine freundliche Depesche geantwortet,
die gerade an mich gelangte, als ich meine Rede vom hohen Balkon
an die Studenten gehalten hatte; doch war ich durch so mancherlei
Geschäfte abgehalten. — Viel, viel Glück zum neuen Jahr! Bringe
es Dir und den Deinen alles Gute, was Ihr Euch nur wünschen
möget!! Meine Frau und das Pathchen Else stimmt aus voller
Kehle mit in diese Glückwünsche ein.

Was die Heidelberger Geschichte betrifft, so muß der Herr X. doch sehr wenig Menschenkenntniß haben, wenn er, wie ich auch von anderer Seite höre, gemeint hat, ich wolle mir aus Heidelberg eine Sinecure machen. Daß mir dies nie eingefallen, brauche ich Niemand zu versichern. Noch habe ich Gott sei Dank Freude an der Arbeit, je mehr desto besser! Ich würde mir doch auch wahrhaftig keine Mühe gegeben haben eine so gründliche Reorganisation der dortigen Verhältnisse auseinanderzusetzen und zu verlangen, die gerade auf ein energisches harmonisches Zusammenarbeiten hinzielte.

Hier hat man mich mit Liebenswürdigkeit erdrückt; ich war so angegriffen, daß ich kaum Stimme hatte zur Erwiederungsrede. An dem Fackelzug haben alle Studenten Theil genommen, und ihr Redner sprach warm und zum Herzen. An dem Festessen nahmen Männer aus allen Kreisen der Gesellschaft (etwa 200) Theil, obgleich es nicht officiell und sehr schnell improvisirt war. Griesinger hatte den ersten Toast und sprach nach aller Ansicht so warm und schön, wie man ihn nie zuvor gehört hatte. Der Tag wird mir unvergeßlich sein. Die Behörden haben in der Erfüllung meiner Wünsche einen Eifer an den Tag gelegt, der mich äußerst wohlthuend berührte.

Leider müssen wir Griesinger verlieren. Ueber den Nachfolger muß bald entschieden werden. Ich habe darüber Correspondenz durch ganz Deutschland geführt; vielleicht können Dir die betreffenden Briefe nützlich sein, wenn Ihr einen internen Kliniker sucht. Sie stehen Dir unter Discretion zu Gebote . . . .

Der Deine
Th. Billroth.

39) An Prof. Gurlt in Berlin.

Zürich, 1. Februar 1863.

Lieber Gurlt!

Ich habe heute die Correctur meines Aufsatzes über Knochenwachsthum ꝛc. erhalten. Ich habe versprochen an Volkmann möglichst früh einen Abzug mit Tafel zu schicken und bitte Sie daher dasselbe an mich, oder was noch einfacher wäre, an Volkmann unter Kreuzband zu schicken, und zwar sogleich.

Biermer zieht Ostern an Griesinger's Statt zu uns herüber. Die Berner sind demnach wüthender als je auf Zürich; sie müssen jetzt zwei Kliniker suchen. Für die chirurgische Stelle war Socin von Basel primo loco vorgeschlagen, hat jedoch, wie ich heute höre, abgelehnt. Außerdem sind Sie, Volkmann, Lücke, Uhde genannt, in welcher Reihenfolge weiß ich nicht. Mich hat nur Biermer gefragt, da die Berner wohl fürchten, daß ein Züricher Professor nur schlecht räth ... Ich hätte Sie gern hier in der Nähe; ob Sie sich in Bern trotz eines guten Materials und neben dem alten Demme, der in Bern bleibt und die Praxis in der Westschweiz hat, glücklich fühlen würden, weiß ich nicht; es ist eine eigene Atmosphäre dort! — Als Ersatz für Biermer nennt man Ziemssen, Munk, Mannkopf, Kaulich. Das ist Alles Neue, was ich Ihnen von hier erzählen kann.

Der Ihre
Th. Billroth.

40) An Prof. Esmarch in Kiel.

Zürich, 5. April 1865.

Lieber Esmarch!

Ein Paar Worte heute in Eile. Ich möchte gern am Ende der Ferien eine Bummeltour auf einige Tage machen und habe die Absicht nach Paris zu gehen. Am 15. würde ich hier abreisen, vom 16. bis 20. in Paris bleiben, am 21. wieder zurück sein, spätestens am 22. — Wie gern wäre ich wieder einige Tage mit Dir zusammen. Können wir uns nicht in Paris treffen, es wäre gar zu reizend; wir wollen aufs gemüthlichste bummeln und uns nicht gar zu viel um die Pariser Chirurgen bekümmern. Ich kenne Dich als prächtigen Reisegefährten. Vielleicht bringe ich His und Socin mit. Ich weiß freilich nicht, ob Du nicht irgendwo schon auf der Reise steckst. Antworte mir doch umgehend, wo wir uns in Paris treffen wollen, denn für einen zweiten Brief ist keine Zeit. Ich denke, wir haben uns Manches zu erzählen.

Der Deine
Th. Billroth.

41) An Prof. Esmarch in Kiel.

Zürich, 27. Juni 1863.

Lieber Freund!

Wenn ich mich recht entsinne, habt Ihr in diesem Herbst die Universitätsjubiläumsfeier? Wie steht es damit? Ich würde für diesen Fall gern ein Mal nach Kiel kommen und möchte meine Pläne für die Ferien darnach einrichten. Kommst Du im Herbst in die Schweiz? Vom 21. bis 23. August ist schweizerische Naturforscherversammlung in Genf. Die Genfer werden sich famos löffeln, es soll brillant werden. Wenn Du kommst, gehen wir von da nach Zermatt zusammen, oder wohin Du sonst willst. Komm doch, und laß uns ein Mal wieder zusammen fidel sein!

Du wirst in diesen Tagen ein Heft der großen Chirurgie erhalten, das leider nicht fortgesetzt werden kann, weil weder Simon[*] noch Herz[**] fertig waren. Es thut mir leid, daß dadurch auch Deine Arbeit verzögert wird. Beide Cunctatores haben ihre Arbeiten sicher auf Ende des Jahres versprochen. Nous verrons. Grüße Deine liebe Frau und Bartels und behalte mich lieb.

Dein
Th. Billroth.

42) An Dr. Eiser in Frankfurt a. M.

Zürich, 10. September 1863.

Lieber College!

Sie werden gewiß recht übel von mir denken, daß ich Ihren Brief vom 16. August aus Schwalbach erst heute beantworte. Ich bin nämlich am 12. August von Zürich verreist in die Alpen und vorgestern erst wieder heimgekommen.

Was Ihr Leiden betrifft, so zweifle ich nicht, daß es Sie recht quält; doch ist es gewiß nichts anderes als ein inveterirter Darmcatarrh, über den Sie sich zu viel Sorge machen. Vor Allem müssen Sie die strengste Diät beobachten und nur die leicht verdaulichsten Sachen genießen; erst wenn Ihr Darmcanal wieder ganz und längere Zeit normal ist, dürfen Sie auf Fettansatz und Gewichtsvermehrung

---

[*] Prof. der Chirurgie in Rostock, Heidelberg; gest. 1876.
[**] Prof. und Prosector in Erlangen; gest. 1871.

hinarbeiten. Sie dürfen nur von Thee, Zwieback, englisch gebratenem Fleisch leben. Kaffee, saure Sachen, sehr süße Speisen, alles Fett ist vorläufig Gift für Sie. Sie müssen leben wie die englischen Officiere in Indien, die fast alle chronische Diarrhoe bekommen, wenn sie sich nicht in Acht nehmen. Rauchen dürfen Sie nicht. Trinken dürfen Sie rothen Wein mit warmen Wasser und etwas Zucker; Alles lauwarm nehmen, nichts ganz kalt, nichts ganz warm, nie viel auf ein Mal essen. Sie tragen natürlich eine Bauchbinde. Diese muß entweder von sehr grobem Flanell oder Waldwolle oder von grober Wolle gestrickt sein, über die Schultern und Perinäum mit Bändern gut fixirt, daß sie sich nicht verschiebt. Jeden Morgen und Abend bürsten Sie sich mit Handschuhbürsten den Leib, bis die Haut ganz roth und empfindlich ist. Warme Bäder täglich mit Eisen- oder Salzzusatz. Ich würde eine warme Quelle sehr zweckmäßig halten zu trinken, besonders Karlsbad in geringen Quantitäten.

Das wäre so meine Idee für Ihr Leiden; es sind erfahrungsgemäß wirksame Mittel bei Darmcatarrhen. Was die Wasserkur betrifft, so bin ich ein großer Freund davon; doch über die Wirkung derselben bei chronischen Darmcatarrhen habe ich keine Erfahrungen; ich kann mir nicht vorstellen, daß die Wassercur Ihnen gut thun sollte. Sie könnten doch nur kalte Abreibungen, hydropathische Einwicklungen ums Abdomen und etwa ganze Einwicklungen zur Schweißerzeugung brauchen; wenn Sie dazu nicht viel spazieren laufen, viel Essen und viel kaltes Wasser schlucken können, so werden Sie nur mehr herunterkommen. Das kalte Wasser innerlich würde Ihnen gewiß wieder Diarrhoe machen. — Doch wie gesagt, ich habe über diesen speciellen Fall keine Erfahrungen, rathe aber zur Vorsicht mit der Hydropathie. Albisbrunn liegt sehr schön, ist im Ganzen gut gehalten, die Verpflegung für Leute mit gesundem Magen gut, der Arzt verständig.

Hoffentlich sind Sie mittlerweile bereits hergestellt.

Wir erinnern uns mit Vergnügen der schönen Tage am Giessbach; meine Frau empfiehlt sich der Ihrigen freundlichst. Halten Sie sich wacker und verlieren Sie nicht die Courage!

Der Ihre

Th. Billroth.

43) An Dr. Eiser in Frankfurt a. M.

Zürich, 19. Februar 1866.

Lieber College!

Es hat mich außerordentlich gefreut, wieder von Ihnen zu hören, doch bedaure ich, daß Ihre Nachrichten nicht günstiger lauteten; ich glaubte Sie längst wieder in Thätigkeit in Frankfurt. Ich weiß aus eigener Erfahrung an mir, daß man entsetzlich sceptisch gegen alle Therapie ist, wenn man selbst krank ist. Ich meine doch, Sie sollten Vertrauen haben zu einem Manne, der wie Wunderlich*) bei so hoher Begabung so viel gesehen hat und aus seiner reichen Erfahrung Ihnen gewiß zu rathen und zu helfen weiß. Ich glaube, daß Sie wohl auch etwas Hypochonder geworden sind, wie leicht begreiflich, rathe Ihnen aber vor Allem zu thun, was Ihnen Wunderlich räth. Fragen Sie ihn auch, ob es gut für Sie ist, daß Sie Ihren Beruf und Ihre Thätigkeit in Frankfurt ganz aufgegeben haben; kurz haben Sie Vertrauen zu ihm!

Was nun Ihren eventuellen Aufenthalt in Zürich betrifft, so können Sie überzeugt sein, daß meine Frau und ich nach Kräften bemüht sein würden, Ihnen hier das Leben erträglich zu machen; doch Sie wissen, ich bin Chirurg und bin weit entfernt, meinen Rath mit dem eines erfahrenen inneren Arztes abzuwägen. Und dann kennen Sie Zürich nur im Sommer; die Monate März und April sind hier die schlechtesten im ganzen Jahr, fast immer Nässe und Nebel. Die sonstigen Quellen der Unterhaltung sind sehr spärlich, und Sie müßten Ihre Ansprüche in dieser Beziehung sehr herabstimmen. Die Vorlesungen von Vischer**), Lübke***), Scherr†) u. A., die höchst interessant sind, und wo ich auch gern hospitire, sind bald geschlossen, da Anfangs März die Ferien anfangen. Wir könnten uns im Spital öfter sehen und unterhalten; doch bin ich auch oft mit Arbeiten überhäuft und tauge dann nicht zur Erheiterung. Wenn Sie es trotzdem hier versuchen wollen, so soll es mich herzlich freuen. Am Genfer See in Vernex im Hotel und Pension zum Schwanen war ich mit meiner Frau im vorigen Jahr;

---

*) Prof. der inneren Medicin in Leipzig; gest. 1877.
**) Prof. für Aesthetik; gest. 1887.
***) Prof. für Kunstgeschichte; gest. 1893.
†) Prof. für Kulturgeschichte und Literatur; gest. 1866.

dort wird es für Sie im Frühjahr vielleicht gut sein; wir könnten darüber zusammen berathen. Wenn Sie kommen, steigen Sie Hotel Bauer ab.

Courage! lieber College! noch scheint mir keine Veranlassung, den Kopf hängen zu lassen.

Mit freundlichstem Gruß

der Ihre

Th. Billroth.

⁂

44) An Dr. Eiser in Frankfurt a. M.

Zürich, 6. März 1866.

Lieber College!

Ich bleibe die ganzen Osterferien in Zürich und freue mich, Sie bald hier zu sehen. Wenn Sie mehr Neigung haben, im „Züricher Hof" zu wohnen, so ist mir das auch lieb, da Sie uns dann etwas näher sind; es ist dort nicht übel, wenngleich in Bezug auf Bedienung und Zimmereinrichtung nicht so comfortable, wie im Hotel Bauer. In beiden Hotels kennen mich die Wirthe gut als einen lustigen Herrn, der gern Abends zumal mit den Künstlern ein Glas Sekt liebt. Wenn Sie sich also bei Ihrer Ankunft auf meinen Namen berufen wollen, so wird man Ihnen hoffentlich ein gutes Zimmer einräumen. Die Preise sind in allen hiesigen Hotels, in denen überhaupt ein civilisirter Mensch leben kann, ziemlich gleich.

Der Ihre

Th. Billroth.

⁂

45) An Prof. His in Basel.

Zürich, 9. April 1866.

Lieber Freund!

... Was mich betrifft, so geht es mir über alles Verdienst gut! und wenn ich jetzt sterben sollte, so wäre ich einer der glücklichsten Menschen gewesen! Alles schlägt mir gut ein! es wird mir manchmal bange dabei! Ich habe die fixe Idee, daß ich noch ein=

mal an einen der größesten Plätze meiner Wissenschaft in Wien*) oder Berlin kommen werde, lächerlich! . . . .

Jetzt habe ich ein höchst prosaisches Geschäft vor: ich mache mir eine Uebersicht über meine bisherige ärztliche Thätigkeit hier in Zürich; ich will es mir alle 5 Jahre in Zahlen sagen können, was ich denn eigentlich ärztlich geleistet habe. Zu diesem Zweck verfolge ich meine Kranken, zumal die mit Geschwülsten, und Knochen= und Gelenkkrankheiten; ich will wissen, was schließlich aus ihnen wird. Die meisten Chirurgen tappen hier in fantastischem Dunkel. Thiersch'**) Buch schlägt den einzig richtigen Weg ein. Seit Wochen ordne ich meine 3500 Krankengeschichten und bin jetzt mit dem Rumpf so weit fertig, daß ich über 200 Briefe ausgeschickt habe, auf welche ich von den Pfarrämtern in unerwarteter Weise recht prompte und verständige Antworten erhalte. Das Resultat dieser Arbeit, die mich wohl den größesten Theil des Sommers in Anspruch nehmen wird, wird kurz und bündig sein; für mich sehr wichtig, vielleicht auch für Andere belehrend.

Gern wäre ich am Schluß der Ferien (wir müssen am 18. wieder beginnen) auf 2—3 Tage aus meiner Atmosphäre heraus . . . vielleicht reiße ich noch aus, ehe ich in meinem Operationscurs vielleicht zum zweitausendmalsten die Mechanik des Cirkelschnitts einpauke . . .

Der Deine
Th. Billroth.

46) An Dr. Johannes Brahms in Wien.

Zürich, 17. Mai 1866.

Lieber Brahms!

Heute ist das Wetter so, daß man mit ziemlicher Sicherheit voraussagen kann, es wird jetzt so bleiben. Machen Sie sich daher sofort auf; ich rathe Ihnen vor Allem das Berner Oberland und zwar die gewöhnliche Tour: Interlaken, Lauterbrunnen, Wengern= Alp, Grindelwald, Scheideck, Rosenlaui. Wollen Sie davon abkürzen,

---

*) Durch den am 22. December 1865 erfolgten Tod des Prof. Schuh in Wien war dessen Professur der chir. Klinik vacant geworden.
**) Professor der Chirurgie in Erlangen, Leipzig; gest. 1895.

so lassen Sie Scheideck und Rosenlaui fort. Eine der schönsten Partieen ist die „schienige Platte" von Interlaken hinauf und herunter, 1 Tag. Versäumen Sie nicht am Giesbach eine Nacht zu bleiben; der Aufenthalt poetisch dort, die Beleuchtung der Fälle künstlerisch arrangirt ist keine reine Spielerei, sondern wirklich schön. Zurück oder hin über den Brüning und Luzern; von Luzern den Vierwaldstätter See zu sehen bis Fluelen und zurück, womöglich auf den Rigi, wenn nicht zu viel Schnee ist. — Ich habe alle diese und andere Gegenden der Schweiz so oft bereist, daß ich mir erlaubt habe, Ihnen diese entschiedenen Rathschläge zu geben, damit Sie sich nicht verleiten lassen, unbedeutende Nebenpartieen zu machen. Haben Sie noch Zeit, so ist auch Mürren von Lauterbach aus und dorthin zurück sehr schön, ähnlich wie Wengern-Alp.

Der Ihre
Th. Billroth.

47) An Dr. Eiser in Frankfurt a. M.

Zürich, 11. December 1866.

Lieber College und Freund!

Heute komme ich in einer besonderen Angelegenheit, um Sie um eine große Gefälligkeit zu ersuchen; ich muß dazu etwas lang ausholen. Als Graefe mit seiner Familie im Herbst in der Schweiz war und sich in Heyden mit seiner Schwiegermutter und Schwägerin rendez-vous gab, erkrankte dort einer seiner Schwäger, ein Graf X., an einem schweren Ischias. Die Sache zog sich in die Länge, und der Graf mußte bei mir im Spital bleiben, da er nicht weiter transportirt werden konnte; es handelt sich um eine reine Neuritis bei einem Mann zwischen 30 und 40. Die Besserung schreitet unendlich langsam fort; doch wäre jetzt wohl ein Transport möglich, falls dieser in liegender Stellung geschehen kann. Der Patient, ein sehr liebenswürdiger, netter Mann, der sein Leiden sehr geduldig trägt, möchte nun gern in Begleitung seines Bruders von hier nach Berlin. Um dies zu ermöglichen, würde ich in einem von hier nach Frankfurt gehenden Wagen eine Vorrichtung zum Liegen machen lassen, doch wie weiter? Giebt es in den Wagen, welche von Frankfurt nach Berlin durchgehen, Coupé's au lit wie in Frankreich?

was kostet so eins von Frankfurt nach Berlin? Wenn es solche Coupé's nicht giebt, so müßte man zwei gegenüberliegende Plätze für den Patienten nehmen, durch ein Brett verbinden, darauf eine Matratze und Luftkissen legen. So müssen wir es hier machen. Würden die dazu mitgebrachten Vorrichtungen auch für die Wagen Berlin=Frankfurt passen? Darf ich Sie zu diesem Zwecke um folgende Maße bitten:

1) Breite der Coupé's II. Cl.,
2) „ „ „ I. Cl.,
3) Breite der Sitze II. Cl.,
4) „ „ „ I. Cl.,
5) Breite des Zwischenraums zwischen den Sitzen II. Cl.,
6) „ „ „ „ „ „ I. Cl.

in Centimetres anzugeben.

Verzeihen Sie, lieber Freund, daß ich Sie mit diesen Dingen plage. Da es sich um einen unglücklichen Kranken handelt, so habe ich es gewagt, Sie um diese Gefälligkeit zu bitten; vielleicht haben Sie einen Bekannten an der Eisenbahn, von dem Sie das Nöthige erfahren können. Je früher Sie mir die gestellten Fragen beantworten können, um so lieber wäre es mir. Noch eins! Was kostet der Platz I. und was der II. Cl. von Frankfurt=Berlin? Ich denke mir, daß beide Brüder zusammen 4 Plätze in einem Coupé nehmen könnten und sich dort arrangiren.

Nun zu Ihnen, lieber Freund! ich hoffe, Sie sind inzwischen schon hergestellt und recht thätig in Ihrem neu angetretenen Wirkungskreise. Sie wissen, wie wenig ich von Politik weiß; ob es für Frankfurt gut war, daß es preußisch wurde, möchte ich vor dem Ablauf von 50 Jahren nicht beurtheilen; man kann niemals vorsichtig genug in Schlüssen sein.

Sie haben meiner Wiener Berufsfantasie freundlichst gedacht. Ich glaube nicht, daß man in Oesterreich in irgend einer Branche daran denkt von Grund aus zu reformiren. Wenn man mich berufen würde, woran zur Zeit gar nicht zu denken, so würde ich es annehmen, falls man mir plein pouvoir für Reformen giebt; ich würde es dann als einen Wink des Schicksals betrachten. Doch mich darum bewerben, um in Oesterreich zu leben, das möchte ich doch nun nicht, nachdem die Neuzeit gelehrt hat, daß dieser Staat gar keine Lebensfähigkeit mehr besitzt.

Gern wäre ich nach Leipzig gegangen, wo eine Vacanz war; doch wollte man mich dort nicht, man hat nur ältere Leute vorgeschlagen. Wollen Sie mich einst in Frankfurt haben an die Zukunftsuniversität, so komme ich gern; doch muß es bald sein, sonst werde ich zu alt.

Meine Kinder sind seit dem Sommer immer krank. Zuerst hatte die jüngste Pneumonie, genas aber wieder; dann die vorjüngste schwere Kindercholera, genas auch; dann die älteste Keuchhusten, wieder Genesung; dann mein armer Junge*) Scharlach, er starb vor 4 Wochen daran; dann das vorjüngste Kind Scharlach, Genesung; heute hat mein ältestes Mädchen „Else" auch Scharlach bekommen. Was wird daraus werden? ein schlimmes Jahr! Daß meine Frau und ich unter diesen Umständen wenig Grund zur Heiterkeit haben, abgesehen davon, daß wir uns hier immer unglücklich fühlen, werden Sie begreifen. Wir haben daher auch für diesen Winter allen menschlichen Umgang aufgegeben; ich versümpele in der Arbeit von Woche zu Woche mehr und bin meist sehr melancholisch. Selbst ein neu angeschaffter Flügel von Herz (Paris), der vortrefflich ist, kann mich nur selten erheitern; ich habe viel trübe Stimmungen!

Meine Frau und ich grüßen Ihre herzige Frau freundlichst.

Der Ihre
Th. Billroth.

48) An Prof. His in Basel.

Zürich, 18. Januar 1867.

Lieber Freund!

Du hast mir einen so lieben Brief zum Beginn des neuen Jahres geschickt, daß ich mir recht schuldig vorkomme, daß sich damit ein Brief von mir an Dich kreuzte, der nichts als Lamenti enthielt. Doch je unbehaglicher meine Stimmung war und zum Theil noch ist, um so mehr erfreut es mich, von Anderen zu hören, daß sie meiner freundlichst gedenken. Habe also herzlichen Dank für Deine mir so liebe Freundschaft, die mir ein wesentliches Herzensbedürfniß ist.

---

*) Gestorben im 8. Lebensjahre am 15. November 1866.

Befonders hat es mich auch gefreut, daß Deine Arbeiten so flott vorwärts gehen. Die Entwicklungsgeschichte des Hühnchens ist der erste bedeutende wissenschaftliche Eindruck, den ich empfing, und dadurch bleibend geblieben; dieser Gegenstand füllte die Hälfte des Collegs über Physiologie bei Wagner aus.

Leider kann ich nicht sagen, daß mich meine Arbeiten jetzt interessiren. Die Enke'sche Chirurgie geräth ins Stocken, und obgleich dabei wohl unstreitig die arbeitsfähigsten jüngeren Kräfte betheiligt, arbeitet eigentlich doch nur Weber. Ich quäle mich ab, Verbrennungen, Erfrierungen und Verletzungen überhaupt in großem Stil zu bearbeiten, fühle aber in mir so wenig Nothwendigkeit zu dieser Arbeit, daß ich nichts davon habe, als eine gereizte, ärgerliche Stimmung, bis es fertig ist.

Reimer hat mir bereits angekündigt, daß Ostern der Druck einer dritten Auflage meiner allgemeinen Chirurgie beginnen muß, der wenigstens einer Durcharbeitung wieder bedarf. So stecke ich denn fest im Sumpf des literarischen Geschäfts, dessen äußerer Erfolg meiner Eitelkeit und meinem Geldbeutel schmeichelt, mir aber nicht den zehnten Theil von der Befriedigung giebt, welche ich empfand, wenn ich eine meiner kleinen anatomischen früheren Arbeiten mit Vaterstolz in die Welt sandte.

Die großen Aufgaben chirurgischer Arbeit, die zeitgemäß gemacht werden müßten, sind von so eminenten Dimensionen, daß es einer ungestörten Hingabe oder der Vereinigung vieler gleichkritischer Köpfe bedürfte, um zum Ziel zu kommen. Es giebt eine so eminente Aufstapelung von Casuistik, z. B. über Geschwülste, daß eine kritisch-literarische Verarbeitung des klinischen Theils eine bedeutende Ausbeute verspricht, so auch mit Gelenk- und Knochenkrankheiten und anderen tief ins tägliche Leben, ja ins Leben der ganzen Menschheit eingreifenden Gebrechen. Wären die vielen Erfahrungen, welche die gut beobachtenden Aerzte aller Jahrhunderte sammelten, zu verwenden, so müßten wir wenigstens in der Erkenntniß der ursächlichen Momente viel weiter sein als wir sind. Ich glaube, daß man dahin kommen muß, daß die Aerzte auf großen Naturforscherversammlungen sich über gewisse Principien und große Grundzüge in der Anordnung des zu sammelnden Materials einigen, ich möchte sagen, Arbeitspläne, Arbeitsbureaus errichten, um Alles benutzen zu können, was zusammengeschrieben wird. Dabei wäre aber noch viel mehr Particularismus zu überwinden, als bei Herstellung eines politischen Arbeitsplanes für die Gestaltung Deutschlands. Doch bei allen solchen fabrikartigen Arbeiten kommt doch vielleicht nicht so viel heraus, wie man sich vorstellt. Virchow, der stets gegen die Autorität kämpfend die Souveränität des einzelnen Beobachters predigte, kann wie Goethe's Zauberlehrling das Wort nicht wiederfinden, die Geister zu beschwören! Die statistische Arbeit wäre vielleicht eher etwas durch Arbeitsbureaus zu machen; doch auch dazu gehört sorgfältige kritische Auswahl des Materials, dazu wieder praktische Erfahrung 2c. Wir werden uns wohl vorläufig begnügen müssen, daß Jeder an seiner Stelle schafft, was er kann.

Morgen Abend wird in Basel eine Messe aufgeführt von F. Schubert, die mich sehr interessirt. Es ist sehr möglich, daß ich nach Basel komme; doch komme ich nicht zu Dir, lieber Freund, denn am 1. Januar hat auch meine Kleinste noch den Scharlach bekommen und schuppt jetzt ab . . .

Der Deine
Th. Billroth.

49) An Prof. Esmarch in Kiel.

Zürich, 6. Februar 1867.

Lieber Freund!

Große Ereignisse sind inzwischen abgelaufen! Ich theile nicht die von Dir ausgesprochene Besorgniß, daß wir bald wieder Krieg haben werden. Ein Krieg zwischen Frankreich und Deutschland kann nur, wenn auch vielleicht nach längerer Zeit mit der Niederlage Frankreichs enden; das wird Louis auch wohl wissen. Ob es ihm gelingt, wirksame Alliirte gegen Preußen zu finden, ist doch wohl die Frage, — kurz, ich glaube, es bleibt vorläufig Friede.

Während der Kriegszeit habe ich mich hier so recht im Exil gefühlt; während Ihr Alle thätig waret, war ich hier gebunden und durfte nichts von Euren Lorbeeren in der Kriegschirurgie theilen. Doch in einem preußischen Feldlazareth etwa als freiwilliger Stabsarzt auf eigene Kosten einzutreten, das konnte ich nicht — und zu der österreichischen Armee mochte ich nicht. So blieb mir nichts übrig, als im Beginn der Ferien noch eine Tour durch die Lazarethe der Mainarmee zu machen, wo ich dann freilich am Ansehen von Schußwunden in etwa 10 Lazarethen bald genug hatte. Die meisten der dortigen Militärärzte hatten den besten Willen, doch wenige nur etwas Können. Beck*) aus Freiburg war der tüchtigste, bildet sich aber auch nicht wenig ein; sein Buch über Schußwunden hat er schon fertig.

Wenn Du zu Ostern Dich mit den anderen consultirenden Militärchirurgen versammelst, so treffe ich Dich wahrscheinlich in Berlin, da ich die Absicht habe, zu Ostern mit meiner Frau Berlin zu besuchen. Sie war jetzt seit 8 langen Jahren nicht mehr in ihrer Heimath und hat wohl gerechtfertigte Sehnsucht darnach. Den ganzen Winter hindurch waren meine Kinder (jetzt noch 3 Mädchen) krank an Scharlach . . . .

Ich fühle mich schon seit längerer Zeit hier unbehaglich, denn ich sehe ein, daß ich hier meinen Wirkungskreis nicht vergrößern kann. Ich habe hier Alles erreicht, was ein Chirurg hier erreichen kann, und das ist für einen Menschen von 37 Jahren doch ein entschiedenes Unglück! Wenn ich nicht bald von hier fortkomme, werde ich bald ganz fettig degeneriren. Es ist recht unbehaglich, seine eigene Wohnung immer nur als ein chambre garnie auf der Durchreise anzusehen; wenn ich jetzt Gelegenheit hätte, ginge ich überall hin, nur fort von hier! Vielleicht sind es nur vorübergehende Stimmungen, Folgen von Fettansatz, weil es mir zu gut geht. Doch solche Stimmungen sind recht fatal; ich war früher selten davon geplagt, jetzt wird es damit chronisch.

Die Geschichte mit der Enke'schen Chirurgie liegt wie Blei auf mir! Jetzt der Krieg! Da ist nichts geschehen. Simon schreibt endlose Aufsätze in die Deutsche Klinik und in die Prager Vierteljahrschrift! Das ist ja ganz gut Alles! Doch wenn man einmal Verpflichtungen eingegangen ist, so — — —. Wagner schickt sein Manuscript über den Kopf nicht, giebt auch keinen Termin! und doch will er die Krankheiten der Harnwerkzeuge nicht abgeben; ich weiß nicht, wie ich mit ihm dran bin. — Socin hat Pitha bei der österreichischen Südarmee gesehen und sagt, er sei recht alt und schlaff geworden und werde schwerlich noch irgend etwas schreiben.

---

*) Führer der badischen Sanitätscompagnie im VIII. deutschen Bundes-Armeecorps; später Generalarzt des XIV. Armeecorps (Baden). Gest. 1894.

X. soll halb verrückt sein. Was soll ich nun machen! Ich schreibe jetzt wie toll an den Verletzungen im Allgemeinen Theil, was mich sehr crepirt, da ich nicht mehr darüber weiß, als was ich schon in meiner allgemeinen Chirurgie gesagt habe, die nun schon in 3. Auflage erscheinen soll. Ich habe es ganz aufgegeben, daß die große Chirurgie nach einem bestimmten Plan erscheint. Was fertig ist, wird sofort gedruckt; ich bitte Dich also, lieber Freund, mir möglichst bald etwas zu schicken, dann wirst Du sofort gedruckt werden. Ich bin überzeugt, daß das ganze Werk schließlich nur durch Gewaltacte beendigt werden kann, wie? weiß ich noch nicht. In diesem Buch sollte auch (wie bei Holmes) ein Abschnitt über Hospitäler sein, etwa am Schluß, vor Gurlt's Statistik. Das wäre auch so eine Arbeit für Dich, lieber Freund, da Du ja so viel Interesse an diesem wichtigen Gegenstande hast.

Jetzt wird eine dritte (Schluß) Abhandlung über Wundfieber*) von mir gedruckt, hauptsächlich Klinisches und Statistisches enthaltend — viel Zahlen! Langweilig, doch auch nothwendig.

Einen Jahresbericht von 1860 bis 1863**) habe ich fertig; er ist fast 12 — 14 Druckbogen stark geworden. Ich wollte ihn separat erscheinen lassen, doch wünschte ihn Langenbeck trotz seiner Länge fürs Archiv; er wird dort dann wohl im nächsten Herbst oder Winter erscheinen. Nach vielem Hin- und Herüberlegen habe ich die topographische Anordnung als die zweckmäßigste befunden. Das Ganze hat mich fast 4 Monate ausschließlich beschäftigt; es steht auf dem Papier, doch an der Form ist noch Vieles zu bessern; auch weiß ich noch nicht, ob ich die vielen Tabellen soll mit abdrucken lassen. Die statistischen Zahlen sind natürlich nicht bedeutend, da es sich im Ganzen nur um etwa viertausend chirurgische stationäre Kranke handelt. Doch hat es darin manche interessante Fälle, und die chronischen Kranken (besonders mit Tumoren, Gelenk- und Knochenaffectionen ꝛc.) sind bis zum Tode oder bis zum Status praesens vom März 1866 verfolgt. Ich habe etwa 1000 Briefe für die Geschichte zum großen Theil nach Formularen, die ich mir drucken ließ, geschrieben. Die Hauptsache ist mir meine eigene Belehrung; ich kann jetzt meist für jede chirurgische mir vorgekommene Krankheit

---

*) Archiv f. klin. Chirurgie Bd. IX. 1868.
**) Chirurgische Erfahrungen. Zürich. 1860—1867 im Archiv f. kl. Chirurgie Bd. X. 1869.

genau sagen, wie viel ich curirt habe, und wie viel nicht. An die Redaction zum Druck dieser Arbeit komme ich wohl erst nach Ostern.

Beifolgend schicke ich Dir zur freundlichen Erinnerung an mich einige Stereoscopen, die schon seit fast einem Jahre fertig waren, doch des Krieges wegen zurückgehalten wurden; vielleicht interessirt Dich einiges davon. Diese Art der Veröffentlichung ist indeß doch sehr theuer. Enke glaubt, daß er kaum mehr als 100 Exemplare absetzen wird; somit wird es wohl bei dieser einen Lieferung sein Bewenden haben. Verzeih, daß die französische Uebersetzung des Textes nicht beiliegt; doch es waren zu wenig Exemplare davon gedruckt. Die Uebersetzung hat auch nur Interesse für den Buchhändler, um dem Ding im Ausland leichteren Eingang zu verschaffen.

Der Deine
Th. Billroth.

50) An Dr. Eiser in Frankfurt a. M.

Zürich, 7. Februar 1867.

Lieber College!

Wenngleich Ihnen Kirchner*) bereits Grüße von mir gebracht haben wird, so kann ich doch nicht umhin, Ihnen meinen herzlichsten Dank für die große Freundlichkeit zu sagen, die Sie für mich in der Eisenbahnangelegenheit gehabt haben. Die ganze Affaire ist so zu Ende gekommen, daß Graefe seinem Schwager einen sächsischen Krankentransportwagen schickte, der freilich theuer, doch ausgezeichnet bequem war.

Uns geht es so leidlich; ich bin seit langer Zeit froh, wenn nur einer von uns krank ist. Unsere Scharlachquarantaine läuft endlich auch mit dieser Woche ab.

Die Angelegenheit mit Wien schlief lange Zeit, läuft aber seit einigen Tagen wieder sehr energisch. Ich stehe in Correspondenz darüber mit Pitha und Arlt**); an mir soll es nicht liegen, wenn ich nicht hinkomme. Mag der ganze Kaiserstaat zerfallen — so lange ich lebe, wird Wien noch immer eine sehr große und lustige

---

*) Theodor Kirchner, Componist in Zürich.
**) Prof. der Augenheilkunde in Wien; gest. 1887.

Stadt bleiben. Bitte sagen Sie hiervon nichts an Kirchner; ich
wünsche die Züricher eventuell zu überraschen.

Der Ihre

Th. Billroth.

51) **An Prof. His in Basel.**

Zürich, 18. März 1867.

Lieber Freund!

. . . . Die letzten Wochen waren peinlich durch Berufungs=
aufregungen. Vorgestern Abend erhielt ich Depeschen zugleich von
Arlt, Pitha und Brücke, daß mich das Professorencollegium als
Nachfolger von Schuh gewählt hat*). Was wird das Ministerium
dazu sagen? ein protestantischer Preuße! es wirbelt mir etwas im
Kopf bei dem Gedanken in der Weltstadt Wien zu arbeiten. Ich
habe so was immer gewünscht, nun wird mir fast bange! Meine
Frau ist überglücklich in dem Gedanken an Wien.

Herzliche Grüße an Deine Frau und besonders auch an Hans!

Der Deine

Th. Billroth.

Freundliche Grüße an Socin, der von der Wiener Geschichte
durch Pitha wußte.

---

*) In der Sitzung vom 16. März 1867 einigte sich das Wiener medicinische
Professoren=Collegium wörtlich dahin: „jenen Professor der Chirurgie zu wählen,
von welchem die größeste Förderung der Wissenschaft zu erwarten steht, der nicht
nur in der praktischen Chirurgie, sondern auch in physiologischen und patho=
logisch=anatomischen Forschungen einen großen Ruf genießt, der als Lehrer,
Operateur und Schriftsteller durch besondere Genialität sich schon ausgezeichnet
hat, der in voller Manneskraft noch steht und erwarten läßt, die modernste Rich=
tung der Chirurgie in ihren Beziehungen zur Physiologie und pathologischen
Anatomie glänzend zu vertreten und geeignet ist, eine chirurgische Schule hier zu
gründen, welche der Universität zum Ruhme und dem Lande zum größten Nutzen
gereichen soll." (Aus Albert's Festrede am 11. Oktober 1892). Es war das
Verdienst v. Rokitansky's und Brücke's in der entscheidenden Stunde zuerst für die
Berufung Billroth's einzutreten. (v. Rokitansky, Prof. der pathologischen Anatomie
in Wien; gest. 1878. Brücke, Prof. der Physiologie in Wien; gest. 1892.) v. Pitha
schrieb am 16. März an Billroth, daß bei der Abstimmung des Professoren=Colle=
giums von 17 Stimmen 11 auf Billroth gefallen seien, daß dem Decan Prof. Braun
die schnelle Einigung der Wahlmänner zu danken sei, und daß er selbst abgelehnt
habe. „Also Victoria, mein geehrter Freund, Sie werden mit offenen Armen
empfangen werden." Am 23. März erklärte Billroth mit Dank und Freude die

52) **An Prof. His in Basel.**

Zürich, 10. Juni 1867.

Lieber Freund!

Die Zusammenkunft in Olten rückt heran, für mich die letzte! Da möchte ich sie so recht in die Länge ziehen. Biermer*) und ich beabsichtigen am Samstag mit dem Mittagszug nach Olten, von da nach Läufelfingen, von da auf Frohburg. Du darfst nicht fehlen. Bringe alle lieben Freunde von Basel mit, Liebermeister**), Socin ꝛc. Schreibe mir doch, wer kommt, damit ich auf Frohburg den Wirth ungefähr auf die Zahl der Gäste vorbereiten kann. Wie freue ich mich auf den Samstag Abend!

Wenn doch das Wetter so herrlich wäre, wie heute Abend. Es ist 9 Uhr, hell genug um neben der Lampe durchs offene Fenster auf den See und die Berge in geisterhaften Contouren zu schauen; die Glocken zu Neumünster läuten, die Luft ist herrlich erquickend. Dann der Gedanke an viele Freunde, die ich in diesem schönen Lande gewonnen! in solchen Stimmungen wird es mir so schwer mich zu trennen! Alea jacta est! Adieu.

Der Deine

Th. Billroth.

---

53) **An Dr. Johannes Brahms in Wien.**

Wien, 10. October 1867.

Lieber Brahms!

Wenn morgen wirklich Iphigenie zu Stande kommt, so werde ich für uns beide zwei Billets besorgen. Wenn Sie um halb 7 Uhr nicht bei mir sind, um mich abzuholen, falls Ihnen das paßt, so treffen wir uns kurz vor 7 Uhr vor der Thür des Opernhauses: Haupteingang beim Café de l'opéra. Lassen Sie mir nichts sagen,

---

Wahl anzunehmen und fügte hinzu: „ich werde mich gewiß bemühen den von mir gehegten Erwartungen zu entsprechen, wenngleich ich es wohl fühle, wie schwer es sein wird, als Nachfolger des verstorbenen Herrn Regierungsrathes Schuh aufzutreten." Am 12. Mai erfolgte die kaiserliche Ernennung, und am 11. October 1867 hielt Billroth, damals 38 Jahre alt, seine erste Vorlesung in Wien.

*) Prof. der inneren Medicin in Zürich, Breslau; gest. 1892.
**) Prof. der inneren Medicin in Basel, Tübingen.

so nehme ich an, daß Sie mit meinem Vorschlag einverstanden sind. Da meine Frau nicht mit ins Theater geht, so können wir nachher irgendwo zusammen sein. Paßt Ihnen mein Vorschlag aus irgend einem Grunde nicht, so erwarte ich Antwort.

Der Ihre

Th. Billroth.

---

54) An Dr. Johannes Brahms in Wien.

Wien, 10. Januar 1868.

Lieber Freund!

Leider befinde ich mich theils durch die fortdauernde Krankheit meiner Frau, theils durch sehr angestrengte, unabweisbare literarische Arbeiten im Zustande höherer Verstimpelung und wage daher nicht Sie aufzusuchen, da ich überhaupt auch jetzt nicht ausgehe. Neulich schwang ich mich zum Besuch des Männergesangvereins-Concertes auf, und diesen Moment haben Sie benutzt, mich nicht zu Hause zu treffen. Gern würde ich Sie Abends noch irgendwo treffen, bevor Sie, wie ich vermuthe, bald in den Norden abreisen. — Ich habe große Sehnsucht nach Ihrem Liede „Dunkel schon zc.", da ich dauernd in dieser dunklen Stimmung bin; gern hätte ich eine Abschrift davon. — Einliegend mein Beitrag für das Joachim-Diner, welchen Sie, wie mir Wittelshöfer sagte, ausgelegt haben!

Glück auf zur Reise ins nordische Deutschland!

Der Ihre

Th. Billroth.

---

55) An Prof. Esmarch in Kiel.

Wien, 7. Juni 1868.

Lieber Freund!

Seit Anfang Mai wohnen wir auf dem Lande in Neuwaldegg, von wo ich täglich Morgens in einer halben Stunde in die Stadt fahre und Abends wieder hinaus. Unser gemiethetes Landhaus liegt fast im Walde, am Park von Dornbach, in Wiens schönster Umgebung. Frau und Kinder gedeihen herrlich, und ich bin froh, die schönen Morgen und Abende nicht in der staubigen heißen Resi=

denz zubringen zu müssen. Da schon Anfang Juli unsere Ferien beginnen, so hoffe ich dann in der zweiten Hälfte des Sommers noch mehr von diesem Landaufenthalt zu haben. Daß mir dieser möglich ist und zwar schon im ersten Jahr in angenehmster Weise, daran wirst Du schon sehen, daß es mir äußerlich gut geht. Meine Praxis ist angenehm, weil sie lucrativ ist, und der Zeitaufwand doch etwas einbringt. Was will das aber sagen hier in Wien? wo die Luft selbst versteuert ist. Mein Gehalt deckt gerade meine Wohnung; das Leben ist enorm theuer hier, doch im Ganzen angenehm und behaglich. Wenn ich es nur erst dahin gebracht habe, womit meine Collegen hier immer angefangen haben, nichts wissenschaftlich zu arbeiten, nur für meine Person zu sorgen, die Amtsgeschäfte und Klinik nothdürftig nebenbei zu erledigen, die Schweinewirthschaft im Krankenhause gehen zu lassen, wie seit 100 Jahren — dann könnte ich ganz glücklich hier sein, dann wäre ich erst ein echter Wiener geworden.

Vorläufig bin ich hier Allen ein Gräuel! Mein Vertrauen steht allein auf der Jugend, die bildungsfähig ist und mir folgt. Ich lese in diesem Semester ein Publikum über Geschwülste vor 400 Zuhörern; in meiner Klinik hatte ich im vorigen Semester 230 inscribirte Zuhörer! wie die etwas sehen sollen, das weiß ich freilich nicht; praktisch kann da nicht viel gelernt werden. 1200 Mediciner in Wien, damit rühmt man sich! eigentlich ist es ein Scandal, weil es ein Beweis ist, wie miserabel alle Provinzialuniversitäten sind, die fast leer von Studenten sind, wenn ich Prag und Pest ausnehme.

Dennoch bringt mir das Collegienhonorar hier kaum mehr als in Zürich, weil gar nicht oder miserabel schlecht gezahlt wird. Die Professoren sind daher für ihre Existenz auf die Privatpraxis angewiesen, und das ist von heillosen Folgen, zumal bei einer Nation von Egoisten und sorglosen Epicuräern ohne Ehrgeiz und ohne Idealismus. Ich habe schon viele Illusionen über meine Mission in diesem Lande zu Grabe getragen. Wenn ich nur meine klinische Stellung in Betreff Einrichtung der Krankenzimmer und Material etwas gebessert und geordnet habe, werde ich das Uebrige wohl gehen lassen. Denn der Einzelne vermag hier zu wenig, und selbst wenn er sich für die Sache opfern wollte, würde es nichts nützen.

Dein Buch habe ich mit Interesse gelesen. Wir stimmen ja in

allen wichtigen Dingen vollkommen überein, und ich halte es für
sehr verdienstlich, daß Du Dir die Mühe genommen hast, in dieser
angenehmen Form die Collegen zu belehren. Ich habe immer noch
rechte Freude am Lehren und glaube darin noch immer Fortschritte
zu machen . . . . Ich bleibe auf alle Fälle in den Ferien hier.
Mache mir die Freude mich hier zu besuchen, dann gehe ich gern
auf eine Woche mit Dir in die Berge.

Freundlichste Grüße von Frau zu Frau.

Der Deine

Th. Billroth.

56) An Prof. Esmarch in Kiel.

Wien, 30. Juli 1868.

Lieber Freund!

So sehr ich den Wunsch habe bald einmal wieder old England
zu besuchen, und dies gern mit Dir zusammen thun möchte, so bin
ich doch für dies Jahr nicht besonders gestimmt, so weite Reisen zu
unternehmen, weil ich eigentlich mehr das Bedürfniß nach Ruhe
als nach Bewegung habe. Den Haupttheil der Ferien bleibe ich
jedenfalls hier, erwarte Besuch von Brüdern und habe einige Arbeiten
zu vollenden, andere zu beginnen. Da ich mir aber doch hier sehr
fremd vorkomme, so würde ich gern auf ein Paar Tage nach
Dresden*) reisen, um einige Bekannte zu sehen, und es hätte mich
besonders gefreut, wenn ich Aussicht gehabt hätte, Dich dort zu
finden. Jetzt gehe ich mit Frau auf 8—10 Tage ins Salzkammer=
gut und kehre dann hieher zurück. Es ist sogar möglich, daß ich
auch Dresden wieder aufgebe . . . .

Schreib mir doch gelegentlich, wo Dein Schwiegerpapa**) lebt,
in Hannover oder Baden=Baden. Ich möchte ihm gelegentlich etwas
schicken, da er sich immer so liebenswürdig für mich interessirt hat.

Der Deine

Th. Billroth.

---

*) Naturforscherversammlung in Dresden.
**) Generalstabsarzt Stromeyer in Hannover.

57) An Prof. Esmarch in Kiel.

Wien, 9. Januar 1869.

Lieber Freund!

Ich hebe Deinen letzten Brief schon lange auf, um ihn zu beantworten. Zum Glück steht auf demselben kein Datum; es ist mir also diesmal geschenkt, es mir in Zahlen auszudrücken, wie lange ich Dir für Deine Nachricht Dank schulde, und wie lange ich mich der Annehmlichkeit beraubt habe mit Dir zu plaudern. Daß es sehr lange her, fühle ich; auch ist in Deinem Briefe von meiner Berufung nach Berlin die Rede, und von tropischer Hitze und von vier gelungenen Kniereseftionen — das muß also Alles sehr lange her sein.

Eine Berufung nach Berlin habe ich nie gehabt. Warum mir die Berliner Fakultät die Ehre angethan hat mich primo loco vorzuschlagen*), weiß ich heute noch nicht; doch weiß ich sicher, daß jedes Mitglied der Fakultät wußte, daß Bardeleben**) schon ernannt war. Der ganze Schwindel ist hier von meinen Preßjuden ohne mein Zuthun getrieben worden. Der Gedanke, ich könnte doch möglicherweise gehen, verletzte die Eitelkeit der hiesigen Behörden in solchem Maße, daß man mich nach meinen Wünschen fragte, und — ich griff natürlich zu. Nachdem ich mich ein Jahr durchgeärgert hatte, nahm ich die Gelegenheit wahr Alles zu verlangen, was an Verbesserungen meiner Klinik unter den gegebenen Verhältnissen möglich war. Mein Gehalt hat sich zu 4000 Gulden gesteigert, und so wüßte ich nun eigentlich nicht, was besser werden sollte in meiner menschlichen Stellung. Ich bin hier nun wohl an güldenen Ketten in Wien gefesselt.

Meine Widersacher sind inzwischen verstummt. Im ersten Semester hatte ich rasendes Unglück; die außergewöhnlichsten Dinge häuften sich bei den Operirten. Jetzt hat es zum Glück umgeschlagen; ich habe vier Ovariotomien gemacht, alle mit glücklichem Erfolge. Meine Klinik hat nun 90 Betten, in großen, gut ventilirten, hellen Sälen, dazu drei kleine Zimmer zu ein und zwei Betten; das Am-

---

*) Nach dem Abgange Jüngken's war Billroth von der medicinischen Fakultät in Berlin primo loco für die Professur der chir. Klinik in der Charité vorgeschlagen.

**) Prof. der Chirurgie in Greifswald, Berlin.

bulatorium meiner Klinik habe ich 1868 fast auf 2000 Nummern gebracht. Ich habe zwei gute Assistenten und acht gute Unterassistenten (sogenannte Operationszöglinge). — Meine Privatpraxis kann sich nicht mit der von Langenbeck und Wilms messen; doch hat sie im Jahre 1868 etwas über 14000 Gulden eingebracht, ohne daß ich mich dabei eigentlich besonders angestrengt hätte. Kurz Alles geht weit besser, als ich es verdient habe — und wenn ich weniger ins Theater, Concerte, Bälle ginge, so könnte ich auch mehr arbeiten. Doch genießen muß ich das Leben aus vollen Zügen, sonst arbeite ich auch nichts Rechtes.

Willst Du nun wohl glauben, daß ich trotz dieser glänzenden Außenseite (die viel glänzender scheint als sie ist, da ich z. B. im vorigen Jahr 20000 Gulden verbraucht habe und dabei wohl comfortabel, doch ohne allen Aufwand und ohne Ostentation gelebt habe) — mich zuweilen, ja immer mehr in kleinere Kreise zurücksehne. Nicht als wenn ich hier überbürdet wäre, o nein! wenn ich hübsch solide lebe, habe ich überreichlich Zeit — sondern weil ich bis jetzt fast keine Menschen finde. Wir sind nun $5/4$ Jahre hier, und doch sind Brücke's die einzigen Menschen, mit denen wir etwas verkehren. Um Menschen zu finden, die Einem behagen, dazu müßte man aufs Suchen gehen! wo soll man sie hier finden? Jeder Verkehr ist auch so umständlich, die langen Entfernungen, die Toiletten, der späte Beginn der Gesellschaften (9 oder 10 Uhr), Alles das ist für eine Frau, die ihren Kindern lebt (und meine Mädels, die jetzt 7, 4 und 2 Jahre alt sind, brauchen viel Pflege) — sehr schwer. Auch hat meine Frau nicht das leichte, oberflächliche Naturell der Wienerinnen, sodaß es ihr schwer wird, sich hier zu finden. Doch selbst, wenn ich allein Männerkreise aufsuchen wollte, die mir anregende Unterhaltung bieten, ich würde sie vergebens suchen. Von Verkehr mit Collegen anderer Fakultäten ist gar keine Rede; ich kenne kaum Namen. Oppolzer*), Skoda**), Rokitansky sind Leute, den 70gern nahe, langweilig zum Sterben! Wie muntere flotte Stunden haben wir in der Schweiz verlebt! Das hatte ich mir wohl anders hier gedacht! — Wie es mit der Erziehung der Mädchen hier werden soll, ist mir noch ganz unklar. Gute Schulen giebt es hier nicht; man

---

*) Prof. der inneren Medicin in Wien; gest. 1871.
**) Prof. der inneren Medicin in Wien; gest. 1881.

1869.

wird also Alles mit Gouvernanten und Privatlehrern machen müssen. Sehr unbequem und sehr theuer!

Jetzt sollst Du mich einen rechten Esel heißen, lieber Freund, daß ich in meiner Lage noch klagen will. Nun klagen will ich es nicht nennen, doch schon über solche kleine Schwierigkeiten zu reden, ist eigentlich schon Unrecht von mir. Das größeste Glück, was ich hier habe, ist eben doch, daß es mir gelingt meine Studenten für die Wissenschaft zu gewinnen und ein neues Leben hier zu erwecken, und dann, daß Frau und Kinder gesund sind . . . .

Hier geht Manches vor. Dumreicher*) hat halben Urlaub von seiner Professur, um eine Militair-Sanitäts-Organisation ins Leben zu rufen, zu der Grundzüge von einer monströsen Enquête-Commission berathen sind. Wie sonderbar diese Zustände hier sind, das auseinanderzusetzen übersteigt jedes Maß brieflicher Unterhaltung, da ich dazu sehr weit ausholen müßte. Ob nicht etwa Dumreicher im Sinn hat, ganz in die Stellung eines obersten Militair-Sanitäts-Inspectors überzutreten und sich so aus einer Position mit Ehren zurückzuziehen, die für ihn immer schwieriger wird, je näher die nothwendige Regeneration der Fakultät wird — darüber zerbricht man sich hier den Kopf. Die politischen Verhältnisse werden hier immer schwieriger; der Dualismus prägt sich immer schärfer aus. Ob wir noch eine neue Aenderung der Verhältnisse erleben?!

Nun „Prosit Neujahr" von Deinem

Th. Billroth.

※

58) An Prof. Esmarch in Kiel.

Wien, 12. Februar 1869.

Lieber Freund!

Da ich aus Deinem lieben Brief vom 27. Januar ersehe, daß Du Dich für die hiesigen Militair- und Sanitätsverhältnisse interessirst, so will ich Dir Einiges darüber mittheilen.

Du fragst nach Mundy? Er ist ein Sproß einer alten Mährischen Baron-Familie, war früher Militair, trat aus, studirte

---

*) Prof. der Chirurgie in Wien; gest. 1880.

in Würzburg, war dann viele Jahre lang in England, wo er sich
mit Irrenheilkunde (seine Mutter war lange im Irrenhaus und ist
dort gestorben; sein Vater ist, wie der Sohn sagt, ein instinctiver
Bösewicht) beschäftigte, und sich dort an Griesinger's Fersen
heftete, dem er bequem war, und der ihn gern hatte. Von England
nach Wien zurückgekehrt, treibt Mundy humanistische, sociale, mili=
tairische Medicin. Er weiß von Allerlei etwas, doch glaube ich
nichts gründlich. Er schreibt immerzu und wird doch nicht heimisch
in der medicinischen Literatur, er wird nicht zunftmäßig. Er ist
ein hier sehr gut wirkendes Ferment, von Frechheit nach oben und
nach unten! Seinem Charakter traue ich nur halb. Es giebt
wenige Menschen hier, die ihn gern mögen. Daß er hier bis zu
einem gewissen Grade eine Art Rolle spielt, liegt an den faulen
Verhältnissen des Staates. Ich verkehre mit ihm von Zeit zu Zeit,
doch ist er nur in kleinen Dosen genießbar. Er wird von den meisten
hiesigen Collegen lächerlich gemacht, doch fürchten sie ihn und kriechen
theilweis vor ihm. Das sind so einzelne Züge; er ist schwer richtig
zu erfassen! Gute und schlechte Eigenschaften sind in ihm zuweilen
in etwas bedenklicher Weise gemischt.

13. Februar.

Mundy hat das Verdienst, die Idee zu einer Enquête-Com=
mission beim Kriegsminister angeregt zu haben. Die vom Minister
beliebte Zusammensetzung dieser Commission war aber nicht seine
Schuld. Sämmtliche Redacteure hiesiger medicinischer Zeitungen
verlangten in einer Audienz mit Sitz und Stimme in dieser Com=
mission zu tagen. Der Minister gab nach. Nun hatte Mundy
dem Minister proponirt, der viel zu großen (50 Personen) Com=
mission Fragen zur Besprechung vorzulegen, und die Besprechungen
über diese Fragen genau protocolliren, dann später die Specialia
durch besondere Commissionen formuliren zu lassen. Der Minister
nahm den ganzen Plan von Mundy an und ließ ihn als seinen
Vorschlag vorlegen. Die Journalisten schrieen nun Mordio! Sie
verlangten einen Entwurf zu machen, auf Grund dessen berathen
werden sollte. Der Minister läßt sich wieder einschüchtern, läßt sein
Project und Mundy feierlich fallen. Mundy reichte seine Ent=
lassung als Stabsarzt beim Kaiser ein; dieser gab sie ihm nicht,
führte eine Versöhnung zwischen ihm und dem Minister herbei. Nun

ging die Beratherei und Schwatzerei los, meist Unsinn; ich blieb bald fort!

Da hast Du ein Stückchen Geschichte aus den hiesigen Verhältnissen. So wird hier seit Jahren regiert. Kein Halt nach oben, kein Halt nach unten! Haschen nach Popularität, Furcht vor der miserablen Presse, und die Regierung ohne Organ. So ist Beust im Allgemeinen auch, so Giskra, so Hasner 2c. Es fehlt Allen an Courage! — Es wird einem so recht hier verleidet, sich um öffentliche Angelegenheiten zu bemühen. Man wird hier durch die Verhältnisse zum Egoismus erzogen. Der Staat scheint mir in seiner jetzigen Form kaum haltbar.

Die Beschlüsse der Enquête-Commission, die durch eine höchst sonderbare Majorität oft zu Stande kommen, haben natürlich gar keine praktische Bedeutung. Jetzt ist nun eine Durchführungs-Commission für die Organisation der Militair-Sanität ernannt, Dumreicher steht auf seinen Wunsch an der Spitze. Ich habe mit Mundy oft von Stromeyer und Dir in dieser Angelegenheit gesprochen. Dumreicher hat sich nun, wie er sagt, vorläufig geopfert, damit der österreichische Staat nicht wieder die Schande erlebt, wie man hier meint, daß ein Ausländer in die hiesige Hierarchie eindringt. Manche meinen, Dumreicher beabsichtige sich auf den höchsten Posten „Militair-Sanitäts-General-Inspector" mit Feldmarschall-Lieutenantsrang zurückzuziehen. Er selbst desavouirt dies und giebt nur zu, dann wirklich auch das Opfer zu bringen, ganz zum Militair überzutreten, falls es ihm nicht gelingt, in seiner jetzigen neutralen Stellung seine Ideen durchzuführen. Seine Klinik wird, wenn er verhindert ist, durch seine Assistenten gehalten. Das ist so ungefähr die Sachlage.

Vor Kurzem hatte ich den ersten Druckbogen Deiner Arbeit in Händen, der höchst classisch beginnt; die Arbeit wird danach famos und sehr ausführlich; um so besser.

Der Skandinavier bedeutet Schwede. Mein Großvater wanderte von Schweden nach Pommern ein; der Ausdruck paßte mir oratorisch, um die Mischung drastisch zu machen.

Der Deine

Th. Billroth.

59) An Dr. Kappeler in Münsterlingen.

Wien, 21. Mai 1869.

Lieber College!

Es hat mich herzlich gefreut, einmal wieder von Ihnen zu hören, und noch mehr, daß wir uns zu einem Consilium treffen, wenn auch nur schriftlich. — Der Fall ist ein für Diagnose und Untersuchung so schwieriger, daß ich auch College Pitha ersucht habe, denselben genau mit mir zu untersuchen. Wir stimmen ganz mit Ihnen überein, daß es sich wahrscheinlich um zwei Tumoren handelt, von denen der eine am Becken, der andere am Os Femoris sitzt. Wir sind geneigt, den Tumor für ein periostales Sarcom (Osteocarcinom älterer Schule) zu halten, und trotz langsamen Verlaufs, Schmerzlosigkeit und vortrefflichem Aussehen der Patientin einen zunehmenden, malignen Charakter in Aussicht zu stellen. Vielleicht ist der Tumor in der rechten Axillarlinie schon ein metastatischer. Die Chondrome, die Pitha und ich in dieser Gegend sahen, waren nie mit so bedeutendem Oedem der umliegenden Weichtheile verbunden und hatten in der Regel viele Jahre gebraucht, um zu dieser Größe zu gelangen. Der empirischen Häufigkeitsscala nach war meine erste Auffassung ebenso wie die Ihre auf Chondrom oder Osteom. Doch mußte ich den von Pitha dagegen angeführten Gründen beistimmen. Prognosis valde dubia ad malum vergens. Ruhe, Compression durch Binden, etwa den Gebrauch von Rheinfelden zum Trost der Kranken, damit etwas geschieht. Dem Manne haben wir diese traurige Wahrheit, wenn auch in milderer Form, mitgetheilt.

Freundlichen Gruß und herzlichen Dank für Ihre liebevolle Erinnerung an mich und meine Familie.

Der Ihre
Th. Billroth.

60) An Prof. Esmarch in Kiel.

Wien, 29. Mai 1869,
Tulpengasse 3.

Lieber Freund!

Wenngleich das Sommersemester für uns hier erst zwei Monate gedauert hat und uns noch $5/4$ Monat bevorstehen, so ist es für uns doch nöthig, zuweilen an die kommenden Herbstferien zu denken, um sich aufrecht zu halten. Eine Hitze wie heute in unventilirten Räumen auszuhalten, dann in dem glühend heißen, staubigen Wien Praxis zu fahren, und dann sich an die Arbeit zu setzen, ist hart, ist schon mehr Hausknechtsarbeit. Ich komme Abends in meine Landwohnung, eine halbe Stunde von Wien, habe aber weder an Frau noch Kindern Freude, weil ich geistig zu abgespannt bin. Ich bin auf dem besten Wege als Mensch zu Grunde zu gehen! — Also die Ferien! was wirst Du anfangen? ich möchte nach Innsbruck*), möchte auch zugleich in ein Nordseebad. Vielleicht auch im October nach England, wenngleich es besser in den Osterferien wäre. Ich will so Mancherlei und weiß doch nicht recht wie und was! Hilf mir, indem Du mir sagst, was Du treibst; ich möchte gern einmal wieder mit Dir zusammenkommen. Wirst Du nach Innsbruck kommen? oder was wirst Du treiben? in welcher Zeit wirst Du reisen?

Der Deine
Th. Billroth.

61) An Dr. Max Müller**) in Cöln.

Ostende, 6. September 1869.

Lieber Max!

Soeben erhalte ich Deinen Brief von gestern und freue mich, Dich übermorgen zu treffen. Was die wichtige Frage des Dinirens betrifft, so wäre es mir allerdings lieb, wenn wir um 5 Uhr zusammen diniren könnten; jedenfalls werde ich mich mit meinem Magen so einrichten. Sollte Dir dies nicht passen, so ist mein Magen auch so gut erzogen, daß er um 5 Uhr sich mit einer Kleinigkeit befriedigen läßt und die Hauptmahlzeit als Souper einnimmt. Ich bitte Dich daher, in dieser Hinsicht vollkommen über mich zu disponiren; ich freue mich herzlich, alter Junge, dich wieder zu sehen und ein gutes Glas Rheinwein mit Dir auszustechen.

Der Deine
Th. Billroth.

---

*) Naturforscherversammlung in Innsbruck.
**) Sohn des berühmten Physiologen Johannes Müller in Berlin, in dessen Hause Billroth verkehrt hatte.

62) An Prof. Esmarch in Kiel.

Wien, 27. September 1869.

Lieber Freund!

Du wirst Dich gewundert haben, daß ich garnichts mehr habe von mir hören lassen, seitdem ich Dich in Kiel besuchte.... Meine Frau kam auf meinen Wunsch in Begleitung von Brücke's nach Innsbruck, und zwar schon am Vorabend der Naturforscherversammlung, sodaß ich von Basel und Zürich aus über München eilen mußte, sie zur rechten Zeit zu treffen. Auf diese Weise habe ich auch von der Schweiz fast nichts außer Zürich gesehen. — Nach Kiel war ich in Helgoland und Ostende zusammen drei Wochen, dann ein Paar Tage in Baden-Baden, dann in Basel, Zürich, Innsbruck. Vorgestern bin ich gründlich verbummelt hier angekommen und gewöhne mich nun allmählich in die alte Bahn wieder ein . . . .

Der Deine

Th. Billroth.

63) An den Herausgeber.

Wien, 23. December 1869.

Geehrter Herr College!

Es thut mir leid, daß Sie sich vergebliche Mühe gemacht haben mit der Versendung Ihrer Arbeit*) nach Neuwaldegg, wo ich im vorigen Sommer wohnte. Ich vermuthe, daß Sie sich dazu durch das Vorwort zu meiner letzteren größeren statistischen Arbeit**) haben bestimmen lassen, welches ich dort an einem schönen Morgen im Pavillon eines reizenden Landhauses schrieb. Aus Ihrer liebenswürdigen Beurtheilung dieser Arbeit, welche ich vor Kurzem in Schmidt's Jahrbüchern fand, darf ich wohl schließen, daß Sie für das, was ich leisten und anregen möchte, volle Sympathie haben; ich habe dies übrigens auch schon aus Ihren trefflichen Arbeiten ersehen. Ihre letzte Arbeit***), deren Separatabdruck Sie mir zugesandt hatten, ist in meinen Händen; ich freue mich darauf, sie zu

---

*) Die Wunden und Aneurysmen der Arteria glutea und ischiadica.
**) Chirurgische Erfahrungen, siehe Brief Nr. 49. Anm.
***) Die Digitalcompression und Flexion bei Aneurysmen.

lesen, wozu ich leider noch nicht kommen konnte, weil ich mit literarischen Arbeiten überhäuft war, wovon ich Ihnen bald einiges schicken zu können hoffe ...

Wir stehen hier ganz außer Deutschland, mehr geistig innerlich oppositionell, als politisch. Seit wir ungarisch-czechische Provinz sind, und der Deutsche in Oesterreich nur geduldet ist, hört leider jeder Wechselverkehr auf. Daß ich hierher gekommen bin, wird immer noch als Wunder und besonderes Unglück betrachtet, wenigstens von den Stocköſterreichern; und im Profeſſoren-Collegium iſt ſofort Alles einig in der Oppoſition, wenn ich einen Antrag stelle.

Mit freundlichem Gruße

Der Ihre

Th. Billroth.

64) An Prof. His in Basel.

Wien, 30. Januar 1870.

Lieber Freund!

Mit der Tendenz Deiner Rectoratsrede bin ich sehr einverstanden. Daß wir schließlich doch keine Spur einer Ahnung von den meisten unzweifelhaft planvollen Anlagen in der Welt der Organismen und von den dabei wirkenden allgemein dirigirenden Oberkräften haben, ist nur zu wahr; dies hervorzuheben ist gewiß sehr nothwendig, um nicht nach der physikalisch-chemischen Richtung einseitig zu werden. Doch ist es ein undankbares Geschäft, die Mängel einer Wissenschaft aufzudecken; leichter ist es, sich mit kleinen Fragen zu begnügen und sich in ihrer Beantwortung befriedigt zu fühlen.

Ich denke, wir stimmen beide in der fundamentalen Auffassung der Naturwissenschaften überein, daß man über die Erforschung des Detail nie das Ganze des Gegenstandes vergessen soll, daß letzteres aber nicht ohne die Kenntniß der kleinen und kleinsten ihm zugehörigen Theile erkannt werden kann. Beobachtungen und Gedanken müssen aber stets Hand in Hand gehen, müssen sich gegenseitig befruchten, wenn etwas werden soll.

Ich stecke jetzt in Dingen, deren Zusammenhang mit Chirurgie auf den ersten Blick sehr räthselhaft scheint, nämlich in dem Studium über die Herkunft und die Metamorphosen der Vibrionen. Die

widersprechenden Ansichten über Wundbehandlung, welche in neuester
Zeit auftauchen, und die völlige Unklarheit über die Art der Wirkung
der angewandten Mittel und Methoden veranlaßt mich, etwas tiefer
in diese Sachen einzugehen. Dazu sind nun wieder vor Allem die
Kenntniß der Fäulnißbedingungen von Serum, Blut, Lymphe, Harn ꝛc.
bei Körpertemperatur nöthig, und die Kenntniß der Mittel, welche
diese Fäulniß verhindern. Man muß dann auch ermitteln, warum
sie antiseptisch wirken ꝛc. Wenn ich nur mehr Zeit hätte! Ich
grübele diesen Dingen jetzt viel nach, ohne bis jetzt zu wissen, was
aus diesen Studien wird, und ob etwas dabei herauskommt. Behandlung der Wunden und der Verwundeten bleibt schließlich das
A und Ω der ganzen Chirurgie . . .

Der Deine
Th. Billroth.

65) An Prof. Esmarch in Kiel.

Wien, 13. Februar 1870.

Lieber Freund!

. . . Grüße Deine beiden Jungens von mir, besonders den
zweiten, der mir besonders gefallen hat, und mit dem ich Brüderschaft getrunken habe. Ich habe mich auch noch nicht einmal für
die Zusendung des Hamburger Häubchens bei der Dame in Deinem
Hause bedankt, was ich hiemit thue. Ich wollte das Modell hier
bei meinen Wärterinnen einführen; doch haben dieselben inzwischen
officielle Anzüge erhalten.

Obgleich ich Kiel nur bei strömenden Regen sah, so kann ich
mir doch denken, daß es ohne denselben sehr schön ist und denke
dies ein ander Mal zu erproben; denn die Einsamkeit und Ruhe
in Carlsbad, Helgoland und Ostende war mir doch so erquicklich,
daß ich dies öfters wiederholen werde, obgleich es für meine Frau
hart ist, 6 Wochen ganz allein zu sein. Ich hatte den festen Vorsatz,
diesen Ostern nach England zu reisen; doch es wird wieder nichts
daraus; ich muß leider umziehen, und dies ist, abgesehen von der
Unannehmlichkeit, ein so theurer Proceß (ich muß mir die neue

Wohnung ganz einrichten lassen), daß ich dann nicht mehr an Reisen denken kann. Der Stadtumzug folgt gleich auf den Umzug aufs Land; nichts als Beschwerlichkeiten, bei denen ich meine Frau doch nicht ganz im Stich lassen kann.

Ich hörte neulich über Berlin, Baum, der recht munter und frisch in Innsbruck war, habe seinen Abschied verlangt. Würdest Du noch auf diese Stelle reflectiren? rathen möchte ich kaum dazu. Das Krankenhaus müßte ganz reformirt werden; Privatpraxis war fast nie mit dieser Stelle verbunden, nur die große Zahl der Studenten wäre angenehm, sowie für Dich die Nähe von Hannover. Ob Dir der sociale Ton in Göttingen gefallen würde, weiß ich nicht.

Hier ist Alles still; die liberale Partei ist ganz haltlos nach oben wie nach unten, eine famose Reaction steht uns wohl bevor . . . .

Der Deine
Th. Billroth.

66) An den Herausgeber.

Wien, 19. Februar 1870.

Geehrter Herr College!

Da Professor v. Patruban*) als Mitarbeiter der bei F. Enke in Erlangen erscheinenden chirurgischen Encyclopädie ausgetreten, und somit der Abschnitt „Hals" frei geworden ist, beschloß die Redaktion dieses Werkes diesen großen Abschnitt zu theilen, damit er recht bald fertig werde. Ich bin nun in der erfreulichen Lage Ihnen folgende Theile zur Bearbeitung anzubieten: Topographische Anatomie des Halses, Unterbindung der Arterien (Carotis, Lingualis, Thyreoidea, Vertebralis, Anonyma), Verletzungen am Halse, Angeborne Krankheiten (Torticollis, Fistula colli cong.)

Die übrigen Abschnitte werden von Stoerk**), Hueter***), Koenig, Lücke†) bearbeitet. Wenn ich Ihre Zusage, wie ich hoffe,

---

*) In Wien; gest. 1880.
**) Prof. extr. der Laryngologie in Wien.
***) Prof. der Chirurgie in Rostock, Greifswald; gest. 1882.
†) Prof. der Chirurgie in Bern, Straßburg; gest. 1894.

recht bald erhalte, schreibe ich Ihnen Näheres; nur eines muß ich als Hauptbedingung voranstellen: Ihr Manuscript muß bis 1. Januar 1871 in meinen Händen sein.

Ergebenst

Prof. Dr. Th. Billroth.

*

67) An den Herausgeber.

Wien, 23. Februar 1870.

Geehrter Herr College!

Anhängendes Programm verschafft Ihnen eine Uebersicht über die Vertheilung des Materials betreffend die chirurgischen Krankheiten des Halses. Es freut mich außerordentlich, daß Sie dieselben übernehmen. In Betreff der Form mache ich Ihnen gar keine Vorschriften, da Sie ein sehr gewandter Schriftsteller sind und das Material leicht beherrschen werden. Nur bitte ich Sie, die Paragraphirung beizubehalten, wie sie im ganzen Werk durchgeführt ist. Sie erhalten von der Verlagsbuchhandlung ein Exemplar des ganzen Werkes sammt Atlas gratis; wo letzterer nicht ausreicht, lassen Sie an Zeichnungen für Holzschnitte oder für lithographirte Tafeln machen, was Sie brauchen, natürlich mit Rücksicht auf das Format des Buches. Ueber das Geschäftliche :c. wird sich der Verleger mit Ihnen in Verbindung setzen.

Sollten Sie über die Begrenzung von Hals und Brust Scrupel haben, so bitte ich Sie, die entsprechenden Abschnitte von Weber und mir nachzusehen. Was fehlt, müssen Sie ausfüllen. Sollten Ihnen die angebornen Krankheiten zu viel sein, so übernimmt sie vielleicht noch Koenig; eventuell bitte ich Sie, mit diesem direct in Verbindung zu treten. Sie werden inzwischen meinen neuen Bericht erhalten haben. Ich freue mich sehr auf Ihre Arbeit über Richter.

Der Ihre

Th. Billroth.

*

68) An den Herausgeber.
                                                    Wien, 7. Juni 1870.
                                                    Liechtensteinstraße 1.
    Geehrter Herr College!

Besten Dank für Ihre Bemühungen in meinem Interesse; ich habe selbst schon so viel Aerger über Druckfehler gehabt, daß ich mich ganz in Ihre Stelle versetzen kann.

Heute komme ich endlich dazu, den Jahresbericht pro 1869 zu beginnen. Von meinen Schülern hier kommen im Laufe des Jahres einige tüchtige Arbeiten, deren Leitung und Durchsicht mich viel Zeit kostet; doch ich halte es, zumal in meiner hiesigen Stellung, für Pflicht, nicht allein selbst zu arbeiten, sondern die Jugend zum Arbeiten zu erziehen, so daß mich die dazu aufgewandte Zeit nicht reut.

Meine eigene Originalarbeit steckt seit fast einem Jahr in Studien über Fäulniß, Vibrionen, Hefe und Verwandtes. Ob eine große Arbeit oder gar nichts dabei herauskommen wird, weiß ich noch nicht, da ich mich lediglich durch den Verlauf der Untersuchungen leiten lasse, und dabei schon oft bald in diese, bald in jene Sackgasse gerathen bin. Da ich es in meiner äußeren Stellung nun doch wohl nicht weiter bringe, als es mir ein gütiger Zufall gebracht hat, und womit ich allen Grund habe zufrieden zu sein, so eile ich nicht mit Abschlüssen über so schwierige Gegenstände, bei denen das Grübeln und Brüten über die Methode der Untersuchung ebenso nöthig ist, wie diese selbst.

N. hat viel Unglück in den letzten Jahren gehabt. Es sollte ihm nun endlich wieder frischer Sonnenschein leuchten, damit er nicht ganz erdrückt wird.

    Mit freundlichstem Gruß   der Ihre
                                          Th. Billroth.

69) An Frau Hofrath Billroth in Wien.
                                                    Stuttgart, 1. August 1870.*)
    Liebe Frau!

Vorgestern Abend kam ich hier an, fand jedoch Lübke erst gestern und schreibe Dir daher erst heute meine wenigen Erlebnisse.

---

*) Am 21. Juli 1870 stellte Billroth in der Sitzung des „Oesterreichisch-patriotischen Hilfsvereins in Wien" den Antrag, ohne Entschädigung sich auf den deutschen Kriegsschauplatz begeben zu wollen und reiste als Delegirter des Vereins mit seinem Assistenten Dr. Czerny wenige Tage später ab.

Meine Reise nach München war ohne Hindernisse; dort erfuhr ich, daß die Züge nach Stuttgart hinüber unregelmäßig gehen. Der Zufall begünstigte mich, ich kam bald nach Augsburg und von da nach Ulm. Am Abend kam ich unter Blitz und Donner in Stuttgart an; hier merkt man den Krieg nur an dem Mangel von Soldaten, die Militärzüge gehen außen an der Stadt vorbei, Niemand weiß, woher und wohin. Die hiesigen Zeitungen sind von einer entsetzlichen Oede. Hier in der Nähe des Kriegsschauplatzes erfährt man jede Nachricht von dort erst über Berlin. Telegramme, die wir in Wien schon Freitag Morgen gelesen hatten, fand ich Sonntag in München als Neuestes.

Gestern erfuhr ich, daß das Hauptquartier des Kronprinzen schon bis Speyer vorgeschoben sei, und daß man einen Einbruch der Franzosen in Süd-Baden aus strategischen Gründen für höchst unwahrscheinlich hält, weil man ihnen dort den Rückzug sehr leicht abschneiden könne. Auch ein Vordringen der Franzosen bis hieher wird als eine undenkbare Sache vorläufig angesehen, da mehrere von Seite der Deutschen verlorene Schlachten dazu nöthig seien. An die Möglichkeit größerer deutscher Niederlagen glaubt indeß, wie es scheint, Niemand. Nur die Militärs sind vorsichtiger. Ulm, die stärkste Festung für die Vertheidigung von Süddeutschland, ist sehr fest und in vollkommensten Zustand versetzt.

Neue Scharmützel bei Saarbrücken, weiter weiß ich nichts Neues vom Krieg zu melden. Doch nun erwartet man bald eine große Schlacht, morgen am 2. August als dem Begründungstag des französischen Kaiserreichs, oder übermorgen (am 3. August) als dem hundertjährigen Geburtstag Friedrich Wilhelm's III. Doch diese Vorgänge wirst Du alle früher als durch mich erfahren.

Von Heine*), den ich gestern aufsuchte, erfuhr ich, daß sie auch hier nichts von helfenden Civilärzten wissen wollen, da ihr Bedarf an Aerzten für alle Lazarethe gedeckt sei. Dieser bureaukratische Dünkel wird sich wohl geben, wenn erst große Schlachten geschlagen sind. Da man es dem ersten württembergischen Chirurgen Dr. von Bruns**) abgeschlagen hat, mit einzugreifen, so werde ich hier natürlich gar keine Schritte thun, sondern wahrscheinlich warten,

---

*) Prof. der Chirurgie in Innsbruck.
**) Prof. der Chirurgie in Tübingen; gest. 1883.

bis die Schlachten gehörig losgehen und mich dann weiter vorwärts begeben. Noch weiß Niemand, ob die deutschen oder französischen Grenzländer Kriegstheater werden; und da ich hier einige nette Bekannte gefunden habe, so werde ich einstweilen hier bleiben.

Lübke's grüßen beide bestens. Er ist ganz der Alte und strotzt von schlechten Witzen. Gestern Abend waren wir bei Stockhausen's, die in Canstatt etablirt sind. Wir fanden dort Auerbach und einen Hofrath Hensen, Bibliothekar des Königs. Hensen führte uns gestern in die Bibliothek der alten Karlsschule, wo Schiller beim Vorlesen seiner Räuber ertappt wurde. Es war ein prächtiger, geistig bewegter Abend unter diesen Männern. Stockhausen sang die Loreley und das Rheinlied von Schumann, schöner als je. Wie oft dachte ich Dein; es wäre ein rechter Genuß auch für Dich gewesen. Auerbach ist ein recht interessanter Mensch; er konnte es nicht lassen, auch etwas mitzuthun und verfaßte ein fliegendes Blatt, was er uns vorlas „Was der Franzos will, und was der Deutsche will". Ich fand es sehr mäßig, werde es aber schicken. Alles ist in Kriegsstimmung. Stockhausen ist enthusiastischer Deutscher und componirt patriotische Lieder. Lübke hat das Chassepot-Lied leider nicht gemacht, hält es aber nicht für unmöglich, daß er es gemacht haben könnte und dankt Dir für die gute „Meinung". Morgen mache ich mit Stockhausen und Heine einen Spaziergang durch die schönen Wälder der Umgegend.

✽

70) An Frau Hofrath Billroth in Wien.

Heidelberg, 5. August 1870.

Heute sind es acht Tage, daß ich Dich in Wien verließ, und immer ist nichts Ernstliches auf dem Kriegsschauplatz vorgegangen. Man hört von Vorpostengefechten an den Grenzen, doch bewährt sich von den auftauchenden Gerüchten selten etwas. Gestern wollte man in Karlsruhe und Rastatt viel Kanonendonner gehört haben. Daß die ganze deutsche Armee jenseits des Rheins zum Theil auf französischem Gebiete steht, ist zweifellos. Lange kann es nun wohl mit der Hauptschlacht nicht mehr dauern.

Wie Du aus der Datirung des Briefes siehst, bin ich von

Stuttgart hierher übergesiedelt. Es war dort doch gar zu still, man hatte keine Ahnung von dem, was vorgeht. Da im Privatverkehr jede Ordnung aufgehört hat, so fuhr ich, anstatt 4, 18 Stunden. Gestern versorgten wir uns, Czerny und ich, mit gestempelten Armbinden, da Niemand eine Binde mit rothem Kreuz tragen darf, ohne von einer Regierung der Krieg führenden Staaten dazu berechtigt zu sein.

Soldaten sieht man nicht viel, da sie bereits Alle an Ort und Stelle sind; doch colossale Transporte von Verpflegungsmaterial aller Art, zumal sehr viel Ochsen und Getreide werden dem Heere zugeführt. Die Verpflegung und die Haltung der Soldaten soll ausgezeichnet sein. Obwohl in der Pfalz fast 400000 Soldaten stehen, behaupten Reisende von dort, man sehe nichts von ihnen. Es giebt dort sehr viel Wald, der die Truppen vor der fürchterlichen Hitze schützt. Die Ruhe und Zuversicht, das Vertrauen auf den Sieg unter Preußens Führung ist hier in ganz Süddeutschland das Auffallendste für jeden Fremden, der herkommt. Man ist hier für 600 Verwundete vollkommen eingerichtet, ebenso in Mannheim und den meisten Nachbarstädten. Jeder betheiligt sich, wie er kann; Alles geschieht in größester Ordnung und Ruhe. Obwohl man hier kaum 5 Meilen von der Grenze ist, denkt doch Niemand ernstlich daran, daß der Feind hierher kommen würde.

Ich hoffe, Ihr seid Alle wohl. Aengstige Dich nur nicht, wenn der Krieg losgeht und Du nicht so schnell Nachricht von mir erhältst. Wir werden wohl viel zu thun bekommen und ich wenig Zeit zum Schreiben haben. Grüße und Küsse an die Kinder.

※

71) An Frau Hofrath Billroth in Wien.

Weißenburg im Elsaß, Samstag Abend,
6. August 1870.

Ich habe wohl manches Interessante erlebt und manche interessante Reise gemacht; doch der heutige Tag übertrifft Alles. Ja, man muß mitten drin sein im Krieg, um das Schreckliche desselben und auch das Großartige davon zu empfinden. Wollte ich davon schreiben, es wäre Alles, und nähme es ein Ries Papier ein, nur ein schwaches Schattenbild der Wirklichkeit. Doch ich will versuchen, Dir Einiges zu erzählen.

Gestern um 8 Uhr warf ich den Brief an Dich in den Kasten, und 5 Minuten darauf erfuhr ich, daß die deutsche Südarmee am Donnerstag (den 4. d. M.) Weißenburg, wo ich heute Abend sitze, genommen habe und im Vorschreiten begriffen sei. Obgleich wir in Heidelberg sehr gemüthlich situirt waren, ließ es uns doch keine Ruhe; wir fuhren also zunächst nach Mannheim. Dort waren bereits einige Verwundete, und unterwegs sahen wir die ersten Gefangenenzüge, worunter die ersten Turkos. In Mannheim ging es schon sehr lebhaft her; wir erfuhren dort, daß es in Weißenburg sehr viele Verwundete und keine Aerzte gäbe. Wir rückten nun mit den Militärzügen vor. Gestern Nacht kamen wir in Landau an, wo wir große Mühe hatten, Quartier zu finden.

Heute Morgen um 5 Uhr ging es hierher; die zerstörte Bahn war bereits in der Nacht durch preußische Ingenieure wieder hergestellt worden. Hier sahen wir das Schlachtfeld vor Weißenburg; noch lagen todte Menschen und Pferde dort, Uniformstücke. Die Thürme, Dächer und Thore waren zerstört. Auf dem Bahnhof ein Chaos von Verwundeten, Gefangenen, durchziehendem Militär. Wir waren schon recht ermüdet von der fürchterlich langen Fahrt, die wir im Packwagen gemacht hatten; und anfangs waren wir ganz erstarrt, weil wir fühlten, daß hier der Einzelne fast nichts ist. Die Johanniter und Hülfsvereine, die bewunderungswürdig organisirt sind, hatten uns bis hierher befördert.

Hier liegen in einem kleinen Städtchen, das nur 4 Aerzte hat, 300 Schwerverwundete, die vorläufig nicht transportabel sind. Sofort, als wir uns meldeten, erhielt ich die Direction dieser sämmtlichen kleinen Lazarethe; nun hieß es einen Entschluß fassen. Der heutige Tag genügte vollständig, um uns zu überzeugen, daß ein weiteres Hin- und Herreisen nichts nützen könne; so haben wir uns schnell entschlossen und bleiben hier. Wir fanden hier eine große Anzahl Mediciner zur freiwilligen Krankenpflege, meist aus Greifswald, dazu viele Krankenwärter. Heute habe ich die Aerzte vertheilt. Czerny habe ich 100 Schwerverwundete überlassen zur selbständigen Führung; er hat heute schon die nöthigen Operationen gemacht. Wir können hier nützen durch Organisation und Behandlung. Einquartirt sind wir bei einem hiesigen Arzt, der nebst seiner Frau Alles für uns thut. Hier sprechen alle Leute deutsch.

Nachmittags traf eine Depesche beim hiesigen Commando ein: „Die Armee von Mac Mahon total geschlagen auf der Flucht. Der Kronprinz." Dadurch ist Straßburg verloren; der ganze rechte Flügel der französischen Armee ist futsch. Hoffentlich werden auch Steinmetz und Friederich Carl ihre Schuldigkeit gethan haben; dann ist die französische Armee aufgelöst. Es ist colossal!! vielleicht ist auch dieser Feldzug in einer Woche zu Ende!

Ich bin zu müde, um weiter schreiben zu können; es ist 11 Uhr, und ich bin seit 5 Uhr Morgens auf den Beinen. Noch habe ich keine Nachricht von Dir; hoffentlich seid Ihr Alle munter. Ich bleibe wohl längere Zeit hier. Küsse die Kinder. Czerny hält sich famos; wir werden viel in nächster Zeit zu arbeiten haben.

※

72) An Frau Hofrath Billroth in Wien.

Weißenburg, 9. August 1870.

Mein letzter Brief, am 6. geschrieben, ist erst gestern mit einer Feldpost fortgegangen. Ob Du ihn erhalten hast, mögen die Götter wissen. Heute nur soviel, daß ich gesund bin und mit Czerny hier vollkommen selbständig wirke. Wir haben die Verwundeten endlich in Betten. Die Bevölkerung ist für sie von aufopfernder Hingebung. Noch habe ich keinen Brief von Dir, hoffe aber Morgen darauf.

※

73) An Frau Hofrath Billroth in Wien.

Weißenburg, 12. August 1870.

Zwei Wochen sind heute vergangen, seit ich Euch verließ. Noch habe ich keine Zeile von Dir oder irgend einem Anderen. Doch liegt dies offenbar in den Verhältnissen des Verkehrs zu uns, der wohl absichtlich abgeschlossen ist, da wir in Frankreich sind. Auch habe ich keine Zeitung seit einer Woche gesehen, und wissen wir Alle hier, mit Ausnahme der Schlacht, die hier und in Wörth geschlagen wurde, nichts, außer unbestimmte Gerüchte. Wir ersehen nur daraus, daß kein Militär passirt, sondern täglich nur zahllose Wagen mit Proviant für die Armee, daß unsere Truppen vorrücken.

Meine Thätigkeit hier in Gemeinschaft mit Czerny ist eine außerordentlich glückliche und segensreiche. In wenigen Tagen hoffe ich, meine Lazarethe fast wie meine Klinik in Stand zu haben. Du hast sehr großen Antheil daran; ohne Dein Verbandzeug, was von Allem, das ich erhalten habe, das beste ist, hätte ich hier garnichts machen können. Die Art meiner Equipirung hat sich außerordentlich bewährt. Kurz, ich erreiche, was ich wollte: helfen und lernen, denn dieser Feldzug füllt eine große Lücke meiner Erfahrungen aus.

Die Bevölkerung hier ist außerordentlich bereitwillig zu aller Hülfe; man giebt, was man hat. Alle Gerüchte, die man über die Mitbetheiligung der Einwohner am Kampfe erzählt, sind völlig erlogen. Ob die Turkos wirklich die Grausamkeiten gegen die Feinde begangen haben, die man ihnen nacherzählt, ist auch wohl mehr als zweifelhaft.

Ich habe den Kopf noch immer sehr voll und bitte Dich daher, nicht böse zu sein, wenn ich nur kurze Briefe schreibe. Ich will Dir Alles erzählen, so viel und so oft Du willst. Ich bitte um alle Zeitungen vom 4. August an. Hoffentlich seid Ihr Alle wohl! Mir ist sehr gut, ich fühle mich stark! Küsse die Kinder.

74) An Frau Hofrath Billroth in Wien.

Weißenburg, 17. August 1870.

Vorgestern erhielt ich drei Briefe von Dir und ein Telegramm.

Mir geht es gut. Bis jetzt habe ich den ganzen Tag nichts weiter gethan als Kranke verbunden, operirt und transportirt. Daß man bei diesem Einerlei der Beschäftigung abgespannt und langweilig wird, liebes Herz, wirst Du begreifen. Ich habe jetzt große Freude an meinen Lazarethen, die hoffentlich Musterlazarethe werden. Der Verlauf der Wunden ist im Verhältniß zu der Schwere der

Verletzungen sehr günstig. Ich bin jetzt soweit, daß wir bereits Krankengeschichten schreiben.

Schicke mir ja die Zeitung; wir wissen hier von garnichts. Soeben war ein bayerischer Graf von München bei mir, der mir erzählte, daß das Hauptquartier des Kronprinzen vor Metz sei, und daß Steinmetz gestern mit Erfolg geschlagen habe. Napoleon habe Metz verlassen. Unsere Truppen marschiren immer weiter vor. Colossale Massen von Proviant gehen hier durch, zuweilen während der ganzen Nacht, daß man kaum schlafen kann. Immer neue Landwehrregimenter rücken nach; und wer das mit erlebt, kann nicht genug staunen über die sichere Ordnung, mit welcher Alles geleitet wird. Dabei herrscht eine so verständige Disciplin unter den Truppen, daß nicht der geringste Exceß vorgekommen ist.

75) An Prof. Gurlt in Berlin.

Weißenburg, 18. August 1870.

Lieber Gurlt!

Besten Dank für Ihre erfolgreiche Bemühung für Czerny und mich, deren Resultate gestern Abend in meine Hände gelangten. Da ich mich schon am 5. bis Landau, am 6. bis hierher vorgedrängt hatte und hier einen furchtbaren Wirrwarr, und außer vier Stadt= ärzten gar keinen Arzt vorfand, so übertrugen die Johanniter sofort mir und Czerny die hiesigen nicht unbedeutenden Lazarethe, die ich bis Anfang September zu behalten gedenke, nachdem ich jetzt Alles so in Ordnung habe, wie in meiner Klinik. Da bei der Südarmee außer Wilms nur süddeutsche Kliniker thätig sind, so müssen ja fast alle deutschen Professoren der Chirurgie bei den anderen Armeen, folglich wohl kein Mangel an solchen sein. Ich habe meine Zwecke vollständig erreicht und bin außerordentlich befriedigt, das hiesige Chaos nach und nach bewältigt zu haben. Auf alle Fälle ist mir das Schreiben des Kriegsministeriums sehr wichtig, falls die Sache noch lange dauert, und ich anderswo eine neue Thätigkeit etablire.

Der Ihre

Th. Billroth.

76) An Frau Hofrath Billroth in Wien.

Weißenburg, 20. August 1870.

Gestern erhielt ich Deinen Brief vom 13. und habe mich sehr daran erfreut. Nach und nach wird es hier etwas ruhiger, doch immerhin giebt es noch viel Soldaten, Fouragewagen ꝛc., und meine chirurgische Arbeit hat noch nicht abgenommen. Ebenso ist Czerny den ganzen Tag beschäftigt. Wir fangen um 7 Uhr Morgens an und sind selten vor ½9 Uhr Abends fertig; denn wir haben ja nur Studenten und Heilgehülfen zur Assistenz und sind die einzigen Chirurgen hier. So haben wir es aber gewollt und sind froh und gesund dabei. Wittelshöfer*) muß sich noch etwas gedulden wegen der Berichte von Czerny; denn vorläufig sind wir noch in einer Verfassung, daß wir gewöhnlich bald einschlafen, wenn wir uns hinsetzen.

Von Allem, was Du in der Zeitung liest, ist nichts wahr. Czerny, ich und zwei Studenten wohnen hier bei einem sehr liebenswürdigen Arzt und Frau, die uns vortrefflich pflegen. Mit welchem Heißhunger ich einen Teller Nudeln aufesse, solltest Du sehen; lange hat es mir nicht so geschmeckt. Kurz, ich bin famos gesund und freue mich, meine Kräfte wieder einmal geprüft zu haben. — Ich habe viele deutsche Soldaten gefragt, ob sie etwas von den Scheußlichkeiten gesehen oder gehört haben, die man den Turkos nachsagt, habe jedoch nichts erfahren, so daß entweder Alles erlogen, oder nur sehr vereinzelt vorgekommen ist. Die Geschichten von Weißenburg's Bewohnern sind alle erfunden. Die Turkos sind eigentlich wie die Kinder, ohne alle Erziehung, zum größesten Theil sehr schöne Menschen. Sie haben viel Heimweh, frieren sehr und begreifen nicht, daß wir uns so viel Mühe mit ihren Wunden geben.

Küsse die Kinder für mich.

⁂

77) An Frau Hofrath Billroth in Wien.

Weißenburg, 21. August 1870.

Heute habe ich Briefe, Telegramm und Kiste erhalten und mich über Alles kindisch gefreut. Schinken und Thee habe ich meiner

---

*) Herausgeber der Wiener medicinischen Wochenschrift; gest. 1889.

liebenswürdigen Wirthin, einer älteren Dame und Muster einer
Hausfrau, wenn auch voller Angst und Jammer, übergeben. Das
herrliche Verbandzeug aber habe ich für meine Spital-Abtheilung
behalten. Vor Allem sind die Tücher uns von außerordentlichem
Nutzen. Nachdem ich den Leuten gezeigt habe, wie einfach und
zweckmäßig man damit verbinden kann, will jeder Verbandtücher
haben. Größe und Form haben sich vortrefflich bewährt. Hätte
ich Dein Verbandzeug und meine Instrumente nicht gehabt, so hätte
ich in den ersten Tagen garnichts machen können.

Vor Allem bin ich froh, daß Ihr Alle gesund seid.

Ueber den Ausgang des Krieges kann wohl kein Zweifel mehr
sein; doch wie lange es dauert, ist wohl sehr fraglich. Muß es zur
Belagerung von Paris kommen, so ist das nicht so schnell geschehen.
Denn, mit wem soll man dann verhandeln? Napoleon ist dann
nicht mehr möglich, doch was nach ihm? Als Pfand für die
Kriegskosten wird man noch lange Besatzung in Frankreich halten
müssen. Hoffentlich wird man mindestens Elsaß zu Deutschland
nehmen.

Sonderbar ist es mit den Leuten hier. Man kann sich nichts
Deutscheres in Art, Wesen und Aussehen denken, als die Elsässer
und zumal die Weißenburger; sie sprechen wie die Baseler, und doch
ist ihnen der Gedanke, von Frankreich abgelöst werden zu sollen,
ungefähr so entsetzlich, als wenn wir russisch werden sollten. Die
Leute hier wissen nichts von der ungeheuren Uebermacht Deutschlands
in Kunst und Wissenschaft, sondern glauben, nur in Paris sei die
Civilisation zu Hause. Sie sind wie die französischsten Franzosen in
einer Art Dusel befangen, als wenn Deutschland das Land wüster
Barbarei sei. Die deutschen Elsässer sind eitel auf Frankreichs
Prestige, auf seine erste Rolle in Europa, und sie leiden wirklich tief
moralisch, um so mehr, als das ganze Elsaß antinapoleonisch gestimmt hat. Doch daß dem großen Frankreich, zu dem sie auch gehört haben, dieser furchtbare Schlag zu Theil werden konnte, empfinden
sie tief. Das Alles wird sich geben; wird Elsaß deutsch, so wird es
auch in 5—10 Jahren gut deutsch sein, denn die Sprache entscheidet
schließlich doch; kein Dienstbote, kein Bauer versteht hier französisch.

Ueber den Unsinn von Verstümmelungen, Schießen aus den
Häusern ꝛc. habe ich Dir gestern schon geschrieben. Es ist kein
Wort daran wahr.

Wie lange ich hier bleibe, weiß ich noch nicht. Ich trage mich immer noch mit der Hoffnung, 14 Tage See-baden zu können; es würde mich sehr erfrischen, bevor ich das lange Wintersemester beginne. Doch jetzt darf ich meine Kranken noch nicht verlassen; es ist mit die schwerste Zeit, zumal die Zeit der starken Blutungen in Folge des Eiteranfressens der großen Adern; da heißt es dann schnell bei der Hand sein. — Ich bin sehr zufrieden mit unseren Erfolgen; ebenso Czerny, der famos aushält. Er empfiehlt sich Dir bestens; ich habe außerordentliche Freude an seiner Tüchtigkeit; ich habe ihm ein Lazareth mit 60 Kranken ganz überlassen.

Grüße Brücke's und küsse die Kinder. Es geht uns nichts ab. Wir haben aus Hamburg Sardellen, Rauchfleisch, Sherry, Portwein ꝛc. Wir brauchen es ebenso nöthig wie die Kranken, wenn wir so fortarbeiten sollen; ich habe an Dreher um Bier telegraphirt.

78) An Prof. His in Basel.
Weißenburg, 23. August 1870.

Lieber Freund!

Im Interesse eines sehr schwer darniederliegenden französischen Officiers, der noch keine Nachricht von den Seinen in Paris hat und große Sehnsucht darnach hat, bitte ich Dich einliegenden Brief an die Adresse auf die Post zu geben, oder durch das Comité des internationalen Vereins möglichst bald befördern zu lassen, sowie eine an Dich gelangende briefliche oder telegraphische Antwort sofort hierher an Herrn Dr. Hornus in Weißenburg zu befördern.

Mit herzlichem Gruß der Deine
Th. Billroth.

79) An Frau Hofrath Billroth in Wien.
Weißenburg, 30. August 1870.

Herzlichen Dank für Deinen letzten Brief. Du bist ja furchtbar bös auf die Franzosen! nun, in der nächsten Nähe ist das Alles nicht so schlimm. Die Leute haben ihre Schuldigkeit gethan, und niemals ist mehr über die Soldaten in französischen und deutschen

Zeitungen gelogen worden, als jetzt. Ich habe mich längst daran gewöhnt von allen diesen Nachrichten nichts zu glauben. Persönliche Rohheiten bleiben auf beiden Seiten nie aus und sind immer mehr auf der Seite der Besiegten. C'est la guerre! Ich glaube, Deine Aufregung über den Krieg würde besser geheilt, wenn Du mich hier besuchtest.

Mein Plan, den ich Dir gestern entwickelte, ist etwas durchkreuzt worden. Gestern kam eine Deputation von Mannheim zu mir mit der dringenden Bitte, die Oberleitung der ziemlich bedeutenden, aber guten Lazarethe des badischen Hülfsvereins (500 Verwundete) zu übernehmen; es seien genügend Aerzte da, doch fehle es an einer leitenden energischen Autorität und an einem die Entscheidung über die Operationen übernehmenden consultirenden Chirurgen. Volkmann war dort bis vorgestern, ist dann aber vom preußischen Commando in die Lazarethe bei Metz abberufen worden. Ich habe hier noch 107 Verwundete, von denen wenige noch sterben werden; die meisten sind in vortrefflicher Besserung. Jede Woche haben wir schon die Reconvalescenten weiter befördert. Die Mannheimer werden nun meine Verwundeten mit übernehmen und dazu einen Expreßtrain hierherschicken mit Sprungfedermatratzen ıc., kurz, man quälte mich so lange, bis ich endlich zusagte bis Ende September zu bleiben. Reizend wäre es, wenn Du mich in Mannheim besuchtest oder mich Mitte September von da abholtest; die Bahnen dorthin gehen völlig regelmäßig. Meine Stellung in Mannheim wird eine ziemlich freie sein. Ich habe freies Quartier und Equipage zur Verfügung und brauche mich nicht wie hier zu plagen. So wird es freilich keine eigentliche Ferienreise, doch ein Ausruhen sein, soweit mir das bei interessanten Fällen möglich ist. Wenn man beim Feldzug einmal A gesagt hat, muß man auch B sagen. Sei ruhig über den Ausgang und das baldige Ende des Krieges. Ich verlasse mich auf Moltke und Bismarck. Vor den Oesterreichern fürchten wir uns nicht; laß sie nur immer reden und lache sie innerlich aus.

Deutschlands glorreiche Entstehung zu erleben hatte ich nicht gehofft.

Morgen bin ich schon in Mannheim.

80) An Frau Hofrath Billroth in Wien.

Mannheim, 8. September 1870.

Endlich kann unsere Correspondenz in den gewöhnlichen friedlichen Gang kommen.

Ich habe meine 700 Weißenburger Patienten jetzt alle glücklich hier. Für jetzt ist der Verkehr am Bahnhof das Schwierigste; in einer halben Stunde kommen wieder 800 Verwundete durch. Züge von 2000 Gefangenen passiren täglich. Auch in den Spitälern giebt es viel zu thun. Ich commandire Alles, und es geht so leidlich. Ich bin ganz gesund; Du mußt mich jedenfalls hier abholen. Jetzt schnell eine Tasse Thee und dann auf den Bahnhof.

Deine Briefe sind mir eine wahre Erquickung, ich lese sie drei und vier Mal.

81) An Frau Hofrath Billroth in Wien.

Mannheim, 11. September 1870.

Herzlichen Dank für Deine letzten Briefe und die Uebersendung von Edi's*) Bericht. Alle thun mit in diesem großen, aber furchtbaren Kriege. Man bedarf in der That von Zeit zu Zeit der Siegesbotschaften, um sich über das Elend hinwegzusetzen, was man erlebt. Die hiesigen Verwundeten sind jetzt in dem Stadium, wo die schrecklichen Nachblutungen durch die Vereiterung der Blutgefäßwandungen kommen. Diese Nacht habe ich mit Freund Hein um das Leben eines prächtigen Kürassierlieutenants gerungen; eine der größesten Schlagadern am Körper, tief unten am Halse, blutete furchtbar. Die Unterbindung**) gelang, doch der Blutverlust war in der zum Erfassen der Gefäße nöthigen Zeit so colossal, daß es wohl zweifelhaft ist, ob er ihn lange überlebt. Gestern Nachmittag mußten wir einen Offizier, eben jung verheirathet, ein junger Landwirth und schon zur Reserve gehörig, amputiren. So fahre ich den ganzen Tag durch alle 10 Lazarethe und muß entscheiden, was hier, was dort geschehen soll.

---

*) Prof. Rindfleisch in Bonn.
**) Unterbindung der Art. subclavia. Siehe „Chirurgische Briefe", Seite 122. (Anm. zu Brief Nr. 85 dieser Sammlung.)

Ich habe die Freude, daß hiesige wie fremde Aerzte sich meinem Rath gern und unbedingt fügen. Die große Verantwortlichkeit meiner Stellung giebt mir immer größere Kraft. Czerny kommt in den nächsten Tagen nach Wien zurück. Es war unmöglich für ihn, literarisch für Wittelshöfer zu arbeiten; er hat Eminentes geleistet und das Vertrauen, welches ich in ihn setzte, in jeder Beziehung gerechtfertigt. Ich hatte wiederholt Gelegenheit mich an der Kraft und Energie seines Denkens und Handelns zu erfreuen.

Küsse die Kinder und laß bald von Dir hören.

82) **An Frau Hofrath Billroth in Wien.**

Mannheim, 14. September 1870.

Liebes Herz!

Dein Sonntagsbrief vom 11. hat mir große Freude gemacht; ich konnte mir nach Deinen Schilderungen Alles so gut vorstellen und war ganz bei Euch.

Wäre der Krieg doch erst zu Ende! Doch was in den nächsten Tagen geschehen wird, weiß Niemand. Unter welcher Form und mit welcher Regierung man Frieden machen soll, das Alles ist mir völlig unklar. Doch wenn ich mich früher auf Moltke verließ, so verlasse ich mich jetzt auf Bismarck.

Ich habe mich hier nur auf den Monat September versprochen und bleibe nicht länger. Verwundete reizen mich nicht mehr; ich habe deren leider schon in schrecklichem Ueberfluß gesehen; es giebt wohl keinen Quadratzoll am menschlichen Körper, an welchem ich nicht eine Schußwunde sah. Wenn auch die Zahl derjenigen Verwundeten, die ich selbst behandelte, natürlich eine beschränkte ist, so habe ich doch viele Tausende von Schußwunden gesehen und bin fast übersättigt davon. Als chirurgischer Zweig der Wissenschaft ist die Kriegschirurgie natürlich äußerst monoton.

Werden nicht neue Schlachten geschlagen (die Verwundetenzüge von Paris und Südfrankreich würden alle auf Mannheim münden), so will ich wie gewöhnlich am 10. October meine Klinik in Wien

beginnen, um keinen Anstoß durch meine Abwesenheit zu erregen. Du holst mich dann am 1. October von hier ab. Küsse die Kinder!
Dein
Theodor.

83) **An Prof. König in Rostock.**
Wien, 3. Januar 1871.

Hochgeehrter Herr College!

Es versteht sich von selbst, daß die außergewöhnlichen Zeitumstände von allen früheren Zusagen und Versprechungen entbinden. Der Verleger hat auch noch nicht den leisesten Versuch gemacht zu mahnen; es steht in Deutschland eben Alles still.

Gern würde ich die Barackenlazarethe in Berlin sehen, zumal wie sie sich im Winter bewähren. Der Himmel behüte, daß der Krieg noch lange fortdauert; sollte dies der Fall sein, und brauchen Sie oder Esmarch in der Zeit der Osterferien einen Vertreter, um in die Heimath Urlaub zu nehmen, so erbiete ich mich mit Vergnügen dazu. Grüßen Sie Esmarch freundlichst von mir. Nie habe ich es schmerzlicher empfunden außerhalb Deutschlands in fernen Diensten zu sein, als in dieser großen Zeit. Wäre ich allein nur mir verantwortlich gewesen, so hätte ich die ganze Affaire mitgemacht, selbst auf die Gefahr hin meine Stelle zu verlieren. Hat man Frau und Kinder, so ist man ja Sclave der Verhältnisse und muß seine Privatwünsche und Empfindungen opfern, um seine Pflicht als Familienvater zu erfüllen.

Mit freundlichstem Gruß der Ihre
Th. Billroth.

84) **An den Herausgeber.**
Wien, 4. Januar 1871.

Lieber College!

Als ich Ihren Brief vom 10. Nov. aus Versailles erhielt, hoffte ich Ihnen bald nach Hannover schreiben zu können, denn wir erwarteten damals die Capitulation von Paris und den Frieden.

Zwei Monate sind seitdem fast verflossen, und Alles steht noch beim Alten. Wenn Ihre Lazarethe so gründlich ausgeräumt werden, um die Verwundeten nach Deutschland zu bringen, wie dies im September und October der Fall war, so können Sie kaum erheblich zu thun haben, und es muß gräulich langweilig sein. Suchen Sie sich möglichst viele Notizen zu machen über die Verwundeten, die Sie beobachten. Bei der großen Ordnung, welche in militärischen Dingen in Deutschland herrscht, kann es ja nicht schwer sein später zu ermitteln, was aus den in Heilung entlassenen Evacuirten geworden ist. Bei der Länge des jetzigen Krieges und den Pausen, welche dabei herrschen, ist doch zu hoffen, daß wir von ärztlicher Seite mehr erfahren, als aus dem Kriege von Anno 66, aus dem wir außer den Mittheilungen von Stromeyer, Beck und Maas*) gar nichts haben.

Wo stecken denn eigentlich alle die Heroen der deutschen Chirurgie? So viel ich weiß, sind nur Esmarch, König, Simon, Hecker**) in Deutschland. Von Wagner***) weiß ich, daß er bei Manteufel, von Busch†), daß er bei Friedrich Carl war. Wo ist Langenbeck, Wilms, Volkmann, Bruns, Roser††) etc.? Es würde mich sehr interessiren, wenn Sie mir etwas darüber schreiben könnten.

Ich war in den Monaten August und September in Weißenburg und Mannheim als Dirigent der dortigen Spitäler thätig. Dann mußte ich zurück; wäre ich ledig und ohne Familie, so hätte ich es auf den Verlust meiner Stelle hin riskirt auf dem Kriegsschauplatz zu bleiben. Doch das ging nicht wohl an; ich habe auch hier für Deutschlands Wissenschaft zu kämpfen, und mußte mir eigentlich im October sagen, ich sei im Felde unnöthig, denn es war mehr Ueberfluß an Aerzten als Mangel. Da die Lazarethe in Mannheim im October aufgehoben wurden, so hätte ich mir geradezu einen neuen Posten suchen müssen. Wie steht es jetzt mit der Anzahl von Aerzten im Felde? Ist sie genügend? Nach und nach muß

---

*) Docent der Chirurgie in Breslau, Prof. in Freiburg i. Br., Würzburg; gest. 1886.
**) Prof. der Chirurgie in Freiburg i. Br.; gest. 1878.
***) Prof. der Chirurgie in Königsberg; gest. 1871.
†) Prof. der Chirurgie in Bonn; gest. 1881.
††) Prof. der Chirurgie in Marburg; gest. 1888.

doch endlich um Paris herum Alles so organisirt sein, daß auch für die Verwundeten und Kranken gesorgt ist.

Von unserer Chirurgie ist seit Beginn des Krieges keine Rede mehr; Alles ruht. Wenn Frieden ist, dann wollen wir wieder davon reden. Machen Sie nur, daß Paris bald fällt. Freundlichen Gruß an Herrn General-Stabsarzt Stromeyer.

Der Ihre
Th. Billroth.

83) An Prof. Gurlt in Berlin.

Wien, 2. März 1871.

Lieber Gurlt!

Also Friede! ein glorreicher Krieg, ein glorreicher Erfolg! ich bin glücklich das erlebt und wenigstens etwas davon mitgemacht zu haben. Ich habe großes Interesse für die Kriegschirurgie gefaßt und in Weißenburg und Mannheim in zwei Monaten viel erlebt und gelernt. Die chirurgischen Briefe*) werden hoffentlich zu recht vielen Mittheilungen anregen; denn was von 1864 und 1866 bekannt geworden ist, ist sehr spärlich. Werden wir über 1866 und 1870 so gründliche officielle Berichte erhalten, wie die von Otis**) über Hüftresection und Exarticulation? Wir sollten doch mehr können, als die Amerikaner. Ich glaubte mein Scherflein zu der großen Universalstatistik dieses Krieges beitragen zu müssen und erwarte von Ihrem weit größerem und länger dauerndem Wirkungskreis Außerordentliches. — Sehr erschüttert hat mich die Nachricht von Wagner's Tode, die ich zuerst aus Ihrem Briefe empfing: der Krieg hat doch viele Opfer gekostet! Bald werden nun alle deutschen Chirurgen wieder in ihrer Heimath sein, und eine Ueberschwemmung mit kriegschirurgischen Mittheilungen wird auch unser Archiv zu bestehen haben. Ich habe mir daher eine andere Form und anderswo ein Unterkommen für meine kriegschirurgischen Ent-

---

*) Chirurgische Briefe aus den Kriegs-Lazarethen in Weißenburg und Mannheim 1870 (zunächst in der Berliner klinischen Wochenschrift erschienen). Berlin 1872.
**) Amerikanischer Militärarzt; gest. 1881.

leerungen gesucht, mit denen ich fertig bin, wenn die Anderen anfangen.

Ich stecke schon wieder tief in neuen Wundfieberuntersuchungen, da meine frühere humorale Theorie aufs heftigste von Stricker*) angegriffen ist. Ein großes Material von Untersuchungen über antiseptische Wundmittel harrt schon lange der Zusammenstellung, zu der ich jedoch nicht komme, weil ich zunächst die combinirten Jahresberichte meiner Klinik pro 1869 und 1870 fertig machen will. Nebenbei habe ich die fünfte Auflage meiner allgemeinen Chirurgie redigirt, die nun in 7 Sprachen durch die Welt läuft. Auch Wittelshöfer verlangt hie und da etwas, und meine Schüler, deren Arbeiten ich immer vor dem Druck durchlese, halten mich mit ihrem Fleiß fortwährend in Athem.

Ich schicke in den nächsten Tagen an Hirschwald noch drei Manuscripte für das jetzt im Druck befindliche Heft: 1) von mir über Resection des Oesophagus, 2) von Menzel über den Effect der Gelenkruhe, 3) von Gussenbauer über Muskelregeneration. Sollte aus pecuniären Gründen wegen der Tafeln das Zurücklegen der einen oder anderen von mir eingesandten Arbeit für's nächste Heft nöthig werden, so ist zuerst meine Arbeit über Oesophagusresection, in zweiter Linie Menzel's Arbeit über Kieferresection zurückzulegen. An dem baldigen Erscheinen der anderen Arbeiten liegt mir viel, weil ich dieselben schon seit August vorigen Jahres für's Archiv zurückhalte; es ist mir von großer Wichtigkeit diese Arbeiten meiner Schüler in Deutschland einzuführen. Wir Deutschen sind hier ja nur noch geduldet, der Staat wird immer slavischer und ungarischer. Es ist eine Lebensfrage für uns Deutschen hier, daß wir wenigstens unseren wissenschaftlichen Zusammenhang mit dem deutschen Reich behalten.

Mit freundlichstem Gruß

Ihr ergebenster

Th. Billroth.

---

*) Prof. der allgem. und experim. Pathologie in Wien.

86) An Prof. His in Basel.

Wien, 21. Mai 1871.

Lieber Freund!

Wie lange ist es, daß ich Dir nicht geschrieben habe! Ob Deine Bemühungen die Familie jenes unglücklichen französischen Officiers in Weißenburg zu benachrichtigen etwas genützt haben, kann ich Dir nicht einmal sagen. Er starb einige Tage später in Folge seiner 5 schweren Verwundungen; es war ein tapferer Officier, dabei sanft und liebenswürdig, dankbar für Alles, was man für ihn thun konnte. Deine Antwort erhielt ich hier im Januar dieses Jahres; der Brief war viel in den Feldposten herumgelaufen.

Oft wollte ich Dir in diesem Winter schreiben, und doch hielt mich immer etwas zurück; ich war nicht ruhig genug, um das menschliche Gleichgewicht wiederzufinden nach einer Zeit furchtbarer innerer Erregung. Der Furor teutonicus tobte in mir. Wir fühlten in Deutschland alle, jetzt ist der Moment gekommen, wo es sich entscheiden wird, ob Deutschland zu ewiger politischer Ohnmacht verdammt ist, oder stark genug ist, ein selbständiger Staat zu sein. Es war ein Kampf ums Dasein. Der deutsche Urmensch kam überall heraus, der jeder anderen Nation mißtraut, und vor Allem die Wälschen haßt. Es hat etwas wollüstig Berauschendes, sich wenigstens in der Phantasie ganz als starke Bestie zu fühlen. Das Gefühl der Deutschen, den anderen Nationen an Cultur und Geist ebenbürtig zu sein und doch immer nur eine huldvolle Anerkennung vom gesammten Europa zu erhalten, wie sie die Regierung etwa einem tüchtigen Beamten ertheilt, — hatte sich zur Unerträglichkeit gesteigert. Man hat die Länge und Art des Krieges mit Recht beklagt und gemeint, der Racenhaß werde unversöhnlich sein. Mag sein, daß dies auf französischer Seite so ist; in Deutschland bestand der Racenhaß vorher; jetzt ist er geschwunden.

Dir kann das Alles kaum verständlich sein, denn die Verhältnisse, unter denen man aufwächst, die ersten Jugendeindrücke entscheiden da mehr, als alle spätere Reflexion im Mannesalter. Eure politischen Verhältnisse gewöhnen Euch schon früh die staatlichen Verhältnisse von den nationalen zu trennen, während in Deutschland seit Jahrhunderten die Tendenz dahin geht die Nation in eine politische Einheit zu bringen. Die vielfachen Beziehungen, welche

Ihr in Basel zumal mit Frankreich habt und seit Jahrhunderten gehabt habt, die Leichtigkeit, mit welcher Ihr die Sprache beherrscht, lassen Euch auch gute Seiten an den Franzosen erkennen und anerkennen, und zwar von Jugend auf, während in meiner Jugend Alles, was schlecht und gemein am Menschen ist, als französisch bezeichnet wurde. Später sahen wir wohl ein, daß dem nicht so sei; doch die Jugendeindrücke sitzen gar fest. Erzogen in dem Gedanken, daß Staat und Nation eins und dabei nur eine erweiterte Familie ist mit patriarchalischem Oberhaupt, bleibt der Gedanke der allgemeinen Menschenverbrüderung vor der Hand in Deutschland immer nur eine durch Reflexion erworbene Empfindung des Verstandes, die man gelten läßt und ihr pflichtgemäß nachkommt, ohne sich dafür erwärmen zu können. Menschen wie Jacobi, Garibaldi, Vogt bleiben dem deutschen Volk im Ganzen unverständlich. Man entbehrt die politische Freiheit in Deutschland zu wenig, als daß man begreifen kann, wie man seine Familienbeziehungen d. h. seine Nationalität dafür opfern sollte. Man kann sich in Deutschland für ein deutsches Kaiserthum begeistern als den Ausdruck einer nationalen Zusammengehörigkeit, doch zu einer internationalen Republik fehlt jeder Boden. Vor der Hand wird sich Deutschland schwerlich weiter ausbreiten, und es wird wohl ziemlich lange Ruhe sein. Elsaß und Lothringen werden in dem kleinen Zeitraum eines halben Jahrhunderts sehr fanatisch deutsche Provinzen sein. Doch jetzt genug von der Politik! Das Erlebte war jedoch zu ungeheuer für mich, als daß ich zu einem Freunde davon hätte schweigen können.

... Hier ist eben Alles gemüthlich. Ich hoffe aber doch, daß es Deinem Bruder bald hier gefallen wird. Die hiesigen Kunstschätze sind unerschöpflich, und da er Freude an Musik hat, so kann er hier schwelgen. Hier singen wir und musiciren wir und gehen ins Theater und zu Strauß und stecken mit ihm den Kopf in den Sand unserer Gemüthlichkeit. Es ist eine rechte Stadt für Kunst, zumal für Musik. Wissenschaft verlangt weniger fetten und warmen, als festen und trockenen Boden; damit geht es nur mäßig vorwärts, es ist zu mühsam solchen Boden zu bearbeiten.

Ich kann in dieser Hinsicht nicht klagen; ich habe vortreffliche Leute unter meinen 8 Assistenten, die sehr nett und stramm arbeiten und mir warm zugethan sind. In der Klinik habe ich in diesem

Semester 450 eingeschriebene Zuhörer! ein didaktischer und pädagogischer Unsinn, doch sonst nicht übel.

Und doch bin ich Undankbarer, den ein gütiges Geschick mit dem Füllhorn des Glückes stets überschüttet hat, nicht zufrieden! Seit es ein Deutschland giebt, möcht' ich in Deutschland wieder sein! Die Sentimentalität gewinnt wieder oft mehr Gewalt über mich, als es gut ist. Ich fühle, daß ich hier eine Art Mission habe die stramme wissenschaftliche Arbeit zu thun und zu lehren, wie man sie thut; doch wird es mir oft jetzt zu viel mit diesem ewigen Pflichtgefühl rastloser Arbeit durch die Welt zu keuchen. „Zwei Seelen wohnen ach, in meiner Brust, die eine will sich von der anderen trennen!" Dieser fortdauernde Kampf mich auf meinem Platze zu behaupten, fängt zuweilen jetzt an mich zu ermüden; doch ich habe die Geister einmal beschworen, nun werd' ich sie nicht los ... Carlsbad und ein Nordseebad wird mich für August und September aufnehmen. Grüße von Haus zu Haus.

Dein treuer
Th. Billroth.

87) An den Herausgeber.

Wien, 25. Juni 1871.

Lieber College!

Ich bin ganz einverstanden mit dem Arrangement, was Sie mit Volkmann getroffen haben, wenn ich es auch bedaure, da ich eher von Ihnen etwas zu erhalten hoffe als von Volkmann, der wohl viel verspricht, doch langsam hält.

Ich hoffe, Ihnen bald meine chirurgischen Briefe als Buch schicken zu können; sie fangen ganz lustig feuilletonistisch an, werden aber immer ernsthafter.

Stromeyer hat sein Lebelang, wie alle originellen Menschen, voller Schrullen gesteckt; er hat außer in den Kriegen immer mit kleinem Material gearbeitet und sich etwas kleinbürgerlich an seine wenigen eigenen Beobachtungen angeklammert. Er hat in Rücksicht darauf, wie alle hochbegabten Menschen, selbst mit kleinem Material sehr viel geleistet, und ich gehöre zu den aufrichtigsten Bewunderern seines

Genies. Doch die moderne Chirurgie denkt anders; bei ihr muß das Individuum hinter den Coulissen verschwinden. Man will Actionen sehen, nicht Acteure. Grüßen Sie den Alten freundlichst von mir. Er macht auf mich den Eindruck wie Goethe als Greis; ich bewundere auch heute noch seinen Geist und seine Kraft, doch bin ich seltener seiner Meinung, die eben an der Greisenaltersgrenze jetzt fortwährend ricochettirt.

Ich hoffe, auch bald von Ihren Kriegserlebnissen öffentlich zu hören. Nur frisch vom Fleck losgeschossen, nur das Lebendige zeugt Lebendiges!

Der Ihre
Th. Billroth.

88) **An Dr. Menzel, Assistent Billroth's.***)

Carlsbad, 26. August 1871.

Lieber Herr Doctor!

Besten Dank für Ihre freundliche Theilnahme. Ich habe alle Ihre Sendungen richtig erhalten. Verzeihen Sie, wenn ich so selten und flüchtig antworte; doch das faule Leben hier macht auch schreibefaul. — Ich habe nichts dagegen, wenn Sie den Alois wohl am besten in der Pseudarthrose amputiren; ich vergaß es neulich zu schreiben. — Die Sendung am 31. August bitte ich nach Dresden poste restante zu dirigiren; die Sendung am 4. September nach Emden an der Ems. — Sowie Czerny eintrifft, können Sie reisen; ich wünsche Ihnen rechte Erholung und Erfrischung. Sagen Sie Czerny, daß die Sendungen am Montag und Donnerstag fortgesetzt werden; wohin, werde ich noch später bestimmen.

Der Ihre
Th. Billroth.

---

* Der Brief ist im Besitz von Prof. Czerny.

89) An den Herausgeber.
         Dresden, 2. September 1871.

  Geehrter Herr College!

Heute erhielt ich Brief und Photographie vom 28. August. Besten Dank für Beides! Ich erlaube mir, Ihnen meine Photographie beizulegen; sie ist noch aus Mannheim und hat daher einen etwas militärischen Habitus.

Den ersten Bogen Ihrer Arbeit*) hatte ich bereits zur Correctur-Revision und fand die Art der Darstellung sehr hübsch.

      Mit freundlichem Gruß
        Ihr ergebenster
          Th. Billroth.

90) An Frau Prof. Seegen in Carlsbad-Wien.
         Ostende, 12. September 1871.
         Hôtel Beesblock.

  Hochgeehrte Frau!

Sie sehen aus der obigen Adresse, von wo aus Sie diese Zeilen erhalten. Ich sitze in meinem Parterrezimmer an der Düne, kaum 20 Fuß von der See, die heute bei klarem, heiterem Himmel und mäßigem Wind und bei hoher Fluth mit hohen Wellen wogt. Wenn schon der Anblick ewig schön bleibt, so war das Bad heute noch schöner. Die Tage waren bisher der Art, daß ich mich nicht entsinne, schönere erlebt zu haben. Abends das grandioseste Meerleuchten bis hinten zum Horizont, dabei warme Temperatur bei leichtem Wind. Kurz, ich befinde mich hier außerordentlich glücklich und bin sehr froh, daß Langenbeck, den ich heute Abend erwarte, sich für Ostende entschieden hat. Ich werde nicht ermangeln, mir auf der Rückreise, wenn ich früh genug hier fortkomme, Scheveningen anzusehen; doch alle Leute, die ich hier gesprochen habe, alle Habitués in Seebädern, versichern mich, daß sie immer wieder auf Ostende zurückkommen. Noch ist haute saison; doch nach Berichten meines

---

  *) Krankheiten des Halses. Siehe Brief Nr. 30, Anm.

Wirthes ist es doch schon in der Abnahme; auch Ostende hat wie
Carlsbad eine so reiche Saison gehabt wie noch nie.

Meine besten Vorsätze, die in Carlsbad begonnene Hungercur
fortzusetzen, gerathen hier nicht selten in bedenkliches Schwanken,
und die bedenkliche Abnahme meiner geistigen Fähigkeiten, deren
vollständige Pleite nur durch die anregende Gesellschaft verhindert
wurde, in der ich mich in Carlsbad befand, ist wohl Schuld an der
zunehmenden Schwäche meines Charakters. Denn einem frischen
Hummer gegenüber werfe ich jede Willenswaffe bei Seite und ergebe
mich auf Gnade und Ungnade.

Ich hatte früher gewöhnlich schon um diese Zeit zuweilen An=
wandlungen von Sehnsucht nach Klinik, Kranken ꝛc., doch mein
Blutdurst muß viel geringer geworden sein, denn mit Schrecken
sehe ich jeden Tag dahin verfließen, der mich nicht nur dem Grabe,
sondern auch meiner mir sonst so lieben Thätigkeit näher bringt.

Die Hauptschuld davon trägt jedenfalls, daß ich eine recht ver=
gnügte und behagliche Woche mit meiner Frau in Dresden verlebte.
Es waren fast alle jüngeren Kunstfrösche in Dresden versammelt,
und es war natürlich, daß Lübke die Kreise derselben vorzüglich
aufsuchte. Es kam mir vor, als wenn die ganze Schule, die Lübke
mit ins Leben gerufen hat, ihm jetzt über den Kopf zu wachsen
anfängt, und als wenn er davon ein Bewußtsein hat. Das geht
uns Gelehrten ja Allen so und sollte eigentlich unser höchster Stolz
sein, denn es beweist doch immer, daß wir guten Samen auf frucht=
baren Boden ausgestreut haben.

13. September.

Gestern wurde ich durch Langenbeck's verfrühtes Erscheinen
unterbrochen. — Vielleicht sollte Lübke sich endlich weniger heftig
in die Polemik des Tages stürzen; doch was sollte man nicht Alles
thun und lassen! man möchte dann auch mit Heine rufen „nur
diese satte Tugend nicht" ꝛc. Uebrigens waren alle Kunstverständigen
und Kunstunverständigen der Meinung, daß nur die „Darmstädter
Madonna" von Holbein, und die früher so vergötterte „Dresdener"
sogenannte Holbein'sche Madonna eine wohl 100 Jahre später
angefertigte Copie ist, an welcher Holbein sicher keinen Strich ge=
macht hat. Eigentlich sollte man sich über diese endliche Ent=
hüllung der Wahrheit freuen; indeß die Freude hat doch einen sehr

fatalen Beigeschmack menschlicher Irrthümer. Es war eine süße Gewohnheit, in der Dresdener Holbein'schen Madonna die, wenn auch langweilige, doch sicher tugendhafte, deutsche, jungfräuliche, ideale Frauenhaftigkeit zu schätzen — wirklich tief empfindende Menschen, wie Ulrici*), können sich davon auch noch nicht losmachen — doch das Vergängliche wurde hier Ereigniß, und das Gleichniß zeigte gerade das Unzulängliche; das Ewig-Weibliche wurde sehr stark herabgezogen.

Tausend Grüße an Ihre Schwester und Ihren Mann, und nochmals Dank für Ihre freundliche Aufnahme in Carlsbad.

Der Ihre
Th. Billroth.

91) An den Herausgeber.

Wien, 26. Oktober 1871.

Lieber College!

Besten Dank für Brief und Sendung, ein höchst interessanter Fall**), den ich mit großem Vergnügen in meine Mappe eingereiht habe.

Wundern Sie sich nicht, wenn Sie meine „chirurgischen Briefe" früher vom Buchhändler als von mir erhalten. Da ich die Exemplare für meine Freunde binden lasse und davon etwa 200 zu verschicken habe, so wird das einige Zeit kosten. — Was Sie mir über Stromeyer und die Franzosen schreiben, ist spaßig. Mein ganzer Tisch liegt voll Kriegsliteratur, doch komme ich von Jahr zu Jahr schwerer zum Lesen; die Literatur dieses Krieges interessirt mich indeß besonders, weil ich einen Theil der Campagne mitgemacht habe.

Mit freundlichstem Gruße
der Ihre
Th. Billroth.

---

*) Prof. der Philosophie in Halle; gest. 1884.
**) Photographie eines nach Schußverletzung und Resection des Ellbogengelenks extrahirten total nekrotischen Oberarmknochens. (Aus der kriegschirurgischen Arbeit des Herausgebers: Dorf Floing und Schloß Versailles.)

92) An den Herausgeber.

Wien, 25. Januar 1872.

Geehrter Herr College!

Endlich kann ich Ihnen meine chirurgischen Briefe schicken. Gehen Sie als Kritiker gnädig mit ihnen um; viele sind Kinder des Augenblicks, und nicht jeder Augenblick kann ein günstiger sein. Ich bitte Sie, das andere Exemplar an Stromeyer zu übergeben.

Mit freundlichstem Gruß

Ihr ergebenster

Th. Billroth.

93) An Prof. Baum in Göttingen.

Wien, 4. März 1872.

Mein lieber Freund!

In Betreff der Berliner Versammlung*) kenne ich von den Plänen der Unternehmer wenig oder nichts. Volkmann und Simon sind die intellectuellen Urheber. Ich habe wenig Sinn für solche Versammlungen, gewiß zu wenig. Mir schwankt der chirurgische Boden unter den Füßen; wohin ich tiefer vordringe, finde ich, daß hergebrachte Ansichten zu zerstören sind. Ich bin oft in der Klinik innerlich in Verzweiflung, wenn ich etwas Positives über Therapie sagen soll; ich höre immer Jemand hinter mir, der mir ins Ohr ruft: das ist ja auch nicht richtig! Ich hoffe, bei Ihnen und Anderen wieder etwas Halt zu gewinnen. Mir wären jährliche Zusammenkünfte mit ganz intim collegialen Verhandlungen ohne jegliche Veröffentlichung am liebsten.

Ihre Pläne sind höchst ideal, es wäre eine Art chirurgische Akademie! Wir müssen darüber sprechen, die Sache ist zu groß für Briefe; ich möchte von Ihnen hören, welche Vortheile Sie sich dadurch versprechen. Ich sehe nur die Möglichkeit der Herrschaft durch das Mittel einer Art von Zunft; doch die Forschung wird dadurch schwerlich gefördert. In meinen Augen sind die Akademieen ver-

---

*) Gründung der Deutschen Gesellschaft für Chirurgie durch B. v. Langenbeck, Simon, R. Volkmann am 10. April 1872 in Berlin.

altete Institutionen, da der Gelehrtenstand als solcher nicht mehr
geschützt zu werden braucht durch die Zunft-Macht und Zunft-Rechte.
So sei jetzt jede Universität, jede medicinische Schule (ich bin für die
Errichtung solcher Institute in Verbindung mit einer „naturwissenschaftlichen Fakultät"), die sich um große Spitäler großer Städte
bilden könnten, Akademie in echt wissenschaftlichem Sinne, nicht im
politisch-socialem Sinne!

Sie sehen, lieber Lehrer, auch Ihr Schüler schwärmt! Ja, daß
wir für etwas schwärmen, daß wir noch etwas Sehnsucht haben,
das vereinigt uns Alle, welchen Alters und welcher Art wir sind.

Stromeyer zeichnete mich neulich durch einen schönen Brief
aus; er schwärmt für die Idee, Maximen für die Therapie zu ex-
trahiren; er will etwas sicher anerkannt wissen, er schwärmt für die
Dogmatisirung der chirurgischen Therapie; das schmeckt stark nach
Unfehlbarkeit. Wo Leben ist, ist fortwährend Sterben und Entstehen; wir bedürfen zur praktischen Ausübung unserer Kunst gewisse Firirungen der bisherigen Erfahrungen, doch das sind Alles
nur Compromisse. Die Anwendung irgend einer neuen Methode
der Forschung stürzt in wenigen Monaten Theorien, in die wir uns
mit größester Behaglichkeit eingelebt haben. — Was haben wir
Alles über Nervenendigungen in der Cornea gefaselt? Kommt
Cohnheim[*]) und zeigt mit Goldchlorid in wenig Secunden, wo
Generationen von bedeutenden Männern vergeblich gesucht haben.
Und Virchow's Cellularpathologie, ist sie nicht furchtbar zusammen-
gerüttelt dadurch, daß sich Recklinghausen[**]) und Cohnheim
hinsetzten und haben so lange ins Mikroskop gesehen, bis sie am
lebenden Organismus sahen, was man mit Jahre langer Mühe
doch schließlich nur theilweise richtig erkannte. Solchen Erleb-
nissen gegenüber wird man scheu. Wie heißt's im Nathan? „Was
ist Wahrheit?" und Nathan „ja, wenn man Wahrheit aufzählen
könnte als blanke Münzen!" etc. „Doch jetzt macht's nur der Stempel", ja, möchte ich hinzusetzen, der gerade moderne Stempel.

Doch ich wollte Ihnen ja eigentlich gar nicht einen langen
Brief schreiben. Meine Feder ist verzogen, sie beherrscht mich mehr,
als ich sie! Ja, die Gedanken, sie sind doch das Ewige am Menschen;

---

[*]) Prof. der pathologischen Anatomie in Kiel, Breslau, Leipzig; gest. 1884.
[**]) Prof. der pathologischen Anatomie in Königsberg, Würzburg, Straßburg.

was wollen die Thatsachen und Ereignisse der Welt! Fällt dem Menschen erst nichts mehr ein, dann haben die Affen wieder Gleichberechtigung mit uns!

Ich werde mich in Berlin ganz zurückhalten. Wo ich wohnen werde, weiß ich noch nicht; jedenfalls suche ich Sie auf, sobald ich dort bin. Ich erwarte, daß ein Programm für die Constituirung vorgelegt wird. Ich kenne die jüngeren Generationen, die wir antreffen, zu wenig, obgleich ich grosses Vertrauen zu ihnen habe; ich werde daher abwarten, wie sich die Sache gestaltet. In eine „chirurgische Akademie des deutschen Reiches" könnte ich nur als Ausländer oder correspondirendes Mitglied eintreten.

Vor einer Stunde saß ich zwei Akte der „Traviata von Verdi" (eine gräulich langweilige Oper, trotz Patti*) dem alten König von Hannover gegenüber. Da der Gedanke des „Welfenthums" nicht genügte, ihn zu verewigen, so hat die Thatsache seiner Depossedirung ihn doch schon zur Mumie gemacht. Stromeyer's [?] ist weit lebendiger und wird es viel länger bleiben, als seine frühere Majestät. Wäre Stromeyer auf der Bahn der Gelehrten geblieben, so wäre er heute noch im vollen Glanz seines Talentes und seiner Stellung. Dadurch, daß er vom Professorensitz zum Generalstabsarzt heruntersties, hat er sich selbst depossedirt. Mit Professoren ist man im Ganzen immer noch sehr rücksichtsvoll; mit Generalstabsärzten nimmt man es nicht so genau; sie sind ein Glied in der Beamtenkette, man schiebt sie bei Seite, wenn man sie nicht braucht! Wir haben hier 4 pensionirte General-Stabsärzte und 120 pensionirte Minister ungefähr. Wollte ich meine Professur aufgeben und General-Stabsarzt oder Minister werden, so wäre das hier im Lande der Aventuriers gar nicht so schwierig. Doch wie schnell wäre ich verbraucht und depossedirt für immer! Ich kann in dieser Richtung Ihr Bedauern nicht theilen für das Geschick Stromeyer's Tu l'as voulu, George Dandin.

Also, endlich Schluß der Debatte. Abstimmung. Resultat: „wir bleiben die alten Freunde".

Der Ihre

Th. Billroth.

---

*) Adeline Patti, die erste lebende Gesangskünstlerin.

94) **An Dr. Krönlein in Zürich.**

Wien, 14. October 1872.

Geehrter Herr College!

Seit einigen Tagen von meiner Ferienreise zurückgekehrt, fand ich Ihr Buch über offene Wundbehandlung*) und Ihren freundlichen Brief vom 13. August vor. Besten Dank für Beides; ich sehe sowohl an dem Gegenstand Ihrer Arbeit, wie an der Methode in derselben, daß meine Ideen über eine exactere Behandlung der Fragen der praktischen Chirurgie auf fruchtbaren Boden bei Ihnen gefallen sind. Sie können die Amputationsresultate meiner Züricher Periode nicht schlechter finden als ich; unsere Fortschritte gehen über Haufen von Leichen. Die Vergleiche jener Zeit mit meinen jetzigen Resultaten werden auch sehr zu Gunsten der letzteren ausfallen; das mag zum Theil auf Behandlungs- und Operationsmethoden in Rechnung kommen — über letztere bin ich freilich nicht Herr, da ich hier in der Klinik selten selbst operire — doch vielmehr ist es von den Indicationen abhängig, die man sich zu den Operationen stellt. Ich habe in Zürich selten einen Septhämischen und Pyohämischen unamputirt sterben lassen, weil ich dies für meine Pflicht hielt; jetzt lasse ich solche Leute ruhig mit ihren 4 Extremitäten ins Jenseits hinüberschlummern, weil ich weiß, daß ich ihnen doch nicht helfen kann. Ich glaubte früher doch oft, die Leute zum Leben zwingen zu können; jetzt bin ich resignirter in dieser Beziehung. Da bin ich denn ein immer glücklicherer Operateur geworden, vielleicht nur klüger; ob besser, wollen wir dahingestellt sein lassen. — Im Ganzen bemühe ich mich immer meine statistischen und therapeutischen Resultate so schlecht wie möglich herauszurechnen; mir bleibt nur alles Mißlungene im Gedächtniß, das Gelungene betrachte ich als selbstverständlich, auch ohne mich gelungen; so habe ich denn mein Lebtag wenig Freude an der praktischen Chirurgie.

Ich wünsche Ihnen ein angenehmeres Temperament! — Freundlichen Gruß an Herrn Prof. Rose.**) Ich flog neulich durch Zürich, mußte aber eilen, um zur rechten Zeit in Wien zu sein. —

---

*) Die offene Wundbehandlung nach Erfahrungen aus der chirurgischen Klinik zu Zürich. Zürich, 1872.
**) Prof. der Chirurgie in Zürich, seit 1881 dirigir. Arzt der chir. Abth. in Bethanien in Berlin.

Also arbeiten Sie so fort, wie Sie angefangen haben, so werden dann die Erfolge nicht ausbleiben.

Th. Billroth.

❦

93) An Prof. His in Leipzig.

Wien, 23. October 1872.

Lieber Freund!

... Ich war begeistert für Straßburg!*) wäre ich Junggeselle gewesen, ich hätte auf meine alten Tage noch den Kampf aufgenommen; doch so ging es doch nicht. Ich habe nun einmal meine Familie hier in einen gewissen Comfort ohne Verschwendung gewöhnt, und das habe ich doch nur durch die Praxis; keine Regierung kann das ersetzen. So bin ich mit goldenen Ketten gefesselt... Das Leben in einer großen Stadt und mitten im Trubel socialen Daseins consumirt stark; doch so lange man gesund und mitteljung ist oder sich wenigstens so fühlt, so bietet es auch vielerlei für den, der zu genießen versteht und sich die richtige Eintheilung zwischen Arbeit und Genuß zu machen versteht.

Daß mich die praktische Verwendung meiner Kunst glücklich mache, kann ich nicht sagen; ich bin nicht von den bescheidenen Naturen. Doch daß mich die besten Erfolge meiner Kunst befriedigten, kann ich nicht sagen. Was ich nicht kann, was mir mißglückt, das quält und wurmt mich, und nicht selten verwünsche ich die ganze Chirurgie. Aber kann man sich noch der reinen Wissenschaft hingeben, wenn man die Praxis kennen gelernt hat? ich bezweifele es fast. Die tausend Beziehungen, in welche man als Arzt zur Gesellschaft tritt, so peinlich sie oft sind, so aufregend, so deprimirend — ich könnte sie nicht mehr entbehren, oder besser gesagt, sie fehlen mir nach einiger Zeit der Ruhe und Entfernung aus der Praxis ...

Der Deine

Th. Billroth.

❦

---

*) Billroth lehnte einen Ruf an die neugegründete deutsche Universität in Straßburg ab.

96) An Prof. Socin in Basel.

Wien, 1. November 1872.

Lieber Socin!

Es war mir recht betrübt, daß es mir neulich, als ich Basel passirte, um meine Familie aus Montreux abzuholen, nicht möglich war, Dich zu besuchen. Du hast selten Ruhe vor mir gehabt, wenn ich durch Basel kam; doch es ließ sich dies Mal nicht arrangiren. Wir hätten wohl Mancherlei wieder mit einander auszutauschen gehabt, Chirurgica sowohl als Humana generalia.

Vor Allem hätte ich Dir gern persönlich meinen Dank für Dein mit Klebs*) gemeinsam herausgegebenes Buch**) gesagt; nicht nur für den werthvollen interessanten Inhalt, sondern besonders auch für das Wohlwollen und die freundliche Gesinnung, die Du darin für mich ausgesprochen hast. Ich thue dies hiermit nachträglich und drücke Dir im Geiste dafür herzlich die Hand. Je älter ich werde, um so empfänglicher bin ich für alles Liebe, das man mir anthut. Die weiche, ja vielleicht zu weichlich sentimentale Seite meines inneren Menschen schmilzt die Kruste, welche sich mir beim Kampf ums Dasein im feindlichen Leben umgelegt hatte, wieder durch.

Daß Deine lange schriftstellerische Zurückhaltung Deine Freunde verwundert hat, wird Dir nicht auffallend sein. Um so mehr war ich erstaunt und erfreut, daß Du nun gleich mit einer so großen und famosen Arbeit herausgekommen bist, aus welcher ich sehe, daß Du der schriftstellerischen Darstellung nicht minder Herr bist, als der mündlichen in Vortrag und Mittheilung. Es scheint eine eigenthümliche Scheu vor der Druckerschwärze gewesen zu sein, die Dich bis dahin zurückgehalten hat. Am meisten habe ich mich geärgert, daß ich mich durch Deine mir mündlich oft geäußerte Scheu vor Schriftstellerei abhalten ließ, Dich zur Mitarbeit an der Enke'schen Chirurgie aufzufordern. Hättest Du mir nicht selbst diese Zaghaftigkeit des Schriftstellers Socin beigebracht, so hätte ich ihm vor Jahren ein recht großes Capitel auf den Nacken gelegt; ich sehe

---

*) Prof. der pathologischen Anatomie in Bern, Würzburg, Prag, Zürich.
**) Klebs, Beiträge zur pathologischen Anatomie der Schußwunden. Nach Beobachtungen in den Kriegslazarethen in Carlsruhe 1870 und 1871. Socin, Kriegschirurgische Erfahrungen, gesammelt in Carlsruhe 1870—1871. Leipzig 1872.

jetzt, was ich mir eigentlich selbst immer gedacht habe, daß ich in dieser Beziehung wieder einmal sehr dumm gehandelt habe. Ich will nun versuchen, diese meine Dummheit in etwas wenigstens zu corrigiren . . . .

Ich wende mich nun vertrauensvoll an Dich mit der Bitte, diesen kleinen, aber nicht uninteressanten Abschnitt*) zur Bearbeitung zu übernehmen. Pitha vereinigt seine Bitte mit der meinigen; er würde Dir selbst geschrieben haben, wie er mir sagte, wenn er sich nicht sehr leidend und angegriffen fühlte. Es geht jetzt recht flott mit dem Werk vorwärts; ich hoffe, daß es im nächsten Jahr beendet werden wird, wenn Du uns mithilfst. Sei so freundlich, mir Deinen Entschluß, hoffentlich eine zusagende Antwort, recht bald mitzutheilen und sei herzlichst gegrüßt von

Deinem
Th. Billroth.

97) An den Herausgeber.

Wien, 11. Januar 1873.

Lieber Herr College!

Gewiß ist Ihr Gedanke, eine Anzahl Biographieen deutscher Chirurgen herauszugeben, ein sehr glücklicher und das Unternehmen ein sehr verdienstvolles. Ebenso gewiß aber scheint es mir, daß die Zeitstimmung demselben nicht besonders günstig ist. Die modernen Methoden der Naturforschung haben es möglich gemacht, daß jeder Einzelne sich in dieser oder jener Weise an der Forschung betheiligen kann, wenn er irgend eine Methode derselben einigermaßen beherrscht. Dies hat zu einem außergewöhnlichen, ja oft krankhaftem Selbstbewußtsein auch der jüngsten Arbeiter geführt, die sich jetzt, sowie sie irgend etwas leisten, als Mitarbeiter an den Fortschritten der Wissenschaft fühlen. Wie auf dem politischen Gebiet, herrscht auch jetzt auf dem wissenschaftlichen Gebiet das Gefühl der Gleichberechtigung Aller, die arbeiten wollen und können — gleich-

---

*) Krankheiten der Prostata.

viel mit wie viel oder wie wenig Talent — und diesem individuellen Selbstbewußtsein, diesem Gefühl, der Autorität quand même nicht mehr unterthan zu sein, verdanken wir Deutsche zum großen Theil unseren politischen wie wissenschaftlichen Aufschwung. Das Pathologische in diesem Proceß liegt nun auf dem Gebiete der Politik im Socialismus, und eine socialistische Nivellirung aller geistigen Arbeiter ist das, was von Vielen halb bewußt für möglich erachtet wird.

Diese Zeitströmung ist in meinen Augen ein Grund, weshalb das Gros der Menschen jetzt wenig Neigung haben wird, sich mit den Leistungen bedeutender Männer früherer Zeiten zu beschäftigen. Es kommt dann weiter hinzu, daß die Mußestunden der Meisten von denjenigen Gebildeten, die sich überhaupt mit Geschichte befassen, durch die vielen interessanten Werke über die Geschichte der Menschheit überhaupt in Anspruch genommen sind. Darwin, Strauß sind die Männer des Tages; Buckle, Stuart Mill, Scherr sind die Schriftsteller, die man mit Interesse liest. Alles drängt nach Culturgeschichte der Menschheit, der Völker. Specialgeschichte einzelner Länder findet kaum noch ein Publikum; man interessirt sich für große Sachen, Gedanken, und für einzelne Menschen nur so weit sie mit solchen zusammenhängen. Das Interesse des Individuums am Individuum hat sich sehr verloren. Niemand hat, so lange er selbst arbeitet, mehr Zeit, sich mit dem Gedankengange Anderer zu befassen; den modernen Forscher, ja den modernen Menschen interessirt nichts, als was ihn momentan beschäftigt. Die geistige Production dieses Jahrhunderts ist ja eine so colossale, wie die Geschichte keine zweite Epoche kennt; die Zeit hat mit sich selbst zu thun, sich zu verstehen, da ist wenig Sinn für das Vergangene. Vielleicht ist dies eine völlig falsche Auffassung der Verhältnisse, doch ist es meine Meinung, und nicht nur von heute.

Doch auch sachliche Hindernisse hat Ihr gewiß sehr patriotischer Plan. Ich bin ein sehr fanatischer Germane, vielleicht sogar etwas germanischer Chauvinist; doch von einer selbständigen deutschen Naturwissenschaft, Medicin und Chirurgie können wir doch erst seit sehr kurzer Zeit reden. Was wollen alle die trefflichen Männer von L. Heister bis Rust, die Sie nennen, gegen ihre Zeitgenossen Harvey, J. und W. Hunter, Monro, Percy, Larrey, Dupuytren, Bichat, Cooper bedeuten! Auch die Chirurgen, die

Sie von C. M. Langenbeck bis Dieffenbach (und diesen nicht ausgeschlossen) nennen, so bedeutend sie sind, stehen doch alle auf französischen Schultern; sie bilden eine Uebergangsperiode. Das Spätere liegt uns zu nahe, als daß wir es historisch beurtheilen könnten. Vielleicht sind Stromeyer, Baum, B. v. Langenbeck, Roser, Bruns die ersten Chirurgen, die auf rein deutschem Boden gewachsen sind und dann mit deutschem Geiste eigene Gedanken verarbeitet haben.

Noch etwas verringert in meinen Augen den Werth unserer besten Vorfahren: das ist das kleine Material, über das sie verfügten, selbst wenn sie sehr alt wurden und sehr fleißig waren, und die Unzuverlässigkeit. Nicht daß sie gerade Lügen geschrieben haben, sondern daß sie die Mängel ihrer Kunst und ihres Wissens verschwiegen oder nicht als solche zu erkennen vermochten; sie schrieben, um zu zeigen, was sie konnten, nicht um zu zeigen, was sie nicht konnten. Daß die Begabtesten zuweilen das Richtige trafen, interessirt uns nicht sehr; der moderne Mensch schätzt nur das, wovon er genau weiß, warum es so oder so kommen mußte. Wir kämpfen ja Alle gegen die Anbetung des Erfolges, nur weil es Erfolg ist.

Ich würde nun trotz aller dieser Bedenken gern an Ihrem Werke Theil nehmen, weil ich den Gedanken zu demselben für einen vortrefflichen halte; doch ich bin ganz außer Stande neue Arbeiten zu übernehmen. Mein Gehirn ist im Lauf der letzten Jahre in einer Weise maltraitirt, daß ich zuweilen fürchte, es macht nächstens einmal strike. Ich bin furchtbar arbeitsmüde. Bis Ostern werde ich mein Werk über Coccobacteria septica*) vollendet haben, und Sie werden daraus ersehen, daß Alles, was ich in den letzten fünf Jahren veröffentlicht habe, nur beiläufige Kleinigkeiten waren. Nicht als wenn dies neue Werk ein irgendwie entscheidendes wäre, sondern wegen der enormen Detailarbeit, die da hineingeheimnißt ist, und die mich neben Lehrthätigkeit, Praxis, geselligem Treiben ɔc. doch manchmal in wirkliche Verzweiflung gebracht hat. Uebrigens wird das Buch nach allen Seiten fast nur Enttäuschungen bringen.

Nehmen Sie meine Zeilen, lieber College, nur als eine ganz individuelle Meinung und lassen Sie sich dadurch nicht beirren.

---

*) Untersuchungen über die Vegetationsformen von Coccobacteria septica und den Antheil, welchen sie an der Entstehung und Verbreitung der accidentellen Wundkrankheiten haben. Berlin, Reimer 1874.

Sprechen Sie mit Baum und Stromeyer darüber, und lassen Sie sich von ihrer Erfahrung rathen.

Mit freundlichstem Gruß

Ihr ergebenster

Th. Billroth.

※

98) An Prof. Hanslick in Wien*).

Wien, 30. März 1873.

Lieber Hanslick!

Herr Dessoff**), dessen musikalische Verdienste um unser Wiener Musikleben von uns stets aufs Nachdrücklichste hervorgehoben sind, hatte die originelle, aber wie uns scheint, wenig glückliche Idee, zwischen zwei Stücke von Beethoven eine Piece von Liszt einzuschieben, die unter dem Namen „Mephistowalzer" einer Inspiration aus Heine's Tanzpoem „Faust" ihren Ursprung zu verdanken scheint. Wir hatten den Eindruck, als wenn Liszt als Mephisto=Bock im Vordergrunde stände und alle Philharmoniker unter Anleitung ihres Capellmeisters ihm die von Heine angedeutete Huldigung darbrächten, das Publikum einladend, ein Gleiches zu thun. Es fanden sich indeß nur Wenige, welche dieser Aufforderung Folge leisteten. Musikalisch impotent zu sein, ist für einen Mann wie Liszt gewiß ein Unglück; doch deshalb brauchte man uns nicht Liszt's Impotenz zu zeigen. Unanständig dem Publikum gegenüber ist es ihm solche Musik zu bieten, für die der Ausdruck „gemein" noch eine Schmeichelei ist. Hat der für die Reproduction der vollendetsten Meisterwerke so feinfühlige Künstler denn gar kein Organ dafür, daß diese Musik nicht nur das „musikalisch Häßliche" repräsentirt, sondern geradezu das „musikalisch Ekelhafte"! Jedes Stück von Offenbach***) ist Gold gegen dieses Arsenik musikalischer Erfindung. Hoffen wir, daß sich

---

*) Prof. Hanslick hat Fragmente aus Briefen von Billroth an ihn in seinem Buch „Aus meinem Leben" im 2. Bande S. 311—369, 1894 veröffentlicht und die übrigen für diese Sammlung gütigst überlassen.

**) Hofcapellmeister an der Kaiserlichen Oper in Wien; gest. in Frankfurt a. M. 1892.

***) Gest. 1880.

das musikalische Institut der philharmonischen Gesellschaft, auf das Wien stolz ist, nie wieder mit solchem Brocken-Harz-Pech besudelt!

Dein

Th. Billroth.

99) **An Frau Prof. Seegen in Carlsbad-Wien.**

Wien, 16. Juli 1873.

Liebe Freundin!

Sie müssen sich heute schon diese Anrede gefallen lassen, denn bei dem Gedanken an den kommenden Monat fühle ich mich so glücklich, fast wie berauscht, und Sie wissen, in vino veritas!

Da meine Frau und Kinder fern an der Ostsee weilen, und mein kleines Marthchen, mein kleines süßes Meermädchen mit ihren langen blonden Haaren recht blaß und verklärt aussah, als sie abreiste und mich so wehmüthig beim Abschied ansah und mich so heiß küßte, glaubte ich schon, sie nie mehr wieder zu sehen. Doch nun lauten ja alle Berichte gut. Meine vortreffliche Frau, mein sinniges Elschen, und mein Schneewittchen sind alle gesund, und da darf ich nun auch an mich denken.

Ich kann also wieder nach Carlsbad kommen und werde Ihr Haus, Ihren lieben Mann und Schwester und Ihren trauten Kreis wiedersehen. Harte Arbeit und Zerstreuungen aller Art fesseln mich hier noch bis zum Schluß der nächsten Woche. Viele Operirte und mehrere zu Operirende hängen noch mit ganzer Seele an mir; von Jahr zu Jahr mehrt sich ihre Zahl, die Last wird schwerer und schwerer. Vor einer Stunde verließ ich eine vortreffliche Frau, die ich gestern operirte, eine schreckliche Operation. Mit welchem Blick sie mich heute Abend ansah! „werde ich leben?" Ich hoffe, sie wird leben, doch unsere Kunst ist so unvollkommen! Ein Jahrhundert stets sich steigernden Wissens und Erfahrens möchte ich haben, dann könnte ich vielleicht etwas thun! Doch so wie es nun einmal ist, geht es doch recht langsam mit unseren Fortschritten, und das Wenige, was der Einzelne erreicht, ist so schwer auf Andere übertragbar, ebenso wie sich die Cultur von einem Volke zum anderen doch auch nur unvollkommen überträgt; der Empfangende muß doch das Beste noch dazu thun. Wir müssen über diesen Punkt einmal sprechen, wie es anzufangen ist, daß das Alles schneller geht; Lübke wird vielleicht Rath wissen.

In Kurzem hoffe ich die Last der Verantwortung von meinen Schultern schütteln zu können und Wien den Rücken für einige Zeit wenden zu können ... Ich kann schon jetzt nicht aufhören mich mit Ihnen zu unterhalten, obgleich ich dies Vergnügen heute durch zwölf Geschäftsbriefe und drei Correcturen erkaufen mußte. Da ich seit Wochen viel allein war, fürchte ich sehr, daß meine Gedanken oft in Carlsbad explodiren werden. Ich bitte Sie und Ihren Mann so gütig wie sonst gegen mich zu bleiben. Ich bedarf dessen mehr, als Sie glauben.

Der Ihre
Th. Billroth.

100) An Prof. Czerny in Freiburg i. Br.

Wien, 9. August 1873.

Lieber Czerny!

Nach Empfang und Studium Ihres letzten Briefes fiel mir unwillkürlich das schöne Lied von Chamisso ein: „So hat man Dir den ersten Schmerz gethan!" Ich kenne diese Berufungsschmerzen, die man mit der jungen Frau durchmacht; da sieht man denn auch alle Intriguanten doppelt und von gräßlicher Schwärze. Doch um nun auf die ebene Bahn des Briefstils zu kommen, ich weiß von der ganzen Geschichte nichts. Vor etwa 1 ½ Jahren sprach Hering*) mit mir von der Angelegenheit, dann schrieb mir Henke**) darüber; beide Male nannte ich Volkmann, Simon und Sie und motivirte diese Trilogie. Ich war nicht wenig erstaunt wenige Tage vor meiner Abreise die Ernennung Heine's***) in der Zeitung zu lesen. Ich habe wenig Freude daran erlebt, mich in Oesterreich in öffentliche Angelegenheiten zu mischen und enthalte mich jeder Action in dieser Richtung. Ich gehe von der Ansicht aus, daß der Minister,

---

*) Prof. der Physiologie in Prag, Leipzig.
**) Prof. der Anatomie in Prag, Tübingen.
***) v. Heine, Prof. der Chirurgie in Innsbruck, wurde 1873 nach Prag berufen; gest. 1877. (Billroth schrieb einen Nekrolog im Archiv für klin. Chirurgie, Bd. 22.)

wenn er meine Meinung hören will, mich jeden Augenblick citiren kann; ich werde aber nicht zu ihm laufen, um unter Anschwärzung Anderer ihm Diesen oder Jenen aufzucomplimentiren. Sie wissen, daß ich mit Dumreicher in socialem Verkehr stehe; ich lehne aber jedes Gespräch über wissenschaftliche Dinge und wissenschaftliche Personalien mit ihm ab, denn ich habe ebensowenig Einfluß auf seine, als er auf meine Ansichten. Will die Innsbrucker Fakultät meine Meinung über diesen oder jenen jüngeren Collegen hören, so bin ich gern bereit sie zu geben. In Deutschland, Italien, England und selbst in Frankreich gilt mein Wort wohl etwas; doch in Wien schadet es meist Denen, für die ich spreche.

Lassen Sie den Sachen ihren Lauf und verkümmern Sie sich nicht eine Stellung, die Sie haben, mit Vorstellungen von solchen, die Sie haben könnten. Ich habe das Alles schon so oft durchgemacht, daß ich mich sehr wohl in Ihre Stimmung versetzen kann; ich war in den ersten Jahren in Wien auch nicht auf Rosen gebettet. Halten Sie sich an Ihre Wissenschaft, Ihre Arbeit, Ihr Haus und denken Sie dann „mag kommen, was da kommen mag!"

Die Arbeiten Ihrer Schüler sind uns fürs Archiv sehr willkommen; ich bitte dieselben direct an Gurlt zu schicken.

Der Ihre

Th. Billroth.

101) An Prof. His in Leipzig.

Carlsbad, 12. August 1873.

Lieber Freund!

. . . Ich hatte einen sehr unruhigen Sommer. Wohl habe ich unter den vielen fremden Aerzten aller Nationen, die mich besuchten, manche interessante und viele wohlwollende Collegen gefunden, doch daneben viele lästige. Ich wurde in die Action der Ausstellung halb widerwillig hineingezogen. Die Verhältnisse fügten es, daß ich es nicht vermeiden konnte die Einrichtung des ziemlich großen Pavillons „freiwillige Hülfe im Kriege" mit zu übernehmen, und da gab es manchen Aerger, bis Alles fertig war. Schließlich ist das Ding recht nett geworden. Nun habe ich auch noch zu Anfang October mit Mundy und Wittelshöfer einen Congreß zur Besprechung von Militair-Sanitätsangelegenheiten einberufen; so reiht sich Eines ans Andere.

Dein neues Buch wird wohl eher fertig werden, als meines, von welchem alle 14 Tage nur ein Bogen gedruckt wird. Wäre ich ein junger Schriftsteller, so würde mich das zur Verzweiflung bringen; doch so ertrage ich es mit Geduld. Ich muss auch zugeben, dass mein vielfach überarbeitetes Manuscript schwer zu lesen ist.

Hier führe ich ein enormes Bummelleben. Bis Ende der nächsten Woche bleibe ich noch hier; dann fahre ich direct nach Häringsdorf zu meiner Familie.

Freundlichste Grüße an die Deinen von
Deinem
Th. Billroth.

102) An Dr. Max Müller in Cöln.

Wien, 22. October 1873.

Lieber Max!

Ich rathe, die betreffende Geschwulst nicht zu operiren. Eine absolut sichere, schonungslose Operation hat in solchen Fällen immer bald den Tod zur Folge; eine vorsichtige Operation, bei der man möglichst schont, ist zwecklos. Gewöhnlich tritt Recidiv ein, noch bevor die Wunde geheilt ist.

Diese Geschwülste haben mich schon oft zur Verzweiflung an unserer Kunst gebracht. Ich habe viel damit versucht; parenchymatöse Injectionen von Jod, Arg. nitric., Gold, Carbolsäure, Zink, Pepsin ꝛc., ebenso wie Electrolyse verschlimmerten den Zustand; Erweichung, selbst partielle Verjauchung beförderten das Ende.

Ich habe gerade so einen Fall wieder auf der Klinik; ich mache auf Czerny's Rath jetzt parenchymatöse Injectionen von Tinct. Fowleri ($\frac{1}{60}$ gr) in allmählich steigender Dose, kann aber über den Erfolg noch nichts aussagen. Czerny sah bei einigen anderen Lymphomen günstigen Erfolg. — In einem Falle hatte die sechswöchentliche continuirliche Application von Eisblasen, vom Patienten selbst sehr sorgfältig durchgeführt, den Erfolg, dass der Tumor sich um die Hälfte verkleinerte; dann reiste Patient nach Haus und ist dort einige Wochen später gestorben. Bei 3 solcher Sectionen fanden sich Lymphome in Lungen, Leber, Milz.

Freundlichsten Gruß!

Der Deine

Th. Billroth.

103) **An Frau Prof. Seegen in Carlsbad=Wien.**

Wien, 30. October 1873.

Verehrte Freundin!

Gewiß ist es eine große Eitelkeit von mir, wenn ich voraussetze, daß Sie erwartet haben, ich würde mein in Carlsbad flüchtig gesprochenes Wort lösen und noch von Häringsdorf aus Ihnen über den Eindruck berichten, den Turgenjew's*) „Frühlingsfluthen" auf mich gemacht haben. Sie haben inzwischen Europa von der Nordsee zum Mittelmeer durchkreuzt, und ich war bis Stockholm hinauf.

Ich habe auf der Reise so mancherlei gelesen und mich bemüht in dieser Beziehung das nachzuholen, was ich in Carlsbad dies Mal versäumt; dennoch ist es auch dies Mal nur Ihr Verdienst, daß meine literarische Bildung nicht ganz stagnirt hat. Ueber die Novellen und Romane, welche ich in Ihrem Kreise nennen hörte, bin ich auch dies Mal nicht hinausgekommen. Der Eindruck, welchen ich davon hatte, stimmt aber nicht mit demjenigen überein, welchen ich noch bei Ihnen vorfand.

Was zunächst die „Frühlingsfluthen" betrifft, so lasse ich der farbenreichen Schilderung und meisterhaften Skizzirung der Charaktere alle Gerechtigkeit widerfahren; auch originelle Erfindung ist darin. Doch der Inhalt der Figuren, zumal der Hauptfiguren ist doch ein entsetzlich dürftiger, so dürftig, daß ein warmes poetisches Interesse kaum aufkommen kann. Ich lasse die Conditorfamilie noch gelten; es ist das beste darin, doch der Held ist ein gar zu miserabler gehaltloser Schatten; und nun gar diese wilde Russenfrau! Gewiß ist es dem Dichter erlaubt, mit kräftigen Farben das rücksichtslose Hervor-

---

*) Russischer Dichter; gest. 1883.

brechen der Sinnlichkeit zu schildern; doch uns ein Weib unter aller=
lei Vorwänden zu zeigen, welches das Durchbrechen aller Schranken
schon hinter sich hat, und principiell oder wie in diesem Fall um
eine Wette mit ihrem Mann eine Gemeinheit nach der anderen
begeht, ist doch ziemlich widerlich. Ja, wenn der zu verführende
Held irgend etwas von einem Charakter an sich hätte, irgend etwas
als Mensch bedeutete, wenn man Schwierigkeiten sähe, Gefahren
ernster Art für ihn oder sie, die zu überwinden einen Reiz hätte!
— doch von alledem ist nichts. Es sind eben zügellose Menschen,
mit denen sich ein so talentvoller Dichter wie Turgenjew gar nicht
beschäftigen sollte; es waren schwache Stunden, in denen er dies
Opus verfaßt hat.

Viel bedeutender finde ich an poetischem Gehalt wie an plastischer
Kraft den „König Lear des Dorfes"; das sind wirkliche ernste Ge=
stalten, ganz russisch, bei aller Rohheit interessant.

Sie werden staunen, wenn ich Ihnen nun sage, daß mir die
„Erlebnisse der Mannesseele" viel besser als Alles Andere gefallen
haben; es ist das einzige der in letzter Zeit von mir gelesenen Bücher,
welches ich zum zweiten Male lesen möchte. Selbst wenn man gar
nichts über die Entstehung dieses Büchelchens wüßte, würde doch
der Eindruck bleiben, daß ein bedeutender Mensch hier die Feder
geführt hat. Wie oft ist es schon bei Romanhelden versucht, ihnen
ein Relief zu verleihen, daß man sie eine politische Rolle spielen
ließ, sie zum Professor oder Philosophen machte und zwischen den
Zeilen lesen ließ, daß sie Bedeutendes leisteten; — dennoch glaubt
man das nicht. Bei der Mannesseele ist von den Thaten des
Schreibers sehr wenig die Rede, und doch hat man die Empfindung,
daß die geschilderten Verhältnisse zu den Frauen wohl sein Leben
verschönerten und ihm die schönsten Stunden warmer Herzens=
empfindung brachten, daß die Welt aber einen so großen Anspruch
auf ihn hat, daß er immer über diesen Herzensempfindungen stehen
darf. So interessirt er stets ebenso sehr als die Frauen, zu denen
er in Beziehung tritt; ja, ich möchte fast sagen, letztere interessiren
wesentlich, weil sie zu ihm in Beziehung treten. Das war jedenfalls
das ursprüngliche Verhältniß beim Niederschreiben, wie bei ähnlichen
Scenen aus Goethe's Selbstbiographie.

Ich würde es sehr natürlich finden, wenn Sie anders darüber
empfinden. Mir steckt gewiß das männliche Selbstbewußtsein zu

tief in den Knochen; doch lasse ich mich gern vom ewig Weiblichen
zu einem höheren Standpunkt hinanziehen . . .

Nun habe ich Ihnen schon allzu viel vorgeplauscht; ich hoffe,
Sie kommen nun bald nach Wien, daß Sie mich recht schlecht machen
über meine verkehrten Urtheile und mich eines Besseren belehren!
— Wäre es doch schon wieder August, daß ich nach Carlsbad ab=
reisen könnte.

Freundlichste Grüße an Ihren lieben Mann!
Der Ihre
Th. Billroth.

104) An den Herausgeber.
Wien, 4. November 1873.

Geehrter Herr College!

In Rücksicht auf Ihr Interesse für Historie erlaube ich mir,
Ihnen das Photogramm einer großen Wandtafel*) zu übersenden,
welche im Sanitätspavillon der Weltausstellung hing und nach meinen
Angaben verfaßt ist. Dasselbe stellt eine historische Entwicklung der
Instrumente dar, welche seit Paré**) zu Extractionen von Projec=
tilen verwandt wurden. In einem Kasten unter diesem Bilde lagen
die Originale der Abbildungen, soweit ich sie aus Berlin, Paris
und hier habe auftreiben können.

Mit freundlichstem Gruß
Ihr ergebener
Th. Billroth.

105) An Dr. Johannes Brahms in Wien.
Wien, 4. December 1873.

Lieber Brahms!

Einliegend schicke ich Dir eine Reihe von Aufsätzen „Die Frauen
in der Musik" von dem Musikreferenten der Berliner National=

---

*) „Zur Geschichte des Pfeilziehens und Kugelziehens."
**) Ambroise Paré, der Vater der französischen Chirurgie; gest. 1590.

zeitung. Ich finde dieselben vortrefflich an Inhalt, wie an Darstellung; mir scheint Alles Gesagte so wahr, wenn auch nicht durchweg neu, so doch nie trivial, sondern ursprünglich, und so schön ernsthaft warm. Der -t hat eine zweifellose Verwandtschaft mit Hanslick in Empfindung, wie in Darstellung, selbst im Ausdruck — und doch wieder anders. Beide sind geistreich und Meister des sprachlichen Ausdrucks. Hanslick hat mehr Grazie und mehr Humor. . . . Die literarisch=künstlerische Bearbeitung der Bezeichnung „weiblich", das künstlerische Hin= und Herwenden dieses Begriffes, der Aufbau des Ganzen ist prächtig. Lübke hat einen Aufsatz „Die Frauen in der Malerei" geschrieben, der von ganz ähnlicher architektonischer Faktur ist. Ich bitte die Blätter zurück, wenn Du sie gelesen hast; doch pressirt es nicht.

Laß mich doch wissen, wann die Generalprobe des Bach'schen Chors fürs nächste Concert ist.
Der Deine
Th. Billroth.

106) An Prof. His in Leipzig.
Wien, 17. Februar 1874.

Lieber Freund!

. . . Diese Ostern werde ich Leipzig nicht passiren, da ich statt nach Berlin nach Rom zu reisen gedenke, um mir den längst gefühlten Wunsch, Italien zu sehen, zu erfüllen.

In den nächsten Tagen wirst Du mein Buch über Coccobacteria septica erhalten. Da ich das Manuscript schon vor einem Jahr abgeschlossen habe, so steht mir das Buch schon etwas fremd gegenüber. Je zorniger die Botaniker darüber sein werden, um so besser ist es; denn dieser Theil der Botanik scheint mir noch sehr im Argen zu liegen. Ich kann nicht verstehen, daß sich nicht ein Jüngerer einmal gründlich über die Algen hermacht, denn die Systematik auf diesem Gebiet ist schon geradezu komisch.

Ich bin völlig darauf gefaßt, daß eine Unzahl von Kläffer über dies große Stück Fleisch herfallen wird und zähnefletschend unter heftigem Blaffen einzelne Fetzen herausreißen und zerreißen wird; doch ich bin pachyderm genug, um mir nichts daraus zu machen. Solltest Du in meinem Buch blättern, so bitte ich Dich, mehr die Absicht als die Leistung ins Auge zu fassen!

Freundlichste Grüße von Haus zu Haus!

Der Deine

Th. Billroth.

107) An Prof. His in Leipzig.

Wien, 11. Juni 1874.

Lieber Freund!

... Soviel ich durch den Verkehr mit Griesinger gelernt habe, sollte ein Professor der Psychiatrie vor Allem ein gut geschulter interner Kliniker sein, mit praktischem Verwaltungstalent. Nimm doch gelegentlich Griesinger's Lehrbuch der Psychiatrie in die Hand; da wirst Du am besten sehen, was für einen Mann man dazu braucht. Ein pathologischer Anatom ist noch lange kein Arzt, und ein Hirnanatom noch länger kein Irrenarzt!

Der Deine

Th. Billroth.

108) An Prof. Socin in Basel.

Carlsbad, 16. August 1874.

Lieber Socin!

Durch einen Brief von Langenbeck erfahre ich heute, daß er Dich eingeladen hat, auch nach Ostende zu kommen; ich denke dort vom 1.—15. September zu sein.*) Mac Cormac**) will auch kommen. Wenn Du kommst, so kann es sehr lustig werden. Ich habe hier so viel zu arbeiten und zu curiren, daß ich wenig Mensch sein darf und hoffe, daß mein ganzer verhaltener Humor in Ostende

---

*) Im Namen Ihrer Majestät der deutschen Kaiserin Augusta war vom Central-Comité der deutschen Vereine zur Pflege im Felde verwundeter und erkrankter Krieger ein Preis für ein Handbuch der kriegschirurgischen Technik ausgeschrieben. Langenbeck, Billroth und Socin bildeten damals das Preisgericht, und Socin als jüngster hatte die schriftlichen Arbeiten zu besorgen. Zur endgültigen Beschlußfassung war eine Zusammenkunft in Ostende bestimmt.

**) Prof. der Chirurgie am St. Thomas-Hospital in London.

explodiren wird. Ich weiß, daß Du eigentlich in dieser Zeit Klinik halten sollst; doch es wird Dir nicht schwer fallen, den Baslern die Nothwendigkeit einer Cur in einem Seebade plausibel zu machen. Du könntest ja z. B. eine Gelenkneurose vorschützen, von der ja doch Niemand weiß, was es ist, und gegen welche nach Esmarch See= bäder sicher helfen. Du wirst das wohl nach Lister*) curiren, ebenso wie die Prostatahypertrophien. Wir baden in Ostende gewöhnlich ohne Carbolsäure: sie würde übrigens durch den starken Salzgehalt des Seewassers sofort neutralisirt werden. Du brauchst auch kein Silk protectiv mitzubringen, denn wir baden in Ostende immer im Paradies. Verzeih diesen sprudelhaften Unsinn! Komm aber nach Ostende! Da sind wir Menschen, dürfen Menschen sein; in diesen 14 Tagen will ich ausnahmsweise kein Buch schreiben. Jetzt hoffe ich sicher, daß Du kommst.
Der Deine
Th. Billroth.

109) An Prof. Meißner in Göttingen.

Wien, 5. Januar 1875.

Lieber Meißner!

Soeben mit dem „Manuale professorum Gottingensium" be= schäftigt, trat mir wieder recht lebhaft die Zeit vor Augen, wo wir vor jetzt bald 20 Jahren in Göttingen zusammen eifrig studirten, mikroskopirten und musicirten. Wie Vieles hat sich seitdem verändert! Unsere wissenschaftliche Bahnen haben sich immer mehr von einander getrennt, und es ist wohl ein Decennium, daß ich Dich nicht sah. Daß ich Deiner stets noch in alter Anhänglichkeit gedenke, brauche ich Dich wohl kaum zu versichern. Manches Glückliche und Un= glückliche ist inzwischen über uns ergangen; doch denke ich, dürfen wir uns beide nicht beklagen; nicht Viele aus unserem damaligen Kreise haben das Ziel ihres Strebens erreicht. Ich stehe auf einem vielfach beneideten Posten, doch außerhalb des deutschen Vaterlandes, im Exil unter Slaven und Magyaren, die mich Alle am liebsten vergiften möchten; das hat so Alles seine zwei Seiten. In meiner

---

*) Sir Joseph Lister, Prof. der Chirurgie in Glasgow, Edinburgh und am King's College in London, Begründer der antiseptischen Wundbehandlung; geb. 1827.

Familie hatte ich manches Mißgeschick; alle meine 4 Brüder sind todt, von 6 Kindern sind mir 3 gestorben. Ich fühle meine Kräfte auch matter werden, mein Stern beginnt zu sinken. Das ist so der Welt Lauf.

Was mich heute zu diesen Zeilen unmittelbar veranlaßt, ist die Bitte, mir folgende Fragen über Göttinger Verhältnisse zu beantworten. Es sind darunter einige historische, worüber Dir irgend ein älterer College gewiß Auskunft geben kann; es giebt ja fast in jeder Fakultät Jemand, der sich für diese Dinge interessirt ... Verzeih diese Quälerei! Doch brauche ich diese Daten zu einer vergleichenden Anatomie und Entwicklungsgeschichte der deutschen medicinischen Fakultäten. Grüße von Haus zu Haus! an Baum, Hasse*), Krause.

Der Deine
Th. Billroth.

110) An Prof. His in Leipzig.

Wien, 8. Januar 1875.

Lieber Freund!

Ich habe mir selbst einen rechten Schaden gethan, daß ich Dir so lange nicht schrieb. Es ist nicht Trägheit, sondern mehr eine innerlich unbehagliche Stimmung, die mich sehr lange schon beherrscht, und mit der ich meine Freunde nicht gern behellige. Doch damit Du nicht denkst, mir sei etwas besonders Unangenehmes passirt, so will ich gleich sagen, daß ich selbst und meine unruhige, ehrgeizige Gemüthsart allein daran schuld sind. Ich kann es nicht lassen, von den Bahnen meines Barbier=Berufes bald nach dieser, bald nach jener Richtung abzuschweifen und mich in die Schlingen der Vasa aberrantia zu verlieren. Es ist ein böses Ding um das Grübeln und Grübeln! Ich stecke jetzt in einer Periode, wo mich das Detail und die Specialität nicht recht befriedigen will, und wo mich Probleme von allgemeiner Art mächtig anziehen. Das ist ein Zeichen der beginnenden Decadenie, des beginnenden Alters! nun, das läßt sich eben nicht ändern ...

Ich war im August in Carlsbad, im September in Ostende.

---

*) Prof. der inneren Medicin in Göttingen; a. D.

Ich lebe im Ganzen viel eingezogener wie früher. Selbst die Musik habe ich ganz liegen lassen; kurz, ich gefalle mir gar nicht.

Nun stecke ich in einer Arbeit, die, wie ich hoffe, nützlich sein wird, deren Material mir aber schon über den Kopf wächst. Eine Brochüre „Ueber das Lehren und Lernen der medicinischen Wissenschaften."*) Ich beschränke mich nicht auf Deutschland, sondern ziehe alle Länder der Welt in Betracht. Die Schriften über Gymnasien, über die Naturwissenschaften, über deductive und inductive Methode ⁊c. erdrücken mich fast. Bei Kant's Kritik der reinen Vernunft halte ich schwer aus. Ein Mühlrad dreht sich fortwährend in meinem Hirn; dazu spielt Jemand über mir jeden Abend bis 12 Uhr Clavier, so daß ich oft erst von 12—2 Uhr ruhig zum Arbeiten komme. Eben schlägt es halb 2 Uhr; ich hatte so starkes Kopfweh, daß ich nicht arbeiten konnte.

Bitte, verschaffe mir die Antwort der anhängenden Fragen und sei mir nicht böse über diesen häßlichen Brief.

Herzliche Grüße von Haus zu Haus!

Der Deine

Th. Billroth.

111) An Dr. von Renz in Wildbad.

Wien, 12. Februar 1875.

Lieber Herr College!

Sie haben mir durch die Sendung Ihrer mir bereits theilweise bekannten Schriften in schönster Form eine freudige Ueberraschung bereitet. Es ist für mich eine freudige Erfahrung, Freunde auch in weiter Ferne zu wissen; um so mehr, wenn diese selbst so thätig auf dem weiten Gebiet der Wissenschaft sind, und selbst hinter den Coulissen wohl Bescheid wissend es am besten beurtheilen können, daß eine glatt von Statten gehende Aufführung eines chirurgischen Trauer- oder Lustspiels auch eine wohlvorbereitete sein muß und sich nicht so aus den Aermeln schüttelt. Wenn ich Einblick in Ihre Arbeiten nehme, so könnte ich dasselbe sagen, wie man mir zuweilen sagt: „Sie müssen doch sehr leicht schreiben, das kann Ihnen doch unmöglich Mühe machen ⁊c." Man muß eben Freude an der Sache

---

*) Siehe Brief Nr. 114, Anm.

haben, dann geht es. Daß Sie rechte Freude an der wissenschaftlichen Arbeit haben, das merkt man Ihren Arbeiten an, und da bleibt dann auch die Wirkung nicht aus!

Nehmen Sie noch meinen besonderen Dank für die Widmung Ihrer Schrift über die Spreizlade . . .

Also noch einmal herzlichen Dank und Handschlag von Ihrem ergebensten Collegen.

Th. Billroth.

112) An Prof. B. von Langenbeck in Berlin.*)

Wien, 1. April 1875.

Lieber Herr Geheimerath!

Es wird mir recht schwer, Ihrer freundlichen Einladung zum Congreß und vor Allem zu Ihrem gastlichen Hause dies Mal nicht Folge leisten zu können. Doch nicht allein mein Hausbau, den ich täglich beaufsichtigen muß, sondern auch Familienangelegenheiten machen es dies Mal unausführbar für mich, nach Berlin zu kommen. — Wir haben beschlossen, unser ältestes Mädchen in eine Pension nach Deutschland zu geben, und gerade in diesen Tagen reist meine Frau mit ihr nach Würzburg, um unser Kind dort zu installiren, noch eine Woche in ihrer Nähe zu bleiben, und sie dann dort zu lassen. Das Alles kam ziemlich rasch und hat mich auch in dieser Zeit sehr beschäftigt. — Uebrigens geht es mir gut; meine Heiserkeit hat mich verlassen, und in 14 Tagen denke ich mit ungeschwächten Kräften meine Klinik wieder zu beginnen. Ob ich in diesem Jahre nach Ostende gehe, weiß ich noch nicht recht. Die Seebäder haben mir im vorigen Jahre keinen besonderen Genuß gemacht, und im Bade selbst hatte ich keine angenehmen Empfindungen wie früher, so wohlthuend mir auch die Seeluft und der ruhige Aufenthalt war. Ich bin noch nicht im Stande, Pläne für den Sommer zu machen.

Hueter ist seit einigen Tagen hier; wir vermeiden chirurgische Gespräche. Er ist doch wissenschaftlich gar zu unruhig; seine neue

---

*) Die Briefe an Prof. B. von Langenbeck sind von Prof. H. Fischer beim Ordnen des Langenbeck'schen Nachlasses, soweit dieser zur Bibliothek der Deutschen Gesellschaft für Chirurgie gehört, gefunden und durch Prof. Gurlt dem Herausgeber zugeschickt.

Erfindung der Injection von Blutserum in die Lymphbahnen wird er in Berlin demonstriren. Ich bin so unglücklich, mir den Zweck dieser Methode nicht recht vorstellen zu können.

Freundlichsten Gruß an Ihre Frau Gemahlin und besten Dank auch an Sie für die gütige Einladung!

In alter Treue der Ihre

Th. Billroth.

✻

113) An Prof. Hanslick in Wien.

13. October 1875.

Der jähe Tod unseres Hlasiwetz*) hat meine Frau und mich tief erschüttert. Wir waren uns im letzten Jahre gerade etwas näher gekommen, und wir hatten ihn immer mehr schätzen gelernt.

Immer häufiger sehe ich aus dem Kreise meiner Freunde Einzelne scheiden und merke auch daran, daß ich älter und älter werde. Die Welt geht dabei weiter, und die Oberfläche des großen Mehlbreies, Welt genannt, nimmt schnell wieder ihre Form an, es mögen noch so viele in ihr versinken. Da auch mein Herz, wie das unseres verstorbenen Freundes, etwas verfettet und erschlafft ist, sodaß es jeden Augenblick sich auf einen Stillstand zu lange ausruhen könnte, so möchte ich meine Freunde öfter und öfter bei mir sehen.

✻

114) An Prof. R. Volkmann in Halle.**)

Wien, 27. October 1875,
Alserstraße 20.

Lieber Richard!

Um Dir eine Freude zu machen, listere ich seit dem 1. October. Da ich meine bisherigen Wundbehandlungsmethoden nun etwa 10 Jahre durchgeführt und somit einige Erfahrung über das damit zu Erreichende gewonnen habe, glaubte ich es verantworten zu können, Dir dies Opfer der Freundschaft zu bringen. Die nächsten

---

*) Prof. der Chemie am Wiener Polytechnikum.
**) Die Briefe an Prof. Volkmann sind im Besitz seines Schwiegersohns Dr. med. R. Volkmann in Dessau.

Resultate waren: eine Carbolintoxication mit tödtlichem Ausgang unter achttägigem Blutbrechen, 3 ausgedehnte Hautgangränen durch die aufgelegten Carbolschwämme, daneben zwei mit enormer Zellgewebsabstoßung verlaufene klaffende Amputationsstümpfe. Doch da Du sagst, daß das Alles nichts schadet, sondern später besser wird, so wird vorläufig mit ungeschwächten Kräften weiter gelistert. Einige Heilungen nach Amputatio mammae haben mich frappirt; doch die Catgutfäden werden so rasch resorbirt, daß sie oft schon nach 48 Stunden abfallen, und die Wunden wieder auseinandergehen. Wärest Du nicht so energisch für diese Methode eingetreten, ich würde Alles für Schwindel halten; doch auch die Persönlichkeit Lister's hat mich eingenommen. Nach einigen Dutzenden von chirurgischen . . . denke ich doch endlich auch dahinter zu kommen. Du wirst hoffentlich von den mitgetheilten Resultaten befriedigt sein. — Doch Spaß bei Seite; ich beschäftige mich ernstlich damit, und wenn ich wieder vernünftige Arbeiten mache, so denke ich auch theoretisch der Sache beizukommen. Mir fällt leider nicht mehr soviel ein wie früher, und meine ärztlichen Freunde dringen ernstlich in mich, daß ich alle anhaltenden geistigen Anstrengungen für diesen Winter meide. Allmählich erwacht indessen wieder Interesse an der Chirurgie bei mir; ich war lange sehr abgestumpft in dieser Richtung.

Nicht um Dich zum Lesen zu forciren, sondern nur um meiner Eitelkeit zu genügen, daß keines meiner Bücher in Deiner Bibliothek fehlt, schicke ich Dir mein neuestes Opus*), das mich seit der Coccobacteria und den Lazarethzügen so ausschließlich erfüllt hat, daß ich nur aus Pflicht meinen Obliegenheiten als Lehrer, Arzt und Hausbauer genügt habe, ohne rechtes Interesse. Ich habe mir viele böse, auch wohl einige gute Gedanken von der Seele geschrieben. Während ich bei allen meinen früheren Büchern stets den Gedanken hatte, daß viele Andere das weit besser hätten machen können, so habe ich bei diesem letzten Opus die Empfindung, daß zur Zeit Niemand außer mir es hätte machen können. Ist das nicht lächerlich? Das sind so Stimmungen, wie sie über den Menschen kommen und nur langsam wieder ausklingen.

---

*) Ueber das Lehren und Lernen der medicinischen Wissenschaften an den Universitäten der deutschen Nation, nebst allgemeinen Bemerkungen über Universitäten. Wien 1876.

Herzlichen Dank noch einmal für Deinen meisterhaften Jahres=
bericht*), aus dem ich viel gelernt habe; nicht minder für die letzte
Sendung der hübschen Gedichte, die mich sehr erfreut haben. Ich
habe meine poetischen Stimmungen früher öfter in mancherlei Com=
positionen ausgelassen, und große Stöße von Notenpapier, von mir
mit Allerlei bekritzelt, hatten sich bei mir angehäuft. Vor zwei
Monaten habe ich Alles verbrannt, denn es gefiel mir nichts mehr
davon. Deine Märchen**) habe ich neulich in Carlsbad wieder
mit dem größesten Behagen gelesen; es liegt für mich ein eigener
Zauber in diesen Dichtungen; jedes einzelne hat einen so positiven
poetischen Gehalt, daß es eine Wonne ist.

Nächste Ostern hoffe ich wieder einmal nach Berlin zu kommen;
hoffentlich fällt mir im Lauf des Winters wieder einmal etwas
Chirurgisches ein, damit ich was Neues bringen kann; sonst wirft
man mich schon jetzt zum alten Eisen.

Es hat mich sehr gefreut, daß Schede***) zu einem selbstän=
digen Wirkungskreis gekommen ist. Die Chancen für die Praxis
sind in Berlin für ihn glänzend. Gussenbauer hat in Lüttich
eine glänzende Stellung bekommen; er wird sich zweifellos Bahn
brechen durch sein Talent, wie durch seine eiserne Energie. Sein
Abgang kommt mir allzu schnell; ich bin in einiger Verlegenheit
wegen eines neuen Assistenten, da meine Eitelkeit verlangt, daß es
ein junger Mensch ist, der eine literarische und Universitäts=Lehrer=
Carriere macht.

Körperlich geht es mir gut. Geistig haben die vielen umfang=
reichen Arbeiten der letzten Jahre meine allgemeine Receptions=
fähigkeit in einer erschreckenden Weise herabgesetzt.

Viele Grüße von Haus zu Haus! Schreibe mir bald von Dir
und den Deinen, wie es mit Deiner Gesundheit steht. Herzlichen
Gruß! In alter Treue

Der Deine

Th. Billroth.

---

*) Beiträge zur Chirurgie. Leipzig 1875.
**) Träumereien an französischen Kaminen. Märchen von R. Leander
Volkmann) 1871.
***) Oberarzt der chir. Abth. in Friederichshain zu Berlin, später am All=
gemeinen Krankenhause in Hamburg.

113) An Prof. R. Volkmann in Halle.

Wien, 31. October 1875.

Mein lieber guter Richard!

Du bist doch ein kleiner, oder vielmehr ein großer Schäker; schreibst mir einen reizenden Brief und versicherst, du kannst keine Briefe schreiben. Du, der Du das, was ich zusammengearbeitet habe, wirklich liest; Du, der meine Arbeiten so sehr überschätzst; Du, der Du ein so lieber Kerl bist, glaubst, ich sei schon ganz dumm geworden, weil Du lange keinen Brief von mir gehabt hast. Ich hoffe, daß Deine gute Anne etwas meine Partie genommen hat; ich habe sehr, sehr viele Fehler; doch ich glaube nicht den, meine Freunde loszulassen. Einer meiner Hauptfehler war es jedenfalls, viel zu viel zu wollen; die rechte Resignation fehlt mir immer noch; ich meine immer noch, nun müsse doch bald etwas aus mir werden, Kaiser oder Papst ... Das Leben in Berlin und Wien, die Gewohnheit, stets im Strudel zu rudern, stets sich durch ein Gewühl von Menschen und täglichen Begebenheiten durchzuarbeiten, bringt es mit sich, daß man sich entweder überarbeitet oder abgespannt daliegt; eine eigentliche Lebensfreude habe ich doch nicht. Lassen wir diese Dummheiten.

Besten Dank für Deine Liebenswürdigkeit, mir Deinen Assistenten zu senden; doch das geht doch aus mancherlei Gründen nicht. Vor Allem, weil es die Empfindlichkeit meiner Assistenten kränken würde, die sich die unsäglichste Mühe geben; denn sie machen bei mir Alles, meist auch die Operationen; ich operire in jedem Semester seltener. Die Wunden sehe ich nur bei den zweiwöchentlichen klinischen Visiten; meist lasse ich auch diese durch die Assistenten abhalten. Daß es nach Operationen gut geht, betrachte ich immer als selbstverständlich; ich sehe also nur die Fälle, die nicht nach Wunsch verlaufen. Doch ich habe mich jetzt etwas mehr darum bekümmert und auch gut verlaufende gelisterte Fälle angesehen; die Heilung der Wunden nach Amp. mammae imponirt mir bis jetzt am meisten. Was die Fehler betrifft, die bei der Methode begangen sind, so habe ich sie bereits in der Weise corrigiren lassen, wie Du es räthst. Chlorzinklösung wende ich nie an; ihre Anwendung ist älter als Lister's Verfahren, ich habe schon vor mehreren Jahren zwei Assistenten darüber arbeiten lassen. Ich finde gerade die Fehler bei der Lister-Behandlung sehr lehrreich und möchte sie nicht entbehren; jede absolute Vollkommenheit ist für mich absolut interesselos. Ich bin neugierig, was nun nach Lister kommen wird; länger wie 5 Jahre pflegen solche Dinge nicht anzuhalten.

Es hat mich herzlich gefreut, daß Du Italien genossen hast. Obgleich ich dort sehr schlechtes Wetter hatte, sehne ich mich doch dahin zurück; ich werde schwerlich je dazu kommen. Die Kinder fesseln uns ganz. Verwandte, denen wir dieselben anvertrauen könnten, haben wir nicht; Freundinnen, die so etwas übernehmen könnten, oder denen es meine Frau überlassen möchte, auch nicht. Reise ich allein, so betrübt es meine gute Frau . . . . Da wundern sich die Leute, daß ich soviel arbeite; es ist doch nur ein Vorwand, allein mit meiner Fantasie sein zu dürfen. Entweder muß ich toll arbeiten, oder mich toll im Menschenstrudel herumdrehen. Mir ist jede innere Ruhe abhanden gekommen. Wenn ich den Leuten noch so ruhig, gemessen und wohlwollend vorkomme, kocht in mir oft Alles von Leidenschaft, und ein psychisches Fieber durchschauert mich. Das ist schon seit Jahren so; es ist das Resultat starker Gehirnüberreizung. Ich warne Dich davor; Du arbeitest auch zu viel und hast es doch nicht nöthig, Dich durch Arbeit zu narkotisiren. Lassen wir den Unsinn.

Morgen mache ich wieder eine Laparotomie, um ein ganz colossales Uterusfibrom bei einem 18 jährigen Mädchen herauszunehmen. Die glänzenden Resultate Péan's*) machen mich ganz wüthend; wir müssen das auch können. Zwei Uterusexstirpationen sind mir bisher mißglückt. Dreimal habe ich mich an große Netztumoren gemacht, doch dreimal mit tödtlichem Ausgang. Ich bin schon in den sechzigeren mit meinen Laparotomieen. Sie reizen mich wie ein Spiel.

Genug von mir; ich bin überzeugt, daß es mit Lister immer besser geht. Ich denke Anfang nächsten Jahres einen fünfjährigen Bericht meiner Klinik zu geben. Bis zum 1. Januar nächsten Jahres rechne ich noch das Versuchsstadium mit Lister und werde diese drei Monate (October—December) noch zu meiner alten Statistik zuwerfen.

Der Deine
Th. Billroth.

---

*) Chirurg am Hospital St. Louis in Paris.

116) An Prof. Meißner in Göttingen.

Wien, 1. November 1875.

Lieber Freund!

Herzlichsten Dank für Deinen freundlichen Brief. Ich bin Dir besonders verbunden für die Anmerkung in Betreff der historischen Fehler und kann mich nur mit der Schwierigkeit, das aus Briefen und Notizen mosaikartig zusammenzusetzende Material zu übersehen — entschuldigen. Sollte das Buch*), von dem ich nicht allzu viele Exemplare habe drucken lassen, allgemeineres Interesse und einige Verbreitung finden, so hoffe ich, die Fehler bessern zu können. Ich bitte Dich, auch Baum zu sagen, daß er die große Liebenswürdigkeit hat, Fehler, zumal in den Genealogieen anzustreichen, und mich wissen zu lassen.

Ich werde wohl vorwiegend Aerger von dem Buch haben, da es den Conservativen zu liberal, und den Liberalen zu conservativ sein wird. Für die Sache selbst kann mir jede Berichtigung nur willkommen sein. Schließlich schreibt man doch nur, weil man es nicht lassen kann, und so habe das Schicksal seinen Lauf!

Der Deine

Th. Billroth.

117) An Prof. Czerny in Freiburg i./B.

Wien, 10. November 1875,
Alserstraße 20.

Lieber Czerny!

Sie wissen, daß ich früher wenig für Uterusexstirpationen mittelst Laparotomie eingenommen war; indeß nachdem ich jetzt etwa 50 Ovariotomieen gemacht habe, und inzwischen das höchst interessante Buch von Péan über diesen Gegenstand erschienen war, faßte ich auch für diese Operationen Muth.

Ich habe die Totalexstirpation der weiblichen inneren Geschlechtswerkzeuge wegen enormer Fibrome des Uterus bisher drei Mal gemacht; jedesmal bei jugendlichen Personen mit colossalen Tumoren. Den letzten Fall operirte ich vor 11 Tagen; es geht bis jetzt vor-

---

*) Siehe Brief Nr. 114, Anm.

trefflich und hat es ganz den Anschein, als wenn Patientin durch=
kommen würde; der Stiel ist dem Abfallen sehr nahe.

In Péan's Buch wird ein großer Werth auf das Morcelle=
ment und auf die Drahtschlingen=Ecraseure gelegt. Ich habe Beides
sehr unpraktisch gefunden, gebe aber zu, daß unsere Instrumente
den Parisern vielleicht nachstanden. Einen Nachtheil von der Größe
der Bauchschnitte sah ich nie. Wenn sich aus der Statistik erweist,
daß mehr Patienten mit langem als mit kurzem Schnitt bei Lapa=
rotomie sterben, so hat dies wohl darin seinen Grund, daß in den
ersteren Fällen entweder enorme Tumoren zu entfernen waren,
welche sich nicht durch Punction und intracystäre Zerreißung ver=
kleinern ließen, oder daß sehr feste Adhäsionen so hoch hinauf
ragten, daß dadurch die Verlängerung des Schnittes bedingt war.
Ich glaube, daß in diesen Ursachen der Schnittverlängerung die
Gefahr liegt, nicht in letzterer selbst. Dennoch ließ ich mich durch
Péan bestimmen, den Schnitt nicht allzu groß zu machen und das
Morcellement nach seiner Methode auszuführen. Obgleich dies nach
Wunsch gelang, so hielt es doch lange auf; einmal riß dabei die
Schlinge. Als ich dann später die Schlingen nach Péan's Methode
unten anlegte, schnitten sie auf einer Seite das Peritoneum durch,
und es kam zu einer scheußlichen Blutung, die wir kaum zu stillen
vermochten. Dennoch überlebte die Patientin die Operation um
5 Tage; erst nach 5 Tagen trat septische Peritonitis ein: der unter
dem Schlingendruck sich rasch verkleinernde Stiel rutschte nämlich
allmählich hinein, und die abfaulenden Particen inficirten trotz aller
Mühe das Peritoneum. Das Nachschnüren ist leichter gesagt als
gethan.

Im zweiten Fall wurde ich durch Braun veranlaßt, den Ver=
such zu machen, Uterus und Ovarien zu erhalten und die Fibrome
zu enucleiren. Es ist freilich vollkommen richtig, daß die Blutung
dabei unerwartet und verhältnißmäßig gering ist; doch nachdem
ich etwa 30 Fibrome enucleirt hatte, war denn doch die Summe
des Blutverlustes so groß, daß ich eilen mußte, die Patientin vom
Operationstisch zu bringen, obgleich immer noch soviel Fibrome
da waren, daß von einer Klarlegung des Uterus nicht die Rede
war. Ich mußte schließlich doch den Uterus dicht über der Port.
vaginalis abschnüren. Tod durch Collaps nach etwa 18 Stunden.

Der jüngst operirte Fall betrifft ein 19jähriges Mädchen. Die exstirpirte Geschwulstmasse (nicht verkalkt, sondern reines Fibrom) wog 17 Kilo, schreibe siebenzehn Kilo = 34 Zollpfund. Colossale Netzadhäsionen, sodaß das ganze Netz abgebunden werden mußte in 3 Portionen. Schnitt bei expandirtem Bauch etwa 3 Zoll über den Nabel hinaus, ist jetzt im Ganzen etwa 7 Zoll lang. Ich band unten jederseits die Ligg. lata ab, legte dann dicht über der Port. vaginalis, fast schon an der Vagina eine Ecraseurkette an, und trug dann ab. Obgleich ich 2 Zoll über der Kette abgetragen hatte, fiel doch der Stumpf so stark zusammen, daß ich ihn schnell mit einer Muzeux=Zange fassen und die Kette mehr schließen mußte, damit der Stiel nicht durchrutschte. Neben der Kette legte ich eine starke Klammer an. Der Blutverlust war gering, der Verlauf bisher äußerst günstig. Ich würde im nächsten Fall jedenfalls ebenso ein= fach verfahren. Bei dicker Stielmasse würde ich der Wells'schen Klammer nicht recht trauen; ich lasse mir daher jetzt einen anderen Apparat machen, welcher der Hauptsache nach aus zwei Ecraseur= ketten besteht, über dessen Brauchbarkeit ich jedoch noch nichts sagen kann.

Es wird Hegar*) interessiren, daß die furchtbare Ovariotomie, der er beiwohnte, bis jetzt gut verläuft; eine Eiterung aus der Bauchhöhle verhindert noch den definitiven Schluß der Wunde. Einige Tage später stieß ich auf einen noch viel schlimmeren Fall, der auch gut verläuft; wieder einige Tage später operirte ich einen ganz einfachen Fall bei Eder**) mit Spray wie die beiden vorigen. Dieser Fall ging unter 8 tägigem continuirlichen Blutbrechen, blu= tigen Stühlen und endlich auch blutigem Urin zu Grunde. Der Urin war bis zum 6. Tage noch ohne Blut, doch von Carbol schwarzgrün. Ich halte diesen Verlauf für eine Carbolvergiftung. Nun ließ ich in einem Fall 8 Tage später den Spray wieder fort: einfache Cyste, 2½ Zoll langer Schnitt, Klammer. Rasche, fieber= lose Heilung. Bei den erwähnten Uteruserstirpationen habe ich auch keinen Spray angewandt. Zur Zeit habe ich 4 Reconvalescentinnen von Ovariotomieen (3 im Spital) und eine von Uteruserstirpation (im Spital).

Da ich meiner Frau und meinem Freund Seegen versprochen

---

*) Prof. der Geburtshülfe und Gynäkologie in Freiburg i. Br.
**) Privat Heilanstalt in Wien.

habe, diesen Winter keine literarischen Arbeiten zu unternehmen, so macht sich meine Schreibdiarrhoe in Briefen Luft, wie Sie eben zu Ihrem Kummer hier erfahren haben, falls Sie überhaupt bis hierher gelesen haben.

Gestern Abend habe ich Stromeyer's Selbstbiographie zu Ende gebracht. Senex loquax ist der Haupteindruck, den ich erhielt; der Himmel bewahre mich vor ähnlichem Geschick. Obgleich mich Manches sympathisch berührte, so ist denn doch der Grundgedanke, daß die Wissenschaft zu ihren Ausgangspunkten umkehren müsse, für mich zu entsetzlich, denn ich habe die Anschauung: Ars aeterna!

Freundliche Grüße an Kußmaul*), Hegar.

Der Ihre
Th. Billroth.

118) An Prof. Socin in Basel.

Wien, 21. November 1873.

Lieber Freund!

Verzeih, wenn ich Dir erst heute für Deine Prostata-Arbeit danke, die ich nach Form und Inhalt vortrefflich finde. Hätte doch jeder Mitarbeiter so das rechte Maß getroffen. Das Buch hält mich fortwährend in Athem. Jetzt hat Simon definitiv abgelehnt seinen Abschnitt zu machen, und nun suche ich wieder neue Mitarbeiter. Wenn es Einer übernimmt, so dauert es wieder Jahre; ich will versuchen es in mehrere Abtheilungen zu zerlegen und diese an verschiedene Arbeiter vertheilen.

Mein Buch**) wirst Du erhalten haben; vielleicht findest Du darin etwas, was Dich amüsirt. Die hiesigen politischen Blätter haben sich der Anmerkungen bemächtigt und es dahin gebracht, daß das große Publikum meint, ich habe ein 500 Seiten dickes Buch über die Juden geschrieben ... Oh! welche Gerüche steigen mir auf! Sole au gratin! Hat es wirklich auch für mich ein Ostende gegeben! Oh Saint-Pomard! Mein Fettherz macht Fortschritte; Seebäder sind mir verboten, doch Seeluft und von Zeit zu Zeit ein

---

*) Prof. der inneren Medicin in Freiburg i. Br., Straßburg, a. D.
**) Siehe Brief Nr. 114, Anm.

Glas Sect ist mir erlaubt. Möchte ich's doch erleben, daß wir noch einmal wieder im Pavillon royal dinirten. Man sieht sich doch gar zu wenig, und das Leben ist so kurz! Jehovah schütze Dich und
Deinen
Th. Billroth.

119) An Prof. B. von Langenbeck in Berlin.

Wien, 16. März 1876.

Lieber Herr Geheimerath!

Ich hoffe dies Mal zum Chirurgen=Congreß kommen zu können und erlaube mir folgende Vorträge anzubieten:
1) Ueber Psoriasis linguae.
2) Ueber Rhinosklerom.
3) Ueber das Endresultat von vier geheilten Fällen von Ectopia vesicae.
4) Ueber die Operation einer großen Magenfistel.

Ich bitte Sie davon aufs Menu zu setzen, was Ihnen gefällt. Ich kann jeden dieser Vorträge auf 15 Minuten reduciren, doch auch erweitern, wenn Zeit und Umstände es wünschbar machen. Ich habe auch einiges Neue über Coccobacteria, doch muß ich endlich hier etwas in die Akademie der Wissenschaften geben und habe nichts anderes Passendes. Es ist auch, meine ich, besser, diesen Gegenstand vorläufig der literarischen Discussion zu überlassen, da er noch zu viel casuistisches Detail zur Begründung der einzelnen Anschauungen bedarf, was unverwendbar bei der mündlichen Dis= cussion ist.

Ich habe sehr bedauert, daß sich Volkmann zu der Polemik mit Krönlein hat hinreißen lassen*); doch er ließ sich nicht ab= halten, obgleich ich mehrfach ihn brieflich gebeten, ja dringend ge= beten habe, die Sache ruhen zu lassen. Volkmann scheint indeß überarbeitet und so überreizt zu sein, daß er für jetzt gar keinen Widerspruch erträgt; gern würde ich ihm etwas von meinem Phlegma abgeben. Ich meine, wenn man selbst seine subjectiven Meinungen rücksichtslos vorbringt, muß man auch die anderen Leute reden lassen.

---

*) Herr Dr. R. U. Krönlein und seine Statistik von Richard Volkmann. Beilage zu Nr. 96 der Sammlung klinischer Vorträge. Leipzig 1875.

Ich hoffe Sie in alter Munterkeit und Frische anzutreffen. Jetzt muß ich mich wenigstens auf eine Stunde auf dem Commers zur Feier des 70. Geburtstages von Anastasius Grün*) zeigen. Die Jubiläen werden epidemisch. N. plagt mich, ihm einen Stromeyer-Artikel zu schreiben; er will mir dasselbe bei gleicher Gelegenheit thun! . . . Auf Wiedersehen!

Der Ihre
Th. Billroth.

120) An Dr. Johannes Brahms in Wien.

Wien, 8. April 1876.

Lieber Freund!

Da sich schon seit Wochen ein Catarrh in meinem Kehlkopf und meinen Lungen festgesetzt hat, der auch jetzt, nachdem ich nicht mehr täglich zu schulmeistern brauche, nicht weichen will, so muß ich nach Rath meiner ärztlichen Freunde nachgeben, meine Reise zum Chirurgencongreß nach Berlin aufgeben, und mich bis zum Beginn des Sommersemesters am 24. d. M. nach Meran in Südtirol zurückziehen, um meine Athmungsorgane in südlicher Bergluft zu calmiren und mein Gehirn auszuruhen.

Ich gebe die Hoffnung noch nicht auf, Dich in der letzten Woche des Monats noch in Wien zu treffen; ich würde mich schwer an den Gedanken gewöhnen, daß Dein neues Streichquartett nicht zuerst in gewohntem Kreise in meinem Musiksaal erklingen sollte, der sich in den letzten Tagen mit einem prächtigen Faun und einem trunkenen Silen aus Herculanum geschmückt hat.

Also auf baldiges Wiedersehen!

Der Deine
Th. Billroth.

121) An Prof. B. von Langenbeck in Berlin.

Meran (Tyrol),
Villa Weinhart, 12. April 1876.

Lieber Herr Geheimerath!

Niemals war ich weniger gern in einer paradiesisch schönen Gegend als heute. Ich hatte mich dies Mal ganz besonders ge-

---

*) Anton Alex. Graf von Auersperg, als Dichter Anastasius Grün; gest. 1876.

freut, Sie und manche andere Freunde in Berlin wieder zu sehen und hatte mich auch wissenschaftlich so präparirt, daß ich hoffen durfte, mit Anstand vor einem Parterre von Königen sprechen zu dürfen, doch — oh Ironie des Schicksals! — mein Kehlkopf ist dies Mal der Störenfried. Zur Exstirpation ist er noch nicht reif, doch ist er so reizbar, daß mir nach kurzer Zeit des Sprechens durch krampfhafte Hustenanfälle das Reden unmöglich wird; das dauert einige Stunden, dann kann ich wieder laut reden, doch noch kürzer und so fort. Dabei ist mäßiger Laryngo=Bronchialcatarrh. Ich habe diese Zustände ein= auch wohl zweimal im Jahr, gewöhnlich am Ende des Semesters. In den Ferien wird es immer bald wieder gut. So rechnete ich auch dies Mal mit Sicherheit darauf, bald wieder meiner Stimmorgane Herr zu sein, obgleich der dies= jährige Anfall sehr intensiv war. Leider ist es anstatt dessen immer schlimmer geworden, d. h. jeder Versuch laut zu reden hat sofort krampfhafte Hustenanfälle zur Folge, und so bin ich denn nicht nur für den Congreß unmöglich geworden, sondern bin hierher geflüchtet, um zu schweigen und mein reizbares Nervensystem zu beruhigen. Ich habe mich sehr, sehr schwer dazu entschlossen und wollte Anfangs noch von hier nach Berlin kommen; doch ich mußte es selbst meiner Frau und meinen Freunden gegenüber zugestehen, daß das sehr unvernünftig wäre. Es würde ein sehr großer Schaden für mich sein, wenn ich im nächsten Semester nicht in voller Thätigkeit sein könnte; auch ist der Kehlkopf die erblich schwache Partie bei mir. Die Forcirung eines Catarrhs könnte leicht zu Ulcerationen führen, vor denen mich selbst meine 108 Kilo Gewicht nicht schützen, von denen ich hier auch durch fleißiges Spazieren etwas zu ver= lieren hoffe.

Möge nach dem voraussichtlichen Treffen auf dem Congreß ein für alle Theile gleich befriedigender Abschluß gefunden werden; gern hätte ich das Meine dazu gethan.

Mit herzlichem Gruß

Ihr

Th. Billroth.

(22) An Prof. Meißner in Göttingen.

Meran, 15. April 1876.

Lieber Freund!

Ich stoße eben bei Ueberarbeitung der 8. Auflage meiner allgemeinen Chirurgie auf „Lotze"*). Habe ich es geträumt, oder ist Lotze im vorigen Jahr gestorben? Lebt er, so wünsche ich ihm gewiß von Herzen ein langes Leben. Ist er gestorben, so bitte ich Dich um Mittheilung seines Geburts- und Todesjahres nach Wien, Alserstraße 20.

Der Deine

Th. Billroth.

P. S. Ich bin zwar zur Erholung als Curgast hier, habe aber noch nicht die Schwindsucht.

B. 108 Kilo.

(23) An Dr. von Winiwarter in Wien.

Wien, 5. Juli 1876.

Lieber Herr Doctor!

Mit Vergnügen übersende ich Ihnen beifolgendes Zeugniß. Ich kann mir nur noch nicht vorstellen, daß Steiner die erwähnte Stellung definitiv aufgegeben haben sollte. Da er doch möglicherweise bald wieder zurückkehrt, so vermuthe ich, daß er am Kinderspital nur einen Urlaub genommen hat und sich die Rückkehr vorläufig vorbehielt. Es wäre wenigstens sehr thöricht, wenn es nicht so wäre. Es wäre doch gut, wenn Sie sich darüber mit ihm noch ins Klare setzten, damit es bei seinem melancholischen Temperament ihm später nicht etwa als ein gewaltsames Herausgedrängtsein aus dieser Stellung erscheint.

Mit inniger Theilnahme habe ich von dem Tode Ihres Schwiegervaters gehört; ich wurde im letzten Moment aufgehalten zum Friedhof zu kommen, und bitte Sie und Chrobak**), meine beste Absicht, wie so oft, für die That zu nehmen.

Der Ihre

Th. Billroth.

---

*) Prof. der Philosophie und Medicin in Göttingen, Berlin; gest. 1881.
**) Prof. extr. der Gynäkologie in Wien.

124) An Prof. von Rindfleisch in Würzburg.

Wien, 20. Juli 1876.

Lieber Freund!

Muß ich Dir noch ein Mal sagen, daß wir Aerzte alle unzurechnungsfähige Hypochonder sind, wenn wir krank werden! Du hast mir ja dasselbe Ostern gesagt. Ich glaubte damals völlig fertig zu sein, und war es doch nur ein ordinärer Bronchialcatarrh, der mich wie andere Sterbliche gepackt hatte, nur daß ich nervös, sehr überreizt war durch geistige Anstrengung. Jetzt laufe ich Treppen wie in meinen besten Tagen, schlafe wie ein Mops und halte mich mit Ausnahme von etwas zu viel Fett für den gesündesten Menschen. Als ich im Mai die Contusion des Schultergelenks hatte, sah ich mich schon mit osteomyelitischer Nekrose operirt 2c. Heute trage ich die schwersten laparotomirten Weiber auf steifen Armen ins Bett wie vor zehn Jahren. Ich muß oft selbst über mich lachen.

So wird es auch mit Dir sein. Filtrire in Carlsbad Deine Nieren, wie ich meine Leber. Wirf alle Arbeit zur Seite! Das ist die Hauptsache! Schließe mit dem 29. Juli und komm nach Carlsbad; in den Wäldern dort wirst Du bald wieder ganz flott sein.

Christel rumort fürchterlich im Hause; ich stehe in fortwährender Besorgniß, daß sie mich auch mit einem grau leinenen Ueberzug versieht und in eine Ecke stellt, oder mich in eine Mottenkiste mit Campher einklebt!

Der Deine

Th. Billroth.

125) An Dr. Mikulicz in Wien, Assistent Billroth's.

Wien, 28. Juli 1876.

Lieber Herr Doctor!

Ich will es nicht unterlassen, Ihnen meine Freude kundzuthun über Ihre hübsche Arbeit*). Sie haben den Gegenstand gründlich nach allen Richtungen erfaßt und klar dargelegt. Nicht nur Docendo,

---

*) Beitrag zur Genese der Dermoide am Kopfe.

sondern auch Scribendo discitur. Später werden Sie sich noch etwas kürzer fassen müssen, weil es besser und intensiver wirkt; es hat auch sein Gutes, wenn der Leser zwischen den Zeilen Platz für seine eigenen Gedanken findet. Das ist Sache der Uebung.

Bitten Sie Nedopil*), daß er die Correcturen im August, und Gersuny, daß er sie im September macht. Ich schicke Ihr Manuscript heute noch an Wittelshöfer und habe die Stellen markirt, wo abgebrochen werden kann.

Nun leben Sie zwei Monate ausschließlich Ihrer Gesundheit und arbeiten Sie gar nichts; dann hoffe ich, Sie gekräftigt im October wiederzusehen.

Der Ihre

Th. Billroth.

126) An den Herausgeber.

Wien, 4. November 1876.

Lieber College!

Ihr schönes Buch**), und Ihre freundlichen Zeilen vom 30. Juli gelangten erst Anfangs October in meine Hände, als ich aus den Ferien zurückkehrte; und da ich es doch erst lesen mußte, weil ich mir die Freude nicht versagen wollte, es selbst anzuzeigen, so werden Sie gütigst entschuldigen, daß diese Zeilen Ihnen erst so spät den Dank für die Zusendung Ihres Werkes sagen. Beifolgend schicke ich Ihnen die letzte Nummer der Wiener medicinischen Wochenschrift***). Ich habe viel Freude bei dem Studium Ihres Buches gehabt und manche Belehrung aus demselben geschöpft. Nochmals besten Dank.

Auch für Ihre Mazurka besten Dank; ich wußte gar nicht, daß Sie so ein eifriger Musiker und selbst Componist sind.

Ihr ergebenster

Th. Billroth.

---

*) Assistent Billroth's.
**) Chirurgie vor 100 Jahren. Leipzig, Vogel, 1876.
***) Nr. 45 mit Billroth's Anzeige.

127) An den Herausgeber.

Wien, 19. November 1876.

Lieber College!

Vor Allem meinen Dank für das Vertrauen, welches aus Ihrem Briefe zu mir spricht. Ich kenne diese Stimmungen, habe sie zu oft durchgemacht und mache sie auch jetzt noch oft durch, kann mich ganz in Ihre Lage hinein versetzen. Schon oft habe ich es bedauert, daß Sie mit Ihrer gründlichen klinischen Vorbildung, mit Ihrem Fleiß und schriftstellerischem Talent noch nicht zu einer praktischen Thätigkeit im Spital gekommen sind, sei es mit oder ohne dabei Lehrer zu sein. Hätte ich Gelegenheit gehabt darauf hinzuwirken, so hätte ich es gewiß gethan. Doch ich bin nun schon zehn Jahre in Oesterreich, wo ein Nicht-Oesterreicher von Jahr zu Jahr unmöglicher wurde, sodaß ich es immer noch für ein Wunder ansehen muß, wie Brücke und ich hieher gekommen sind. Man fragt mich hier bei Vacanzen nie; in Innsbruck und Prag bewarb sich Czerny vergeblich. Bei Bewerbungen um andere Krankenhausstellen hier in Wien hat man meine Assistenten mit einer gewissen Ostentation umgangen. Von Deutschland aus bin ich einmal gefragt bei der Berufung von Czerny nach Freiburg; man wollte dort, wie auch in Lüttich neulich, einen Katholiken; in Lüttich keinesfalls eine Berufung aus dem Deutschen Reich aus politischen Gründen. So habe ich nie Gelegenheit, mich zu äußern über diesen oder jenen; es geht das eben so, wenn man außer Landes geht. Hier erkennt man mich nicht so recht als Oesterreicher an, und dem Deutschen Reich bin ich durch meinen langen Aufenthalt in der Schweiz und hier entfremdet. Dadurch sind auch meine persönlichen Beziehungen nach und nach geschwunden. Sowohl die ältere als meine Generation sind bis auf wenige zusammengeschmolzen, die jüngere Generation ist mir ganz fremd. Einmal gedenke ich mich noch mit einer kurzen, speciellen Chirurgie zu melden, dann bin ich historisch. Ich kann Sie nur versichern, daß ich in einem speciellen Falle, wenn Sie sich um eine Vacanz bewerben wollen, gewiß Alles thun werde, was ich vermag, um Ihnen nützlich zu sein.

Wenn Sie mir schreiben, daß Sie zur Zeit an literarischen Arbeiten ermüdet sind, so finde ich das nach einem so inhaltsreichen Werk wie das letzte vollkommen begreiflich. Mir ist es schon oft so gegangen; ja ich kann sagen, nach jeder größeren Arbeit dachte ich mir, das wird das Letzte sein, nun hab' ich's satt. Doch so wie die Katze das Mausen nicht läßt, so hat auch die schriftstellerische Arbeit ihren dauernden Reiz für den, der so leicht und gut schreibt wie Sie: es liegt doch viel Freude in dieser Art des Schaffens. Ganz verkehrt wäre es, — verzeihen Sie diesen Ausdruck —, wenn Sie in solcher Stimmung augenblicklicher Ermüdung den Beschluß fassen wollten, nichts mehr literarisch zu arbeiten; Sie würden das erstens nicht durchführen und zweitens sich selbst am meisten damit wehe thun. Ich sehe auch keinen rechten Grund ein, deßhalb sich der literarischen Arbeit zu entziehen, weil Sie bis jetzt noch keine praktische Stellung an einem Spital errungen haben. Etwas Anderes wäre es, wenn die angestrengte Thätigkeit Ihre Gesundheit schädigt — ein Faktor, mit dem ich schon zuweilen rechnen muß —, oder wenn die literarische Arbeit Ihre praktische Thätigkeit als Arzt schädigt; doch läßt sich bei regelmäßiger Thätigkeit da viel thun. Ich rathe Ihnen also, vor der Hand auszuruhen, einige Monate gar nichts Medicinisch-chirurgisches zu lesen und zu schreiben; die Lust kommt dann schon von selbst wieder.

Was nun die letzten Arbeitsaufforderungen an Sie betrifft, so brauchen Sie sich ja über den eventuellen Nekrolog von Chelius noch gar nicht zu entschließen. Ihr Buch ist Schuld, daß die Anfrage an Sie kam. Ich halte daran fest, daß das Archiv f. kl. Chirurgie auch größere historische Arbeiten und Nekrologe bringen soll. Chelius kann nur historisch behandelt werden, und da er so recht aus der Zeit herausgewachsen ist, die Sie in Ihrem Werk schildern, so meinte ich, es wäre eine Aufgabe für Sie; ich wußte keinen Anderen. Für Stromeyer, vermuthe ich, wird Esmarch oder Thiersch den Nekrolog schreiben; ich möchte dem nicht vorgreifen, weiß auch nicht, was Langenbeck und Gurlt darüber denken. Den Nekrolog für Simon schreibt Lossen. Ich will Sie gewiß mit Chelius nicht langweilen; doch haben Sie ja Zeit, sich die Sache zu überlegen und zu thun, was Sie mögen.

Anders verhält es sich mit der allgemeinen Operations- und Instrumentenlehre für die Deutsche Chirurgie.*) Ich habe dieselbe früher übernommen und sehr kurz gemacht**), wie auch die übrigen

---
*) „Deutsche Chirurgie", herausgegeben von Billroth und Lücke.
**) Im Handbuch der allg. und spec. Chirurgie, redigirt von v. Pitha und Billroth; Bd. I, Abth. 2, 1867.

Abschnitte im Enke'schen Buch von mir absichtlich sehr knapp gehalten sind. Sie wissen, wie das Buch allmählich seinen Charakter änderte; es wurde immer dicker und dicker, es kamen Atlanten und Tafeln im Uebermaß. Da der Verleger damit einverstanden war, konnte ich nichts machen. Pitha hat sich nie um die Redaktion bekümmert. Ich hatte die endlosen Schreibereien und Correcturen gründlich satt und habe auf dringenden Wunsch des Verlegers meinen Namen als Redacteur nur hergegeben unter der Bedingung, mit dem Technischen der Redaction nichts zu thun zu haben. Wenn nun auch Lücke die Correspondenz mit den Mitarbeitern direct führt, so setzt er mich doch immer vorher in Kenntniß. Ich habe für die nächste Zeit literarische Verpflichtungen an Buchhändler auszulösen und kann mich daher auf eine neue und breitere Bearbeitung der Operationslehre nicht einlassen. Ich muß mich auch schuldig bekennen, Lücke an Sie verwiesen zu haben; ich weiß, daß Sie den Abschnitt gewissenhaft bearbeiten werden und meinte auch, es könnte Ihnen förderlich sein, ein etwas umfangreicheres Terrain in diesem Werk zu gewinnen. Ueberlegen Sie sich doch die Sache; bis 1. November 1877 ist noch lange hin. Machen Sie es etwas breiter als ich, doch auch nicht zu lang; Sie werden schon das Richtige treffen. Schreiben Sie Ihre Entscheidung an Lücke, damit es keine Confusionen giebt.

Für Ihr hübsches poetisches Lied freundlichsten Dank! Mit bestem Gruß

Der Ihre

Th. Billroth.

128) An Dr. Neudörfer in Wien.

Wien, 20. November 1876.

Geehrter Herr College!

Freundlichsten Dank für die Mittheilung Ihrer Arbeit über Wundbehandlung.*) Ich theile Ihre Ansicht, daß die Theorie Lister's irgendwo noch ein Loch hat; die meisten Forscher sind wohl dieser Meinung. Uebrigens ist die Methode, wie mir aus meinen bisherigen Versuchen mit derselben erscheint, eine sehr brauchbare, und da Sie wohl nie schadet, durch ihre uniformirte Technik auch

---

*) Die chirurgische Behandlung der Wunden. Wien, 1876.

eine praktisch sehr verwendbare. Da dies ziemlich allgemein anerkannt ist, so habe ich keine weitere Gelegenheit genommen, mich öffentlich darüber auszusprechen.

Ihr ergebenster
Th. Billroth.

(29) An Prof. Czerny in Freiburg i. Br.

Wien, 2. December 1876.

Lieber Czerny!

Ihre Berufung nach Heidelberg hat mich sehr gefreut. Daß Sie dort in Vorschlag kommen würden, habe ich wohl erwartet; daß Sie unico loco vorgeschlagen wurden, ist sehr ehrenvoll für Sie. Melden Sie mir doch gleich, wenn Sie Ihre Ernennung haben. Sonderbarer Weise haben sich diverse junge Chirurgen an mich gewandt, damit ich sie als Ihre Nachfolger empfehle, ein heikles Ansinnen. Wenn die Leute wüßten, wie wenig influencirbar ich bin, wo es sich nicht um meine Ueberzeugung handelt, hätten sie sich die Mühe ersparen können.

Hier bin ich jetzt vom Collegium und Aerzten ganz außer Curs gesetzt; Alles fährt wie toll auf die Poliklinik der Docenten los, und — oh Entsetzen! — ich habe die Bedeutung des Instituts vertheidigt und nur die Taktlosigkeiten einiger Mitglieder des Instituts gerügt. Jetzt sollen wieder neue Verhandlungen über die Rigorosen losgehen. Baron v. Dumreicher führt das Wort, es soll wieder wie früher gehen, man soll die Uhr zurückstellen! Man sollte froh sein, daß die Mediciner hier endlich etwas abnehmen, ist aber entsetzt darüber! — Nun der politische Krach; der Staat droht aus dem Leim zu gehen. Dazu sagt mein Hausadministrator: „Niemand hat a Geld", die Götter mögen wissen, was daraus wird. Seien Sie froh, daß Sie draußen sind.

Sattler*) hat den Ruf nach Gießen angenommen. Man ist hier so böse darüber, daß kein Journal davon Notiz nimmt. Curiose Menschen!

Der Ihre
Th. Billroth.

---

*) Prof. der Augenheilkunde in Gießen, Erlangen, Prag, Leipzig.

130) An Dr. Johannes Brahms in Wien.

Wien, 14. März 1877.

Mein Lieber!

Ich habe für meine Frau und mich Billets zu dem Beethoven=Concert erhalten, ohne zu wissen, wie ich zu dieser Auszeichnung des General=Secretairs gekommen bin. Ich bitte Dich daher, das Billet zu behalten.

Auf Deine neuen Lieder freue ich mich sehr. Meine Schreiberei=Paroxysmen treten immer seltener auf; jeder hat seine Art und Weise, sich unbestimmte Vorstellungen und Empfindungen klar zu machen; ich bedarf dazu nicht selten der Feder. Meine letzten Blätter sollten nur aus meinem Papierkorb flüchtig bei Dir vorbei in den Deinen fliegen. Es ist wieder so kalt, daß man oft heizen muß; zum Anbrennen mag der Feuerzauber taugen.

Ich denke Montag, spätestens Dienstag zu reisen, bitte daher möglichst bald um die Manuscripte!

Der Deine
Th. Billroth.

131) An Prof. R. Volkmann in Halle.

Wien, 30. April 1877.

Lieber Richard!

Gestern von einer Operation in Petersburg zurückgekehrt, fand ich die Anzeige von dem Tode Deines vortrefflichen Vaters*) vor, den ich noch vor Kurzem im Familienkreise so munter und rüstig sah. Mein herzliches Beileid! Es muß schön sein, ein Elternhaus zu haben; ich habe es leider nur so kurze Zeit gehabt, daß ich mich dessen kaum erinnere.

Meine Reise ins Deutsche Reich hat mich sehr erquickt und angeregt. Zumal hat mir Deine Thätigkeit wieder Lust zur Chirurgie gemacht; ich will versuchen, so gut es noch gehen will, dem nachzustreben. Am Chirurgen=Congreß hatte ich große Freude; welch' prächtiges Treiben, Wogen, Drängen von interessanten Fortschritten.

Petersburg, das ich zum ersten Mal sah, hat mich sehr inter=

---

*) Prof. der Physiologie in Halle.

essirt. Die Spitäler sind vortrefflich und von einer Großartigkeit, die wir wohl nie erreichen werden; auch viel Tüchtigkeit in wissenschaftlicher und praktischer Beziehung. Es wurde mir dort zweifellos, daß den Russen die Zukunft in Europa gehört.

Freundliche Grüße an Deine liebe Frau und Kinder!
Der Deine
Th. Billroth.

(32) An Dr. Garfinkel in Petersburg.

Berchtesgaden, 7. August 1877.

Geehrter Herr College!

Beeinflußt durch den Wunsch meiner Familie und durch die Schönheit der hiesigen Natur habe ich mich entschlossen, jetzt hier zu bleiben, mir mein literarisches Handwerkszeug aus Wien kommen zu lassen, und das Utile cum dulci zu verbinden. Um mich für meine jetzt aufgegebene Reise zu entschädigen, werde ich am 13. September von hier nach Oberitalien reisen, um über Venedig und Triest zurückzukehren und am 9. October in Wien zu sein.

So erfrischend mir, als ich den Wiener Staub hinter mir hatte, die Luft in Salzburg erschien, so kann ich doch nicht leugnen, daß es hier denn doch noch viel schöner ist. Nicht nur die Großartigkeit der Landschaft, sondern auch die balsamische Atmosphäre wirkt anregend und belebend aufs Nervensystem. Ich würde daher es aus sanitären Rücksichten vorziehen, wenn Sr. Excellenz hier einige Wochen sein könnte. Sein Stuhl, seine Apparate zur Suspension, und wenn ihm das Bett paßt, auch dieses kann auf einem Leiterwagen hergeschafft werden.

Durch den hiesigen Arzt habe ich folgende zwei Wohnungen ermittelt, die beide geeignet sind; jede hat ihre Vortheile und Nachtheile. 1) Villa Scheifler am Rad, recht hübsch eingerichtet, Balkon nach zwei Seiten, vom Balkon nach der Bergseite nur 3 Stufen, sodaß Pat. von hier aus leicht in einem Tragsessel kleinere Partieen machen könnte. Oben 5 Zimmer, unten Küche und 3 Dienstbotenzimmer. Man sagte mir, daß man auch hier ganz brauchbare Köchinnen haben könnte. Der Vortheil wäre besonders, daß die Herrschaften allein über das ganze Haus disponieren können. Diese

Villa liegt, noch bevor man in den Ort Berchtesgaden einfährt, rechts etwa 30 Schritte von der Straße und hat nach zwei Seiten herrliche Aussichten. Man kann bis ans Haus fahren. Preis der ganzen Villa 100 Mark per Woche. Diese Villa wird in drei Tagen frei.

2) In der Villa Berghof werden am 15. August mehrere Wohnungen frei. Die Generalin hat sie bereits gesehen. Es ist eine der best eingerichteten in der schönsten Lage; sie beherrscht nach allen Seiten die Aussichten ins Thal. Es ist die Villa, zu welcher von unten hinauf die steile Treppe führt; doch kann man von rück= wärts bequem mit einem zweispännigen Wagen bis zur Hausthür fahren. Die Wirthsleute wollen sich nicht recht anders als auf Pension einlassen, wo sich die Herrschaften dann in die Hausordnung fügen müßten. Die Kost soll übrigens gut sein. Prinz Alexander von Preußen wohnt jetzt auch dort in Pension; er geht am 15. August fort. Die Lage des Hauses ist zauberhaft schön. Gewöhnlicher Pensionspreis täglich 7 Mark, ein Salon wird extra mit 20 Mark per Woche bezahlt.

Wenn die Generalin herkommt, biete ich mich gern als Führer an, nicht nur aus Interesse für den Kranken, dessen Schicksal [Endar= teriitis obliterans] mich wirklich tief rührt, da ich mir denke, daß mir etwas Aehnliches bevorstehen kann, sondern auch, weil er mir sehr warm von meinem Freunde Seegen empfohlen ist.

Mit ergebensten Grüßen an die Herrschaften.

Der Ihre
Th. Billroth.

133) An Dr. Johannes Brahms in Wien.

Berchtesgaden, 8. August 1877,
Kugelfeld.

Lieber Brahms!

Noch vor einer Woche glaubte ich sicher heute mit Dir am Wörther See zu sein; ich hatte mir fest vorgenommen, endlich einmal Kärnthen kennen zu lernen, Ampezzo etc. Da kam gerade, als ich abreisen wollte, eine nothwendige Consultation nach Salzburg, dazu scheußlich kaltes Regenwetter; und als nun auch Frau und Tochter von Berchtesgaden nach Salzburg kamen und mir die Schönheit des hiesigen Aufenthaltes schilderten, so wollte ich erst auf einen Tag hierher, um dann die Kärnthner Tour zu machen —; doch nun kam die leidige Faulheit hinzu, und so sitze ich denn hier fest. Da ich jedenfalls in der zweiten Hälfte September mit Frau und Tochter nach Oberitalien will, so werde ich wohl bis zum 15. September hier festsitzen und mich meinen Krankengeschichten widmen, von denen mich ein großer Theil hierher verfolgen wird.

In Salzburg sprach ich Joachim und Frau nur kurz; ich wußte gar nicht, daß sie schon wieder so krank gewesen war. Hoffentlich erholt sie sich in der schönen Luft rasch; ich fand sie wohl magerer als zu Ostern in Berlin, doch nicht mehr krank aussehend. Mit ihm berührten wir flüchtig die Idee, Dich einmal in Pöltschach zu überfallen; doch wenn man einmal im Gebirge festsitzt, so kommt man schwer fort. Es sollte doch eigentlich einen Paß zum Fahren von hier neben dem Glockner vorbei hinüber nach Kärnthen geben. Ich muß den Bädeker abwarten, den ich nebst anderen Büchern und Noten noch nicht hier habe, um darüber zu studiren. Mein Verhältniß zur Frau Musika war durch angestrengte amtliche und ärztliche Thätigkeit in den letzten Monaten sehr beeinträchtigt; ich werde hier wieder mit ihr anbandeln. Ich habe mein Pianino, Deine sämmtlichen Lieder und Anderes mit mir und grüße Dich über die Berge.

Der Deine

Th. Billroth.

(34) An Prof. Baum in Göttingen.

Berchtesgaden, 9. August 1877.

Mein innig geliebter Lehrer und Freund!

Ich habe die ersten Ferialtage hier im Gebirge herankommen lassen, um Ihren lieben Brief vom 15. Mai zu beantworten. Tausend Dank für Ihr vortreffliches Bild; ich betrachte es mit inniger Dankbarkeit für Alles Schöne und Gute, was ich Ihnen schulde. Sie waren doch der Erste, der den Funken der Begeisterung für das Erhabene und Große in der Wissenschaft in meine damals noch

schwankende Seele und noch schwankenderen Charakter warf. Sie
ließen mich Ziele sehen, die ich wohl nie zu erreichen hoffte, doch
deren Anstrebung mich erhob und nach und nach die Energie und
den Ehrgeiz in mir weckten, zu erproben, wie weit meine Kräfte wohl
reichten. Ich sah in Ihnen auch, daß es möglich sei, Wissenschaft
und Kunst vereint zu bewältigen, ja daß künstlerische Bildung dazu
dienen könne, die wissenschaftliche Lehrkraft zu steigern.

Außer Ihnen hat Wagner auf mich in Göttingen einen außer=
ordentlichen Einfluß gehabt; auch er hatte die glücklichste Verbin=
dung von künstlerischer Gestaltung und sinniger Naturbetrachtung.
Seine Entwicklungsgeschichte ist für mich die Basis der Beobachtungs=
methode geworden. Die Zitterrochenstudien mit ihm und Meißner
führten mich mit einem Schlage zu dem Geheimniß, mit ausdauern=
der unermüdlicher Beobachtung methodisch die kleinsten Formen und
Vorgänge in der Natur zu belauschen und vorsichtig damit zu com=
biniren. Daß ich gerade von dieser Seite her durch die Porta
scientiarum naturalium nach und nach bis in den Tempel der
Chirurgie gelangt bin, hängt mir immer noch an, und ich ertappe
mich oft darauf, daß mich der naturwissenschaftliche pathologische
Vorgang bei den Kranken doch eigentlich mehr interessirt, als das
therapeutische Resultat. So utopistisch auch der Gedanke sein mag:
„wissen wir nur erst die Ursachen aller Störungen in den Natur=
vorgängen genau, so ergiebt sich eine sichere Therapie da, wo sie
überhaupt möglich ist, von selbst" — so kann ich mich doch schwer
davon losmachen.

So hoch ich die Erfolge der chirurgischen Therapie, wie sie vor
Allem durch Volkmann erreicht sind, schätze, so sieht man doch
daraus, daß diese Erfolge mit den gleichen Mitteln von Anderen,
so auch von mir, nicht erreicht werden, daß uns noch etwas zum
vollen Verständniß fehlt, daß hier Uebung und Routine, die leicht
zur geistlosen Manier und zum Handwerk führen, noch eine be=
deutende Rolle spielen. Die Empfindung, daß eine in dieser ein=
seitigen Richtung ausgebildete Jugend leicht ganz vom Wege der
wissenschaftlichen Chirurgie ab zum reinen Kunsthandwerk hingedrängt
werden dürfte, macht mich etwas mißtrauisch gegen die rein thera=
peutische Seite der modernen deutschen Chirurgie. Doch das hat ja
stets etwas auf und ab geschwankt, und ich gebe zu, daß im Ganzen
und Großen die träge Masse der Aerzte und Chirurgen nicht leicht

anders in Bewegung gesetzt wird, als durch eine selbst etwas exaltirte Begeisterung.

Ich trachte in meinen Schülern die möglichst vorsichtige naturwissenschaftliche Methode der Beobachtung und die schärfste Selbstkritik selbst mit etwas Pessimismus auszubilden, um sie vor Ueberhebung und allzu frühem Fertigsein zu bewahren; sie sind durch ihre Jugend genugsam vor Depressionen geschützt. — An Fäulniß und Bacterien sind Arbeiter und Publikum erschöpft. Um die Zuverlässigkeit eines der vielen neuen Experimente zu constatiren, bedarf es oft monatelanger eifriger Arbeit. Die jungen Leute wollen immer gleich mit einem Versuch ganze folgenschwere Hypothesen stützen oder stürzen; das geht nur nicht so leicht. Selbst die am weitesten vorgeschrittenen Arbeiten über den Milzbrand sind keineswegs abgeschlossen. Frisch arbeitet immer weiter daran und stößt auf immer neue Schwierigkeiten in der Deutung der Experimente; ebenso in Betreff der Hadern-(Lumpen-)Krankheit in den Papierfabriken. Selten bewältigt man die Natur mit einem „entweder — oder"; das ist Alles viel complicirter, als es auf den ersten Blick scheint, und als wir es wünschten.

Wie ich Ihnen schrieb, arbeite ich jetzt an einer Zusammenstellung aller von mir seit 1860 beobachteten Krankheitsfälle, Verletzungen und Operationen. Die Arbeit ist eine dem Umfange des Materials nach bedeutende, soll aber auf möglichst geringen Raum concentrirt werden. 16 Jahre klinischer Thätigkeit, auf genaue Journale von jedem Fall basirt, dürfte kaum in der Literatur vorliegen. Ich mache alle Zusammenstellungen selbst, lasse alle Geschwulstfälle und Gelenkkrankheiten verfolgen; ein enormer Apparat in alle Sprachen Oesterreichs muß in Bewegung gesetzt werden, um oft nach vielen Briefen, Correspondenzen mit Behörden, Pfarrämtern, Rabbinaten u. s. w. zu erfahren, daß — Patient nicht weiter zu verfolgen ist, und somit alle Mühe vergeblich war. Ich habe nun einmal meinen Eigensinn daran gesetzt, dies soviel wie möglich durchzusetzen. Es zeigt sich, wie wenig Genaues wir eigentlich bei den Chronisch-Kranken über unsere therapeutischen Leistungen wissen, und wie vorübergehend sie meist waren. Ich habe sowohl in Zürich wie in Wien stets ein großes Material gehabt, wie es ein Einzelner mit den besten Assistenten nicht größer bewältigen kann, — und doch wie klein erscheinen die Zahlen, wie viel Illusionen fallen da! Ist es nicht sonderbar, daß die Zahl von 100 Operationen einer Art selbst in den scheinbar allergewöhnlichsten Fällen selten erreicht wird, und doch habe ich in den 10 Jahren, die ich jetzt in Wien bin, schon 96 Ovariotomieen gemacht; ich werde vor Abschluß des Jahres wohl über 100 hinauskommen! Wer hätte vor zehn Jahren es geglaubt, daß ein deutscher Chirurg fast dreimal soviel Ovariotomieen als Hasenscharten-Operationen macht. Es verschiebt sich in unserer Zeit Alles so rasch in unseren Anschauungen. Doch klar sehen wir nur da, wo wir zählen. Und wie vorsichtig müssen wir wieder sein, bevor wir es wagen dürfen, aus den statistischen Ergebnissen allgemeine Schlüsse zu ziehen! Da muß auch noch Alles erst gewogen werden, um die Zahlen brauchbar zu machen.

Vorwärts geht es wahrlich in unserer deutschen Chirurgie; doch wenn wir keine Rückschritte machen wollen, müssen wir sehr bedächtig den Weg auf seine Sicherheit nach allen Richtungen prüfen. Ich gehörte früher wohl mehr der leichteren Cavallerie und den Pionieren in der Chirurgie an und versuchte manchen kühnen Sprung; jetzt bin ich ganz zum schweren Geschütz übergegangen und hoffe nun auch eine Stelle im Generalstab zu verdienen.

Apropos! Sie fragten mich einmal in Berlin, ob ich die Resection des Oesophagus beim Menschen wirklich ausführen würde, gestützt auf meine Experimente. Ich hatte keine Gelegenheit dazu, doch Czerny hat es jetzt mit glänzendem Resultat ausgeführt. In diesem Semester habe ich den Fall von großer Magen-Bauchwandfistel, den Wölfler im Archiv f. kl. Ch. beschrieben hat, noch einmal operirt: ich habe den Magen abgelöst, vorgezogen, nach dem Princip der Darmnähte vereinigt; Heilung ohne Störung. Eine zweite Decke darüber durch einen Hautlappen. Jetzt zweifle ich nicht daran, daß die Heilung definitiv sein wird. Das sind so Virtuosenstückchen, die ich, wie Kehlkopfexstirpation und dergleichen, nicht hoch anschlage, — doch es zeigt, wie viel mehr als früher wir doch auf Grund unserer vorgeschrittenen Wundbehandlung jetzt wagen dürfen.

Nun habe ich Ihnen wohl genug vorgeschwatzt, hoffentlich Sie nicht zu sehr ermüdet. Freundlichen Gruß an Marianne.

Der Ihre

Th. Billroth.

(33) An Dr. Mikulicz in Wien, Assistent Billroth's.

Berchtesgaden, 13. August 1877.

Lieber Herr Doctor!

Es hat doch auch sein Gutes gehabt, daß ich Ihre Arbeit*) erst hier in aller Muße habe durchsehen können; ich konnte viel mehr Zeit und Aufmerksamkeit darauf verwenden, als es mir in Wien möglich gewesen wäre. Es drängt mich auszusprechen, wie viel Freude ich an Ihren Untersuchungen gehabt habe. Sie haben den schwierigen Gegenstand nicht nur mit Ausdauer und Consequenz, sondern auch mit vielem Geschick behandelt. Die Darstellung ist klar und übersichtlich, und soweit ich es zu übersehen vermag, sind die aufgeworfenen Fragen so weit vollständig beantwortet, als wir es mit unseren jetzigen Hülfsmitteln vermögen. Schon bei Ihrer Arbeit über das Rhinosclerom habe ich mich über die Sorgfalt Ihrer Untersuchung gefreut. Die Darstellung war noch zu breit, und Manches verrieth den Anfänger in literarischer Arbeit. Sie haben mit dieser neuen Arbeit einen tüchtigen Fortschritt gemacht, zu dem ich Ihnen aufrichtig gratulire. Fahren Sie so fort, und es kann Ihnen auch an äußerem Erfolge mit der Zeit nicht fehlen. Ich habe immer noch die Hoffnung, daß Sie der erste Professor der Chirurgie an der neuen Universität Ihrer Vaterstadt**) werden sollen. Freilich habe ich keine Ahnung, wie bald das Ministerium daran gehen wird, dort eine neue medicinische Fakultät zu con= stituiren; vielleicht können Sie darüber etwas durch Ihren Gönner, Herrn Hofrath L. v. A., erfahren.

Leben Sie jetzt in den Ferien recht Ihrer Gesundheit. Sie sollten dann bald wieder eine größere Arbeit übernehmen. Die Ge= schichte mit dem Fibrinferment scheint mir fruchtbar; oder wollen Sie eine mehr praktisch chirurgische Frage bearbeiten, um sich auch darin zu versuchen? Ich würde Ihnen da etwa die vergleichende operative Behandlung des Genu valgum proponiren, wobei Sie alle von uns geheilten Fälle auf ihre Dauerhaftigkeit der Heilung nach= forschen müßten. Die Erfahrungen über die Durchschneidungen des Lig. laterale und die Paralyse des N. peroneus nach gewaltsamen

---

*) Beziehungen des Glycerins zu Coccobacteria septica und zur septischen Infection.
**) Czernowitz.

Redressement sind neu und sehr wichtig. Ich stelle Ihnen das Material zur Verfügung, denn ich muß darauf verzichten, die Sache selbst zu bearbeiten. Mein Jahresbericht wird mich noch auf sehr lange Zeit in Anspruch nehmen. Der Aufenthalt hier im Gebirge mit dem mir so nöthigen vielem Spazierenlaufen macht mich so träge, daß ich auch hier nicht viel an meiner Arbeit fördern werde.

Freundlichen Gruß von Ihrem

Th. B.

✱

136) An Dr. Mikulicz in Wien, Assistent Billroth's.

Berchtesgaden, 21. August 1877.

Lieber Herr Doctor!

Wenn Sie die Arbeit über Genu valgum übernehmen, so orientiren Sie sich über die Literatur am besten bei Volkmann: Krankheiten der Bewegungsorgane in Pitha=Billroth. Von der früheren Literatur werden Sie besonders die Arbeiten von Hueter und Henke im Original aufsuchen müssen. Auch finden Sie Einiges in dem Aufsatz von Gussenbauer über künstliche Knochentrennung im Arch. f. klin. Chirurgie. Außer den Arbeiten von Mayer lohnt die specielle orthopädische Literatur nicht das Ansehen. In neuester Zeit eine Notiz im Centralblatt für Chirurgie von M. Schede, und in einer der letzten Nummern etwas von Ogston*) in England; sonst ist bei den übrigen Nationen fast nichts in dieser Richtung geschehen. Wo die Notiz von Langenbeck über die Durchschneidung des Lig. lat. ext. steht, weiß ich zur Zeit nicht, wahrscheinlich in der „Deutschen Klinik", eine jetzt eingegangene Berliner Wochen= schrift, redigirt von A. Göschen; sie ist auf der Universitätsbiblio= thek. Setzen Sie sich mit Chiari**) und Zuckerkandl***) in Verbindung, damit Sie an der Leiche Gelegenheit zur Untersuchung finden; machen Sie vorher gute Frontalschnitte des Gelenks bei Kindern und Halberwachsenen in gestreckter Stellung, um sie gelegentlich mit

---

*) Prof. der Chirurgie in Aberdeen (Schottland).
**) Docent der pathologischen Anatomie in Wien, dann Prof. der path. Anat. in Prag.
***) Prosector der Anatomie in Wien, dann Prof. der Anatomie in Graz.

einem Frontalschnitt eines Genu valgum zu vergleichen, wenn Sie
ein solches bekommen. Näheres mündlich.

Der Ihre
Th. B.

157) **An Dr. Rogowicz in Warschau.**

Wien, 13. December 1877.

Hochgeehrter Herr College!

In Erwiederung Ihres geehrten Schreibens vom 10. d. M.*)
bemerke ich, daß man in dem von Ihnen erwähnten Falle gewiß
nicht anders verfahren konnte, als geschehen. Durch eine Stich=
wunde am Oberschenkel, ohne ausgedehnte Präparation entscheiden
zu wollen, ob eine arterielle Blutung aus der Art. femoralis oder
aus der Art. profunda femoris dicht an ihrem Abgang kommt,
halte ich für unmöglich. Hätte man zuerst oberhalb der Profunda
unterbunden, so hätte wahrscheinlich die Blutung aus dem peri=
pheren Theil des Arteriengebietes fortgedauert, und man hätte doch
auch jenseits der Profunda unterbinden müssen, da man die Ligatur
an den 1 cm langen Stumpf der Profunda gewiß nicht anlegen
durfte; es wären darnach wohl sicher Nachblutungen gekommen.
Ob nach solchen Unterbindungen Gangrän eintritt, hängt ja wesent=
lich von der Möglichkeit der Entwicklung eines collateralen Kreis=
laufs ab, und dabei spielen wieder eine Menge von zufälligen Dingen
(Menge der verletzten Nebenäste, gleichzeitige Verletzungen der Venen,

---

*) Am 5. November 1877 wurde Dr. Polikarp Girstowt, Professor der chir.
Klinik in Warschau von einem Mörder in den oberen Theil des linken Ober=
schenkels mit einem Küchenmesser gestochen. Profuse Blutung, Unterbindung
der Art. femor. superfic. in der Wunde. Die Blutung stand, trat aber nach
zehn Minuten wieder auf. Unterbindung der Art. femor. communis. Gangrän,
Septicämie, Tod. — Section: Die Art. femor. prof. war 1 cm weit von ihrem
Abgang aus der Art. femor. comm. verwundet.

Man machte in ärztlichen Kreisen den operirenden Chirurgen den Vorwurf,
daß sie nicht sofort die Art. femor. profunda unterbunden hätten, und daß die
Ligatur der Art. femor. comm., welche Gangrän nach sich gezogen, den Tod ver=
ursacht hätte. Als die Sache in der Sitzung der Warschauer med. Gesellschaft
vom 4. December 1877 zur Discussion kam, hat der damalige Redacteur der med.
Wochenschrift „Medycyna" Prof. Billroth gebeten, sich über jene Vorwürfe aus=
zusprechen, worauf obiger Brief eingegangen ist.

Ausdehnung der gebildeten Thromben, Intensität des folgenden Entzündungsprocesses, Energie der Herzthätigkeit ꝛc.) — eine wichtige Rolle.

Hochachtungsvoll ergebenst
Dr. Th. Billroth.

❊

138) **An Prof. Czerny in Heidelberg.**

Wien, 19. Februar 1878.

Lieber Freund!

Heute Morgen brachte mir Herr Dr. Ulrich Ihr schönes Buch*) und Ihren lieben Brief; und wenn ich in dem Buch auch bisher nur das von Ihnen selbst Geschriebene gelesen habe, so drängt es mich doch, Ihnen schon jetzt meine Freude über Ihre Arbeiten und diejenigen Ihrer Schule auszusprechen. Wenn mich das älter Werden auch oft mit stiller Wehmuth erfüllt, so habe ich doch auch so viel Freude daran, dass ich nicht vergeblich gestrebt habe, dass ich mich wohl trotz Solon schon glücklich preisen darf. Ihre warmen herzlichen Widmungsworte haben mich, sowie meine Frau sehr erfreut. Herzlichen Dank für Alles. Ich lege für Sie und Ihre Mitarbeiter Exemplare meines Conterfei's bei, damit die Herren, die mich nicht kennen, doch auch wissen, wie ungefähr der Jubelgreis aussieht.

Nun noch Einiges vom Geschäft. Seit ich die von Ihnen eingeführte Seide in Carbolsäure gekocht kenne, brauche ich kein Catgut mehr. Wenn keine Eiterung eintritt, habe ich die Seide immer einheilen sehen; bei Eiterung habe ich die Catgutfäden früher regelmässig unresorbirt herauskommen sehen. — Zwei Jahre lang habe ich nach Methoden gesucht, das Lister'sche Gazezeug zu vermeiden und die Verbände feucht anzulegen; ich habe einzelne Wundercuren gemacht und im Ganzen dieselben Resultate gehabt, wie bei offener Wundbehandlung, doch eine constante Reihe von Erfolgen. Seit 1. Januar dieses Jahres wende ich nur den trockenen aseptischen Verband an, in den Modificationen, wie er von Ihnen und Volk-

---

* Beiträge zur operativen Chirurgie. Herrn Hofrath Prof. Dr. Theoder Billroth in Wien zu seinem 25jährigen Doctor-Jubiläum gewidmet. 1878.

mann gebraucht wird und bin damit sehr zufrieden. Ich habe Wölfler con amore schalten lassen und war froh, daß er die nöthige Energie entwickelte, die mir jetzt schon schwer wird aufzutreiben und zu unterhalten. Freilich kosten die wenigen Verbände, die wir brauchen (die Operateure haben kaum noch etwas zu thun, da die Verbände 8 und 14 Tage liegen bleiben) heilloses Geld, und ich muß schon wieder etwas zur Sparsamkeit moniren.

Einmal entschloß ich mich auch zu einer Punction des Kniegelenks, welches voll Eiter war und wusch es mit 3 % Carbolsäure aus; Tod nach 3 Stunden. Die Capsel erwies sich bei der Section erweitert, und die ganze Oberschenkelmuskulatur war bis zum Hüftgelenk hinauf mit Carbolsäure infiltrirt. Im Blut eine Menge blaß-carminrother Gerinnsel. Der Fall machte große Aufregung im pathologischen Institut, und Heschl*) schien nicht übel Lust zu haben, einen öffentlichen Casus belli daraus zu machen. Das habe ich zum Glück verhindert, da ich mir die von mir beobachteten Fälle von Carbolintoxication selbst zur Publication vorbehielt und die Auslieferung der Krankengeschichte verweigerte. Immerhin ist die Erfahrung wichtig.

Meine Erfahrungen über das Thymol waren im Ganzen recht günstig, und ich werde darauf zurückkommen; nur wollte ich zunächst noch einmal die Carbolwirkung nach Volkmann's Beobachtungen mir selbst wieder ad oculos demonstriren, wie ich es schon vor 2 Jahren, wenn auch in zu kurzer Reihe von Fällen gethan hatte. Ich habe schon vor mehreren Monaten Thymolgaze in Schaffhausen machen lassen, und die Fabrik wollte dies Zeug mit meinem Namen in die Welt senden. Ich verbat mir das, weil meine Erfahrung zu klein war und der Stoff immer noch zu theuer. In der That scheint der Ersatz des Paraffin durch Wallrath die irritativen Eigenschaften des Stoffes sehr zu mildern. Eigentlich habe ich die Ueberzeugung, daß bei dieser durchfetteten und durchharzten Gaze weder das Carbol, noch das Thymol eine Bedeutung hat. Das wäre freilich noch zu beweisen. Wo einmal die Sepsis begonnen hat, nützen die Thymollösungen von 1 p. Mille garnichts; um stärkere Lösungen zu machen, muß man soviel Alkohol zusetzen, daß die Alkoholwirkung schädlicher ist, als gar kein Verband; ich habe das

---

*) Prof. der pathologischen Anatomie in Wien; gest. 1881.

sehr zum Nachtheil einiger Kranken erfahren. Auch in Halle scheint man mit dem Thymol sehr zufrieden zu sein.

Die guten Resultate der Ovariotomieen unter Spray verstehe ich nicht. Ich war sehr unglücklich damit; auch die gut abgelaufenen Fälle haben mir durch endlose Abscesse viel Sorge gemacht. Von 3 unter Thymolspray Ovariotomirten starben 2, die dritte kam mit vielen Eiterungen so eben durch.

An Wölfler und Mikulicz habe ich viel Freude; letzterer hat jetzt die Aetiologie und vergleichende operative Therapie des Genu valgum vor und bringt dabei allerlei nette und schlimme Sachen heraus.

Unser Ministerium liegt in Agonie; es muß noch den Ausgleich fertig machen, dann stürzt es rettungslos. Casser hatte eine Apoplexie und Stremayer einen schweren Gichtanfall. Letzteres hat wohl etwas auf die Verzögerung der Prager Stelle Einfluß gehabt; doch spielen da curiose Sachen. Es ist ein öffentliches Geheimniß, daß M. erklärt hat, er betrachte es als eine persönliche Beleidigung für sich, wenn N. nicht nach Prag käme und sähe sich genöthigt, in diesem Fall seinen Abschied zu fordern. Ministerium weiß nicht, was thun. Wie ich höre, ist man mit Gussenbauer in Correspondenz getreten, man sagt in der Hoffnung, er möchte Bedingungen stellen, auf die hin man seine Berufung unmöglich erklären könnte. Sie waren klug und weise, daß Sie sich auf diese Intriguen nicht einließen.

An Ihre liebe Frau herzliche Grüße von meiner Frau und mir. Jetzt gut' Nacht! es ist schon spät, es ist schon kalt!

Der Ihre
Th. Billroth.

139) An den Herausgeber.

Wien, 15. März 1878.

Lieber College!

Haben Sie herzlichsten Dank für Ihre freundlichen warmen Worte. Das Leben sieht sich freilich meist besser von vorwärts als von rückwärts an; doch ich bin vom Glück so begünstigt gewesen, daß auch der Rückblick sein Schönes hat, und unter diesem Schönen

ist mir die freundliche Gesinnung, welche mir meine jüngeren Collegen bewahren, mit das Schönste.
Der Ihre
Th. Billroth.

140) An Dr. Kappeler in Münsterlingen.
Wien, 6. April 1878.

Lieber Kappeler!

Haben Sie herzlichen Dank für Ihre freundlichen Zeilen vom 8. Januar, die mir Herr Dr. Haffter überbrachte. Es freut mich immer sehr, von Ihnen und Ihrer wissenschaftlichen und praktischen Thätigkeit zu hören; Ihr Talent und Ihre Energie hat Sie zu einem schönen Wirkungskreis geführt, in welchem Sie sich glücklich fühlen dürfen. Herr Dr. Haffter hat mir sehr gefallen; ich habe ihm, soviel es anging, Gelegenheit verschafft, viel zu sehen. Die Masse des Materials ermüdet mich und muß den Schülern ersetzen, was mir an Frische und Jugend abgeht. Immerhin habe ich die Freude, doch auch jetzt noch manchen talentvollen jungen Mann für die Chirurgie zu interessiren. Das lange Wintersemester hat mich sehr abgespannt, und ich fliehe übermorgen nach Italien, um mich etwas aufzufrischen, um so mehr, als uns vielleicht ein unheilvoller Krieg bevorsteht, der mich in die Lazarethe in Bosnien und Herzogowina führen wird. Es wird keine Freude dabei sein wie 1870, denn eine Kriegsbegeisterung wird nicht aufkommen; es kann für Oesterreich, das nur darauf halten muß, den Status quo zu conserviren, wahrlich nichts Gutes dabei herauskommen. Wir wünschen Alle Frieden; möge es dabei bleiben!

Mit den besten Wünschen für Ihr ferneres Wohlergehn
Der Ihre
Th. Billroth.

141) An Dr. Johannes Brahms in Wien.
Wien, 7. Mai 1878.

Lieber Freund!

Beifolgendes Päckchen sollte heute in die Carlsgasse 4 wandern, in der Erwartung bald dort von Dir gefunden zu werden. Da kam mir eben Dein Brief aus Pöltschach in die Hände mit den 250 Lire, und so soll nun auch das Packet nach Pöltschach reisen, um Dir meine Glückwünsche zum heutigen Geburtstage zu senden.

Als ich beim herrlichsten Wetter am Wörther See entlang fuhr, dachte ich mir wohl, daß man da hängen bleiben könnte, wenn man einmal aussteigt. Es war so frisch und erquicklich im ganzen Thal! nur Klagenfurt fand ich entsetzlich unpoetisch. Ich weiß nicht, warum ich mir unter Klagenfurt immer eine schön gelegene Stadt mit alten Schloßruinen und hoch gelegenen Stadtmauern, so etwa wie Luzern, vorgestellt habe; doch die Vorstellung war einmal da, und ich fand, daß sich die Stadt sehr zu ihrem Nachtheil verändert hatte.

Am ersten Tage fand ich die Luft in Wien entsetzlich schwer und drückend; es war ein gewitterschwüler Tag mit heißem Südwind und Staub; ich wäre gern gleich wieder ausgerissen. Doch jetzt ist es besser, wir haben warme doch frischere Tage. Der Frühling ist hier fast ganz vorüber, in der Mittagszeit kann es schon recht warm sein.

Ich suchte Goldmark*) und Faber's auf, um ihnen von unserer Reise zu erzählen. Ersterer ist in Gmunden (ob er dort sein verlornes Scherzo wohl wiederfinden wird?!) und wird von dort direct nach Carlsbad reisen. Frau Faber war eben von der Hochzeitsreise zurückgekehrt und erwartete ihn zwei Tage später. Die Meinen habe ich wohl und munter angetroffen.

Ich denke oft mit großer Freude an unsere Reise zurück. Die Abende auf dem Colosseum, Monte Pincio, Rocca d'Assisi, der Spaziergang über den Posilip bei Neapel, wie schön war das Alles! Es hat meine Freude verdoppelt, daß auch Dir Alles so gefallen hat! — Ich weiß nicht recht, ob ich an Deinen Besuch in Wien glauben soll; jedenfalls würde es mich sehr freuen, Dich bald wieder zu sehen.

Der Deine
Th. Billroth.

---

*) Componist in Wien.

142) **An Prof. Hanslick in Wien.**

Wien, 28. November 1878.

Es ist doch eigentlich zu dumm, daß man sich so wenig sieht. Je älter ich werde, finde ich, daß die Zahl derjenigen, mit welchen ich gern plaudere, im Ernst wie im Scherz, immer kleiner wird. Den größesten Theil des Lebens haben wir doch auch hinter uns und nicht so gar viel Zeit mehr zu verlieren. Warum sehen wir uns also nicht öfter? Mit Brahms geht es mir ebenso.

Vor acht Tagen habe ich mit meinem größesten und hoffentlich besseren chirurgischen Werk*) abgeschlossen. Ich mache nun einen Strich und schreibe nichts ernsthaft Chirurgisches mehr. Was ich etwa noch zu sagen habe, kann ich durch meine vielen talentvollen Schüler sagen lassen, die auf dem Mist meiner Ideen und Arbeiten so kräftig gedeihen, daß sie mir schon über den Kopf wachsen. Bei mir geht Alles etwas gewaltsam vor sich. So bin ich mit diesem Entschluß, meine literarische Carriere abzuschließen, auch wieder ein freier Mann geworden. Das Blut in meinem Hirn circulirt wieder leichter, ich werde mich nun ganz humanistischen Thätigkeiten widmen und wieder mehr mit meinen Freunden verkehren; freilich nicht in der Weise des hiesigen faden Salonlebens, sondern frei, wie es mir Freude macht.

Mir ist heute folgende Idee gekommen. Wir müssen alle vierzehn Tage irgendwo zusammenkommen, ohne Frauen, wir Männer allein. Du, Brahms und ich, vielleicht auch Goldmark, der ein so lieber Kerl ist, bilden den Stamm, das Trio oder Quartett. Wir allein bestimmen, wen wir noch in unsere Gesellschaft aufnehmen wollen, höchstens im Ganzen zwölf, allerhöchstens zwanzig. Wir sind aristokratisch künstlerisch und halten uns fade Gesellschaft vom Hals. Wir allein fordern nach gemeinsamer Uebereinkunft auf und sind sehr rigoros und rücksichtslos gegen Eindringlings=Bestrebungen. Eine weitere Form braucht die Sache nicht. Doch müssen wir uns binden immer zu kommen. Hast Du keine Lust zu diesem Vorschlag, so sage einfach, es paßt Dir nicht, dann lasse ich es auch.

---

*) Chirurgische Klinik. Wien 1871—1876, nebst einem Gesammtbericht über die chirurgischen Kliniken in Zürich und Wien während der Jahre 1860—1876. Erfahrungen auf dem Gebiet der praktischen Chirurgie. Berlin, Hirschwald, 1879.

(43) An Prof. Czerny in Heidelberg.

Wien, 29. November 1878.

Lieber Czerny!

Ich wollte Ihnen längst schreiben; Sie sind mir zuvorgekommen… Eine Freund'sche*) Operation habe ich nicht wieder gemacht; ich bin da abhängig, was mir die Gynäkologen schicken. Vor drei Wochen machte ich eine Resectio uteri supracervicalis wegen Fibrom, der erste Fall, in welchem der Tumor retroperitoneal lag, von unten her weit hinauf gewachsen. Ureteren, Aorta und Cava lagen blank da; es war wohl die schwerste Operation, die ich durchführte. Ich griff doch wieder zu einer großen Klammer, und Alles ging vortrefflich. Die Klammer ist längst gefallen, Pat. ist in der vierten Woche bei gutem Appetit. — Auch eine recht verflixte Enterorrhaphie habe ich gemacht, die fast geheilt ist (auch jetzt beinahe vier Wochen her); ich werde sie in Nr. 1 der Wochenschrift beschreiben.

So giebt es wohl bei uns Beiden auf der Klinik recht viel Interessantes. Auch sah ich einige recht interessante Schußwunden; die Resultate bei antiseptischer Behandlung waren famos. Leider sind einige Fälle in X.' Hände gefallen: so eine sehr complicirte Oberschenkelfractur, bei der ich Massen von Splitter extrahirt hatte; Alles war bis auf eine Fistel geheilt. Da übernimmt X. den Kranken, reißt den Verband herunter, und nun hat der arme Kerl, wie ich höre, wieder Fieber und eine tiefe Höhleneiterung.

Ich habe mir jetzt ein Verbandzeug machen lassen, welches kein Thymol und kein Carbol enthält, nur Wallrath und Colofonium. Wir sind alle entzückt davon, ebenso wie vom Thymolspray und der ganzen Reinigung mit Thymol. Ich hatte doch fünf Todesfälle durch Carbolvergiftung, und vier Fälle, die am Rande des Grabes schwebten, außerdem. Es war die höchste Zeit damit aufzuhören, man hätte am Ende polizeilich eingegriffen. Die hiesige Bevölkerung muß besonders dazu disponirt sein; mehrere meiner Assistenten hatten wiederholt vom Verbinden intensiv gefärbten Carbolharn. Hat man das anderswo nicht gesehen, oder wollte man es nicht sehen?

Vor acht Tagen habe ich mein Buch**) an Hirschwald abgeschickt. Soweit ich mich selbst beurtheilen kann, ist es das Beste,

---

*) Prof. der Geburtshülfe und Gynäkologie in Straßburg.
**) S. Brief Nr. 142, Anm.

was ich gemacht habe; es ist auch unwiderruflich das Letzte. Es wird mir sehr sauer, noch die Krankheiten der Mamma für Enke zu überarbeiten; dann kommt ein großer Strich, und das Feuilleton beginnt.

Es ist geradezu lächerlich, welche Wirkung die Vollendung meines Generalberichtes über meine Klinik von 1860—1876 auf mich gemacht hat. Ich hatte die fixe Idee gefaßt, ich würde vor Vollendung dieses Werkes sterben! — nun jetzt meinetwegen! Doch gerade jetzt wäre es mir viel weniger angenehm als früher. Ich bin wieder von meiner früheren Frische und Spannkraft, bilde es mir wenigstens ein es zu sein, und das ist doch am Ende die Hauptsache für mich.

Nun habe ich mich gleich in eine neue Phase der Thätigkeit gestürzt, nämlich die Begründung eines kleinen Pavillon=Krankenhauses zur Ausbildung von Pflegerinnen aus besseren Ständen. Mundy ist wieder da; er hat Alles in Serbien, Rußland, Constantinopel, Bosnien mitgemacht, ist ruhiger und vernünftiger geworden, hat wieder einmal seine Schulden bezahlt; wir beide sind die treibenden Elemente. Ich werde das Ganze organisiren und die ärztliche Leitung übernehmen, sowie das Spital da ist; doch dazu brauchen wir noch viel Geld, und das ist jetzt nicht leicht zu beschaffen. Meine Klinik und Privatpraxis füllen doch nur wenig Zeit aus, lassen zumal meinen Geist frei; da muß ich etwas Neues haben. So müßte ich wohl der Politik in die Arme fallen, und das ist hier bös! Vielleicht ist es eine spätere Phase, wenn ich es erlebe!

Der Ihre
Th. Billroth.

144) An Prof. Hanslick in Wien.

Wien, 24. December 1878.*)

Wie doch Schmerz, Wehmuth und Freude so nahe bei einander liegen in unserem schönen und trüben Menschenleben! — Ich hatte gerade die von Deiner lieben Nichte Olga so sinnvoll, so reizend und

---

*) Der Brief bezieht sich auf den Tod der Schwester des Prof. Hanslick, Frau von Fialka. Ihre Tochter Olga, eine talentvolle Malerin, hat die „Träumereien an französischen Kaminen" von R. Leander (Prof. Rich. Volkmann in Halle) mit Illustrationen versehen.

so poetisch illustrirten Märchen meines Freundes auf den Weihnachts=
tisch gelegt, als ich halb zerstreut das Abendblatt der Presse in die
Hand nahm und sofort durch den Namen „Fialka" gefesselt wurde
— ach, leider in trauriger Weise! Ich kannte Deine Schwester
wenig; doch oft genügt ein Moment, eine sympathische Berührung,
um einen Blick ins gegenseitige Menschenleben zu thun; sie hing
mit großer Liebe an Dir. So eine Liebe ist ein Besitz, man trägt
ihn zu Grabe und fühlt sich ärmer. Mir kam dieser Gedanke zuerst,
als ich meine Mutter verlor; ich habe nie so tief wieder empfunden.
In den Jahren der vollsten Kraft bäumt sich wohl das stolze Herz
auf, man glaubt alles Verlorene wieder ersetzen zu können. Später
wird man dann wieder kleinmüthiger. Ich hatte nie eine Schwester,
doch ich meinte immer, ich müßte eine Schwester über Alles lieben;
es ist so ein eigenes Ding um gemeinsame Jugenderinnerungen und
Jugendempfindungen.

(45) An Prof. von Rindfleisch in Würzburg.

Wien, 5. Februar 1879.

Lieber Freund!

Mit lebhafter Theilnahme erfuhr ich heute durch den Brief
Deiner Frau von Deinem Leiden. Du hast so vortreffliche Aerzte
und Freunde um Dich, daß ärztlicher Rath da von meiner Seite
nicht nöthig ist.

Wie schmerzhaft solche Koliken sind, die von Concrementen her=
rühren, weiß ich von meinen Gallensteinkoliken, von denen sich eine
in Zürich bis zu einer mäßigen Peritonitis steigerte. Daß es mir
später dauernd gut ging in dieser Beziehung, glaube ich theils auf
den regelmäßigen Gebrauch von Carlsbad schieben zu müssen, theils
auf den nun schon drei Jahre hindurch fortgesetzten täglichen
Gebrauch von Carlsbader Salz. Ich meine, Du müßtest es mit
Deiner Diposition zu überschüssiger Harn= und Oxalsäurebildung
ebenso machen, wie ich mit meiner Disposition zu überschüssiger
Gallensäurebildung. Der Gebrauch von Carlsbad vier Wochen im
Jahre kann nur vorübergehend wirken, man muß es Jahre lang fort=
setzen. Jeden Morgen früh bringt mir der Diener ein Glas heißen
Wassers; ich thue einen reichlichen Theelöffel voll natürlichen Carls=

bader Salzes hinein und trinke dies Gesöff mit Todesverachtung, während ich mich anziehe. Eine halbe Stunde darauf frühstücke ich und lebe sonst wie gewöhnlich, ganz ohne Diätrücksichten. Die erwähnte Dosis macht keine Diarrhoe, wenn man daran gewöhnt ist, schwächt durchaus nicht. Ich würde Dir rathen, es ebenso zu machen, wenn Du Dich von Deinem jetzigen Anfall erholt hast. Dies ist nur ein freundschaftlicher Rath, denn in der Niere bin ich, wie Du weißt, Laie. Hoffentlich hören wir bald Besseres von Dir. Uns geht es gut ...

Seit ich mit literarischen Arbeiten abgeschlossen habe, und da ich mich aus Rücksicht für meine Familie und meine Praxis leider nicht der Lumperei ergeben darf, so habe ich mich mit aller Macht in eine großartige Vereinsmeierei gestürzt, was mich Tag und Nacht beschäftigt. Ich schreibe populäre Aufsätze für die Presse, halte populäre Vorträge, verbringe meine Zeit in Vereins-Sitzungen und Commissionen, — ich kenne mich selbst nicht mehr. Doch meine Fantasie braucht eine praktische Ableitung nach der humanitären Seite, sonst verkomme ich in Grübeleien über die Bestialität der Menschen x.

Nun Adieu! mache Dich bald wieder gesund und laß von Dir hören. Christel und Else grüßen Dich.

Der Deine

Th. Billroth.

※

146) An Prof. von Winiwarter in Lüttich.

Wien, 6. März 1879.

Lieber Winiwarter!

Der Verleger meiner Vorlesungen über allgemeine Chirurgie, ein sehr anständiger Mann, Georg Reimer in Berlin, verlangt eine neue Auflage meines Buches. Ich mußte ihm erklären, daß ich außer Stande sei, dies zu übernehmen, da ich die Materie nicht mehr beherrsche und nicht die Zeit habe, mich wieder hineinzuarbeiten. Ich habe ihm jedoch erklärt, daß es mich freuen würde, wenn einer meiner Schüler eine neue Auflage des Buches herausgeben will. Herr Reimer wünscht dies aufs lebhafteste und hat mich beauftragt,

Sie zu fragen, ob Sie geneigt seien, die neue Auflage herauszugeben; ich erlaube mir auch von meiner Seite diese Bitte zu unterstützen.

Ich verzichte auf jedes Honorar von den neuen Auflagen; Sie haben also in dieser Richtung freie Hand und können sich den Preis bestimmen, wenn Reimer mit Ihnen darüber in Correspondenz tritt. Vorläufig handelt es sich darum, ob Sie überhaupt auf den Antrag eingehen wollen.

Was die Technik einer solchen Arbeit betrifft, so können Sie Holzschnitte ausschalten und zusetzen, wie Sie wollen. Ich habe mir immer je sechs Bogen in ein Heft zusammenheften und mit Schreibpapier durchschießen lassen, eventuell auch Einlagen gemacht. Wichtig halte ich es, daß das Buch nicht dicker, also auch nicht theurer wird; Eliminirung und Zusätze wären also ungefähr im Gleichgewicht zu halten. Reimer wünscht die Auflage bald. — Wegen Ihrer Arbeit für die Deutsche Chirurgie machen Sie sich keine Sorgen, da die Ausgabe des Werkes ohnehin aufgeschoben ist.

Ich hoffe, es geht Ihnen in Ihrer neuen Heimath gut.

Der Ihre
Th. Billroth.

147) An Prof. von Winiwarter in Lüttich.

Wien, 28. März 1879.

Lieber Winiwarter!

Nach einiger Ueberlegung möchte ich glauben, daß Sie Reimer proponiren sollten, daß er Ihnen für die Ueberarbeitung 2000 Reichsmark zahle, dazu 10 Frei-Exemplare und 5 Frei-Exemplare für mich; dafür dürfte er eine Auflage von 2000 Exemplaren machen. Da ich auf Honorar verzichtet habe, so könnte er Ihnen gewiß mehr zahlen; ich rathe indeß, sich für etwaige spätere Auflagen nicht zu binden. Geht das Buch in der neuen Form gut, so haben Sie den Vortheil, bald wieder neue Auflagen zu machen. Treiben Sie das Honorar in die Höhe, so wird Reimer sich eine stärkere Auflage ausbedingen. Lieber kleinere Auflagen mit mäßigem Honorar! doch bald aufeinander folgend; das Buch erhält sich dabei länger jung, und das ist Ihr Vortheil. Eine zu große Auflage, etwa von 3000 und 4000 rathe ich nicht; es dauert zu lange, bis sie verkauft wird, und so veraltet sie zu rasch. Sie werden übrigens in Reimer immer einen gentleman kennen lernen, zumal auch, wenn Sie einmal Monographieen mit Tafeln ediren wollen, die so kostbar zu drucken sind, daß sie nur wenige Verleger übernehmen, wenn sie nicht von den betreffenden Autoren sonst Vortheile haben oder erwarten.

Mir haben die Auflagen immer viel Vergnügen gemacht! Noch einmal: machen Sie das Buch nicht viel dicker! Denken Sie immer daran, daß es für Studenten ist, und daß man ihnen das Lernen zumal im Anfang möglichst erleichtern soll. Erhalten Sie in dem Buch auch womöglich den historischen Geist, den Zusammenhang mit der Vergangenheit. Goethe sagt irgendwo: „Und was man ist, das blieb man Anderen schuldig!"

Der Ihre

Th. Billroth.

148) An Fräulein Henriette Pacher in Wien.

Wien, 12. Mai 1879.

Liebes Fräulein!

Ich war gestern, um mich zu versichern, bei Hofrath Langer, Universitätsreferent im Ministerium. Die Stelle von Prof. Blazina in Prag, der seine Pension erhalten hat, wird nicht besetzt. Prof. Rehaçek in Graz hat seine Pension noch nicht begehrt und wird dies auch wohl für's erste noch nicht thun. Für den Fall, daß die Stelle in Graz vacant werden sollte, scheint Prof. X. dorthin Versprechungen vom Minister zu haben. Doch geht, wie gesagt, Rehaçek jetzt nicht; es ist also auch von einer Vacanz in W. noch gar keine Rede, vielleicht in 1½—2 Jahren. Vielleicht findet sich noch früher etwas im Deutschen Reich. Mikulicz hat Allen, die ihn auf der Reise kennen lernten, sehr gefallen; seine letzte vorzügliche Arbeit hat ungetheilte Anerkennung gefunden. Also nur noch ein bischen Geduld; es kann ihm nicht fehlen!

Ihr ergebenster

Th. Billroth.

149) An Dr. Mikulicz in Wien, Assistent Billroth's.

Wien, 22. Mai 1879.

Lieber Mikulicz!

Ihr Brief aus Paris hat mich sehr interessirt, und freut es mich, daß Sie gesund sind und viel Interessantes sehen. Man muß das in der Jugend genießen, wo man noch recht empfänglich für alle Eindrücke ist. In Betreff der bei uns in Aussicht stehenden Vacanzen habe ich die Resultate meiner Nachforschungen an Ihre Braut mitgetheilt.*) Ich wünsche Ihnen, ebenso wie Wölfler, recht bald eine selbständige Stellung. Doch macht sich das nicht immer so schnell, wie man möchte, man muß Geduld haben; es kommt dann auch wohl plötzlich, wo man es garnicht vermuthet.

Von der Klinik hat Ihnen Wölfler berichtet, wie er mir mittheilte. Die Herren haben tüchtig zu thun. Auch in der Praxis bin ich sehr beschäftigt, sodaß ich leider gar keine Fortschritte mit der Bearbeitung der Mamma=Krankheiten mache, die mir wie ein Stein auf dem Herzen liegt. Ich bin recht müde an literarischen Arbeiten geworden und habe viel mehr Bedürfniß zu recipiren, als zu producieren.

Genießen Sie Paris, sowie die reizende Umgebung. Paris hat von allen Städten die meiste Aehnlichkeit mit Wien, und wenn der Franzose nicht so antigermanisch wäre, so wäre er eigentlich ein reizender Kerl; nur die Italiener sind mir lieber.

Gediegener, ernsthafter, wenn auch einseitiger, manchmal bei aller Gescheidheit im Einzelnen fast bornirt im Allgemeinen, werden Sie den Engländer finden. Wenn es Ihr Geld erlaubt, versäumen Sie nicht, Edinburgh und Dublin auch zu besuchen. Auch die Umgegend von London ist reizend. Ich hoffe, Sie werden mir aus England wieder schreiben.

Notiren Sie sich doch kurz alle Varietäten des antiseptischen Verbandes, die Sie sehen; es wäre interessant, es einmal kurz zusammen zu stellen. Versäumen Sie nicht Tagebuch zu führen, es wird Sie später sehr interessiren.

Der Ihre

Th. B.

*) Siehe Brief Nr. 148.

150) An Dr. Mikulicz in Wien, Assistent Billroth's.

Wien, 17. Juni 1879.

Lieber Mikulicz!

Besten Dank für Ihren Brief aus London. Es freut mich, daß Ihnen die englische Chirurgie und die Chirurgen dort gefallen. Lister ist eine ungemein sympathische Persönlichkeit. Ich hatte schon gefürchtet, er grolle mir, daß ich nicht gleich und nicht ganz unbedingt auf seine Ideen und seine Methoden eingegangen bin; er zeigt sich auch darin als bedeutender Mensch, daß er seine Sache so beherrscht, daß er mit Ruhe das Urtheil der Anderen abwarten kann. Ich bitte, ihm einliegenden Brief zu übergeben, in welchem ich ihm gedankt habe, daß er Wölfler und Sie so freundlich aufgenommen hat.

Es wäre doch gut, wenn Sie auch nach Edinburgh und Dublin reisten; ich habe lange nichts von dort gehört. Bei dem alten X. in E. wird nicht viel zu holen sein, doch ist die Stadt wunderbar schön und interessant. Die Irländer sollen besonders gastfrei und liebenswürdig sein. Mac Cormac wird Ihnen Empfehlungen nach Dublin, Lister nach Edinburgh geben können. Sie dürfen nicht vor der ersten Hälfte August zurückkommen. H. wollte darauf bestehen, daß Sie die vollen sechs Monate nach dem Stiftbrief des Stipendiums ausbleiben müssen. Sie können sich darauf berufen, daß die Reisen nach Großbritannien besonders theuer sind, und daß mit Anfang August in allen Culturländern die Ferien beginnen. Wenn Sie noch Geld brauchen, so schreiben Sie mir; ich schieße Ihnen auf 10 Jahre und mehr vor, soviel Sie wollen und brauchen. Bei uns nichts besonderes Interessantes, außer das fast vollständige Ausbleiben der Ovariotomieen.

Ihr

Th. Billroth.

151) An Dr. Johannes Brahms in Wien.

Wien, 24. Juli 1879.

Lieber Brahms!

Wenn ich auch für jetzt noch nicht absehen kann, wann ich aus Wien herauskomme (es wird schwerlich vor dem 3. August sein),

so möchte ich doch einen etwas bestimmteren Plan für die Aus=
nutzung meiner Ferialzeit machen. Hast Du Lust eine Tour mit
mir zu machen? Ich proponire: vom Pusterthal durchs Ampezzo=
thal ins Venezianische hinein. In Oberitalien möchte ich Bergamo
und Brescia dies Mal mitnehmen, auch Venedig, Padua und Mai=
land, wenn Du willst, dann die Seen von Como, Lugano 2c. zurück
über Splügen oder Malloja ins Engadin. Wenn es sich macht,
möchte ich gegen den 18. oder 20. September zur Naturforscher=
Versammlung in Baden=Baden sein. Wir müßten also spätestens
am 1. September aus Kärnthen abreisen, auch 8 Tage früher, wenn
es Dir lieber ist. Wie steht es nun mit der Schumann=Feier in Bonn?
Für mich ist es nur wünschenswerth zu wissen, ob Du die Tour so
oder wie anders mitmachen willst, und wann, und von wo Du
abreisen willst, weil ich darnach meine Disposition für August
machen will.

Ich hatte neulich eine Operation in Slavonien zu machen; auf
der Rückreise war ich einen Tag in Aussee und fand die Meinen
trotz des kalten unfreundlichen Wetters sehr munter und gesund.

Du hast hoffentlich Deine Manuscripte und Abschriften recht=
zeitig erhalten. Für Deinen Brief besten Dank. Das zweite Stück
in G-moll hat es mir ganz angethan; es ist gewaltig schön. In
beiden Stücken steckt mehr vom jungen, himmelanstürmenden Johannes,
als in den letzten Werken des vollendeten Mannes. Ein ander Mal
mehr davon! mein Schicksal ruft mich ins Krankenhaus.

Der Deine
Th. Billroth.

152) An den Herausgeber.

Wien, 3. August 1879.

Verehrtester College!

Es ist unverzeihlich, daß ich Ihren freundlichen Brief vom
13. Juni erst heute beantworte; entschuldigen kann ich mich darüber
nicht anders, als daß ich erst gestern mit meiner Monographie über
die Krankheiten der weiblichen Brustdrüse*) fertig geworden bin,
die ich vor den Ferien zu beenden versprochen hatte. Wenn Sie

---

*) Deutsche Chirurgie, Lieferung 41, 1880.

dazu noch in Betracht ziehen wollen, daß ich vor etwa acht Wochen das Gelübde ablegte, meinen Flügel nicht eher zu berühren, bis jene Arbeit fertig sei, so mögen Sie daraus ersehen, daß es nicht Vergeßlichkeit war, was mich vom Schreiben abhielt. Heute habe ich wieder gespielt, doch nicht die „Najade" von Taubert, deren ich mich kaum noch erinnere, sondern Bach.

... Der historische Sinn ist verdammt mager in den jetzigen Generationen gesäet und an wenig Orten aufgegangen. Was speciell die „Schulen" betrifft, so habe ich so viele unangenehme Erfahrungen damit gemacht, daß ich kein Wort mehr darüber verlieren möchte. Bald will ein langjähriger Assistent (z. B. Volkmann) seinen Chef (Blasius*) nicht als seinen Lehrer, bald ein Chef (z. B. Dumreicher) seinen langjährigen Assistenten (Linhart**) nicht als seinen Schüler betrachtet wissen. Dies sub sigillo! Doch so geht es in infinitum fort! ...

  Mit freundlichstem Gruß
    Ihr ergebenster
      Th. Billroth.

133) An Prof. Baum in Göttingen.

       Wien, 3. August 1879.

Lieber Herr Geheimerath!
Mein hochverehrter Lehrer und Freund!

Ich freue mich immer über Ihre lieben Briefe und über Ihre bewunderungswürdige klare Handschrift. Meine Finger zittern augenblicklich, weil ich eine Stunde lang Bach gespielt habe. Das strengt die Finger gewaltig an; denn nicht nur jeder Takt, das Ganze muß dastehen wie ein gothischer Bau, steinern, hoch und groß; ich habe mich heute Morgen mit einer Art Leidenschaft dieser Musik hingegeben.

Gestern Abend bin ich mit meiner Arbeit, den Krankheiten der Brustdrüsen, fertig geworden; es ist darüber so viel Gutes geschrieben, daß es nicht leicht war etwas Neues, Zeitgemäßes, dem Alten Ebenbürtiges zu schaffen. Anfangs machte mir die Arbeit wenig Freude, dann aber kam ich wieder ins Gebiet der pathologischen Histologie,

---

*) Prof. der Chirurgie in Halle; gest. 1875.
**) Prof. der Chirurgie in Würzburg; gest. 1877.

die immer noch die Macht einer Jugendliebe auf mich ausübt. Mit
Hülfe tüchtiger Assistenten, deren aus den talentvollen österreichischen
und slavischen Stämmen immer neue hervorwachsen, habe ich meine
große Präparaten-Sammlung aufs Neue durchgearbeitet. Da auch
mein klinisches Material geordnet und sehr reichhaltig war, so hoffe
ich, daß etwas leidlich Brauchbares zu Stande gekommen ist, das
für ein Decennium aushalten mag. Länger halten die besten Arbeiten
unserer Zeit nicht vor, und das ist ein gutes Zeichen für unsere
Zeit; es wird eben doch in Deutschland sehr viel, und im Durch-
schnitt sehr gut gearbeitet.

Ich kann Ihnen nicht sagen, wie dankbar ich Ihnen bin, daß
Sie gleich beim Beginn meiner Studien den historischen Sinn und
die höchste Achtung vor unseren Vorfahren in mir geweckt haben.
Es giebt nichts, was mehr vor Ueberhebung unserer Leistungen
schützt, als wenn man sich immer nur im Rahmen des Ganzen
denkt. Es giebt jetzt so viele Leute, auch unter unseren Besten, die
glauben, sie haben die ganze Chirurgie erfunden, und mit denen sich
nur verkehren läßt, wenn man ihnen dies a priori zugiebt. Die
Geschichte der Wissenschaften macht keine Sprünge. Wenn Einer
sich einbildet, er habe einen großen Sprung gethan, so muß er ihn
gewiß zu dreiviertel wieder zurückthun. Eine solche kritische Zersetzung
zerstört freilich unsere schönsten Illusionen, doch bewahrt sie uns auch
vor Selbstüberschätzung und Stagnation.

Mit Freuden höre ich auch aus Ihrem letzten Briefe von Ihrem
wissenschaftlichen historischen Schaffen; Sie sind ein leuchtendes Beispiel für uns Jüngeren. Beifolgend das Buch von Birkett*) mit
bestem Dank zurück; die Bleifederstriche darin sind nicht von mir.

In wenigen Tagen reise ich auf 3 Wochen nach Carlsbad,
von da zu meiner Familie, die schon seit 4 Wochen in Aussee in
Steiermark weilt. Nach Amsterdam**) gehe ich nicht, vielleicht
nach Baden-Baden***), oder nach Nizza, ich schwanke noch.

Freundlichsten Gruß an Marianne.

In alter Treue der Ihre
Th. Billroth.

*) Chirurg am Guy's Hospital in London, Verfasser von zwei Arbeiten
über die Krankheiten der Brustdrüse, 1850. 1864.
**) Internationaler Aerzte-Congreß in Amsterdam.
***) Naturforscher-Versammlung in Baden-Baden.

154) An Prof. His in Leipzig.

Wien, 6. August 1879.

Lieber Freund!

Ich habe Dir immer noch zu danken für die liebenswürdige Bereitwilligkeit, mit welcher Du Wölfler Deine Präparate überlassen hast. Er ist durch übermäßige Anstrengung im Dienst (sein College Mikulicz war auf Reisen im Ausland) sehr in seiner Arbeit behindert, hofft jedoch in den Ferien zum Abschluß zu kommen. Ich beharre darauf, meine Schüler zu veranlassen, ihre Arbeiten stets auf breitester Basis zu unternehmen, überhaupt in rein wissenschaftlichem Geiste zu arbeiten.

Es ist ein Unsinn, wenn von mir verbreitet wird, ich sei ein Feind der Listerei (ich stehe mit Lister in freundschaftlichstem Briefverkehr), aber ich bin immer mehr ein Feind des Uebertreibens geworden. Hier herrscht in gewissen Dingen bei allen sonstigen Auswüchsen des lebhaften Geistes der jüdisch-österreichischen Bevölkerung ein merkwürdig kühler Ton der Kritik. Es ist die Wirkung der nüchternen Menschen Rokitansky und Skoda. Das hat seinen Einfluß auf mich auch nicht verfehlt; und wenn ich auch nicht jede Discussion über schwierige Diagnosen und Therapie wie Skoda mit den Worten abbreche: „Wir sind nicht in der Lage" ⁊c. — so denke ich es mir jedenfalls weit häufiger als früher. Das ist wohl auch eine Folge des Alters.

Ich verkenne die enormen praktischen Fortschritte durch die Antiseptik nicht; doch übersehe ich das ganze große Gebiet der Chirurgie, so nimmt der operative Theil kaum $1/3$ ein, und von diesem ist auch noch Vieles der Antiseptik entzogen (alle Operationen im Mund, am Rectum, in der Blase ⁊c.). Ich kann es daher nur als eine furchtbare Einseitigkeit ansehen, die Antiseptik mit der Chirurgie zu identificiren.

Das Ueble ist, daß nun so viele Arbeiten, besonders die Vorträge und Vorstellungen auf dem Chirurgen-Congreß wesentlich auf eine Glorification nicht mehr der Sache, sondern der einzelnen Operateure hinauskommen. Dies ist ein enormer Rückschritt. Es ist nicht leicht, gegen den Strom zu schwimmen; auf die Dauer ermüdet man. Ich freue mich, daß meine Schule arbeitet. Ich werde mich literarisch ganz zu Ruhe setzen.

Der Deine

Th. Billroth.

155) An Prof. Baum in Göttingen.
                    Wien, 26. November 1879.
    Mein lieber hochverehrter Lehrer und Freund!

Es hätte mir keine größere Freude zu Theil werden können, als Ihren Wilhelm einmal einige Zeit bei mir zu haben. Ich habe mich sehr an seinem Eifer an der Chirurgie und an seinem offenen Sinn für Alles Schöne und Gute erfreut. Er ist ein tüchtiger Mann geworden, mit dem man gern verkehrt. Leider konnte ich ihm bei mir keine Häuslichkeit bieten. Frau und Kinder sind in Italien an der Riviera in San Remo und werden dort den ganzen Winter bleiben.

. . . Nun ist mein Haus öde und leer, und ich komme mir, trotzdem meine Freunde mich oft einladen, doch recht einsam vor. Da war mir Wilhelm's Besuch besonders willkommen, und ich konnte mich ihm mehr widmen, als es sonst möglich gewesen wäre. Eine jede Klinik bietet ihre Eigenthümlichkeiten, und so hat ihn auch hier Manches interessirt, was anderswo nicht oder selten vorkommt.

Mit Freuden sehe ich aus Ihrem lieben Briefe, daß Sie immer rüstig fortarbeiten und an Allem regen Antheil nehmen, was unsere Wissenschaft bewegt. Ich sende Ihnen noch nachträglich die herzlichsten Glückwünsche zu Ihrem achtzigsten Geburtstage. Sie haben eine für Deutschlands Wissenschaft und Geschichte große Epoche durchlebt, vielleicht die größte, welche unser Volk bisher überhaupt durchlebt hat.

Daß ich Ihrem Wilhelm eine Totalexstirpation der Gl. thyreoidea voroperiren würde, hätte ich für Unsinn erklärt, wenn es mir Jemand gesagt hätte, als ich mit zitternder Hand die ersten Operationen an der Leiche bei Ihnen in Göttingen machte.
            Mit herzlichem Gruß
                        Ihr
                            Th. Billroth.

156) An Prof. Hanslick in Wien.
                    Wien, 3. December 1879.
    Lieber Freund!

Ich habe mir nachträglich Vorwürfe gemacht, daß ich bei Euch zu viel Musik gemacht, und überhaupt zu viel Lärm gemacht habe;

doch Ihr müßt mich nun schon so nehmen, wie es eben kommt. Musik regt mein ganzes Innerstes immer furchtbar auf. Wenn es Dir nicht zu viel wird, komme ich mit Goldmark's Penthesilea-Ouvertüre. Ich bin sehr glücklich, wenn ich mich einmal austoben kann. Mit Deiner Frau muß ich auch noch einmal die Brahms'schen Liederhefte durcharbeiten.

Dein
Th. Billroth.

(57) An Prof. von Rindfleisch in Würzburg.

Wien, 6. December 1879,
Alserstraße 20.

Lieber Freund!

Ehe meine Familie nach San Remo abreiste, habe ich die Kinder photographiren lassen. Ich schicke Dir einliegendes Bild von Elsen; Du hast Dich ebenso wie Deine liebe Frau immer so herzlich für das Kind interessirt, daß es Dich vielleicht freuen wird, wenigstens im Bilde zu sehen, wie sie sich entwickelt hat.

... Was soll ich Dir noch von mir sagen. Ich wickele meine Pflicht als Lehrer und Arzt mit alter Gewissenheit ab und freue mich herzlich der, ich kann wohl sagen, glänzenden Erfolge meiner Schule. Auf Czerny, Menzel, Gussenbauer, Winiwarter, Mikulicz, Wölfler, Klotz, Frisch ꝛc. darf ich wohl stolz sein. Sie setzen meine Ideen und meine Arbeit fort. Ich denke aber für mich „Nun! es will Abend werden!" nicht in Trauer und Betrübniß, sondern in freudiger Ruhe. Soll ich es erleben, so habe ich noch 10 Jahre in meinem Beruf zu arbeiten; dann bin ich 61 und kann mich als emeritus zurückziehen. Vorgestern versandte ich mein letztes Manuscript: die neue, fast ganz neu geschriebene Auflage von meiner Arbeit über die Brustdrüsen für die „Deutsche Chirurgie". Sapienti sat!

Ich habe Dir soviel von meiner Familie und mir vorgeschwatzt, weil ich Verlangen habe und Dich bitte, mir ein Gleiches zu thun von den Deinen. — Mit großem Interesse habe ich Deine neuen Arbeiten über das Knochenmark gelesen; ja, überall geht es vorwärts, daß es eine Freude ist! Es waren doch schöne Zeiten, als ich mich auch noch mit diesen Dingen befaßte. Wir haben doch ein schönes Stück Jugend mit einander in Zürich verlebt; ich denke oft mit Sehnsucht und Wehmuth an diese Zeit zurück. So wird es nie wieder! Wie steht es denn mit Deinem neuen Buch der pathologischen Biologie?

Grüße Bergmann*) herzlich von mir. Freundliche Grüße an Deine Frau und Kinder.
Der Deine
Th. Billroth.

158) An Dr. Kappeler in Münsterlingen.
Wien, 7. December 1879.

Lieber Freund!

Die Zusendung Ihrer vortrefflichen Arbeit**), und zumal der dieselbe begleitende Brief hat mir große Freude gemacht. Was kann es für einen Lehrer größere Genugthuung geben, als zu erfahren, daß seine Aussaat auf fruchtbaren Boden gefallen ist! Ich habe es immer als besonders ehrenvoll angesehen, wenn Männer, die nicht in directem Contact mit einer Universität stehen, dauernd zum Panier der Wissenschaft halten. Im Ganzen ist es selten; um so ehrenvoller für Sie und Ihr Vaterland, daß Sie eine solche ehrenvolle Ausnahme bilden! Folgen Sie auch ferner diesem Wege, und Sie werden ihn, wenn auch mühsam, doch lohnend und erfreulich finden.

Meine Arbeitskraft geht zu Ende. Haar und Bart sind fast weiß geworden; doch habe ich auch hier Freude an meinen Schülern, die nicht nur meine flüchtig hingeworfenen Ideen fruchtbar zu gestalten wissen, sondern nicht minder selbständig denken und arbeiten. So sehe ich denn freudig den Abend meines Lebens vor mir und darf mich wohl im Kreise meiner Familie und meiner Schüler, meiner geistigen Söhne und Enkel glücklich schätzen!

Mit herzlichem Gruß
Ihr
Th. Billroth.

---

*) Prof. der Chirurgie in Dorpat, Würzburg, Berlin.
**) Anaesthetica (Deutsche Chirurgie, Lief. 20).

139) **An Fräulein Else Billroth.**

Wien, 21. Januar 1880.

… Die Patti hörte ich als Traviata, einer Oper mit häßlicher Handlung, doch sehr schöner Verdi'scher Musik; ich mußte sehr viel an diesem Abend daran denken, welche Freude Du gehabt hättest, sie zu hören. Ihre Stimme ist in der Tiefe noch weit schöner geworden. Die früher so dünne, backfischähnliche kleine Frau ist jetzt etwas voller geworden und sieht so hübsch aus, wie nie zuvor. Wenn man sie nicht gehört, hat man doch keine Vorstellung von der Schönheit der menschlichen Stimme. Ihre glockenreine Intonation, ihre packende Coloratur, dieses mezza voce, das Schwellen und Schwinden der Töne, ihr Staccato, ihr Triller, das Alles ist unvergleichlich kunstvoll und schön zugleich.

Von den Concerten war das von Sarasate am interessantesten. Sein Geigenton ist wie der Gesang der Patti, und wie ein Blick vom Hügel in Bordighera: so schön, so weich, so edel und so interessant zugleich. Sarasate hat die Herzen der Wiener weiblichen Jugend sehr ergriffen, besonders durch seine interessante Persönlichkeit. So schwarz und zottig sind selbst die schwärzesten Juden nicht; und doch erzählte er, daß er in Spanien noch für „blond" gelte, da er nicht den olivenbraunen Teint seiner Landsleute habe. Ich war nach seinem Concert mit mehreren Künstlern mit ihm im Hotel Metropole; er spricht fließend französisch und ist ein sehr netter, gemüthlicher Mensch.

Vorigen Sonntag war Joachim's großes Concert; er spielte Bach, Beethoven, Spohr unvergleichlich schön und edel. Sein Ton hat nicht den weichen, wonnigen Liebreiz des Spaniers, der auch mit Vorliebe mehr weichliche Compositionen spielt, dafür aber mehr Kraft und männliche Energie und eine gewisse spröde Noblesse, die mehr imponirt als berauscht. Schon als 12jähriger Knabe hat er öffentlich zum Staunen Aller gespielt und hält sich immer auf gleicher Höhe. Das will etwas heißen; es ist nur möglich, wenn hinter dem Künstler eine bedeutende kräftige Männerseele steht, die nie mit dem Publikum kokettirt, sondern immer das Publikum zu sich erhebt.

(60) An Dr. Mikulicz in Wien, Assistent Billroth's.

San Remo, 19. März 1880.

Lieber Mikulicz!

Ihre Mittheilungen haben mich außerordentlich interessirt und erfreut. Der Verlauf dieser 3 Fälle, sowie des früheren von Total=extirpation [des Uterus] ist ungemein lehrreich. So leid es mir thut, daß Ihre Landsmännin gerade das Opfer war, so ist es mir doch um der Sache willen von großer Wichtigkeit, wenn die Fälle von Bandl und Rokitansky durchkommen; ich hätte mich wohl nicht wieder so bald zu dieser Operation entschlossen, wenn diese Fälle ganz schlecht abgelaufen wären. Nun haben wir Chirurgen wieder einmal für die Gynäkologen die Kastanien aus dem Feuer geholt, und sie werden die gare Frucht mit Appetit verspeisen. Gewiß muß man darauf denken, den Abfluß durch Drains zu sichern; doch mit massenhaften, mittelstarken Drains geht es auch nicht. Ich habe vor mehreren Jahren, als Gussenbauer noch Assistent war, in einer großen Reihe von Fällen die Wunde fast ganz mit Drains ausgefüllt, doch die Erfolge waren nicht gut. Selbst mehrere dicke Drains würden nicht vor dem Zufall schützen, daß Netz=Appendices=Tuben=Stücke die Drainlöcher ventilartig schließen; Metallröhren und Glasröhren würden auch nichts daran ändern. Ich glaube, man müßte bei den geringsten Schmerzen und Fieber Salicylsäure ein=spritzen und das Drain sofort entfernen, wenn die Flüssigkeit nicht gleich wieder zurückfließt, um dann einen neuen einzulegen.

Ich lege einige Briefe bei, welche ich Sie zu beantworten bitte; das Porto lassen Sie durch W. verrechnen. Sie sehen aus zweien dieser Briefe, was für ein Unheil die dumme Zeitungsnotiz über die letzte Oesophagotomie angerichtet hat; gewiß hat irgend ein armer Teufel unter den Zuhörern die Notiz für 10 Kreuzer an eine der kleinen Wiener Zeitungen gegeben, und nun läuft der Unsinn durch alle Zeitungen Europas. Einliegenden Zeitungsausschnitt*) erhielt ich aus Zürich! Es giebt doch immer Leute, welche im Stillen meinen, diese Notizen gingen von unserer Klinik aus; und so hetzt man mir eine ganze Rotte von Leuten auf den Hals, die mich als

---

*) Die Zeitungsnotiz betrifft eine sehr überschwängliche Anzeige einer von Billroth ausgeführten Eröffnung der Speiseröhre bei einem jungen Manne, welcher sein Gebiß verschluckt hatte.

Marktschreier und Charlatan verurtheilen. Dementirt man so etwas öffentlich, so macht man die Sache noch ärger. Wenn es noch die beiden hinter einander gemachten Uterusexstirpationen wären, so könnte man den Reporter noch entschuldigen; doch um so eine Lumperei von Oesophagotomie so einen Spektakel zu machen, ist zu dumm! Hoffentlich ist es dem Operirten nicht schlecht bekommen.

Gestern kamen wir aus der Provence zurück. Die Natur ist dort nicht schön; doch Marseille, Nimes, Arles, Avignon, Orange sind höchst interessant, zumal durch die römischen Alterthümer. Obgleich hier voller Frühling ist: blühende Bäume, in den Oelbaumwäldern Veilchen, Narzissen und Hyacinthen in Menge, ist die Temperatur heute doch auch recht kühl, und den Palmen uns gegenüber scheint es auch zu frösteln. Die Nacht war Sturm, das Meer heute Morgen erhaben in seinen tosenden Wellen. Jetzt ist es still geworden, der Himmel ist grau, doch regnet es hier fast nie. Am 30. Abends treffe ich in Wien ein. Grüße an Wölfler und Gersuny.

Ihr
Th. B.

161) An Dr. Mikulicz in Wien, Assistent Billroth's.

Wien, 20. April 1880.

Lieber Herr Doktor!

Ich habe Ihre Arbeit über Antiseptica*) mit großem Interesse gelesen. Es freut mich, daß Sie sich im ersten Theil auch einmal versucht haben, das sogenannte Theoretische über die Sache zusammenzustellen. Nach meiner Erfahrung über die Wirkung solcher Darstellungen liegt der Schwerpunkt dabei in der Form, in Gestaltung und Aufbau des allgemein Bekannten. Ist die Form bei solchen Darstellungen klar, logisch, fesselnd, lebendig, so vergißt man ganz von selbst, daß man eigentlich nichts Neues erfährt. Ist die Form unvollkommen, der Ausdruck incorrect, so fängt man bald an zu überschlagen, immer flüchtiger zu lesen.

---

*) Ueber die Anwendung der Antisepsis bei Laparotomieen, mit besonderer Rücksicht auf die Drainage der Peritonealhöhle.

Im Ganzen ist mir Ihre Art der Darstellung recht sympathisch;
ich fühle heraus, daß Alles, was Sie schreiben, durch Sie hindurch
gegangen ist und in Ihnen gearbeitet hat. Doch glaube ich, daß
Sie selbst jetzt, wenn Sie den allgemeinen Theil noch einmal durch=
lesen und nun diesen Theil mehr objectiv vor Augen haben, Manches
besser sagen, correcter ausdrücken, logischer folgen lassen können;
auch wären manche Wiederholungen zu umgehen. Lassen Sie sich
die Mühe nicht verdrießen, den allgemeinen Theil noch etwas zu
überarbeiten. Wo sich nicht streichen und überschreiben läßt, kleben
Sie mit flüssigem Leim (eine auch von Brahms als unentbehrlich
für Correcturen anerkannte Substanz!) über, schneiden Stücke aus,
kleben sie wo anders hin ꝛc. Wenn so etwas einmal gedruckt ist,
so ärgert man sich nachher doch über Manches, was man leicht
hätte besser machen können.

          Der Ihre
            Th. B.

162) An Dr. Baum in Danzig.

         Wien, 10. Juni 1880.

Lieber Wilhelm!

Herzlichsten Dank für Deinen freundlichen Brief und Einladung
zur diesjährigen Naturforscherversammlung. Ich kann mich von
Jahr zu Jahr schwerer entschließen, in den Norden zu reisen, ebenso
schwer mein müdes Gehirn auf großen Versammlungen zur all=
gemeinen Unterhaltung spielen zu lassen. Dazu muß man jung sein.
Für den späteren Nachmittag des Lebens, mit dem ich mich übrigens
immer mehr befreunde, ist der Süden und das Ausruhen in den
Ferien auch wohl natürlicher. Ich werde mit meiner Familie, die
seit Mai wohlbehalten aus Italien zurückgekehrt ist, mich in irgend
ein Nest der österreichischen Alpen zurückziehen und dort einige
Wochen schlafen.

Deine wissenschaftlichen Postbemerkungen haben mich sehr er=
freut und interessirt. Die Welt ist oft so schwer in Bewegung zu
setzen, daß es ohne eine Art fanatischer Uebertreibung kaum gelingt.
Ich habe in meinen Arbeiten in dem Warnen vor solchen Ueber=
treibungen auch wohl oft zu viel gethan; doch Niemand kann aus

seiner Haut, und es wäre auch nicht gut, wenn er es könnte. Es
geschieht schon so viel Unfug dadurch, daß viele Leute in die Kleider
Anderer fahren! wie wollte man sich aber auskennen, wenn man
auch in andere Häute fahren könnte. Ich würde nun nicht gerade
in N.'s Haut und Scalp fahren; doch mit seiner ausdauernden
warmen Begeisterung, seiner Energie und seinem klugen Kopf wäre
ich wohl zufrieden! — Ich hoffe, wir treffen uns noch gelegentlich
in dieser septischen Welt!

Dein
Th. Billroth.

(63) An Dr. Johannes Brahms in Wien.

Wien, 20. Juni 1880.

... Ich war neulich bei einem protestantischen Begräbniß
eines einfachen, aber vortrefflichen tüchtigen Menschen, und war
wieder entsetzt über die entsetzliche Leichenrede des Pfarrers. Da
habe ich mir vorgenommen, mir so etwas nicht anthun zu lassen,
und allerlei Bestimmungen darüber aufzuschreiben. Auch ein dahin
gerichtetes Gespräch mit Dir im Café Bauer fiel mir wieder ein.
Ich wollte Dir einen Text suchen für einen kurzen, nicht zu schweren
Männerchor, beim Einbuddeln auf dem Kirchhofe zu singen. Doch
ich finde keinen Text. Ich werde mich, um keine Verkehrsstörung
in der lebhaften Alservorstadt zu machen, ganz simpel ohne Musik
zum Centralfriedhof herausfahren lassen, ohne geistliches Geleit und
ohne geistlichen Empfang. Dort wäre Musik mir lieb, dann einige
Worte am Grabe von einem Freunde oder Studenten, dann wieder
ein kurzer Musiksatz. Ließe sich der zweite Chor Deines Requiems
für Blasinstrumente und Männerchor setzen? Zum Schluß etwa
aus Schumann's Faust „Dir der Unberührbaren" für Blasinstru=
mente allein (ohne Gesang), oder der Schlußchor aus dem 2. Theil
von Paradies und Peri ohne Gesang. Es kommt mir freilich
etwas prätentiös vor, doch ich weiß nichts Anderes. Ich habe
wahrlich nichts gegen Religion, auch nicht gegen Confession, solange
sie im Geiste allein lebendig ist; doch wenn sie in praxi auftritt,
kann ich mich immer eines inneren Widerspruchs und eines trivialen
Eindrucks nicht erwehren. Wenn Dir etwas Besseres einfällt, theile

es mir gelegentlich mit; eilig möchte ich es noch nicht gern machen!
— Eben kommt mein Helenchen mir „Gute Nacht" zu sagen!
Nicht zu eilig!

                              Dein
                                    Th. Billroth.

164) **An Prof. Seegen und Frau in Carlsbad-Wien.**

                                    Wien, 22. Juli 1880.

Verehrte Freunde!

Ich muß schon eine Collectivnote an Sie richten, denn ich habe von Euch Beiden ziemlich zugleich Briefe erhalten und wüßte an keinen von Euch etwas zu sagen, was der Andere nicht auch wissen könnte. Das Beste, was ich zu sagen habe, ist, daß ich mich unendlich freue, daß Pepi wieder nach Herzenslust reden kann. Ich kenne diese Situationen so genau und weiß, wie solche Heiserkeit sich fast dem ganzen Hause mittheilt. Jeder glaubt, er müsse auch leise reden; Alles flüstert, wie wenn man fürchtet, irgend Jemand, der nicht da ist, aufzuwecken, oder als wenn der wirklich Heisere es übel nehmen könnte, wenn Andere laut reden. Es ist ein gewaltig mächtig Ding um diese psychische Ansteckung im Ernsten, Komischen, sogar im Moralischen. Auch die Hitze scheint contagiös zu sein, denn sowohl aus St. Wolfgang als von hier kann ich berichten, daß wir selten unter 20° R. im Schatten kommen und es selbst auf 27° bringen. Die meist nur vorbeistreifenden, mit starkem Sturm verbundenen Gewitter bringen wenig Abkühlung. In meinem Garten ist es Morgens früh herrlich frisch und auch sonst in meinen nach Norden gelegenen Zimmern erträglich. Vor einigen Tagen war ich in Süd-Ungarn in Großwardein; das war freilich eine heiße Tour, ich kam etwas angebraten nach Hause.

    Inzwischen war meine Familie nach St. Wolfgang abgereist. Es geht Allen sehr gut. Else schwärmt von See und Mondschein; Alle gemeinsam haben ihre Reise und Abenteuer in Reime gebracht und mir dies lustige Durchreiten auf dem Pegasus mitgetheilt. Mangel an den wichtigsten Toilettengegenständen, wie Lavoirs ec., Fledermäuse, Ankunft zerbrochener Claviere sind der Hauptgegenstand des Amüsements. Die Wohnräume und der Park sollen herrlich sein, besonders lobenswerth auch der Mond.

Pepi hält mir eine kleine hygienische Vorlesung, und gewiß würde ich ihrem Rathe folgen, wenn er von richtigen Thatsachen ausginge. Ich muß ihm nämlich ins Gedächtniß zurückrufen, daß ich in diesem Jahre schon mehr als vier Wochen in Italien gebummelt habe und nicht nur dort, sondern auch in Südfrankreich spazieren gelaufen bin. Diese Reisen haben mich wunderbar erfrischt, vielleicht auch die Ruhe des Winters. Kurz, ich fühle mich frischer denn je und zu der rein praktischen Thätigkeit, die ich hier jetzt mit leidlichem Erfolge betreibe, vollständig leistungsfähig. Ich bin bei bestem Appetit, schlafe wie eine Ratze (ich habe freilich noch nie eine Ratze schlafen sehen) und bin bei ruhigem Gemüthe. Ich habe für mich mit dem Leben abgeschlossen, mein Ehrgeiz ist mehr als befriedigt.

Eine Aufgabe habe ich noch zu lösen, das Rudolfinerhaus zu bauen und die Pflegerinnen-Schule darin in Scene zu setzen.*) Damit ist nun auch ein wichtiger Schritt gethan: ein schöner Garten in Unter-Döbling ist gekauft, und es geht nun an Ausarbeitung des definitiven Planes und des Baues. Eine furchtbare Agitation zur Beschaffung des Geldes muß im nächsten Winter in Scene gesetzt werden. Legen Sie nur auch Ihre 500 Gulden bereit, denn wenn mir das Leben bleibt, so geht der Bau bald los. In 3—4 Jahren muß auch diese Aufgabe gelöst sein. Dann will ich mich getrost zur Ruhe begeben. Meine Wissenschaft ist in den besten Händen bei meinen Schülern. Nunc plaudite amici! Ich bin sehr glücklich in diesem Gedanken. „Im Vorgefühl von diesem hohen Glück, genoß ich jetzt den höchsten Augenblick!"

Ihr

Th. Billroth.

163) An Prof. Czerny in Heidelberg.

Wien, 4. October 1880.

Lieber Freund!

... Langenbeck feiert am 9. November seinen 70. Geburtstag. Es würde ihn gewiß freuen, wenn Sie ihm auch gratulirten; vielleicht gratulirt ihm auch Ihre Fakultät als solche. Er ist

---

*) Siehe Brief Nr. 176, Anm.

doch der deutsche Meister κατ' ἐξοχήν. Theilen Sie es doch auch Maas mit.

Mir und den Meinen geht es erträglich. Das Schriftstellern habe ich ganz meinen Assistenten übertragen. Von Mikulicz kommt Mehreres, von Wölfler ist der erste Theil einer großen Struma=Arbeit*) soeben erschienen, ein treffliches Stück Arbeit. Pathologie und operative Behandlung werden später folgen. Mit den Kropf=exstirpationen bin ich bald bis zu Nr. 50; höchst interessante Operationen, besonders auch durch die häufige Tetanie als Nachkrankheit, wieder eine neue Krankheit für uns Chirurgen; auch den Internen nicht übermäßig bekannt.

Die letzten Uterus=Exstirpationen nach Ihrer Methode sind mißlungen; die Drainage stößt da auf besondere Schwierigkeiten. Mikulicz glaubte mit continuirlicher Irrigation des unteren Theils des Peritoneums die Sepsis bezwingen zu können, doch bis jetzt hat der Erfolg nicht entsprochen.

Grüßen Sie Becker!**)

Ihr
Th. Billroth.

(66) An den Herausgeber.

Wien, 13. October 1880.

Lieber College!

Es schmeichelt mir sehr, daß Sie von mir eine Literaturkenntniß voraussetzen, die ich nie besessen habe. Ich kann auch nicht einmal durch einen glücklichen Zufall für den von Ihnen erwähnten Fall***) etwas Analoges in meinem alternden Gedächtniß vorfinden. — Daß Sie sich in Ihrer neuen Stellung wohl befinden, freut mich sehr. Wenn Sie an Baum schreiben, herzliche Grüße!

Ihr ergebenster
Th. Billroth.

---

*) Ueber die Entwicklung und den Bau der Schilddrüse mit Rücksicht auf die Entwicklung der Kröpfe.
**) Prof. der Augenheilkunde in Heidelberg; gest. 1890.
***) Trepanation des Darmbeins als Gegenöffnung eines Beckenabscesses.

167) An Dr. Kappeler in Münsterlingen.

Wien, 8. December 1880.

Lieber Freund und College!

Obgleich ich schon von Horner zu meinem größesten Leidwesen hörte, daß Sie erkrankt seien, doch auf der Besserung, so war es mir doch besonders lieb, daß Dr. Haffter so liebenswürdig war, mir Näheres über Sie zu schreiben; ich bitte Sie, ihm dafür meinen freundlichsten Dank zu sagen. Hoffentlich wird es nun bald immer besser und besser mit Ihnen gehen, und ich finde es sehr vernünftig, daß Sie daran denken, den Süden aufzusuchen, wo sich bei fort= dauerndem Aufenthalt in sonniger Luft Exsudate und Infiltrate ganz unerwartet rasch resorbiren.

Haffter nannte mir Ajaccio als das Ziel Ihrer Reise. Ich möchte Ihnen zu diesem Ort nicht besonders rathen. Der Ort ist als Curplatz in Verfall, die Hotels schlecht, meist bankrott, die Fahrt dorthin unbequem, die Schiffe schlecht. Meine ganze Familie war den Winter an der Riviera und zwar in San Remo. Ich war um Weihnachten und Ostern dort, jedes Mal 14 Tage und habe mir alle dortigen Curorte, sowie auch Südfrankreich angesehen, dort auch das Obige über Ajaccio gehört. Ich könnte Ihnen nur zu San Remo, Bordighera oder Mentone rathen; dies sind die wärmsten, wind= und regenfreiesten Orte dort, und man kann sich dort gut verpflegen, was doch auch von Wichtigkeit ist. Die Winteraufent= halte in Meran, Riva, Arco sind doch nur Halbheiten, die bei sehr mildem Winter allerdings glücken können, doch bei einem strengen Winter, wie der vorjährige, auch mißglücken. Das eigentlich milde Klima an der See beginnt doch erst jenseits der Apenninen. Pisa, Rom, Neapel sind ganz schlecht. Vortrefflich Catania und Palermo, freilich auch recht weit.

Mit dem größesten Interesse verfolge ich Ihre literarischen Arbeiten, und schätze es ganz besonders hoch, wenn ein Spitalarzt ohne die Anregung des Lehrers und einer Fakultät so Vortreffliches leistet, wie Sie es thun. Ihre letzte Arbeit über Fußresectionen*) ist wirklich ein großartiger Fortschritt, die Resultate ganz unerwartet glückliche. Ich bin sehr stolz auf meine Schüler; sie werden Manches

---

*) Ueber große atypische Resectionen am Fuße.

vollenden, was ich anstrebte. Ich bin inzwischen ganz grau geworden, kann wohl als Lehrer und Arzt wohl hier und da mit der Erfahrung des Alters anregen und rathen, doch nicht mehr mit meinen Schülern um die Wette arbeiten. Nun Alles hat seine Zeit. Vor Allem werden Sie bald ganz gesund, und erhalten Sie mir ein freundliches Andenken. Mit herzlichem Gruß

Ihr
Th. Billroth.

(63) An Prof. His in Leipzig.

Wien, 2. Januar 1881.

Mein lieber alter Freund!

. . . Im Ganzen bestärkt sich bei mir immer mehr die Anschauung, daß das Wesentliche der Erziehung fast nur im Beispiel der Umgebung, im häuslichen Ton liegt. Da kommt Vieles von selbst in die Kinder hinein und aus ihnen hinaus, was nie durch Vorschrift und Lehre zu erreichen ist. Hat man Gelegenheit, der Vergangenheit roher Menschen nachzuspüren, man wird die Quelle meist in dem häuslichen Ton finden, und ganz vorwiegend in dem Mangel an mütterlichem Einfluß. Selten überlegt man wohl in der eigenen Jugend, daß man nicht nur ein Mädchen zur eigenen Freude, sondern auch die Mutter für die späteren Kinder heirathet; es ist auch fast zu viel von einem jungen Menschen verlangt, das vorzudenken. Es ist in unserer socialistisch angehauchten Zeit wohl ein altes zopfig Wort: „aus gutem Hause sein", und doch liegt eine ganze Weltweisheit darin! Nun! wir dürfen uns beide wahrlich nicht beklagen! . . .

Ihr habt nun auch noch die Sorgen für die Knaben vor uns voraus. Hier hat man doch schon angefangen, wenigstens die täglichen Unterrichtsstunden etwas zu verringern und den Knaben mehr freie Stunden zu ihrer körperlichen Erholung und eigenen häuslichen Arbeit zu geben. Es mag schwer sein, da die Grenze zu finden; und so sehr uns unsere Jungen dabei leid thun, so haben wir es doch auch nicht besser gehabt. Nur wünschte ich, daß die Zahl derer, welche das Universitätsstudium ergreifen, sich verringern möchte, wie schon Kaiser Joseph II. die Verordnung

erließ, daß nur die allerbefähigsten Schüler zu den Universitäten zu=
gelassen werden sollen. Er reducirte die Universitäten auf die Hälfte,
um die Staatsmittel zu concentriren und hier möglichst ausgezeichnete
Kräfte zu erziehen. Der arme Kaiser hatte auch damit kein Glück!
Darüber läßt sich wohl dies und das sprechen und wünschen, doch
in praxi auszuführen ist es schwer.

Ich könnte mich doch nicht entschließen, dem alten in England
noch herrschenden System das Wort zu reden, nämlich wieder ver=
schiedene niedere und höhere Klassen von Aerzten und Chirurgen
einzuführen, entsprechend den Volksschullehrern und Gymnasial=
lehrern, den subalternen Beamten und höheren Beamten, dem nie=
deren und höheren Klerus. Abgesehen davon, daß, wie Kaiser Josef
sagt, die Krankheiten der Bauern wohl nicht sehr verschieden sind
von denen der feingebildeten Städter —, entspricht es doch zu wenig
unseren modernen socialen und humanitären Anschauungen, daß
wir aufs Neue Kasten und Verschiedenheit des Ranges auf der
einen Seite herstellen, und sie auf der anderen Seite wieder nieder=
reißen und die gleichen Menschen= und Bürgerrechte verlangen. Ich
weiß keinen Rath in diesem Dilemma und fürchte, daß sich unsere
Jungen noch recht viel in manchen Generationen plagen müssen.
Das Eine aber dürfen wir aber doch wohl mit Stolz behaupten,
daß die Deutschen gerade durch die Breite ihrer Bildungsbasis das
geworden sind, was sie jetzt sind. Und gerade auf dem Gebiete der
Naturwissenschaften, Medicin und Chirurgie dürfen wir uns wohl
ohne Chauvinismus unserer mühsam errungenen Stellung und
Superiorität über die anderen Culturvölker freuen. Also, laß die
Buben sich nur quälen, sie werden es später nicht bereuen; und von
der „Ermüdung", die sie, wie Virchow ganz treffend sagt, mit auf
die Universität bringt, erholt sich die Jugend rasch, und man gönne
ihnen diese Erholung! Am Ende scheiden sich die Kasten der nie=
deren, dummen und unwissenden Doctoren von selbst von den be=
gabten und wissenden; die Natur corrigirt hier, wie so oft, unsere
künstlichen Erziehungssysteme. . . .

Ich unterstütze auch die künstlerischen und literarischen Anläufe
meiner Kinder nach Kräften. Die Entwickelung der Phantasie in
dieser Richtung ist denn doch fürs ganze Leben eine Quelle inneren
Glücks und froher Lebensstunden.

Wie gern horchte ich wieder einmal hinein in Euer liebes Haus und Euren Familienkreis, doch will sich's nicht recht schicken. Zu Ostern zieht es mich immer nach Italien, und ich kann mich auch diesmal nicht entschließen diesen Plan aufzugeben, um den Chirurgen=Congreß in Berlin zu besuchen. Ich will diesmal mit Brahms direct von hier gleich bis Palermo fahren, um doch auch einmal endlich Sicilien zu sehen. Das muß man sich expreß vornehmen, sonst kommt man nicht dazu, sondern bleibt irgendwo unterwegs hängen. Bis Rom haben wir durch die neue Ponteba=Bahn von hier nur noch 30 Stunden; dahin kommt man dann schon später auch wohl noch einmal. Ostern fällt diesmal spät, und so kann man den vollen Frühling in Italien genießen. . . .

Der Deine
Th. Billroth.

169) An Prof. Czerny in Heidelberg.

Wien, 13. Januar 1881[*].

Lieber Freund!

Es war ein heißer Kampf heute Abend. Sie haben schließlich eine Majorität erzielt; ebenso bei erneuter Abstimmung auch Kaposi.[**]) Sie hatten beide die gleichen Gegner . . . Gebe nun der Himmel, daß das Ministerium auf Vernunft hört. Ihre Freunde werden nicht ermangeln, das Möglichste zu thun. Ich bin von mehreren Seiten aufgefordert, Ihnen in Betreff der Berufungsunterhandlungen (wir geben uns vorläufig wenigstens der angenehmen Hoffnung hin, daß es dazu kommt) zu unterbreiten, daß Sie in Betreff Ihrer Forderungen nicht über das hier übliche Maß hinausgehen; es findet sich wohl später Gelegenheit, das zu corrigiren. Bei der großen Geldklemme, die hier herrscht, würde man eine außergewöhnliche Gehaltsforderung vielleicht als Vorwand benutzen, die Verhandlungen abzubrechen.

Ueber die hiesigen Gehalts= und Pensionsverhältnisse finden Sie in meinem Buch „über Lehren und Lernen der medizin. Wissenschaften" pag. 369 und 371 das Wichtigste. Nur bemerke ich, daß

---

[*]) Der Brief betrifft die erste Berufung von Prof. Czerny nach Wien.
[**]) Prof. extr. für Dermatologie und Syphilis in Wien.

die Quartiergelder aufgehoben sind seit der allgemeinen Einführung der „Activitätszulagen". Machen Sie zur Bedingung, daß Ihnen die Zeit Ihrer Dienstjahre als Ordinarius im Auslande für Oesterreich mit eingerechnet werden; dies ist wegen der späteren eventuellen Pensionirung wichtig. Wären Sie vor 10 Jahren in Oesterreich resp. Wien zum Ordinarius ernannt, so würden Sie 2200 fl. ö. W. Gehalt bekommen haben, dazu zweimal die Quinquenalzulage von je 200 fl. (also 400 fl.), dazu 800 fl. Activitätszulage, macht in Summa 3200 fl., etwa 5500 Mark. Die Examen- und Fakultätsgelder betragen jährlich etwa 1000 fl., die Collegiengelder etwa 2300 fl. jährlich. An Praxiseinnahme können Sie, wenn ich es nach mir berechne, fürs erste Jahr etwa 12000 bis 15000 fl. rechnen. Summa summarum können Sie mit Vorsicht auf ein Budget von 17—20000 fl. rechnen. Das ist für Wien nicht viel, wenn man comfortable leben will; jedenfalls müssen Sie sich ein Betriebskapital für Einrichtung ꝛc. von etwa 10—15000 fl. mitbringen. Becker wird Ihnen besser als ich sagen können, was man bei jungem Haushalt anfangs braucht. Mir sagt man nach, daß ich Alles doppelt bezahle; es hängt natürlich von der Art Ihres Haushalts und von dem Geschick Ihrer Frau ab, wie viel Sie hier verbrauchen. Zu repräsentiren braucht man hier gar nicht, doch die Guldenzettel verfliegen, man weiß nicht wie.

Nun gebe der Himmel, daß nicht alle diese Mittheilungen umsonst sind. Im Ministerium kracht und knackt es gewaltig, doch bis jetzt immer zu Gunsten der Czechen. Die sprachliche Zweitheilung von Prag ist sicher. . . .

Mit freundlichstem Gruß
Ihr ergebenster
Th. Billroth.

170) An Prof. Czerny in Heidelberg.

Wien, 22. Januar 1881.

Lieber Freund!

Heute zunächst etwas puncto „Deutsche Chirurgie". Ich bin also damit einverstanden, daß Sie „Anschwellungen und Geschwülste des Unterleibes" übernehmen, und Heinecke*) „Blutung, Blutstillung, Transfusion" bearbeitet. Lücke ist mit dem neuen Arrangement einverstanden; Enke werde ich benachrichtigen. Es wird bei Ihnen wohl ähnlich sein wie hier, daß in dieser Zeit Ebbe in der Privatpraxis ist, und da rathe ich, daß Sie sich gleich an die Arbeit machen. Es wird auch zur Beruhigung in der Berufungsangelegenheit dienen; denn einer gewissen Aufgeregtheit kann man sich bei solchen Dingen doch nicht entziehen, wie ich aus Erfahrung weiß.

Mit Rücksicht auf Ihren letzten Brief bitte ich Sie nur, sich dort nicht binden zu lassen, bevor Sie von hier officielle Anfrage haben, zu der es hoffentlich bald kommen wird. Da ich im Ministerium immer sehr ungern gesehen bin, weil ich mich noch nie dort habe sehen lassen, und auch noch von wegen meines Buches über die Universitäten, so habe ich Papa Arlt gebeten, dort Schritte zu thun. Der eigentliche Macher ist der Sectionschef A.; von ihm weiß ich durch Andere, daß er bereit wäre, Sie hierher zu berufen. Doch ob sein Einfluß stark genug ist, um B. zu gewinnen, das weiß kein Mensch. Jedenfalls bitte ich Sie, nicht übereilt zu handeln; vielleicht können Sie auch in der Gehaltsfrage noch höher gehen. Ich habe mir zur Zeit 4000 fl. Gehalt ausbedungen und auf Quinquenalzulagen und Activitätszulagen verzichtet. Auf dem üblichen Wege kommen Sie freilich mit der Zeit über die 4000 fl. hinaus, was mir verschlossen ist. Vielleicht consultiren Sie auch Arlt darüber.

Ihr
Th. Billroth.

171) An Prof. Czerny in Heidelberg.

Wien, 4. Februar 1881.

„Unsinn! Du siegst! Gegen die Dummheit kämpfen selbst Götter vergebens!" Das ist das Einzige, womit ich mich über das traurigste Fiasco trösten kann, das ich in meinem Leben gemacht habe. 14 Jahre lang habe ich für diese Universität gewirkt, um Schüler und Nachfolger zu bilden; und nun sagen mir eine Handvoll Czechen und Juden ins Gesicht, ich verstehe nichts vom Lehren

---

*) Prof. der Chirurgie in Erlangen.

und habe kein Urtheil über Menschen! und die Regierung glaubt das und stempelt mich . . . zum Trottel! Der todte Dumreicher verfolgt mich wie der lebende; das ist der Dank für die Schonung, die ich ihm stets bewiesen habe. Ich habe es geahnt und bin doch wüthend, da ich es schwarz auf weiß lese. Nie wird man einen Schüler von mir anstellen in Oesterreich . . . Es ist so recht altösterreichisch: überschwängliche Freundschaft mit dem deutschen Reich, und Verfolgung der Deutschen im Lande. Arlt war noch bei X. im Ministerium, der ihn kühl abfallen ließ . . .

Daß Ihren lieben Eltern die Freude entgeht, Sie in Wien zu wissen, thut mir auch leid. Sie werden sich in Ihrem schönen Wirkungskreis zu trösten wissen. Arbeiten Sie Ihre Verstimmung in den Unterleibstumoren aus; mich hat in ähnlichen Situationen immer die Arbeit am schnellsten und genügendsten entschädigt.

Ob ich nach London*) gehe, weiß ich noch nicht; es hängt davon ab, wie weit mich der Sommer mitnimmt. Ostern reise ich mit Brahms nach Sicilien.

Ueber meine Magenresection**) werden Sie morgen bei Wittelshöfer Näheres lesen. Heute habe ich die Nähte entfernt: reactionslose Heilung auch der Bauchwunde. Doch eine kleine Entschädigung für all den Aerger!

Ihr
Th. Billroth.

(72) An Prof. Baum in Göttingen.

Wien, 13. Februar 1881.

Mein hochverehrter Lehrer und Freund!

Es ist eine Freude und ein herrliches Beispiel für uns sogenannten Jüngern, Sie so thätig und rüstig zu wissen und fortdauernd so theilnehmend an unseren Bestrebungen, die doch nur Früchte der wissenschaftlichen Methode sind, welche uns von unseren Lehrern anerzogen wurde. Ich denke mir, daß Wilhelm auch großes Interesse an der neuen Operation nehmen und sie auch gewiß bald unternehmen wird; er muß nach seinen literarischen

---

*) Internationaler Aerzte-Congreß in London.
**) Billroth machte die erste Magenresection am 29. Januar 1881. Die geheilte Kranke starb am 24. Mai an Recidivcarcinom.

Mittheilungen ein vortrefflicher Operateur sein, denn sonst würde er sich bei seinem ernsten Sinn nicht an so große Operationen machen. Man hat doch auch eine rechte Freude daran, wenn man der Sache Herr geworden ist.

Meine Magenresecirte muß ich, soweit es die Operation betrifft, als geheilt erklären; heute (nach 14 Tagen) hat sie zuerst etwas Fleisch genommen, ihre Hauptnahrung besteht freilich immer noch in Milch. Leider war sie vor der Operation schon so marantisch, daß sie sich in ihrer Ernährung nur sehr langsam erholt; auch erschwert ein Decubitus, den sie schon vor der Operation hatte, die Pflege. Jedenfalls muß man in anderen Fällen früher operiren, bevor der Organismus auf eine vita minima herabgekommen ist.

Hier haben wir böse politische Tage; die Czechen haben die Oberhand gewonnen; aus dem Dualismus wird bald eine Trias werden ... Deutsch ist nix! meine besten Schüler werden ostentativ bei allen Vacanzen in Oesterreich übergangen. Es wird wohl bald wieder anders werden, doch jede solche Periode bringt irreparable Rückschritte! „Ein garstig Lied, pfui, ein politisch Lied!"

Ihr treuer
Th. Billroth.

173) An Prof. Czerny in Heidelberg.

Wien, 11. Mai 1881.

Lieber Freund!

Meine Erfahrungen über die partielle Laryngresection*) beschränken sich auf zwei Fälle. Im ersten Falle (Bankier X. in Wien) resecirte ich nach gemachter Fissur genau die rechte Hälfte; es blieben wahre und falsche Stimmbänder links in ihren Ansätzen völlig intact; auch die dem resecirten Larynxtheil hinten anhaftende Pharynxschleimhaut konnte erhalten werden. — Nun bildete sich eine Art Stimmritze durch die Narbe rechts (natürlich unbeweglich) und des zurückgebliebenen Stimmbandes links. Dieselbe war zu eng, als daß Patient dadurch hätte dauernd ruhig athmen können, und mußte

---

*) Billroth machte wegen Krebs die erste Totalexstirpation des Kehlkopfs am 31. December 1873, die erste partielle Kehlkopfresection am 7. Juli 1878.

er daher die Trachealcanüle behalten. Doch konnte er bei Ventil=
verschluß der letzteren mit schnarrender Stimme sehr deutlich sprechen,
nur nicht lange hinter einander, weil der von oben mögliche Inspi=
rationsstrom zu klein war. Fama sagt, er habe in einem Eisen=
bahnverwaltungsrath mit seinem halben Kehlkopf eine Rede ge=
halten. — Der Verlauf der Operation war ungemein günstig; Pat.
konnte schon am Tage nach der Operation selbst schlucken, war
immer fieberfrei; die Tracheotomie war vier Wochen vor der Larynx=
resection gemacht. Leider kamen auch in diesem Falle bald Recidive
in den Lymphdrüsen, so daß die beabsichtigten Studien und Ver=
besserungen an diesem sonderbaren Kehlkopf nach der vollendeten
Narbenbildung unterbleiben mußten. Tod an den Recidiven etwa
$^3/_4$ Jahr nach der Operation. Stoerk hat den Fall genau verfolgt
und Alles notirt und zeichnen lassen. Da der Mann aber noch
lebte, als Stoerk sein Buch abschloß, so hat er den Fall nicht auf=
genommen.

Der zweite Fall (ein älterer Mann auf der Klinik) belehrte
mich, daß diese überaus günstigen Verhältnisse doch nur unter ganz
besonderen Verhältnissen zu erreichen sind. In diesem Falle konnte
ich vorn den Ansatz (das Carcinom war auch rechts) des Stimm=
bandes nicht lassen, mußte von rechts nicht nur etwas mehr als die
Hälfte fortnehmen, sondern auch ein großes Stück von der dem Larynx
anhaftenden Pharynxschleimhaut. Mit Hülfe künstlicher Ernährung
durch die Schlundsonde ging es etwa fünf Wochen lang recht gut; doch
zeigten sich bald folgende Uebelstände. Der restirende linke Kehlkopftheil
stand wie ein Sperrbalken zwischen Trachea und Pharynx, dahinter das
große Loch im Pharynx; die Trachea konnte durch die Benarbung nicht
hinaufgezogen werden. Es war also keine Möglichkeit, daß je ein selb=
ständiges Schlucken ohne Schlundsonde eintreten konnte. Die Trachea
mußte sehr dicht durch Canüle und Tampons geschlossen sein, um
selbst bei eingeführter Schlundsonde in das Pharynx= resp. Oeso=
phagusloch das Einfließen der regurgitirenden Flüssigkeiten in die
Trachea zu hindern. Nun kam es auch noch zu einem Recidiv.
Ich excidirte dies, löste die Pharynxschleimhaut ab, um sie vorzu=
ziehen, und das Loch zu schließen; doch ergab sich dies als unaus=
führbar. Der Mann wurde marantisch, bekam zuletzt noch eine
Bronchopneumonie, der er erlag. Bei dem großen Loch im Pharynx
hätte auch wohl die nachträgliche Entfernung des Larynxrestes nichts

zur Bildung eines spontanen Schlingens genützt; das Eindringen von Flüssigkeiten in die Trachea wäre nicht zu hindern gewesen.

Aus diesen Beobachtungen ergiebt sich bis auf Weiteres für mich, daß bei Ausbreitung des Carcinoms auf den Pharynx weder ein selbständiger Schlingmechanismus, noch eine Stimmbildung durch Prothese zu erreichen sein würde; noch weniger bei particller, als bei totaler Larynxerstirpation. Letztere dürfte nur in denjenigen Fällen verwendbar sein, wo sie nicht ausgedehnt zu sein braucht, und wo die Pharynxschleimhaut intact ist.

Wie wenig bei narbig verschrumpftem Kehlkopf mit aller Mühe auszurichten ist, zeigt auch der von Ehrendorfer*) (in einem der letzten Hefte des Archiv's) beschriebene Fall von Enchondrom, welches ich durch seitlichen Halsschnitt von der hinteren Fläche des Kehlkopfs fortgenommen habe. Die Schlingfunction bei dieser Frau ist völlig normal, doch der Kehlkopfeingang ist narbig verkrumpelt; und selbst der erfinderische und unermüdliche Gersuny bringt es nicht dazu, die Frau dauernd sprechen zu machen, obgleich sie beide Stimmbänder hat, und innen im Larynx nichts geschehen ist. Der Kehlkopfeingang ist schlaff und etwas verengt; bei der Inspiration zieht er sich so ein, daß Luftmangel entsteht. Einige schnarrende Töne können stoßweise hervorgebracht werden, doch zum Sprechen und ruhigem In- und Expirationszug von oben kommt es nicht. Gersuny hat nach und nach von unten her durch die Trachealcanüle (wie beim künstlichen Kehlkopf) Röhren nach oben hinaufgebracht von sehr verschiedener Länge und Krümmung, doch Alles vergeblich.

Das ist Alles, was ich über die Sache weiß; wie Sie sehen, ist es nicht sehr erfreulich.

Ihre Nierenoperationen interessiren mich ungemein. Mir ist hier noch nichts auf diesem Gebiet vorgekommen, obgleich ich schon mehr Bäuche als Abscesse aufgeschnitten habe.

Ihre neue vaginale Myomotomie ist sehr hübsch. Unsere Wiener Frauen sind nur gar zu fett, sodaß die Diagnosen selten sicher zu machen sind . . .

Ihr
Th. Billroth.

---

*) Assistent Billroth's; jetzt Prof. der Geburtshilfe und Gynäkologie in Innsbruck.

174) An Prof. Czerny in Heidelberg.

St. Moritz, 7. September 1881.

Lieber Freund!

... Ich habe bis letzten August in Wien ausgehalten und in Praxis gearbeitet, während meine Familie in dem schwülen Pötzleinsdorf schmorte. Nach mancherlei Plänen beschloß ich endlich, con tutta la famiglia den September zu reisen. Wir sind nun hier seit einer Woche; doch hat uns das Wetter wenig begünstigt, es regnet viel und ist meist bitterkalt. So werden wir denn morgen über den Bernina-Paß nach Bellagio am Comersee fahren, dann nach Lugano, Pallanza, Mailand, Venedig. Am 30. September will ich wieder in Wien sein, um weiter zu practiziren.

Leider bin ich nun auch in die Jahre gekommen, wo man sich mehr als verstorbener Gatte und Vater denkt und die materiellen Interessen sehr bedenklich in den Vordergrund treten. Bei den Buben liegt weniger daran, sie sollen sich mit wenigem selber helfen; doch da es nun doch wahrscheinlich ist, daß meine 3 Mädel mich überleben, so muß ich für sie sorgen. Es ist mein Naturell, daß ich Alles, was ich ergreife, concentrirt erfasse, und so habe ich mich nun ganz und gar auf diesen einen Gedanken gestürzt. Ich möchte in der Lage sein, mit dem Jahre 1890 (wenn ich es erlebe), d. h. nach 30jähriger Dienstzeit, meine Stelle niederlegen zu können, denn die Verhältnisse der Wiener Fakultät sind mir ganz und gar zuwider. Ich habe mich bis jetzt redlich bemüht, auch für die Fakultät das Beste zu erstreben, doch es war Alles umsonst. Die meisten meiner Collegen und die Regierung dazu haben mich nur ausgelacht, wenn ich irgend welche idealen Seiten hervorkehrte; man lacht mich aus, daß ich mich immer noch so ereifere. Nun gut! jetzt bekümmere ich mich um nichts mehr. Die Fakultät wird bald völlig versumpft sein. Was soll ich mir den Abend meines Lebens durch das ewige Arbeiten gegen einen Wall trüben, den ich doch nicht einzurennen vermag . . . .

Das ist ein abscheulicher Brief geworden, doch ich kann's nicht ändern und versichere Sie, daß ich in Nichts übertreibe.

Was meine Klinik betrifft, so haben sich Wölfler und Mikulicz so außerordentlich in jeder Beziehung entwickelt, daß ich im Lauf des letzten Jahres fast überflüssig an meiner Klinik war. Mikulicz tritt nun aus, da er sich verheirathet hat und geht mit meiner Zustimmung zur Privatdocenten-Poliklinik über, wenn er nicht etwa nach Krakau kommt. Er ist von Geburt Pole und wäre wohl im Stande, polnisch vorzutragen; doch ist er bei mir zu deutsch geworden, und ich fürchte, das wird ihn für Krakau unmöglich machen . . . Wölfler bleibt noch; er ist im Begriff, seine Struma-Arbeit fortzusetzen. Für Mikulicz habe ich einen ganz jungen Menschen (Hacker*) eingeschaltet, von dem ich mir Tüchtiges verspreche. Wölfler und Mikulicz haben mir die Klinik so bequem gemacht, zumal das Operiren, daß ich fühle, wie es mich träge gemacht hat; nun werde ich mich wieder etwas zusammennehmen müssen.

Die Zahl der Operationen hat sich enorm vermehrt, seit Sie fort sind, sodaß ich in 2½—3 Stunden täglich kaum mit ⅔ fertig werde. Die Ambulanz ist enorm geworden und beschäftigt die Assistenten täglich noch 2—3 Stunden nach der Klinik; die Aufnahme erfolgt so ausschließlich aus der Ambulanz, daß immer Patienten aus dieser vorgemerkt sind zur Aufnahme. Dadurch kommt es, daß nie ein freies Bett auf meiner Klinik ist und die Aufnahme vom Journal eigentlich ganz aufgehört hat. Das ist wohl der Grund, weßhalb schon seit Jahren keine complicirte Fractur vorgekommen ist und die Zahl der subcutanen Fracturen kaum mehr als 4—6 im Jahr beträgt. Sehr schlecht für den Unterricht! doch schwer zu ändern. Albert**) hat wohl vom Journal etwas besseres Lehrmaterial.

So könnte ich Ihnen noch genug weiter erzählen, doch es ist nicht erquicklich!

Mir geht es im Allgemeinen gut, doch muß ich wegen meines Fettherzens vorsichtig leben und kann nicht viel mehr vom Leben genießen.

Ihr
Th. Billroth.

(175) An Dr. Gersuny in Wien.

Bellagio, 12. September 1881.

Lieber Freund!

Ihr Brief vom 7. d. M. gelangte gestern Abend in meine Hände, da er mir von St. Moritz sofort nachgeschickt wurde. Ich

---

*) Jetzt Prof. extr. der Chirurgie in Wien.
**) Prof. der Chirurgie in Wien.

danke Ihnen sehr für Ihre Nachrichten, und besonders für Ihre Sorge um Elise. Man kann der Armen nur wünschen, daß sie bald stirbt. Ich habe diesen Verlauf erwartet; die Krankheit hat auf mich schon lange den Eindruck einer unheilbaren gemacht. Die vis a tergo vom Herzen ist bei ihr gewiß auch zu schwach, als daß sich größere Kreislaufsstörungen im Hirn völlig ausgleichen könnten. Ich vermuthe etwa eine chronische Endocarditis ulcerosa bacteritica; ob das Ganze nicht etwa eine Malaria=Infection alten Datums ist? es war doch zu auffallend, daß sich das Mädchen trotz aller Pflege nicht erholen wollte. Sollte sie sterben und die Section gemacht werden, so wird man von den Herren, die jetzt dort seciren, auch nichts erfahren; bei den letzten Sectionen meiner Klinik wurde nie etwas gefunden. Jedenfalls bitte ich Sie, Elisen auf der zweiten Classe zu belassen; ich werde für Alles sorgen, sie war viele Jahre hindurch eine treue Stütze für meine Frau und Kinder . . . Die Ruhe des Hauses hängt weit mehr als man glaubt von geduldigen und klugen Dienstboten ab.

Es ist mir sehr lieb, daß Sie Frau J. operirt haben, und bin ich gespannt, etwas Näheres über den Sitz der Recidive zu hören; es sollte mich ungemein freuen, wenn Sie für alle Opfer von Auf= merksamkeit und Geduld, welche Sie dieser Frau gewidmet haben, auch ein lohnendes Schlußresultat erzielen würden. Ich bin von den Kehlkopfoperationen, die über die Tracheotomie hinausgehen, wenig erbaut; von der griechischen Excellenz hörte ich, daß sie auch schon ein Recidiv habe.

Uns geht es recht gut. Unsere Reise durchs Poschiavo= und Adda=Thal (Weltlin) war herrlich; in bequemem Wagen haben wir täglich immer nur etwa 5 Stunden gemacht und sehr nette Quartiere gehabt. Der Comer=See hat Christel und mir doch wieder auf's Neue durch seine mannigfaltigen Schönheiten imponirt. Wir sind seit vorgestern hier und würden länger bleiben, wenn das Hotel etwas gemüthlicher wäre; doch ein Haus mit einer täglichen Table d'hôte von über 200 Personen ist und bleibt unbehaglich, wenigstens für Leute unserer Art. Wir werden also übermorgen unseren Wander= stab, (an welchem 5 Koffer und 5 kleine Colli hängen), wieder zur Hand nehmen und nach Lugano in das dortige Hôtel du Parc übersiedeln. Finden wir auch dort keine Behaglichkeit, so werden wir es am Lago maggiore in Palanza versuchen (Grand Hôtel de

Palanza). In Mailand soll es so überfüllt sein, daß wir vielleicht gar nicht unterkommen; der Schluß wird wie gewöhnlich Venedig sein. Am 30. September bin ich sicher zu Hause, vielleicht früher …
Mit freundlichstem Gruß

Ihr
Th. Billroth.

176) An Dr. Gersuny in Wien.

Wien, 12. October 1881.

Lieber Freund!

In Betreff unserer Pflegerinnen-Curse*) habe ich Ihnen folgende Daten mitzutheilen.

1) Die Curse werden im Hörsaal Nr. II in der Handels-Akademie parterre links sein. Die Handels-Akademie giebt Saal, Heizung, Licht (4 Flammen) frei. Der Verein wird nur dem Portier für Reinigung, Anzünden, Auf- und Zuschließen ꝛc. eine Renumeration geben.

2) Da Sie bis 3 Uhr Ordination haben, so denke ich, wir nehmen die Stunden von $^1/_26$—$^1/_28$. Die Tage sind: November 8., 12., 15., 19., 22., 26., 29.; December 3., 6., 10., 13., 17. Es sind immer Dienstage und Samstage.

3) Es bleibt dabei, daß ich die ersten beiden, Hüttenbrenner**) die letzten beiden Vorträge übernimmt, und Sie die übrigen Vorträge und alle Verbandübungen übernehmen.

4) Der Verfertiger der Gliederpuppen scheint einzig in seiner Art zu sein: Josef Holub, er nennt sich Bildhauer, wohnt IX., Fechtergasse 3. Er arbeitet in Holz und Eisen, wie man will. Mir hat die (von ihm gemachte) Puppe bei Mayr und Feßler auch sehr gut gefallen, doch ließe sich wohl viel daran vereinfachen. Beweglichkeit aller Finger und Zehen z. B. ist doch wohl nicht nöthig. Jedenfalls müssen wir eine solche vollständige Puppe haben. Außerdem wohl noch 2 Beine, 2 Arme und einen Rumpf mit Kopf und Armstümpfen (Amputationsstümpfe). Ich bitte Sie, Alles nach

---

*) Billroth gründete den Rudolphiner-Verein zur Erbauung und Erhaltung eines Parillon-Krankenhauses behufs Heranbildung von Pflegerinnen für Kranke und Verwundete in Wien, unter dem Protectorate des Kronprinzen Rudolph. Zum Besten dieses Vereins schrieb er „Die Krankenpflege im Hause und im Hospitale", ein Handbuch für Familien und Krankenpflegerinnen (Januar 1881). — Der Bau des Rudolphinerhauses begann 1881 mit einer Baracke, der Bau der permanenten Anlage im Frühjahr 1884.
**) Director des Carolinen-Kinderspitals in Wien.

Ihrem Ermessen gleich anfertigen zu lassen, den Preis zu besprechen und den Mann wegen des Geldes an mich anzuweisen. Der Verein darf da kein Geld sparen.

5) Der Schrank für die Puppe kann einfach sein, doch muß er braun mit Oelfarbe gestrichen sein.

6) Die mir zugesandten Tafeln von Kundrat*) finde ich vortrefflich für unseren Zweck und ausreichend.

7) Für das Musterkrankenbett ist kein Raum zur Aufbewahrung in der Handels=Akademie. Wir werden es also so einrichten, daß es bei mir steht, unten (meine Frau war so liebenswürdig es zu erlauben), und zu der betreffenden Vorlesung hingebracht wird. Es läßt sich wohl so einrichten, daß man es nur einmal braucht.

8) Nun noch eins. Wir brauchen jedenfalls irgend eine Person, ein weibliches Wesen, welche bei diesen Cursen dies und das vorbereitet, die gebrauchten Sachen wieder einpackt ꝛc. Vielleicht wissen Sie eine brauchbare Person, die dafür natürlich gezahlt wird, und der man dadurch etwa noch eine Wohlthat erweist. Vielleicht wissen unsere Frauen darin Rath, auch was man einer solchen Person zu zahlen hätte.

Das ist vorläufig Alles, was mir einfällt.

Ihr
Th. Billroth.

177) An Dr. Gersuny in Wien.

Wien, 3. November 1881.

Lieber Freund!

Ich war soeben in der Handels=Akademie und habe mir den betreffenden Saal erleuchten lassen. Wir bekommen zu den 4 Gasflammen noch 4 Kerzen auf den Cathedertisch. — Der Diener wird jedes Mal die beiden vorderen Bänke herausnehmen, sodaß wir Platz genug zu den Demonstrationen haben. Es wird Alles am Dienstag gerichtet sein.

Zweckmäßig dürfte es sein, wenn Sie eine Art Tafel oder Buch anlegen (wie bei den Operationscursen), um zu notiren, daß jede Schülerin den betreffenden Verband einmal gemacht hat. Dies wird

---

*) Prof. der pathologischen Anatomie in Graz, Wien.

auch zur Controle der Anwesenheit wünschbar sein. Als Anrede bei den Vorträgen dürfte wohl „Verehrte Schülerinnen" am passendsten sein.

Den ärztlichen Mitgliedern und Frauen des Comites können wir wohl den gelegentlichen Zutritt zu einzelnen Stunden nicht versagen; es werden sich doch Manche überzeugen wollen, was da geschieht.

Ihr
Th. Billroth.

178) An den Herausgeber.

Wien, 23. November 1881.

Lieber College!

Empfangen Sie meinen freundlichsten Dank für Ihre literarische Gabe*), die ja so mancherlei Interessantes enthält und einen Einblick in Ihre erfreuliche und segensreiche Thätigkeit thun läßt; möge es Ihnen vergönnt sein, noch recht lange in Ihrem Wirkungskreise glücklich zu sein.

Was ich für Sie thun konnte, war ein Geringes; das Meiste haben Sie für sich selbst gethan. Bei einer so ausdauernden Arbeit auf dem Gebiete unserer Wissenschaft bleibt auch der äußere Erfolg selten aus. Ich hätte herzlich gewünscht, daß er Ihnen, wie Sie es verdienten, früher gekommen wäre.

Mit großem Vergnügen erinnern wir uns Alle der Begegnung mit norddeutschen Landsleuten im Berninahospiz; wir hatten später noch schöne Tage an den Seen und in den oberitalienischen Städten.

Herzliche Grüße von Haus zu Haus!

Ihr
Th. Billroth.

179) An Prof. von Frisch in Wien.

Wien, 10. December 1881.

Lieber Frisch!

Beifolgend das Buch von Feuerbach**). Lange hat mich kein Buch so sehr durch seinen Inhalt, wie durch den daraus hervor-

---

*) Jahresbericht über die chirurgische Abtheilung des Stadtkrankenhauses in Hannover.
**) Historienmaler in Wien; gest. 1880.

springenden Charakter seines Autors gefesselt. Es ist eine Freude zu wissen, daß es noch solche Künstler und solche Menschen unter uns giebt, oder wenigstens bis vor Kurzem gegeben hat. Hätte dieser Geist und dieses Talent in einem kräftigeren Körper gesteckt, und hätte ihm die Sonne des Erfolges geschienen, wie sie jetzt über meinem Freunde Brahms leuchtet, so hätte Anselm Feuerbach wohl noch immer Bedeutenderes geschaffen. Jedenfalls wäre er ein Fels des Idealismus gewesen, an welchem sich Andere hätten anklammern können; denn bei allen seinen Schwächen war F. doch ein starker Künstlercharakter von einer geistigen Potenz, die alle seine Zeitgenossen überragt.

Auch Ihre Frau muß das Buch lesen; sie soll einige gute, ruhige Stunden dazu abwarten. Man muß sich einem solchen Künstler ganz und warm hingeben, oder an ihm vorbeigehen; auf eine zerstreute Unterhaltung läßt er sich nicht ein.

Ihr
Th. Billroth.

180) An Prof. Baum in Göttingen.

Wien, 12. Januar 1882.

Mein lieber Freund und Lehrer!

Vorgestern kam ich von einer Reise nach Petersburg zurück und fand Ihren lieben Brief vor ...

Was Ihren Wunsch in Betreff einer Decoration für Henle's Jubiläum betrifft, so liegen leider die Verhältnisse sehr ungünstig; wenigstens ist es mir bisher nicht gelungen, einen Weg auszugrübeln, auf dem ich etwas dazu thun könnte. Ich bin bei der jetzigen czechischen Regierung ganz besonders verhaßt, da ich meine deutsche Gesinnung nicht verhehle; man war mir von oben her nie grün, da ich den Leuten zu unabhängig bin. Nun will noch das Unglück, daß der Referent im Ministerium, N., selber keine Decoration hat und wohl ein guter Lehrer, doch ein klein denkender Oesterreicher ist. Was den Kronprinzen betrifft, so hat er mir bei Gelegenheit wohl sehr freundliche Briefe geschrieben; doch würde er nach hiesiger spanischer Hofsitte nie selbständig etwas in Decorationsangelegenheiten thun dürfen. Die Gunst hoher Herren dauert immer nur, solange man nichts von ihnen will; sie sind immer sehr geneigt, zu empfangen, doch selten geneigt, etwas zu thun.

Zum 70. Geburtstage habe ich für Langenbeck eine Decoration erbeten durch den Kriegsminister und Generalstabsarzt; es sollte ihm diese Decoration schon nach dem Kriege 1866 für die Behandlung so vieler österreichischer Verwundeter gegeben werden. Dumreicher erklärte damals, er würde seine Demission geben, wenn dies geschähe; so unterblieb es. Nun, nach Dumreicher's Tode ließ sich die Sache wieder aufnehmen.

Ich bedauere sehr, daß sich wie früher bei der Carbolsäure, so jetzt beim Jodoform eine Art Fanatismus entwickelt, trotzdem ich in den Arbeiten aus meiner Klinik immer zu Vorsicht mahnte. Vor Kurzem ist auch bei uns ein Fall von leichter Geistesstörung bei Jodoformverband vorgekommen, doch bald wieder gebessert. Ich habe Aehnliches auch nach Chloroformnarcosen (2—3 Tage lang) erlebt, auch früher im Verlauf von Wundheilungen ohne Jodoform. Doch ist ein Zusammenhang sehr wahrscheinlich, da sich ja schon aus unseren ersten Intoxicationsfällen eine nahe Beziehung zum Hirn herausstellte.

Mit freundlichem Gruß
Ihr
Th. Billroth.

181) An Dr. Lauenstein in Hamburg.

Wien, 12. Januar 1882.

Verehrtester Herr College!

Unter den vielen Auszeichnungen und Beweisen von Wohlwollen, welche mir zu Theil geworden sind und fortdauernd zu Theil werden, schätze ich die meiner Collegen und Schüler am höchsten. So hat mich denn auch Ihr freundlicher Brief ganz besonders erfreut. Wenn mir auch durch meine Stellung am hiesigen Platze eine Art Recht zur Führerschaft in unserer Wissenschaft von Staatswegen gegeben ist, so wird man doch erst dann zum eigentlichen Führer, wenn man eine reichliche und kräftige Nachfolge hat, welche die Bahn des Einzelnen erweitert; denn nur dadurch wird sie der Gesammtheit der Menschen nützlich. Auch zum Folgen gehört Muth und die Ueberzeugung von der Richtigkeit des Weges, denn die sogenannten blind Folgenden laufen auch wohl Jedem nach, der da oder dorthin einmal aus der Reihe springt.

Von Herzen wünsche ich Ihnen und vor Allem Ihrer Patientin, daß die Heilung auch ferner gut von Statten geht. Leider haben viele Collegen, angereizt durch die Neuheit der Sache, wohl auch Fälle zur Operation gewählt, die sich nicht dazu eigneten. Es giebt ja auch Zungen-, Rectum-, Halsdrüsen-Carcinome 2c., die eigentlich gleich von Anfang an inoperabel sind, wenn sie gleich diffus auftreten und nicht früher diagnosticirbar sind, bis es schon zu spät zur Operation ist. Dies ist beim Pylorus-Carcinom ganz besonders häufig der Fall. Ich habe bei unserem großen hiesigen Material fast 3 Jahre lang nach einem operirbaren Magencarcinom gesucht, und war nicht wenig erstaunt, daß so schnell da und dort operative Fälle gefunden wurden. Das Urtheil, zumal der internen Kliniker, über die Pylorusresection muß sich erst klären; es ist geradezu unsinnig, zu verlangen, daß nach diesen Operationen keine Recidive auftreten dürfen. Ist doch der Beweis einer operativen Radicalheilung der Krebse in einzelnen Fällen erst vor kaum einem Decennium wirklich erbracht und anerkannt worden! — doch die Pylorusresection, wenn sie gelingt, — und sie wird in gutgewählten Fällen meist gelingen, — lindert sofort alle Beschwerden der Kranken und macht die Lebenszeit, welche den Erkrankten bei bereits erfolgter Infection der Drüsen überhaupt noch zugemessen ist, erträglicher, als es irgend ein Arzneimittel vermag. Die Operirten sind von der Stenose des Pylorus, und damit von der Hauptquelle ihrer Qualen befreit.

Ihr ergebenster
Th. Billroth.

(82) An Prof. Cossen in Heidelberg.
Wien, 12. Januar 1882.

Lieber College!

.... Seit ich literarisch arbeite, — es sind wohl mehr als 25 Jahre, — sind die Ansprüche an neue Arbeiten bedeutend gesteigert; schon die Literatur dieser letzten 25 Jahre ist enorm; es wird in Deutschland doch sehr viel und auch viel Gutes gearbeitet. Manchmal wird mir bange, wenn ich bedenke, wer das Alles lesen soll.

Doch dies ist wohl nur ein Gedanke, der mir deßhalb oft kommt, weil meine Zeit zum Lesen und meine Receptionsfähigkeit so sehr reducirt ist . . . Hoffentlich wird die „Deutsche Chirurgie" harmonischer abschließen, als „Pitha-Billroth". In dem soeben durch Schmidt's „Hernien" zum Abschluß gekommenen Bande sind Arbeiten enthalten, welche durch einen Zeitraum von 15 Jahren von einander getrennt sind. Das ist doch zu viel Spatium!

Ich stehe den Fakultätsangelegenheiten hier so fern, daß ich nicht einmal weiß, ob an den Zeitungsnachrichten etwas ist, daß bei N. von hier aus angefragt ist. So sehr ich mich freuen würde, ihn hier zu haben, kann ich ihm doch kaum rathen, den Ruf anzunehmen, denn die hiesigen Verhältnisse im . . . Institut sind scheußlich; und es ist gar keine Aussicht vorhanden, daß es besser wird. Das Collegiengeld ist gering, sodaß diejenigen Professoren, die keine Nebenverdienste haben und nicht über ein Vermögen disponiren, recht übel daran sind. Denn was nützen die vielen Unterhaltungsmöglichkeiten in einer großen Stadt, wenn man sie nicht benutzen kann. Von einem collegialen Verkehr ist gar keine Rede hier, man sieht und kennt sich kaum. Sehr entgegenkommend wird man sich N. gegenüber von hier aus nicht verhalten . . . Es sieht zur Zeit bös hier aus, recht unerfreulich.

Mit herzlichem Gruß
Ihr
Th. Billroth.

183) An Dr. Gersuny in Wien.

Sorrento, 26. März 1882.

Lieber Freund!

. . . . Von uns kann ich nur Gutes berichten. Das Fest in Venedig verlief sehr hübsch und glänzend beim herrlichsten Wetter. Auch hier hatten wir noch eine recht hübsche Vesuv-Auffahrt; doch dann wurde es zwei Tage schlimm: Gewitter, Regen, Kälte. In Neapel hatten mich die Collegen bald ausgewittert; ich sollte Consultationen halten, bei Privatoperationen zugegen sein, in der Klinik die Ovation der Studenten entgegennehmen 2c. Da riß ich gestern Morgen aus, trotz Regen und Wind, nach Pompeji. Der Himmel begünstigte unsere Flucht; es klärte sich gegen Mittag auf, und wir

konnten mit Behagen durch die Straßen und Häuser von Pompeji flaniren. Die Nacht waren wir in Castellamare. Heute ist der Tag prächtig; den Glanz eines hiesigen Frühlingstages zu beschreiben, ist eitel Bemühen; Sie müssen das selbst einmal erleben. Wir haben eine reizende Wohnung mit großer Veranda, Aussicht auf den Golf, auf Ischia, Nisida, Procida, Neapel, Portici, Vesuv ꝛc. . . . . Am Charfreitag Abend hoffe ich, mit den Meinen in Wien einzutreffen.
  Herzlichste Grüße

  Ihr

  Th. Billroth.

184) An Dr. Kappeler in Münsterlingen.

  Mentone, 4. April 1882.

Lieber Freund und College!

. . . Was im Princip Ihre Frage betrifft, ob Sie gut daran thun, Ihre Position mit einer Professur in N. zu vertauschen, so halte ich das, offen gestanden, mindestens für riskirt. Ich kenne ja Ihr großes Talent, Ihren Eifer, Ihre vortrefflichen Arbeiten; aber dazu rathen, daß Sie jetzt sich noch mit der Schulmeisterei abgeben, das kann ich nicht. Hat man die Plackereien mit den Vorlesungen, die elenden Cabalen in der Fakultät, den Neid und Hader der Herren Collegen jung angefangen, so gewöhnt man sich allmählich daran; doch wenn man älter wird, dann wird Einem das Alles recht zuwider. Daß Sie, ohne Professor zu sein, so viel Vortreffliches in wissen= schaftlichen Arbeiten geleistet haben, schätze ich viel höher, als wenn Sie das Doppelte als Professor gemacht hätten. Sie gewinnen nichts durch die Versetzung nach N., ja, es wird Jahre dauern, bis Sie sich unter allerlei Cabalen dort nur die gleiche sociale und materielle Position geschaffen haben, die Sie jetzt in Ihrem Vaterlande haben. Die Zeiten haben sich in Betreff der Chirurgie sehr geändert. Es giebt fast ebenso viele und angesehene Chirurgen außerhalb der Universitäten, als Professoren an denselben. Das ist meine offene Meinung, lieber Freund. Vor Allem freut es mich, daß Sie wieder ganz gesund sind . . .
  Mit herzlichem Gruß

  Ihr

  Th. Billroth.

(85) An Prof. von Dittel in Wien.

Wien, 8. Juni 1882.

Lieber College!

Meine Frau hat mir Ihre gütige Absicht verrathen, in Rücksicht auf meine definitive Ablehnung des Rufes nach Berlin*) mir ein Fest auf dem Kahlenberge zu arrangiren. Seien Sie versichert, daß ich mich herzlich über Ihre gütige Absicht freue und darin einen neuen Beweis Ihres freundschaftlichen Wohlwollens erblicke. Dennoch bitte ich Sie recht sehr, von Ihrer gütigen Absicht abzustehen ... Es würde mich nur peinlich berühren, unter den gegebenen Verhältnissen in mehr conventioneller Weise eine solche Ovation entgegen zu nehmen. Um nicht den Schein zu erwecken, als wenn ich irgend etwas durch diese Berufung „herausschlagen" wollte, habe ich weder dem Decan, noch der Regierung Mittheilung davon gemacht. Wäre nicht von Berlin aus darüber etwas in den Zeitungen verlautet, so hätte ich jede öffentliche Notiz hier perhorrescirt. Die Sache war für mich, nachdem sie in Berlin in officielle Bahn wider meinen Willen von der dortigen Fakultät geleitet war, viel zu ernst, als daß ich damit hätte eine Art von Handel zu meinem Vortheil treiben mögen. Jetzt ist Alles beruhigt und entschieden, und auch ich habe mein etwas schwankendes Gleichgewicht wieder gewonnen; es wäre mir peinlich, den Kampf noch einmal, wenn auch bei der freundlichsten Gelegenheit, wieder durch zu empfinden.

Tausend Dank also! und die Bitte, mir Ihr freundliches Wohlwollen zu erhalten!

Ihr

Th. Billroth.

---

*) Nach dem Rücktritt B. v. Langenbeck's erhielt Billroth noch einmal einen Ruf nach Berlin unter glänzendsten Bedingungen. Er lehnte ab, da, wie er in seiner Autobiographie sagt, sein Wirkungskreis in Wien, sowie auch das sociale und künstlerische Leben, seine enge Freundschaft mit Johannes Brahms und Eduard Hanslick ihn an die schöne Kaiserstadt fesselten. — v. Langenbeck hatte ihm aus Berlin am 24. Mai 1882 geschrieben: „Gestern Abends war Fakultätssitzung, um über meinen Nachfolger zu berathen. Ich stellte den Antrag, Sie als einzigen Candidaten dem Minister vorzuschlagen, und dieser Antrag wurde ohne weitere Diskussion einstimmig angenommen. Das ist, glaube ich, in der Berliner Fakultät noch nicht dagewesen und muß Sie freuen, denn Sie verdanken diese Einstimmigkeit nicht etwa meiner Präponderanz in der Fakultät — eine solche habe ich niemals besessen — sondern allein Ihrer wissenschaftlichen Bedeutung rc."

186) An Dr. Gersuny in Wien.
Bönigen, 22. August 1882.

Wenn das Wetter in Wien nicht besser ist wie hier, so thun Sie mir leid, würde Wippchen sagen. Ich sage schon gar nichts mehr darüber; denn wo jeder Ehrgeiz fehlt, nutzt Alles Reden nichts, selbst wenn es Gold wäre.

Ich denke oft an das Pappdach unserer Baracke*), ob es wohl hält? Ich hatte schon das Zinkdach angeordnet, doch 1) kostet es, wenn es von gutem Zinkblech gemacht wird, mindestens 800 Fl. und 2) habe ich an meinem eigenen Hause zwei Stück Zinkdächer vom besten Zinkblech, welche etwa 3—4 Mal im Jahr durchlässig werden. Das Eine habe ich erst vor 14 Tagen aufs Neue repariren lassen und ließ darauf den darunter liegenden Plafond neu malen. Eine Stunde vor meiner Abreise machte mir Anton die erfreuliche Mittheilung, daß der neue Plafond schon wieder Flecke habe, weil der Regen durch das Dach läuft. So ist denn mein Vertrauen auf Zinkdächer auch nicht sehr groß. Sollte das Barackendach die diesjährige Regenprobe nicht aushalten, so beauftragen Sie doch Beer, daß er von einem Schieferdecker einen Voranschlag machen lassen soll.

Im Uebrigen finde ich es hier sehr nett; die Luft ist herrlich, und es giebt doch jeden Tag Stunden, in denen man spazieren kann. Heute Morgen war freilich der Weg nach Iseltwald durch einen reißenden Strom versperrt; Sie werden an diese geographischen Varietäten hier gewöhnt sein ...

Ihr
Th. Billroth.

187) An Prof. Hanslick in Wien.
Bönigen, 26. August 1882.

Regen in Wien! Regen am Brienzersee! Höchstens einmal ein halber oder dreiviertel Tag mit blauem Himmel und Sonne; man sollte meinen, da sei nicht viel Unterschied zwischen Wien und Bönigen! Und doch! Hier ist doch eine ganz andere Atmosphäre, kein Blut, keine Consilien, keine Ordination. Will man in Wien ins Freie — welche lange Fahrt mit Wagengerassel, Staub, und selbst im

---
*) Im Rudolfinerhaus.

Prater die Luft so dick, wie Thee, auf welchen schon mehrere Male aufgegossen war! Hier, welche Frische, Wald= und Heuduft, tief blauer Himmel, Schneeberge! Von größeren Partieen ist kaum die Rede, das Wetter ist unglaublich unberechenbar; beim höchsten Barometerstand Regen.

Vor 5 Tagen war ich mit meinen beiden ältesten Mädchen auf der „schienigen Platte" gegenüber dem Bergstock, Wetterhorn, Schreck= horn, Aigen, Mönch, Jungfrau ꝛc. Wir trafen einen herrlichsten Moment; doch vier Stunden steil bergab laufen, das war schlimm; noch heute spür' ich es in meinen alten Knochen und sage mir, wenn ich aus dem Bett herauskraxele: alter Esel!

*

188) An Dr. Johannes Brahms in Wien.

Bönigen, 31. August 1882.

Lieber Freund!

Mir ist sowohl Brüll*) als Simrock**) recht, ebenso, daß wir uns auf Oberitalien beschränken. Ich kenne Simrock zu wenig, um ihn von mir aus zur Reise auffordern zu können. Nimm nun die Sache folgendermaßen in die Hand. Bestimme einen Tag (sobald Du willst, nur nicht später als 15. September), an welchem wir uns in Luzern, Hotel zum Schwan (es ist nicht nur wegen der musikalischen Symbolik, sondern weil es ein altes, gut bürgerliches Haus ist) treffen. Setze Brüll davon in Kenntniß und schreibe oder telegraphire mir den Tag nach Interlaken, Hôtel du Nord, wohin ich morgen übersiedele. — Schreibe sofort an Simrock und sage ihm brieflich, daß er Dir telegraphisch antwortet, ob er mit uns zunächst an den Seen bummeln kann und will. Wir würden ihm dann von Luzern aus ein Rendezvous am Langen=See oder in Lugano geben, wohin er via Maloja=Paß in einem Tage von Pontresina kommen kann. — Einen weiteren Reiseplan mache ich nicht. Bergamo und Brescia möchte ich gern bei dieser Gelegenheit kennen lernen. Wie lange Dir der Aufenthalt an den Seen gefällt, hängt von Dir ab; bei gutem Wetter genügen wenige Tage. Da

---

*) Pianist und Componist in Wien.
**) Musikverleger in Berlin.

Du den ganzen Sommer in den Bergen warest, denke ich mir, es wird Dich mehr gelüsten aus ihnen heraus zu kommen.

Wollen wir etwas vom eigentlichen Italien sehen, so proponiere ich Mailand, Turin (je ½ Tag), Genua (via Pisa, Cecina), Volterra, St. Gimignano, Firenze, Bologna, Venezia, Wien — oder mit tieferer Schleife einzuschalten: Siena, Orvieto, Viterbo, Terni, Spoleto, Perugia, Cortona, Arezzo, Firenze, Bologna, Venezia, Wien — oder den Bogen Turin, Genua ausschalten und von Brescia über Cremona, Mantua direct auf Bologna, Lucca und von da auf Volterra losgehen ꝛc. — oder, falls wir uns auf Oberitalien beschränken wollen, Genua bis Monaco oder Nizza per Eisenbahn und per Wagen zurück; — oder uns auf Bergamo, Milano, Cremona, Mantua, Verona, Vicenza, Padua, Venezia beschränken.

Da hast Du nun Auswahl genug; es wird viel vom Wetter abhängen und von momentaner Stimmung. Heute ist endlich ein göttlich schöner Tag, doch hat es 5 — sage „fünf" Tage hier unaufhörlich geregnet.

Die Welt ist doch klein. Heute hörte ich durch den Brief einer Frau Professorin Gomperz aus Aussee an Frau Hartmann, daß Dein Quintett und Trio unter großer Begeisterung dort gespielt sind. — Ich warte also jetzt Deines Winkes nach Luzern.

Dein
Th. Billroth.

(89) An Prof. von Rindfleisch in Würzburg.

Venedig, 27. September 1882.

Lieber Freund!

Samstag oder Sonntag Abend werde ich in Wien sein, wo Christel und Kinder bereits seit 14 Tagen sich der Ruhe und Behaglichkeit im bequemen Heim erfreuen. Christel hat die Zimmer für Dich, Deine Frau und Eti hergerichtet, und ich wiederhole unsere Einladung, daß Du jetzt uns in Wien besuchst. Ihr sollt Euch ganz häuslich bei uns niederlassen, solange es Euch gefällt, und solange Du Zeit hast. Meine Klinik fängt frühestens in der zweiten Woche October an; ich habe also jetzt noch etwas Zeit, mich Euch zu widmen. Ihr würdet uns eine große Freude machen und seid unten in Euren Zimmern nach dem Garten heraus so ungenirt und habt es so still, wie in Würzburg. Wien wird Dir in mancher Beziehung (mit Ausnahme der Wissenschaft, die dort ihr Haupt verhüllt) Anregung bieten. Also schnürt Eure Bündel, und telegraphire an Christel, wann Ihr kommt, damit unser Wagen Euch abholen kann. Der Nachtschnellzug ist wohl immer noch der bequemste.

Von Bergmann's Nachfolger habe ich nur gerüchtweise vernommen, daß Gussenbauer auf private Anfrage abgelehnt habe; ich kann es mir kaum denken. Es wäre ein deutsch=österreichischer Patriotismus, ohne irgend welche praktische Folge; denn Prag ist ein für die Deutschen verlorener Posten . . .

Socin traf ich in Interlaken zufällig. Ich habe mich wieder an seiner Frische und seinem Streben erfreut, und an der Liebens= würdigkeit und Noblesse seines Charakters . . .
         Dein
         Th. Billroth.

190) An Prof. Hanslick in Wien.
        Wien, 12. December 1882.
Lieber Freund!

Soeben habe ich Dein heutiges Feuilleton aus der Hand gelegt und will nicht säumen, Dir zu sagen, wie froh ich bin, daß Du das Gekläffe des kritisirenden Gesindels unbeachtet gelassen hast. Eine eigentliche Discussion über Sachen des Geschmacks ist ja ohnehin selbst mit den Besten nicht möglich, am allerwenigsten über Musik. Bei den bildenden Künsten, sowie bei Drama und Epos kann man sich schließlich noch über das Naturgetreue herumzanken; es giebt da doch immer noch einen Anhalt an das Object. Bei der Musik aber fällt das fort; Du hast ja selbst am meisten dazu beigetragen, dies klar zu legen. Kein Stück von Bach bis Brahms kann die Allgemeingültigkeit, das Typische einer Venus von Melos, eines Laokoon ⁊c., einer Lavinia von Tizian, einer Barbara von Palma beanspruchen. Dennoch bildet sich in jedem Menschen unwillkürlich auch ein solcher musikalischer Idealtypus aus; dieser hat aber einen weit beschränkteren, durch die Zeiteinflüsse und individuellen Anlagen und Sympathieen sehr stark beeinflußten Charakter. Was Bach, und was uns als höchstes musikalisches Ideal vorschwebt, mag wohl mindestens so verschieden sein, wie ein Bild von Dürer und Feuerbach. Wenn einem Kritiker eine Operette von Millöcker lieber ist, als eine Bach'sche Orchestercomposition, so charakterisirt das eben den Kritiker, der wegen seiner Offenheit alles Lob verdient; discutiren kann man darüber ebenso wenig als darüber, daß er „er" ist und ich „ich" bin.

Ich habe bei jedem neuen Werk von Brahms die sonderbare Vorstellung, daß es speciell für mich und einige wenige Andere gemacht ist, und wundere mich immer, wenn es Vielen gefällt. Es ist mir eigentlich garnicht lieb, wenn dies der Fall ist, weil ich den innerlichen Besitz dann mit Vielen theilen muß.

Dein
Th. Billroth.

191) An Prof. Mikulicz in Krakau.

Wien, 12. Februar 1883.

Lieber Freund und Collega!

Die große Schwierigkeit, ein kleines Compendium der speciellen Chirurgie zu schreiben (die Sehnsucht aller Verleger!), habe ich oft erwogen, konnte mich aber nicht entschließen, den gordischen Knoten meiner Scrupel thatkräftig zu durchhauen. Hätte ich früher diesen Gedanken fest aufs Korn genommen, ich hätte es doch wohl gethan. So etwas muß man machen, wenn man jung ist; später wird man so von der Gedanken Blässe angekränkelt, daß es immer schwieriger wird. Mein Rath ist: wenn Sie überhaupt Neigung dazu haben, so thun Sie es jetzt! Hoffentlich erlebt Ihr Buch recht viele Auflagen (lassen Sie keine Auflage stärker als 1000 bis 1200 Exemplare machen! Die erste Auflage meines Buches war nur 800 Exemplare. Jede Auflage muß wie die erste honorirt werden), und dann können Sie immer wieder etwas hineingeheimnissen. Es wird Ihnen dann gehen wie mir, daß Sie nach 10 Jahren bedenklich Ihr Haupt über die erste Auflage schütteln. Das macht nichts; das Publikum sieht es nicht, hat auch kein Interesse daran; es soll nur recht viele Exemplare kaufen ...

Verfallen Sie ja nicht in den Fehler so vieler junger Professoren,

daß Sie sich schon bald wieder fortsehnen; das geht heutzutage nicht
so leicht. Deutschland leidet an einer Hypertrophie tüchtiger Kräfte.
Wie gern möchte ich etwas dazu thun, um auch Wölfler bald eine
selbständige Stellung zu verschaffen. „Sehe Jeder, wo er bleibe, und
wer steht, daß er nicht falle", sagt der weise Goethe. Wegen der
Praxis machen Sie sich keine Sorgen, das kommt ganz sicher . . .
Sie sind von hier aus schon bekannt und werden es immer mehr
und mehr werden.

Ich hatte in den ersten Jahren in Zürich fast gar keine Praxis
und habe alles bischen Geld, was ich hatte, dort opfern müssen.
Dann später kam es besser, doch erst nach 3—4 Jahren. Bei Ihnen
wird es schneller gehen. In Zürich hatte mein Vorgänger, der
noch lebte, und der Primarchirurg am Krankenhause alle chirur=
gische Praxis in Händen. Ich hatte fürchterlich viel Zeit und
schrieb meine allgemeine Chirurgie halb aus Langeweile. Machen
Sie es ebenso. Lassen Sie Ihre eigenen chirurgischen Erfahrungen
erst heranwachsen und nehmen Sie größere Specialarbeiten erst
wieder auf, wenn Sie Ihr Buch geschrieben haben. So ein Studenten=
buch ist immer eine Art Würfelspiel. Schlägt es ein, so ist es in
jeder Beziehung sehr vortheilhaft; schlägt es nicht ein, nun so schadet
es Ihnen nichts, da Sie ja andere Arbeiten gemacht haben und
machen werden.

Also ich meine: nur frisch darauf los! Es darf nur halb so
dick sein wie Koenig*), doch möglichst viele geeignete Holzschnitte,
entweder Originale, oder aus wenig gekannten anderen Arbeiten
enthalten. Viel Gutes finden Sie in englischen und französischen
Büchern an Holzschnitten; meine Mappen stehen Ihnen zur Dispo=
sition. (Natürlich auch alle Fälle aus meiner Klinik.) Was meinen
Sie zur Vorlesungsform? Schauen Sie sich die Vorlesungen von
Astley Cooper**) und Dupuytren***) an. Das individuelle Ge=
präge übt immer einen besonderen Reiz auf die Jugend aus. Ich
denke mir eine Form, ähnlich wie ich früher die specielle Chirurgie
in den Dienstags= und Freitagsvorlesungen ausarbeitete. Sie haben
ja doch viel in meiner Klinik gesehen: halten Sie sich an das häufig
Vorkommende; die Raritäten deuten Sie nur an, sie haben keinen

---

*) Lehrbuch der speciellen Chirurgie von Prof. Fr. Koenig.
) *) Die bedeutendsten Chirurgen in England und Frankreich im ersten
Drittel des 19. Jahrhunderts waren A. Cooper, Chirurg am Guy's Hospital in
London (gest. 1841), und Dupuytren am Hotel Dieu in Paris (gest. 1835).

Werth für die Studenten. Breiten Sie sich behaglich aus, wo Sie aus eigener Erfahrung reden; Anderes erwähnen Sie nur beiläufig. Die Vollständigkeit eines Lehrbuchs bleibt immer eine Illusion, selbst bei den 2 dicken Bänden von Bruns. Er glaubte ein Buch für die Ewigkeit zu schreiben; schon jetzt sind diese beiden dicken Bände lückenhaft. Neue Auflagen müssen immer mit neuem Leben wieder in die Welt geschleudert werden. Schreiben oder dictiren Sie flott hinter einander; drei Monate nach dem zuerst Geschriebenen lesen Sie den Anfang wieder und streichen Sie unbarmherzig, wenn auch mit blutendem Herzen. Sie haben bei der Vorlesungsform auch den Vortheil, sich nicht mit Literatur und Citaten belasten zu müssen. Seien Sie stylistisch sehr streng gegen sich; streichen und corrigiren Sie so lange, bis Alles sich kinderleicht liest. Der Leser muß immer die Empfindung haben, die Chirurgie sei eigentlich sehr einfach und leicht. Treiben Sie keine Polemik. Schmeicheln Sie Keinem; doch sprechen Sie von Jedem, der ernst arbeitet oder gearbeitet hat, immer mit dem Hut in der Hand, wenn Sie auch seine Meinung nicht theilen.

Ich komme mir vor, wie der alte geschwätzige Polonius, als er seinen Laërtes auf Reisen sendet.

Mir und den Meinen geht es so leidlich; von Zeit zu Zeit kommt wohl dies und das, und bei mir, je älter ich werde, um so häufiger und hartnäckiger. Ich habe in diesem Winter schon den zweiten Bronchial- und Laryngcatarrh; der erste dauerte drei Wochen, der jetzige auch schon 14 Tage. Ich freue mich auf Ostern, wo ich für drei Wochen zur Riviera entfliehe.

Ihrer Frau schönsten Gruß. Sie soll nur Stand halten und fleißig mit Ihnen musiciren.

In Zürich habe ich auch viel componirt: 3 Trios, ein Clavierquintett, ein Streichquartett; dann lernte ich Bratsche und arrangirte mir wöchentlich ein Streichquartett. Meine sämmtlichen Compositionen habe ich vor einigen Jahren den Flammen übergeben, es war schreckliches Zeug! und stank gräßlich beim Verbrennen! Wir haben auch öfter Theater gespielt in Zürich. Freilich waren da tüchtige und lustige Leute beisammen; die giebt's überall, wenn es auch mühsam ist, sie zu suchen. Nun werden Sie genug von mir haben! Es ist Nachts 1 Uhr! Gute Nacht!

Ihr
Th. Billroth.

192) An Dr. Garfinkel in Petersburg.

Wien, 25. Februar 1883.

Lieber College!

Ich habe gleich nach Empfang Ihres Briefes eine Maschine zur Streckung des Knies für den General bestellt und werde sie absenden, sobald sie fertig ist ...

A propos! eine neugierige Frage! General N. theilte mir früher mit, daß bei Gelegenheit der Ueberreichung meines Buches über Krankenpflege und dessen Uebersetzung ins Russische die Kaiserin befohlen habe, es solle mir eine neue russische Decoration zu Theil werden. Durch Zufall erfuhr ich, daß von der hiesigen russischen Gesandtschaft beim österreichischen Ministerium angefragt sei wegen Verleihung des Groß=Cordons des Stanislausorden (das Commandeurkreuz mit Stern habe ich schon früher erhalten), wie das bei solchen Gelegenheiten üblich ist. Es wäre mir interessant, zu erfahren, warum die Sache rückgängig geworden, ob etwa unser Cultusminister (der mich nicht sehr liebt) etwas dagegen gethan, oder ob die Sache von Petersburg aus fallen gelassen wurde. Vielleicht haben Sie Gelegenheit, etwas darüber zu erfahren.

Mit freundlichstem Gruß an General A. und Gemahlin ꝛc.

Ihr

Th. Billroth.

193) An R. Toppius, Rittergutsbesitzer in Eldagsen*).

Wien, 4. Mai 1883.

Mein lieber, guter Rudolf!

... Wenn ich auch mein Tagewerk nicht so früh beginne wie Du, so ermüdet es mich doch bei zunehmenden Jahren immer mehr.

---

*) In den Jahren 1842 bis 44 verkehrte R. Toppius als Studirender der Landwirthschaft der Akademie Eldena (Greifswald) im Hause von Billroth's Mutter, seiner Cousine. Billroth wurde damals confirmirt. Unter Anregung der Mutter entwickelte sich sein musikalisches Talent; er gab während seiner Studien in Greifswald der späteren Gattin von R. Toppius Musikunterricht. 1850 und 51 verlebte er einen großen Theil seiner Göttinger Ferien auf dem Gute von Toppius in Eldagsen, wo er, ausgerüstet mit einem Mikroscop von Prof. Baum, Untersuchungen an Schnecken machte. Außerdem componirte er kleine Lieder, zeichnete und malte. 1852 besuchte Toppius ihn in Berlin, wo er in den bescheidensten Verhältnissen eines nicht bemittelten Studenten lebte. In den 70er Jahren kam Billroth auf der Rückkehr vom Nordseebade noch zweimal auf das Rittergut Paterhof; allein und später mit Frau und drei Töchtern.

Den ganzen Tag theils dem Lehrberuf, theils dem bei mir Hülfe suchenden Publikum zu Diensten sein, dann die unvermeidlichen Examina mehrmals wöchentlich, die Sitzungen der Fakultät, der Akademie, des Krankenhauses, der ärztlichen und humanitären Vereine, die sich alle verschworen zu haben scheinen, mich als Vorsitzenden oder Ausschußmitglied auszunutzen — das Alles spannt fast ebenso ab, als den ganzen Tag im Freien zu sein und einer großen Wirthschaft vorzustehen. Ueberall soll ich mit sorgen, rathen, helfen. Mit Recht höre ich von Christel manchen Tadel, daß ich meine Arbeitskraft zersplittere, und sie und die Kinder mich nur abgespannt und ermüdet sehen. Das sind die Schattenseiten eines Lebens, welches Vielen so glänzend und beneidenswerth scheint. Es ist unmöglich und wäre sociale Pflichtverletzung, wollte ich den vielen Ehrenämtern, mit denen man mich betraut, vornehm aus dem Wege gehen; doch manchmal wird es mir denn doch zu viel, und sowie die Ferien kommen, reiße ich aus.

So war ich auch kürzlich während der Osterferien wieder in Italien, hatte auch Deinen Brief zur Beantwortung mitgenommen; doch das bequeme Nichtsthun machte mich faul, und ich kam nicht zum Schreiben. Angenehm ist es immer und schmeichelhaft, daß mich diese Reisen in der Regel nichts kosten, ja, daß ich zuweilen mehr zurückbringe als ich mitgenommen habe, da ich es nicht vermeiden kann, überall, wo mich ein Arzt erwischt, Consultationen anzunehmen. Das ist auch zuweilen lästig, läßt sich aber auch nicht vermeiden. Doch nun genug von mir! . . .

Mit größestem Interesse und wahrer Theilnahme bin ich Deinen Mittheilungen über Deine Kinder gefolgt. Es ist ein sonderbares Ding; Du hast einen Schrecken, wenn einer von Deinen Knaben Landwirth werden will, und ich, hätte ich einen Sohn, wäre außer mir, wenn er Medicin studiren wollte. Wenn Dein Robert eine besondere Neigung zur Medicin hat, fleißig und energisch arbeitsam ist und eine gute Beobachtungsgabe hat, so laß ihn bei seinem Bestreben.

Ein schwerer Beruf ist der ärztliche, mühevoll, selten dankbar, führt erst langsam zur Selbständigkeit. Wenn ich bedenke, wie viele talentvolle junge Leute mit mir zusammen studirt haben, und wie wenige zu einem gedeihlichen Ziele gekommen sind, so muß ich sagen, daß ich ein wahrer Glückspilz war. Es kommen beim

Arzt, wenn er auch noch soviel gelernt hat, so viele persönliche
Eigenschaften mit ins Spiel, die fast mehr auf den Erfolg in dieser
Carriere influenziren, als das Wissen, sodaß man oft genug sieht,
wie die Persönlichkeit den Sieg über Wissen und Können trägt.
Wenn Robert fertig studirt hat und seine Examina gemacht hat,
und ich dann noch lebe, dann soll er nach Wien kommen; dann
kann er hier in kurzer Zeit an dem massenhaften, in einem Riesen-
Krankenhause concentrirten Kranken-Material viel lernen; früher
würde das nur verwirren. Daß ich ihn in jeder Beziehung mit
offenen Armen aufnehmen werde, versteht sich von selbst . . . Ich
freue mich immer, von Euch zu hören. Vergiß mich also nicht!
          Dein treuer Vetter
             Th. Billroth.

194) An Dr. Johannes Brahms in Wien.
             Wien, 27. Juli 1883.

 Ich sehe soeben, daß Dein Brief, lieber Freund, vom 27. Juni
ist. Also einen vollen Monat konnte ich die Antwort aufschieben;
das ist mir wohl mit Beantwortung eines Briefes von Dir noch nicht
vorgekommen. Ich habe keineswegs mehr zu thun als früher; doch
was ich zu thun habe, macht mich bald müde. Es gab auch
mancherlei unangenehme Stimmungen; und in solchen zu schreiben,
das sollte man seinen besten Freunden nicht anthun.
 Die Ouverture ist zu Ende, der Vorhang geht auf. Der gute
Pohl*)! Ich traf ihn zweimal im Riedhof; die letzte Begegnung
ist wohl vier Wochen her. Da ich von Dir wußte, daß er mir
seinen Zustand gern einmal zeigen wollte, so forderte ich ihn gleich
nach der ersten Begegnung auf, mit mir zu kommen. Die Natur
hat ihm einen dummen Streich gespielt. Vor etwa 15—20 Jahren
hat sich bei ihm eine Hauptader im Innern des Leibes verstopft
und dann allmählich ganz geschlossen, durch welche das von den
Beinen zum Herzen zurückströmende Blut für gewöhnlich läuft.
Nachdem nun dieser Hauptweg nicht mehr passirbar ist, haben dann
die Blutadern an der vorderen Seite des Leibes sich allmählich so
ausgedehnt, daß durch sie das Blut zurückläuft. Um dies möglich

---
 *) Musikschriftsteller in Wien, Biograph Haydn's; gest. 1887.

zu machen, mußte sich die Herzpumpe sehr anstrengen; mit dieser Herzarbeit fängt es nun an zu hapern. Das Herz ermüdet, und diese Ermüdung wirkt auch auf andere Bahnen des Blutlaufs, so zumal auf den Blutlauf in den Lungen, den wir zur Sauerstoffaufnahme so nothwendig brauchen. Bei der schwachen Blutcirculation in den Lungen wird zu wenig Sauerstoff aufgenommen; und dies äußert sich in Sauerstoffhunger, d. h. in mehr oder minderen Erstickungsempfindungen, zumal wenn wie beim Gehen, Stiegensteigen 2c. mehr Athem nöthig ist. Die Herzpumpe ist in Folge von Ueberanstrengung also schwach, was wird daraus? sie arbeitet, solange das Nervensystem ihr Kraft giebt, soviel sie eben kann; endlich steht sie still. Das Ganze ist ein rein mechanischer Vorgang; zu thun ist dabei garnichts, als durch kräftige Nahrung den Herzbewegungen nachzuhelfen und Alles zu vermeiden, wodurch größere Arbeitsanforderungen an sie gemacht werden, also starke Bewegungen, starke Gemüthsbewegungen, das Tabakgift u. A. zu vermeiden.

Ich weiß nicht, ob ich mich genügend verständlich gemacht habe; es ist schwer einem Laien diese Dinge klar zu machen. Oft schon ist die Mechanik unseres Körpers mit einer Dampfmaschine verglichen, nur daß unsere Apparate nicht von Eisen, sondern von einer weichen, weit leichter zu verbrauchenden Substanz sind. Mit Nerven, Blut und Ernährung ist es wie mit dem Dreiklang; wenn eines unrein oder schwach ist, klingt das Ganze nicht mehr recht zusammen.

Da hast Du nun eine kleine populäre Abhandlung. Bei Pohl ist die Quinte schwach, und die Terz muß sich über ihre Kräfte anstrengen, sich hörbar zu machen; doch der Dreiklang ist noch da und klingt so rein und lieb, wie selten bei anderen viel stärkeren und gleichmäßig starken Instrumenten.

Ich hatte einige Andeutungen, daß einer der berühmtesten Professoren aus der Zeit bald nach Josef II., Johann Peter Frank*), der Besitzer meines Hauses gewesen sei. Doch wie es so geht, ich begnügte mich mit der Wahrscheinlichkeit. Pohl ging aber gleich zum Magistrat und stöberte in den sogenannten Besitz- oder Grundbüchern; er erhob die Wahrscheinlichkeit zur Gewißheit. Die Frau von dem Sohn des berühmten Johann Peter Frank, eines

---

*) Prof. der klinischen Medicin und Director des Allgemeinen Krankenhauses in Wien; gest. 1821.

wenig bedeutenden Medicinprofessors, war eine ihrer Zeit berühmte Sängerin; sie sang unter Haydn in Schöpfung und Jahreszeiten. Dadurch kam Beethoven ins Haus, wo öfter Musikaufführungen, im Garten auch Scenen aus italienischen Opern der Zeit bei Illumination gegeben wurden. Das Haus lag damals in der Vorstadt, am Alserbach, war wohl noch von Wald und Busch zum Theil umgeben; denn nicht weit von mir, in der Josephstadt, lag ein damals sogenanntes Jagdschloß, worin sich jetzt die Privatheilanstalt des Dr. Eder (Langestraße 53) befindet. Die Gegend hat also damals ein ganz anderes Gesicht gehabt. — Das Interessanteste bleibt mir immer, daß Joh. Peter Frank und Beethoven in meinem Hause verkehrten, und daß sich ein solcher Verkehr — seien wir einmal arrogant! — fast 100 Jahre später in demselben Hause zwischen Dir und mir wiederholte.

Dies ist das Bild, welches sich aus den von Pohl gesammelten Notizen ergiebt, die an sich trocken genug sind. Ich habe eine große Freude an der Constatirung dieser Dinge gehabt; ebenso Pohl, der ganz verklärt durch meinen Garten schritt, der gerade damals im herrlichsten Rosenflor stand. Beethoven wandelte gewiß diese Wege; sollte nicht auch Haydn in diesem Hause Proben mit der erwähnten Sängerin gehabt haben? nicht unwahrscheinlich. Welch' herrlicher Dreiklang: Haydn, Beethoven, Brahms!

Ich bin recht unzufrieden mit mir, daß ich den Verkehr mit den Musen von Jahr zu Jahr weniger pflege. Sie sind eben ewig jung, und ich werde leider älter und älter, und bin verheirathet, habe drei Kinder, und 8—10 Personen hängen mehr oder weniger an meiner materiellen Lebensarbeit! Glücklich die Zeit, wo man an so etwas nicht denkt! Ich bereue nicht, sie genossen zu haben. Nun, es ist auch jetzt nicht so schlimm, wenn auch die schönen reinen Lebensmomente seltener kommen. Ich setze mich sehr, sehr selten ans Clavier; doch in mir klingt es oft genug:

*) Adagio aus dem A-moll-Quartett von J. Brahms, welches derselbe mit dem C-moll-Quartett (Op. 51) im Jahre 1873 Billroth gewidmet hat.

es mag nicht richtig geschrieben sein, aber Du wirst wissen, was ich meine. Taormina! Auch singt meine Else einige Deiner Lieder so einfach schön und rührend, daß mir das Herz aufgeht. Ich darf mich wahrlich nicht beklagen. Das Schöne empfinden, ist schon ein höchstes Glück!

Vom Schönen zu St. Wolfgang ist's nicht fern. Dort sind die Meinen; am 15. August habe ich hier meine Pflicht gethan und darf mein Gehirn ausruhen lassen. Dort am See werde ich bis 1. September bleiben; dann werde ich mit Familie zum Rhein, resp. Neckar (Heidelberg) wallen hinunter bis Cöln, dann nach Berlin, und Mitte oder Ende September hier sein. Wenn möglich, möchte ich die letzten 14 Tage des September das im vorigen Herbst durch die Ueberschwemmung Versäumte in Oberitalien nachholen. Bist Du von der Partie, so laß bald von Dir hören; ich richte mich dann so ein, daß ich am 15. September in Wien oder sonst wo in Oberitalien bin. — Adio mio caro! a rivederci!

Dein
Th. Billroth.

195) An Dr. Gersuny in Wien.

Wien, 29. Juli 1883.

„Wenn sich ein Gott sechs Tage plagt und selber endlich Bravo! sagt, da muß es was Gescheidtes geben!" sagt Heine irgendwo. Nun bin ich, wie Sie wissen, kein Gott (ich habe vor einigen Tagen bei einer Laparohysterotomie den Ureter durchschnitten!!!), habe mich auch nicht nur sechs Tage, sondern sechs Wochen geplagt, bin aber doch in großer Versuchung jetzt „Bravo!" zu sagen, da ich einen ganz neuen Plan fürs Rudolfinerhaus fertig habe, der nicht nur Ihnen, sondern selbst Corinser*) gefallen wird. Der Garten bleibt weit intacter als früher, das Wirthschaftsgebäude mit Operationssaal und Pflegerinnen-Asyl liegt in der Mitte; die Oberin darin wie die Bienenkönigin. Sie werden staunen ... Unsere Finanzen stehen glänzend ... Ich habe wieder Courage mit der Unternehmung, wenn Sie mir wie bisher treu zur Seite stehen. Wenn der Plan ausgeführt wird, wie ich ihn jetzt fertig habe, wird es geradezu ein

---

*) Vorsitzender des niederösterreichischen Landes-Sanitätsraths, Mitglied des Ausschusses des Rudolfiner-Vereins, gest. 1895.

Muster-Institut. Nun werden Sie genug vom Rudolfinerhause haben, in welchem wir augenblicklich einen Krankenbestand von 41 Kranken haben! . . .

Nun leben Sie wohl, lieber Freund!

Ihr
Th. Billroth.

196) **An R. Toppius, Rittergutsbesitzer in Eldagsen.**

Wien, 19. September 1883.

Lieber Rudolf!

Gestern kehrte ich von meiner silbernen Hochzeitsreise, die ich mit meiner Frau und Kindern an den Rhein und nach Berlin gemacht habe, zurück und fand Deinen lieben Brief vom 15. d. M. vor. Wie an Allem, was Dich und die Deinen betrifft, nehme ich auch an dem glücklichen Absolviren des Gymnasiums Deines Robert den herzlichsten Antheil. Ich habe lange keinen so lieben und freudig zufriedenen Brief gehabt, wie den Deinen. Leider machen die meisten Menschen zumal in großen Städten so viele unberechtigte Ansprüche ans äußere Leben, daß ich oft den Eindruck habe, als gäbe es überhaupt keine Zufriedenheit und Freudigkeit mehr im Leben. Du hast so vielerlei Mühsal und Sorgen im Leben durchgemacht, daß es mich so recht von Herzen freut, wie sich nach und nach nun Alles immer angenehmer um Dich her gestaltet, und wie Du ein Stammvater glücklicher Menschen auf ererbtem Vätersitz geworden bist.

Du schreibst von den Mühsalen des Landwirths, von seiner Abhängigkeit von Wind und Wetter, Feuer u. s. w. — nun, ich will Dir und Deinem Robert nicht bange machen; doch der Arzt ist wahrlich auch nicht auf Rosen gebettet. Die Concurrenz wird immer größer, der Anfang ist meist recht schwer. Während des Studiums freut man sich wohl, daß man etwas Einblick in die Natur und in die Krankheitsplagen der Menschen bekommt. Hat man das Examen hinter sich, so ist man ganz entzückt von sich, um nach und nach einzusehen, wie unser Wissen Stückwerk ist, wie wir oft da nicht helfen können, wo wir am liebsten helfen möchten; auch kommen Scrupel, ob dies oder jenes zu thun sei. Will man nicht in ewigem Katzenjammer durch die Welt laufen, so muß man sich immer sagen, man thut seine Pflicht nach bestem Wissen und Gewissen. Eine gute, ruhige Frau und ein ruhiges, häusliches Glück ist dann der größeste Segen. Doch kaum ist man zu Hause gekommen, um sich dieses Glückes zu freuen, so klopft es vielleicht schon wieder, die Pflicht ruft vielleicht in stürmische kalte Nacht hinaus. Spärlich sind die Freuden des Arztes: hier und da treue Anhänglichkeit der Patienten; zuweilen, doch nicht oft, auch mit materiellem Nachdruck; Dankbarkeit für die größeste Pflichttreue, ja selbst für Opfer selten. Freude an einer gelungenen Cur, Bewußt=sein der Pflichterfüllung, das ist meist das höchste, was der Arzt erreichen kann.

Du meinst vielleicht, ich male zu sehr in Schwarz; doch wenn Dein Robert einmal nach 20 Jahren diese Zeilen in die Hände bekommen sollte, so wird er mir vielleicht Recht geben. Hat er ein=mal eine entschiedene Neigung Arzt zu werden, so darf ihn das Alles nicht stören. Du wünschest, daß ich Dir offen und ausführlich darüber schreibe. Fürchte nicht, daß es so weiter geht; das Schlimmste ist gesagt, und am Ende ist es auch nicht viel schlimmer, wie mit manchem anderen Lebensberuf.

Was ist die Haupteigenschaft, um ein guter Arzt zu sein? Mein hiesiger College Nothnagel, dessen Buch über Nervenkrankheiten Dein Robert später schätzen lernen wird, sagte in seiner Antritts=rede als hiesiger Professor der inneren Klinik unter Anderem: „Nur ein guter Mensch kann ein guter Arzt sein". Dies ist auch meine Meinung; es ist die Grundbedingung für den inneren, ja meist auch für den äußeren Erfolg der ärztlichen Thätigkeit. Ich möchte zu dem „guten Menschen" noch hinzugefügt wissen, und „gut erzogen", d. h. in einer Familie, in der ein wohlwollender Geist gegen alle Menschen lebt. Das trifft ja Alles bei Deinem Robert zu. Er muß einen unwiderstehlichen Drang zum Helfen anderer unglücklicher Menschen haben, zunächst angeboren und anerzogen; dann kommt er später auch auf dem Wege geläuterter Empfindung und Lebens=erfahrung durch Reflexion zu der Ueberzeugung, daß, soviel der sittlich erzogene Mensch auch nach Glück jagen mag, er doch schließ=lich das Glück wesentlich darin findet, Andere nach Kräften glücklich zu machen. Nur in diesem Punkte darf er egoistisch sein, ich meine sich selbst glücklich machen, und zwar so viel als er kann. So wie dies aus der sittlichen Erziehung entspringt, so wird es auch immer wieder neue Quelle innerer Läuterung, Stärkung des Pflichtgefühls, Befestigung eigener Sittlichkeit. Trifft ihn ein Unglück, so wird er in der Hülfe Anderer, die noch unglücklicher sind als er, Trost und Stärkung zu neuem Aufschwung nehmen.

Damit der Arzt nun reichlich seine Hülfe austheilen kann, muß er einen tüchtigen Vorrath von Kenntnissen einsammeln. Dieser Vorrath hat nun beim Arzt das Gute, daß er um so größer wird, je reichlicher er ausgegeben wird. Mit der ärztlichen Thätigkeit wächst die Erfahrung, die Kritik, das Bedürfniß die Lücken der Kenntnisse zu füllen, den Fortschritten der ärztlichen Kunst, welche sich aus den Fortschritten der Wissenschaft ergeben, zu folgen. Bei einem für kritische, vorurtheilsfreie Beobachtung gut veranlagtem Arzt wächst also der eigene Schatz von Erfahrungen und Kenntnissen mit der Ausgabe behufs des Helfens Anderer — wohlverstanden nur bei einem guten, pflichttreuen Menschen mit gesundem Menschenverstand und Freude an der Arbeit und am Beruf.

Wie soll sich nun der junge Mensch die zum Arzt nöthigen Kenntnisse erwerben? Dafür ist an den deutschen Universitäten so gut vorgesorgt, wie in keinem anderen Lande. Abgesehen davon, daß an den meisten Universitäten bei der Immatriculation ein „Studienplan" übergeben wird, liegt ein solcher schon in der Natur der Sache, im Usus, in der Art der Examina x. Da bedarf es keiner besonderen Rathschläge. Anatomie, Chemie, Physik, dann Physiologie, daneben Zoologie, Botanik, Mineralogie, das füllt die ersten zwei Jahre reichlich aus. Robert muß sich darüber klar werden, daß er nun eine Hochschule mit freiem Studium ohne Controlle bezieht. Die Vorlesungen erschöpfen den Gegenstand nie; sie sind mehr Anregung zum Studium, zur Methode des Studiums. Eigenes häusliches Studium ist die Hauptsache. Nicht die Professoren, welche unter allen Umständen die gesammte Materie durchpauken, sind die besten Lehrer, sondern Diejenigen, welche die jungen Leute anregen, sie warm für den Gegenstand interessiren.

Nicht zu viel Vorlesungen annehmen und in jedem Semester sich mit einem Gegenstand ganz besonders intensiv beschäftigen, halte ich für zweckmäßig, weil sonst leicht Zersplitterung und Verfahrenheit das Ende ist. Besser Einiges recht genau je nach Neigung zu lernen, als von Vielem wenig oder nichts behalten.

Vor dem Examen sind in ersterem Falle nur Lücken zu füllen, in letzterem ist Alles neu zu lernen. Alles, was zum Examen verlangt wird, schon während des Studiums ganz genau zu lernen, ist selbst für den Begabtesten unthunlich.

Welche Universität? Das kann ich am schwierigsten beurtheilen, weil ich die jetzige Professorengeneration nicht mehr soviel persönlich kenne, um ein Urtheil über sie als Lehrer zu haben. Straßburg steht obenan in seinem medicinischen Lehrkörper, doch soll es dort und noch mehr in Heidelberg nicht billig sein. Einer der ausgezeichnetsten Anatomielehrer ist Henle in Göttingen, doch schon über die 70 hinaus. Sehr ausgezeichnet als anatomischer Lehrer ist Henke in Tübingen. In N. N. ist jetzt wenig zu holen; auch Berlin, München, Würzburg, Breslau möchte ich für den Anfang nicht empfehlen; in Jena, Marburg, Gießen ist wohl recht knappes Material für die Secirübungen.

Ich rathe die ersten 3 Jahre auf der gleichen Universität zu bleiben; das letzte Jahr etwa in Berlin. Nach Examen und Militärdienst schicke ihn auf 3 Monate nach Wien; ich werde ihn nach Kräften ins Practisch-Chirurgische einführen. Aber auch sonst sieht er hier, wo Alles in einem riesigen Krankenhause concentrirt ist, in einem Tage mehr, als in einem Monat anderswo. Auch sind hier alle Curse speciell für Fremde eingerichtet, deren es aus allen Welttheilen hier giebt. Paris und London sind jetzt für den Mediciner völlig überflüssig; der in Deutschland ausgebildete Arzt kann dort nichts mehr holen. Wir haben Franzosen und Engländer auf allen Gebieten der Medicin weit überholt.

Nun ist es Dir wie Goethe's Zauberlehrling gegangen; Du hast die Geister der Medicin beschworen und wirst sie nun nicht wieder los! Doch Alles hat ein Ende, und so auch dieser Brief.

Schicke also Deinen Jungen getrost auf die Universität. Verbiete ihm nicht gerade in ein Corps zu treten, doch rathe ihm freundschaftlich davon ab. Die Corps sind ebenso wie die Burschenschaften eine jetzt antiquirte Institution, bei welcher die jungen Leute nur Zeit verlieren, ohne für ihr Leben irgend einen Gewinn zu haben. Hast Du für Robert eine Universität gewählt, so schreib mir welche. Ich bin nun freilich auch ein alter Mann, aber ich könnte ihn doch persönlich vielleicht durch einen Brief empfehlen.

Von den Meinen erwiedere ich die herzlichsten Grüße. Meinen besonderen Gruß an Emmchen und an meinen zukünftigen Collegen Robert, dessen Photographie ich mir erbitte.

Dein

Th. Billroth.

197) An Dr. Baum in Danzig.

Wien, 19. September 1883.

Mein lieber Wilhelm!

Von einer mehrwöchentlichen Ferienreise gestern zurückgekehrt, finde ich Deinen Brief mit der Todesnachricht Deines lieben Vaters vor. Wenn man auch bei seinem hohen Alter nicht mehr darauf rechnen konnte, ihn noch lange unter uns zu sehen, so war ich doch im Moment recht überrascht und ergriffen. Ich brauche Dich ja nicht zu versichern, welchen herzlichen Antheil ich an Deinem Verlust nehme, denn Du weißt ja, wie sehr ich ihn stets als meinen Lehrer verehrt und als meinen väterlichen Freund geliebt habe. Er war so gut und lieb gegen meine Mutter und hat mich in Göttingen wie einen Sohn in sein Haus aufgenommen. Sein Schatz von Liebe und Wohlwollen war so groß, daß er mit vollen Händen austheilen konnte, und immer noch für neue Generationen genug hatte. Seine unendliche geistige Regsamkeit und seine lebhafte innerliche Theilnahme an allem Schönen und Guten war mir stets ein freilich unerreichbares Beispiel. Oft, wenn ich in den letzten Jahren erschlafft und apathisch war, dachte ich seiner dauernden Frische und Thätigkeit und schämte mich meiner allzu frühen Ermattung. Ich habe oft gewünscht, ihm näher zu sein und ihn öfter zu sehen und hätte ihn gern manchmal gebeten, mir recht tüchtig den Kopf zu waschen. Jeder, der ihn nur etwas näher gekannt hat, wird seinen Tod betrauern.

Da ich die Empfindung habe, daß ihm wenige seiner noch lebenden Schüler näher gestanden haben als ich, so hätte ich sehr den Wunsch, ihm einen Nekrolog im Archiv f. kl. Chirurgie zu schreiben. Falls es Dir recht ist, so bitte ich Dich um die nöthigen Notizen über den äußeren Lebensgang Deines lieben Vaters. Ich werde freilich nicht so schnell und so gelehrt schreiben können wie G. Fischer oder Gurlt; doch hat man ähnlichen kleinen Gelegen=

heitsarbeiten eine gewisse Wärme zuzusprechen, an der es diesmal gewiß nicht fehlen wird. Es würde mir eine Freude sein, wenn Du es mir anvertrauen wolltest. Ich möchte es bald machen, sobald ich ein Paar Stunden Zeit finde und ruhige Stimmung, deren es vor Allem zu solchen Sachen bedarf!

Herzlichen Gruß von Deinem

Th. Billroth.

198) An Prof. Gurlt in Berlin.

Wien, 19. September 1883.

Lieber Gurlt!

... Ich habe den alten Baum als Lehrer und väterlichen Freund um so mehr verehrt, als er auch mit einem Theil meiner Familie befreundet war und darf auch wohl sagen, daß er mich wie einen Sohn geliebt hat. Es liegt daher nahe, daß ich ihm den Nekrolog schreibe und thue es von Herzen gern, so gut ich eben noch so etwas machen kann. Da ich jetzt sehr langsam schreibe und Alles drei Mal ausstreiche, ehe ich es drucken lasse und überhaupt gegen das Druckenlassen eine große Antipathie habe, so weiß ich nicht, wie bald ich damit zu Stande kommen werde. Ich bitte Sie also mich wissen zu lassen, bis wann Sie als äußersten Termin mein Manuscript haben müssen; so werde ich mich nach Thunlichkeit beeilen.

Mit freundlichstem Gruß

Ihr

Th. Billroth.

199) An Dr. Baum in Danzig.

Wien, 13. October 1883.

Lieber Wilhelm!

Ich habe bisher immer noch gehofft, Marianne würde in den Papieren Deines lieben Vaters Einiges finden, was ich verwerthen könnte. Ich kann aus Deinen Mittheilungen namentlich nicht ersehen, welche Männer hauptsächlich entscheidend auf die so eminente Vielseitigkeit und Wissenschaftlichkeit Deines Vaters eingewirkt haben. Weißt Du Dich nicht aus Gesprächen zu erinnern, welche Chirurgen oder hervorragende Männer er in Paris und London kennen gelernt hat? Dein Vater war ja eine sehr eigenartige, volle Persönlichkeit, in sich reich genug, um Andere entbehren zu können; doch war er auch sehr impressionabel für Eindrücke von bedeutenden Menschen und Verhältnissen, eine Art von receptivem Genie. Dabei von seiten harmonischer Ausbildung, Optimist wie Goethe und Stromeyer, nur weit lebhafter, sympathischer im Empfangen wie im Geben ... Wann hat er begonnen, Galen zu übersetzen? Was hat ihn eigentlich an diesem ziemlich geschwätzigen Schriftsteller angezogen? Hat er außer seiner Dissertation nichts drucken lassen?

Du aber, laß Deine Nerven in Ruh und reise, wenn es sonst materiell geht, auf einige Wochen nach Rom, Sicilien, Riviera und träume im Halbschlaf dort mit einem kunstgeschichtlichen Buch, oder mit irgend einem guten Bekannten. Ich weiß aus eigener Erfahrung, daß das die beste Cur ist. Geht das nicht, so mache Dich fest an eine größere wissenschaftliche Arbeit; das thut auch gut!

Dein
Th. Billroth.

200) An Prof. von Gruber, Architekt in Wien*).

Wien, 7. März 1884.

Verehrtester Herr Professor!

... Was Lorinser betrifft, so habe ich ihm soeben zunächst einen längeren Brief geschrieben und ihn aufs eindringlichste gebeten, die Pläne [zum Rudolfinerhause] unbeanstandet zu lassen. Zugleich habe ich ihn dann aber auch gebeten es mich wissen zu lassen, wenn er ernste Anstände an den Plänen nähme, damit Sie und ich dann mit ihm darüber sprechen könnten. Hoffentlich läßt er sich durch meinen Brief rühren ...

Besten Dank für alle Ihre Bemühungen. Ohne Ihre energische Mitarbeit wäre ich auch mit den Rudolfinerhaus=Plänen längst in Lethargie verfallen.

Ihr ergebenster
Th. Billroth.

*) Erbauer des Rudolfinerhauses.

201) An Prof. Koenig in Göttingen.

Wien, 12. Juni 1884.

Lieber College!

Ich habe zunächst das Bedürfniß, Ihnen meine Beschämung auszudrücken über eine Bemerkung auf der Karte, welche ich Ihnen nach Empfang Ihres neuen vortrefflichen Werkes sandte. In den Pfingstferien hatte ich endlich einige Stunden Zeit, um den Thurm von Tagesliteratur etwas abzutragen, der sich auf meinem Büchertische gebildet hatte. Dabei fand ich auch die von Ihnen veranlaßte Arbeit von Schädla über die Endresultate der Empyem-Operationen, die mir entgangen war.

Wenn Sie wüßten, wie meine Zeit hier zerrissen und zersplittert ist in einer Weise, daß ich nach keiner Richtung genügen kann und doch weder für meine Familie, noch für mich ruhige Momente habe, so würden Sie begreifen, daß ich zu wissenschaftlichen Arbeiten keine Sammlung mehr finde, ja nur mit Mühe den Fortschritten auf unserem Wissenschaftsgebiet nachhinke. Leider habe ich gar keine Aussicht, ähnliche Erfolge wie Sie bei den Empyem-Operationen zu erreichen; denn solange die Empyeme nicht offen sind, werden sie auf den internen Kliniken mit der Spritze extrahirt. Es kommen daher nur die ganz veralteten Fälle zu mir, und auch die im Ganzen recht selten. Die Kinder werden in den Kinderspitälern, deren es hier 6 giebt, behandelt.

Ihr Buch über Knochen- und Gelenktuberkulose*) hat mir außerordentliche Freude bereitet; es ist seit langer Zeit das einzige Buch, welches ich genau gelesen habe; der heutige Frohnleichnamstag bot mir willkommene Gelegenheit es zu beenden. Ich stimme von der ersten bis zur letzten Zeile vollkommen mit Ihnen überein. Wenn ich nicht eine so entsetzliche Scheu vor literarischen Arbeiten hätte, so hätte ich schon lange selbst etwas über diesen Gegenstand geschrieben, von dem ich wohl sagen kann „alte Liebe rostet nicht". Ich habe dem Bedürfniß, manches von mir darüber früher Veröffentlichte zu corrigiren, in klinischen Vorträgen entsprochen. Es gehört aber zu viel persönliche Erfahrung auf diesem Gebiet dazu, um die Bearbeitung einem Assistenten zu übertragen; ich hätte dann doch das Meiste selbst schreiben müssen. Es ist daher ein wahrer

---

*) Die Tuberkulose der Knochen und Gelenke. Berlin, 1884.

Segen, daß Sie die Sache so gründlich in die Hand genommen haben; man kann Ihr Buch nur ganz würdigen, wenn man selbst das Alles oft gesehen hat, was Sie so vortrefflich darstellen.

Freilich ein Gedanke verkümmert mir, dem unverbesserlichen Pessimisten, jetzt meinen Beruf als Lehrer; und das ist die Erfahrung, daß das Beste, was wir aus der Natur herausstudiren, zumal soweit es die Aetiologie betrifft, nach kurzer Zeit schon wieder nicht wahr ist. Wenn man bedenkt, wie oft seit Laennec*) die Auffassung des Verhältnisses von Tuberkel und Entzündung zu einander gewechselt haben, so wird Einem ganz bange, was nun die nächsten 10 Jahre wieder bringen werden. — Nicht viel Anderes werden Sie wohl noch mit dem Verhältniß von Bacillus zum Krankheitsproduct erleben. Trotz Koch**) ist die Frage des Tuberkelbacillus, wie mir scheint, keineswegs abgethan. Je mehr wir darnach suchen, finden wir immer häufiger Actinomyces in verkümmerten kleinen Formen bei Processen, welche man mit freiem Auge nicht von Tuberkel unterscheiden kann. Sollte der Tuberkelbacillus etwa eine verkümmerte Vegetationsform von Actinomyces sein? oder giebt es mehrere Pilzformen, die uns vom Rindvieh zukommen und die gleichen Krankheitsformen erzeugen?

Es wird sich Ihnen in nächster Zeit ein Prof. Puschmann***) von hier vorstellen, welcher in Göttingen an der Universitäts-Bibliothek arbeiten will …

Mit freundlichstem Gruß
Ihr
Th. Billroth.

202) An Prof. Czerny in Heidelberg.

Wien, 22. Juni 1884.

Lieber Freund!

Ich schicke Ihnen zugleich mit diesen Zeilen einen Vortrag über Nierenexstirpation, der mir mit glühenden Zangen abgetrieben wurde; erwarten Sie also nichts Gutes. Ich fühle zu sehr, daß ich

---

*) Prof. der medicin. Klinik in Paris, Erfinder des Stethoskops; gest. 1826.
**) Robert Koch, Prof. und Director des Instituts für Infectionskrankheiten in Berlin, Entdecker des Milzbrand-Tuberkel- und Cholerabacillus.
***) Prof. der Geschichte der Medicin in Wien.

mit meiner wissenschaftlichen Production zu Ende bin, als daß ich noch Freude an literarischen Arbeiten haben könnte; es gehört dazu ein gewisses Selbstvertrauen, welches ich nicht mehr besitze.

Um nun doch noch für etwas nütze zu sein und wenigstens mit der Patina meines Namens noch etwas zu leisten, verwende ich alle mir noch übrig gebliebene Kraft auf humanitäre Arbeiten. Ich thue in vielen Vereinen nach dieser Richtung mein Möglichstes, concentrire mich jedoch hauptsächlich auf den Rudolfinerverein, den ich, unterstützt von Gersuny und anderen Freunden, zu halten und zu fördern trachte. Es ist uns gelungen, das Rudolfinerhaus in seinen provisorischen, sehr unvollkommenen, ja, mit Ausnahme der sehr schönen, aber kleinen Baracke, recht unzweckmäßigen Gebäuden so zu halten, daß es durch die Mitgliederbeiträge und Verpflegungsgelder sich in sich selbst hält. Doch Neubauten sind dringend nothwendig, und ich habe mit unsäglicher Mühe soviel zusammengebracht, daß wir einen Pavillon nun im Bau haben. Doch das ist erst der Anfang des Neubaues, und ich werde noch viel herumbetteln müssen, um weiter zu kommen.

Für die Einsendung Ihres Beitrages besten Dank. Sie könnten sich die Mühe der Zusendungen sehr erleichtern, wenn Sie wie meine Assistenten Wölfler, Hacker, Barbieri[*]) und andere Freunde dem Vereine ein für alle Mal 100 fl. spendeten; auch mehr, wenn Sie wollen. Ich würde dies als eine ganz specielle Liebenswürdigkeit gegen mich betrachten, da ich eigentlich keine andere Freude und kein anderes Streben in meinen alten Tagen habe, als das Rudolfinerhaus vollenden zu sehen, ehe man mich ins Bretterhaus legt.

Ihr

Th. Billroth.

203) An Prof. Czerny in Heidelberg.

Wien, 28. Juni 1884.

Lieber Freund!

Sie haben mir durch die Uebersendung der 100 fl. für den Rudolfinerverein eine große Freude bereitet, wofür ich Ihnen meinen herzlichsten Dank sage. Ein jeder Mensch hält wohl seine schwachen

---

[*]) Langjähriger Privatassistent Billroth's.

Seiten für seine starken. So bilde ich mir ein, als Krankenhaus=
director und Verwaltungsbeamter wenigstens jetzt mehr leisten zu
können, denn als Chirurg. Was Sie mir über meine literarischen
Arbeiten sagen, ist mir höchst schmeichelhaft; doch ich habe nun ein=
mal die Antipathie dagegen, wie gegen das Predigen in der Klinik.
Bei letzterem sind meine Assistenten und Operateure und einige
fremde Aerzte die einzigen aufmerksamen Zuhörer. Die Studenten
lesen dabei ihre Zeitungen, gehen ab und zu, und wenn sie einmal
zum Prakticiren aufgerufen waren, kommen sie nie wieder.

Ich freue mich bald wieder für einen Monat das Rudolfiner=
haus ganz zu übernehmen, wenn Gersuny auf die Sommerfrische
geht. Dort kann ich persönlich etwas leisten, und hängt für jetzt
das Wachsen des Instituts noch etwas an meiner Person. In der
Klinik kann mich Jeder leicht ersetzen, da kann der Mohr gehen!

Ihr
Th. Billroth.

204) An Dr. Gersuny in Wien.

St. Gilgen, 6. September 1884.

Lieber Freund!

Besten Dank für die Zusendung des Briefes aus Neapel. Der
Schreiber ist der einzige Ehrenmann, der mir immer Honorar für
jede neue italienische Auflage schickt. Andere Nationen haben keine
so anständigen Buchhändler, und dafür sind die Neapolitaner als
Lumpen berühmt, und mein Vittora Pasquale ist ein echter
Neapolitaner und doch kein Lump!

Es freut mich, daß das Rudolfinerhaus voll ist, wenn ich Ihnen
auch gern mehr Ruhe gönnte. Wenn die Oberin etwas norddeutsche
Luft sich hat um die Nase wehen lassen, bin ich überzeugt, daß
sie mit großem Vergnügen zurückkehren wird; denn wer einmal
längere Zeit in Wien und Wiener Verhältnissen gelebt hat, der
findet sich schwer anderswo wieder hinein. Vederemo!

Der Mensch ist doch ein sonderbares Wesen, oder bin ich es
nur. Wien und Rudolfinerhaus und Klinik liegen wie Nebelbilder
in meiner Phantasie, so sehr fühle ich mich hier zu Hause, ja mehr

zu Hause als das ganze Jahr in Wien. Ich gebe Morgens Martha eine Singstunde, musicire Abends mit Else, gehe mit Lenchen spazieren, berathe mit meiner Frau allerlei uns selbst angehende Dinge, bin Stunden lang am Bau,*) leite die Anlegung des Gartens bis in die kleinsten Details, und lese täglich 1—2 Stunden etwas Gutes und fühle mich dabei sehr glücklich. Ich komme mir hier vor wie Faust am Ende des zweiten Theiles; möge die „Sorge" mit ihrem Hauch noch einige Zeit ausbleiben! Es würde mich jetzt wieder freuen, noch ein Jahrzehnt vor mir zu wissen. Und denken Sie, wie trüb und miserabel ich Sie um Weihnachten herum gequält habe; ohne Ihren Zuspruch hätte ich das Hödelgut schon wieder verkauft! Jetzt ist es eine Quelle neuen Schaffens für mich geworden.

Ganz beglückt bin ich durch die Lectüre von Koch's Arbeit über Septicämie und Tuberkel. Diese Centralblätter sind doch eigentlich gräuliche Institutionen. Koch wächst als einer der bedeutendsten Naturforscher unserer Zeit riesengroß, wenn man ihn selbst in seinen Originalarbeiten schaut. — Bliebe ich noch einige Monate in Ruhe und hätte Zeit zum Spazierengehen, so fiele mir wohl noch Manches ein, um alles Schöne und Neue für die Jugend zu gestalten . . .

Von uns Allen tausend Grüße an Sie und Ihre vortreffliche, liebe Frau.

Ihr
Th. Billroth.

203) An Prof. von Gruber in Wien.

Wien, 23. October 1884.

Verehrtester Herr Professor!

Es ist mir beim letzten Besuch unseres neuen Pavillons klar geworden, daß die Veranden an der Nordseite neben dem Verbindungsgang gedeckt sein müssen, und daß oben entsprechende gedeckte Balcons sein müssen. Das Alles wäre architektonisch ebenso einfach

---

*) Billroth baute sich eine Villa in St. Gilgen am St. Wolfgangsee bei Ischl.

mit Säulen zu behandeln, wie die Veranda und Balcon an der Westseite. Bitte einen entsprechenden Kostenüberschlag zu machen. Es giebt ein altes Sprichwort: „Kommt man über den Hund, so kommt man auch über den Schwanz!" Auf den Hund kommen wir jedenfalls mit unseren Vereinsfinanzen; doch werde ich alle von mir persönlich veranlaßten Extra=Ausgaben für den Verein auf die eine oder andere Weise wieder einbringen. Die Veranden müssen alle, wie die Corridore, mit Terrazzo bepflastert sein. Farbige de=corative Behandlung der Rückwände; pompejanisch, wetterbeständig.

Das Haus muß als italienische Villa sehr lustig in die umliegende grüne Welt hineinschauen; man darf von außen nicht ahnen, daß Kranke darin sind.

Ihr ergebenster
Th. Billroth.

206) An Prof. von Gruber in Wien.

Wien, 26. October 1884.

Verehrtester Herr Professor!

.... Ich kann mich von dem bunten Sgraffito noch nicht trennen. So wie das Gebäude jetzt aussehen wird, bietet es gar=nichts Originelles, nichts Auffallendes dar, was ich doch so sehr wünsche. Wir sind so brav, tugendhaft, sparsam und solide bei dem Ganzen gewesen, daß ich irgend einen Exceß wünschte, um das Gebäude aus der spießbürgerlichen Solidität herauszureißen. Bitte, erfinden Sie mit Bamberger*) irgend eine originelle Tollheit, welche von den Einen scheußlich, von den Anderen großartig schön gefunden wird, so daß die Leute darüber reden, streiten, jubeln, schimpfen ꝛc. Sie sowohl als Bamberger sind so gediegene, solide Künstler, daß ich fürchte, ich bringe Sie nicht zu einer Makarterie oder Böcklinerei oder dergl. Wenn wir nicht etwas Pikantes erfinden, lassen wir das Sgraffito lieber ganz fallen.

Ihr
Th. Billroth.

―――――――――

*) Maler und Architekt Gustav von Bamberger in Wien.

207) An Prof. Mikulicz in Krakau.

Wien, 31. October 1884.

Lieber Freund!

Lücke schreibt mir, daß Busch es abgelehnt habe, Lief. 40 „Verletzungen und chirurgische Krankheiten des Rückenmarks"*) zu bearbeiten, weil er Director einer in Berlin gegründeten Schule für Zahnärzte geworden ist. Lücke beauftragt mich zugleich, Sie zu ersuchen, diesen Abschnitt zu übernehmen. Mir machte dieser Auftrag besondere Freude, da ich Sie ungern unter den Mitarbeitern der Deutschen Chirurgie vermißte . . . In der ersten Auflage (Pitha-Billroth) war das betreffende Capitel so dürftig von L. behandelt, daß Volkmann in Folge dessen viel davon in seinen Abschnitt übernahm. Wenn Sie die Wirbelsäule übernehmen, kann sich Volkmann, falls er überhaupt die Lieferung 28 (Krankheiten der Knochen) macht — woran ich sehr zweifele — viel kürzer fassen. Jedenfalls müßten Sie sich mit ihm ins Einvernehmen setzen . . .

Nochmals herzlichen Dank für Ihre Gastfreundschaft, und freundlichste Grüße an Ihre liebe Frau!

Ihr
Th. Billroth.

✻

208) An Prof. von Gruber in Wien.

Wien, 1. December 1884.

Lieber Herr Professor!

In Erwiederung Ihres freundlichen Schreibens vom Gestrigen bemerke ich zunächst, daß wir Beide, wie Sie wissen, in einer so scharfen Weise gepreßt wurden, unsere Aemter**) zu behalten, daß wenigstens ein gewisser passiver Widerstand von unserer Seite nicht auffallen kann. Ich thue der Gesellschaft nicht gut durch meine Präsidentschaft; denn wenn mich meine Wiener Collegen auch wohl meist respectiren, so lieben sie mich doch nicht, mit Ausnahme eines kleinen Kreises von Collegen, die meine Schüler sind. Man stellt sich in ärztlichen Kreisen so, als sei dies gar nicht so; doch ist es so

---

*) Auf Vorschlag von Prof. Mikulicz wurde die Lieferung später getheilt und die Bearbeitung der Verletzungen der Wirbelsäule W. Wagner übertragen.
**) Billroth war Präsident und v. Gruber Schriftführer der Gesellschaft für Gesundheitspflege.

und ist ganz natürlich, da ich mich um die ärztlichen Gesellschaften nicht kümmere.

Nun, ich hoffe, für dies Mal ein Auskunftsmittel zu finden. Es ist mir nach manchen persönlichen Bemühungen in Berlin gelungen, daß meinem Schüler, unserem tüchtigsten Bacteriologen in Wien, Herrn Prof. Dr. Ritter Anton von Frisch gestattet wurde, an einem der Curse Theil zu nehmen, welche jetzt von Koch in Berlin im Reichsgesundheitsamt gehalten werden. Ich werde Frisch bestimmen, am Mittwoch, den 17. d. M., einen Vortrag „über die Cholerabacillen" zu halten. Er kann dabei Manches über dasjenige mittheilen, was er in Berlin gesehen hat, und jedenfalls mehr Interessantes bringen und demonstriren, als wenn ein hiesiger Arzt das hundertmal Gesagte wiederkäut. Ich hoffe, daß der Ausschuß damit einverstanden ist . . .

Ihr ergebenster
Th. Billroth.

209) An Prof. Hanslick in Wien.

Abbazia, 29. December 1884.*)

Liebster Freund!

Da bin ich nun seit einigen Tagen in dem lorbeerumkränzten Abbazia und finde es herrlich hier. Wenn ich Wien verlasse, so suche ich Ruhe, Luft und Einsamkeit. Wer, wie ich, den größten Theil des Tages für Andere leben und denken muß, dabei über das Geschick vieler Menschen zu entscheiden hat, der sehnt sich, diese mit der Zeit immer schwerer werdende Last der Verantwortung öfter auf einige Zeit abzulegen. Wiederholte kürzere Rast habe ich praktischer für meine Lebensarbeit und mein Alter gefunden, als eine allzu lange Arbeitspause. Ich bin mir immer noch nicht langweilig genug, um mich nicht einigemale im Jahre auf ein paar Tage mit mir selbst unterhalten zu können.

Wohin soll man zu Weihnachten, zu Ostern in die Ferien reisen? Südtirol, die Riviera, Corfu, Zante waren mir für diesmal zu weit, also versuchte ich es mit Abbazia. Ich preise mich glücklich, daß ich diesen Vorsatz ausführte; auch abgesehen davon, daß

---

*) Auf Wunsch Billroth's in der Neuen Freien Presse vom 2. Januar 1885 veröffentlicht.

ich als Arzt nicht gerne einen meiner Clienten an einen mir unbekannten Ort sende. Daß man so oft von Abbazia reden hört, machte mich aufmerksam, denn über ganz dumme Dinge ist man auch bald ganz fertig mit dem Reden. Oft wirst Du hören, Abbazia sei als Curort ein Kunst- und Reclameproduct, in Allem unfertig und ohne Spaziergänge, eine ganz kleine Oase in einer Wildniß, kein San Remo, kein Mentone, nicht einmal mit Arco, Bozen, Meran zu vergleichen ɛc. Mir fällt bei solchen Reden immer die alte Volkswortspielerei ein: „Aeppel sind keine Birnen, Birnen sind keine Aeppel, die Wurst hat zwei Zäppel, zwei Zäppel hat die Wurst" ɛc. Was hier vor einem oder zwei Jahren war oder nicht war, weiß ich nicht; jetzt steht hier an einem ausgesucht schönen Punkte ein treffliches Hotel mit Dependance, ähnlich dem „Hotel Bellagio" am Comer-See, daneben eine zum Hotel gehörige große Villa mit sorgfältig gepflegtem alten Parke; ein neues großes Hotel ist im Baue. Rundum Leben, Bewegung, Fortentwicklung. Es ist eine Freude, zu beobachten, von welch' großen, die Zukunft sicher beherrschenden Gesichtspunkten aus das Ganze von dem General-Direktor der Südbahn angelegt wird. In dem erwähnten Parke stehen die gleichen schönen Riesen-Coniferen, Magnolien ɛc. wie auf Isola madre. Ich bin überzeugt, daß unter sachkundiger Leitung auch Citronen, Orangen, Palmen zu erziehen wären, Sträucher und Bäume, die ja auch auf Sicilien nicht wild wachsen, sondern in den Gärten sorgfältig cultivirt werden.

Ueber den Winteraufenthalt in europäischen südlichen Curorten mag man als Arzt denken, wie man will; es bleibt eine Wonne, mitten im Winter nur aus dem Hause zu treten, um an so manchen Tagen stundenlang im hellen Sonnenschein spazieren gehen zu können. Man ist hier so ganz „am Land". Auch hier wird es zuweilen schlechtes Wetter geben; es ist eben nicht zu ändern, daß es naß ist, wenn es regnet, und daß die Erde trocken und staubig wird, wenn die Sonne lange scheint. Würde der Himmel stets unter Thränen lachen, die Menschen würden das auch bald fad finden; ihretwegen wird sich die Atmosphäre unseres Planeten nicht ändern.

Ich sah in San Remo im Januar Schnee liegen und war einmal um Ostern in Meran gründlich eingeschneit; vor zwei Jahren amüsirte sich die Jugend von Spezzia im April mit der Plastik von Schneemännern, wie in meinem Geburtslande an der Ostsee. Hier hat man den nicht zu unterschätzenden Vortheil, daß man bei solchen Intermezzi nicht in den Zimmern zu frieren braucht, wie in Italien; die Zimmer haben Doppelfenster und Oefen, die trefflich nach dem Thermometer bedient werden. Es giebt hier bei den Spaziergängen auch keine Windwinkel und kalte Passagen, wie in San Remo und Mentone, wenn man durch die Stadt gehen muß. Auf diese Weise fällt bei einiger Vorsicht der Acclimations=Schnupfen fort, dem man im Winter in Italien nicht leicht entgeht; man erkältet sich dort ja meist im Zimmer.

Ich kenne die Winter= und Frühlingsanfänge in Italien genug, um darüber keine Illusionen zu haben. Italien hat wohl einen milderen und kürzeren Winter als wir, doch ist es immerhin ein Winter; man darf sich durch die Sonnenwärme der Mittagsstunden nicht täuschen lassen. Tage mit einem Februarmorgen, einem Juli= mittag, einer Octobernacht sind auch an der Riviera zu Zeiten nichts Ungewöhnliches. Der Culturmensch soll als der Klügere in diesem Kampf mit der Natur hier wie anderwärts nachgeben und außer seiner Wollhaut zweierlei Ueberzieher haben. Gewiß sind die Morgen= und Abend=Temperaturen in San Remo, Mentone, Cannes, Ajaccio und Palermo um 2 bis 3 Grad höher; doch beim Sonnenschein am Tage dürfte die Differenz nicht so erheblich sein. Wer solche Stürme in Nizza und Bordighera erlebt hat, wie ich, wird sich nicht wundern, wenn es auch in Abbazia zuweilen windet; doch der Raum ist zu beengt, als daß Sirocco und Borina sich hier in allzu tollem Wirbel drehen könnten.

Die Natur ist nicht so wildromantisch wie etwa in Taormina, doch von zauberisch anmuthigem Reiz. Das Meer, von den Ge= birgen zu einem colossalen Hafen eingedämmt, glänzt, nach Süden offen, weit hinaus; das Auge weidet sich an der Mannigfaltigkeit der Buchten und Klippen; von den Bergen, den Geländen, aus den Thälern leuchten Städte, Dörfer, Capellen, Villen hervor. Wie für die Riviera die Oelbaumwaldungen, so sind für Abbazia die stark duftenden und darum Zanzaren vertreibenden Lorbeerbäume charak= teristisch. Und wie schön ist dieser edle, saftgrüne, dichte Dichter= baum, zumal im Contrast zu den in etwas geringerer Menge ver= breiteten blaugrünen Olivenbäumen! Die dunklen Monatsrosen blühen auch jetzt an den Hecken in purpurnem Glanze. Wie herr= lich die Gebirge rings umher, auf den Inseln, an den Küsten, eines sich hinter das andere bald so, bald so verschiebend! „Ueber drei Gebirge hin" ruft und flucht das Mädchen dem Geliebten in den von Brahms so gluthvoll componirten, von elementarer Sinnlichkeit strotzenden, südslavischen Liedern; daran muß ich hier oft denken.

Man sagt, es gäbe hier keine Spaziergänge; unbegreiflich! Am Meere entlang nach beiden Richtungen hin die trefflichsten Straßen, auf denen man freilich keine Hotelbewohner findet; doch manches Andere sieht und hört man da. „Maiennacht", „Am Seegestade", „Ueber die See", „Abenddämmerung", „Sommerabend" — der ganze Brahms klingt mir hier immerfort entgegen. Nach dem Takte des letzten Satzes seines F-moll-Clavierquintetts trotte ich die Straße entlang, und der dritte Satz meines (wollte sagen seines) A-moll-Streichquartetts*) führt mich gemächlich zurück. Ich kann mir nichts Besseres wünschen. Andere mögen hier Anderes sehen und hören und gleichfalls zufrieden sein. Viele hören und sehen wohl auch nichts: die armen innerlich Blinden und Tauben!

Die Wege sind eben, oder nur schwach ansteigend; das ist wichtig, weil nothwendig für ruhiges Denken im Gehen. Starke Körperanstrengung, ja selbst kleine, doch häufige Hemmnisse auf schlechter Straße hindern das freie Weben und Wogen der Gedanken. Beethoven wußte das und suchte sich seine Sommerfrischen danach aus. Man hat genug zu thun, aus dem großen Schwarm seines Gedankentrosses sich je nach Stimmung diesen oder jenen Kumpan hervorzuholen. Beschäftigt man sich lange mit Einem, so ziehen sich die Anderen eifersüchtig zurück; auf diese Weise erfährt man zuweilen von seinen eigenen Gedanken etwas Neues. Ist man der einseitigen Unterhaltung müde, so schaut man wieder hinaus aufs Meer, auf die Berge. Wie schön ist das Alles auch jetzt zur Winterszeit! Und wie mag es erst im Frühling sein, wenn der Sonnengott mit seinen Strahlenarmen die Erde fest umklammert, und diese mit halbgeschlossenem Aug', der wolkenumflossenen Jo gleich, ganz wonnigen Entzückens den Hauch seines glühenden Athems trinkt. Da sprießen die Blumen üppig hervor, die Eichen, Kastanien, Platanen, Feigen; sie wetteifern, den tiefgrünen Lorbeer, die schwarzen Cypressen, den blassen Oelbaum mit ihrem jungen Laub zu überstrahlen.

Doch wohin gerathe ich da? Mir scheint in eine Bildergalerie,

---

*) Siehe Seite 256, Anm.

und weiß doch, daß Du kein Freund von übermäßig alten Bildern bist. Ein Bild nur will ich Dir noch zeigen: Still=Leben, bürgerliches Genre, ganz modern. Du siehst mich da am Abend mit meinen, mehr aber noch mit Deinen Büchern in einem höchst behaglichen, claviersicheren Zimmer der Villa Angiolina bei der Lampe sitzen. Die göttliche Stille ringsum ist freilich ebenso unmalerisch, wie das himmlische Nirwana. Uebrigens wirst Du mir wohl ansehen, daß ich kurz zuvor Languster speiste; der Quarnero ist ja eine Art von Homard=Reservoir; der Pomard dazu war höchst trinkenswürdig. Die Cigarre, die Du mich rauchen siehst, ist eine echte Carolina, ein Geschenk unseres gemeinschaftlichen Kunstfreundes Wilhelm v. Gutmann. Riechst Du das feine Aroma? Bei solchen „Geschehnissen" pflegt der Züribieter (der Ur=Züricher) zu sagen: „Schöner nützt nüt!"

Und ist denn nichts an Abbazia auszusetzen? wirst Du fragen. Nun ja! Die Zwiebelthürme der Jesuitenkirche in Volosca stören mich; es fehlen die italienischen Campanile, die malerischen Capuziner. Die gutmüthige Bevölkerung ist unschön, durch Armuth elend, ohne Race, nicht slavisch, nicht italienisch, auch noch recht abergläubisch. Vor nicht langer Zeit hat man hier einen sogenannten Hexenmeister im Sarg angenagelt; es hat freilich nichts genützt, er ist vor Kurzem doch als Vampyr in Wien gesehen worden. Auch zeigt man hier eine von Weinbergen umgebene Casa maledetta; der Teufel soll darin ein Zimmer als Absteigequartier haben, es gefällt ihm eben auch in Abbazia. Ein Schiffer, der uns neulich diese Mittheilung machte, und der oft die Erde umfahren hatte, fügte verächtlich hinzu: Gente stupido! — Es giebt hier auch zu strenge Polizei, und daher zu wenige naiv und lustig bettelnde Kinder; man merkt, daß man noch nicht ganz in Italien ist. — Doch das sind so meine Privatschmerzen. Andere mögen Anderes zu bemäkeln haben. Ich halte mich an Dein schönes Wort: „Nur wer zu lieben fähig ist, weiß auch zu schonen." Schon lange sehe ich im Geiste Deinen Papierkorb nach meinem Briefe schnappen, der so sehr Deiner Schonung bedürftig ist. Auf baldiges Wiedersehen in Wien.

Dein
Th. Billroth.

210) An Prof. Hanslick in Wien.

Wien, 22. Jänner 1885.

Liebster Hans!*)

Gestern Abend war ich in Heyse's Stück „Don Juan's Ende"; es hat mich doch sehr interessirt, wenn auch nicht erwärmt. Wir können uns einen Don Juan ohne Musik kaum vorstellen. Der Mozart'sche Don Juan ist für's gesprochene Wort zu frivol; zum Faust kann man ihn auch nicht machen. Einzelnes ist herrlich, zumal der dritte Act; die Barsescu liebt so nett. Auch ließen sich viele Sinnsprüche herausziehen. Das Ganze ist ein kühnes Wagniß als Drama, man tastet mit dem Dichter immer unsicher in dem Stoff herum. Immerhin ist man gern einen Abend mit Paul Heyse zusammen.

Gestern Abend arbeitete ich bis 3 Uhr an einem Referat für die Fakultät, dann las ich Deine Verse. Heute ist es auch schon 1 Uhr; doch das ist auf die Dauer nicht gut, ich fühle meine Nerven bereits wieder stark vibriren.

Dein
Th. Billroth.

211) An Dr. Johannes Brahms in Wien.

7. Februar 1885.

J. B.

„Keiner vermag doch den Blick in des Anderen Seele zu tauchen,
„fragt also nicht, warum er dieses und jenes gethan!"
So sprach im Eifer der Freund, und wahrlich ist er im Recht.
Wer so das „Schicksalslied"**) und der Parzen Gesang uns in Tönen
Schaurend empfinden ließ, der trägt die Wahrheit in sich.

212) An Prof. von Gruber in Wien.

Wien, 8. Februar 1885.

Verehrtester Professor!

Erst heute Abend werde ich dazu kommen, über meinen Vortrag nachzudenken. Den Titel habe ich jetzt so formt: „Ueber die

---
*) Billroth nannte Prof. Hanslick scherzweise mit Abkürzung des Familiennamens immer „Hans".
**) „Schicksalslied" von J. Brahms. Op. 54.

Wirkung langdauernden Sitzens auf die Form der Wirbelsäule."
Es macht nichts, wenn der Titel auf den Einladungskarten anders
gedruckt ist. Auf keinen Fall soll mein Vortrag stenographirt, noch
weniger gedruckt werden. Neues hab' ich nicht zu sagen; um das
Alte in eine für den Druck passende Form zu gießen, müßte ich bei
der Schwierigkeit und Wichtigkeit des Gegenstandes viele Tage arbeiten.
Das mag ich nicht.
Ihr
Th. Billroth.

2(3) An Prof. von Gruber in Wien.

Wien, 18. Februar 1885.

Verehrtester Herr Professor!

... Es wäre doch sehr erwünscht, wenn noch ein dritter Vor=
trag über Schulhygiene folgte. In diesem müßte zunächst eine Art
von Musterschulhaus architektonisch entwickelt werden, die praktischste
Methode der Heizung, der Ventilation, der Bänke ꝛc. auseinander=
gesetzt werden. Luftraum im Verhältniß zur Schülerzahl, großer
Hof oder Garten für die Zwischenstunden. Lehrerwohnung. Vor=
züglich mit Rücksicht auf die Volksschulen. — Dann: wie steht es
mit diesen Dingen in den verschiedenen Kronländern Cisleithaniens?
wo ist es am besten? wo am schlechtesten?

Der Vortrag müßte von Jemand gehalten werden, dem die
officiellen Quellen unbeschränkt zugänglich sind. Es darf eben kein
Sanitätsrath, überhaupt kein Beamter sein, sondern Jemand,
der die Sache beherrscht und völlig frei und unabhängig über der
Sache steht. Vielleicht kennen Sie einen Architekten, der die Kennt=
nisse und Lust zu einem solchen Vortrag hat. Publikum und Be=
hörden wollen hier immer nur angeschmeichelt sein. Das trägt keine
Früchte. — A. schlich neulich nach meinem Vortrag ängstlich davon!
B. grüßt mich mit großer Vorsicht. Keines der großen Blätter hat
es gewagt, Anfang und Schluß meines Vortrags drucken zu lassen,
den ich dann in Wittelshöfer's medicinischer Wochenschrift er=
scheinen ließ.' Oh, diese Angstmeyer! sind das miserable Zustände!

Ihr ergebenster
Th. Billroth.

214) An Dr. Johannes Brahms in Wien.

Wien, 16. März 1885.

Giebt es Ahnungen in der Kunst? Als ich Menippe und Esope von Velasquez in Madrid sah, glaubte ich Paganini und Beethoven zu sehen! Ich schicke sie Dir als Enveloppe von Scarlatti. Den kleinen Pariser Scherz nimm freundlich auf; das musikalische kleine Bild muthete mich gar freundlich an, und ich mußte wie in allen meinen guten Stunden Deiner gedenken.

Der fahrende Chirurg,
ein Stück Mittelalter, wenn
der Bart nicht schon zu weiß wäre!

Am Abend meiner Ankunft in Wien vom Königshof in Lissabon.

*

215) An Dr. Gersuny in Wien.

Abbazia, 4. April 1885.

Furchtbare Raffung aus gräßlicher Schlaffung! Ich habe den Jahresbericht fertig gemacht und heute an Sie abgesandt. Eher könnte ich in Wien einen Band voll eigener Ideen schreiben, als hier solch' eine Kompilation. Es ist unglaublich, welch' demoralisirenden Eindruck das dauernde Nichtsthun und der dauernde Aufenthalt in der Seeluft macht. Es ist wirklich wunderbar schön hier, wenn man längere Zeit hier sein kann, um der Natur allen kleinen Coulissen=Zauber abzusehen. Ruhiges Meer und Sonnenschein, Mondschein, trübes Wetter und aufgeregte See; man weiß nicht, was schöner ist.

Trotz alledem ist mir noch so viel aus meiner Vergangenheit verblieben, daß ich mich herzlich darüber gefreut habe, daß das Rudolfinerhaus als solches mit Ihnen und Bettelheim*) Kranke an sich zieht. Das habe ich gehofft. Wie in der Klinik, wie in meiner Familie, so wünschte ich auch im Rudolfinerhaus Alles so zu richten, daß das Werk für sich arbeitet, wie ich es geordnet habe. Sich selbst entbehrlich zu machen in den eigenen Schöpfungen, ist in meinen Augen das höchst erreichbare Ziel. Nur zum ferneren Neubau braucht man noch meinen Namen, und ich werde ihn mit

---

*) Vorstand der medicinischen Abtheilung.

Allem, was die Leute daran hängen, gern hergeben und meine letzten Kräfte an die Vollendung dieser Schöpfung setzen.

Es ist spät Abend. Die Mädel sind nebenan so lustig beim zu Bett gehen und beim Erzählen der Tageserlebnisse, daß ich mich sehr darüber freue, wenn es auch beim Schreiben etwas stört.

In Betreff des Jahresberichts habe ich noch folgende Bitten an Sie. Ich habe ihn mosaikartig zusammengestockt, oft recht widerwillig daran gearbeitet, nichts mehr nach dem ersten Niederschreiben wieder gelesen. Bitte, gehen Sie das Manuscript noch vor dem Druck durch und ändern, streichen und setzen Sie zu, was Ihnen gut dünkt. Ich bin hier ganz dumm.

Ihr
Th. Billroth.

216) An R. Coppius, Rittergutsbesitzer in Eldagsen.

Wien, 26. April 1885.

Lieber Rudolf!

Ich kann den heutigen Tag nicht vergehen lassen, ohne Dir für Deine freundlichen Zeilen zu danken. Dein früherer Brief und Emmchen's Brief mit den mir so lieben Bildern hat mich auf meinen letzten Geschäfts- und Erholungsreisen nach Paris, Madrid, Lissabon, Abbazia, Fiume, Venedig begleitet; doch immer kam ich nicht zum Schreiben ...

Was soll ich Dir von uns schreiben? Wo anfangen, und wo aufhören? ... Ich habe 4000 Gulden Gehalt und zahle 8000 Gulden Steuer von Haus und Praxis. Du siehst, daß wir auch gehörig belastet sind. Die Haussteuer beträgt 49 Prozent, die Einkommensteuer 26 Prozent. Und das für die Polen, Slovenen, Bosniaken, Slovaken, Ungarn, Czechen, Croaten, Istrianer ꝛc., die uns garnicht interessiren, und für die die Deutschen arbeiten müssen, damit das Kaiserreich zusammenhält. Es herrscht bei uns eine furchtbare Verbitterung, jede Nation haßt die andere aufs Blut. Ein Oesterreich giebt es nur da, wo der Kaiser gerade steht; nur um der Dynastie willen existirt Oesterreich noch fort! Alles ist Lüge, Schein, Hohlheit! Wien geht trotz allem äußeren Glanzes sehr zurück; es ist bald nur Hauptstadt von Nieder-Oesterreich, denn Prag, Pest, Krakau ꝛc.

wollen keine Central-Hauptstadt mehr anerkennen. Da ist es denn wohl natürlich, daß nicht nur jede Nation, sondern auch jedes Individuum in den Egoismus hineingetrieben wird. Ich kann mich leider auch nicht davon freisprechen, daß meine idealen Anschauungen hier Schiffbruch gelitten haben, und daß ich mich bemühe, die wenigen Jahre, die mir vielleicht noch für meine Lehrer- und Arztes-Arbeit gegönnt sind, möglichst für meine Familie und mich auszunutzen. Mein Ehrgeiz ist übersättigt, an Anerkennung und Auszeichnungen habe ich mehr, als ich brauche; ich trachte, für meine Kinder Geld zu erwerben und mich so zu situiren, daß ich mit dem Jahre 1890 meine Stelle niederlegen kann.

Zu diesem Zwecke habe ich mir schon jetzt im Salzkammergut am St. Wolfgangsee ein Familienhaus gebaut, welches wir in diesem Sommer zum ersten Male für einige Monate beziehen wollen. Ich habe es gleich auf den Namen meiner Frau schreiben lassen; und sollte ich das Jahr 1890 überleben, so denke ich mich ganz dorthin zurückzuziehen. Der Bau hat mir große Freude gemacht. Ich habe Alles von den dortigen Einwohnern machen lassen, und das hat der armen Gegend gut gethan und mir viele Freunde dort gemacht. Wenn ich dort im steyerischen Gewand mit meinen Bauern und einigen Freunden von hier zusammen bin, so bin ich ganz glücklich und sehne mich nach der Zeit, wo ich längere Zeit dort weilen kann.

Daß man in Petersburg, Athen, Neapel ꝛc. meinen Rath und meine Hand zu Operationen begehrt, hat mich schon wiederholt zu interessanten Reisen veranlaßt. Neulich war ich zu einer Consultation beim König von Portugal in Lissabon. 10 Nächte und 12 Tage Eisenbahn über Paris und Madrid; es war wohl anstrengend, doch ich hatte einen meiner Assistenten mit, der mir als Intendant auf der Reise diente; ein König kann das wohl bezahlen.

Bei solchen Reisen kommt wohl ein momentanes Geschäft zu Stande; sonst aber wachsen so viele junge, tüchtige Leute in meiner Schule hervor, und meine Schüler, die bereits überall im Deutschen Reich, Oesterreich, Ungarn, Rußland, Belgien ꝛc. schon berühmte Professoren sind, machen mir starke Concurrenz. Das ist gewiß eine große Freude für mich; doch meine laufende Praxis leidet darunter, und bald wird man auch mich zum alten Eisen werfen. Darum möchte ich früher selbst gehen. Zum Glück ist meine Gesundheit fest.

Die Befriedigung ist aber nicht so erfreulich für mein Gemüth,

wie man sich das vorstellt; denn nach und nach kommen vorwiegend
Unheilbare aus den entferntesten Gegenden zu mir, Hülfe verlangend,
wo es keine Hülfe giebt. Zwei Drittheil Unheilbare in seiner Praxis
zu haben, das ist sehr hart; ich bin darüber oft so unglücklich, daß
ich wünschte, nie Arzt geworden zu sein.

Doch genug davon! Wir müssen uns bescheiden! jeder in seiner
Weise! Im Ganzen weiß ich wohl, daß ich vom Geschick besonders
begünstigt war und bin dankbar dafür, wenn es auch nicht so rosig
ist, wie es Anderen scheint.

Herzlichste Grüße von Haus zu Haus!

Dein
Th. Billroth.

217) An Prof. His in Leipzig.

Wien, 24. Juli 1885.

Lieber Freund!

Mit großer Freude habe ich Dein schönes neues Geschenk ent=
gegengenommen und nicht nur die Tafeln, sondern auch das Buch
mit großem Interesse durchgesehen, zumal die Kapitel, die mich als
Chirurgen besonders interessiren . . . Wer sich lange nicht mit Ent=
wicklungsgeschichte befaßt hat, empfindet freilich schmerzlich, daß
Vieles doch nicht so einfach und systematisch übersichtlich geblieben
ist, wie man es sich früher gewissermaßen zum Hausgebrauch her=
gerichtet hat. Die Natur schreitet meist auf viel umständlicheren
Wegen als der Mensch vor. Brücke pflegt bei solchen Gelegenheiten
zu sagen: „es kostet ihr ja nichts, und sie hat Zeit" . . .

Mit Beschämung sehe ich, wie Du und manche Andere meiner
Altersgenossen rüstig fortarbeiten. Gewiß hast Du Recht, wenn Du
meinst, daß man durch solche größere Arbeiten ganz absorbirt wird
und manchmal zweifelhaft wird, ob man so viel damit nützt, wie
man wünscht. Ich habe das auch früher oft empfunden. Begiebt
man sich dann, wie ich es früher mit Vorliebe that, auf wenig be=
baute Gebiete, mehr suchend, tastend, als eigentlich streng forschend,
schließt dann endlich ab, wenn man nicht weiter kann, so wird man
dann nachher bald überholt und kommt sich schon wenige Jahre
später historisch vor. Doch das hat mich nie von der Arbeit ab=

geschreckt. Es sind andere Dinge, die mir nach und nach die litera=
rischen Arbeiten größeren Styls erschwerten und mich endlich ganz
davon abdrängten. Vor Allem konnte ich bei meiner zersplitterten
Zeit den Detailarbeiten nicht mehr gerecht werden, verlor dafür auch
wohl die Geduld. Wenn man erst nicht mehr selbst Alles, was
man zu einer Arbeit braucht, durchuntersuchen und durchexperimen=
tiren kann, dann geht die Sicherheit des Arbeitens verloren, auch
die eigentliche Forscherfreude. Vielleicht hätte ich durch resümirende
Arbeiten ähnlich wie Virchow noch Einiges nützen können. Doch
das ist ja gerade meine Aufgabe als älterer Kliniker, und ich habe
in der Klinik genug Gelegenheit zum Resümiren.

Technische Neuerungen, zu denen sich zuweilen noch Gelegenheit
bietet, zu beschreiben, macht mir nun erst recht keine Freude. Ich
habe sowohl Kehlkopf=, Magen=, Darm=Operationen und so Manches,
was mich in neuerer Zeit ins große Publikum gebracht hat, gern
meinen Assistenten überlassen und bilde mir nichts Besonderes
darauf ein.

Eher bin ich darauf stolz, viele Schüler gezogen zu haben, welche
diese Dinge nicht nur mit Leichtigkeit und Gewissenhaftigkeit machen,
sondern sie auch gut zu beschreiben verstehen. Meine Schüler Czerny,
Gussenbauer, Winiwarter, Mikulicz, Wölfler gelten mit
Recht als deutsche Chirurgen ersten Ranges; und darauf bin ich
stolz, um so mehr, als sie alle Oesterreicher sind. Ich fühle, daß
nun auch diese Schülerbildung zu Ende geht. So sonderbar es klingt:
man muß jung und frisch sein und selbst noch innerlich und äußer=
lich viel arbeiten, um in Wissenschaft und Kunst Schüler zu erziehen.
Nicht die Uebertragung einer concentrirten Erfahrung und eines
angehäuften Wissens zeugt neue Schüler, sondern dies geschieht weit
mehr durch eine unbewußte Contagion.

Du meinst, der Kliniker habe wohl mehr dauernde Befriedigung
durch den Contact seiner Arbeit mit dem Leben Anderer, und die
Befriedigung der praktischen Leistung sei ausgiebiger, als diejenige
der naturwissenschaftlichen Forschung allein. Ich für meine Person
kann das leider nicht constatiren. Ihr glücklichen Naturforscher!
Ihr habt gar keine Ahnung von dem furchtbaren Jammer, der die
ganze kranke Menschheit durchzieht, und von dem Katzenjammer,
den man empfindet, wenn man oft täglich mehrere Stunden aus
Mitleid und Menschlichkeit immer lügen soll und oft eine Comödie

spielen muß, die auf anderem Gebiete geradezu verächtlich wäre. Wohl magst Du es Uebermuth nennen, wenn man der glücklich Geheilten kaum noch achtet und sie bald vergißt! Auch haben viele von meinen Collegen ein glücklicheres Temperament; ich sehe immer nur die Grenzen meines Könnens und sehe verzweiflungsvoll darüber hinaus. Beim Forschen giebt es ja auch Grenzen; doch wenn sie endlich nicht zu überschreiten sind, so giebt man es ärgerlich auf. Bei uns aber steht hinter jeder Grenze das höhnisch grinsende Gesicht von Freund Hein! Nimmt man trotzdem hie und da den Kampf mit ihm auf und ringt ihm ein armseliges Menschenleben ab, — wie bald und wie grausam rächt er sich dafür in anderen Fällen . . .

Nun genug dieser gar zu ernsten Dinge! „Nicht diese Töne! Freunde! sondern laßt uns fröhlichere anstimmen!" heißt es in Beethoven's 9. Sinfonie nach den Faustischen Contrabaß=Recitativen . . .

Herzlichste Grüße!
Dein
Th. Billroth.

218) An Dr. Schuchardt, Privatdocent in Halle.

Wien, 12. August 1885.

Geehrtester Herr!

Ich danke Ihnen freundlichst für die Zusendung Ihrer Habilitationsschrift*). Vielleicht interessirt es Sie, daß ich im Lauf der letzten Monate zwei Mal aus exquisiten Fällen von Rhinosclerom wuchernde Epithelialkrebse entstehen sah. Auch meine Beobachtungen über Entstehung von Carcinomen aus Fontanellgranulationen, Fußgeschwüren, Sequesterhöhlengranulationen und Brandnarben haben sich noch vermehrt. Dagegen kenne ich auch Fälle von colossalen luetischen Psoriasiszungen, die nun schon Decennien bestehen, ohne zu Carcinomen degenerirt zu sein.

Ergebenst
Th. Billroth.

---

*) Ueber die Entstehung der Carcinome aus chronisch entzündlichen Zuständen der Hautdecken und Schleimhäute.

219) An Prof. von Gruber in Wien.

Wien, 28. October 1883.

Lieber Herr Professor!

Sie bilden wirklich eine glänzende Ausnahme unter den Architekten durch Ihr warmes Interesse an allem zweckmäßigen Detail. Ich habe so viele neue Krankenhäuser gesehen, bei welchen ich erfuhr, daß ein großer Theil der von den Architekten geplanten zweckmäßigen Einrichtungen sich schon nach kurzer Zeit als unzweckmäßig erwies. Nicht jeder Architekt hat ein so williges Ohr für die oft kleinlich erscheinenden Wünsche des Arztes oder Verwalters wie Sie. Haben Sie daher freundlichsten besonderen Dank, daß Sie meinen Bedenken Rechnung getragen haben . . .

Ihr
Th. Billroth.

220) An Dr. Eiser in Frankfurt a. M.

Wien, 28. October 1883.

Lieber alter Freund!

Ich bin in meinen alten Tagen schrecklich habsüchtig geworden nach der Liebe der mir sympathischen Menschen und habe eine unendliche Freude, wenn ich zuweilen die Entdeckung mache, daß ich da und dort noch Besitzthümer habe, die ich fast verloren glaubte. Und so habe ich mich über Ihren lieben, herzlichen Brief unendlich gefreut.

Ich bin nun ganz grau und alt, wenigstens auswendig geworden, wie das im 57. Lebensjahr nicht anders sein kann; doch daß Sie auch schon das 50. Lebensjahr erreicht haben, hätte ich nicht gedacht. Ich meine immer, ich werde allein alt. Sie und Ihre Lebensgefährtin stehen mir heute noch so jung und frisch vor Augen, wie am Giesbach. Jedesmal, wenn ich Schumann's Kinderstücke zu Gesicht bekomme, muß ich daran denken, daß sie am Giesbach unsere Bekanntschaft vermittelten. Ach, es waren schöne Zeiten! Jung sein ist Alles! Wenn man sich erst an den Fingern abzählen kann, wie lange es überhaupt noch dauern kann, dann ist es nicht mehr schön. Auch möchte ich mich nicht gern zu lange selbst überleben; gehört doch mein Schaffen schon jetzt der Geschichte an, wenn dieselbe überhaupt von mir in meiner Special=Wissenschaft Notiz nehmen wird.

Mit wärmstem Interesse habe ich aus Ihrem Briefe ersehen, daß Sie auch manches Trübe durchlebt haben; doch es ist mit Hülfe Ihrer trefflichen Frau überwunden, und Sie genießen wieder volle Lebensfreude. Das ist schön und freut mich herzlich.

Was mich betrifft, so ist die Leidenschaft, die mich am mächtigsten beherrschte, der Ehrgeiz, völlig befriedigt und erschöpft. Ich leide nur unter dem Vorwurf, den ich mir machen muß, daß ich immer interesseloser meiner Wissenschaft und meinem Beruf gegenüber bin. Die Ohnmacht unseres Wissens und Könnens drückt mich oft schwer darnieder; dazu das Gefühl, daß mein Schaffen, meine Productionskraft zu Ende ist. Dreiviertheil der Kranken, welche bei mir Hülfe suchen bei meiner internationalen Praxis, sind unheilbar. Ich habe das Unglück gehabt, — Andere nennen es Glück und Verdienst — Talente rasch zu erkennen und die Talentvollsten längere Zeit an mich zu fesseln. Nun arbeite ich mit Hunderten von Schülern in allen Ländern und Welttheilen und war so dumm, ihnen immer das Beste zu sagen, was ich wußte. Was ist die Folge? ich habe mich völlig überflüssig gemacht. Die Tradition an meiner Klinik ist so mächtig, daß der jüngste Assistent jede größte Operation ebenso gut macht wie ich. Darauf bin ich stolz. Doch Stolz ist eine sehr unfruchtbare Eigenschaft. Nun habe ich mich auf manche humanitäre Gebiete gestürzt; doch da geht es mir wie dem Zauberlehrling, ich kann die Wasserströme nicht mehr beschwören, denn die Zauberformel: ich will nicht mehr mitthun! ich hab' es satt! darf ich nicht aussprechen. So wird nun meine Zeit wieder in anderer Weise zerpflückt, und müde und matt von allen Ausschuß=, Commissions=Sitzungen und Präsidien da und dort frage ich mich: was bleibt für mich? und meine Familie fragt: was bleibt für uns?... Drei Töchter sind mir von 6 Kindern geblieben...

Im Ganzen komme ich wenig zum Musiciren. Meine Zeit verflüchtigt sich in Staub. Von Zeit zu Zeit habe ich glückliche Stunden mit Brahms und Hanslick. Früher machte ich in Wien ein musikalisches Haus, sah viele Künstler bei mir; das ist Alles vorbei. Wenn man Kinder hat, verschwinden die Eltern nach und nach ganz; Alles dreht sich darum, den Kindern das Leben erfreulich zu machen. Meine Töchter sind nicht in Luxus erzogen, doch in

Liebe verwöhnt und in einer geistigen und künstlerischen Atmosphäre groß geworden, die sich nicht allzu häufig vorfindet …

Ich habe meiner Frau am Wolfgangsee (Salzkammergut) in St. Gilgen einen Wittwensitz gebaut, der seiner Lage nach wohl zu den schönsten in Europa gehört. Haus und Park sind von ungewöhnlicher Behaglichkeit. Dort verlebt meine Familie den Sommer, ich 4—5 Wochen meiner Herbstferien; längere Ruhe darf ich mir um diese Zeit nicht gönnen. Ein Familienvater ist doch eigentlich nur eine Maschine zum Gelderwerb. Im Frühjahr gönne ich mir 3 Wochen Ferien im Süden, in Abbazia oder in Italien, das ich fast als zweites Vaterland lieben gelernt habe. So komme ich fast nie nach Deutschland. Aerztliche Consultationen und Operationen haben mich im Lauf der letzten Jahre wiederholt nach Athen, Constantinopel, Petersburg, Paris, Lissabon, Neapel u. s. w. geführt. Sie werden es begreiflich finden, wenn ich, reisemüde, keine besondere Neigung finde, ärztlichen und chirurgischen deutschen, englischen und internationalen Congressen nachzureisen. So bin ich meinen deutschen Collegen fast entfremdet. Auch ist mir bei meinem Bedürfniß nach Ruhe das Treiben und Leben auf den Congressen unbequem. Im Jahre 1890 hoffe ich in der Lage sein zu können, — wenn ich es erlebe — meine Professur hier niederlegen zu können. Ich sehne mich darnach, und doch: was kann man im 61. Jahre noch genießen? Kaum des Lebens werth. Immerhin würden mich ein Paar Jahre als Patriarch in St. Gilgen zu vegetiren noch erfreuen; man wird genügsam im Alter.

Und — das Alter wird geschwätzig; das sehen Sie an diesem Brief. Ich schicke Ihnen die Heliotypie einer Zeichnung, die neulich Lenbach*) in Rom von mir machte; ich kam eben so mit Hut und Plaid zu ihm ins Atelier, und er hielt mich gleich fest. „Man muß sehen, daß unter dem Hut Viel vorgegangen ist!" meinte er. Nun ja! über Armuth in meinem Leben habe ich mich gerade nicht zu beklagen!

Herzliche Grüße von Haus zu Haus!

Ihr

Th. Billroth.

---

*) Prof. Franz von Lenbach, Maler in München.

221) An Prof. von Gruber in Wien.

Wien, 5. November 1883.

... Exc. Wilczek*) hat mir heute sagen lassen, daß der Kronprinz am 14. d. M. ½10 Uhr Vormittags das Rudolfinerhaus besuchen wird, bei gutem Wetter mit der Kronprinceß Stephanie. Heute war ich beim Statthalter, um ihn zum Besuch des Rudolfinerhauses einzuladen; er hat meinen Besuch sehr freundlich aufgenommen und seinen Besuch wegen zeitweiligen starken Bronchialcatarrhs erst etwa gegen Ende des Monats zugesagt. Ich lasse Sie jedenfalls avisiren ...

Ihr
Th. Billroth.

222) An Dr. Johannes Brahms in Wien.

Abbazia, den 6. Januar 1886.
Abends.

Lieber Freund!

Soeben habe ich die Schumann-Briefe**) beendet, und obgleich es schon spät ist und die Lampe schon dunkler zu werden beginnt, kann ich es doch nicht unterlassen Dir gleich zu sagen, wie herzlich warm mich diese innere Biographie berührt, und wie sehr sie mich gerührt hat. Du schriebst mir, ich möge die Briefe an Clara zuerst lesen. So etwas bringe ich nicht fertig. Ich habe leider selbst zu viele Bücher geschrieben und habe zu viel über die Gestaltung jedes Einzelnen nachgedacht, als daß ich es nicht fürchterlich finden sollte, wenn Jemand eines meiner Bücher von hinten anfangen sollte. Ja, ich glaube, wenn ich je ein Lexicon herausgegeben hätte, es würde mich kränken, wenn Jemand wollte zuerst etwas bei Z nachschlagen. Wenn ich fertig war, hielt ich eigentlich immer die Vorrede für das Wichtigste vom ganzen Buch.

Doch Recht hast Du; der Schumann, wie wir ihn kennen,

---

*) Vorsitzender des Ausschusses des Rudolfiner Vereins.
**) Jugendbriefe von Robert Schumann. Nach den Originalen mitgetheilt von Clara Schumann. 1886.

kommt am schönsten in den Briefen an Clara zum Vorschein, und man kann sich allenfalls Clara ohne Robert, aber nicht Robert ohne Clara denken. Doch wie Schumann der geworden ist, wie er schließlich war, das war mir gerade das Interessanteste. Es ist in diesem Seelenleben höchst merkwürdig, welche Charakterveränderung in Schumann vorging, sowie er entschlossen war, sich ganz der Kunst zu widmen. Er macht als Heidelberger Corpsstudent den Eindruck eines eleganten Lebemannes mit einem Anflug von liebenswürdigem Leichtsinn und wird dann später so solid und ernst, nachdem er sich ganz seinem Phantasieleben hingegeben hat. Als Student flottes Außenleben und nur hie und da ernste Versenkung in sich, später äußere Zurückgezogenheit und üppiges flottes inneres Leben, — und in diesem Stadium dann allerdings eine gewisse Aehnlichkeit mit Jean Paul, nur daß der Musiker Schumann schließlich zu classischer Abrundung gelangte, die Jean Paul nie erreichte. Auch finde ich eine gewisse Aehnlichkeit mit Weber, der in seiner Jugend bei schlechter Erziehung freilich über das flotte hinaus tief untertauchte und erst später, als er sich ganz der Kunst hingab, tief erregt wurde.

Mein Gehirn ist leider mit so vielerlei Verbindungen nach allen Richtungen hin ausgestattet, daß bei der Berührung eines Punktes gleich eine Menge electrischer Glocken zu läuten beginnen. So ist denn auch die Frage in mir nicht zu beschwichtigen: woran erkennt der Künstler seine Originalität? und die Bedeutung seiner Originalität? Glauben nicht die meisten Künstler — ich nehme die armen Teufel aus, die um des täglichen Verdienstes und nur um dieses willen arbeiten — Neues zu schaffen? und täuschen sich nicht die meisten darüber? Ist es doch nicht eigentlich das Publikum (im besseren Sinne), das die Originalität durch Vergleich mit den Anderen feststellt? Der Gedanke wird Dir sehr schrecklich vorkommen. Und doch! Wenn heute ein Künstler mit heißestem Herzen und voller Begeisterung schafft und immer dazu sagt und schreibt: ich fühle, daß ich etwas Anderes, Neues bin, Ihr seid die Blinden! so wird man ihn, wenn das Jahre lang so fortgeht, und Niemand seine Meinung theilt, einfach für einen armen Thoren halten. Es ist gerade so, als wenn ein armer Geisteskranker sich für einen König, einen Propheten, einen Heiligen hält. Es muß erst einige, dann mehrere, dann viele Verständige geben; kurz, es muß sich ein

Publikum bilden, welches die Meinung theilt. Gewiß kann es vorkommen, daß ein schaffender Künstler eigener Art nicht erkannt wird, wenn er früh stirbt; doch wenn er eine Reihe von Jahren gearbeitet hat, wird man seine Eigenart erkennen. Diese Eigenart kann auf Schwierigkeiten der Anerkennung stoßen, wenn sie nicht zu der sonstigen Zeitströmung paßt; doch sie wird als solche erkannt werden. Nun kommt es dann freilich immer noch darauf an, ob diese Eigenart eine schöne, die Kunst erweiternde und fördernde ist; danach wird sich denn herausstellen, ob und welche Stellung der betreffende Künstler in der Geschichte haben wird. Auch giebt es Eigenarten, z. B. in der Architektur, welche die Formen im Ganzen und Großen, und solche, die nur das Decorative betreffen u. s. w.

Schumann sagt: „Es kann wohl nur das Genie das Genie erkennen." Das ist gewiß im Allgemeinen richtig, wenn nämlich das Genie eine genaue Kenntniß Alles bisher Dagewesenen besitzt; sonst ist es damit auch wohl so eine eigene Sache! Ich weiß nicht recht, wie ernsthaft man Schumann als Redacteur und Recensent nehmen darf. Gewiß war er immer wahr; doch Stimmung, Persönlichkeit mögen da oft mitgewirkt haben. Ich möchte ihn da selbst nicht ganz frei von einem kleinen Vorwurf sprechen, den er Clara gelegentlich macht.

Nur Ihr Künstler könntet darüber Auskunft geben. Wir Dilettanten fühlen wohl oft die Eigenart z. B. von Rameau, Couperin, dann von Bach, Händel, von Scarlatti, von Haydn, Mozart, Beethoven, von Chopin, Mendelssohn, Schumann — doch diese Eigenart (jeden in seiner Zeit) aus den Noten nachzuweisen, das kann nur ein Künstler, der selbst darüber nachgedacht hat. Bei den bildenden Künstlern ist das viel einfacher. Tizian, Rafael, Michelangelo durch ihre Linien und Farben als originell zu kennzeichnen, ist nicht allzu schwer; ließen sich doch sogar Hansen, Schmidt, Ferstel unschwer charakterisiren.

Ein anderer schwieriger Punkt in der Musik-Charakteristik ist der, den ich neulich schon berührte. Leere, conventionelle, inhaltsreiche, gedankenvolle (nicht quantitativ, sondern qualitativ genommen) poetische Musik! u. s. w. Das fühle ich auch wohl meist; aber man sollte es doch auch wohl aus den Kunstwerken selbst nachweisen können. Schwierig ist es wohl; denn in Betreff des sogenannten „Inhalt" der Musik stehe ich ganz auf dem Standpunkte, den

Hanslick in seinem Buch vom „Musikalisch Schönen" entwickelt hat. Schon bei der Poesie ist eine solche Auseinandersetzung sehr schwer, das Poetische vom Geistvollen oft schwer zu unterscheiden. Der moderne Mensch verlangt jetzt in der Kunst eigentlich Beides zusammen: Goethe, Michelangelo, Beethoven. Das „rein Poetische" genügt uns wie das „rein musikalisch Schöne" nur noch in kleinen Formen. In größeren Kunstwerken können wir den geistigen Inhalt nicht entbehren. Wie ist dem aber in der Musik beizukommen?

„Genug an dem!"

Was alle diese Betrachtungen so sehr erschwert, ist das fortdauernde Schweben, Wogen, Aendern der menschlichen Empfindungen im Laufe der Zeiten. Sprache, Sitte, zunehmende Erkenntniß der Naturerscheinungen u. s. w. haben einen fortwährenden Einfluß auf unsere Intensität und Extensität der Empfindungen, wie auf den Ausdruck derselben und seine Rückwirkung auf uns selbst. Und betrachte ich schließlich, welchen Werth die genaueste Analyse aller dieser Dinge für unser glückliches Kunstempfinden haben könnte, so möchte ich denselben nicht gar zu hoch anschlagen. Die Freude an der Erkenntniß aller Vorgänge in der Natur und in uns selbst — die wir doch auch nur ein Stück der Natur sind — ist wohl auch etwas Schönes; doch die Anschauung des Schönen mit meiner Fantasie macht mich glücklicher. Vieles Wissen und Können befriedigt unsere Eitelkeit, so daß wir uns dann wohl großartig auf diesem kleinen Planeten vorkommen; doch sollte ich das Ahnen und Sehnen und Schwärmen darüber missen müssen, ich möchte dann lieber nicht leben! Du auch nicht! Gelt!

Die Lampe hält noch aus. Also noch zu Grimm. Vom Robert zum Jacob, der Schritt ist gar nicht so groß. Ich sah den alten Jacob Grimm oft in Berlin; sein Kopf, und der von Rauch und Alexander v. Humboldt, vom Physiologen Johannes Müller, vom Physiker Gauß, vom Chemiker Wöhler, die sind mir alle noch so ganz lebhaft im Gedächtniß. Alle waren große Gelehrte, nicht nur durch ihre Verstandesmacht und ihr Wissen, sondern durch ihre mächtige Fantasie. Wenn sich der Forscher nicht vorstellen kann, was er erforschen will, wenn er nicht eine anfangs vielleicht noch ganz unklare Vorstellung von der Bedeutung dessen hat, was er erforschen will, so bleibt er ein Handlanger der Wissenschaft und wird nie ein Meister. Ich habe noch nie einen großen Forscher kennen gelernt, sei es persönlich, sei es aus seiner Biographie, der nicht im Grunde eine Art von Künstler gewesen wäre, mit reicher Fantasie und kindlichem Sinn. Da bin ich denn wieder bei meinem Steckenpferd angelangt: Wissenschaft und Kunst schöpfen aus derselben Quelle.

Die meisten der Aufsätze von J. Grimm kannte ich; manche habe ich sehr genau studirt, z. B. über Schule, Universität und Akademie. Die Arbeiten über die Entstehung der Sprache haben der naturwissenschaftlichen Methode auf dem Gebiet der Geschichte Bahn gebrochen. Ich kann nicht beurtheilen, inwieweit das Alles heute noch ganz richtig in den Details ist; doch darauf kommt für mich wenig an. Der Geist moderner Forschung schwebt da über den Wassern. Natürlich fing ich mit der Selbstbiographie und Zugehörigem an.

Da kann ich nun freilich einen Gedanken nicht unterdrücken. Als ich in den Jahren 1849—50 in Göttingen studirte, war die Geschichte der 7 entlassenen Professoren noch sehr lebendig an der Universität. Hätte J. Grimm wohl seine Stelle aufgegeben, wenn er eine Frau und Kinder — er hätte gewiß 10 gehabt — mit in sein Schicksal hätte hineinreißen müssen? Er war schon damals ein anerkannter Gelehrter! eine Bibliothekarstelle irgendwo konnte er bald wiederfinden. Die Geschichte erinnert jetzt, wo Regenten- und Verfassungswechsel an der Tagesordnung sind, mehr an die Zeit der Renaissance in Italien, wo ein bei einem Fürsten in Ungnade gefallener Gelehrter, Dichter oder Künstler mit Freuden von einem Anderen aufgenommen wurde. Die größesten Schmerzen, welche der gute Jacob sonst erlitten bei seinen geringen Ansprüchen an materielles Leben, bestanden in dem Umräumen einer Bibliothek in Cassel unter Jerôme, und dem unnöthigen Schreiben von Catalogen. Sonst aber gar keine inneren und äußeren Anfechtungen. Kein Faustisches Sehnen, darum auch kein Faustischer Hochmuth und Uebermuth! Keine inneren Leidenschaften! Alles eben, glatt, classisch, wie wir uns einen griechischen Philosophen denken. Goethe hatte anders zu ringen und zu kämpfen, trotz der günstigsten äußeren Verhältnisse. Das beeinträchtigt die Arbeiten nicht in ihrem Werth; doch es erleichterte wohl ihr Hervorbringen.

Herrlich sind die zeitweilig auftretenden Entäußerungen. Köstlich z. B., was er über die Stiftung eines Schillerfonds zur Unterstützung mittlerer Dichtertalente sagt, wobei ich lebhaft an Deine Aeußerungen über die Vertheilung des Beethoven=Stipendiums denken mußte! Nun genug! Gute Nacht!

Dein
Th. Billroth.

225) An Dr. Johannes Brahms in Wien.

Abbazia, 7. Januar 1886
Morgens.

Lieber Freund!

Damit Du einliegenden geschwätzigen Brief beliebig wegwerfen kannst, sage ich hier folgendes:

Erstens: besten Dank für Deinen Brief. Es freut mich, daß Dich Brandes doch etwas interessirt hat. Zu viel hintereinander darf man davon nicht lesen.

Zweitens: ich bitte Dich, am 17. d. M. nach dem Concert bei Sacher mein Gast zu sein. Ich möchte dazu einladen ohne Frauen: Hanslick, Brüll, Richter*), Faber, Goldmark, Door**), Epstein***), Dömpke†), Kalbeck††), Fuchs†††), Ehrbar*†). Mit Dir und mir sind wir 13, was vielleicht dem Einen oder Anderen störend sein könnte. Willst Du mir noch einige Dir sympathische Menschen nennen, so wäre es mir lieb. Ich bitte die Antwort direct zu mir in die Alserstraße 20 zu schicken. Ich komme nächsten Sonntag Mittag an und möchte noch am gleichen Tage die Einladungen versenden.

Ich freue mich riesig, Deine neue Sinfonie zu hören, die mir als Ganzes sehr scharf im Gedächtniß geblieben ist.

Dein
Th. Billroth.

---

*) Hans Richter, Hofcapellmeister in Wien.
) *) Clavier=Professoren am Wiener Conservatorium.
†) Musikkritiker (derzeit in Königsberg).
††) Musikkritiker in Wien.
†††) Robert Fuchs, Componist in Wien.
*†) Clavierfabrikant in Wien.

224) An Prof. Czerny in Heidelberg.

Abbazia, 7. Januar 1886.

Mein lieber Freund!

... Es freut mich immer, von meinen lieben Schülern zu hören, daß es ihnen gut geht, und daß sie zufrieden sind; ich bilde mir dann ein, daß ich einen kleinen väterlichen Antheil daran habe. Es schmeichelt wohl meiner Eitelkeit, wenn ich in Lissabon, Madrid, Stockholm, Petersburg, Constantinopel, Athen, Corfu, Neapel ꝛc. von Schülern begrüßt werde; doch es rührt mich, wenn ich hier in den kleinen Ortschaften oder auf den Inseln des Quarnero Aerzte antreffe, die mich mit Freude strahlenden Blicken als ihren Lehrer begrüßen. Da denke ich mir denn so für mich: du hast doch vielleicht nicht umsonst gelebt und gearbeitet! Das Alter hat eben auch seine bescheiden-stolzen Freuden! Nun heißt es, weise sein und sich bescheiden, und nicht mehr wollen, als man allenfalls noch kann.

Ich danke Ihnen herzlichst für Ihre freundliche Einladung zum Jubiläum in Heidelberg; doch ich habe eine solche Scheu vor lärmenden Festen und vor dem Zusammensein mit vielen Menschen, daß ich Ihnen und Ihrer Schule nur von Ferne meine Grüße senden werde.

Im Sommer kenne ich jetzt nichts Höheres, als gleich den Bauern in St. Gilgen am Wolfgangsee meinen Garten zu pflegen, zu rudern, auf den Bergen und in den Wäldern herumzuschwärmen. — Eigentlich braucht mich die Welt schon jetzt nicht mehr; doch ich brauche die Welt noch ein Paar Jahre, um das Geschick meiner Kinder zu sichern. Hätte ich früher daran gedacht und nicht so gar arg verschwendet, so könnte ich jetzt schon in St. Gilgen im Frühjahr meinen Kohl selbst pflanzen. Faust, Ende des zweiten Theils: ich höre in der Frühe in St. Gilgen meine Lemuren arbeiten. Vorläufig schaffen sie einen Park aus Wald und Wiesen; nicht lange, so werden sie auch mein Grab graben, und ich werde mich recht behaglich müde hineinlegen. Sollten darüber noch ein Paar Jahre vergehen, so wäre es mir recht. Vorläufig befinde ich mich anscheinend auch ganz wohl und grüße Sie herzlich!

Ihr

Th. Billroth.

225) An Prof. von Winiwarter in Lüttich.

Wien, 12. Januar 1886.

Lieber Freund!

Herr Dr. Pasquale in Neapel wünscht, nachdem Sie auf den folgenden Ausgaben unserer allgemeinen Chirurgie als Mitverfasser fungiren, auch von Ihnen das alleinige Uebersetzungs- und Verlagsrecht für Italien schriftlich zugesichert. Ich bitte Sie daher, beiliegendes Document zu unterzeichnen und es ihm unter der Adresse: Dottor V. Pasquale editore. Napoli. Italia zuzusenden, recommandirt. Er ist der Einzige von allen 10 oder 12 Uebersetzungsverlegern, welcher anständig genug war, mir ein, wenn auch kleines Honorar für die Uebersetzung zu zahlen. Sollten spätere italienische Uebersetzungen erscheinen, so werden wir das Honorar theilen. Die jetzt nach der 12. deutschen Auflage erschienene ist die 5. italienische Auflage.

Freundlichsten Gruß zum neuen Jahre!

Ihr

Th. Billroth.

---

226) An Dr. Johannes Brahms in Wien.

Wien, 13. Januar 1886.
Abend.

Ich hatte eben den Brief an Dich spedirt, als ich sah, daß ich noch Deine Bücher habe, für die ich Dir herzlich danke. Wenn ich so dies und das sehe, höre, lese, so denke ich denn wohl gar oft dabei: wie würde das Brahms gefallen? was möchte er dazu sagen?

So lege ich denn auch ein Buch „der Gottsucher" von Rosegger*) bei; wenn Du es nicht schon kennst, so lies es doch einmal durch. Mir hat es einen ganz besonderen Eindruck gemacht. Die sogenannten Materialisten tragen sich gern mit der Idee, daß doch einmal an Stelle der Religion bei fortschreitender Aufklärung etwas Anderes, Positives oder Negatives, treten könnte. Selbst ein Mann wie David Strauß**) ist nicht frei von dieser Anschauung. In dem

---

*) Oesterreichischer Dichter.
**) Theologe; gest. 1874.

„Gottsucher" ist eine Schilderung von dem Zustand, in welchen ein rationelles, nihilistisches Volk geräth, wenn es aus den traditionellen Banden der landesüblichen religiösen Anschauung herausgerissen wird. Ich finde die Schilderung trefflich und ungemein packend, und dabei kommt es mir vor, als wenn der Verfasser kaum selbst eine ganz klare Vorstellung von der Bedeutung der von ihm behandelten socialen Frage hat. Ich stelle das Buch den besten Sachen von Anzengruber an die Seite. Soweit ich das Volk kenne, bleibt es immer im Stadium der Kindheit und braucht zu seinem Glück das Märchen. Auch bin ich der Meinung, daß sich das im Wesentlichen nicht ändern wird. Der heutige römische Bauer ist nicht wesentlich verschieden von dem römischen Bauer zur Zeit Cäsar's.

Nun verzeih' mein vieles Geschwätz!

Dein

Th. Billroth.

227) An Prof. Czerny in Heidelberg.

Wien, 22. Mai 1886.

Lieber Freund!

Ich danke Ihnen sehr, daß Sie sich meines Vetters angenommen haben. Die Sache scheint doch nicht so schlimm mit ihm zu stehen, wie es nach der Beschreibung schien, die mir zuging. Ich bitte Sie, den jungen Menschen im Auge zu behalten. Wenn Sie keinen Verdacht auf Nierenerkrankung haben, könnte man doch vielleicht versuchen, ihm Chlorkali zu geben. Von 3 proc. Lösung etwa 200 Grammes im Tage verbraucht, habe ich nie Schaden, wohl aber glänzende Erfolge gesehen. Alle Coccos-Formen verschwinden darnach in der Regel nach 10—14 tägigem Gebrauch, der Urin wird stark sauer, es bleibt nur eine unschuldige Bakterien-Form als unvertilgbar lange übrig. Wo ein dauernder Coccos- und Bakterien-Gehalt im Urin ist, sind meiner Ueberzeugung nach immer im Gewebe festsitzende Nester, denen man mit allen örtlichen Mitteln nie ganz beikommt, wenigstens nicht mit den Concentrationen Bakterien-tödtender Lösungen, die man ohne Gefahr injiciren kann. Die Wirkung von Wildungen, Carlsbad, Vichy ꝛc. in solchen Fällen beruht wohl nur auf der Aufnahme großer Mengen von Flüssigkeiten, durch welche die Bakterien endlich mit herausgeschwemmt werden. Sublimat habe ich nie in der Blase angewandt; ich habe eine unüberwindliche Antipathie gegen dieses Mittel. Von Salzsäure=Injectionen (2 Tropfen auf 100 grammes) und Salicylsäure=Injectionen sah ich als Adjuvantia der inneren Cur mit Chlorkali oder Säuren einige Erfolge. Sitzt der Proceß im Nierenbecken, so ist ihm wohl nie ganz beizukommen. Gegen Pyelitis, wenn sie recht entwickelt ist, ist wohl noch kein Kraut gewachsen.

Was ich von der Blasenstein=Discussion in Berlin gehört habe, hat auf mich den Eindruck des Komischen gemacht. Keiner von den Sprechern hat auch nur eine mittlere Erfahrung über diese Dinge. Daß sich diese Herren zu Resolutionen aufgeschwungen haben, welche den Erfahrungen eines Thompson*) und Dittel so ziemlich schnurstracks entgegenlaufen, ist einfach komisch. Wer nur in wenigen Dutzend Fällen den Erfolg der Bigelow'schen Operation**) kennen gelernt hat, weiß auch, daß durch diese Methode alles Frühere auf den Kopf gestellt ist. Daß ein so nervöser Mensch wie Volkmann keine Lithotripsie machen kann, begreife ich freilich.

Doch ich spreche wider Willen von Chirurgie, was ich sonst nur gezwungen in der Klinik thue. Lieber möchte ich Ihnen von meiner Gemüse= und Rosen=Cultur in St. Gilgen am Wolfgangsee in der Villa meiner Frau erzählen, und wie man aus Wiesen, Wald, Wildniß und Felsen einen Park herstellt, wie man Bade= und Schiffshütten baut und Kielbote und Plätten dirigirt ꝛc. Doch das müssen Sie sich einmal selbst ansehen. Nicht wahr! Das Bauen kann zum Sport werden. Ich habe mein Haus hier schon so oft umgebostelt, in St. Gilgen verfallene Bauernhäuser zu Villen umgebaut und habe eine riesige Freude an diesem praktischen Nachbeten des zweiten Theil „Faust". Nur die „Sorge" muß man nicht hineinlassen und das Addiren beim Ausgeben ganz vergessen. Nothnagel sagte mir heute, daß Sie Ihr neues Haus gelegentlich aus dem Laufenden gebaut haben. Viel Glück dazu! Mir ist es erst mit dem St. Gilgener Bau so gegangen. Ich halte mir keine Weiber, Pferde und Hunde und hoffe so, daß mir meine Kinder den Bau=Sport einmal vergeben werden, wozu auch der

---

*) Sir Henry Thompson, Prof. der Chirurgie in London.
**) Litholapaxy (1878) von Bigelow, Chirurg in Boston.

Neubau des „Rudolfinerhauses" gehört, den meine Frau freilich mit weniger günstigen Augen ansieht.

Herzlichste Grüße von Haus zu Haus.

Ihr

Th. Billroth.

228) An Dr. Johannes Brahms in Wien.

Wien, 28. Juli 1886.

In einem Buch, welches mir Hanslick zur Lectüre in St. Gilgen gab, fand ich neulich folgenden Rath eines älteren Schriftstellers an einen jungen Dichter: „Enfin cherchez-vous vous-même, en étudiant les autres". Ich mußte dabei gleich an Dich denken. Der Rath ist wohl nur gut für Leute mit starker Originalität. Schwächlinge fürchten sich geradezu, zu viel Anderes kennen zu lernen, aus Angst sich dann ganz zu verlieren; und das würde für die Welt kein Verlust sein.

Dies beiläufig. Besten Dank für Deine Sendung und Deinen Brief, in welchem mich das u. s. w. u. s. w. höchlich amüsirt hat; man braucht das u. s. w. doch auch gelegentlich. „Zur Genesung" habe ich auf der Eisenbahn mit Behagen gelesen und es dann der Hausbibliothek in St. Gilgen incorporirt. Kurz zuvor hatte ich meiner Frau Goethe, Schiller und Lessing geschickt, worauf sie mir schrieb: „nun bin ich erst ganz glücklich hier, da ich die guten Geister im Hause habe." Dein Buch hat nun auch den Anfang mit den „lustigen" Geistern gemacht. Die Meinigen sind außerordentlich glücklich in St. Gilgen; Du mußt dort meine Schöpfung auch bald sehen. Ich bilde mir mehr darauf ein, als auf meine sämmtlichen chirurgischen Werke. Damit nun Frau und Kinder das Alles auch nach mir noch erhalten und genießen können, muß ich freilich jedes Jahr etwas länger in Wien der Praxis nachgehen. Das wird mir aber gar nicht schwer, da ich mir im Winter immer einige Generalpausen erlaube und mit dem Alter doch eigentlich nur meine Lebensfreude in dem Glück und der Freude Anderer finde. Das macht sich so ganz natürlich, da ich ein reiches Leben hinter mir habe und in meinen Schülern eine herrliche, fruchtbringende Saat aufkeimen und gedeihen sehe. Selten war ein Mensch vom Geschick so begünstigt wie ich; drum ist es recht albern von mir, wenn ich zuweilen melancholisch bin und raunze. Du hast von meiner Altersgeschwätzigkeit zu leiden. Doch nun will ich Dir von Anderen erzählen.

Hanslick gab mir neulich ein Rendez-vous im „Igel". Der Arme war zwei Tage in Wien und ganz caput von der ungewohnten Hitze; er war nach London in Bonn und Gersau gewesen, sehnte sich nach Wien und fand es als Donau-Dampfkessel. Ganz verschwollen und congestionirt nach zwei schlaflosen Nächten ist er nun nach Gloggnitz zu Ehrbar gefahren. Er wollte dann hierher zurück und dann vielleicht nach St. Wolfgang; doch die glühende Hitze hier in Wien ist geradezu gefährlich für ihn.

Im „Igel" fand ich denn auch Faber; er war auf der Durchreise ins Engadin. Wir erzählten uns „so Mancherlei". Er hatte Betrübendes über Pohl's Gesundheitszustand gehört; derselbe befindet sich auf dem Lande irgendwo und soll in einem jammervollen Zustand von Schwäche sein. Heute erhalte ich nun einen Brief von einem Dr. Oscar Hase aus Leipzig, der mich auffordert, dahin zu wirken, daß Pohl bei der Enthüllung der Haydn-Statue, die er nahe bevorstehend hier in Wien glaubt, von der philosophischen Fakultät hier zum Doctor creirt werde. Nach den Nachrichten von Faber fürchte ich, daß das zu spät kommt. Es wäre ein Leichtes gewesen, ihn in eine sorgenfreie Stellung wie Thayer*) zu versetzen, doch er war ja eigensinnig. Jetzt wird seine Haydn-Biographie, die ein stolzes Gut unserer Musikliteratur hätte werden können, ein Torso bleiben. Ich tröste mich nur damit, daß er schon öfter solche Anfälle von Schwäche hatte, und daß er wieder besser wurde. Wenn ich nur wüßte, wo und wie ihm beikommen. Kannst Du nicht helfen! Er hat Dich sehr lieb und würde Dir vielleicht folgen.

Ich bleibe bis Mitte August in Wien, dann in St. Gilgen bis Ende September. — Ich kenne den Thuner See sehr gut und begreife, daß man bei u. s. w. dort sehr glücklich sein kann. Nun Adieu! lieber Freund! Bring' uns Schönes mit!

Dein alter Freund
Th. Billroth.

---

*) Amerikanischer Consul in Triest, Biograph Beethoven's.

229) An Dr. Johannes Brahms in Wien.

Wien, 4. August 1886.

Mein Lieber!

Ich war gleich nach Empfang Deines Briefes in Pohl's Wohnung. Die Wirthin wußte nichts über seinen Aufenthalt, erwartet ihn aber bald zurück ... Dr. Schmidt theilte mir Folgendes mit: Pohl sei vor einigen Wochen hier an Morbus Werlhofii erkrankt, d. h. er hatte eine Anzahl von Blutaustretungen unter der Haut und in den Muskeln bekommen, die mit heftigen rheumatischen Schmerzen verbunden waren, und wobei er sehr matt und schwach geworden sei. Diese Krankheit setzt immer eine leichte Zerreißbarkeit der feineren Blutgefäße voraus und ist bei Pohl wahrscheinlich die Folge des schon lange in seinem Blutkreislauf bestehenden Ueberdrucks .... Sei überzeugt, daß ich es an Nichts fehlen lassen werde, wenn ich irgendwie helfen kann.

Hanslick, der einige Tage bei Ehrbar in Gloggnitz war, ist zurückgekehrt und grübelt an einem Feuilleton über Liszt*). Es wird nicht ganz leicht sein, darüber Neues zu schreiben; und doch muß es bald geschehen, denn gerade bei Liszt war die Gegenwärtigkeit der Persönlichkeit — fast Alles.

Hast Du die Rede vom deutschen Kronprinzen in Heidelberg gelesen?**) Ich finde sie vortrefflich, so ernsthaft und würdig, und doch warm und deutsch bescheiden.

Dein

Th. Billroth.

230) An Dr. Gersuny in Wien.

Wien, 9. August 1886.

Lieber Freund!

Ich habe freilich die Absicht, am Samstag in St. Gilgen einzutreffen; doch möchte ich nicht, daß Sie sich dadurch verstimmen lassen. Gern möchte ich, daß Sie Ihre Koffer noch ungepackt lassen und sich mit Ihrer herzigen, guten Frau noch etwas Ruhe dort gönnen. Ich habe Gelegenheit gehabt, mich doch sehr von Dr. Otto's Tüchtigkeit und Zuverlässigkeit zu überzeugen, ebenso von der Trefflichkeit unserer guten Oberin und unseres Secretairs, daß wir beide

---

*) Gest. 31. Juli 1886.
**) Beim Jubiläum der Universität Heidelberg.

ganz ruhig wieder auf fünf Tage nach Egypten reisen können, ohne daß das Rudolfinerhaus dadurch Schaden leidet.

Frisch soll jedenfalls bald nach St. Gilgen; er hat sich die Erholung reichlich verdient und durch seine neuen Arbeiten nicht nur das Prestige der deutschen, sondern speciell der Wiener Wissenschaft wieder colossal gesteigert. Ich bin unendlich glücklich, wie ein Jeder meiner Schüler an seinem Platze das Vortrefflichste leistet. Das soll mir Einer nachmachen, solche Söhne wie Sie, Frisch, Barbieri, Czerny, Gussenbauer, Winiwarter, Wölfler, Mikulicz, Menzel, Steiner, Hacker, Salzer mit dem Kebsweib Scientia chirurgica zu zeugen, Jeder in seiner Art ein Capital=Kerl!! „Nur die Lumpe sind bescheiden!"

Doch nun kommt ein trauriges Motiv für mein eventuelles längeres Verbleiben in Wien. Unser lieber, guter, alter Arlt ist schwer krank. Er hat vor etwa acht Tagen ganz plötzlich eine Thrombose in der Art. poplitea links bekommen; zweifellos durch einen anfangs nur auf der Bifurcation reitenden Embolus. Gleich darauf absolute Anämie des Fußes, und nun nach und nach Aufhören der Circulation im ganzen Unterschenkel, wenigstens in den tiefen Partieen. Die Haut ist kalt, marmorirt und von einer colossalen Hyperästhesie. Lymphangitis an der inneren Seite des Schenkels hinauf. Dabei ruhiger, voller Puls und bis jetzt feuchte Zunge, keine Temperatur=Erhöhung. Am Herzen nichts Abnormes hörbar und percutirbar; von einem Aneurysma keine Spur zu finden, die Quelle der Embolie unfaßbar. Der Körper des 74jährigen kräftig, wie der eines 40jährigen. Der Puls von einer Völle und Kraft und Ruhe und Regelmäßigkeit, daß ich froh wäre, wenn ich einen solchen Puls hätte. Dabei die wahnsinnigsten Schmerzen im Bein; es ist herzzerreißend das Leiden des standhaften Mannes zu sehen. Aengstlich mit allen Narcoticis, wie alle alten Aerzte, habe ich ihm heute endlich selbst eine volle Spritze einer 5procentigen Morfinlösung applicirt. Dabei sagte er: „Gott ist mein Zeuge! ich bin dazu gezwungen!" Doch hatte er endlich Linderung. Schon seit Monaten leidet er an Agrypnie. Und dabei diese Selbstlosigkeit. Allmeyer und ich hatten ihm die Injection gemacht gegen Abend; wir blieben bei ihm, bis die Morfinwirkung eintrat. Und er sagte: „Kinder, Ihr habt den ganzen Tag gearbeitet, quält Euch nicht mit mir, geht!" Ist das nicht großartig! welch' ein Mensch!

Ich hörte zufällig von seinem Leiden und fuhr vor drei Tagen zu ihm hinaus, hörte, daß Weinlechner und Juric ihn behandelten, und daß Allmeyer in Dittel's Vertretung ihn behandelt. Da wollte ich mich nicht aufdrängen. Heute erfuhr ich durch Drasche, der ihn täglich besucht, daß Weinlechner und Juric abgereist sind. Salzer ist selbst zu elend, als daß er oft nach Pötzleinsdorf hinausfahren könnte. Arlt in solchem Falle ohne autoritative ärztliche Behandlung, jetzt, wo eventuell die Amputationsfrage — gräßlich! — ernsthaft gestellt werden muß! Das ist unmenschlich! undenkbar von unserer ganzen Zunft! Ich werde also bleiben, bis es zu einer Entscheidung gekommen ist. Bis jetzt ist keine Aussicht auf Demarcation; eine Amputation jetzt wäre nach meiner Erfahrung kein remedium, nicht einmal ein anceps, denn die Thrombose kann sich ohne Ende hinauf erstrecken nach und nach. Ich bin entschlossen nur dann die Amputation zu machen, wenn sich eine deutliche Demarcation gebildet hat. Jetzt ist die Frage, ob er das erlebt; sein jetziger Zustand ist der Art, daß ich es für möglich halte. Möglich ist es aber auch, daß er vorher der kalten Sepsis erliegt.

Nun weiß ich sehr wohl, daß Sie oder Wölfler diese Behandlung ebenso leisten könnten, wie ich. Doch der alte Arlt ließe sich vom alten Billroth wohl eher zur gräßlichen Amputation bestimmen. Auch schickt es sich nicht, daß ich ihn jetzt verlasse. Hätte Billroth eine schwere Augenkrankheit und hätte sich Arlt anvertraut, so würde Arlt den Billroth auch nicht verlassen. Das weiß ich gewiß. — Kurz bevor nicht eine Entscheidung eintritt, oder Dittel oder Weinlechner zurückkehrt, kann ich nicht fort.

Uebrigens geht es mir sehr gut, wenn auch heute ein gräßlicher Tag war, wo die Sonne mit einer Unverschämtheit geschienen hat, daß man es schon frech nennen könnte. Auch habe ich große Freude. Wenn Wölfler nicht noch an den Stufen des Thrones ausgleitet, wird er in nächster Zeit zum Professor in Graz ernannt. Wahrscheinlich kommt auch Bandl*) nach Prag. Ich habe mich für Wölfler so humilirt, daß ich zum ersten Mal in meinem Leben den Minister persönlich um etwas gebeten habe; es ist von mir mit vollster Ueberzeugung, und doch mit einer gewissen Selbstüberwindung geschehen. Gautsch**) hat mir sehr gefallen; er ist

---

*) Prof. extr. der Geburtshülfe und Gynäkologie in Wien; gest. 1892.
**) Unterrichtsminister.

höflich und knapp, verspricht nichts, aber hört gut zu; er verdiente ein Preuße zu sein. — Mikulicz ist in Würzburg durchgefallen; man hat ihm auf Volkmann's Empfehlung Schönborn vorgezogen.

Vielleicht kommt Chrobak mit Frau nächsten Sonntag Vormittag nach St. Gilgen. Winiwarter und Frau hätten große Lust, Sie zu besuchen, wenn Sie ihnen ein Wort schreiben.

Ihr
Th. Billroth.

251) An Dr. Johannes Brahms in Wien.

Wien, 11. August 1886.

Lieber Freund!

Pohl ist glücklich wieder in Wien. Ich war gestern bei ihm; es geht ihm nicht schlechter als gewöhnlich, nur fühlt er sich noch schwach. Er war so gerührt von Deinem Brief, daß er sich noch nicht stark genug fühlt, ihn zu beantworten. Ich werde noch mit dem Dr. Schmidt sprechen, daß für den Fall, daß Pohl in unserer Abwesenheit erkranken sollte, wozu für den Augenblick kein Grund vorzuliegen scheint, Alles zur Pflege Nöthige geschieht.

Gestern Abend kam Deine Rolle, herzlichsten Dank dafür! ich freue mich auf die nächste ruhige Stunde, in welcher ich die Blätter entfalten werde. Nicht minderen Dank für Deinen lieben Brief.

Wann ich fort kann, weiß ich noch nicht. Mein alter Lehrer und College Arlt, der berühmteste Augenarzt unserer Zeit, der Lehrer des großen Gräfe liegt an Altersbrand schwer danieder... Auch sonst habe ich viel zu thun, was bei der großen Hitze wohl oft recht ermüdend ist. Doch giebt es auch schöne Freuden daneben, z. B. Deine Rolle, die neben mir liegt. Jetzt muß ich zu Arlt nach Pötzleinsdorf; dann habe ich in der Klinik, im Rudolfinerhause, in der Privatpraxis mehrere Stunden zu operiren, dann Ordinationsstunde, Abends einen Patienten in Baden zu besuchen. Es ist gut, daß man bei der Hitze es nicht entbehrt, wenn man keine Zeit zum Mittagessen hat, was mir jetzt einige Male vorgekommen ist. Meinem Magen und meinem Fettbauch thut es nichts; nur die Nerven werden etwas rappelig! Das nächste Mal Mehr und Besseres!

Dein
Th. Billroth.

232) An Dr. Gersuny in Wien.

St. Gilgen, 16. September 1886.
Abend.

Lieber Freund!

Ihr freundlicher Brief vom 13. d. M. hat mich sehr beruhigt; denn ich gestehe es offen, daß ich nach einer langen Abstinenz von öffentlichen Kundgebungen etwas unsicher geworden bin über die Wirkung dessen, was aus meinem Innern hervorkracht.

Doch endlich konnte ich die Monstrositäten unserer Verhältnisse nicht mehr ertragen, und nachdem ich den Unterrichts-Minister kennen gelernt hatte, der sich in einem Stadium rührender Naivität über unsere Fakultät befindet und mir doch den Eindruck eines kräftigen Wollens machte, — entschloß ich mich, wieder einmal Fiesko zu spielen: „Glaubt Ihr, der Löwe schläft, weil er nicht brüllt?" Es mag ja recht lächerlich sein, daß ich im 58. Jahre noch solche Schiller'sche jugendliche Empfindungen haben kann, und arrogant mag es auch dazu sein. Doch Goethe sagt: „Nur die Lumpe sind bescheiden", und je mehr ich diesen colossalen Menschen studire, um so mehr muß ich ihm Recht geben.

Ich finde, es ist doch eine Art Feigheit oder Vertrottelung, wenn Männer von meiner Stellung zu dem tollsten Unfug unserer Zeit schweigen. Wer hat denn eigentlich das Recht, zu reden? Das ist wieder furchtbar arrogant. Ich glaube in meiner Wissenschaft, und in Bezug meiner Bestrebungen dieselbe zu fördern, mich nie überhoben zu haben. Doch wo es gilt, der Verkommenheit und dem Halali-Geschrei der Mittelmäßigkeit und hohlen Phrasenmacherei zur rechten Zeit ins Wort zu fallen, da meine ich, darf ich nicht schweigen.

Der neue Ministerial-Erlaß über den Numerus clausus an die Wiener medicinische Fakultät war für mich eine Art Appell! Doch sah ich die Unmöglichkeit voraus, in einer Fakultätssitzung das Alles zu entwickeln, was mit der von der Regierung gewiß in bester Absicht gestellten Frage zusammenhängt. Gestaltet habe ich mein „Quos ego!"*) auf einsamen Prater- und Rohrenhütten-Spaziergängen, geschrieben in drei Tagen und Nächten und hatte eine Art Schadenfreude gegen meinen Pessimismus, daß ich das noch zu Stande brachte.

*) Aphorismen zum Lehren und Lernen der medicinischen Wissenschaften. Wien, Gerold's Sohn. 1886.

Mein Freund S., bei dem ich gestern in Aussee war, war wohl so und so im Allgemeinen damit einverstanden; doch fand er, daß es sich nicht schicke, daß ich in meiner Stellung so viel von mir, von den Auflagen meines Buches, von der Audienz bei der Kaiserin von Rußland rede u. s. w. Als ich dies C. mittheilte, sagte sie mir auch, daß sie finde, daß ich noch nie so selbstbewußt und selbstgefällig geschrieben habe, — doch da sie mich schon seit einiger Zeit von dieser Seite kenne, und dieser neue Charakterzug von Anfang bis zu Ende wie ein rother Faden durchgehe, so habe sie nichts gesagt, weil die Abänderung von Einzelheiten das Einzelne nur steigern würde.

Diese Bemerkungen sind gewiß sehr richtig. Trotzdem fürchte ich aber doch nicht, mich bereits im Stadium des Scherr'schen Kaiserwahnsinns zu befinden; denn ich habe zu oft erfahren, daß man nach oben, von wo etwas geschehen kann und soll, nur auf diese Weise wirkt.

Gewiß wird man mir imputiren, daß ich von der Regierung etwas will. Sie brauche ich wohl nicht zu versichern, daß mir das ganz fern liegt. Und was die sogenannten „Leute" reden, tangirt mich nicht. Vielleicht werden mich die Ungarn in meiner ersten klinischen Stunde auszischen; — doch das habe ich Alles schon zu oft durchgemacht, als daß es mich sehr erschüttern würde. — Nun! Alea jacta. Den Alt-Oesterreichern mag es sehr schmerzlich sein, daß ich die Ungarn als „Ausländer" behandele, doch kann ich den Magyaren nur sagen: Tu l'as voulu, George Dandin! und „Tempora mutantur et nos mutamur in illis." Dabei fällt mir ein, daß Oppolzer immer sagte „moriebidur" statt „morietur"; doch ich gebe zu, daß ein solches Prager Küchen-Latein meinem ganz unbegründeten lateinischen Renommée schaden könnte . . .

Ihr
Th. Billroth.

233) An Prof. von Dittel in Wien.

St. Gilgen, 16. September 1886.
Abend.

Lieber Freund und College!

Haben Sie herzlichen Dank für Ihren lieben Brief von vorgestern, der mich aufs lebhafteste interessirt hat. Ich habe die wärmste Sympathie für unseren Meister Arlt und für das trübe Unheil, das ihn betroffen hat. Da er mir sein Vertrauen schenkte, war ich glücklich, ihm in den schweren Tagen seiner Krankheit beistehen zu dürfen. Ich verehre ihn nicht nur als den „Meister der Meister" unter den Augenärzten unseres Jahrhunderts, sondern ebenso sehr als Arzt und Mensch, der mit einer seltenen, anbetungswürdigen anima candida von der gütigen Natur begabt wurde. Hoffentlich erholt sich unser alter Freund nun bald nach der Entfernung der abgestorbenen Theile, denn er ist eine so aufopfernde, bescheidene Natur, daß er auch noch einbeinig noch viel Segen durch seine so wohl geordnete Erfahrung stiften kann. Ich bitte, ihn recht sehr herzlich von mir zu grüßen.

Ich kam wohl spät zu einer Erholung, bin jedoch durch die Schönheit des Wetters und der Natur hier vollauf entschädigt. Es hat einen eigenen Reiz aus kahlen Wiesen, Feld, Steingeröll und Wald einen der schönsten menschlichen Wohnplätze geschaffen zu haben. Meine Frau und Kinder fühlen sich so glücklich hier, daß ich dadurch für manche kleine Mühen und Sorgen leicht belohnt mich fühle.

Ich habe das Bedürfniß nach etwas Zerstreuung, bevor ich mich wieder in die Lehrthätigkeit und Praxis stürze und werde mit Else eine kurze Tour nach London und Paris machen.

Die Meinigen grüßen Sie aufs Herzlichste. Mit einem Handkuß Ihrer lieben Frau

Ihr

Th. Billroth.

254) An Dr. Gersuny in Wien.

London, 2. October 1885.
Samstag Abend.

Lieber Freund!

Heute Abend läuft die erste Woche unserer Reise ab. Ihr Brief war der erste aus der Heimath und hat sowohl Else (nicht Frl. Else), als mich sehr, sehr herzlich erfreut. Es ist uns beiden manchmal zu Muthe, als verflüchtigten wir uns in der Atmosphäre unseres Planeten und sähen uns selbst und unser Wiener Heim aus der Vogelperspective. Wir kommen uns manchmal ganz wie verzaubert vor, und in den schönen Momenten treffen sich unsere Blicke oft mit den Gedanken: ach! wären unsere Lieben, — und dazu gehören

ja auch Sie und Ihre herzige Frau — doch mit einem Zauber=
schlage da! Bis jetzt geht es uns mit der Realisirung unseres
Programms so ungemein glücklich, daß wir fast bange sind, es
könnte irgend etwas unsere Freude trüben. Bis vorgestern Abend
habe ich an Christel referirt, und sie wird Ihnen unseren Lebens=
lauf mitgetheilt haben. Nun fahre ich fort zu erzählen mit der
Bitte, auch der Alserstraße davon Mittheilung zu machen.

Gestern Morgen trafen wir Richard Lieben beim Frühstück.
Er schloß sich uns für den ganzen Tag an. Morgens in die
St. Paul's Cathedrale; nicht nur eine Copie, sondern ein Pendant
zum St. Peter in Rom, wenn auch inwendig nicht so glänzend aus=
gestattet. Wir kamen gerade zu einem Früh=Gottesdienst der high
church, mit sehr katholischen Formen und viel schönerem Gesang,
als in Rom. Es war die Wirkung des trefflichen Knabenchors in
den hohen Wölbungen der Kirche geradezu bezaubernd, verklärend.

Dann zur National Gallery, einer Bildersammlung ersten
Ranges. Die Sammlung ist jung und stammt meist von Privaten,
welche diese Schätze bis vor Kurzem in ihren Häusern hatten. Die
Holländer und Alt=Deutschen sind so erhalten und so wunderbar in
ihrer frischen Farbe, daß wir den Eindruck hatten, als hätten wir
Teniers, Ruysdael, Hobbema, van Eyck, Rubens, Holbein,
Memling ꝛc. hier zuerst gesehen. Die Bilder sind wie eben von
der Staffelei gekommen, und das Altmodische verschwindet. Else
war ganz besonders begeistert. Die Wirkung dieser Gallerie ist in
der That eine der stärksten, auch auf mich; und ich weiß nicht, ob
der Eindruck bei Else sich durch den Louvre in Paris abschwächen
läßt, wo man sonst nächst Florenz das Höchste in der Malerei
findet.

Nachdem wir uns durch Austern, Hummer, Sherry und Cham=
pagner gelabt hatten, — das Rechnen habe ich diesmal ganz auf=
gegeben, — fuhren wir in die Colonial- und Indian-Ausstellung.
Das war höchst interessant; doch ein glücklicher Zufall wollte es,
daß diese riesige Ausstellung an Stelle einer früheren mittelalterigen
Ausstellung errichtet ist, von welcher noch die Reconstruction einiger
Londoner Straßen aus dem 16. Jahrhundert übrig geblieben ist, die
so zauberisch auf unser deutsches Gemüth wirkte, daß wir alle Schätze
Indiens, Ceylons und des Cap der guten Hoffnung kaum anschauten
und immer wieder in Alt=London herumspazierten.

Diner im Hôtel, und dann eine reizende, auch musikalisch höchst nette, komische Oper der „Mikado". Ich sah Else nach dem zweiten Act an, daß sie trotz allem Champagner erschöpft war; doch sie unterhielt sich zu rasend gut, als daß sie sich hätte trennen können, und es wurde Mitternacht, ehe wir ins Bett kamen.

Obgleich Else die Nacht wie ein Murmelthier bis heute 9 Uhr geschlafen hatte, wollte sie doch nicht zu Hause bleiben, trotzdem sich etwas Abspannung in ihren Mienen zeigte. So sahen wir heute den Tower mit seinen Waffensammlungen und Kronjuwelen. Die Capelle, in welcher alle Opfer Richard III. liegen, interessirte Else jedoch viel weniger, als das Exercitium einer Compagnie Schotten mit ihrer Dudelsackpfeifenmusik. — Von da zum British Museum, wo wir nur flüchtig auf die Friese und Metopen des Parthenon im Elgin-Room einen Blick warfen. — Dann eine halbe Stunde per Eisenbahn nach Sydenham-Crystal Palace, wo die ganze Welt und 7 Dörfer zu sehen ist. Zum Ausruhen schöne Concertmusik, zumal auf der Colossal-Orgel des Händel-Room. Hier trafen wir zufällig wieder Lieben. London ist doch ein Nest! Das Wetter war himmlisch; man wußte nicht, ob mehr in die Landschaft hinaus, oder in die zauberhaften Reconstructionen der Profan-Bauten aller Jahrhunderte: Wohnzimmer, Hallen und Häuser von den Altsyriern an bis auf unsere Zeit. Man kommt sich da erst recht wie verzaubert vor. Das reconstruirte pompejanische Haus fesselte uns am meisten.

Zurück nach London; einstündige Ruhe, dann Diner und 1 Act sogenannter Goethe'scher „Faust", um den berühmtesten lebenden Schauspieler Englands „Irving" zu sehen. Wir kamen unglücklicherweise zu den Gretchenscenen, die in so widerwärtiger Weise corrumpirt waren, daß uns ein Ekel ergriff, und Else somit heute schon um 10 Uhr ins Bett kam. Ich erholte mich im Smoking-Room an einer Times und ging dann hinauf. Else schlief schon fest. Jetzt ist es Mitternacht, doch Sie werden mich noch nicht los.

Ich lasse Else nie gehen; wir fahren immer, selbst im Hôtel auf und ab. Else hält sich tapfer, ist eigentlich körperlich nicht ermüdet; doch die Summe von ungeheuren Eindrücken übermannt sie zuweilen. Morgen (Sonntag) machen wir mit Paul Fleischl und Lieben eine Landparthie nach Richmond ohne alle Anstrengung. Montag wollen wir noch die Westminster-Abtey und das Kensing=

ton-Museum sehen, auch ganz gemüthlich. Dann haben wir noch Dienstag zur Recapitulation der National Gallery.

Mittwoch in das gemüthliche kleine Paris zurück, eine reizende Spazierfahrt von 8 Stunden. Donnerstag und Freitag in Paris nur Louvre, Luxembourg und Hôtel Cluny, eine Spazierfahrt ins Bois de Boulogne, und Freitag Abend von Paris fort, um Samstag Abend Programm-gemäß in Wien zu sein. Sollte es Else in Paris besonders gut behagen, so gebe ich wohl noch einen Tag zu. Doch nach meiner Erfahrung tritt unter den anregendsten Umständen nach 10—12 Tagen eine schwer zu bewältigende Uebersättigung in der Reception auf, sodaß ich wohl glaube, daß unser Programm inne gehalten wird . . .

Ihnen, lieber Freund, habe ich eine neue Arbeit aufgebürdet; seien Sie mir nicht zu böse darüber. Gerold will nämlich sofort eine neue Auflage meiner Broschüre drucken, wie er mir telegraphisch nach Paris meldete. Ich habe ihm Sie wieder als Superrevisor der Correctur bezeichnet und außerdem gewünscht, daß auf der Curventafel die Linie Ausländer „roth", die Linie ausländische Ungarn „grün" gedruckt werde; eine neue Bosheit auf die nationalen Farben der Ungarn. Da übrigens jede Auflage von 1000 Exemplaren 200 fl. fürs Rudolfinerhaus abwirft, so habe ich noch weniger Grund, der buchhändlerischen Verbreitung der Aphorismen zu widerstreben.

Sonntag Morgen, 3. October 1886.

Die Sonne hat mich um $^1/_2 7$ Uhr geweckt. Die Themse und ein Theil von London liegen in wunderbarer Klarheit vor mir; zumal wirken die Brücken und die St. Paul's-Kuppel höchst malerisch großartig. Else schläft noch fest, sie hat London so noch nicht gesehen; denn in einer halben Stunde ist Alles im Nebel. Der Tag wird wieder herrlich. Die bekannten ältesten Leute wissen sich eines solchen Wetters in London nicht zu erinnern.

Ich bitte Sie, Christel zu sagen, sie solle nicht böse sein, wenn Else nicht selbst schreibt; es geht ihr heute wieder frischer als gestern, sie gewöhnt sich, täglich das Ungeheuerste zu sehen, ohne sich allzu sehr zu wundern. Am wenigsten kann sie sich darüber beruhigen, daß auch hier wie in der Schweiz die meisten Fremden Engländer sind.

Herzlichste Grüße an Sie, Bertha, Christel, Martha, Helene, Puffi und Alle! Ihr

Th. Billroth.

233) An Dr. Johannes Brahms in Wien.

Paris, 8. October 1886, Abends.
Richtiger 9. October Morgens ½1 Uhr
après le théâtre.

Lieber Freund!

Ich habe es sehr bereut, Dir nicht ernsthafter zu einem Spaziergang durch London und Paris zugeredet zu haben. Der Gedanke, die Eigenart von England und Frankreich, die sich ja in ihren Hauptstädten concentrirt, für einmal erschöpfen zu wollen, ist ebenso thöricht als die Idee, Italien mit einer Reise erschöpfen zu wollen. Wir Deutschen sind gar zu gewissenhaft und schwerfällig in solchen Dingen. Wir haben uns garnicht abgehetzt und doch alles Wesentliche gut und behaglich gesehen.

Vor 30 Jahren war ich in London einen Monat und habe nur Spitäler und Chirurgen gesehen. Diesmal wollte ich nur Kunst- und Naturschönes sehen, und nach beider Richtung hat mich London überrascht, ja bezaubert. Ich war in der Stadt mit 4 Millionen Einwohner, mit seinen 25 Bahnhöfen in der Stadt, seinen Eisenbahnen über und unter den Häusern auf vieles Interessante und Großartige gefaßt; doch so viel Schönes und Schönstes zu finden, habe ich nicht erwartet.

Die National Gallery und die Westminster-Abtey, wo sich alles Größte Englands im Grabe und in herrlichen Denkmälern wiederfindet, wo die vielen englischen Könige und Prinzen, die wir hauptsächlich durch Shakespeare kennen, neben ihm und anderen Heroen der Wissenschaft und Kunst friedlich ruhen, lohnen allein einen Ausflug nach London.

Und was soll ich von Paris sagen; es ist ein urgemüthliches Nest. Natürlich muß man auch Glück beim Componiren der Gesellschaft haben. Frau Wilbrandt*), Lenbach, Munkaczi**) u. A. sind auf der Reise gelegentlich höchst amüsant. Else hat das tolle Zigeunerleben dieser Tage trefflich mitgemacht.

Da ich so sehr auf die faulen Wiener Studenten geschimpft habe, so muß ich als Professor wenigstens fleißig sein und Montag meine Klinik anfangen. Ich habe mich in St. Gilgen und in London

---

*) Schauspielerin am Burgtheater in Wien.
**) Ungarischer Maler; lebt in Paris.

und Paris so voll von Natur und Kunst gesogen, daß ich nun gern wieder frisch ins trockene Schulmeistergeschäft gehe.

Herzlichen Gruß!

Dein

Th. Billroth.

256) An Prof. Wölfler in Graz.

Wien, 13. November 1886.

Lieber Wölfler!

... Ich muß Sie bitten sich nur ein Beispiel an mir zu nehmen, wie ich früher war, als ich mich noch jünger und kräftiger fühlte; nicht wie ich jetzt bin. Die Tradition, wie sie jetzt ohne mein Zuthun auf meiner Klinik fortlebt, habe ich schon in Zürich ausgebildet, als ich noch gar keine weiteren Interessen als meinen Beruf als Lehrer und wissenschaftlicher Arbeiter hatte. Ich war fast den ganzen Tag auf der Klinik, in meinem Experimentirzimmer, oder auf der Anatomie. Meine gute Frau denkt nicht gern an diese Zeit zurück, wo ich nur an meine Kranken, meine Experimentalthiere, meine histologischen Untersuchungen und Injectionen dachte, und wenn auch zuweilen leiblich zu Hause, doch mit meinen Gedanken immer wo anders herumschwärmte.

Ich habe es auch wohl damit übertrieben; doch es ist mir sowohl an Langenbeck wie an mir klar geworden, daß man nur Schüler bildet, solange man noch selber kräftig und mit ganzer Seele mitarbeitet. Sie und Mikulicz sind die letzten meiner Schüler gewesen, welche mich noch in meiner vollen Arbeitslust gekannt haben. Auch jetzt fehlt es mir nicht an Interesse an den Dingen; doch wenn man älter wird, ermüdet man rascher, und die vielen wissenschaftlichen und humanitären Vereine, die Praxis, Alles riß meine Zeit und meine Gedankenkreise in Fetzen. Ich fühlte, daß ich nach keiner Richtung den Verhältnissen und mir mehr recht genügen konnte. Unzufriedenheit, alle meine Pläne, an den hiesigen Verhältnissen der Fakultät und meiner Klinik etwas zu ändern und zu bessern, verstimmten mich oft. Ich wurde schlaflos, trotz starker körperlicher und geistiger Ermüdung. So habe ich denn Alles, was an mir innerlich herumzerrte, im Lauf der letzten beiden Jahre abgeschüttelt, mache mir keine Sorgen mehr über Dinge, die ich doch nicht ändern kann.

Nun klagen meine Freunde hier wohl mit Recht, daß ich mich
zu früh aus allerlei Verhältnissen herausgemacht habe, daß ich träge
und gleichgültig gegen Vieles geworden bin, was mich früher in
Harnisch brachte, — und sie haben Recht. Doch ich kann mir nicht
anders helfen. Ich fühle mich jetzt wieder kräftiger als je, schlafe
vortrefflich, concentrire mich ganz auf die Klinik, treibe daneben
wieder Musik, lebe mit meiner Familie und denke mir: die Menschen
haben hier die Früchte meiner besten Kraft geerntet, nun mögen
sie auch den alternden Mann verbrauchen und ertragen.

Daß ich noch nicht ganz vertrottelt bin, haben wohl Manche
aus dem Quos ego! ersehen, das ich ihnen in den Aphorismen
entgegengeschleudert habe, und woran sie noch lange zu verdauen
haben werden. Vorläufig liegt diese kleine Broschüre meinen Collegen
noch sehr schwer im Magen.

Doch nun genug von mir. Auch in Zürich hatte ich Noth,
mir im Anfange gleich die nöthigsten Hülfskräfte zu erobern . . .

Nun haben Sie genug senile Geschwätzigkeit erduldet.

Mit freundlichstem Gruß

Ihr

Th. Billroth.

257) An Prof. von Rindfleisch in Würzburg.

Wien, 25. December 1886.

Mein lieber, alter Freund!

Was machst Du für Sachen! Du bist ja noch viel zu jung für
arthritische Niederlagen; das kommt davon, wenn man seiner Zeit
voraneilt. Mit herzlichster Theilnahme haben wir von Deinen neuen
Schmerzen gehört; hoffentlich bist Du jetzt schon wieder ganz flott
auf den Beinen. Wenn ich Dir nicht immer das Allerbeste wünschte,
so könnte ich Dich um Deinen Humor und Deine Lebensfreude beneiden. Ich stelle mich bei ähnlichen, wenn auch geringeren Calamitäten auch immer sehr geduldig, bin aber eigentlich desparat über
jedes Hinderniß, welches sich meinen Wünschen entgegenstellt. Da
finden sich denn in Paul Heyse's Spruchbüchlein mancherlei weise
und auch lustige Ideen; ich habe es gern wieder zur Hand genommen und danke Dir herzlich, daß Du mein gedachtest.

Ich hatte zwei Mal eine akute Bursitis calcanea, ein Mal im

Sommer nach einem, für meine Körperlast etwas zu anstrengenden, raschen Marsch, das andere Mal vor Kurzem ohne alle Veranlassung. Steckt auch Arthritis dahinter? ich kann es noch nicht recht glauben, weil die allerdings recht schmerzhafte Affaire kaum 8 Tage gedauert hat. Ein kleiner Nierenstein steckt mir immer noch unten im linken Ureter, der mich vorläufig nicht genirt; nur darf man nicht darauf drücken. Was mir aber besonders lästig ist, sind fortwährend chronische Choanen- und Rachencatarrhe, die von Zeit zu Zeit auch wohl in den Kehlkopf wandern. Neulich war ich wieder einmal 14 Tage heiser, ja fast stimmlos. Da ich doch nicht Klinik halten konnte, machte ich eine Geschäftsreise nach Odessa. Die Reise durch Podolien und Bessarabien war trostlos. Endlose, — endlose — endlose Steppen; hier und da bei hellem Mondschein in der Ferne ein Rudel Wölfe, sonst Tage und Nächte lang nichts! Odessa und das schwarze Meer bieten gar keine landschaftlichen Schönheiten; ich kam recht verstimmt zurück. — Ich wüßte ein sehr gutes, radicales Mittel gegen meine catarrhalisch-arthritischen Altersgebrechen: abdanken, nach St. Gilgen ziehen und dort einfach bäuerlich mit einer guten Bibliothek leben, den ganzen Tag im Freien sein und sorgenlos ins schöne Land blicken, bis die Sonne zum letzten Mal untergeht. Christel wäre ganz dabei. Aber die Kinder wollen nichts davon wissen . . .

Doch genug jetzt dieser Weihnachtsplaudereien! Herzliche Grüße und Neujahrswünsche von Haus zu Haus.

Dein

Th. Billroth.

258) An Prof. Wölfler in Graz.

Wien, 10. Februar 1887,
2 Uhr Morgens.

Von allerlei alltäglicher Arbeit ermüdet und abgespannt legte ich mich um 11 Uhr recht verdrießlich ins Bett. Was mich jetzt oft so verstimmt, ist hauptsächlich die grenzenlose Zersplitterung meiner Zeit, die geistige und körperliche Ermüdung, und die dadurch veranlaßte demoralisirende Zerfahrenheit, der Mangel an Sammlung und Concentration. Diese grandige Verstimmung ließ mich nicht zum Schlafen kommen. Doch die Ruhe that mir wohl. Ich fühlte mich nach einer Stunde einer absoluten Stille um mich her frisch und munter, stand auf, zog mich an, machte mein Zimmer hell und nahm Ihr neues Buch*) zur Hand, das ich gestern zu meiner großen Ueberraschung und Freude erhielt. Ich las und las, und mit einem Male war ich an der letzten Seite. Es waren zwei glückliche Stunden, die ich Ihnen verdanke.

Das ist eine treffliche, musterhafte Arbeit, lieber Freund! Ich wünsche Ihnen von Herzen dazu Glück. Sie hat mich lebhaft an meine Geschichte der Schußwunden erinnert. Nur wer selbst so etwas gemacht hat, weiß, welche intensive Arbeit in einigen solcher Bogen steckt, — weiß aber auch, welche innere Freude und Befriedigung man bei einer solchen Arbeit empfindet. Nicht wahr? es ist ein hohes Gefühl, sich sagen zu können, diesen Stoff beherrschst du ganz und vollkommen, wie kein Anderer. Ich glaube nicht verblendet zu sein in der Liebe zu meinen Schülern. Doch ich muß Ihnen sagen, daß ich diesmal ganz besonders erfreut bin nicht nur über die Bewältigung des Stoffes, sondern auch über die concentrirte kurze Darstellung, über Ihre sichere Erkenntniß alles Wesentlichen und Wichtigen. Mir ist dabei der Eindruck Ihrer allerersten Arbeit wieder sehr lebhaft geworden; Sie haben eben neben vielen anderen Dingen ein ganz besonderes schriftstellerisches Talent! Doch stille, stille! ich darf Ihnen das eigentlich gar nicht sagen, Sie werden mir am Ende sonst gar eitel! und doch nein! Wer so viel innerlichen historischen Sinn hat wie Sie, von dem brauche ich das nicht zu fürchten. Was uns die Natur gegeben, dafür können wir nicht. Was wir mit den uns verliehenen Gaben gemacht haben, das haben viele Andere vor uns und neben uns auch schon gemacht. Stellen wir uns nur neben die Mittelmäßigen unserer Zeit, so kommen wir uns sehr großartig vor. Stellen wir uns in Beziehung zu den Größten früherer und unserer Zeit, so müssen wir froh sein, als kleines Kettenglied im Ganzen uns zu fühlen.

Nun frisch an die Magen- und Darm-Chirurgie; mein Material steht Ihnen zur Disposition. Graz wird für Sie werden, was Zürich für mich war. Nun werde ich vortrefflich schlafen!

Ihr
Th. Billroth.

---

*) Die chirurgische Behandlung des Kropfes. I. Theil: Geschichte der Kropfoperationen. Berlin, A. Hirschwald.

239) An Prof. von Rindfleisch in Würzburg.

Wien, 22. März 1887.

Lieber Freund!

Else, die gestern Abend wohl und munter von Berlin zurückgekehrt ist, erzählt mir, daß Du mit Peterssen's in den Osterferien an die Riviera reisen willst. Da ich mich mit Martha auch dort in der Gegend herumtreiben werde, so sollte es uns doch sehr leid thun, Euch nicht zu begegnen. Ich notificire Dir also, daß wir am 29. März von hier abreisen wollen und am Donnerstag, den 31. März, in San Remo im Hotel Westend sein und dort 3—4 Tage bleiben werden. Eine Nachricht hierher oder nach San Remo wäre uns sehr erwünscht. Wir hatten zuerst vor, an die italienischen Seen zu gehen, doch das kalte Frühjahr, — es weht hier immer noch eisiger Wind, — hat uns für die Riviera bestimmt. Wir werden in der Osterwoche über den Brenner oder Gotthard zurückkehren.

Herzliche Grüße von Haus zu Haus!

Dein
Th. Billroth.

240) An Prof. von Rindfleisch in Würzburg.

Wien, 11. Juni 1887.

Mein lieber, alter Freund!

Ich bin heute endlich im Stande, Deinen lieben Brief vom 17. Mai zu beantworten. Vom 17. Mai! also so lange ist es schon, daß es nach bösen Tagen wieder besser mit mir ging*). Dem Reconvalescenten vergeht ein Tag wie der andere. Langsam kommt das Interesse an den vielen kleinen tausend Dingen, die das tägliche Leben ausmachen, wieder. Langsam wickelt man sich aus dem traumhaften Zustand heraus, in welchen man in relativ kurzer Zeit bei einem etwas akuteren Proceß hineingerathen war.

Die Kinder sind seit 4 Tagen in St. Gilgen und bereiten dort Alles vor. Am nächsten Mittwoch hoffe ich mit Christel auch unser Tusculum zu beziehen.

Es geht mit mir langsam, langsam besser; nur der Schlaf ist

---

*) Billroth erkrankte im Mai an einer schweren Lungenentzündung.

noch miserabel, und ich habe oft noch sehr starken Hustenreiz. Was später aus mir werden wird, weiß ich nicht. Sobald meine Kräfte einigermaßen restaurirt sind, soll ich etwas thun, um magerer zu werden; denn daß mein Bauch innen fast noch mehr voll Fett ist, wie außen, darüber sind Alle einig; ebenso daß mein Herz stark von Fett überwachsen und wahrscheinlich durchwachsen ist. Oertel*) kann nur sehr modificirt angewandt werden, da ich meinem Herzen nicht zu viel zumuthen darf. Bei meiner Neigung zu Gallenstein- und Nierensteinbildung und bei dem Umstande, daß alle meine Organe gewöhnt sind, durch viel Flüssigkeit durchspült zu werden, und Schwitzen für mich eine Art von Athmung ist, soll auch die Wasserentziehung nicht forcirt werden! Also Alles cum grano salis! Nun, wir werden sehen. Soll ich nun einmal noch leben, so hätte ich freilich wenig Freude daran, wenn es unter zu starken Beschränkungen sein müßte.

Herzliche Grüße von Haus zu Haus!

Dein

Th. Billroth.

241) An Dr. Johannes Brahms in Wien.

Wien, 12. Juni 1887.

Mein lieber Freund!

Als wir uns zum letzten Male sahen und uns für den Sommer Adieu sagten, hatte ich die Empfindung, daß ich Dich kaum wiedersehen würde, so krank fühlte ich mich schon damals innerlich. Beinahe wäre vor Kurzem meine Ahnung in Erfüllung gegangen.

Ich nahm an einem Tage Abschied von den Meinen, von meinen nächsten Schülern und den Freunden, die mich umgaben; ich sandte durch Seegen letzten Gruß an Hanslick und durch ihn an Dich, da kein direkter Vermittler zwischen uns Beiden um mich war.

Ich habe Dir gedankt für das viele Schöne, womit Du mein Leben erfreut und geschmückt hast.

Nun ist das Alles wie ein Traum hinter mir. Doch ich kann nicht sagen, daß ich eigentlich schon wieder im Leben recht drin

---

*) Cur des Prof. Oertel in München zur Behandlung des Fettherzens.

wäre; denn ein Leben ohne Schaffen, ohne Arbeit ist doch eigentlich kein Leben, des Athmens Mühe werth. Doch ganz unbildlich gesprochen; es liegt mir immer noch wie ein Reif um die Brust, es ist auch noch nicht Alles in Ordnung mit den Lungen; doch geht es, wenn auch langsam, täglich ein wenig besser. Nächsten Mittwoch, den 15. d. M., soll ich endlich nach St. Gilgen, wo ich mich stets so glücklich fühlte, und wo ich ganz zu genesen hoffe, wenigstens soweit, daß ich wieder ohne Beschwerde im Herbst meinem Beruf nachgehen kann. Meine ärztlichen Freunde, meine Familie, meine Schüler, Alle haben gewetteifert, mich zu erhalten, mich zu pflegen.

Ich lag längere Zeit in einem nicht unangenehmen Halbschlummer, manchmal wohl dabei ärztlich mich beobachtend, wie die Athemzüge immer rasselnder, immer flacher wurden, und mein Geist zu wandern schien. Ich weiß ganz deutlich, wie ich aus einem Deiner Lieder sprach: „Mir ist, als ob ich schon gestorben bin 2c." Und das Alles war so milde und schön, ich schwebte und sah die Erde und meine Freunde so ruhig und freundlich unter mir! — Mit einem Male rüttelte man mich empor; ich mußte wie ein Soldat auf Commando athmen, allerlei Zeug schlucken. Ich bat: laßt mich! mir ist so gut! Doch umsonst, immer wieder rüttelte man mich auf, und aus vielen Stimmen, dies und das zu thun, hörte ich dann die Stimme meiner Frau: „so thue's doch um der Kinder willen!" So ließ man mich über eine Woche lang nie zum festen Schlaf kommen, — mein Schlaf hatte wohl eine zu große Aehnlichkeit mit seinem Zwillingsbruder — — 2c. Die halb träumerische, durch die Krankheit bedingte Stimmung brachte mich über diese Dinge leichter hinweg, als man meinen sollte. Der Mensch vergißt zum Glück auch das Unangenehme bald. Der Schlaf, der mich in den letzten Jahren schon oft floh, ist mir auch jetzt noch nicht hold; ich muß mich mit 3—4 Stunden begnügen und habe mich gewöhnt, damit zufrieden zu sein. Das wird hoffentlich Alles besser werden draußen in der freien Natur, in der frischen Bergesluft. Was später sein wird, darüber ist noch nichts entschieden; man sagt mir, daß mein Aussehen nicht mehr krankhaft ist. Ob ich den ganzen Sommer in St. Gilgen bleiben, oder irgendwelchen Curort besuchen werde, darüber läßt sich jetzt noch nichts bestimmen. Nun bin ich also hoffentlich im Herbst wieder da.

Die Theilnahme der Menschen um mich war intensiv und extensiv der Art, daß ich gerührt und beschämt bin. Doch was kann ich alter Mann nun noch den Menschen für alle ihre Zeichen der Sympathie und Liebe bieten? Neues noch schaffen? schwerlich!! — Doch ich habe die Beobachtung gemacht, daß die große Menge der Menschen doch noch oft in schwierigen neuen Fällen fragt, was „Dieser oder Jener" wohl dazu sagt. Solche populäre Persönlichkeiten können, ohne selbst Neues zu schaffen, doch dadurch, daß sie zusammenhalten, und fest am Tüchtigen, Wahren, Guten und Schönen festhalten, zum Guten und Schönen den großen Haufen hinleiten helfen. Und einer von Diesen und Jenen zu sein, damit will ich mich nun gern begnügen.

Von Deinen Arbeiten in Thun sagen die Zeitungen allerlei Romantisches! Die Geister lasse ich gern in Ruh; wenn sie etwas schaffen, so wird's schon an den Tag kommen.

Von Hanslick weiß ich nichts, als daß er von Carlsbad nach Franzensbad übergesiedelt ist.

Nun noch tausend Dank für Deinen lieben, herzenswarmen Brief aus Thun. Behalte mich auch ferner lieb!

Dein
Th. Billroth.

242) An Dr. Gersuny in Wien.

St. Gilgen, 27. Juni 1887.

Lieber Freund!

Für Ihren sehr, sehr lieben Brief vom 19. Juni vielen herzlichen Dank! Als ich neulich an Nothnagel schrieb, war ich auf der Höhe der hiesigen Situation; sehr bald darauf wurde mein Zustand wieder etwas lästiger durch die Folgen einer Erkältung, und durch eine leichte Intoxication mit Digitalis. Erstere schien auf eine Angina tonsillaris hinzusteuern; doch rettete mich ein altes, in meiner Familie übliches Hausmittel, nämlich „einen wollenen Strumpf um den Hals tragen". Ob es von besonderer Bedeutung war, daß dieser Strumpf aus Puffi's Haaren bereitet war, will ich dahin gestellt sein lassen ...

Meine Kräfte haben sich recht gehoben, doch mit meinem Athem muß ich immer noch sehr sparsam umgehen. Meine gute Frau war über den kleinen Rückfall unglücklicher als nothwendig; ich wohne jetzt in ihrem Zimmer, und sie schläft Nachts in Helenchen's Zimmer. Trotz ihres tiefen Schlafes wachte sie sofort (trotz geschlossener Thür), sowie ich stärker hustete; wie sie früher gleich erwachte, sowie ein Kind auch nur leise weinte. Sonderbar, daß eine Sinnesempfindung weniger tief schlafen kann, wie die anderen!

Was der Himmel für mich thun kann, thut er. Von der Schönheit des Wetters seit den 12 Tagen wenigstens, die ich hier bin, hat man keine Vorstellung. Die Temperatur ist gleichmäßig warm, nie heiß, mag der Himmel sonnig oder bedeckt sein. Nur an Regen fehlt es; unsere Brunnen sind fadendünn, und Frau Frisch hat ihren Garten heute schon aus dem See begießen lassen, weil es zu langweilig ist, abzuwarten, bis eine Gießkanne voll läuft. Die Gewitter ziehen alle an uns vorüber, und nur zwei Mal erlebte ich jetzt hier einen kurzen Sprühregen. Und schön ist es hier! nicht zum Glauben! Jetzt beginnt die Rosenpracht mit einer noch nie dagewesenen Ueppigkeit. Und dabei soll man nicht zufrieden und glücklich sein! Ja, man sollte es wohl! Doch so ganz sicher bin ich über mich noch keineswegs. In meinen Lungen ist noch keineswegs Alles in Ordnung, und mein Herz ist ziemlich miserabel, meine Leber sicher verfettet, meine Nieren nicht mehr ganz intact. Es giebt Momente, wo ich außergewöhnlich stark moralisch deprimirt bin und mich zwingen muß, daran zu glauben, daß ich noch wieder eine Zeitlang arbeitsfähig werden könnte. Man wollte mich jetzt in Wien zum Rector wählen; ich habe dringend gebeten, davon abzustehen, wobei ich meinen jetzigen Zustand etwas ins Grauere malte. Schon der Gedanke, eine solche Last im Herbst auf mich zu nehmen, hat mich einen halben Tag lang aufgeregt. Soeben erhielt ich ein Telegramm, daß man auf meinen entschiedenen Wunsch von meiner Wahl absehe; ich bin sehr froh darüber. Geistig bin ich noch sehr à bas. Die wunderbare Natur hier, meine Häuser und Gärten haben mich freilich meistens so eingenommen, daß ich eigentlich niemals hier geistig sehr rege war, nie viel gelesen, sondern mehr eine Art Traumleben geführt habe. Auf die Dauer, den ganzen Sommer und Herbst kann das ja aber nicht so fortgehen, sonst vertrottele ich ganz. Vorläufig lüge ich mir noch vor, daß für Reconvalescenten geistige Anstrengung nicht gut ist.

Dienstag, 28. Juni 1887.

.... Das Wetter ist heute so wunderbar, daß ich fast eine erste Seefahrt riskiren möchte. Heute Abend und Morgen große Feste hier: Einweihung des (schon im vorigen Jahre befahrenen) neuen Fahrwegs auf den Schafberg durch den Salzburger Alpenverein. Heute Abend Seebeleuchtung, Tanz im Seewirthshaus, Morgen Auffahrt auf den Schafberg.

Jetzt werden Sie genug von St. Gilgen und mir haben. Herzliche Grüße an Ihre liebe Frau.

Ihr
Th. Billroth.

243) An Prof. Fick in Würzburg.

St. Gilgen, 30. Juni 1887.

Lieber Freund!

Wir haben schöne Jugendjahre in Zürich mit einander verlebt als Collegen und Freunde, in wissenschaftlicher und persönlicher gegenseitiger Theilnahme. Alles in Allem genommen war es der glücklichste und fruchtbarste Theil meines Lebens; drum denke ich so gern an diese Zeit zurück und an Alle, welche mit derselben verknüpft sind. Es hat mich daher ganz besonders gefreut, daß Sie und Ihre liebe Frau meiner und Christel so freundlich gedacht haben und diesem Gedanken einen so lieben, freundschaftlichen Ausdruck gaben.

Schon seit längerer Zeit war ich auf eine Katastrophe in meinem Körper gefaßt, da es überall etwas hapert: Nervensystem, Lungen, Nieren, Leber, Alles ist stark abgebraucht; und der Takt, den das Herz zum Trauermarsch des Lebens schlägt (wie Burns sagt), ist recht unregelmäßig geworden. — Als ich merkte, daß eine akute Exacerbation eines systematisch verachteten, tiefgehenden Bronchialcatarrhs mein Athmen täglich, dann stündlich schwieriger machte, ohne daß ich dabei viel litt, weil ich meist in mäßiger Kohlensäure-Intoxication war, — so kam ich in eine recht ruhige, behagliche Stimmung und hoffte, mich nun ganz anständig und zur rechten Zeit empfehlen zu dürfen. Es wäre mir recht bequem so gewesen, da meine Verhältnisse so erträglich regulirt waren, und ich bei Allem, was ich praktisch hier geschaffen habe, sowie auch in meiner Familie, immer dahin strebte, daß Alles seinen ruhigen Gang fortgehe, nichts mehr an meiner Person hinge und ich somit unnöthig sei. Ich hatte mich in meinem halbbewußten Zustande so in diese Gedanken hineingeträumt, daß ich schon glaubte, über der Erde und den Wassern materien- und sorgenlos zu schweben. — Doch als es immer wieder Tag und wieder Nacht wurde, und ich mir klar wurde, daß es noch nicht zum schönen Ende, sondern zurück zu Arbeit und Sorge ging, da war ich innerlich eigentlich gar nicht froh darüber und würde dies Ereigniß auch jetzt nur sehr kalt objektiv betrachten, wenn ich nicht durch die wirklich außerordentliche Theilnahme so vieler, vieler Menschen an meiner Genesung in einer Weise ausgezeichnet wäre, die weit über das Conventionelle in solchen Fällen hinausgeht; etwas, was man mehr fühlt als ausdrücken kann.

Wir haben früher oft miteinander halb ernsthaft, halb im Scherz über plötzlich hingeworfene Thesen phantasirt. „Wie muß eine Persönlichkeit beschaffen sein, damit sich die sogenannte öffentliche Meinung und per Echo, die große und kleine und kleinste Presse dauernd mit ihr beschäftigt?" Das wäre so ein Thema zu einer lustigen Discussion. Was weiß denn das Volk eigentlich von dem, was ich vielleicht in ernster Wissenschaft angeregt oder gefördert habe! Gar nichts. Es bildet sich ein Mythus; an Unverstandenes, doch halb Geahntes, zum Wunderbaren durch die Volksphantasie Aufgebauschtes knüpft der Mythus an. Ich meine, die Kehlkopfexstirpation und der künstliche Kehlkopf waren der Beginn meines Mythus, dann die Darm- und Magenresectionen u. s. w. — Das Grausliche zieht das Volk auch an, und dies weiß die Presse gut auszunutzen.

Nun das wäre Alles ganz lustig und erfreulich. Aber mich bringt denn doch die Ueberschwemmung von Anerkennung in einige Verlegenheit, und wenn man dann wünscht, daß ich noch recht lange zur Förderung der Wissenschaft leben soll, so erfaßt mich eine Art von Beschämung. Denn ich muß mich nun ängstlich fragen: „ja! was erwartet man denn eigentlich noch von mir, dem abgearbeiteten Manne im 59. Lebensjahre? Was ich kann, können meine Schüler auch, vielleicht oft schon besser! Neues wird mir auch nicht mehr einfallen. Schüler bildet man nur so lange, als man selbst im Detail mitarbeitet, nur so lange man jung ist. Also was soll ich nun eigentlich noch? Nur da sein, auf meinem Posten stehen, aller Welt sichtbar, — das ist wenig, wird aber schwerlich mehr heraus-

kommen. Den österreichischen Staat werde ich auch als Herrenhaus=
mitglied nicht retten. — So kann man in meinen Jahren nur noch
allenfalls als eventuell nützlicher Wegweiser angesehen werden, der
auf den richtigen Weg hindeutet, oder wenigstens die Richtung des
weiteren Weges markirt.

Meine Reconvalescenz schritt bis vor Kurzem enorm langsam
vorwärts; seit einigen Tagen geht es aber entschieden besser. Der
hiesige Ort ist so recht dazu gemacht, einen Reconvalescenten zu
fördern, wie Ihnen Freund Rindfleisch, der hier war, schildern kann.

In alter Freundschaft
Ihr
Th. Billroth.

244) An Prof. Socin in Basel.

St. Gilgen, 2. Juli 1887.

Lieber Freund!

Ich lebe hier auf dem Wittwensitz meiner Frau von meinem
Nachlaß, der eigentlich allein für Frau und Kinder bestimmt war.
Ob es sich verlohnen wird, mich, den halb Verstorbenen, hier noch
eine Zeitlang zu füttern und endlich wieder in sein Amt in Wien
einzusetzen, das sicherlich jetzt von einem Jüngeren besser versehen
wäre, — muß die Zukunft lehren. Diejenigen, welche mich am
15. Juni in Wien in den Salonwagen hineinkriechen sahen, den mir
die Staatsbahn zur Reise zur Disposition gestellt hatte, haben wohl
kaum gedacht, daß ich jetzt hier schon wieder 2—3 Stunden, wenn
auch recht piano, piano spazieren gehen kann. Kurz, ich glaube jetzt
selbst wieder an meine Genesung, wenn meine Lungen, mein Herz,
meine Nerven, meine Leber, meine Nieren — die ganze alte Maschine
ist strupirt — auch noch vieler Schonung bedürfen.

Tausend herzlichen Dank für Deinen sehr lieben, herzlichen
Brief. Ich hoffe doch, wir sehen uns nächste Ostern in Berlin
wieder. Freilich mit dem Diniren und Kneipen ist es nichts mehr!
ich soll in Allem Maß halten, soll magerer werden, d. h. nicht wie
andere Leute mit einer akuten Oertel=Cur, sondern soll mich langsam
aushungern, weil mein Fettherz eine zu rasche Entziehung durch
einen plötzlichen Strike beantworten könnte. Lohnt es sich da noch
der Mühe des Athmens?

Oh! wo sind die Zeiten, wo wir in Ostende Burgunder und Champagner tranken; sie kehren leider nicht wieder! „Jung sein, ist Alles!"

Herzlichsten Gruß!

Dein

Th. Billroth.

243) An Prof. Mikulicz in Königsberg.

St. Gilgen, 5. Juli 1887.

Lieber Freund!

Ihr ausführlicher Brief vom 1. Juni hat mir große Freude gemacht; ich habe ihn eben noch wieder durchgelesen und dann wieder den Eindruck gehabt, daß Sie sich eigentlich sehr rasch in die dortigen Verhältnisse gefunden haben. Mir ist das besonders lieb, da ich sehr energisch zu dem Verlassen von Krakau rieth, dessen Wiederbesetzung große Schwierigkeiten zu machen scheint. So habe ich nun die Freude, daß Czerny, Gussenbauer, Winiwarter, Sie und Wölfler ganz behaglich auf Ihren Professorenstühlen sitzen.

Daß Ihnen als halbem Wiener und besonders Ihrer Frau das scharf ausgeprägte Preußenthum in der Krönungsstadt der preußischen Könige etwas fremdartig vorkommt, ist ja sehr begreiflich. Dafür entschädigt für manche äußerlich gefälligere Form, die man so sehr vermißt, sowie man aus Oesterreich herauskommt, die Empfindung, in einem eigenthümlich festgefügten Organismus einen Platz auszufüllen; und man gewinnt dadurch für sich und seine Verhältnisse ein Gefühl der Sicherheit, welches man bei uns fast täglich mehr verliert. Im Ganzen finde ich, daß man im deutschen Reiche den Oesterreichern wohlwollender begegnet, als es die Oesterreicher den Fremden gegenüber zu thun pflegen. Man hat den Oesterreicher persönlich meist gern und läßt ihm besonders auf dem Gebiete der Künste gern den Vorrang... Hoffentlich bin ich fürs Wintersemester wieder flott.

Freundlichsten Gruß an Ihre Frau!

Ihr

Th. Billroth.

246) An Dr. Gersuny in Wien.

St. Gilgen, 16. Juli 1887.

Lieber Freund!

Wir hatten uns schon so sehr gefreut, Sie am 20. d. M. zu empfangen, und nun müssen Sie, wie ich höre, noch 2 Tage länger in dem heißen Wien aushalten. Ich habe mich hier in ein solches Schlaraffenleben hineingelebt, daß ich mir garnicht vorstellen kann, daß man im Laufe des Tages irgend etwas Anderes vornehmen kann, als im kühlen Zimmer seinen Gedanken nachhängen, lesen, schreiben, etwas musiciren zc. Ich mache meine Spaziergänge jetzt Morgens von 6—8 und Abends von 7—9. Ein Morgengang nach Fürberg und über Aich zurück ermüdet mich trotz mancher Steigungen nicht mehr, als im vorigen Jahr. Weit schwerer wird mir der Abendgang; ich komme selten ganz bis Lueg und muß oft ausruhen... Sie brauchen gewiß die Erholung sehr nöthig und werden sie hier finden, wo die Natur so friedlich und still ist, und man das Getümmel der Welt bald vergißt.

Ihr
Th. Billroth.

247) An Prof. von Rindfleisch in Würzburg.

St. Gilgen, 31. Juli 1887.

Lieber Freund!

Christel ist durch Logirbesuch und häusliche Angelegenheiten etwas stark in Anspruch genommen, und so habe ich mich angetragen, den lieben Brief Deiner Frau, der gestern eintraf, zu beantworten...

Nun jetzt hast Du also auch endlich Ferien! Es ist doch zu unsinnig, daß wir so bis in die größeste Hitze hinein mit den Studenten arbeiten müssen; doch es ist nicht zu ändern, so lange der Staat auf Massenerziehung von Aerzten hinarbeitet, und die mittleren Durchschnittsköpfe durch vieles Lernen und Repetiren auf eine bestimmte Hochebene des Wissens hinaufgeschoben werden sollen. Hätten wir lauter talentvolle Schüler, denen schon mehr Können und Erkennen angeboren ist, als Andere in Jahren doch nicht lernen, so brauchten wir weniger zu schulmeistern, und die Studenten weniger zu lernen und würden schließlich doch mehr wissen, als es jetzt der Fall zu sein pflegt.

Mir geht es recht gut. Der Proceß in meinen Lungen ist, wie mir meine Aerzte sagen, ganz ausgeheilt. Neigung zu Catarrhen noch immer vorhanden, daher noch einige Vorsicht nöthig. Nun soll ich das Fett vom Herzen fort=örteln. Da ich aber mit meinen Gallen= und Nierensteinen allzu starke Wasserentziehung fürchte, so laufe ich wie wahnsinnig 3—4 Stunden bergauf, bergab und trans= spirire dabei sehr stark. Abends trinke ich, wie ich es seit Jahren gewöhnt bin, eine Flasche leichten österreichischen Wein und rudere danach wohl noch eine Stunde im Mondschein auf dem See. — Wir bleiben bis 1. October hier, dann muß ich leider aus mate= riellen Gründen wieder in meinen Beruf nach Wien; innerlich zieht mich nichts dahin. — Zu Eurer Reise wünsche ich das schönste Wetter.

Dein
Th. Billroth.

248) An Dr. Johannes Brahms in Wien.

St. Gilgen, 27. August 1887.

Lieber Freund!

Ich hätte Deinen lieben Brief vom 12. d. M. schon längst beantwortet, wenn ich nicht im Lauf der Zeit vom 15. Juni bis heute von jener Schreibfaulheit ergriffen wäre, die den Menschen leicht überkommt, wenn er ganz in und mit der Natur lebt. Ich komme mir dabei vor wie ein Baum, oder ein Fels, oder sonst etwas, was dahin gehört, nur daß ich mich zufällig bewegen kann.

Ich habe mich im Lauf dieser Zeit so an das Spazieren berg= auf, bergab gewöhnt, daß selbst das wiederholte Spazieren über die Spitze des Schafbergs und anderer höheren Hügel mich in keiner Weise ermüdet. Ich bin in meinem ganzen Leben nicht so viel und so leicht gegangen wie jetzt; es ist eben Uebungssache.

Da die Zeitungsschreiber nichts Erhebliches zu sagen haben, und ich allerdings bald diesem, bald jenem Bekannten hier und dort begegnet bin, so erhalte ich unausgesetzt Gratulationsschreiben und Glückwunschkarten. Ich bin in der That oft tief gerührt über die unaufhörlichen Ausdrücke der Theilnahme, die mir von allen Seiten zugehen und kann es eigentlich nicht recht begreifen, wodurch ich zu dieser seltenen Ausdehnung einer wirklich herzlichen Popularität

gekommen bin. Denn wenn meine bescheidenen wissenschaftlichen
Leistungen auch von meinen Fachgenossen und Collegen erheblich
überschätzt, doch immerhin geschätzt sind, so ist doch das Publikum
nicht in der Lage, darüber ein Urtheil zu haben. Es ist curios,
wie sich eben um manche Persönlichkeiten ein completer Mythus
bildet, so auch um Dich neuerdings als Opern-Componisten. Schade,
daß es mit dem „Romantischen" nichts ist. Auf das neue Doppel=
concert bin ich natürlich sehr gespannt.

Hanslick und Frau waren 2 Tage bei uns. Heute kam Faber
zum Speisen von Ischl herüber, ist schon wieder fort. Wie ist es
mit Dir? Hast Du nicht Lust, Dir auch ein Mal mein Tusculum
anzusehen, es lohnt sich der Mühe; vielleicht auf der Rückreise nach
Wien ... Du würdest uns sehr durch Deinen Besuch erfreuen und
kannst bei uns wohnen. Ein Telegramm am Tage vorher wäre
erwünscht, damit ich nicht etwa auf dem Schafberg bin, wenn
Du kommst.

Dein
Th. Billroth.

249) An Dr. Gersuny in Wien.

St. Gilgen, 24. September 1887.

Lieber Freund!

Verzeihen Sie, daß ich Ihren lieben Brief vom 16. d. M. erst
heute beantworte; ich kann zu meiner Entschuldigung nur sagen,
daß die Tage bis heute fabelhaft schön waren, und daß wir Besuch
von Frau Seegen für mehrere Tage hatten, und daß ich Abends
entweder mit dem Fürsten und Otto Tarock oder Skat gespielt habe,
oder mich mit Frau Groll oder mit Else musikalisch unterhielt
und u. s. w.

Es thut mir recht sehr leid, daß Sie mit so mancherlei Un=
annehmlichkeiten im Rudolfinerhaus zu thun hatten; hoffentlich ist
das schon verwunden, und ich wünsche von Herzen, daß Sie von
jetzt ab nur Gutes erleben.

Nun schlägt auch bald für mich und Else die Abschiedsstunde
von St. Gilgen, $^3/_4$ auf Wien. Heute ist es recht regnerisch und
kalt, und doch wie gemüthlich in den geheizten Zimmern; ich kann
mich auf Momente ganz dem trügerischen Wahn hingeben, daß ich

bis Weihnachten und länger hier bleiben könnte. Die Wälder sind kaum stellenweise gelb angefärbelt, die Beleuchtungen waren zumal Abends wunderbar schön; der Halbmond thut das Seinige dazu, und wenn ich mir die ganze Landschaft in Schnee denke, so muß das auch herrlich sein. Leider liegen die Bade- und Schiffshütte und das Gersuny-Häusel still wie eingeschlafen da; nur der Garten blüht und grünt, als wüßte er nichts von den Menschen, die ihn geschaffen und sich an ihm gefreut haben. Und wie mäuschenstill ist es im Brunewinkel, wo sonst Alles von jubelnden Kinderstimmen erklang.

Ich hoffe, Sie werden mit mir zufrieden sein, wenn ich Ihnen wahrheitsgetreu berichte, daß ich bei meiner ersten Wägung am 8. Juli 101½ kg wog und am 23. Juli nur 89½ kg, in 11 Wochen 12 kg verloren und dabei immer muskelkräftiger geworden bin. Ich werde noch einige Zeit so fortfahren bis zu 85 herunter und mich dann zwischen 85 und 90 erhalten; weit darunter zu gehen, erlaubt mir meine Eitelkeit nicht, weil ich sonst, wie ich aus Bismarck's Bildern von Lenbach (besser umgekehrt) weiß, schrecklich viel Falten auch im Gesicht bekommen würde.

Ich bitte, mir nichts mehr hierher zu senden, da ich übermorgen über Aussee, Steinach, St. Michael, Bruck nach Triest reise, wo ich Mittwoch und Donnerstag (Hôtel de la ville) bleiben werde. Freitag und Samstag bin ich in Abbazia, Sonntag Vormittag in Wien. Else reist mit mir bis Bruck, dann nordwärts; sie kommt Dienstag Abend in Wien an. Ich denke einige Stunden bei Wölfler in Graz zu verweilen. Die herzlichsten Grüße von Else und mir an Sie und Ihre liebe Bertha.

Auf frohes Wiedersehen!

Ihr
Th. Billroth.

250) An Prof. Gurlt in Berlin.

Wien, 3. October 1887.

Mein lieber alter Freund!

So sehr ich auch unserem guten alten Lehrer die Ruhe wünsche, nach der ich mich während meiner schweren Krankheit selbst recht gesehnt habe, so hat mich doch die Nachricht tief erschüttert.

Mich hat das Geschick wieder ins Leben zurückgeworfen, mit dem ich eigentlich schon lange ganz fertig bin . . . Noch in den ersten Wochen in St. Gilgen fühlte ich mich so schwach, daß ich nur daran dachte, meinen Abschied aus dem Staatsdienst zu nehmen. Dann erholte ich mich aber in meinem paradiesischen Tusculum so rasch, daß ich wieder kräftiger geworden bin, wie seit Jahren. Ich war 5 Mal auf dem Schafberg, habe oft Touren von 10—12 Stunden täglich bergauf, bergab gemacht. Noch plagte mich immer die melancholische Idee, daß die Menschen mich endlich vergessen haben, und meine Praxis beim Teufel sei. Doch da ich meinen Eintritt in die ärztliche Thätigkeit mit einer Nierenerstirpation in Triest begann und Alles wie sonst ging, und da auch heute, als ich zum ersten Male meine Sprechstunde abhielt, viele Patienten antraten, so habe ich wieder Courage bekommen und will nun sehen, was sich noch machen läßt. Den Hygieniker=Congreß habe ich absichtlich vermieden aus Gründen, deren Auseinandersetzung hier zu langweilig wäre. Doch nun genug von mir!

Ich hatte heute einen Brief von Falkenhagen (Sie kennen ihn gewiß, ein alter Freund der Familie Langenbeck, Oberst a. D.), der mir mittheilte, daß Langenbeck's Begräbniß*) in Berlin stattfinden werde; er hat keinen Tag angegeben. Mein erster Gedanke war, zu diesem Zweck nach Berlin zu reisen. Doch sprechen vielerlei Vernunftgründe dagegen. Ich bin erst gestern angekommen und finde einen Berg von Arbeiten vor; auch will meine Familie, die ängstlich über meine Gesundheit wacht und mich aufopfernd während und nach meiner Krankheit gepflegt hat, nichts von einer neuen Reise wissen, und ich habe darauf einige Rücksicht zu nehmen.

Ich bin ganz Ihrer Ansicht, daß am Ende des noch nicht ausgegebenen 2. Heftes des Bd. XXXVI. etwas über Langenbeck's Tod gebracht werden muß. Ich möchte Sie aber recht sehr bitten, dies zu entwerfen und mir dann zuzusenden als Manuscript. Eine Commissionsarbeit fürs Herrenhaus, eine Commissionsarbeit für die Stadt Wien über Schulbankfrage u. A. muß ich machen; das geht mir nach 4monatlicher garstiger Unthätigkeit schwer ab.

Am Schluß des Nachrufs müßte dann etwas über das weitere Geschick des Archivs gesagt werden. Wir konnten uns Langenbeck gegenüber wohl in untergeordneter Stellung als Redacteure geriren, doch keinem anderen Chirurgen der Welt gegenüber dürfen wir in zweiter Linie uns auf dem Titel des Archivs so ver=

---

*) Bernhard von Langenbeck starb am 29. September 1887 in Wiesbaden.

halten. Ich bin nun ganz damit einverstanden, wenn es künftig heißt: Arch. f. k. Ch., herausgegeben von Bergmann, Billroth und Gurlt (nach alphabetischer Ordnung), oder von Gurlt, Billroth und Bergmann (nach historischer und meritorischer Ordnung) und autorisire Sie, in diesem Sinne mit Hirschwald und Bergmann in Verhandlung zu treten. Wenn Sie dabei, wie bisher, die factische Last der Redaction ferner tragen wollen, so werden Ihnen alle Chirurgen deutscher Nation dafür unendlich dankbar sein.

Scheint es Ihnen und dem Verleger opportun, daß die Herausgeber allein dem Deutschen Reich angehören, so werde ich darin sicherlich keine Beleidigung, sondern nur ein sachliches Motiv sehen und als bereits einmal Verstorbener und wissenschaftlich nur scheinbar redivivus gern vom literarischen Schauplatz abtreten. Ich habe das schon bei der neuen Redaction der „Deutschen Chirurgie" gewünscht; doch damals ließ mich Enke nicht los. Inzwischen ist ein Decennium vergangen, und mein Stern ist im Sinken. Gewiß wäre es für das Gedeihen des „Archivs" besser, wenn jüngere Kräfte hervorträten, wie Koenig, Volkmann, Trendelenburg*) u. A. Ueberlegen Sie das wohl. Auch hier gilt mein Wahlspruch „it is the cause!"

Nun aber: wer soll Langenbeck's Nekrolog schreiben? Es ist eine schöne, aber schwierige und große Aufgabe, denn es heißt eigentlich eine Geschichte der modernen deutschen Chirurgie schreiben. Meiner Meinung nach sind von Langenbeck's Schülern nur 3 dazu berechtigt: Gurlt, Esmarch, Billroth. Ich stehe Ihnen und Esmarch darin gern nach; Sie würden es viel gründlicher machen, als Esmarch oder ich. Esmarch stand Langenbeck wohl persönlich am nächsten. Correspondiren Sie darüber mit Esmarch. Ich füge mich Ihnen Beiden unbedingt. Sollte Ihre Wahl auf mich fallen, so müßte ich viel Zeit haben und denke mir die Sache folgendermaßen. Der nächstjährige Chirurgen-Congreß müßte mit einer feierlichen Sitzung in der decorirten Aula beginnen, wo nichts vorgeht als die Langenbeck-Feier. Da müßte die Rede gehalten werden, die dann mit Anmerkungen vermehrt im Archiv als Nekrolog erscheinen würde. Die Feier muß großartig in Scene gesetzt werden.

---

*) Prof. der Chirurgie in Rostock, Bonn, Leipzig.

Verfügen Sie über mich, wie Sie es für gut halten; ich habe wenig Arbeitslust und kann Sie nur bewundern, wie Sie wieder so trefflich über „Krankenpflege" geschrieben haben. Doch würde ich versuchen, noch einmal den Rest meiner Kräfte zusammen zu nehmen.

Ihr
Th. Billroth.

251) **An Prof. Gurlt in Berlin.**

Wien, 9. October 1887.

Lieber Freund!

Beiliegend schicke ich Ihnen, wie Sie wünschten, einen Nachruf für Langenbeck, der im nächsten Heft des Archivs vornan, mit einem schwarzen Rande umzogen, zu erscheinen hätte. Correcturen brauche ich nicht. Aendern Sie, was Sie für passend halten.

Was die Gedächtnißrede beim nächsten Chirurgen-Congreß betrifft, so wäre es wohl am natürlichsten, wenn Bergmann selbst die Rede hielte. Je mehr ich darüber nachdenke, um so schwieriger und größer erscheint mir die Aufgabe; ich weiß nicht, ob ich noch im Stande bin sie würdig zu lösen. Ueberlegen Sie das wohl; Bergmann könnte die Aufgabe gewiß objectiver lösen. Ich füge mich durchaus Ihrem, Esmarch's und Bergmann's Beschluß. Fällt mir die Aufgabe dennoch zu, so würde Bergmann den Act einleiten, und ich müßte, um einen passenden Anschluß zu finden, vorher wissen, was er sagt. Jedenfalls müßte ich auf Esmarch's, Ihre und Arnold's[*)] Mithülfe rechnen können.

Morgen eröffne ich meine Klinik mit einem Nachruf an Langenbeck . . .

Ihr
Th. Billroth.

252) **An Frau Prof. Seegen in Wien.**

Wien, 13. October 1887.

Verehrte Freundin!

. . . Die Eröffnung meiner Klinik am 10. d. M. muß ich als eine Feierstunde meines Lebens registriren. Seit dem Riesenfackelzug, den mir die Wiener Studentenschaft bei Ablehnung der Berufung

---

[*)] B. von Langenbeck's ältester Sohn, Generallieutenant und Divisions-Commandeur von Langenbeck in Königsberg i/Pr.

nach Berlin brachte, habe ich so etwas nicht erlebt. Es war im Anschluß der Gedächtnißfeier meines unvergeßlichen Lehrers wohl ein Rausch der schönsten und edelsten Empfindungen. Sie werden Alles, was gesprochen wurde, in der nächsten Nummer der Wiener medicinischen Wochenschrift lesen; doch der warme, herzliche Klang der Stimme läßt sich nicht drucken.

Meine früheren und jetzigen Assistenten und Operateure hatten mein Zimmer in einen Blumengarten verwandelt; in einer Ecke war ein großer Blumenaufsatz von dem Dienst- und Warteperfonal; ich war davon wirklich gerührt. Auch jetzt wieder nehmen die schriftlichen und telegraphischen Gratulationen noch kein Ende. Mein Capital an Menschenliebe trägt in der That die größtmöglichen Zinsen. Selbst die Marktweiber gratuliren Christel zu meiner Genesung, und wenn ich durch die Alferstraße gehe oder an einen Fiakerstand komme, winken mir Alle zu. Ich hab' den Leuten doch gar nichts Besonderes gethan und frag' mich immer wieder: wie kommt das Alles? was haben nur die Menschen an mir? Wenn ich dabei immer unausstehlicher werde, so ist es wahrlich mit die Schuld der Menschen, die mich so durch ihre Liebe verziehen . . .

Ihr
Th. Billroth.

253) An Prof. Czerny in Heidelberg.

Wien, 21. October 1887.

Lieber Freund!

Schade, daß Sie mich nicht in St. Gilgen besucht haben; es ist dort so paradiesisch schön, daß ich die Zeit gar nicht erwarten kann, dort ganz zu wohnen.

Mir geht es miserabel gut, d. h. meine Gebirgslaufcur hat mich angenehm entfettet, und da ich sie hier nicht fortsetzen kann, muß ich hungern und dürsten wie der ärmste Proletarier; nein, schlimmer, denn der darf doch wenigstens Wasser trinken.

Zu Langenbeck's Gedächtnißfeier am nächsten Chirurgen-Congreß komme ich jedenfalls nach Berlin und hoffe auch Sie dort zu treffen.

Herzliche Grüße von Haus zu Haus!

Ihr
Th. Billroth.

254) An Prof. Czerny in Heidelberg.

Wien, 20. Januar 1883.

Mein lieber Freund!

Ihr lieber Brief vom ersten Weihnachtstage hat mich recht erfreut; er ist mir ein liebes Zeichen, daß Sie meiner noch nicht vergessen haben. Leider entnehme ich demselben aber auch, daß auch an Sie schon hie und da Sorgen herantreten, an denen ich ebenso herzlichen Antheil nehme, wie an Ihren Freuden. Möge sich Alles bald zum Besseren wenden.

Für Ihre neue Photographie noch besonderen Dank. Einen Abdruck nach Lenbach's Zeichnung von mir schicke ich auch heute an Sie ab.

Mir geht es andauernd gut. Ich habe mich im Körpergewicht von 110 auf 85 Kilo heruntergebracht, bin dabei sehr viel täglich in der frischen Luft, und wenn ich auch inzwischen ganz weiß geworden bin, so behauptet doch die böse Welt, daß ich viel jünger als früher erscheine und mich auch dementsprechend betrage. Ich war eben früher sehr schwerfällig und langsam in meinen Bewegungen und bewege mich jetzt wieder viel leichter. Ich gehe täglich 2 Stunden spazieren bei jedem Wetter. Ueber die Weihnachtsferien war ich 14 Tage in Abbazia, wo ich täglich 20—26 Kilometer gelaufen bin, zumal auch viel bergauf, oft der Bora und dem Regen entgegen. Dadurch habe ich mich abgehärtet, und meine Haut hat ihren Conus nicht verloren. Ich lebe jetzt vorwiegend meiner Gesundheit und meinem Behagen, thue meine Pflicht als Lehrer, und das ist ja wenig genug.

Meine Praxis hat in den letzten Jahren rapid abgenommen und zwingt mich, eingeschränkter zu leben, und was mir am wehesten thut, weniger large nach allen Richtungen zu geben. Meine Kinder sind alle drei erwachsen; ich möchte gern mein Haus verkaufen, da ich zu viel Geld darin verwohne und sehne mich danach, meine Professur niederzulegen. Leider geht das der Kinder wegen nicht. Bergab ist auch nicht immer schön!

Herzliche Grüße!

Ihr

Th. Billroth.

1888.

255) An Dr. Johannes Brahms in Wien.

Wien, 15. März 1888.

Lieber Freund!

Ich denke mir die Zusammensetzung des Musikabends, den Du uns für nächste Woche (Donnerstag oder Samstag) versprochen hast, folgendermaßen: der Meister, Familie Billroth, Gomperz und Frau, Nigg, Walter*) mit Frau und Tochter, Hornbostel mit Magnus, Chrobak und Frau, Dr. Fellinger und Frau, Faber und Frau, Frau Bromeisl-Girzik, Emma Bamberger, Rottenberg**), Mandyczewski***), Hermine und Minna Spieß†), Hanslick und Frau, Dr. Kretzschmar††), Kalbeck und Frau, Brüll und Frau, Goldmark. Zusammen 33 Personen, doch Alle mit Feuereifer dabei. Kannst Du mir noch Künstler oder Kunstfreunde nennen, deren Gegenwart Du wünschest, so bitte ich darum. Ich möchte es Dir recht behaglich machen.

Dein
Th. Billroth.

256) An Prof. Czerny in Heidelberg.

Wien, 27. Juli 1888.

Lieber Freund!

Erst heute am Abend vor meiner Abreise nach St. Gilgen komme ich dazu, Ihren lieben Brief vom 23. Mai zu beantworten. Sie schreiben mir von Ihrem lustigen Zusammensein mit meinen alten Freunden. Das rief manche liebe Erinnerung an schöne Jugendzeiten wach, und ich möchte gern einmal wieder in jenem mir so lieben Kreise weilen. Doch ich bin sehr reisefaul geworden; und sitze ich einmal am Wolfgangsee, so komme ich schwer von dort fort.

Es geht mir im Ganzen sehr gut; ich bin arbeitskräftig, wie in meinen besten Tagen, nur nicht so arbeitslustig. Ich wünschte

---

*) Hofopern- und Kammersänger in Wien.
**) Tonkünstler in Wien.
***) Musikgelehrter in Wien.
†) Hermine Spieß, Concertsängerin.
††) Musikdirector aus Leipzig.

mir jetzt noch einmal eine große Aufgabe, z. B. einen Krieg; da
würde ich noch einmal alle meine Kräfte zusammennehmen und
glaube noch etwas leisten zu können. Doch die tägliche Schulmeister-
und Praxis-Arbeit regt mich wenig an und ermüdet mich. Leider
ist mein Wohlbefinden an eine schwere Kette gefesselt, nämlich an
große Mäßigkeit im Essen, Trinken und Rauchen. In Folge dessen
fliehe ich alle Geselligkeit; denn ich verfalle dann leicht wieder in
mein behagliches früheres Dasein und ärgere mich wüthend, wenn
ich dann am anderen Tage 2 Kilo mehr wiege. Ich wiege mich
nämlich jeden Morgen und bemesse danach, ob und was ich essen
und trinken darf. Es ist unerträglich; doch ich befinde mich dabei
wohler als je und muß mich für Frau und Kinder conserviren ...
Sollte Sie Ihr Weg im August oder September einmal ins Salzkammergut führen, so würden Sie uns durch Ihren Besuch sehr
erfreuen. Ich war nahezu 8 Wochen allein und freue mich, meine
Familie in St. Gilgen zu begrüßen.
            Ihr
              Th. Billroth.

257) An Dr. von Eiselsberg in Wien, Assistent Billroth's.

St. Gilgen, 23. September 1888.

Lieber von Eiselsberg!

Das Gruppenbild unserer Klinik hängt bereits hier in meinem
Zimmer; ich danke Ihnen sehr für dessen Zusendung. Grüßen Sie
alle Herren aufs freundlichste von mir.

Ich war hier nicht geradezu faul, denn ich habe mich viel mit
Psychologie und Aesthetik beschäftigt. Das ist eigentlich nur eine
Beschäftigung mit sich selbst, wovon Antonio im Tasso sagt, daß sie
wohl recht angenehm sein könne, doch Anderen wenig nützlich. Doch
gehe ich trotz der letzten wunderbar schönen Wochen hier in meinem
Tusculum gern wieder zu nützlicher Thätigkeit zu meiner Klinik zurück.

Uebermorgen reise ich ab, bitte also nichts mehr herzuschicken.
Ich bleibe noch einige Tage in Altaussee und dann in München,
und denke am 6. October in Wien einzutreffen, am 8. October die
Klinik zu eröffnen, wenn es die Anderen auch thun.

Freundlichste Grüße an Alle!
            Ihr
              Th. Billroth.

258) An Frau Prof. Seegen in Wien.

Wien, 15. October 1888,
2½ Uhr Morgens.

Liebe Freundin!

Welche Freude hat mir Ihr lieber Brief bereitet! ein Brief von Ihnen und ein Brief aus meinem lieben Abbazia. Wie kenne ich dort jeden Weg, jeden Baum, jeden Fels! Könnte ich mit Ihnen die vielen Wege nach Veprinac, nach Costua u. s. w. wandern und nach jeden 10 Schritten Ihnen sagen: wie schön! wie friedlich! Die Natur ist dort so liebenswürdig! nicht so beschämend großartig, daß man in sein Nichts als Mensch zurückgeworfen wird, sondern doch noch in Beziehung mit Meer, Felsen, Bäumen, Bergen treten kann, ihnen gleichwerthig . . .

Von mir aus letzter Zeit zu erzählen, würde ein dicker Band gedruckter — doch nicht geschriebener — Tagebücher nicht umfassen. Unbewußt empfängt man tausend Eindrücke, die sich dann zusammen= ballen zu einer compakten, doch kaum entwirrbaren Masse. Aus diesem unbewußt entstandenen Knäuel etwas klar Bewußtes zu bilden, ist eine künstlerische Leistung, der ich nicht ganz gewachsen bin.

Lenbach's künstlerische Gestaltung von Else's Kopf hat sich für Else, für mich zu einem Lebensereigniß gestaltet. Ich kannte Else kaum wieder. Diese Mimose hat sich ihm wie der Sonne entfaltet . . .

Heute Abend die erste Vorstellung im Neuen Burgtheater: Esther. Die poetische Schönheit des zweiten Actes in wunderbarer, übersinnlich=sinnlicher Darstellung Sonnenthal's und der Bar= sescu erfaßte mich mit solcher Gewalt, daß mir die Thränen von den Wangen rollten. Schäme dich, du alter Mann! . . .

3 Uhr Morgens! doch ich kann noch nicht schließen. Mein Herz ist voll, und wenn das Ueberfließende Sie stört, wischen Sie es weg vom Tisch.

Schöner noch als die heutige Eröffnungs=Vorstellung im neuen Wunderhause der Poesie war die letzte Vorstellung im alten Burg= theater. Antigone, Iphigenie. Mehr als ein Jahrtausend liegt zwischen Sophocles und Goethe, und doch welche Einheit der Gedanken! Poesie und Plastik sind doch das einzig Ewige in der Kunst. Malerei, Musik, Architektur ꝛc. sind viel bedingter durch den Zeitgeist. Mozart's Don Juan, Beethoven's Sinfonieen werden erblassen, verschwinden wie die Fresken an der neuen Pinakothek in München; doch Antigone, Hamlet, Faust werden das Menschengeschlecht überdauern. — Ach! hätten Sie das „Parzenlied" von der Wolter vorgestern gehört! Das Entstehen und das Vergehen der Welt lag darin! Armselige dickbändige Philosophen, was seid Ihr gegen den Poeten! . .

Nun gute Nacht! Ich bin zu müde, den Brief zu überlesen. Haben Sie Nachsicht, Sie, liebe Freundin mit

Ihrem
Th. Billroth.

259) An Prof. Gurlt in Berlin.

Wien, 17. October 1888.

Lieber Freund!

Ich bitte Sie freundlichst, mich in Besitz des Reglements für die Prüfung der „Heilgehülfen" in Preußen zu setzen. Auch möchte ich gern wissen, worauf ihre Thätigkeit beschränkt ist, und wie Uebergriffe ihrer Funktion bestraft werden, auch ob es in anderen deutschen Ländern die Institutionen der „Heilgehülfen" giebt.

Seit die „Chirurgen" und „Bader" bei uns verschwunden sind, giebt es außer den Hebammen gar keine Mittelsperson zwischen dem Publikum und dem allein zur Praxis berechtigten Doctor medicinae universalis, der aber trotz seines pompösen Titels oft nicht weiß, wie man Blutegel, Schröpfköpfe setzt, zur Ader läßt, Cavements giebt, Bäder herrichtet ꝛc. Und wenn er es auch selbst weiß, so kann und soll er es doch eigentlich nicht selbst machen; es giebt aber keine officielle Medicinalperson, welche verpflichtet ist, diese kleinen ärztlichen Hülfsleistungen zu können . . .

Ihr
Th. Billroth.

260) An Dr. Johannes Brahms in Wien.

Wien, 4. December 1888.

Lieber Freund!

Ich freue mich sehr über Deine Zusage zu Morgen Abend. Der Lieder=Abend der Frau Paumgartner=Papier*) ist übermorgen Abend.

*) Hofopernsängerin in Wien.

Ich bitte Dich, mich durch beiliegende Karte wissen zu lassen, ob Du uns die Freude machen willst, nach dem Theater bei uns zu soupiren. Ein „Ja" oder „Nein" genügt. Hoffentlich das erstere.

Du magst mich recht auslachen, aber ich bin nun einmal ein großer Familien-Simpel geworden. Meine Mädels entwickeln sich so prächtig, ihre Kenntnisse erweitern sich, ihre Empfindungen vertiefen sich (siehe Clavigo!), daß ich Alles, was mich bewegt, an meinem Familientisch durchsprechen kann und dann sicher bin, verstanden zu werden.

Ich bin auf der Höhe meines Glücks! und „fürchte die Götter!" Es strömen mir die Mittel zu, mein Rudolfinerhaus zu vollenden; Alles deutet darauf hin, daß ich auch auf dem Gebiete meiner Lehr-Thätigkeit etwas erringe. Ich stürze mich in die Wogen der Politik und fühle mich körperlich und geistig frischer, kampfesmuthiger denn je. Nur beschleicht mich manchmal der Zweifel, ob man sich im Alter nicht potenter glaubt, als man ist. Doch daß auch solche Zweifel mich nur vorübergehend plagen, ist mir ein Zeichen meiner Gesundheit.

Frau Lucca klagte gestern Abend über Halsschmerzen und war nicht ganz sicher, ob sie Morgen singen könnte. Würdest Du eventuell auch Samstag zum „Tribun von Zamora" kommen?

Dein
Th. Billroth.

261) An Prof. von Gruber in Wien.

Wien, 19. December 1888.

Lieber Herr Professor!

Ihr Plan*) ist reizend ausgefallen und genügt meinen Zwecken vollkommen. In meiner Arbeit, die, fürchte ich, ziemlich umfangreich werden wird, weil ich Alles von mir Geforderte gründlich motiviren muß, werde ich sagen, daß das Verhältniß der Unterrichtsräume zu den Krankenzimmern ein sehr modificirbares ist ... Ich muß mir einen gewissen Spielraum schaffen, falls man mir anbietet, irgend einen bestehenden Trakt des Krankenhauses nach meinen Ideen zu adaptiren.

Ihr dankbarer
Th. Billroth.

---

*) Der Plan betrifft den von Billroth beabsichtigten Neubau seiner Klinik.

262) An Prof. von Gruber in Wien.

Wien, 19. December 1888.

... Gerüchtweise höre ich, der Krankenhausdirektor tiftele an einem Plan der Krankenhaus=Vergrößerung mit Aufbau eines dritten Stocks. Ich würde dies für weit ungünstiger für die Luftcirculation halten, als den Einbau von Pavillons in den ersten Hof.

Ihr
Th. Billroth.

263) An Prof. von Gruber in Wien.

Wien, 23. December 1888,
Sonntag Morgen.

Lieber Herr Professor!

Mein Aufsatz ist fertig. Der Anfang soll in nr. 1 der Wiener klinischen Wochenschrift am Donnerstag, den 3. Januar, erscheinen; ich gehe gleich in medias res und beginne mit der Beschreibung des Amphitheaters. Womöglich sollte also der Plan schon dieser Nummer beigegeben werden. Wann kann ich die Zeichnung zu demselben haben? es drängt, denn zwischen heute und Mittwoch, den 2. Januar, an dessen Abend die Wochenschrift versandt werden muß, liegen 3 Feiertage und ein Sonntag.

Ihr
Th. Billroth.

264) An Prof. von Gruber in Wien.

Wien, 24. December 1888.

Seinem trefflichen, liebenswürdigen Mitarbeiter sendet

Dr. Th. Billroth,

Professor der Chirurgie,

aus den tiefsten Tiefen seines eigenen Kellers die herzlichsten Wünsche zum Fest und zum Neuen Jahre 1889, in welchem die Blüthen unserer Fantasie zu reifen Früchten werden sollen.

265) An Prof. von Winiwarter in Lüttich.

Wien, 24. December 1888.

Lieber Freund!

Ihre liebenswürdige Sendung für den Rudolfinerverein trifft mich ins Herz. Es fehlt nur noch wenig, um das ganze Project in idealer Gestaltung zur Ausführung zu bringen. Tausend Dank!

Auch meine Klinik werde ich nach meinen Ideen neu bauen, dann auch das Club-Haus für die Gesellschaft der Aerzte. An dieser Rastlosigkeit werden Sie erkennen, daß ich wieder ganz gesund bin.

Ihr

Th. Billroth.

✻

266) An Dr. von Eiselsberg in Wien, Assistent Billroth's.

Abbazia, 1. Januar 1889.

Lieber v. Eiselsberg!

Ihr Chef wird faul; nehmen Sie sich kein Beispiel daran. Mein Catarrh weicht langsam, und ich möchte mich gern ganz frei davon machen. Ich werde also erst am 11. d. M. Vormittags in Wien eintreffen und erst am 15. die Klinik beginnen.

Das Wetter war bisher meist trüb, auch stellenweise kalt. Doch heute gab es schöne Momente. Ich schreibe 10 Uhr Abends bei offenem Fenster, mondscheinbeglänztem Meer, Sirocco-milder Luft. Das kann man doch in Wien nicht haben.

Mit Baumgarten bin ich fertig und habe mich unendlich an dieser trefflichen Arbeit erfreut. Nun habe ich heute die „Gallen"*) angefangen und bin nicht minder begeistert. Ein klein bischen Einblick in die Natur ist doch unendlich viel interessanter, als allzu viele Blicke in die menschliche Gesellschaft.

Sie müssen allein oder mit Paltauf**) zusammen das Carcinom-Mikrobion finden. Ich hielt die Existenz eines solchen früher für sehr wahrscheinlich, doch die „Gallen" und das „Hühner-Epitheliom" geben wichtige Fingerzeige. Halten Sie fest an der Bacteriologie! es ist nun einmal die Zukunft der Pathologie für die nächste Zeit.

---

*) Studien über Galläpfel.
**) Assistent am pathologisch-anatom. Institut zu Wien.

Ruhen Sie für jetzt nur aus! ich habe manche Aufgaben für meine junge Schule im Kopfe.

Ihnen und allen meinen lieben Freunden und Schülern ein herzliches Prosit Neujahr!

Ihr
Th. Billroth.

267) An Dr. von Mundy*) in Wien.

Wien, 19. Januar 1889.

Mein lieber alter Freund!

Herzlichsten Dank für Ihre lieben Zeilen und Ihre Zusendung, auch für die früheren (Vorlesungen). Sobald ich ein bischen Luft habe, werde ich mir eine gute Stunde mit der Lektüre machen. Sie glauben nicht, wie schwer das hält neben Amt, Geschäft und Familie auch noch Dinge zu seinem Vergnügen zu treiben. Früher brauchte ich wenig Schlaf, fünf Stunden haben mir Jahre lang genügt. Auch war die Mechanik meines geistigen Coulissenwechsels exacter in ihrer Wirkung. Ich konnte mich in kargen Minuten in die heterogensten Gegenstände vertiefen. Das Alles läßt nach, ich werde schwerfälliger. Mein Blick für das Wesentliche hat sich vielleicht geschärft; doch um mich eingehend mit etwas zu beschäftigen, in Details vorzudringen und aus ihnen, wie es eigentlich nach inductiver Methode sein soll, zum Allgemeinen vorzudringen, dazu brauche ich Zeit. Da arbeitet mein Geist langsamer. Immerhin beklage ich mich nicht; zuweilen gelingt mir noch etwas, und das giebt mir wieder Muth, Neues zu versuchen.

Nun noch ein Wort — schonen Sie Ihre Kräfte! Ihr Werk braucht vor Allem Sie.

Ihr
Th. Billroth.

268) An Prof. Czerny in Heidelberg.

Wien, 23. März 1889.

Lieber Freund!

Es thut mir sehr leid, daß ich Sie in nächster Zeit wieder einmal in Wien verfehle. Doch ich muß mich wieder aus dem mir

---

*) Die im Nachlaß des Freiherrn Dr. von Mundy vorgefundenen Briefe sind, mit Ausnahme von Nr. 338, in Abschrift der gütigen Vermittlung des Dr. Charas, Chefarzt und Leiter der Wiener freiwilligen Rettungs-Gesellschaft, zu verdanken.

zuwideren Amt und Beruf für einen Monat herausretten, um für den Sommer wieder möglich zu werden. Nächsten Mittwoch, den 27. d. M., fahre ich mit Barbieri, Ad. Exner*) und Brahms nach Sicilien, Capri, Ischia und kehre wohl erst zum 1. Mai nach Wien zurück.

Vor dem Chirurgen-Congreß habe ich eine unüberwindliche Scheu. Man hat mich dort als Heißsporn gekannt, und nun soll ich als senex decrepidus dort erscheinen; das überwindet meine Eitelkeit schwer. Auch muß ich sehr mit meinen Kreuzern rechnen. ... Eine Reise nach Berlin ist ein Luxus, den ich mir nicht mehr erlauben darf. Sit transit gloria mundi.

Ihr
Th. Billroth.

269) An Dr. von Mundy in Wien.

Wien, 25. März 1889.

Lieber Freund!

Haben Sie herzlichsten Dank für die Uebersendung Ihrer Biographie und noch mehr für die herzlichen Worte, die Sie mir hineingeschrieben haben. Ich werde das Buch mit auf die Reise nehmen und in Ruhe auf offener See lesen, dabei Ihrer stets gedenkend. Auf ein fröhliches Wiedersehn.

Ihr
Th. Billroth.

270) An Dr. Johannes Brahms in Wien.

Palermo, 10. April 1889,
Mittwoch Abend.

„Wie sternklar ist die Nacht!" Ich übersehe von meinem Balkon den ganzen Hafen von Palermo. Die laue Luft ist von Orangenblüthenduft erfüllt, wonnevoll, wonne—wonne—voll! Monte Pellegrino links und Montebello rechts sind in Mondesschleier halb verhüllt, und doch erkennt man jeden Zug. Das Meer ist ruhig, nur von Zeit zu Zeit klatscht die brandende Woge dem schönen Lande ihren Beifall. Den ganzen Tag haben wir heute in der Campagna,

---

*) Prof. der Jurisprudenz in Wien; gest. 1894.

der Conca d'Oro verbracht. Bald lagerten wir uns unter den italienischen Eichen ins Gras, bald spazierten wir am Strande und schauten dem Spiel der Brandung zu. — Oft gedenken wir Dein, nicht am mindesten heute bei den Collationen: Risi-Bisi a la Siciliana, Langusta, Trippa, Insalata lattuga, dazu einen Wein — großartig! Wir hatten allerlei Abenteuer vor, Fahrt um den Aetna, Reitparthie nach Selimand e daltro. Doch das Wetter war unsicher, und wir waren faul. April ist eben doch wie ein launiges, hysterisches Frauenzimmer. Es regnet gelegentlich 1—2 Stunden, dann ist es wieder paradiesisch schön.

Wir haben die gleiche Tour gemacht wie vor zwei Jahren, nur daß wir jetzt hier eine Woche in dolce far niente in Palermo und Umgegend liegen, mit behaglichen Zimmern, die aufs Meer schauen. Man brauchte eigentlich gar nicht auszugehen.

Syrakus, wofür Exner so schwärmt, hat mich auch dieses Mal nicht erbaut, trotz schönsten Wetters. Die Anapofahrt ist recht langweilig. In Villa Landolina habe ich an Platen's*) Grab Deiner besonders gedacht. Du hast ihm den musikalischen Lorbeer ums Haupt geschlungen. — In Taormina haben wir den Monte Venere bestiegen, wo wir nicht waren; es lohnt sehr der geringen Mühe. — Girgenti hat wieder einen großen Eindruck auf mich gemacht; es ist jetzt auch ein gutes Hotel (Hôtel des Temples) dort. — Hier in Palermo haben wir früher Baghiera, Kefala und Solanto versäumt; Alles sehr schön. Doch das Schönste ist doch die höchst bequeme Besteigung des Monte Pellegrino. Die Aussicht muß man erlebt haben, um sich eine Vorstellung davon zu machen. Ueber die Blumen-besäten Wiesen und die sonstige Vegetation kann ich nur das hiesige Sprichwort citiren: Alberi in fiori, cuori in amore!

Was meine Reisegefährten betrifft, so kann ich nicht genug des Liebenswürdigen und Behaglichen sagen. Zumal würde Dich Barbieri begeistert haben; der liebenswürdige Humor, mit welchem er mit Jedem anbandelt, ist entzückend. Exner wie Barbieri sind eben zwei so eigene Individualitäten, daß man nur wünschen möchte, es gäbe viele solche.

Aus Deinem lieben Briefe, der mich hier erreicht hat, sehe ich, daß Du vorläufig in Wien bleibst. — Ich habe mich auf Bar-

---

*) Dichter August Graf von Platen; gest. 1835 zu Syrakus.

bieri's kräftiges Zureden entschlossen, den Chirurgen-Congreß in Berlin vom 25.—27. d. M. zu besuchen. Uebermorgen werden wir von hier nach Neapel fahren; und einmal wieder auf Terra firma, werde ich dann nach einigen Ruhetagen in Rom zu Ostern in Wien sein, um am zweiten Ostertage nach Berlin zu fahren.

Wie die Brandung draußen rauscht! Palermo-Berlin. Höchste Poesie und höchste Prosa!

Wenn Du Hanslick siehst, grüße ihn herzlich von mir. Ich bin grenzenlos brief=faul; vielleicht finde ich in Rom noch einen Moment, ihm zu schreiben.

Wie die Brandung draußen rauscht!

„Sternklar ist die Nacht!"

Addio caro amico!

Dein

Th. Billroth.

271) An Frau Toppius in Eldagsen.

Palermo, 10. April 1889,
Mittwoch Abend.

Liebes Emmchen!

Ich habe Deinen lieben Brief vom 16. Februar mit auf meine Osterferien=Reise genommen und finde erst hier in Palermo, dem Paradiese von Sicilien, an einem stillen Abend Zeit, Dir zu danken. Alle Deine Nachrichten haben mich lebhaft interessirt. Immer kleiner wird der Kreis unserer Generation in der Familie, die so zerstreut ist, daß unsere Kinder sich schwerlich wieder zusammen= finden werden. Von Herzen wünsche ich, daß es Euch Allen auch fernerhin gut gehen möge! Ich denke mir, daß Ihr in Eurer kleineren Welt weit mehr Befriedigung habt, als ich, der ich der großen Welt und allen Leuten angehören muß. Beruf und Amt zwingen mich, in Wien immer anderen Leuten zu Diensten zu sein; ich komme da nie zu mir selbst, und Frau und Kinder sind mir fast entfremdet. Da fliehe ich denn hinaus, weit, weit fort, um einmal Ruhe für mich selbst zu haben und meine Kräfte zu neuem Thun zu sammeln.

Ich schreibe Dir bei offenem Balcon Abends 10 Uhr. Vor mir das endlose Meer, dessen Wogen in die Brandung schlagen.

herrliche Berge umgrenzen den Hafen. Die Wiesen blühen und grünen, wie bei uns im Juni. Man lebt hier mit so wenig Geld so gut, wie ein Fürst bei uns. Hummer und Austern sind am Strand für ein paar Pfennige zu haben, und der Wein ist fast billiger als das Wasser. Man ist wie betrunken von aller Natur= schönheit und lebt wie im Traum. Zu Ostern bin ich wieder zu harter Arbeit in Wien. — Traum und Leben, Leben und Traum! so geht es fort! Addio! Tausend Grüße an alle Lieben!
Dein
Th. Billroth.

272) An Prof. von Dittel in Wien.
Wien, 1. Mai 1889.
Lieber treuer Freund!

Sie und Ihre liebe Frau überhäufen mich so mit Ihrer herz= lichen Güte und Freundlichkeit, daß es schwer ist, Worte des Dankes zu finden. Es hätte wahrlich nicht der schönen Geschenke bedurft, um mich wissen zu lassen, wie freundlich Sie mir gesinnt sind. Doch da Sie es nun einmal so beschlossen haben, so sage ich es gern, wie sehr es mich freuen wird, Ihr mir gespendetes, für den Garten be= stimmtes, Etablissement in St. Gilgen stehen zu sehen, und daß ich immer dabei Ihrer herzlichst gedenken werde. Also tausend herz= lichsten Dank Ihnen und Ihrer lieben Frau.

Mit gleicher warmer Theilnahme wie Sie, sehe ich den lang= samen Verfall unseres lieben Collegen Breisky.*) N. sagte mir, daß er der Frau auf ihr Verlangen die volle Wahrheit gesagt hat. Ich gebe zu, daß dies unter Umständen nothwendig ist; doch hier halte ich es nicht für nothwendig. Wie soll die arme Frau ohne eine Spur von Hoffnungsschimmer noch die Wochen ertragen, bis der Erlöser aller Leiden sanft an ihren Mann herantritt! Wir müssen ihr immer Muth einflößen und dem armen Kranken Morphin. Eine harte Arbeit! Doch bedenken wir wohl, daß jeder Hausarzt Hunderte von Malen in dieser Situation ist und seine unheilbaren Kranken täglich oft sehen muß. Ahnte der Jüngling diese mora= lischen Qualen, wenn er begeistert in den Tempel Aeskulaps tritt, —

*) Prof. der Geburtshülfe und Gynäkologie in Wien; gest. 1889.

er würde gewiß oft umkehren! Dem unverschleierten Bild von Sais gegenüber zu stehen, dazu gehört die ganze unerschrockene Resignation, die wir uns nur langsam in unserem Beruf erkämpfen.

Ihr
Th. Billroth.

273) An Prof. Czerny in Heidelberg.

Wien, 9. Mai 1889.

Herrn Geheimerath Prof. Dr. V. Czerny.

Ich bitte Sie, der gesammten Heidelberger Klinik, die mir so freundliche Glückwünsche*) sandte, meinen herzlichsten Dank auszusprechen. Ich komme Jedem einen „Ganzen". Heidelberg Vivat! floreat! crescat!

Ihr
Th. Billroth.

274) An Dr. von Mundy in Wien.

Wien, 7. Juni 1889.

Freundlichsten Dank für Ihre Glückwünsche. Die große Hitze wird Sie mehr noch, als uns Andere angreifen; nur nicht melancholisch werden! Mit großer Freude sehe ich fast täglich Ihren Bau wachsen. Sie werden über alle Hindernisse triumphiren. Könnten Sie nur einige Wochen in einem schönen Erdenwinkel ausruhen, so würden Sie wieder muthiger weiter schaffen.

Ihr
Th. Billroth.

275) An Dr. Johannes Brahms in Wien.

St. Gilgen, 16. Juni 1889.

Lieber Freund!

Durch einen Zufall höre ich, daß Mandyczewski und Rottenberg bei Dir sind. Wir bitten Dich, sie freundlichst einzuladen mit

---

*) Zum 60. Geburtstage. — Herrn Professor Theodor Billroth in Wien. Die gesammte Heidelberger chirurgische Klinik bezeugt ihrem Altmeister herzliche Theilnahme an seiner Jubelfeier und wünscht ihm noch lange Kraft und Aus-

zu uns zu kommen. Wir haben Platz in meinem Hause, nicht nur Euch drei, sondern auch noch einen vierten, etwa Ignaz Brüll oder Goldmark unterzubringen. Wir würden uns Alle **sehr** freuen, wenn Ihr **Alle** kämet. Da ich nicht weiß, ob Goldmark in Baden oder Gmunden, Ignaz in der Brühl oder in Ischl ist, so bitte ich Dich, sie in meinem Namen einzuladen. Ein solches Quartett oder Quintett mit einer Primgeige wie Du, das wäre ein Stolz für die Villa Billroth! Also, sei einmal fesch! rasch von Entschluß. Das Wetter ist von wunderbarer Constanz; mir fällt dabei immer die Stelle aus dem Elias ein: „Der Himmel ist ehern über mir."

Ich rathe Euch, mit einem flotten Wagen um 5 Uhr Nachmittags von Ischl direct hierher zu fahren; um 7¼ seid Ihr hier. Wir werden im Mondenschein auf unserer Veranda soupiren. Wein-, Eis- und Fleisch-Keller sind gefüllt. Je früher Ihr kommt, desto besser; morgen Dienstag, oder Mittwoch, oder Donnerstag.

Am Freitag Nachmittag muß ich wieder nach Wien. Es bedarf nur eines Telegramms am Vormittag Eurer Abreise mit Angabe der Zahl der Ankommenden. — Nochmals; wir sind hier recht glücklich und würden noch glücklicher sein, wenn Ihr kommt. — Also schneller Entschluß: „Es muß sein!"

Dein
Th. Billroth.

276) An Prof. von Gruber in Wien.

Wien, 1. Juli 1889.

Lieber Herr Professor!

... Soeben war der Krankenhaus-Director bei mir; er hat mir eine Planskizze für meine künftige Klinik gebracht, die, so wie sie ist, nicht zu brauchen ist. Ich bitte Sie recht sehr freundlich, mir die große Gefälligkeit zu erweisen, mir Ihren Rath darüber zu ertheilen. Wenn ich etwas praktisch in Angelegenheiten meiner

---

dauer zu seinem Amte, den Schülern zur Nacheiferung, der Wissenschaft zur Ehre. Im Auftrage Czerny.

Da Billroth an seinem Geburtstage (26. April) in Berlin zum Chirurgencongreß war, wurde die Feier auf den 6. Mai verlegt. Prof. Gussenbauer begrüßte Billroth in dessen Wohnhause, und Dr. Richard Kretz als Sprecher der Studentenschaft in der Klinik. Abends war Bankett im Riedhof.

Klinik erreichen will, so muß ich gewisse Concessionen machen. Der Minister will zunächst für meine Klinik Geld verlangen und wird es bekommen. Im Interesse des Unterrichts muß ich das Eisen schmieden, so lange es heiß ist. Ich belästige Sie ungern wieder mit dieser Angelegenheit; doch habe ich nur auf Sie das Vertrauen, daß Sie das unter den gegebenen Verhältnissen Beste leisten. Also bitte, helfen Sie mir! Die Sache hat vorläufig einen ganz privaten Charakter . . .

Ihr aufrichtigst ergebener
Th. Billroth.

277) An Prof. Hanslick in Wien.

Wien, 16. Juli 1889.

Lieber Hans!

Seit Monaten der erste ruhige Morgen, ohne Klinik, ohne Examina, ohne Patienten; Du kannst Dir gar nicht vorstellen, was das sagen will. Die Gestaltung meiner nächsten Zukunft und zumal meines Ferienaufenthaltes war bisher so schwankend, daß ich sie noch nicht festzuhalten vermochte. Einrichtung der neuen Wohnung, Ausrichtung meines alten Hauses, Hochzeit meiner Martha*), Wohnungssuche für das junge Paar, Neubau im Rudolfinerhause, Neubaupläne meiner Klinik, Hofirung der dabei maßgebenden Persönlichkeiten, endlose Examina, sehr viel Privatpraxis ꝛc. Alles brummte und brummt mir noch im Kopf herum. Du weißt, wie gern ich an Dich schreibe, da Du die liebenswürdige Schwäche hast, mich gern zu lesen; ich will mich also nicht weiter entschuldigen, daß ich erst heute Deine lieben Briefe beantworte.

Berchtesgaden ist mir mit allen seinen Schönheiten sehr wohl bekannt; wir haben zwei Sommer dort gewohnt; es freut mich herzlich, daß es Euch dort so gut gefällt. Am Königssee hat der Novellist Richard Voß seine Villa. Ich kenne ihn nicht persönlich, schwärme aber ganz besonders für seine italienischen Novellen. Ich war so begeistert davon, daß ich mir seine sämmtlichen Werke kommen ließ und sie durchsah; das ist ein probates Mittel, um die Grenzen eines Talentes richtig zu ermessen. Er hat auf lyrischem und novellistischem Gebiet das Höchste geleistet, was sein Talent vermag.

---

*) Mit Dr. jur. Otto Gottlieb, Beamter im österr. Finanz-Ministerium.

Sein Ehrgeiz ging nun aufs Drama und auf den Roman; es war ein Sprung gegen Felswände, wobei er sich schwer verletzt hat und nun an den Folgen dieser Fehlsprünge kränkelt, und die Felsen für eine Dummheit der Natur, nämlich für ein dummes Publikum hält; er hinkt körperlich und geistig. Er muß ein interessanter Mensch sein, der gewiß entzückend sein wird, wenn man ihm zufällig begegnet. Ich habe vermieden, ihn, als er hier war, absichtlich zu besuchen, weil ich vermuthe, daß der Aufgesuchte unausstehlich sein würde.

Brahms' Leopoldsritterthum*) hat mich sehr gefreut. Bravo Gautsch! Ich habe mich überhaupt über diesen Unterrichtsminister nicht zu beklagen, seitdem ich nicht nachlasse, ihm tüchtig einzuheizen. Er hat den Neubau meiner Klinik in Fluß gebracht.

Dein
Th. Billroth.

278) An Prof. Socin in Basel.

Wien, 17. Juli 1889.

Mein lieber alter Freund!

Herzlichen Dank für Deine rasche Antwort. Die Eisenconstruction hat doch ihre Bedenken für ein Monstre-Auditorium mit sieben Sitzreihen. Es geht ein großer Raum unten verloren, den man sehr gut für Kästen ausnutzen kann; besonders aber ist die Akustik viel besser in einem Auditorium von Holz, das immer mitschwingt. Die Böden der Sitzreihen müssen eben absolut dicht schließen und täglich nach der Klinik naß aufgewaschen werden.

Ich weiß nicht, ob ich Dir etwas von meinen Brandschriften über die Nothwendigkeit eines totalen Umbaues des Wiener k. k. allgemeinen Krankenhauses geschickt habe. Da Du Dich für die Sache interessirst, sende ich Dir die beiden letzten. Solltest Du sie schon haben, so wirf sie in den Papierkorb. Meine neue Klinik wird nun als besonderer Pavillon in dem ersten riesigen Hof des Krankenhauses projectirt, und zwar ganz nach meinem Plane ...

Was Du mir vom Berliner Chirurgen-Congreß schreibst, ist wohl zum Theil richtig; doch urtheilst Du zu hart über unseren

---

*) Dr. Brahms war auf Antrag des Unterrichtsminister Dr. Gautsch mit dem österr. Leopoldsorden decorirt worden.

Nachwuchs. Was sollen sie eigentlich machen: pathologische Histologie, Bacteriologie, operative Technik sind fast bis zum Grund ausgeschöpft, im Princip und innerhalb unserer heutigen Anatomie und Physiologie eigentlich ganz erschöpft. Es bleiben da also, wenn Einer durchaus Neues machen will, nur kleine Bastelein übrig, von denen aus man leicht ins Kleinliche verfällt und auf Abwege geräth.

Die Hauptaufgabe der Jetztzeit ist „Kritik". Dazu gehört aber ein gewisses Quantum von Wissen und Erfahrung und Ruhe, wie sie die aufstrebende Jugend nicht haben kann, und die ihr auch gar nicht gut anstehen würde. Ich habe mich in Berlin rein beobachtend verhalten, und Du wirst mir Recht geben, daß das Niveau des Durchschnitts-Wissens und -Könnens enorm viel höher und klarer ist, als zur Zeit, da wir anfingen.

Die ganze Chirurgie der Welt trägt jetzt die antiseptische Uniform, und im Militär kann man sich nur hervorthun, wenn man besondere Gelegenheit dazu im Kriege hat. Das Individuum tritt jetzt gewaltig in den Hintergrund. Was meinst Du? Soll ich, wenn ich noch lebe, beim nächsten Congreß einmal eine Introductions-Lectüre über diese Frage halten? Doch ich komme zu leicht ins Schwatzen. Unsere Kunst ist zu $^3/_4$ Wissenschaft und Handwerk geworden (Kunstgewerbe). Haben wir das nicht Alle angestrebt?

Dein
Th. Billroth.

279) An Prof. von Gruber in Wien.

St. Gilgen, 28. August 1889.

Lieber Herr Hofrath!

Auch meine Nachrichten über den Bau meiner Klinik lauten durch Ministerialrath v. David so günstig, daß ich kaum meinen Ohren traue. Ich bitte nur, zu Niemandem darüber zu sprechen, bevor Sie officiell vom Unterrichtsminister einen bestimmten Auftrag erhalten haben, den definitiven Bauplan zu machen. Was die 70 Betten betrifft, so kann ich nur sagen, daß mein College Albert sich auch damit völlig befriedigt erklärt, ebenso wie ich, unter Belassung des Aushebungsrechtes auf der Aufnahmekanzlei und des Verlegungsrechtes der nicht mehr für den Unterricht verwendbaren

Patienten, sowie des engen Anschlusses des Ambulatorium (Poli=
klinik) an unsere Klinik, mit der Berechtigung, aus diesem Ambu=
lanten=Material direct aufnehmen zu können.

Noch kann ich es kaum glauben, daß meine kühnsten Pläne
einem Anfang ihrer Realisirung entgegengehen, denn mit dem Bau
von zwei Pavillons ist die Bresche in das alte Versumpfungssystem
geschossen. Es wird wohl noch viel Wasser die Donau hinablaufen,
bevor es dazu kommt.

v. David sagte mir, daß die Antwort des Ministers v. Gautsch
auf die Roser'sche Interpellation, in welcher die Regierung be=
stimmt einen Neubau der Klinik zugesagt hat, Resultat eines Be=
schlusses des Gesammt=Ministeriums gewesen sei, wodurch auch v. Du=
rajewsky gebunden sei . . .

Mit freundlichstem Gruß

Ihr

Th. Billroth.

280) An Prof. Czerny in Heidelberg.

St. Gilgen, 11. September 1889.

Lieber Freund!

Ich hatte sehr die Absicht, zur Naturforscherversammlung nach
Heidelberg zu kommen. Es lockte mich, Sie, Becker, Lücke und
andere liebe Freunde wiederzusehen und meinen Collegen zu zeigen,
daß ich wohl grau, fast weiß von Haaren, doch immer noch nicht
ganz todt bin. Doch es will sich nicht schicken. Wir hatten hier
bisher eine sehr unruhige Zeit, immer das Haus voll Gäste, dann
die Hochzeit in Salzburg, wo ich die Verwandten meines Schwieger=
sohns einladen mußte: ein Diner von 40 Personen, von denen ich
eigentlich nur 10 kannte. Das würde mich auch noch nicht ver=
hindert haben, nach Heidelberg zu fahren. Doch nun ist meine Frau
schon fort nach Wien, um den Umzug in eine andere Wohnung —
ich habe nämlich mein Haus verkauft — einzurichten. Ich brauche
nothwendig noch etwas Ruhe und wirthschafte hier mit zwei Töchtern
ganz behaglich. Kurz, es will sich nicht fügen.

Einer meiner Assistenten, Dr. v. Eiselsberg, kommt nach
Heidelberg; meine beiden jetzigen Assistenten, Salzer und Eisels=
berg, sind beide sehr talentvoll, operiren gustios. Doch Eiselsberg

ist mir als Mensch sympathischer; er ist etwas schüchtern, sehr bescheiden; bitte ihn ein Bischen zu protegiren. Seine Specialität in Operationen sind Magenresectionen und Uranoplastik bei kleinen Kindern, also so ziemlich die technisch schwierigsten Operationen. Er hat mir versprochen, von Heidelberg hierher zu mir zu kommen, um mir zu erzählen, wie es ihm bei seinem ersten Gastspiel im Deutschen Reich ergangen ist. Ich möchte gern meine Schule auch ferner mit derjenigen des Deutschen Reichs in Verbindung halten.

Herzlichste Grüße an Ihre liebe Frau und an Kußmaul, für den meine Else immer noch schwärmt.

Ihr
Th. Billroth.

281) An Prof. Wölfler in Graz.

St. Gilgen, 13. September 1889.

Lieber Wölfler!

Es ist hier so schön, so still und friedlich, daß ich oft wünschte, alle meine lieben Freunde hier um mich zu sehen. So dachte ich heute auch besonders Ihrer. Sie würden mich sehr erfreuen, wenn Sie mich hier besuchten. Ich empfange hier bis zum 24. d. M. gern liebe Gäste. Kommen Sie also auf einige Tage. Wir haben Gastzimmer genug, und wenn ich Ihnen auch nichts weiter bieten kann, als mein Haus und mich und die schöne Natur, so hoffe ich doch, daß Sie sich nicht zu sehr langweilen werden.

Ihr
Th. Billroth.

282) An Prof. von Gruber in Wien.

Wien, 15. October 1889.

Lieber Herr Hofrath!

... Die Angelegenheit wegen des Klinikbaues geht einen erbärmlichen Schneckengang. Der Act liegt im Präsidialbureau des Finanzministers, bei welchem ich mich neulich persönlich in einer besonderen Audienz für die Sache bemüht habe. Werden wird es wohl, aber wann? — wissen vielleicht nicht einmal die Götter.

Inzwischen laufen V. und W., mit großen Plänen bewaffnet, zwischen Unterrichtsministerium und Ministerium des Innern hin und her. Hoffentlich bleibt Gautsch fest. Es ist doch unglaublich, was man hier durchmachen muß, um auch nur den kleinsten Schritt weiter zu kommen.

Ihr
Th. Billroth.

283) **An Prof. Czerny in Heidelberg.**

Wien, 30. October 1889,
IX. Kolingasse 6.

Lieber Freund!

... Mir ist es anfangs recht schwer geworden, mich in der neuen Miethwohnung zurecht zu finden; doch es ist ja naturgemäß, daß man im Alter zusammenschrumpft ...

Ich habe hier noch einige Aufgaben zu lösen: die Vollendung des Rudolfinerhauses, den Neubau einer chirurgischen Muster=Klinik im ersten Hof des Allgem. Krankenhauses, und wenn möglich auch den Bau eines anständigen Hauses für die K. K. Gesellschaft der Aerzte. Ich muß überall meine Persönlichkeit fest und wiederholt einsetzen, um diese Dinge langsam, langsam weiter zu schieben. Niemand hilft mir die vielen passiven und activen Widerstände zu überwinden. Manchmal bin ich ganz verzweifelt über die Indolenz und Trägheit der Menschen. Dann giebt es wieder einen kleinen Stoß vorwärts, und ich fasse wieder Muth. Sollte es mir gelingen, diese Werke für Muster=Krankenpflege, für den klinischen Unterricht, für das collegiale wissenschaftliche Leben zu Stande zu bringen, dann, denke ich, wird man es mir nicht verübeln, wenn ich mich zur Ruhe begebe. Doch ich habe mich zu sehr überzeugt, daß in diesen Dingen nur durch persönlichen Einfluß etwas durchzusetzen ist; drum muß ich vorläufig noch aushalten, wenn ich auch des Schulmeisterns oft recht müde bin und mich selbst krampfhaft dazu anregen muß. Sie sind noch jung und kennen noch nicht die Müdigkeit des Alters! Bleiben Sie frisch und gesund!

Ihr
Th. Billroth.

284) An Dr. Lewinstein in Berlin.

Wien, 31. October 1889.

Sehr geehrter Herr!

Ich halte das Tabakrauchen und Schnupfen entschieden für gesundheitsschädlich. Katarrhe des Mundes, des Rachens, des Magens werden dadurch angeregt und unterhalten, die Entstehung krebshafter Krankheiten, zumal der Zunge, dadurch begünstigt. Der starke Gehalt des Tabakrauchs an Ammoniak und Karbolsäure (nach der Analyse des Prof. Dr. E. Ludwig) macht dies gar wohl verständlich.

Außerdem wirkt der Nikotingehalt des Tabaks zweifellos schädlich auf das Nervensystem. Uebelkeiten, Schwindel, Herzklopfen, plötzlicher Ausbruch kalten Schweißes; kurz, Anfälle von mehr oder weniger starken Nikotinvergiftungen kommen bei Rauchern, zumal starker, nicht ganz ausgetrockneter Cigarren und auch bei Cigarettenrauchern, häufiger vor, als sie gestehen wollen. Nervöse Schwäche der Augenmuskeln und Augennerven, selbst Blindheit ist von englischen und amerikanischen Aerzten als Folge des Rauchens constatirt.

Diese schädlichen Wirkungen begrenzen sich innerhalb einer gewissen Toleranz und Gewöhnung der einzelnen Individuen an die Tabakgifte, wie an andere giftige Substanzen. Doch läßt sich der Grad dieser individuellen Toleranz nie vorher bestimmen, und ich halte es somit für besser, die Jugend nicht an das immerhin ekelhafte Laster des Rauchens und Schnupfens absichtlich durch eine Art conventionellen Zwang zu gewöhnen, wie es leider meistens geschieht.

In vielen Fällen ist vieles Rauchen das Product des Müßiggangs und der Langeweile (letztere zumal beim Bauer) und wird deshalb, ebenso wie der Alkoholgenuß, nicht so leicht zu beseitigen sein, da die Menschheit immer nach Mitteln greifen wird, sich über die Langeweile in der arbeits- und schlaffreien Zeit hinweg zu täuschen.

Daß die Nachkommenschaft der alkoholisirten und nikotisirten höheren Gesellschaft immer nervenschwächer wird, darf nicht Wunder nehmen. Die colossale Zunahme der Nerven- und Geisteskrankheiten in unserer Zeit steht zweifellos unter Anderem auch mit dem zur

Gewohnheit gewordenen Alkohol- und Tabakgenuß, und zumal mit dem bis zur Ueberreizung des Nervensystems getriebenen Mißbrauch mit diesen Giften in Verbindung.

Hochachtungsvoll

Dr. Th. Billroth.

285) An Prof. Meißner in Göttingen.

Wien, 6. November 1889.

Lieber alter Freund!

Ich muß Dich heute mit einer Frage und Bitte plagen, die ich schon lange auf dem Herzen habe; es betrifft Deine von Rosenbach mitgetheilten Experimente über die Conservirung von frisch aus eben getödteten Thieren entnommenen Theilen, nach welchen letztere während des Lebens keine Mikroben enthalten, die sich nach dem Tode weiter entwickeln.

Deine Experimente sind von so fundamentaler theoretischer Bedeutung, daß es ein Unrecht von Dir ist, daß Du sie nicht selbst in extenso veröffentlichst. Es kommt wohl nicht häufig vor, daß negativen Befunden ein so großes Gewicht beizulegen ist, wie in Deinen Fällen.

Wenn es auch immer wahrscheinlicher wird, daß die Vegetations= formen von Coccen und Bacterien im Magen mit verdaut werden, so zeigen doch die Fälle, in welchen inhalirter Kohlen=, Kalk=, Blatt= gold=Staub in Bronchialdrüsen gefunden wurde, daß bewegungslose Körperchen so weit vordringen. Die meisten Mikroben mögen auch auf diesem Wege zu Grunde gehen; doch daß dies mit allen der Fall sein sollte, ist doch nicht sehr wahrscheinlich. Sind die Dinger aber erst in der Lymphbahn, dann kommen sie doch wohl auch leicht in die Blutbahn, und von da in die Gewebe.

Ich gebe zu, daß meine Experimente und die Anderer in dieser Richtung nicht mehr beweiskräftig sind; ich gebe zu, daß man mitten in einem in der Leiche faulenden, auch im gangränescirenden Gastrocnemius bei unverletzter Haut (wenigstens mit den früheren Untersuchungsmethoden) keine Mikroben findet, daß die Mikroben, welche man bei unsecirten Leichen im Herzbeutelwasser und in der Cerebrospinalflüssigkeit findet, vom Darmkanal aus hineingelangt sein können.

Doch giebt es klinische Beobachtungen, bei welchen man sich überhaupt des Denkens ganz entwöhnen müßte, wenn man nicht annehmen darf, daß sich Mikroben in den Geweben befinden, die nur der Gelegenheit zur Entwicklung bedürfen, um auch ihre fermentative Kraft zu entfalten.

Nur folgende wenige Fälle aus meiner Erfahrung: ein Mann von kräftiger Constitution zieht sich durch Fall auf die Schulter eine Luxation zu; großes Extravasat, keine Hautverletzung. Nach einigen Tagen nach der Reposition Gasentwicklung im Extravasat. Incision, Entleerung stinkender Gase und jauchigen Bluts; kein Rippenbruch, keine Communication mit Pleura oder Lunge. — Ein Kind von etwa 4 Jahren erkrankt unter den Erscheinungen einer Coxitis. Nach wenigen Wochen Absceß auf dem Trochanter, keine Hautverletzung; Entleerung eines furchtbar stinkenden Eiters. — Osteomyelitis des Femur nach Stunden langem Stehen im Wasser entstanden. Der entleerte Eiter enthält massenhaft Streptococcus. — Osteomyelitis der Tibia bei einem Kinde nach leichter Contusion, ohne irgend welche Hautverletzung; der entleerte Eiter enthält massenhaft Coccen.

Muß man in solchen Fällen nicht annehmen, daß die Mikroben in den Geweben waren und sich in den verletzten, resp. entzündeten Theilen entwickelten? Ist dies aber einmal zugegeben, dann liegt es auch in der Möglichkeit, daß einmal Operationswunden nicht von außen, sondern vom Körper aus mit Mikroben versorgt werden.

Es wäre höchst interessant, wenn Du Deine Versuche der Art modificirtest, daß Du z. B. Theile von Kaninchen nach Deiner Methode behandelst, welche durch Mikrobeninfection getödtet sind.

Verzeih, wenn ich Dich mit diesen Dingen langweile; doch sind sie mir zu interessant, als daß ich nicht Deine Meinung darüber gern vernehmen möchte.

Dein
Th. Billroth.

286) An Prof. von Frisch in Wien.

Wien, 14. November 1889.

Lieber Freund!

Ich weiß nicht mehr, was ich thun soll, um N. von dem Gespenst eines Zungenkrebses, das er sich in seiner Fantasie heraufbeschworen hat, zu befreien. Alles Betheuern und Versichern hilft nichts. Wie soll man einem Laien begreiflich machen, daß die Zunge, die aus Hunderten von Gruppen einzelner Muskelbündel besteht, sich bald da, bald dort weicher oder härter anfühlt, je nachdem sich diese oder jene Bündelgruppe contrahirt, und daß das Aussehen die mannigfachsten Veränderungen erleidet, je nachdem sich zufällig die Epithelien da und dort anhäufen, dichter und fester werden, an anderen Stellen weicher bleiben, und daß die minimsten Gefäßfüllungs-Differenzen in den Papillen Aussehen und Consistenz 100 Mal im Tage wechseln machen können! und daß das Alles in dem Rahmen und der Breite der gewöhnlichen normalen Verhältnisse wechseln kann!

Solange ich die Zunge unseres malade imaginaire betrachtet habe, war sie nie so normal wie jetzt; der frühere Catarrh ist jetzt nach Gebrauch des Carlsbader Wassers völlig beseitigt. Sie wissen ja aus unserer gemeinsamen Erfahrung, wie schonungslos ich vorgehe, wenn es sich darum handelt, beginnende Krebsübel sofort wegzuschneiden.

Ich habe schon viele Zungen-Hypochonder in meiner langen Praxis gesehen und spreche oft darüber in der Klinik; doch ein so hartnäckiger Fall ist mir noch nicht vorgekommen. Wenn der Mann nicht mit aller Kraft gegen seine fixe Idee kämpft, kann es böse Folgen für seine Stellung und seine Familie haben. Frauenzimmern verzeiht man, wenn sie sich in ihren Fantasieen so gehen lassen; doch ein verständiger Mann sollte sich doch beherrschen können, wenn ein Chirurg meiner Qualität, der sich die Entwicklung der Krebse zu einer seiner Lebensaufgaben gemacht hat, versichert, es sei absolut keine Erscheinung vorhanden, die auch nur im Entferntesten auf die Entwicklung eines Krebsleidens hindeute.

Die Sache hat für mich noch eine andere, höchst peinliche Seite. Sie wissen, daß meine lieben ärztlichen Freunde es mir nach meiner schweren Krankheit zur Pflicht gegen meine Familie gemacht haben, meine Berufsarbeit erheblich zu reduciren. Was meine Lehrthätigkeit betrifft, so will ich lieber darüber zu Grunde gehen, als mir irgend eine Beschränkung auferlegen. Meine Praxis kann ich aber nur durch Erschwerungen für das Publikum reduciren. Durch die Steigerung der Ordinationshonorare halte ich mir das exotische galizische, ungarische, serbische, rumänische 2c. circumcidirte Publikum etwas vom Halse; ich habe eben keinen anderen Weg gefunden. Für unsere Landsleute und zumal für die Wiener mache ich keine Preise und gebe oft das Honorar zurück, wenn ich sehe, daß es den Leuten schwer wird, es zu entbehren.

Immerhin bin ich gewohnt, etwas für das Geld zu thun oder zu rathen. Bei unserem Patienten bin ich in der mir höchst unwürdigen Lage, immer 10 fl. annehmen zu müssen für — Nichts. Was soll ich thun? Das Honorar jeden Monat zurückschicken, würde unseren Patienten vielleicht kränken. Am liebsten wäre es mir, er betrachtete seine Besuche bei mir als freundschaftliche. Und will er das nicht, so mag er für 3—4 Consultationen einmal zusammen 10 fl. zahlen. Doch das jetzige Verschwenden eines Hypochonders kann ich nicht länger fortsetzen; man könnte mich dafür einmal gerichtlich zur Rechenschaft ziehen.

Sie kennen unseren verehrten Patienten und seine Familie länger; rathen Sie mir, was ich dabei thun soll.

Ihr
Th. Billroth.

287) An Prof. Meißner in Göttingen.

Wien, 19. November 1889.

Lieber Freund!

Habe herzlichsten Dank für Deinen ausführlichen und hochinteressanten Brief. Leider sind meine Assistenten so mit den praktischen Verpflichtungen an der Klinik beschäftigt, daß ich keinen zu den betreffenden Versuchen veranlassen kann. Es steht mir auch nur ein Lokal im pathologischen Institut dazu zur Disposition, in welchem diese Versuche noch ganz besonders schwierig auszuführen sein dürften.

Von allerhöchstem Interesse war mir besonders auch die Schlußmittheilung in Deinem Briefe; mir steht dabei mein bischen Verstand ganz still. Wenn man sonst Frosch- oder anderen Muskel einige Stunden im Wasser liegen läßt, so quellen sie doch meist so, daß ihre Structur schon höchst bedenklich gestört wird, ebenso das Bindegewebe. Was soll man sich nun dabei denken, daß diese Theile bei der wechselnden Temperatur unseres Klimas nach Jahren in destillirtem Wasser conservirt bleiben? Das ist ja geradezu erschütternd! Bald ist schon gar nichts mehr wahr von dem, was wir zusammen auf den Göttinger Schulbänken gelernt haben, außer etwa, was wir schon damals wußten, daß $2 \times 2 = 4$ ist; wer weiß, wie lange das noch hält.

Wie schade, daß uns so ein weiter Raum trennt. In den Osterferien entfliehe ich, von dem Winterleben in der ewig wirbelnden Großstadt (Wirbelthier, Sartorius, Paris!) ganz nervös geworden, am liebsten nach Italien. In den Herbstferien bin ich am liebsten in meinem Bauernhause am St. Wolfgangsee in St. Gilgen. So haben wir uns allzu lange nicht mehr gesehen, und als ich vor Jahren Dich in München traf, kam gleich ein Berliner Geheimrath N., der uns auseinander trieb. Doch ich hoffe immer noch, wir treffen uns einmal wieder; wir hätten wohl so Manches aus alten Zeiten zu besprechen.

Dein
Th. Billroth.

288) An Dr. von Rosthorn in Wien.

Wien, 21. November 1889.

Lieber Alfonso!

Ich habe Ihre Arbeit, wenn auch mit Ueberschlagung der Krankengeschichten, mit größtem Interesse durchgelesen und eine große Freude daran gehabt, kann Ihnen nur bestens dazu gratuliren.

Ob es wirklich opportun ist, alle Krankengeschichten abzudrucken, darüber wird Ihnen Ihr Chef bessere Auskunft geben können als ich. Man hat das früher gethan, weil so furchtbar in der Literatur gelogen wurde. Wir sind aber viel moralischer und wahrhafter geworden und bedürfen dieser Protocolle unserer Beobachtungen heut zu Tage nur, wenn es sich um ganz neue Dinge handelt. Niemand wird alle diese Krankengeschichten lesen. Machen Sie sich darüber keine Illusionen. Ich würde es für viel praktischer halten, wenn Sie aus Ihrem reichen casuistischen Material einige typische Gruppen zusammenstellen könnten, welche einerseits den verschiedenen Graden der Krankheit, andererseits den reflectorischen (hysterischen) Beigaben entsprechen. Doch, wie gesagt, ich kenne die gynäkologische Literatur zu wenig, um ein entscheidendes Urtheil über die Zweckmäßigkeit der Veröffentlichung so vieler Krankengeschichten zu haben. Wenn

Sie wirklich alle Krankengeschichten drucken laſſen wollen, ſo mag nicht nur das Detail, ſondern Alles von den Krankengeſchichten „petit", „ſehr petit" gedruckt werden.

Beiläufig noch eine mediciniſch-orthographiſche Bemerkung. Sie ſchreiben immer „lethal", ich ſchreibe „letal". In Georges' Lexicon heißt es „letalis" von „letum": der Tod; und dies von einer älteren Form „leo", ſtatt des ſpäteren „deleo". In Kraus' mediciniſchem Lexicon iſt freilich „letalis" von „lethalis" und „lethe": Vergeſſenheit, Abſterben und „lethum": der Tod abgeleitet. Ich möchte aber doch eigentlich Georges mehr trauen als Kraus, und ſchreibe daher immer „letal". Doch das iſt Geſchmacksſache. Vielleicht haben Sie Gelegenheit, einmal mit einem Vollblut-Philologen darüber zu ſprechen.

Alſo nochmals beſten Glückwunſch zu Ihrer Arbeit, die ich Prof. Chrobak ſchicke.

Ihr
Th. Billroth.

289) An Prof. von Gruber in Wien.

Wien, 17. December 1889.

Lieber Herr Hofrath!

Aus beiliegendem Schreiben von Exc. von Gautſch, das ich mir morgen zurückerbitte, erſehen Sie, daß ich endlich am Fuß des Berges ſtehe, auf welchem mein lange erſtrebtes Ziel, die chirurgiſche Klinik, vorläufig freilich noch in der Luft ſchwebt, und daß Sie dazu auserſehen ſind, mir hinaufzuhelfen.

Nun müſſen wir uns raſch an die Arbeit machen. Ich werde in den nächſten Tagen, trotzdem ich ſehr beſchäftigt bin, mein früheres gedrucktes Bauprogramm, wonach Sie die Güte hatten, die Skizze zu machen, revidiren und bitte Sie, mir den nächſten Sonntag Vormittag zu widmen. Ich möchte dieſe erſte vertrauliche Sitzung mit Zuziehung meiner ſehr ausgezeichneten Aſſiſtenten Dr. Salzer und Dr. v. Eiſelsberg am nächſten Sonntag um 10 Uhr in meinem Zimmer in der Klinik abhalten, wenn es Ihnen recht iſt. Bis dahin werden Sie auch bereits die officielle Zuſchrift vom Miniſterium erhalten haben ...

Ihr ergebenſter
Th. Billroth.

290) An Prof. von Gruber in Wien.

Wien, 18. December 1889.

Lieber Herr Hofrath!

Ich habe Gautsch gesagt, daß Sie und ich zusammen gewiß das Bestmöglichste zu Stande bringen, wenn er uns freie Hand giebt, wie er es jetzt in seinem Schreiben wirklich gethan hat. Wir müssen uns also zusammennehmen, damit nicht etwas herauskommt à la Neuem Burgtheater. „Drängeln" werden wir uns ebenso wenig lassen, wie Bismarck ... Der Wunsch des Ministers, die Sache vertraulich zu behandeln, kann wohl von unserer Seite erfüllt werden; doch warum soll die Sache geheim bleiben? Es wird doch kaum zu vermeiden sein, daß Sie den zur Disposition gestellten Platz selbst unter Ihrer Leitung ausmessen lassen ... Wir müssen uns sehr vorsehen, nicht in eine uns gestellte Falle zu gerathen.

Ihr
Th. Billroth.

291) An Prof. von Gruber in Wien.

Wien, 24. December 1889.

.... Ich kann mich in Betreff eines größeren, gemeinsamen Dormitoriums für die Wärterinnen nur dahin aussprechen, daß ich ein solches bei der Qualität unserer Wärterinnen entschieden für unzweckmäßig halte, sondern das ältere System vorziehe, nämlich: neben dem Krankensaal ein Zimmer für zwei Wärterinnen (der Raum durch eine Gardine getheilt).

Wenn ich auch garnichts gegen die Verwendung von Schwestern in Spitälern habe, so sind sie auf einer Klinik, wie auf der meinigen, wo so colossale Ansprüche an die körperlichen Kräfte und die Ausdauer der Wärterinnen gemacht werden, absolut unmöglich.

Ganz ohne zweiten Stock für Aerztewohnungen, Infectionszimmer ꝛc. werden wir schwerlich auskommen.

Ich stehe jeder Zeit zu Ihrer Disposition und bitte Sie, mich in dieser so wichtigen und für die Zukunft so bedeutungsvollen Angelegenheit nicht zu schonen ...

Ihr
Th. Billroth.

292) An Prof. Wölfler in Graz.
Abbazia, 1. Januar 1890,
Hotel Stefanie.
Lieber Freund!

Ich bitte Sie freundlichst um Nachricht über M. Der Zustand seines Ellbogengelenks hat mich sehr beunruhigt. Jedenfalls handelte es sich um eine sehr intensive, parenchymatöse Synovitis mit Betheiligung aller Gelenkenden. Ob rheumatischen oder tuberculösen Ursprungs, — das weiß ich nicht zu entscheiden. Ich fürchte Necrose des Knorpels und Anchylose. Wie steht es jetzt mit dem lokalen Zustand, mit Bewegungen ꝛc.

Hier ist es wundervoll laue Luft, wenn auch feucht. Wir, Else und ich, kamen als Influenzirte hierher; unsere Catarrhe weichen sehr langsam, und eine durch Sirocco beförderte Mattigkeit hält uns im dolce far niente. Ich bleibe bis 10. d. M. hier.

Hoffentlich geht es Ihnen, Ihrer lieben Frau und Ihrem Mädel gut. — Zum neuen Jahr alles Beste!
Ihr
Th. Billroth.

293) An Prof. von Gruber in Wien.
Abbazia, 2. Januar 1890.
Lieber Herr Hofrath!

... Zum neuen Jahr wünsche ich Ihnen und Ihrer werthen Familie alles Beste, und uns Beiden, daß Sie nicht nur einen Musterplan für meine Klinik fertig bringen, sondern daß Ihnen auch die Genugthuung zu Theil werden möge, denselben auszuführen. Mit einiger Geduld und mit Gleichmuth gegen alle Machinationen feindlicher Elemente werden wir uns wohl wappnen müssen. Doch ohne Kampf ist nicht leicht etwas im Sinne des Fortschritts zu erreichen.
Ihr
Th. Billroth.

294) An Dr. von Eiselsberg in Wien, Assistent Billroth's.
Abbazia, 8. Januar 1890.
Lieber v. Eiselsberg!

Heute nur soviel, daß ich Samstag, den 10., Vormittags, in Wien eintreffe. Am Sonntag, den 12. d. M., 10 Uhr, kommt v. Gruber mit Planskizzen für die neue Klinik; wir werden in meinem Zimmer in der Klinik unsere gemeinschaftliche Sitzung mit Ihnen und Salzer haben, wie neulich.

Seit 3 Tagen ist es hier fabelhaftes Sommerwetter. Der Monte maggiore ist fast schneefrei. Schade, daß ich Sie nicht herzaubern konnte, um ihn gemeinsam zu besteigen.

Ihr
Th. Billroth.

293) An Dr. Gersuny in Wien.

Abbazia, 8. Januar 1890.

Lieber Freund!

.... Uns geht es über alles Verdienst gut. Wir husten gar nicht mehr und schnauben täglich weniger. Else mag sich oft langweilen; doch findet sie sich nach und nach in die langweiligen Menschen, hier Curgäste oder Touristen genannt.

Ich bin grenzenlos faul oder fleißig, d. h. meine Faulheit ist für mich nur Faulheit, für Andere wäre es Fleiß. Denken Sie! ich schreibe eine Abhandlung, betitelt: „Ueber die Einwirkung lebender Pflanzen= und Thierzellen auf einander." Ist das nicht zu dumm! Es ist so ein Unternehmen à la Coccobacteria, eigentlich weit über meine Kräfte, vielleicht überhaupt über die Kräfte eines Einzelnen. Doch die modernen Philosophen behaupten ja, es gäbe keine Freiheit des Willens; man muß, was man thut und thut, was man muß! Seitdem ich die Feder in die Hand genommen habe, fließt die Tinte in Strömen, und ich weiß nicht, ob ich hier genug gleichgeformtes Papier auftreiben werde. Die Hauptsache für mich ist dabei, daß ich mir einbilde, dabei sehr glücklich zu sein, es auch wohl bin. Vielleicht wird es ein Schmarren! Ob ich es drucken lassen werde, soll noch später überlegt werden.*)

Heute war ein göttlicher, sonnenwarmer Frühlingstag, den wir zu einer Fahrt nach Chero benutzten.

Ihr
Th. Billroth.

---

*) Ueber die Einwirkungen lebender Pflanzen= und Thierzellen auf einander. Eine biologische Studie. (Sammlung medicinischer Schriften. Wien 1890, A. Hölder.

296) An Frau Prof. Seegen in Wien.

Wien, 30. Januar 1890,
Morgens 2 Uhr.

Schlaflosigkeit!! Jedermann begreift sie, wenn man nervös sehr aufgeregt ist, Schmerzen oder Hunger hat. Doch es giebt eine Schlaflosigkeit mit unbewußten Ursachen, oder solchen, auf die man erst später kommt. Wir hatten heute sehr gemüthlich soupirt, plauderten behaglich noch eine Weile; um 9 Uhr zog ich mich zurück und schrieb con amore an der Skizze zu einem Vortrag, den ich nächstens in der Gesellschaft der Aerzte halten will; durchaus nichts Aufregendes oder Mühsames. Um halb 11 Uhr fühlte ich etwas Sand in den Augen (Sie kennen das gewisse Prickeln und leichte Brennen in den Augenwinkeln) und freute mich auf eine behagliche Nacht. Die vorige Nacht war köstlich, der Schlaf dauerte ununterbrochen von 11 bis ½ 8 Uhr Morgens, wo ich mit dem Gefühl der Erquickung erwachte. Ich hatte heute besondere Freude an meiner Klinik. Sie ahnen nicht, welch' herrlichen Kreis von jungen, talentvollen, pflichttreuen Menschen ich da um mich habe: 12 Stück; das will was sagen, einer besser wie der andere. Und wie sie alle an mir und meinem Wort hängen, ja an jeder Miene! und wie jeder in diesen Kreis Eintretende eine Zeit lang halb unwillig widerstrebend bald mit meinem Geist und meiner Person verschmilzt! Wahrlich, ich brauche keinen Kaiser zu beneiden! Dann war ich bei Ihnen, wo ich so gern mein Plauderstündchen halte, so behaglich wie möglich. Und später blieb ich zu Hause, es war Alles heute so behaglich wie möglich! Und doch kann ich nicht schlafen. Ich bin auch nicht krank! also warum? . . .

297) An Prof. von Gruber in Wien.

Wien, 15. Februar 1890.

Sehr verehrter Herr Hofrath!

Aus Rydygier's*) Beschreibung seiner Klinik habe ich ersehen, daß man im Material nicht gespart hat; wir können uns eventuell darauf berufen. Dies gilt zumal von den Fliesböden und der Verwendung von Kacheln überhaupt . . . Wir müssen

---

*) Prof. der Chirurgie in Krakau.

auch hier, wie in Krakau in dem Klinikbau, etwas aufs Aeußere Rücksicht nehmen, während wir im Rudolfinerhause nur das absolut Nothwendige und Zweckmäßige verwenden dürfen, weil uns dort eine Ueberschreitung des Kostenanschlags in arge Verlegenheit bringen kann.

Zu einem Garderoberaum für die Studenten haben wir keinen Platz, selbst wenn man ihn einrichten wollte, was sich auf dem Plan immerhin gut ausnehmen dürfte, wenn auch die praktische Verwendbarkeit wegen der sehr raffinirten Rockdiebe (leider oft die Studenten selbst) zweifelhaft ist . . .

Ich bin mit unserem zuletzt festgestellten Grundriß ganz zufrieden. Nur die Reduction von 96 auf 76 Betten macht meinen Assistenten Kummer; das ist nicht zu ändern . . .

Der Rudolfinerverein ist Gersuny so enorm verpflichtet, daß ich ihm gern plein pouvoir geben möchte, soweit unsere Mittel reichen . . .

Ich bin etwas nervös abgespannt und werde die nächste (Fasching=Woche aus Wien verschwinden; vom Samstag, den 22sten an, bin ich wieder da.

    Mit freundlichstem Gruß
                    Ihr
                    Th. Billroth.

298. An Dr. Johannes Brahms in Wien.

Soll ich denn diesen Jammerbrief Dir wirklich senden?
Ich schwanke: — thu' es! — thue es nicht! — und endlich: thu's! —
Wir waren ja so oft in frohem Muth beisammen,
Nimm nach den sonnigen Zeiten auch den Regen hin!
Du wußtest ja dem Regen Töne*) zu verleihen,
Die Anderen als Sonne in die Herzen klangen!

                    Wien, 5. März 1890,
                    Abends ½12 Uhr.

Es war ein bewegter, meist herber Tag heute — wie gewöhnlich. Alles nach der Uhr. Ich erwachte früh von einer Wunde am Finger, die sich durch Berührung mit Eiter entzündet hatte;

---

   * „Regenlied" von J. Brahms. Op. 59, Heft 1, Nr. 3.

doch das bin ich gewohnt, es wird bald besser sein. Dann ewige Klingelei; man ließ mich kaum ruhig mit Frau und Kindern frühstücken. Lohndiener von Hotels, die Stunden für Consilien verlangten, der Secretär vom Rudolfinerverein, der Unterschriften wünschte u. s. w. Endlich Besuche bei gestern Privat-Operirten, nun zur Klinik! Assistenten, Operateure, Directions-Erlasse, Jeder will etwas. Himmel-Sacrament, es ist schon 20 Minuten nach 10 Uhr! Vorwärts! Hinein ins Auditorium. Zwei Stunden Schulmeisterei und Operationen. Kaum aus dem Operationssaal heraus, fallen mich wieder Menschen an. — Endlich nach Haus. 20 Minuten zum Essen. Dann zu einer sehr schweren Operation, die über zwei Stunden dauert! Kühne Vorsicht, endlich Sieg! Alles geht gut. Rasch 2 Glas Cognac! — Zu Haus! 6 Patienten theils mit Bagatellen, theils unheilbar: Lüge, Lüge als Trost. — 15 Minuten für five o'clock tea mit Familie. Nun wieder 4 Krankenbesuche. Zu Haus. Eine halbe Stunde Ruhe! Welches Glück! — Widmann's Buch zu Ende gelesen. — Nun ins Renaissance-Concert! Ich hatte große Freude! 1½ Stunden Ruhe in ruhiger Musik. Die Aufführung schien mir vortrefflich! Der Chor von wunderbarer Reinheit. Walter wirklich edel und groß, wie ich ihn selten so trefflich gehört; hie und da modern sentimental, da und dort etwas zu viel. Doch im Ganzen von keinem modernen Sänger erreichbar. Sehr ausgewähltes Publikum, andächtig, sympathisch gestimmt. Alles so gedrungen, kurz, schön! Nun zu Hause in bester Stimmung, endlich etwas Ruhe. Höchst behagliches Abendessen in der Familie. — Nun 6 nothwendige Geschäftsbriefe! Endlich! „Enfin seul."

So habe ich mir jede Stunde erkämpfen müssen, in welcher ich Widmann's reizendes Buch gelesen habe; so muß ich es mir's erkämpfen, Dir dafür zu danken, daß Du es mir geschickt hast. Ich habe glückliche Stunden durch dies Buch gehabt. Mit wenigen Ausnahmen kenne ich alle Städte und Landschaften, deren er erwähnt; das gehört doch eigentlich dazu, um das Buch recht genießen zu können. Er besitzt ein glückliches Naturell, um das ich ihn beneiden könnte; er muß aber auch ein feiner Beobachter und trefflicher Psycholog sein. Dazu hat er einen reizend natürlichen Humor. Seine Schreibweise hat mich oft an Hanslick erinnert. Wie glücklich sind doch diese Menschen, die sich eine Grenze für das, was sie erreichen wollen, zu ziehen im Stande sind, und sich in diesen

Grenzen behaglich expandiren. Das Glück liegt am Ende doch in der unbewußten Resignation.

Mir ist das leider nicht gegeben. Ich bin ein alter Mann, aber jede Grenze ist für mich unerträglich. Eine Sehnsucht nach Etwas, was ich selber nicht weiß, stört mich im ruhigen Lebensgenuß. Es ist zu dumm! Doch ich kann es nicht ändern.

Der letzte Satz Deiner C-moll-Symphonie hat mich neulich wieder fürchterlich aufgeregt (ähnlich wie der 3. Theil von Schumann's Faust). Was nützt die vollendete, klare Schönheit des Hauptmotivs in seiner thematisch geschlossenen Form. Zuletzt kommt doch wieder das Horn mit seinem schwärmerischen Sehnsuchts-Schrei wie in der Einleitung, und Alles zittert in Sehnsucht, Wonne und übersinnlicher Sinnlichkeit und Seligkeit!

Du sagtest neulich, es gäbe doch nichts Schöneres, als gleich in den frischen Morgenstunden sich mit schöner, ernster Lectüre oder Kunst zu beschäftigen! Da dachte ich mir: ich armer Teufel, wie selten kommt dir das! was Du, beneidenswerther Mensch, jeden Tag haben kannst! — Es war früher doch auch anders mit mir; ich hatte mehr Spannkraft; es ist der Jugendkranz, den ich suche! Die Sehnsucht nach mir selbst! Das klingt verteufelt arrogant, doch Du wirst es verstehen! In tausend Fetzen ist mein Dasein, meine Kraft, meine Arbeit zersplittert. Meine Kraft nimmt ab, doch die Ansprüche der Menschen an mich nehmen zu. — Früher machte ich in solchen Stimmungen auch Gedichte und kann der Versuchung nicht widerstehen, Dir eins auf der folgenden Seite hinzuschreiben.

Jetzt lege ich mich resignirt und erschöpft ins Bett und erflehe oft Stunden lang Morpheus' Umarmung!

Doch genug der Raunzerei. Glaube mir, daß ich Dir immer derselbe bin.

Dein treuer
Th. Billroth.

Sturm.
12. Februar 1885.

Nur Kampf! und immer wieder Kampf!
Wann giebt's denn endlich! endlich Frieden?
Es thut nicht gut! Ich kann's nicht mehr ertragen,
Wie mich die Menschen täglich, stündlich quälen,
Wie sie Unmögliches von mir begehren!

Weil ich ein wenig tiefer wohl als Andere
In der Natur geheimstes Wesen drang,
So meinen sie, ich könnte gleich den Göttern
Durch Wunder Leiden nehmen, Glück erzaubern,
Und bin doch nur ein Mensch wie Andere mehr.
Ach! wüßtet Ihr, wie's in mir wallet, siedet,
Und wie mein Herz den Schlag zurücke hält,
Wenn ich statt Heilung mit unsicheren Worten
Kaum Trost kann spenden den Verlorenen.
Ihr sagt dann wohl: „Die Welt bewundert staunend",
„Was Du vermagst, wo Andere stutzen;"
„Der Dank von Tausenden ist Dir beneidet"
„In aller Welt, die Dich so glücklich preist."
Ich kann und will nun einmal mich nicht fügen
In den Gedankenkreis der Alltagsmenschen,
Ich will, ich will nichts hören von den Grenzen,
Die menschlich Thun beschränken; denn mein Sehnen
Geht dort hinauf, wo's keine Grenzen giebt.
Und muß ich denn vor diesen Grenzen weichen,
So laßt mich fort, laßt mich der Menschheit Weh'
Nicht sehen mehr und hören, laßt allein
Der Kunst und meiner Neigung nur mich leben!
Ich habe eine ganze, große Welt in mir!
In dieser möcht' ich endlich glücklich sein!
  „Du kannst es nicht mehr, denn mit Deinem Leben"
  „Hängt Alles fest zusammen, was Du von Dir wirfst!"
So höhnt Ihr mich! Was soll denn aus mir werden?
Aus mir, dem viel bewunderten, hilflosen Mann?
Hier mag ich nicht verbleiben, dort verheißt man
Mir auch kein Glück! Helft mir, Ihr Vielgetreuen,
Und gebt den „Kindersinn" des Lebens mir zurück!

Nachklang.
1889.

Verloren bin ich, wend' ich's, wie ich will!
  „Und willst Du Stolzer! es verloren nennen",
  „Wenn in dem „„besten Thun"" Du Dich „„verloren"" wähnst?"
  „Was sollen denn die Anderen „„gewonnen"" nennen?"
Ein schwacher Trost! ich höre nur „verloren!"

299) **An Dr. von Eiselsberg in Wien, Assistent Billroth's.**
Wien, 15. März 1890.
Lieber v. Eiselsberg!

Ich gratulire Ihnen zu Ihrem Erfolg noch heute Abend*). Daß Ihnen das Collegium fast einstimmig die Probevorlesung erlassen hat, erspart Ihnen nicht nur Zeit, sondern ist eine Auszeichnung, mehr werth als ein Orden. Hofrath Albert hat den Antrag gestellt. Ich halte es für gentleman-like, wenn Sie zu ihm gehen und ihm persönlich dafür danken. Höflichkeit und Dank in solchen kleinen Dingen sind mächtige Faktoren, wenn es sich in anderen Fällen um Principienfragen handelt, in denen man nicht nachgeben darf.

Ihr
Th. Billroth.

300) **An Prof. von Rindfleisch in Würzburg.**
Wien, 29. April 1890.
Lieber Edi!

Nachdem ich einmal durch die Verhältnisse gezwungen bin, trotz meiner 61 Jahre noch im Amte zu bleiben — kaum noch adolescentiae propior — glaubte ich doch noch, wieder ein Lebenszeichen geben zu sollen, daß ich den naiven Bewegungen unserer Wissenschaft, soweit die Kräfte reichen, folge. Es ist mir rührend, wie freundlich meine senilen, geschwätzigen Betrachtungen von allen Seiten aufgenommen werden. — Es wird natürlich auch nicht an Leuten fehlen, die es lächerlich finden, daß ich mich noch in solche Dinge mische. Doch ich werde so von derartigen Gedanken geplagt, daß ich mich nur durch Schreiben und Drucken für eine Zeitlang davon befreien kann.

Mein Leben ist hier so zerrissen, zerfetzt, daß ich nur in den Ferien zuweilen Zeit finde, mich mit mir selbst zu beschäftigen. In den letzten Jahren habe ich viel Psychologie und Ethik getrieben und hätte da auch wohl Manches zu sagen; doch bisher habe ich nur die Titel „Beiträge zur Anatomie der menschlichen Gesellschaft", oder „Das Gute im Menschen", oder „Mitbewegung und Mit-

---

*) Dr. v. Eiselsberg's Colloquium als Docent für Chirurgie.

empfindung als Fundament der Ethik", oder „Zur Physiologie der Musik", oder „Was ist musikalisch?", oder „Wohin wird uns die Abgötterei, die wir mit unserer Intelligenz und unserer Empfindung treiben, führen?" u. s. w. u. s. w.

Ich freue mich sehr, Deinen Walter nächsten Herbst in die Kur zu nehmen. Grüsse den guten Jungen von mir!

Dein
Th. Billroth.

301) An Prof. von Gruber in Wien.

Wien, 12. Juni 1890.

Sehr geehrter Herr Hofrath!

Ministerialrath v. David proponirt Dienstag, den 17. d. M., 12 Uhr. In der Hoffnung, dass es Ihnen möglich sein wird, sich frei zu machen, bitte ich Sie, sich zu dieser Zeit im Bureau des Herrn Ministerialrathes v. David einzufinden und die Pläne nebst Beilagen dorthin schaffen zu lassen. Ich werde mich auch zu dieser Zeit dort einfinden.

Das Programm habe ich unterzeichnet, die Erläuterungen zum Kostenanschlage gelesen. Der Minister wird sehr erschrecken. Doch kann ich Ihre Motivirungen nur billigen.

Ihr
Th. Billroth.

302) An Prof. E. Küster in Berlin.

Wien, 24. Juli 1890.

Lieber Herr College!

Schon seit 3 Wochen bin ich für Dienstag, den 5. August, zum Diner bei Martin*) eingeladen, wo ich angenommen habe, dann für den gleichen Tag bei Leyden**), wo ich abgesagt habe, und leider kann ich also an diesem Tage auch bei Ihnen nicht speisen. Das

---

*) Prof. extr. der Geburtshülfe und Gynäkologie in Berlin.
**) Prof. der inneren Medicin in Berlin.

Programm des Congresses*) ist ein so überreiches, daß es unmöglich ist, Alles mitzumachen.

Ich muß wegen Familienangelegenheiten schon am 3. August in Berlin sein, wo ich bei Verwandten wohnen werde. Am 4. August Vormittag gegen 10 Uhr treffe ich bei Ihnen ein. Ich habe dies absichtlich so arrangirt, um für die Congreßtage ganz frei von Familie zu sein. Ich möchte Sie und Ihre Frau Gemahlin möglichst wenig stören, freue mich sehr darauf, bei Ihnen zu wohnen; da wird sich doch wohl hie und da ein Stündchen zum gemüthlichen Plaudern finden.

Auf baldiges Wiedersehen!

Ihr
Th. Billroth.

503) An Prof. Gurlt in Berlin.

Wien, 8. August 1890.

Lieber Freund!

Ich bin gestern wiederholt in der Ausstellung herumgelaufen, um die Schriften des Ministeriums über die preuß. medic. Unterrichtsanstalten und die von der Stadt Berlin herausgegebene Schrift zu bekommen. Leider vergebens. Mir liegt aber viel an dem Besitz beider Schriften, und Sie würden mich daher sehr verpflichten, wenn Sie die große Güte hätten, falls dieselben nicht im Buchhandel sind, mir dieselben unter Kreuzband nach St. Gilgen bei Salzburg zu schicken.

Es war sehr großartig und schön in Berlin, und ich bin noch ganz beschämt über die viele Ehre, die man mir erwiesen hat. Doch es war für mich die höchste Zeit, abzureisen; ich vertrage dergleichen nicht mehr; dabei die wahnsinnige Hitze! — Heute Abend reise ich nach St. Gilgen, wo ich mich bis Ende September ganz still halten will, um fürs Wintersemester wieder frisch zu sein.

Herzlichste Grüße!

Ihr
Th. Billroth.

*) Internationaler medicinischer Congreß in Berlin.

304) An Prof. von Dittel in Wien.

St. Gilgen, 7. September 1890.

Lieber Freund!

Ich habe in Berlin 4 Tage bei Küster gewohnt; wir haben uns aber in dem Trubel wenig gesprochen. Die Atmosphäre im Hause war für uns Gäste (Koenig und mich) dadurch etwas peinlich, daß Küster's einziger 14jähriger Sohn an Perityphlitis schwer erkrankt war; es geht ihm zum Glück besser. Küster ist ein ausgezeichneter Chirurg und vortrefflicher Mensch; man kann sich darauf verlassen, was er sagt und schreibt. Ich bin sehr gespannt, etwas Näheres über die von ihm ausgeführten Prostatectomieen zu lesen; er wird die Fälle gewiß veröffentlichen . . .

Ich will erst am 6. October in Wien eintreffen, es zieht mich nichts dahin. Es ist hier gar zu schön, auch wenn es regnet.

Ihr

Th. Billroth.

305) An Dr. von Eiselsberg in Wien, Docent und Assistent Billroth's.

St. Gilgen, 23. September 1890.

Lieber v. Eiselsberg!

Ich habe keinen besonderen Ehrgeiz mehr, es meinen Collegen an Schulmeisterfleiß vorzuthun, und da meine Ferien diesmal eigentlich doch erst am 10. August begonnen haben, so werde ich auch erst am 13. October die Klinik beginnen. Vom 26. Sept. an bitte ich meine Briefe nach Abbazia (Hotel Stefanie) zu adressiren.

Ich bin damit einverstanden, daß Sie die Kipplavoirs auf klinische Rechnung machen lassen.

Schüßler*) hat mich hier besucht und sich des herrlichsten Wetters erfreut. Von Salzer**) hatte ich einen lieben Brief aus Utrecht. Er wird einige Mühe haben, die dortigen Verhältnisse nach seinem Wunsch zu gestalten; doch das Neuschaffen mit Hindernissen hat ja auch seinen Reiz.

---

*) Ehemaliger Assistent Billroth's.
**) Prof. der Chirurgie in Utrecht; gest. 1893.

Ich war gestern wieder einmal auf dem Schafberg; die Aussicht war so tadellos klar, wie ich sie noch nie gehabt habe. Seit 8 Tagen haben wir hier so wunderbares Wetter, wie ich es in dieser Dauer noch kaum hier erlebt habe. Ich schneide jeden Morgen einen großartigen Strauß Rosen für unseren Tisch. Wir speisen Mittags und Abends auf der Veranda. Ich lebe in einem dolce far niente, daß ich Mühe haben werde, mich wieder an die Wiener Arbeit zu gewöhnen.

Bitte Prof. Kundrat zu sagen, daß ich für die Gesellschaft der Aerzte erst am 17. October disponibel sein werde. Daß der Kaufcontract über den gewählten Bauplatz endlich perfect geworden ist, hat mir Dr. Spitzmüller geschrieben.

Herzlichste Grüße an alle Mitglieder meiner Klinik, wozu ich auch unseren jungen Fuchs Walter rechne, von

Eurem faulen, alten Chef

Th. Billroth.

306) An Prof. von Gruber in Wien.

Wien, 20. October 1890.

Lieber Herr Hofrath!

... Ich kann Ihnen nun auch einen Schmerz nicht ersparen. Folgendes unter strengster Discretion. Hofrath Albert hat eine Eingabe direct ans Ministerium gemacht und die Uebelstände seiner Klinik der Art geschildert, daß ein Neubau dringend nothwendig ist. Ich habe sofort im Collegium den Antrag gestellt, den Antrag Albert's zu befürworten. — Dann kam ein anderer College mit einer langen Rede, daß ein Gerücht ginge, man plane einen neuen Pavillon im ersten Hofe des K. K. Allg. Krankenhauses für eine Klinik für mich. Es sei zwar undenkbar, daß so etwas geschehen könne, ohne die Direction des Krankenhauses und die Fakultät darüber zu befragen; doch wolle er schon jetzt als Primararzt und Mitglied des Collegiums dagegen Verwahrung einlegen. Der einzige Weg, allen Uebelständen abzuhelfen, sei, einen zweiten Stock überall aufzubauen, welcher Weg schon im Jahre 1885 durch eine competente Commission beschlossen sei; es habe sich seitdem nichts in den Verhältnissen geändert, und er werde seiner Zeit im Ober-Sanitätsrath darauf zurückkommen und allen seinen Einfluß aufbieten, die Verbauung der Höfe zu verhindern, weil dies aus sanitären Gründen ein Verbrechen gegen die Humanität sei . . . Ich habe darauf geantwortet, daß ich nicht in der Lage sei darüber zu sprechen, da der Minister mir das Versprechen abgenommen habe, alle betreffenden Vorgänge unter Discretion als rein persönliche Besprechungen anzusehen.

Ich halte es nun für sehr wahrscheinlich, daß man die Sache dahin wenden wird, daß meine Klinik nicht gebaut wird. Ich glaube auch, daß Gautsch diese unterirdischen Mächte unterschätzt, und daß der mir freundlich gesinnte Sectionschef sich von oben überreden lassen wird, seine Concession für den Neubau im I. Hofe zurück zu ziehen. Man braucht bei uns nur etwas Gutes anzustreben, um von 100 Personen 90 gegen sich zu haben. Jedenfalls haben wir das Bewußtsein, unser Möglichstes gethan zu haben und werden uns mit diesem Bewußtsein wohl begraben lassen müssen. Ich sehe sehr schwarz in dieser Sache.

Unser Rudolfinerhaus wollen wir aber fertig machen und unsere Freude daran nicht verkümmern lassen.

Ihr
Th. Billroth.

307) An Prof. von Gruber in Wien.

Wien, 30. October 1890.

Verehrtester Herr Hofrath!

. . . In Betreff Ihres Projektes für meine Klinik bitte ich Sie, besonders und wiederholt zu betonen, daß ich meine Ansprüche im Verhältniß zu denen anderer Kliniker auf das geringste für Wien mögliche Maß reducirt habe, sowohl in Betreff des Platzes, als der Ausstattung. Es würde meiner Meinung nach gar keinen hygienischen Nachtheil weder für die Kranken im Krankenhause, noch für die Menschen, welche in der Umgebung wohnen, haben, wenn die Hälfte des Areals des ersten Hofes verbaut würde, so daß auf jeder Seite nach Abreißen des jetzigen Directionsgebäudes ein schöner, großer Pavillon zu stehen käme; es würde sich auch decorativ mit den Gartenanlagen und Veranden am hübschesten so

machen lassen. Das ist aber zu natürlich und zu vernünftig, als
daß es Aussicht hätte bei uns durchgeführt zu werden. Wir müssen
uns also mit dem uns in beschränkter Weise angewiesenen Platz
durchfretten. Ich habe also zu einer Reduction der Bettenzahl
greifen müssen, vorausgesetzt daß man mir die der Klinik abgängigen
Betten anderswo anweist. Ich habe abstrahirt von dem an den
neueren chirurgischen Kliniken neben dem Operationssaal liegenden
Chloroformirzimmer und dem Zimmer zum Aufenthalt nach der
Operation. Ich habe schmerzlichst verzichtet auf besondere Arbeits=
zimmer für mich und die Assistenten für mikroscopische Unter=
suchungen, zu Thierversuchen nebst den Räumen für die Experimen=
talthiere, zu bacteriologischen und zu chemischen Untersuchungen,
und begnüge mich, alle die Sachen, für welche andere Kliniker
4—6 Zimmer beanspruchen, mit meinen Assistenten und Operateuren
in $1^{1}/_{2}$ Zimmern im pathologischen Institut zu betreiben. Die Frage
wegen der Garderobe habe ich auch wegen Platzmangel fallen lassen,
werde aber vielleicht genöthigt sein darauf zurückzukommen. Wir
haben von einer Auskleidung der Fußböden und des unteren Theils
der Wände des Operationssaales und der Desinfections= und anderer
Nebenräumlichkeiten mit Marmorplatten oder Kacheln, wie sie an
anderen neuen Kliniken gemacht sind, sowie von jedem Luxus ab=
strahirt und uns auf das billigste Material beschränkt, insofern es
nicht zweckwidrig erscheint.

Wenn nun trotz aller dieser uns auferlegten, durch die knappen
Raum= und Finanzverhältnisse bedingten Reductionen und Rücksichten
wieder einmal nichts zu Stande kommt, und man mein klinisches
Institut zur Schande unserer Wiener Schule und unseres Vaterlandes
wieder unter einem Schutthaufen von Bedenklichkeiten, von „Wenn's"
und „Aber's" begräbt, dann werde ich mich mit dem Bewußtsein,
das Beste angestrebt, doch nichts trotz aller Mühe und Arbeit er=
reicht zu haben, ruhig begraben lassen müssen. Zeit zum Warten
habe ich ja nicht mehr viel; vielleicht wird mein Nachfolger glück=
licher in seinen Bestrebungen sein.

Mit dem besten Wunsche, daß Sie als Apostel des Fortschritts
die Ungläubigen bekehren, die Schwachen und Halben zur That
bringen, die Feinde besiegen mögen, verbleibe ich Ihr treuer Mit=
arbeiter

Th. Billroth.

308) An Prof. von Gruber in Wien.

Wien, 4. November 1890.

Verehrtester Herr Hofrath!

Aergern Sie sich nicht zu sehr. Man kann doch nur Mitleid und Bedauern haben für Menschen, die meist nicht in der Lage waren die Welt außerhalb Wien und Oesterreich kennen zu lernen, und die keine anderen Motive für eigenes Handeln kennen, als persönlichen Vortheil, Eitelkeit oder Benachtheiligung Anderer, und daher auch bei Anderen keine anderen Motive voraussetzen. Der Neid macht die Leute blind. Sie begreifen nicht, daß es in der Folge nur zu ihrem Vortheil sein wird, wenn die Regierung nur irgendwo einmal anfängt eine Klinik im modernen Stil zu bauen; es ist traurig, daß der Fortschritt bei uns in solchen Händen liegt . . .

Daß man überhaupt immer von einer Klinik für mich spricht, und nicht für die Universität, ist charakteristisch für die Auffassung. Die Jahre des Baues und der Einrichtung werden unruhig genug für mich sein, wenn ich es überhaupt erlebe. Wollte ich jetzt nur für mich sorgen, ich ließe gern Alles beim Alten. Daß ich mich mit Rudolfinerhaus, Klinik und einem Haus für die Gesellschaft sorge und plage, — dahinter wittert man irgend etwas, was mir persönlichen Vortheil bringen könnte; man weiß freilich nicht was? aber daß ich es um der Sache willen thue, ist den Meisten absolut unverständlich!

Doch ich lasse mich durch das Alles nicht beirren und bitte Sie, mir auch ferner treu beizustehen.

Ihr

Th. Billroth.

309) An Prof. von Gruber in Wien.

Wien, 17. November 1890.

Verehrtester Herr Hofrath!

Ich kann Ihre Arbeitskraft, Ihre Energie und Ihren Kampfesmuth nicht genug bewundern. Ich schwinge mich nur noch ruckweise zu einzelnen Actionsmomenten auf, doch erlahme ich bald wieder. Wenn die neue Klinik wirklich zu Stande kommen sollte, so haben Sie gewiß mit das größeste Verdienst daran.

Daß ein gewisser Neid gegen mein rasches Aufsteigen in früheren Jahren bestand, kann ich begreifen; daß man mir aber jetzt, wo ich doch nur für die folgenden Generationen kämpfe und strebe, noch feindlich gegenüber tritt, verstehe ich nicht.

Wir befinden uns in einer schwierigen Zwangslage. Beharren wir Punkt für Punkt auf unserem Project, und scheitert dasselbe daran, so werden unsere Widersacher uns allein die Ursache des Scheiterns in die Schuhe schieben. Ich glaube, wir können unseren Feinden keinen übleren Gefallen erweisen, als auf ihre Wünsche soweit als möglich eingehen, damit sie endlich zustimmen. Wir müssen dann nachher trachten, dennoch soviel wie möglich von unserem Project wieder hineinzubringen.

Eine Reducirung der Betten der 2. chirurgischen Klinik steht garnicht in meiner persönlichen Hand; das ist Sache des Unterrichtsministeriums. Was man der Klinik in dem Neubau an Betten entzieht, muß man ihr in anderen Theilen des Krankenhauses ergänzen. Die Motivirung der Erhaltung der jetzigen Bettenzahl glaube ich klar und scharf in meiner eigenhändig geschriebenen Exposition dargelegt zu haben. Ich bin überzeugt, daß selbst Albert das anerkennen wird. Es kann sich also nur um die im Pavillon in erster Linie als klinisch zu bezeichnenden Betten handeln. Wenn es sein muß, so können wir diese Concession am leichtesten machen. Doch die Reduction der Bäder und sonstigen Nebenräumlichkeiten ist absolut unzulässig; wir haben das schon aufs Nothdürftigste beschränkt. Wir haben ja nicht einmal Reconvalescentenzimmer projectirt wie im Rudolfinerhause, und wie sie Böhm*) im Franz-Josef-Spital eingerichtet hat.

Muß ein zweiter Stock durchweg zu Hülfe genommen werden, nun in Gottes Namen; wenn die Stiegen bequem und die Aufzüge leicht und mit dem gehörigen Bedienungs-Personal versehen sind, so mag es ja gehen . . .

Ich bin sehr gespannt, in welchem Zustande unser Project aus Unterrichtsministerium zurückkommen wird, und — — wann? . . .

Ihr
Th. Billroth.

---

*) Director des k. k. allg. Krankenhauses Rudolfstiftung in Wien.

510) An Dr. Eiser in Frankfurt a. M.

Wien, 5. Februar 1891.

Mein lieber alter Freund!

Ich weiß über Mosetig's*) Versuche, inoperable Tumoren durch parenchymatöse Injectionen zum Wachsthums-Stillstand oder Schrumpfung zu bringen, nichts Weiteres, als was er letzten Freitag in der k. k. Gesellschaft der Aerzte vorgetragen hat. Dieser Vortrag ist in der heutigen Nr. 5 der Wiener klinischen Wochenschrift abgedruckt, die Sie wohl in Frankfurt werden auftreiben können.

Mosetig ist ein tüchtiger Chirurg von unanfechtbarem Charakter, wenn auch etwas enthusiastisch optimistisch bei therapeutischen Versuchen; doch wer wäre das nicht! Wer das nicht ist, giebt die Sache bald auf, wie ich es bei meinen früheren derartigen Versuchen gethan habe. Ich halte es für sehr verdienstlich, wenn sich immer noch wieder Aerzte finden, die in dieser Richtung nach Neuem suchen; denn daß da etwas zu finden ist, halte ich für sehr wahrscheinlich.

Von den zwei vorgestellten Fällen war in dem einen (Sarcom des Unterkiefers) zweifellos eine Schrumpfung auf etwa ein Drittel des früheren Volumens eingetreten. In dem anderen Falle (ein in Zerfall begriffenes Sarcom unterhalb der linken Clavicula) war es mir zweifelhaft, ob die Verkleinerung nicht mehr durch Zerfall und Ausstoßung, als durch Schrumpfung bedingt war. Den dritten Fall habe ich nach Mosetig's Behandlung nicht gesehen. Daß er viele Fälle ohne Erfolg behandelt hat, erwähnte er auch; freilich waren es meist Fälle, welche aus pecuniären Gründen nicht lange im Spital behalten werden konnten. — Ich werde in den nächsten Tagen die Versuche mit Methylblau oder -violett beginnen. „Probiren geht über Studiren!"

Freundlichste Grüße! Hoffentlich geht es Ihnen wie uns gut!

Ihr

Th. Billroth.

---

*) Ritter von Mosetig-Moorhof, Prof. extr. der Chirurgie in Wien.

311) An Prof. von Gruber in Wien.

Wien, 13. Februar 1891.

Lieber Herr Hofrath!

... Nachdem von denjenigen Mitgliedern des Rudolfinerverein-Ausschusses, welche es für ein Bagatell erklärten, das Geld für den Capellenbau aufzutreiben, — nichts geschehen ist, habe ich mich endlich zu einigen Revolver-Attentaten ermannt und auf Kaiser und Fürsten geschossen. So sind nun etwa 10 000 fl. beigebracht. In Summa haben wir jetzt etwa 20 000 fl. noch zur Verfügung; damit muß die jetzige Bauperiode incl. der Capelle zum Abschluß gebracht werden.

Wenn Sie bedenken, daß ich außer Klinik und Rudolfinerhaus auch noch die Verantwortung für den Neubau eines Hauses für die k. k. Gesellschaft der Aerzte im Kopfe habe, der 130 000 fl. kostet, und für welchen nur 40 000 fl. vorhanden sind, auch kein Geld, um etwa aufzunehmendes Capital zu verzinsen, so werden Sie mir wohl glauben, daß ich in meinem Alter neben den laufenden Berufs-Geschäften und mancherlei anderen Sorgen wünsche, daß ein Schlaganfall mich von allen diesen Dingen möglichst bald befreit.

Ihr

Th. Billroth.

312) An Prof. von Gruber in Wien.

Wien, 16. Februar 1891.

Lieber Herr Hofrath!

Haben Sie herzlichsten Dank für Ihren lieben, theilnahmsvollen Brief, der mir wirklich wieder Muth gemacht hat. Wenn man älter wird, erscheint einem zuweilen jeder Hügel wie ein unübersteiglicher Berg. Ich habe in meiner guten Zeit immer zu viel gewollt und zu viel in Angriff genommen, da ich meine Arbeitskraft für unerschöpfbar hielt; nun will der alte Pfeiler die starke Belastung nicht mehr recht tragen und knarrt und kracht zuweilen.

Sehr tröstlich war mir besonders, was Sie mir über den Tenor des Gutachtens des Ober-Sanitätsrathes geschrieben haben, zumal der Passus, daß der Bau des klinischen Pavillons an der geplanten Stelle nicht hemmend für den Umbau des k. k. Krankenhauses im

Großen sei. Ich hatte sehr gefürchtet, daß meine Gegner an diesem Punkt die Hebel ansetzen würden, um den Bau meiner Klinik ins Endlose zu verschieben. Wenn der Bau zu Stande kommt, so haben Sie jedenfalls ein sehr großes Verdienst daran.

Der Kesselriß in der neuen Küche [im Rudolfinerhause] ist höchst fatal; jedenfalls muß die Reparatur so sicher als möglich gemacht werden. Hätten wir nicht eine so tüchtige Oberin, die nie den Kopf verliert und sich in den schwierigsten Situationen schon oft tapfer bewährt hat, so wären wir in einer noch viel schlimmeren Lage gewesen. Sie hat von den ersten Anfängen des Hauses an bis jetzt schon viel durchgemacht und sich auch dies Mal wieder in ihrer Geistesgegenwart bewährt.

Mehr noch ruht das Heil des Hauses auf Gersuny's opferwilligen, ausdauernden Thätigkeit. Nur seinem steigenden Ruf als Arzt und Operateur verdankt es der Verein, daß das Haus sich nicht nur in sich selbst erhält, sondern daß aus dem Ordinarium so viel Ueberschuß an Einnahmen vorhanden ist, daß wir eventuell eine Schuldenlast von 100 000 fl. tragen könnten. Ich wiederhole daher meine Bitte, ihm den Operationssaal ganz nach seinem Wunsche einzurichten und wiederhole Ihnen auch meinen Dank für Ihre ausdauernde, opferwillige Thätigkeit bei dem Rudolfinerhausbau.

Verzeihen Sie, lieber Herr Hofrath, wenn ich Sie neulich mit meinem verstimmten Brief geplagt habe, und seien Sie überzeugt, daß ich Ihnen für die kräftige Unterstützung meiner Unternehmungen durch Ihr Talent und Ihre eminente Arbeitskraft, die ich sehr hochschätze, stets dankbar sein werde.

Mit herzlichem Gruß
Ihr
Th. Billroth.

313) An Prof. Victor von Rokitansky in Wien.

Wien, 17. Februar 1891.

Sehr verehrter Herr!

Ihr treffliches Buch „Ueber Sänger und Singen" hat mich ungemein interessirt und äußerst sympathisch berührt. Es giebt also doch noch Künstler und Lehrer, welche sich unter allem modernen, dramatischen Lärm die feine Empfindung für die Schönheit der

menschlichen Stimme in ihrer vollendeten Ausbildung bewahrt haben.
Daß der Sinn dafür zu schwinden scheint, liegt gewiß daran, daß
das Publikum so selten etwas davon zu hören bekommt, und ihm
eine Erziehung und Gewöhnung in dieser Richtung mangelt. Denn
darüber dürfen wir uns nicht täuschen: die Werthschätzung des bel
canto hängt nicht nur mit sehr musikalischer, ich möchte sagen spe=
cifisch tonlicher Empfindung zusammen, sondern auch mit sehr fein
ausgebildeter Empfindung und Intelligenz überhaupt, und alle diese
Eigenschaften müssen dazu noch geübt, erzogen und innerlich ver=
arbeitet sein.

Ich habe nun im Laufe meines Lebens und bei vielem Opern=
und Concertbesuch nicht nur an mir selbst manche Wandlungen in
dieser Richtung durchgemacht, sondern auch gefunden, daß die Zahl
specifisch musikalisch geborener und erzogener Menschen selbst in
großen Städten wie Berlin und Wien eine ungemein kleine ist; im
Concertsaal dürften auf 100 etwa 10, im Opernhaus auf 1000 etwa
20 kommen. Bei den Uebrigen ist es das Beiwerk, wie Libretto,
Spiel, Persönlichkeit der Künstler, Liedertext, Wirkung der Rhythmik,
das Symbolische und Malende im Orchester, die Mode, die Eitelkeit
über Alles mitreden zu wollen, was sie ins Concert und in die
Oper zieht. Es hat für die nicht specifisch Musikalischen etwas ihre
Eitelkeit Kränkendes, Deprimirendes, daß es eine Kunstform giebt,
welche nur wenigen Auserwählten zugänglich sein soll; drum die
vielseitigen krampfhaften Anstrengungen, sich den Anschein zu geben,
als gehörten sie auch zu dem Kreise der Auserwählten, oder stünden
diesem Kreise wenigstens nahe.

Wollten die Sänger und Sängerinnen und die Opern=Institute
nur für den kleinen Kreis der Musikalischen wirken, welche die Ge=
sangskunst als solche, ich möchte sagen, abstract lieben und schätzen,
sich einzig und allein in den rhythmisirten Klang als alleinigen In=
halt der Musik versenken, — so müßten sie Alle bankrott machen.

Die moderne Oper erhält sich nur am Leben durch das Hinein=
ziehen der anderen Künste; da findet denn wohl jeder Opernbesucher
etwas, was ihn unterhält oder gar im besseren Sinne interessirt:
Rahmen und Bild verschwimmen in einander; man hat ein Ragout
von Künsten mit einer modern pikanten „dramatischen, charakte=
ristischen" Sauce, aus der sich Jeder etwas herausschmeckt. In meinen
Augen hebt sich dramatisch und musikalisch so ziemlich auf.

Es ist übrigens in der Malerei ganz dasselbe. Der wirkliche Maler-Künstler sieht an einem Bilde immer zuerst das specifisch Malerische in den Linien und Farben; was das Bild darstellt, interessirt ihn entweder gar nicht, oder nur nebenbei.

Das sind veraltete Ansichten, wird man uns zurufen! Doch wohl nur vorübergehend. Das Wesen der Künste hat ja doch seine Quelle in unseren sinnlichen Wahrnehmungen, und diese ändern sich nicht; wir werden nie mit den Ohren sehen und mit den Augen hören!

Ich begegne in Ihrem Buche einem Gedanken, den ich auch hege, nämlich, daß sich möglicherweise aus der Operette wieder eine lyrische und komische Oper, das musikalische Lustspiel und Singspiel entwickeln wird. Bei der großen Oper sind wir ja eigentlich schon beim Melodram angelangt. Die totale Auflösung der musikalischen Form ist für mich gleichbedeutend mit dem Aufhören der Musik.

Verzeihen Sie diese lange Expectoration. Ich bitte Sie, daraus nur zu entnehmen, wie sehr mich Ihr sehr zeitgemäß gekommenes Buch erfreut hat. Eviva il bel canto!

Ihr
Th. Billroth.

314) An Dr. Lauenstein in Hamburg.

Wien, 20. Februar 1891.

Lieber College!

Wie gern würde ich Ihrem Wunsche, Frau X. hier in ihren künstlerischen Bestrebungen zu fördern, entsprechen. Doch die Verhältnisse haben sich derart bei mir verändert, daß ich ihr in keiner Weise zu nützen vermag. — Ich habe mich ganz aus dem geselligen Verkehr zurückgezogen, habe mein Haus verkauft, meine Equipage abgeschafft, und behelfe mich, wie's eben geht, in einer kleinen Miethswohnung. Ich bin so nervös, daß ich Musik, Gesellschaften und Theater fliehe und eben nur meinem Amt und Beruf lebe. Meine Beziehungen zur hiesigen Künstlerwelt, die früher sehr ausgedehnt waren, und die doch immer nur darin bestehen, daß man diese Art Leute einladet, sind schon seit mehreren Jahren vollkommen abgebrochen. Ich lebe in der Großstadt wie in meinem Bauernhaus im Gebirge als Einsiedler, und bin ein müder, verdrießlicher, alter

Mann geworden. Ein schönes Leben liegt hinter mir; vor mir habe ich nur Kummer und Sorgen und hoffe, daß es nicht zu lange dauern wird.

Sie begreifen wohl, daß ich unter solchen Verhältnissen nichts für Frau X. thun kann.

Ihrer lieben Frau und Ihnen herzlichen Dank für Ihr freundliches Gedenken. Behalten Sie mich in freundlichem Andenken.

Ihr
Th. Billroth.

313) An Prof. Hanslick in Wien.

Wien, 21. Februar 1891.

Lieber Hans!

Als ich heute aus dem Renaissance-Concert, — dem einzigen, das mich heuer interessirt, weil mir das Alte das Neue ist — kam, that Else allerlei verfängliche Fragen an mich über das Zeitverhältniß von Händel zu Marcello, Schütz, Hasse u. A. über Madrigal-, Psalm- und Arienformen rc. Ich verwies sie auf ein Musik-Lexicon, das ich ihr einmal auf Deine Empfehlung hin geschenkt hatte; wir suchten es in unserer sehr großen Bibliothek, — leider vergebens. Darf ich Dich bitten, mir noch einmal den Titel aufzuschreiben; es war ein sehr gutes Buch zum Nachschlagen, in welchem nicht nur alle Biographieen hervorragender Musiker, sondern auch alles Nöthige über musikalische Formen, Tänze rc. zu finden war.

Marcello hat mich doch weit mehr interessirt, als M., und wenn ich die Augen schloß und mich bei diesen Harmonieen in das Halbdunkel der Markuskirche hineinträumte, wurde mir doch ganz eigen poetisch zu Muth. Der Vergleich von Marcello's Madrigalen, Psalmen und Opernstücken hat es mir wieder bekräftigt, daß der Unterschied von weltlicher und geistlicher Musik nie im Wesen der Musik gelegen hat; es giebt immer nur eine Musik der Zeit. Und was wir heute den Stil geistlicher Musik nennen, ist nicht anders aufzufassen, als wenn ein moderner Maler heute im Stil Perugino's malt.

Es ist nach meiner Empfindung auch ein Unsinn von speciell

religiöser Empfindung zu sprechen. Was man so nennt, ist entweder eine fantastisch schwärmerische Stimmung, die sich bis zur Hallucination steigern kann und zum Inhalt irgend ein Fantasiebild hat, welches den Gläubigen oder Liebenden sehnsüchtig erregt, — oder es ist bei Fanatikern eine geradezu erotische Erregung, wie die Betbewegungen bei den Muhamedanern, das Tanzen der Derwische, das Herumspringen der Flagellanten. Die Kirche als Bräutigam für die Nonnen, als Braut für die Mönche deutet auch darauf hin. Es ist in gewissem Sinne die Fortsetzung des Isis-Dienstes und der Aphroditen- und Bacchusfeste. Der Mensch hat sich seine Götter oder seinen Gott stets nach seinem Ebenbilde geformt und betet und singt ihn, d. h. eigentlich sich, mit den Kunstformen der Zeit an. Weil das sogenannte Göttliche immer nur eine Abstraction oder Personification einer oder mehrerer menschlicher Eigenschaften in der höchst denkbaren Potenz ist, kann menschlich und göttlich, weltlich und religiös auch nicht verschieden sein. Der Mensch kann überhaupt nichts Uebernatürliches denken und nichts Unnatürliches thun, weil er immer nur mit menschlichen Eigenschaften denken und handeln kann.

Verzeih' diese physiologische Excursion; sie ist einem Abschnitt: „Homo bestia" entnommen, in welchem ich auseinandersetze, daß die Schöpfung des höchsten Kunstwerkes eine ebenso bestialische That ist, wie es die Mordthaten eines Richard III. sind, und daß somit alles Gute ebenso bestialisch ist, wie alles Schlechte. Nur die Convention bestimmt die Varianten.

Dein heutiges Feuilleton war ebenso geistreich, humoristisch und vernichtend, als nach jeder Richtung wahr. Ich habe allen Grund, dem Componisten M. sehr dankbar zu sein; denn trotzdem ich vorgestern Abend nur ein kleines Glas Bier und eine kleine Gumpoldskirchner getrunken habe, so schlief ich doch von elf Uhr Abends bis neun Uhr am anderen Morgen wunderbar ruhig und sanft, ohne zu träumen. Zehn Stunden ununterbrochener Schlaf in diesem Jammerleben ist doch ein Hochgenuß ersten Ranges! Es ist doch rein modern conventionell, wenn wir beanspruchen, durch die Kunst in einen aufgeregten Zustand versetzt zu werden. Die Sehnsucht nach fortgesetzter Aufregung ist doch ein pathologischer Zug unserer Zeit. — Schlafen, schlafen! ohne zu träumen ist, was wir anstreben müssen, und das Gestorbensein ist schließlich der höchste Lebens-

genuß. Marcello hat mich aufgeregt; ich fürchte, ich werde die
Nacht von ihm, von der Markuskirche, von Venedig träumen.
Gute Nacht!
Dein
Th. Billroth.

316) An Prof. von Gruber in Wien.
Wien, 13. März 1891.
Lieber Herr Hofrath!

... Exc. Taaffe empfing uns heute sehr freundlich und gab uns
die Versicherung, daß unser Wunsch, daß das k. k. allg. Kranken=
haus ganz und gar zu Unterrichtszwecken verwendet werde, seine
volle Sympathie habe. Die Verhandlungen darüber, sowie über die
Ausschaltung der nieder=österreichischen Gebär= und Findel=Anstalt
seien in der lebhaftesten Bewegung und würden in „ganz wohl ab=
sehbarer Zeit" zu einem Abschluß gelangen.

Nun wünsche ich im Interesse unserer Fakultät, daß das Mi=
nisterium Taaffe im neuen Reichsrath eine Majorität findet, und
Taaffe und Gautsch wenigstens so lange bleiben, bis das Project
zum fait accompli wird. So weit es in meiner Macht liegt, werde ich
dahin wirken, daß Ihnen der großartige Plan der Umwandlung des
k. k. allg. Krankenhauses in ein Universitäts=Krankenhaus übertragen
werde. Möglich wäre es allerdings, daß dadurch der Bau der chirur=
gischen Kliniken verzögert würde; ich würde das gern verschmerzen,
wenn wirklich etwas Großartiges geschaffen wird; habe ich doch im
günstigsten Falle die Aussicht, den eventuellen Neubau nur noch
wenige Jahre benutzen zu können.

Sollte die Sache im Princip beschlossen werden (die Alserkaserne
will das Militär, wie ich höre, auf keinen Fall loslassen), so würde
dann dem Professoren=Collegium die Aufgabe zufallen, ein Bau=
programm aufzustellen. Das wird ein großer Kampf werden; denn
soweit ich aus den bisherigen Erfahrungen urtheilen kann, sind die
Forderungen einzelner Herren geradezu unsinnig. Auch hängt noch
etwas Anderes mit der Sache zusammen. Es wird nämlich wieder
einmal eine neue Studien= und Rigorosenordnung geplant, wobei
man auf eine strengere Vertheilung der Hörer auf die einzelnen
Kliniken hinarbeiten will ... Das steht Alles mit der Aufstellung

des Bauprogramms in mehr oder weniger naher Beziehung, und es muß zugegeben werden, daß die Lösung dieser complicirten Verhältnisse schwierig ist und Zeit erfordern wird. Doch lösbar sind diese Fragen alle, sowie einmal der Unterrichtsminister allein auf dem gesammten Terrain des k. k. allg. Krankenhauses Herr ist . . .

Ihr
Th. Billroth.

317) An Prof. Wölfler in Graz.
Wien, 21. April 1891.

Lieber Wölfler!

Ich bin schon wieder einmal von einem ziemlich akuten Katarrh der Luftwege, zumal des Larynx und der Trachea befallen und habe daher beschlossen, morgen ins Freie hinauszugehen ins Hotel Sacher im Helenenthal bei Baden und dort einige Tage stumm zu bleiben... Ich kann Ihnen in den beiden von Ihnen angeregten Punkten leider nicht viel helfen . . .

Was den zweiten Punkt, die eventuell neue Rigorosenordnung betrifft, so habe ich es von vornherein abgelehnt, in die betreffende Commission einzutreten. Ein Grund ist Altersfaulheit, und eine gewisse Ermüdung in dem Nachdenken über die Dinge. Der Hauptgrund ist aber der, daß ich mir durch Wort und Schrift zu sehr die Hände für eine freiere Action in dieser Richtung gebunden habe.

Der Minister, resp. seine Beamten haben die Vorstellung, daß alle unzulänglichen Verhältnisse im Staat und im socialen Leben durch Gesetze und Verordnungen regulirt werden können: also der Mangel an Aerzten auf dem Lande, die mangelhafte Ausbildung der Aerzte an den Hochschulen, die Kostspieligkeit des medicinischen Studiums, die ungleiche Vertheilung der Medicin-Studirenden auf den verschiedenen Universitäten — durch eine neue Rigorosenordnung.

Daß alle diese Dinge sehr verschiedene, theils politische, theils sociale Gründe (zumal totale Veränderung in der Stellung der Aerzte zum Publikum) haben, und nur durch höchst eingreifende Reformen auf dem politischen und socialen Gebiet gebessert werden können, davon will man nichts wissen, weil man überhaupt absolut neue Gesichtspunkte in ihren Consequenzen nicht liebt. Parlamen=

tarische Staatsverfassung, Landesverfassung, Gemeindeverfassung sind politische Fortschritte, aber socialfortschrittliche Hemmnisse. Z. B. der Minister möchte, daß jeder Mediciner nach dem Rigorosum noch eine Zeitlang im Spital dient, ehe er in die Praxis geht; gewiß ein sehr guter, in Bayern schon einmal durchgeführter Gedanke, im Ganzen auch in Frankreich und England durchgeführt, doch bei uns!!!! Die Zahl der Staatskrankenhäuser, in welche der Minister des Innern noch allenfalls diese Hospitanten hineinoctroyiren könnte, ist sehr gering. Ueber die Landes-Spitäler hat er schon gar nichts mehr zu sagen, und noch weniger über die Bezirksspitäler.

Doch nehmen wir einmal an, es würde den Primariern aller Staats-, Landes-, Stadt-, Bezirks-, Gemeinde-Spitäler durch ein Gewalt-Gesetz octroyirt, daß sie junge Doctoren zur Belehrung aufnehmen müssen. Was werden die jungen Herren dort lernen! Höchstens bei intelligenten Primarärzten praktische Routine, meist aber höchste Schlamperei. Die Spur von ärztlicher Gewissenhaftigkeit, welche sie auf den Kliniken gelernt haben, wird verschwinden; sie werden lernen: es geht formell auch so, ohne daß man sich irgendwie anstrengt und denkt. Die schon auf einem guten Wege waren, werden wieder verdorben, und die Denk- und Arbeits-Faulen ganz ruinirt. Habe ich Recht? Haben Sie nicht Aehnliches bei jungen Collegen erlebt, die sich unter der Anleitung eines schlampigen Primararztes nur verschlechtert haben, anstatt sich zu bessern? Vielleicht täusche ich mich, vielleicht ist es besser mit den Krankenhäusern und Primarärzten geworden; es sollte mich freuen. Doch daß der sittliche Ernst dort nicht sein kann, wie in den Kliniken, ist klar; um die Erfolge oder Mißerfolge eines Primararztes kümmert sich Niemand. Der Kliniker denkt, spricht, handelt immer auf dem Forum. Mit seinem sittlichen Ernst, seinem Gefühl der vollsten Verantwortung dem Staat und den heranzubildenden Aerzten, wie den Kranken gegenüber, hebt er den Charakter der Jugend, die ihm instinctiv folgt. Seine Erfolge werden in die Welt hineinposaunt, seine Mißerfolge freilich oft auch an den Pranger einer urtheilslosen, hassenden Menge gestellt.

Für diese Unterschiede von Klinik und Abtheilung haben selbst die maßgebendsten Leute der Regierung kein Verständniß; sie sehen nur den Hochmuth des Professors und die Mehrkosten der Kliniken; die ethische Bedeutung der Kliniken für die Charakter-Ausbildung der Aerzte ist für Beamte absolut unfaßbar. — Warum ich diesen Punkt überhaupt so hervorgehoben habe? Nur um zu zeigen, daß die sogenannte praktische Ausbildung der jungen Aerzte in einem beliebigen Spital mir weder wissenschaftlich, noch ethisch von so hohem Werth erscheint, wie es bei oberflächlicher Betrachtung der Fall sein kann.

Was unseren medicinischen Unterricht betrifft, so stehe ich da auf einem geradezu reaktionären, antediluvianischen Standpunkt: medicinische Schulen, bei welchen in den Kliniken die Zahl von 100 nicht überschritten werden darf. In Oesterreich müßten wir also deren wohl 15—20 haben (vielleicht weniger; an der Hand der Statistik der letzten 10 Jahre ließe sich das ja ganz genau berechnen). Der Numerus clausus würde die gleichmäßige Vertheilung der Schüler reguliren.

Jede medicinisch-naturwissenschaftliche Schule müßte sich in einer mittleren Stadt (in großen Städten könnten 3—4 solcher Schulen neben einander sein) um ein Spital gruppiren, das vom Staat auf die höchste moderne Stufe als klinisches Institut gestellt würde. Diese medicinisch-naturwissenschaftlichen Schulen müßten ganz von den Universitäten abgelöst werden, in jeder Beziehung vollendete wissenschaftliche Musterschulen sein. Auf diese Weise würde man gewiß gleichmäßig vortreffliche Aerzte erziehen. Streng schulgemäße Classeneinrichtung, Ausschaltung der Talentlosen und Faulen. Geistig uniformirte Staats- und Volks-Sanitätsbeamte. — Es ist lächerlich, wenn man glaubt, man könne in solchen Schulen das Aufspringen genialer Menschen hemmen; doch man kann die Menschen dadurch vor dem Humbug der achtel und sechszehntel Genies bewahren, was ja sehr gut wäre.

Nur gestatte der Staat freie, ärztliche Niederlassung nur in Städten über 20000 Einwohner; sonst aber sei jeder ärztliche Bezirk, der seinen Mann ernähren kann, vom Staat vergeben. Und wo erfahrungsgemäß ein Arzt in einem gewissen Bezirk nicht existiren kann, da gäbe der Staat ihm einen bestimmten Gehalt mit Aussicht auf Verbesserung in einigen Jahren. Bei der jetzigen allgemeinen Freizügigkeit der Aerzte kann eine gleichmäßige Vertheilung der Aerzte nie Statt haben. Wie können Sie erwarten, daß sich ein Schuster in einer Gegend niederläßt, wo alle Leute barfuß gehen? Wie können Sie erwarten, daß ein Arzt in einem Bezirksdorf verbleiben soll, wo der Bauer wohl einen Thierarzt holen läßt, oder gar höchst persönlich selbst mit Wagen abholt, wenn seine Kuh mit dem Kalben nicht zu Stande kommt, doch der Hebamme verbietet, einen Arzt zu holen, wenn sie wegen einer Querlage, bei der die Hebamme nicht eingreifen darf, nicht entbinden kann, — unter Verhältnissen also, wo aus praktischen Gründen die Erhaltung eines Menschenlebens keinen Werth hat. Die genügsamen bäuerlichen Verhältnisse der alten Landchirurgen sind längst dahin. Bei uns in St. Gilgen verdient der Arbeiter im Sommer 1,20 bis 1,50; in Wien verdient der Fabrikarbeiter 3—4 fl. täglich. Und der Landchirurg, der nach 5 jährigem Studium endlich zur Praxis kommt, er soll sich mit einem Erwerb von 50—80 Krz. per Tag (mehr kann er schwerlich verdienen) begnügen? Nein! so genügsame Menschen giebt es nicht mehr; man wird sie auch nicht mehr hervorzaubern, wenn man die alten Chirurgenschulen, deren Chirurgen jedenfalls gleich den Badern heilloses Unglück angerichtet haben, wieder auferstehen machte. Die Zeit läßt sich nicht zurückschrauben.

Für alle diese socialen Conflicte muß der Staat eintreten, oder die Gemeinden. Nie wird sich bei der Freizügigkeit der Aerzte über ganz Oesterreich-Ungarn, und bei der Kategorisirung der Aerzte als „Kunstgewerbtreibende" von selbst eine gleichmäßige Vertheilung der Aerzte ausgestalten, mögen die Regierungen verschiedenster Parteifärbungen noch 100 neue Rigorosenordnungen machen. Nur wenn man die Aerzte, zumal auf dem Lande, als Staats= Landes= oder Bezirks=Beamte behandelt, wird man Erfolge in Betreff ihrer gleichmäßigen Vertheilung erzielen. So ist es in der Republik Frankreich. Der größeste Theil der Aerzte führt den Namen „officier de santé"; der Staat weist ihnen ihre Thätigkeit an, wie es zu meiner Studienzeit noch in Hannover, Hessen, Braunschweig der Fall war.

Die Millionen, welche zur Durchführung aller dieser Principien und zu ihrer Aufrechterhaltung nöthig sind, sind für uns Steuerträger wohl in Anschlag zu bringen; doch wir würden sie immerhin noch lieber für eine solche sanitäre, dem ganzen Volk zu Gute kommende Maßregel zahlen, als für die Umwandlung von Mordwaffen, für welche als für das Großartigste auf dem Gebiet des Massenmordes viele Millionen bewilligt werden.

Die Regierung wird natürlich mit der Errichtung einer medi=

cinifchen Fakultät in Lemberg zeigen wollen, wie sie für die Vermehrung der medicinischen Schulen im Lande bedacht ist. Das ist natürlich ein politischer Trik. Die Errichtung einer medicinischen Fakultät in Czernowitz wäre viel wichtiger (praktisch, deutsch=österreichisch, culturell für die Ostmark genommen) gewesen. Doch die Herren Polen haben das nicht erlaubt. Ich war neulich in Galizien und habe das Thema wiederholt zur Sprache gebracht. Krakau's medicinische Fakultät ist keineswegs überfüllt und würde für Galizien vollkommen ausreichen. Doch es sind einige Collegen in Lemberg, die eine politische Rolle spielen und auch gern Professoren spielen möchten. — Nun, schaden wird es ja nicht; je mehr medicinische Schulen, um so besser, wenn auch gerade die Polen ebenso wie die Ungarn naturwissenschaftlich unbildsam sind (nur die Tschechen haben naturwissenschaftliches Talent)!

Nun genug meines senilen Geschwätzes! Machen Sie damit, was Sie wollen.

Herzlichste Grüße von Ihrem alten Lehrer und Freunde

Th. Billroth.

318) An Dr. von Eiselsberg in Wien, Docent und Assistent Billroth's.

Baden, 27. April 1891.

Lieber v. Eiselsberg!

Ihnen und Ihren Collegen an unserer Klinik, sowie an Töröck und die Tafelrunde im Riedhof meinen herzlichen Dank für Ihre lieben Geburtstagswünsche. Das 63. Lebensjahr und das 63. Professoren=Semester fängt nicht gut an. Der Catarrh meiner Respirationswege will nicht weichen trotz Luftveränderung, Vorsicht und Schonung. Wenn ich den ganzen Tag absolut nicht rede, mich ruhig im Zimmer verhalte, wenig esse und trinke, so ist der Tag erträglich. In der Nacht schlafe ich sehr unruhig, muß oft husten und aufsitzen. Dabei bin ich sehr matt geworden; lese oder schreibe ich, so schlafe ich ein; lege ich mich zum Schlafen, so fahre ich bald wieder auf. Vielleicht ist etwas Influenza dabei. Auf alle Fälle ist auf Amts= und Berufsthätigkeit in dieser Woche nicht zu denken ... Wenn dringende Sachen zu unterschreiben sind, so delegiren Sie auf meine Rechnung einen Operateur hierher zu kommen;

er muß sich am Bahnhof einen Comfortable nehmen hierher, da die Tramway erst am 1. Mai eröffnet wird. Ich möchte sehr ungern officiellen Urlaub nehmen, da ich von Woche zu Woche Besserung erhoffe.

Ihr
Th. Billroth.

319) An Dr. von Rosthorn in Wien.

Wien, 3. Mai 1891.

Lieber von Rosthorn!

Ihre lieben Zeilen von vorgestern haben mich warm bewegt, und ich möchte nichts von Ihrer herzlichen Liebe verlieren. Man wird habsüchtig um solche treue Liebe und Anhänglichkeit; je älter man wird, um so mehr, denn viel Zeit hat man nicht mehr, Neues zu erwerben.

Mein jetziger Krankheitszustand war eine schwache Wiederholung des gleichen Vorganges vor 4 Jahren; doch es kam keine Infiltration des Lungengewebes hinzu, und die Circulationsstörungen wurden durch das systematisch gekräftigte Herz leicht ausgeglichen …

Für Ihre vortreffliche Arbeit besten Dank. Fahren Sie so fort, nur Tüchtiges und wohl Ueberdachtes dem wissenschaftlichen Publikum darzubringen, und denken Sie bei Ihren Arbeiten immer nur an ein solches. Halten Sie sich immer in geistigem, historischen Contact mit den großen Forschern und Aerzten aller Zeiten. Wenn wir immer im Bewußtsein bleiben, wie viel Großes und Gewaltiges der Mensch sich schaffen mußte, bevor er da stehen konnte, wo wir stehen, so werden wir nicht gar so großartig davon denken, daß wir in einigem Detail etwas mehr wissen. Ob über die Lebens=Processe im Ganzen und Großen unsere Kenntnißzunahme gerade einen so sehr großen Zuwachs in den letzten Decennien erhalten hat, ist mir zweifelhaft.

Ihr
Th. Billroth.

320) An Prof. Bergmeister in Wien.

Wien, 6. Mai 1891.

Lieber College!

Endlich beruhigt sich der acute Zustand meines Catarrhs der Art, daß ich mich übermorgen zur Beschleunigung der Reconvalescenz in die Berge nach St. Gilgen begeben kann und die Gefahr einer etwa noch hinzukommenden Pneumonie als beseitigt ansehen darf.

Da mir nun sehr daran liegt, daß die gleich zu erwähnenden Versendungen von Druckschriften an die „ordentlichen Mitglieder der k. k. Gesellschaft der Aerzte"*) erfolgt, sobald diese Schriften fertig und in Ihren Händen sind, so erlaube ich mir folgende Erläuterungen und Bitten:

1) An alle ordentlichen Mitglieder sind zu senden:
    a) der Jahresbericht pro 1890/91 (im Druck bei Jasper, von Ihnen zu corrigiren, 500 Exemplare).
    b) „Unser Haus." Zweite Mittheilung des Präsidenten (im Druck bei J. N. Vernay, Mariannengasse 17). Die zweite Correctur wird Ihnen zur Revision zugehen; bitte dann 500 Exemplare zu bestellen. N.B. Die Reste von a und b sind für mich aufzuheben.

2) Den Sendungen an die 28 neuen Mitglieder ist noch beizufügen:
    a) je ein Exemplar von „Unser Haus" erste Mittheilung (30 Exemplare in beifolgendem Packet),
    b) je ein Exemplar der früheren Jahresberichte 1887—1890. (6 Exemplare liegen bei; die übrigen sind von Herrn Dr. Hajeck aus der Bibliothek zu erheben.)

Da ich privatim die Kosten für alle diese Druckschriften trage, so kann wohl die Gesellschafts-Casse die Kosten der Versendung übernehmen. — Am 25. Mai will ich meine Klinik wieder beginnen.

Ihr

Th. Billroth.

---

*) Billroth war vom 7. December 1888 bis zu seinem Tode Präsident der k. k. Gesellschaft der Aerzte in Wien, Prof. Bergmeister Secretair derselben.

321) An Dr. Johannes Brahms in Wien.
Wien, 7. Mai 1891.

So bracht' der letzten Tage Unbehaglichkeiten
An schlimmre Zeiten mahnende Erinnerungen
Wohl manche mit. Den Blick nach vorwärts
Kann das von Krankheit müd' beschwerte Auge
Kaum noch in der verkürzten Zukunft Bild erfassen.
Seh' ich wohl recht! Gebt' mehr mir Licht!
So nah' doch kann des Fernpunkt's Ende
Mir noch nicht sein! Und doch wie schön das Ende
Des unstät ruhelosen Strebens! Sel'ge Ruhe!!!
Zurück nun wende ich den Blick und denk' der Lieben,
Die meine Lebensbahn mit Freundschaft und mit Liebe
Zur schönsten Freudestraße bahnten, die von mir
Nichts Weiteres erwarteten, als gleichgestimmt
In gleichem Glücksempfinden mit ihnen gleich zu sein.
Denk' ich nun dran, mein lieber alter Freund!
Wie sehr Du mir mein Leben hast verklärt
Durch Deine Kunst, und wie so viele Stunden
Von meinem reichen Leben nur allein durch Dich
Des Leben's werth erscheinen — herrlich schöne Stunden! —
So nimm dafür zum heutigen Tag den wärmsten Glückwunsch hin!
Den Herzens=Dank für Alles, was ich Dir verdanke!!
Ich suche Morgen schon am schönen See mein Tusculum
Für vierzehn Tage auf; die faule Bärenhaut
Behagt mir freilich nicht. Noch fühl' ich Kraft
In meinen Sehnen, meiner Knochen Mark!
Bergpsalmen werd' ich singen dort auf Wolfgang's Felsen!
Des Himmels und der Seen und der Gletscher Kraft
Zieh ich in mich hinein! und donnernd kehr' ich heim!
In Bergnatur gepanzert, meine Knaben lehren,
Die Speere werfen und die Götter ehren!

322) An Prof. von Dittel in Wien.
St. Gilgen, 10. Mai 1891.
Lieber Freund!
Ihr theilnehmendes Telegramm hat mich hocherfreut. Es geht mir hier stündlich besser. Husten schwindet, die Stimme fast klar,

Nächte vortrefflich. Das Wetter ist aber auch großartig, so warm, daß wir alle Mahlzeiten auf der Veranda nehmen. Meine Frau ist wie immer hier in glücklichster Stimmung und freut sich meiner Genesung und Kräftigung. In der Hoffnung, daß dies wunderbare Frühlingswetter anhält, haben wir Sie und Ihre liebe Frau, da Sie Beide so viele Freude an schöner Natur haben, schon öfter hergewünscht. Sie sind ja zusammen ein sehr mobiles Paar. Machen Sie uns die Freude, uns zu Pfingsten auf einige Tage hier zu besuchen. Morgens ½8 von Wien, um 3 in Ischl, von da mit einem flotten Wagerl in 1½ Stunden hier. Unser Haus ist vollständig gerichtet; an Logirzimmern kein Mangel, wenn Sie ländlich vorlieb nehmen. Also seien Sie Beide wie immer fesch! und kommen Sie. Meine Frau vereinigt ihre Bitten mit den meinen. — Nach Pfingsten will ich wieder sehr fleißig in Wien sein und alles Versäumte nachholen!

Mit herzlichsten Grüßen

Ihr

Th. Billroth.

323) An Dr. Gersuny in Wien.

St. Gilgen, 20. Mai 1891.

Lieber Freund!

Welch' ein Morgen! Welch' ein Tag! Welch' ein Abend! Es ist, als hätte die Natur all ihren geheimsten Zauber über uns hier ausgeschüttet. Soeben haben wir auf der Veranda genachtmahlt. Ich sitze jetzt in meinem Zimmer bei offenem Fenster; der Mond „füllt" Busch und Thal, der Brunnen rinnt, Nachtfalter umfliegen meine Lampe. Drunten in der Küche plaudern unsere 5 Dienstleute (für 4 Personen!) bei ihrem Nachtmahl behaglich und freuen sich wie die Herrschaft der behaglichen Existenz auf dem mondscheinbeglänzten Theatrum mundi.

Seit ich hier zum ersten Male „Gockel, Hinkel und Gockeleia" gelesen habe, ist mein einziges Streben nach dem Wunschring. Ich werde ihn drehen und Sie und Ihre liebe Bertha und andere Freunde hierher wünschen und Sie — wenn es nun einmal sein muß — Morgen in Wien erwachen lassen. — Es ist bei Ihnen unten Alles gerichtet; Sie werden dort große Malven und Sonnen-

blumen haben und Clematis u. f. w. Die Plätten waren schon
für Sie gerichtet, und das Wasser hatte ich für Sie zum Bade schon
einige Male Mittags auf 16° R. gebracht. Es hat nicht sollen
sein, „es wär' zu schön gewesen."

Ich hatte heute Abend den frevelhaften Gedanken, ich möchte
8 Jahre älter sein, um mit Recht mich meiner Faulheit zu pflegen!
Doch fort mit diesen weichlichen Gedanken. Samstag Abend bin ich
in Wien und will 2 Monate tapfer fleißig sein und thun, als sei
ich ein junger Mann . . .

Herzliche Grüße von Haus zu Haus!

Ihr

Th. Billroth.

524) An Frau Prof. Seegen in Wien.

Wien, 5. Juni 1891.

Liebe Freundin!

Es ist wohl selbstverständlich, daß ich heute bei der Nachricht
von Hasner's*) plötzlichem Hinscheiden gleich Ihrer und Ihres
nächsten Freundeskreises gedachte. Doch auch Selbstverständliches
auszusprechen, kann zum Bedürfniß werden, wenn es mit einem
Ueberfließen warmer Empfindung verbunden ist. So stolz wir uns
auch in unserem Ich empfinden, wir bedürfen doch immer zu unserer
eigenen Befriedigung und Freude der Mitempfindung und Theil=
nahme Anderer. Es giebt im Leben stolz und eigenartig empfinden=
der Männer Perioden, wo sie sich über die Theilnahme anderer
Menschen hoch erhaben fühlen, wo energisches, charaktervolles Han=
deln sich selbst genügt. Doch wird man älter, so klingen wieder
mehr und mehr die Saiten der Empfindung an; fast möcht' ich
sagen, der Mann wird weiblicher im Alter, die Frau wohl männ=
licher, und so verstehen beide dann sich besser. So giebt es dann
eine Harmonie der älteren Generationen unter einander, die ihr
Glück und Behagen nicht mehr in dem suchen, was sie haben
möchten, sondern in dem, was sie wirklich haben.

Aus diesem Kreise ist uns nun wieder Einer entschwunden,
Einer, den wir Alle liebten, und unter dessen äußerer Eigenart wir

---

* Unterrichtsminister und Schöpfer des modernen Volksschulwesens in
Oesterreich.

fühlten, daß er uns doch wohl wollte. Er spielte mit dem Pessimismus voller Humor und war doch ein schwärmerischer Idealist. Daß er Ihnen und Pepi ganz besonders lieb war, die Sie ein langes Leben seines höchsten Strebens mit ihm durchlebten, kann ich ganz und voll begreifen. Doch auch mir war er in aller seiner Sonderlingsnatur unendlich sympathisch, und wenn er oft zu erkennen gab, daß er das Leben und seine Täuschungen recht satt habe, so glaubte ich ihm doch nur halb. Auch Christel und besonders Else haben ihn sehr gern gehabt; sie hatten die Empfindung eines unbewußten persönlichen Verständnisses unter einander. Else war ganz erschüttert von der unerwarteten Nachricht.

Wir fühlen eine klaffende Lücke mit seinem Hinscheiden. Ihn kann ich nur beneiden. Ein Einschlafen und nicht mehr Erwachen, was kann es Schöneres geben! Beneidenswerther todter Mann! Wir denken dabei wohl auch, wer wird der Nächste sein? Die Welt geht weiter drum, doch unsere Welt sind wir; für uns verschwindet auch die Welt mit uns, die Welt mit allem Freud und Leid. Und dieses Freud und Leid sind doch vor Allem die Menschen, die Gleiches mit uns durchleben und empfinden. In unserem Alter haben wir kaum Aussicht uns neue Freunde zu erwerben; drum trifft uns alter Freunde Verlust um so tiefer.

Große Menschen bleiben selbst als Riesen unter ihres Gleichen halbe Kinder. Es ist mir unvergeßlich, als Hasner vor einigen Jahren von Ischl zu Ihnen nach Aussee kam und voller Stolz Ihnen einen Korb prächtiger Krebse in die Küche brachte. Wie kindlich lustig vertrieb er sich einmal bei uns während eines echten Salzkammergut=Regens in St. Gilgen die Zeit mit Kegelspielen. Nun ist das Alles vorbei, sein reiches Leben ist ausgelebt. Die Erinnerung an seines Geistes reichen Gaben, an denen auch wir Theil hatten, wird uns als ein Theil unseres Lebensglücks bis zum Ende unserer Tage unvergeßlich sein! Friede seiner Asche!

Ich sende diese Zeilen nach Aussee; sie werden früher oder später in Ihre Hände gelangen. Ich hätte Ihnen doch in diesen Tagen geschrieben, auch wenn uns gemeinsame Trauer nicht an einander gebunden hätte. Es bindet uns ja auch gemeinsame Freude an einander, Freude und von meiner Seite dazu herzlicher, tiefempfundener Dank. Else konnte in ihren Briefen und kann auch jetzt nicht müde werden zu sagen, wie lieb Sie und Pepi mit ihr waren. Ich will nicht davon reden, wie dankbar ich Ihnen Beiden bin, daß Sie Else so ganz als Tochter in Carlsbad bei sich geführt haben. Ich erkenne darin nur, daß wir uns unter einander lieb haben, und für Liebe dankt man nur durch Liebe. Lassen Sie es so verbleiben! . . .

523) An Prof. Mikulicz in Breslau.

Wien, 26. Juni 1891.

Lieber Freund!

Ihr Brief enthält manches Schmerzliche, doch auch viel Erfreuliches. Seien Sie überzeugt, daß ich an Beiden den herzlichsten Antheil nehme. Vor Allem wünsche ich Ihnen, daß Ihre liebe Frau den schweren Verlust bald überwinde und wieder zu früherer Kraft und Gesundheit komme.

Es ist sehr wohl möglich, daß ich Sie einmal in Breslau besuche, zumal wenn es wirklich zu meinen Lebzeiten zum Bau einer neuen chirurgischen Klinik kommen sollte . . . In jüngster Zeit ist die eventuelle Uebernahme des ganzen allgemeinen Krankenhauses durch das Unterrichtsministerium für kurze Zeit ganz ernsthaft in Betracht gezogen worden. Doch nun ruht Alles wieder. Ich bin auch schon recht müde in meinen fruchtlosen Bestrebungen geworden, die hiesigen Verhältnisse zu bessern. Nichts ist lähmender, als immer freundliche Versicherungen mit passivem Widerstand verbunden . . .

Für die Uebersendung Ihres Atlas*) herzlichsten Dank; ich werde ihn in der Klinik zu Demonstrationen sehr gut verwenden können.

Mir geht es recht gut, ebenso den Meinen.

Freundlichste Grüße von Haus zu Haus.

Ihr
Th. Billroth.

---

*) J. Mikulicz und P. Michelson. Atlas der Krankheiten der Mund- und Rachenhöhle. I. Hälfte. Berlin. A. Hirschwald. 1891.

326) An Prof. von Gruber in Wien.

Wien, 20. Juli 1891.

Lieber Herr Hofrath!

Jalea est acta!*) Die Sparcasse hat unser Gesuch um ein neues Anlehn abschläglich beschieden. Somit ist an einen Weiterbau des Rudolfinerhauses vorläufig nicht zu denken. Auch die Aussichten auf eine Speciallotterie für den Rudolfinerverein sind sehr schwach. Kurz, ich bin vorläufig sehr desperat! Wenigstens wissen wir doch, woran wir sind ...

Ihr
Th. Billroth.

327) An Prof. von Gruber in Wien.

Wien, 24. Juli 1891.

Lieber, verehrter Hofrath!

Als ich Ihnen neulich schrieb, war ich noch ganz perplex von dem über den Schlußbau des Rudolfinerhauses hereingebrochenen Schicksalsschlag und ließ sogar einen Wippchen=Witz aus Galgenhumor stehen, indem mir statt „Alea est jacta" „Jalea est acta" in die Feder kam. Es bleibt nichts übrig, als sich in das Unvermeidliche zu fügen.

Wie soll ich Ihnen danken, daß Sie so viele Mühe, die Sie mit detaillirten Decorations=Zeichnungen gehabt haben, dem Rudolfinerhause umsonst gewidmet haben wollen! Ich bitte Sie, mir jedenfalls zu gestatten, dies im nächsten Jahresbericht als Ihre Spende zum Capellenbau dankend zu erwähnen ...

Vielleicht ist es möglich, im nächsten Frühjahr zu beginnen, wenn es mir gelingt im Herbst einige Millionäre zur Besichtigung des Torso's hinauszubringen und ihr Herz zu rühren. Leider haben wir viel Concurrenz: die Poliklinik, Haase's Krankenhaus in Teschen, die Schwestern in der Hartmanngasse ꝛc. Doch noch verzweifele ich nicht. Dazu ist immer noch Zeit.

Nochmals herzlichsten Dank für alle Ihre Güte.

Ihr
Th. Billroth.

---

*) Siehe Brief Nr. 327.

328) An R. Toppius, Rittergutsbesitzer in Eldagsen.

St. Gilgen, 11. August 1891.

Lieber Rudolf!

... Dein Brief hat mich lebhaft interessirt. Ich bin immer noch von Dank erfüllt für die schönen Tage meiner Jugend, in denen ich in Deinem gastlichen Hause lebte und dort meine ersten naturwissenschaftlichen Forschungen an Schnecken begann. Ich war damals stolzer und beglückter über jeden mir neuen Befund mit dem Mikroskope, als später über jeden Erfolg und alle mir zu Theil gewordenen Auszeichnungen vor der großen Welt. O! schöne Jugendzeit der Träume und der selbst geschaffenen Ideale!

Aus den Schilderungen der vielfachen Mißgeschicke, die den Landwirth betreffen können, entnehme ich, daß in jedem Stand, in jedem Beruf dasselbe Schicksal den Menschen treffen kann. Der Capitalist ist abhängig von der Börse, der Fabrikant von den Conjuncturen und den Ansprüchen seiner Arbeiter, der Arzt und der Advokat von dem Vertrauen des Publikums ꝛc. Ueberall Wechsel von günstigem Geschick und Mißgeschick!

Seit einer Woche habe ich die drückende Stadtatmosphäre verlassen und bin hier mit meinen zwei unverheiratheten Töchtern auf meinem Tusculum. In einigen Tagen kommt meine Frau, die noch zur Pflege der Wöchnerin, Martha Gottlieb, in Wien geblieben ist, auch hierher mit dem übrigen Theil der Familie. So werden wir uns dann einige Wochen eines behaglichen Zusammenseins der Familie erfreuen können.

... Auch mir und den Meinigen geht es gut. Ich muß sehr zufrieden sein, daß ich gestern in meinem 63. Lebensjahr noch eine Bergtour von 7 Stunden ohne erhebliche Ermüdung machen konnte. Meine Praxis ist freilich durch die vielen vortrefflichen Schüler, die ich gebildet und denen ich ihren Lebenspfad geebnet habe, stark zurückgegangen; doch das ist ganz natürlich, und ich darf mich glücklich schätzen, von allen meinen Schülern geliebt zu wissen.

Daß es Robert gut in seiner Praxis geht, freut mich sehr. Es war vielleicht gut gethan von ihm, nicht nach Wien zu kommen; denn ich habe öfter die Erfahrung gemacht, daß junge Leute nach einem längeren Aufenthalte in Wien sich nur sehr schwer in eine Landpraxis eingewöhnen. Ich habe die Erfahrung zumal auch an

meinem Neffen Paul, dem Sohn meines Bruders Robert ge=
macht. — Lebe wohl, bleibt gesund! Herzliche Grüße von Haus
zu Haus.
Dein treuer Vetter
Th. Billroth.

329) An Prof. von Dittel in Wien.

St. Gilgen, 17. August 1891,
Abends ½10 Uhr.

Pöllerschüsse, die ein minutenlanges Echo hervorrufen, Volks=
hymne vom Dampfschiff herüber klingend, welches mit Lampions
decorirt von einigen vierzig, ebenfalls mit Lampions decorirten,
Booten umgeben ist, verkünden unseres Kaisers 60. Geburtstag.
Unser hiesiger College, ein noch von der Salzburger Chirurgen=
schule stammender Aesculap hat nach allen diesen Anzeichen so=
eben den Toast auf den Kaiser ausgebracht. Ich war bis jetzt
auf dem Balkon unseres Hauses mit meiner Frau und Lenchen.
Der Mond schien bei wolkenlosem Himmel über See und Berge; die
Reflexe am See, und die sich davon abhebenden Silhouetten der
Bäume, die stumme Macht und Kraft der umgebenden Natur schien
auf dieses sonderbare Menschengetriebe lächelnd, übermächtig herab=
zusehen. Von Weitem gesehen schien doch Alles dieses muntere
Menschengetriebe, so breit es sich auch machte, kaum ein Paar
Wogen zu gleichen, die an ein felsiges Ufer schlagen.

Und wie hatten sich die guten Menschen angestrengt! Der
Mensch ist doch das beste Thier, wenn sich unsere modernen Schrift=
steller auch bemühen, es so schlecht als möglich darzustellen! Von
allen Höhen leuchten die Bergfeuer herab; mußten da nicht eine
Menge armer Teufel für ein Paar Kreuzer 2—3 Stunden hinauf=
krabeln und in der Nacht wieder herunterlaufen? und sie thaten es
willig mit einer Art von Bewußtsein der Mitwirkung zu einem
gemeinschaftlichen Fest. Am Ufer entlang brennen zahlreiche Pech=
kränze, auf dem See schwimmen brennende Petroleum=Fässer. Die
arme Gemeinde giebt Geld her für Pulver für die Pöller, für einige
Raketen, Feuerräder, Leuchtkugeln. Und was mir das Allermerk=
würdigste ist: in diesem armseligen St. Gilgen von kaum mehr als
600 Einwohnern besteht eine Kapelle von Blasinstrumenten: Bauern,
Handwerker, Knechte. Sie bringen vierstimmige Harmonieen ganz

gut zu Stande, wenn auch die Reinheit einiges zu wünschen übrig läßt; aber doch so, daß man die Musik ganz gut verstehen kann. Jeder ist mit gespanntester Aufmerksamkeit bei der Sache. Drüben von den Bergen klingt mehrstimmiger Gesang, und Jodler und Juchzer ertönen aus kräftigen Kehlen.

Und doch! von unserem Balkon Alles das hörend, war doch der Eindruck einer feierlichen Stille in der nächtlichen Natur vorwiegend. Armseliger Mensch! Die Ruhe in der großen Natur übertönt doch dein stärkstes Schreien und Jubeln! — Soeben kommen unsere Familienmitglieder, die sich an dem Volksfest betheiligten, und unsere Dienstleute, die natürlich auch dabei waren, singend und plaudernd lustig nach Hause. Bald wird Alles stille, stille sein, und die große stille Natur, vom Mond beglänzt, wird allein herrschen! Da haben Sie, lieber Freund, ein kleines Stimmungsbild aus unserem trauten St. Gilgen.

Haben Sie herzlichen Dank für Ihren lieben Brief und ganz besonders für Ihre Güte und Liebe zu Martha und ihrer neugegründeten Familie. Ich bin, wie auch meine Frau, tief gerührt von aller Ihrer gütigen Theilnahme und noch besonders für das in Aussicht gestellte Billroth=Zimmer . . . . Der kleine Hans gedeiht und ist, wie mir scheint, schon über sein Alter hinaus geistig entwickelt . . .

Wir zählen sicher darauf, daß Sie uns im September hier für einige Tage besuchen und freuen uns schon herzlichst darauf. Tausend Grüße von Haus zu Haus.

Ihr

Th. Billroth.

350) An Dr. von Mundy in Wien.

St. Gilgen, 29. August 1891.

Lieber Freund!

Herzlichen Dank für Ihre gestrige Depesche und die darin ausgesprochene freundliche Theilnahme an meinem Schmerzenskind, dem Rudolfinerhaus. Jede Aussicht auf die Vollendung desselben ist für die nächsten Jahre geschwunden. Die Sparcasse will kein Geld mehr dafür hergeben. In Betreff der Lotterie macht der Minister derartige Bedenken, daß ich auch diese eventuelle Einnahmequelle schon als versiegt betrachte. Ich brauche für die Vollendung des Hauses noch einfach 100 000 fl.; weniger kann mir nichts nützen. Mein Interesse an diesem Unternehmen ist bereits total atrophisch, ebenso an dem Neubau der Klinik und an dem Haus der Gesellschaft der Aerzte. Ich befinde mich diesen, wie den meisten anderen Dingen in und außer der Welt gegenüber bereits in dem Zustand der vollkommenen Wurstigkeit.

Hier ist mein Leben nicht so ruhig, wie ich wohl wünschte. Ich konnte es einige Male nicht vermeiden, zu Consultationen nach Ischl oder Aussee zu fahren, diverse Consultationen hier anzunehmen. Die starken Spaziergänge, die ich bisher machte, und das stundenlange Rudern ermüden mein Nervensystem, so daß ich sie reduciren muß. Ich transpirire dabei recht stark, besitze aber nicht mehr die Charakterstärke, meinen furchtbaren Durst wenn auch nur nach Wasser zu bemeistern, und werde dabei eher fetter als magerer. Kurz, ich bin noch nicht recht mit meinen Ferien-Resultaten zufrieden. Hoffentlich gestaltet sich der September besser. Am Ende komme ich noch darauf, in den Ferien in Wien zu bleiben. Mit herzlichstem Gruß

Ihr

Th. Billroth.

331) An Prof. von Gruber in Wien.

St. Gilgen, 12. September 1891.

Verehrtester Herr Hofrath!

Sie können überzeugt sein, daß ich mich ebenso wie Sie über die offenbar absichtlich verschleppte Angelegenheit des Klinik-Baues ärgere. Ich habe die Empfindung, daß Gautsch sich von einer Anwandlung, einmal etwas Rechtes zu thun, hat überrumpeln lassen, sich aber erst später darüber klar geworden ist, daß er damit, daß er uns beiden die Anfertigung des Planes übertragen hat, in ein Wespennest des Beamtenthums gestochen hat und sich jetzt vor den Wespen fürchtet. Mir ist eine Aeußerung von Gautsch zu Ohren gekommen, daß es noch einige Jahre dauern würde, ehe der Bau meiner Klinik effectuirt würde ...

Viel mehr bekümmert mich, daß es nicht möglich ist, aus der diesjährigen Wohlthätigkeits-Lotterie etwas zu bekommen; ist dies nicht der Fall, so müssen wir bei immer neuen, unvorhergesehenen Ausgaben trotz Gersuny's riesiger Arbeit uns bankerott erklären und à la Morpungo liquidiren. Das Hohngelächter meiner Feinde würde ich noch überstehen, schwer aber das Mißlingen des ganzen, so mühsam zusammengebrachten Werkes verwinden. Nun, vielleicht sehe ich zu schwarz. Hoffen wir das Beste.

Geht unser Klinik=Bau nicht durch, so wird es wohl das Beste sein Sie reichen Ihre Rechnung und ich meine Demission ein. Dann werde ich den Herren eine Broschüre widmen über diese An= gelegenheit, die sie sich nicht hinter den Spiegel stecken werden.

Ihr
Th. Billroth.

552) An Prof. von Dittel in Wien.

St. Gilgen, 13. September 1891.

Lieber Freund!

Schon lange freuen wir uns auf Ihren und Ihrer lieben Frau Besuch. Nun sagt uns Martha, daß Ihre Frau ihr geschrieben hat, daß Sie uns nur einige Stunden widmen wollen. Damit sind wir aber keineswegs zufrieden; Sie müssen uns einige Tage widmen.

Daß Sie zuerst bei Ihren Kindern in Aussee weilen wollen, ist ja natürlich. Doch soviel ich auch das Salzkammergut in neuester Zeit wieder bereist habe, so muß ich doch nach Altaussee unserer Villa bei St. Gilgen den zweiten Preis zuertheilen. Die Tage sind jetzt hier von wunderbarer Herrlichkeit. Der Mondschein ist zaube= risch. Jede Art von Spaziergängen steht Ihnen hier zur Disposition: eben oder bergig auf guter Straße, oder steinig wild auf ungebahnten Bergwegen. Mir wird es eine große Freude sein, mit Ihrer lieben Frau vierhändig zu musiciren; ich habe eine ganze Literatur hier, nicht nur alle Classiker, sondern auch die Romantiker: Brahms, Dvorak und die Lyriker: Fuchs, Reinhold 2c. Unsere Fremden= zimmer sind nicht groß, doch behaglich. Jeder lebt bei uns, wie er mag; man frühstückt, dinirt, jaust, soupirt mit einander, geht allein oder in Gruppen spazieren, rudert, fährt auf dem Dampf= boot 2c., wie man will. „Hoch soll die Freiheit leben", heißt es auch bei uns, wie auf Don Juan's Villa. Großväter wirft der Teufel nicht in den Höllenrachen, und so riskire ich nichts mit dem Don Juan=Vergleich. Also, wann kommen Sie? Wir freuen uns schon Alle darauf.

Ihr
Th. Billroth.

333) An Prof. Hanslick in Wien.
Wien, 22. October 1891.
Lieber Hans!

Ich erhielt heute noch einen Abdruck von Exner's Rede*) und habe sie mit Begeisterung gelesen; sie enthält unendlich Vieles, was Dich interessiren würde. Ich habe Exner gebeten, Dir und Brahms ein Exemplar zu schicken. Ich stimme nicht mit Allem, was Exner sagt, überein; doch wie er Alles „bringt", ist famos geistvoll. Er moquirt sich u. A. auch darüber, daß man jetzt Alles „Physiologie" nennt: der „Liebe" (Mantegazza), des „Rechts" (Stricker) ꝛc. Ich stehe da ganz auf seinem Standpunkt in Betreff der „Physiologie" der Musik.

Solltest Du die Broschüren, welche Du mir neulich zeigtest, gelesen haben und entbehren können, so thue mir den Gefallen, sie mir zukommen zu lassen; ich vermuthe Unsinn darin, doch möchte ich mich davon überzeugen. Addio!

Dein
Th. Billroth.

334) An Prof. Hanslick in Wien.
Wien, 26. October 1891.
Lieber Hans!

Was Du mir gütigst gesandt, hat mich nicht sehr erbaut.**) Wenn der Direktor eines Musik=Conservatoriums schreibt: „Componiren heißt: die hörbare Ausathmung bei der Paralyse des Gefäß=krampfes Stimmung künstlerisch zu gestalten, zu idealisiren" (pag. 53), so muß man Exner Recht geben, wenn er sagt, die naturwissen=schaftliche Behandlung aller Gegenstände sei der Zopf des 19. Jahr=hunderts.

Das Hineinziehen von Zerstörungen einzelner, den complicirten Vorgang der Sprache vermittelnden Hirntheile in die Musikwissen=schaft (?? giebt es eine solche? kann es eine solche geben?) ist eben=falls ein Zopf der Zeit. Bekannte Erfahrungen werden dadurch nicht verständlicher.

---
*) Rede von Prof. Adolf Exner beim Antritt des Rectorates der Wiener Universität.
**) „Die Physiologie der Tonkunst" (1891) von Otto Fiebach, Director des Conservatoriums in Königsberg.

Das sehr fleißige Referat von Meinung über Stumpf's Tonpsychologie kann doch nur abschreckend wirken. Nachdem ich mich mühsam durch die Bücher von Wundt durchgearbeitet habe, der mir noch der erträglichste unter den Psychologen zu sein scheint, und auch bei ihm fand, daß er eigentlich wie alle Philosophen immer dasselbe sagt, habe ich von dieser Sorte genug.

Wenn man einen behaglich im Grünen liegenden Ochsen stundenlang wiederkäuend sieht, so hat man doch noch die ganze schöne, ihn umgebende Natur dazu und denkt sich, der Ochs gehört eben dazu; er verlangt sich auch gar nicht, daß man ihm zusieht. Wenn man aber so einen stubenhockenden Gelehrten in seiner Studirstube ewig wiederkäuend sieht und merkt, wie er, sich selbst als höchstes Verstandesthier anbetend, sich so ungemein interessant vorkommt, daß er sich selbst in seiner höchsten Vollkommenheit kaum noch versteht, — so ist mir doch der Ochs noch lieber.

Es ist eben sehr schwer, über Kunst etwas Vernünftiges zu schreiben. Selbst die Gescheidtesten treffen es nicht. Mit Brücke's physiologisch-ästhetischen Schriften über Verskunst, über die Schönheit des menschlichen Körpers ꝛc. weiß ich auch gar nichts anzufangen! Es ist, als wollte man beschreiben, wie ein guter Apfel schmeckt; man muß ihn eben selber essen; merkt man's dann nicht, dann soll man bei Kartoffeln bleiben.

Dein
Th. Billroth.

335) An Prof. Czerny in Heidelberg.

Wien, 9. November 1891.

Lieber Freund!

... Was den Plan für Ihren neuen Operationssaal nebst Anhängen betrifft, so kann ich nicht sagen, daß er mir besonders gefiele. Vor Allem halte ich die runde Form für sehr ungünstig in Betreff der Akustik. Seien Sie froh, daß Sie keine gewölbte Decke bekommen; es würde so hallen, daß man kein Wort versteht. Ich habe das Ganze für meine Klinik zusammendrücken lassen, sodaß eine eckige, längliche Form herauskommt. Zwei hintereinander stehende Tische genügen; zwei nebeneinander stehende geniren. Die Studenten haben von außen direct zum Auditorium keinen Eingang. Die Lage des Chloroformirzimmers ist zu weit vom Operationssaal.

Instrumentenzimmer? ist das eine historische Sammlung? Ich verlange, daß alle wirklich zu brauchenden Instrumente im Operationssaale sind. — Mir scheint das Ganze im Grundriß so verfehlt, so wenig durchdacht, als hätte ein Stadthalterei=Baumeister den Plan gemacht. An dem großen seitlichen Fenster habe ich auch festgehalten. Im Wesentlichen ist der definitive Plan für den Neubau meiner Klinik nicht sehr verschieden von meinem Ideal=Plan. Ich kenne aber Ihre Bedürfnisse in Heidelberg zu wenig; drum kann ich nicht auf Einzelnes in Ihrem Plan eingehen.

Verzeihen Sie meine Offenheit! Bei uns bekommen die Minister sehr bald ein so dickes Fell, daß sie weder auf Freundlichkeit noch auf Grobheit reagiren; ich werde den Neubau meiner Klinik schwerlich erleben . . .

Ihr
Th. Billroth.

336) An Dr. von Mundy in Wien.

Wien, 4. December 1891,
Nachts 2¼ Uhr.

Mein lieber, alter Freund!

Ihr liebes, gutes Schreiben giebt mir wie immer viel zu viel Ehre. Ich habe versucht, meine Schuldigkeit zu thun; wenn es mir gelungen ist, um so besser. Aber daß Sie mir rathen, eine Broschüre zu schreiben, das ist doch boshaft von Ihnen, da Sie ja doch am besten wissen, daß man damit garnichts ausrichtet.

Ich habe heute mit wenig Unterbrechung von 10 Uhr Vormittags bis ½7 Uhr Abends in den Delegationen verweilt und konnte nicht fort, weil ich das Schlußprotocoll unterschreiben mußte, das ins Reichsarchiv kommt. Hätte ich in der ganzen Zeit operirt, ich wäre nicht so abgespannt gewesen. Nun habe ich eben vier Stunden an dem Stenogramm meiner Rede corrigirt; es ist doch eine harte Arbeit, wenn man das gesprochene Blech auch noch aushämmern soll. Das Einzige, wozu ich mich allenfalls nach einigen Tagen der Ruhe noch aufzuraffen im Stande sein könnte, wäre, daß ich meine Delegationsrede so niederschriebe, wie ich sie eigentlich halten wollte. Es ist wirklich kein Spaß, von dem „Blech", wovon das Herz voll ist, mit der Uhr in der Hand zu sprechen. Viele waren empört, daß man mich nicht von vornherein in der Zeit beschränkte, sondern mich gewissermaßen zur Ordnung rief, obgleich ich das Ohr des Hauses von der ersten bis letzten Secunde hatte. Ohne selbst eine Ahnung davon zu haben, soll ich die Sache sehr fein und vornehm durchgeführt haben. Vielleicht wird doch noch etwas aus mir, dem armen Pfarrerssohn von Bergen auf der Insel Rügen! Ich habe keinen Groll auf den herzensguten, liebenswürdigen Fürsten Schönburg; er hat mir eigentlich einen großen Dienst geleistet. Man war entrüstet, nicht mehr von mir hören zu können; es war wirklich mäuschenstill in dem sonst sehr unruhigen Hause. So war's doch besser, als wenn ich das Haus durch eine zu lange Salbaderei gelangweilt hätte. Eigentlich war ich ja auch fertig, nur hätte ich zur Motivirung des zweiten und dritten Theils meiner Rede noch Einiges zufügen können. Da hatte ich auch einen schönen Panegyricus auf Sie am Herzen, der da schon lange liegt und herunter sollte. Doch man ließ mich eben nicht ausreden. Ich dachte mir: eigentlich bist du doch schon ein senex loquax, hüllte mich verschämt in meine Herrenhaus-Toga und brach unbewußt verletzt rasch ab. Nun ist auch diese Comödie vorbei! Das Terrain der Politik ist mir doch nicht behaglich; ich mußte zwei Tage der Delegations-Sitzungen wegen meine Klinik schwänzen und freue mich, morgen (besser heute, denn es ist inzwischen $^3/_45$ Uhr Morgens geworden) wieder unter meines Gleichen in der Klinik zu sein. Gute Nacht!

Ihr alter

Th. Billroth.

557) An Dr. von Mundy in Wien.

Wien, 7. December 1891.

Unermüdlicher Kämpfer! Lieber Freund!

Die alte literarische Rauflust scheint Sie wieder angepackt zu haben. Sie sind und bleiben doch ein blutjunger Mann! Ich bin natürlich sehr gespannt auf Ihre Entgegnung, bitte Sie jedoch, mich möglichst dabei aus dem Spiel zu lassen.

Nach meiner Rede hat man mich ersucht, mich doch wieder am „Rothen Kreuz" zu betheiligen. Nun liegt das ganz außer dem Bereich meiner Alters-Neigung und Kraft. Ich habe genügend mit der Bewältigung meines Lehrberufes, meiner Praxis ꝛc. zu thun und kann mich nicht entschließen, jetzt noch wieder in diese Dinge einzugreifen. Da fände ich es denn ganz natürlich, wenn man sagte: „Schöne Reden kann der Billroth halten und räsonniren, aber mitthun will er nicht." Ich werde es also damit bewenden lassen, die Sache wieder einmal angeregt zu haben und auch nichts weiter schreiben, nicht einmal meine Rede ausarbeiten.

Um die Frage, wie viel größer die Wirkung mit den neuen Präcisionswaffen und dem rauchlosen Pulver sein wird oder kann, präciser zu beantworten, hätte ich alle einzelnen Gefechtsmomente und Gefechtsarten viel detaillirter besprechen müssen; das hält eine Delegation nicht aus. Ich konnte mich daher nur auf einige Hauptmomente beziehen. Wollte ich das näher in einer Broschüre beleuchten, so müßte ich mir dabei Raths erholen bei einem Officier, der moderne Schlachten mitgemacht hat. Sie bedürfen dessen nicht und können daher das Material besser beherrschen.

Mir geht es eigentlich nicht besonders gut; ich bin sehr schlaflos, nervös und habe wenig Athem; mein Herzschlag ist so unregelmäßig, wie er schon lange nicht war. Ich kann leider nicht mehr viel geistige Arbeit hintereinander aushalten. Hätte ich Ihre ausdauernde Kraft und Energie! Ich bewundere Sie wie immer.

Ihr
Th. Billroth.

358) An Dr. von Mundy in Wien.*)

Wien, 9. December 1891,
Mittwoch Morgen 4 Uhr.

Mein lieber, alter Freund!

Es ist doch nur eine Convention und Gewöhnung, wenn der Mensch glaubt, er müsse die ganze Nacht schlafen und den ganzen Tag wachen. Nachdem ich mich gestern um 11 Uhr schlafen legte und vor einer halben Stunde ganz frisch erwachte, muß ich doch nun immer wieder an Sie und Ihre letzten Briefe denken, die mich zugleich erhoben und beschämt haben; und ich kann doch nicht eher wieder einschlafen, bevor ich Ihnen gedankt und geantwortet habe.

Was meinen körperlichen Zustand betrifft, so habe ich die Empfindung, daß Nothnagel mir ungefähr dasselbe sagen würde, wie

---

*) v. Mundy schenkte diesen Brief an Prof. Wölfler in Graz.

Ihnen einst Bamberger*), wenn ich die leiseste Spur einer Pneumonie oder einer capillaren Bronchitis attrapiren würde: "Adieu, lieber Billroth! leb' recht wohl!" Ich pulvre mich mit Strophantus und Cognac auf, und wer mich in diesen Tagen in der Klinik hörte oder operiren sah, wird sich vielleicht denken: der Mensch ist nicht umzubringen! Und doch habe ich bei den sonderbaren Capriolen, welche mein Herz macht, die Empfindung, daß es sich auch einmal den Spaß machen könnte, ganz still zu stehen! Denken Sie den Jubel unter den jungen Chirurgen. Da man meine Stelle nicht mit einem Privatdocenten besetzen wird ..., so wird es eine Reihe von Verschiebungen und Verbesserungen für viele meiner jungen Freunde geben, und so wirke ich noch nach meinem Tode erfreulich und erwerbe mir wahrhafte, persönliche Dankbarkeit. Es ist eigentlich schändlich, daß ich, den die Schüler so auf Händen tragen, so daher schwätze; doch der Galgenhumor bringt solche komischen Gurgeltöne nun einmal hervor.

Doch nun will ich einmal ausnahmsweise ernsthaft sein. Ihr letzter Brief von gestern bei Gelegenheit der Expectoration von Exc. Waldstätten ist — ganz abgesehen von Ihrer Liebe zu mir — das Schönste, was ich aus Ihrer Feder kenne; es hat mich tief ergriffen. Sie dürfen diese Feder noch nicht niederlegen, weil sie nie wirksamer schrieb als jetzt. Wohl sind Sie immer noch der alte Heißsporn, doch in einer Art milder Verklärung. Sie haben das humanitäre Wirken auf den Schlachtfeldern und in den Irrenhäusern zu Ihrer hohen Lebensaufgabe gemacht; ich habe auf letzterem Gebiet nichts, auf ersterem nur dilettantisches geleistet. Daß Sie früher selbst activer Militär waren, giebt Ihnen über alle militärärztlichen Schriftsteller ein Präponderanz; auch kann sich an persönlicher Erfahrung Niemand mit Ihnen, lieber Freund, messen. Mein Lebenslauf und das Gebiet meines Denkens und Grübelns lag von Anfang an auf einer anderen Seite.

Als Menschen fanden wir uns bald ganz, soweit es die Hauptsache, die Empfindung, betrifft. Unsere wissenschaftlichen und humanitären Bestrebungen fanden sich erst auf den Schlachtfeldern. In einem differiren unsere Charaktere vermöge ihrer ganzen Anlage, nämlich in der Art und Weise für das zu wirken, was wir für das

*) Prof. der inneren Medicin in Wien; gest. 1888.

höchste halten. Während Sie vor Allem von Haß gegen das Mittelmäßige und Miserable erfüllt werden und mit heroischer Impetuosität darauf losfahren und dadurch am meisten zu nützen glauben, — hat mich eine decennienlange Erfahrung als Lehrer der Jugend gelehrt, daß ich, für meine Person wenigstens, mehr wirke und praktisch mehr erreiche, wenn ich vor Allem das Gute und Tüchtige anerkenne, fördere und lobe, das Mittelmäßige und Schlechte unbeachtet bei Seite lasse und ihm nur dann einen Fußtritt versetze, wenn es aufdringlich hervortritt. Bei zunehmendem Alter bin ich freilich ungeduldiger, Sie sind vielleicht etwas milder geworden. Ich konnte nicht immer mit Ihnen gehen, wenn Sie oft gar so arg auf die Schwächen der Menschen schimpften und absichtlich auf die empfindlichen Hühneraugen der misera plebs traten. Sie mögen oft meine Ruhe dieser misera plebs gegenüber als Schwäche und Apathie genommen haben.

Was unsere gemeinsame Wirkungssphäre betrifft, so habe ich dabei immer vor Augen, daß wir da nicht, wie in rein naturwissenschaftlichen Arbeiten mit Sachen, — sondern mit empfindenden Menschen zu arbeiten haben, und daß die ganze Cultur-Menschheit ihr sociales Gebäude viel mehr auf Empfindung als auf Verstand aufgebaut hat, weil die Sinnes-Wahrnehmung und -Empfindung doch immer das Primäre bei allen organischen Wesen ist, und der Verstand doch nur der Wächter der Empfindungen ist. Das Material, mit welchem wir für das Wohl der Menschheit wirken und nur mit diesem Material wirken können, sind eben die Menschen selbst. Wir müssen bei dem Aufbau unserer Humanitäts-Tempel mit der Gebrechlichkeit dieses Materials und mit dem tiefen, feuchten Untergrund, auf welchem wir bauen, rechnen; sonst fallen unsere Gebäude rasch zusammen. Ich erwarte nicht, daß Sie meiner Meinung sind; doch werden Sie mir vielleicht zugeben, daß etwas Wahres daran ist.

Nun zum Concreten! Ich bin mit Ihrer Antwort an den R. Kr. M. Bauer durchaus nicht einverstanden und schicke Ihnen dieselbe darum gar nicht zurück. Gegenstände von der Bedeutung, wie wir sie verhandeln, dürfen sich nicht an einzelne zufällige Persönlichkeiten knüpfen. — Daß ich die Sache nicht über die Anregung hinaus verfolge, hat seinen guten Grund: ich beherrsche den Gegenstand nicht ganz; es fehlt mir vor Allem, daß ich bei einer Schlacht selbst von Anfang bis zu Ende nie zugegen war. Ich sah nicht den Stein ins Wasser fallen, sondern sah nur etwa den zweiten Wellkreis und Weiteres von seinen Folgen.

Nur Sie können die Sache noch einmal ruhig und drum um so wirksamer besprechen. „Noch einmal die neuen Präcisionswaffen und das rauchlose Pulver im Verhältniß zur Sorge für die Verwundeten", so denke ich mir den Titel. Dann wären alle Gefechtsmomente zu berücksichtigen, bei denen die stärkere Percussionskraft und die Rauchschwachheit des Pulvers in Frage kommen können. — Dann die Frage: Was kann diesen voraussichtlichen Calamitäten gegenüber geschehen? Nun würde ich damit anfangen: Ueber was für Mittel disponiren wir in dieser Beziehung? Wie weit sind sie zureichend oder unzureichend? Einige lobende Worte über das, was bei uns vom R. Kr. M., vom deutschen Orden, von den Maltesern, vom rothen Kreuz geschehen ist. Das wird Ihnen schwer werden, doch ist es für die Wirkung zum Besseren absolut nöthig.

Denken Sie, daß wir seit 1866, also seit 25 Jahren, keinen ernsten Krieg hatten. Diejenigen Militärärzte, welche den Krieg von 66 mit Einsicht mitgemacht haben, müssen damals doch schon mindestens 30—35 Jahre alt gewesen sein. Die Wenigen, die noch von dieser Zeit leben, sind jetzt 55—60 Jahre alt. Nun ist es nur wenigen Riesen-Naturen, wie Sie eine sind, gegeben, noch über 60 Jahre hinaus ein Vorwärts-Streben zu bewahren! — also was wollen Sie! Was dürfen Sie, wenn Sie gerecht sein wollen, erwarten? Die jetzige, kriegsunerfahrene Generation von Militärärzten u. s. w. kann doch nur akademisch in diesen Dingen denken und handeln, nicht aus dem Impuls eigener, sinnlicher Wahrnehmung und Empfindung heraus. M. und N. haben keinen Krieg mitgemacht; sie können also nichts weiter thun, als mit dem gegebenen Menschen- und Geldmaterial das thun, was sie sich als Bestes vorstellen. N. hat viele Schwächen; doch ich kann nicht sagen, daß ich ihn auf einer Lüge je ertappt hätte. Er behauptet, daß die Einrichtungen bei unserem rothen Kreuz denjenigen des rothen Kreuzes im deutschen Reich weit überlegen sind. Ich kann das nicht beurtheilen. Es ist immer hart, beschimpft zu werden, wenn man sich bemüht hat, das Beste zu thun, mag das Beste auch noch so unzureichend sein. Jedenfalls müßte man bessere positive Vorschläge machen bei genauer Kenntniß der zu Gebote stehenden Mittel.

— Daß die Gesellschaften vom rothen Kreuz bei andauerndem Frieden sich auflösen werden, wenn sie nicht eine systematische Friedensthätigkeit entwickeln, ist mir zweifellos, weil eine Gesellschaft, deren Zweck nur auf einen Ausnahmezustand gerichtet ist, in meinen Augen überhaupt keine Lebensfähigkeit hat. Das hat aber mit den technischen Vorrichtungen für den Krieg nichts zu thun.

Wenn Sie sich entschließen könnten, zur wirklichen Förderung der Sache noch eine Art Testament zu schreiben, was ich von Herzen wünschen möchte, so thun Sie das zunächst in einer Reihe von Artikeln in der N. Fr. Pr., die Sie ja dann später zu einer Broschüre vereinigen können. In Ihrem letzten Briefe sind einige Schlager, die Sie dabei nicht auslassen dürfen. So z. B. daß der Truppen=Commandeur selbst eigentlich nie ein Schlachtfeld sieht und sich, seiner Aufgabe zu siegen oder sich zurückzuziehen entsprechend, kaum dafür interessiren kann. — Ferner die Verhungerten unter dem Holzstoß! ein die Fantasie mächtig anregendes Bild! Dann die verhungerte Ambulanz im Walde! — Von Zeit zu Zeit muß immer wieder kommen, gewissermaßen als Refrain: Und dieser Verhungerte, Verkommene, Verblutete, Vernachlässigte ist Euer Sohn! Euer Bruder! u. s. w. Sie werden das als begabter Dramatiker schon machen!

Mir scheint, dieser Brief hat kein Ende; darum Amputation. Vom 26. December bis 6. Januar denke ich in Abbazia zu sein. Wie wär's, wenn Sie, Wilczek, Nothnagel mich dort in corpore besuchten. Es gäbe wohl manche anregende und fruchtbringende Plauderei. — Ihre „Militär=Sanität der Zukunft" habe ich wieder mit großem Interesse gelesen und behalte mir das Exemplar zurück. Beiliegend ein Separatabdruck meiner Aerztekammer=Rede, in die Manches hineingeheimnißt ist.

Ihr
Th. Billroth.

339) An Dr. von Mundy in Wien.

Wien, 11. December 1891,
1 Uhr Morgens.

Mein lieber, alter Freund!

Ich habe soeben Ihren lieben Brief von gestern aufmerksam gelesen. Sie thun sich darin selbst das allermeiste Unrecht an. Wenn ich Ihnen auch selbst einmal schrieb, daß die vielen Broschüren und

Vorträge nicht auf die Kreise wirken, welche vermöge ihrer Stellung in der Organisation der Gesellschaft zum Handeln bestimmt sind, so haben Sie doch durch Ihre Ausdauer mehr gewirkt für Ihre idealen Bestrebungen, als irgend ein anderer Mensch. Sie irren, wenn Sie meinen, ich hätte Ihre „Militär-Sanität der Zukunft" nicht wieder durchgelesen. Doch wie wollen Sie bei uns gleich den ersten Satz durchführen: „An der Spitze muß ein kriegserfahrener Chirurg stehen?" Woher nehmen!

Was Ihre imponirenden Anregungen auf dem Gebiet der Irrenheilkunde betrifft, so habe ich die Empfindung, daß Ihre Vorstellungen von der Zukunft der Irrenheilkunde sich in nicht allzu langer Zeit verwirklichen werden, ja zum Theil schon verwirklicht haben. Ihre wichtigen Anregungen begegnen sich mit der immer zunehmenden Häufigkeit der nervösen Erkrankungen, des Morphinismus, der Neurasthenie ꝛc. Die neueren Privatanstalten für alle diese Kranke sind bereits ganz nach Ihrem Muster eingerichtet, und das wird weitere Wellen schlagen. Wenn die zunftmäßige Wissenschaft von den Gehirnerkrankungen die Therapie vorläufig nicht beachtet, so liegt das eben darin, daß sie mit den localen pathologisch-anatomischen Forschungen so beschäftigt ist, und sich so sehr mit dem diagnostisch-experimentalen Grübeln beschäftigt, daß sie für jetzt auf die Therapie vergißt.

Das haben wir in der internen Medicin und Chirurgie gerade so durchgemacht, und ich bin ein lebendiges Exempel dafür. Es hat Zeiten gegeben, in welchen mir nur die pathologisch-anatomische und experimentelle Forschung überhaupt des Denkens werth erschien ... Das sind Phasen, die jede Wissenschaft durchmacht. Es ist, wenn Sie wollen, eine Art Zopf. Ich habe Jahre lang die Listerei verachtet, weil mir die wissenschaftliche Begründung unzureichend erschien. Erst als ich selbst meinen kleinen Theil zu dieser Begründung beigetragen hatte, die dann durch die modernen vervollkommneten Methoden Koch's zu unabweislichen Facten führten, bin ich mit Leib und Seele dafür eingetreten.

Nun wird die moderne Hirnweisheit, soweit sie das Anatomische betrifft, auch bald am Ende sein; dann wird wieder das Therapeutische in den Vordergrund treten. Dann werden Sie Triumphator sein. Sie sind eben der Zeitrichtung vorausgeeilt. Doch Ihre Arbeit war keine vergebliche.

In weit höherem Maße gilt das für Ihr Wirken auf dem Gebiete der Militärsanität. Da haben Sie ja doch schon die höchsten Triumphe gefeiert. Erinnern Sie sich denn nicht mehr, wie man Ihre Principien über die Construction von Verwundeten=Zügen für tolle Utopien erklärte?! Und jetzt sind sie überall anerkannt und eingeführt. Ja sogar auf gewöhnlichen Zügen werden die Communication der Wagen unter einander, der Restaurationswagen, die Corridore der Waggons eingeführt. Das ist doch Ihr Werk!!!

Geißeln Sie sich doch nicht selbst unnöthig als Anachoret! Sie haben Enormes geleistet, und nur, daß Sie immer höher und höher fliegen und die schwerfällige Menschheit Ihnen nicht nachfliegt, macht Sie zuweilen verdrossen. Nur daß Sie keiner Zunft angehören, verzeiht Ihnen der Philister nicht!

„Haben Sie je erlebt, daß große Fortschritte von den eigentlichen Fachmännern ausgegangen sind?" antwortete mir einmal Pettenkofer*), als ich mich herb darüber aussprach, daß die Botaniker sich nicht mit Energie der Bacteriologie annehmen. Sind nicht aber wahre Fortschritte auf diesem Riesengebiete von Nicht=Botanikern, d. h. von botanischen Dilettanten ausgegangen? Die akademische Wissenschaft kümmert sich eben nicht um praktische Erfolge. Die großen Physiker Gauß und Weber haben das Princip des electrischen Telegraphen erfunden und fixirt; die Ausbildung für die praktische Verwendung interessirte sie absolut nicht. So wirkt Jeder nach seiner Art. Dem Theoretiker genügt des Verstandes Sieg als solcher; der Praktiker will Erfolge und stößt dabei natürlich auf praktische Hindernisse, welche ihm die Erfolge vereiteln.

Sie haben die Malteserzüge organisirt, Sie haben den deutschen Orden regenerirt. Das waren doch große praktische Leistungen! Sie haben die freiwillige Rettungsgesellschaft geschaffen, Ihre schwerste und größeste That!

Ich lese in der heutigen Abendzeitung, daß die betreffende Petition der Regierung zugewiesen wurde. Das ist sehr fatal. Ich hatte gehofft, sie würde ins Herrenhaus kommen und hatte mir schon eine entsprechende Rede skizzirt. Doch die Sache ist denn doch zu groß geworden, um einfach begraben zu werden! Ihre Idee, daß sich das Kriegsministerium dies Institut zu Nutze machen muß,

---

*) Prof. der Hygiene in München.

ist noch nicht begraben. Ich habe etwas Aehnliches in meinem berüchtigten Buche „Ueber Lehren und Lernen", und auch in meiner Delegationsrede angedeutet, in Zusammenhang mit dem zu reconstruirenden Josefinum, das ohne Verletzungs=Material unfruchtbar sein wird. Ich verfolge diesen Gedanken mit Tenacität, wenn ich auch jetzt noch nicht sagen kann, wo und wie man darauf mit Erfolg zurückkommen kann. Und nun genug des Schreibens, mein lieber, alter Freund! Mir haben Sie in Ihrem lieben Briefe viel zu viel Ehre angethan; ich bin Ihnen kaum gerecht geworden.

Mein Programm für die nächste Zeit ist Folgendes. Mein altes Herz ist außer Rand und Band; oft glaube ich, es kann keine Stunde mehr dauern. Am nächsten Sonntag oder Montag gehe ich auf den Semmering, Südbahnhotel, bleibe dort bis zum 23. d. M. Am 24. und 25. bin ich hier. Am 25. Abends fahre ich nach Abbazia, wo ich im Hotel Stefanie bis 7. Jänner 1892 bleiben werde. Kommen Sie nach Semmering oder nach Abbazia; immer werde ich mich freuen, Sie um mich zu sehen und mit Ihnen zu plauschen. Vielleicht hecken wir doch noch zusammen etwas aus; und wenn nicht, so wollen wir uns aneinander erfreuen.

Ihr
Th. Billroth.

540) An Dr. von Mundy.

Wien, 14. December 1891.

Lieber Freund!

„Catarrh etwas leichter, Nacht absolut schlaflos, große Mattigkeit." Das ist das heutige Bülletin über meinen Zustand. Ich habe in der Nacht das Buch von Habart durchgelesen, was mir sehr gefallen hat. Ich schicke Ihnen leihweise mein Exemplar, weil theils vom Autor das Wichtigste (blau), theils von mir Einiges (mit Blei) unterstrichen ist. Das Historische ist Ihnen bekannt. Alle einzelnen Schußwunden=Versuche durchzulesen, ist unnöthig. Sie beginnen am besten auf pag. 62.

Ihr
Th. Billroth,
mit zufallenden Augen.

341) An Dr. Habart in Wien.

Wien, 14. December 1891.

Geehrter Herr Collega!

Hätte ich Ihr treffliches Buch „Die Geschoßfrage der Gegenwart" vor meiner Delegationsrede gekannt, so hätte letztere wohl mehr Details über technische Dinge enthalten, wäre aber vielleicht weniger populär wirksam gewesen, und darauf kam es mir an. Ich habe aber an Ihnen ein Unrecht dadurch begangen, daß ich Ihrer trefflichen Arbeit, eben weil ich sie nicht gelesen hatte — nicht erwähnt habe. Ich kann dies Unrecht schwer wieder gut machen, sondern Sie nur versichern, daß ich jetzt Ihre vorzügliche Arbeit eifrigst durchgelesen habe und daraus viel gelernt habe. Die Theorie mit dem hydraulischen Druck scheint mir freilich nicht Alles genügend zu erklären.

Mit Ihren Vorschlägen für gewisse Veränderungen der militärsanitätlichen Gebahrungen in der ersten Linie kann ich mich im Allgemeinen einverstanden erklären. Doch wenn Sie den Hilfs- und Verbandplatz zu Einem vereinigen und 2000 Schritt hinter die aufmarschirten Combattanten etabliren, dann hört doch wohl alles Tragen der Verwundeten auf; man könnte nur mit neu zu construirenden leichten Wagen (wenn es das Terrain irgendwie erlaubt) etwas leisten.

Ich finde, daß sich seit 1870/71 einzig und allein die chirurgische Wissenschaft, entsprechend der Vervollkommnung der modernen Projectile, für einen nächsten Krieg vorbereitet hat. Durch die Asepsis ist unsere Kunst 1) enorm vereinfacht, 2) leichter zu schablonisiren, also auch weniger Geübten zugänglicher zu machen. Mit reinen Händen und reinem Gewissen wird der ungeübteste, jüngste oder älteste, Militärarzt jetzt weit bessere Resultate erzielen, als früher die berühmtesten Professoren der Chirurgie. Doch der Transport darf die Verletzung nicht zu sehr verschlimmern, und die Möglichkeit, aseptisch zu operiren, muß gegeben sein! — Hoffen wir das Beste!

Ihr

Th. Billroth.

542) An Dr. von Mundy in Wien.

Wien, 21. December 1891.

Lieber Freund!

„Mensch, ärgere Dich nicht." Die Enunciationen von Berlin sind ganz, wie ich erwartet habe. Man wird dort überhaupt nie öffentlich zugeben, daß nicht Alles dort vollkommen, mindestens besser als irgendwo anders sei. Das schließt freilich keineswegs aus, daß man heimlich und in der Stille immer nachbessert. Für unsere Armee hat es aber den großen Nachtheil, daß man auch hier sagen wird, es sei Alles sehr gut, mindestens ebenso gut, wie im Deutschen Reich.

Ihr
Th. Billroth.

543) An Dr. von Mundy in Wien.

Wien, 21. December 1891.

Lieber Freund!

Herzlichsten Dank für die täglichen Beweise Ihrer Theilnahme. Mir geht es jetzt recht gut ... Ich klopfte gestern bei Nothnagel an; doch schien ihm der Gedanke, jetzt eine Reise zu machen, so ungeheuerlich, daß er ganz fassungslos war.

Daß Sie und Wilczek gleich Neptun und Boreas gelegentlich am Quarnero auftauchen, hoffe ich und würde mich sehr darüber freuen.

Ihr
Th. Billroth.

544) An Dr. von Mundy in Wien.

Abbazia, 2. Januar 1892.

Lieber, alter Freund!

Es ist geradezu unglaublich, was Sie treiben. Sie müssen eine Riesen-Gesundheit heute noch haben, zumal sehr gesunde Arterien; sonst würden Sie so viel nicht einmal „wollen" können. Ich bin noch immer ganz energielos, jedes „Wollen" ist für mich eine ungeheuerliche Anstrengung. Ich habe eine Stunde zu dem Entschluß gebraucht, diese Zeilen zu schreiben. Darüber ist die Zeit für die Post vergangen, und Sie erhalten dieselben erst übermorgen, was immer noch zu früh für dieses Geschreibsel ist. Ich bin jetzt ganz in Schlafsucht verfallen und hole das in vier Wochen Versäumte nach. Mein Catarrh ist unter der hiesigen Sirocco-Luft verschwunden, doch mein Herzschlag ist wieder flatternd geworden, sodaß ich wieder Digitalis zum Aufpulvern nehme.

Ich habe von meinem dummen Delegationsgeschwätz keine Separat-Abdrücke machen lassen, weil es die Druckkosten nicht werth ist ... Ich habe wenig Freude mehr am Leben; nur Pflichten, gar kein Vergnügen. Möchte nicht mehr lange leben!

Ihr
Th. Billroth.

345) An Prof. Bergmeister in Wien.

Abbazia, 3. Januar 1892.

Lieber College!

Es geht mir wohl besser, doch recht, recht langsam. Den Catarrh bin ich wohl los, aber trotzdem kann ich die Berge nicht mehr hinauflaufen (ich war im vorigen Jahr noch zu Fuß am Sylvestertag auf der Mendola von Gries-Bozen aus). Mit meinem Herzfleisch müssen miserable Dinge vorgegangen sein. Schwamm darüber!

Ich habe Meynert*) gebeten, mich nächsten Freitag (den 8./1.) in der k. k. Ges. der Aerzte zu vertreten, da ich erst am 10./1. Vormittags nach Wien komme. Prosit Neujahr!

Ihr
Th. Billroth.

346) An Prof. von Gruber in Wien.

Wien, 24. Januar 1892.

Lieber Herr Hofrath!

... Den Bau der Klinik habe ich so gut wie aufgegeben. Die ganze Affaire wird jetzt durch einen Antrag im Abgeordnetenhause in ein großes Fahrwasser (Erwerbung des Krankenhauses vom Krankenhausfond und Erwerbung der Alserkaserne behufs Erbauung medicinischer Institute) getrieben. Käme es wunderbarer Weise wirklich dazu, dann würde man doch wohl erst einen General-

*) Prof. der Nervenkrankheiten in Wien.

plan nach dem Fakultäts-Programm entwerfen. Kommt es nicht
dazu, so wird man jede Verbesserung in dieser Richtung als hoff
nungslos bei Seite werfen.

Ihr
Th. Billroth.

547) An Prof. Czerny in Heidelberg.

Wien, 26. Januar 1892.

Lieber Freund!

Mein Befinden ist ungemein wechselnd ... Ich schlief drei
Wochen hindurch trotz aller Mittel fast keine Nacht länger als
1—2 Stunden, das ist für einen mehr als Sechziger zu wenig. Nach
3 Wochen in Abbazia bin ich jetzt wieder ganz flott. Ich hatte im
Lauf der letzten beiden Jahre wieder von 85 Kilo auf 98 Kilo zu
genommen; das war der Hauptfehler. Ich habe mich endlich jetzt
wieder zu einer Durst- und Hungerkur entschließen müssen und in
10 Tagen schon 5 Kilo verloren. Keine Spur von Alkohol, nicht
Rauchen. Morgens, Mittags und Abends ein Weinglas voll Wasser.
Die Zunge klebt mir so am Gaumen, daß ich mir in der Klinik
oft den Mund ausspülen muß, um überhaupt sprechen zu können;
ich habe Krusten an den Lippen, wie ein Typhuskranker. Dabei
befinde ich mich täglich besser, gehe leichter. Noch vor 10 Tagen
vermochte ich kaum eine Stiege langsam hinauf zu keuchen; heute
gehe ich schon ziemlich schnell 3 Stiegen hinauf. Die Wirkung ist
wunderbar; der Herzschlag wird regelmäßiger und voller, die Diurese
ist colossal.

Doch es ist eine Kur zum Verzweifeln, manchmal zum Verrückt
werden; es gehört einige Energie dazu. Möge Sie der Himmel
davor bewahren!

Ihr
Th. Billroth.

548) An Prof. Gussenbauer in Prag.

Wien, Februar 1892.*)

Sehr geehrter Herr College!

Die „Gesellschaft Deutscher Naturforscher und Aerzte" wird sich
im Jahre 1894 in Wien versammeln. Sie werden meinen Wunsch

--
*) Rundschreiben.

theilen, daß die Mitglieder der „K. K. Gesellschaft der Aerzte in
Wien" ihre deutschen Collegen im neuen Hause empfangen. Ver=
zeihen Sie daher mein Drängen, den Bau unseres Gesellschaftshauses
womöglich noch in diesem Frühjahr zu beginnen.

Ich glaube, für die Durchführung unseres Unternehmens ein=
stehen zu können, wenn sämmtliche oder wenigstens die meisten Mit=
glieder unserer Gesellschaft durch einen kleinen, sei es vorläufigen
oder definitiven Beitrag von etwa zehn Gulden mich in die Lage
setzen würden, anzunehmen, daß es auch Ihrem Wunsche entspricht,
„Unser Haus" recht bald erstehen zu sehen. Ich würde es als ein
Zeichen Ihres persönlichen Wohlwollens ansehen, wenn Sie sich
entschließen könnten, meiner Bitte zu entsprechen; ich hoffe dann
sicher, mein gegebenes Wort einlösen zu können.

Hochachtungsvoll
Dr. Th. Billroth,
Präsident der K. K. Gesellschaft der Aerzte
in Wien.

349) An Prof. von Esmarch in Kiel.

Wien, 13. Februar 1892.

Mein lieber, alter Freund!

Soeben erhalte ich Deine „Chirurgische Technik" in Pracht=
einband mit Deiner lieben Dedication. Ich kann Dich nur bewun=
dern, daß Du noch Lust hast, so fleißig an einer Arbeit zu bleiben;
gewiß wird das Buch der studierenden Jugend und den jüngeren
Aerzten sehr willkommen sein! Herzlichen Dank!

Wie sind die schönen Zeiten unserer Jugend verflogen! An
wie viele schöne Stunden erinnert mich plötzlich dies Buch, Deine
Handschrift, Dein liebes Gedenken! Unser idyllisches Zusammensein
in Zürich, unsere gemeinsamen Wanderungen in den Bergen! Dann
wieder die Jury über das von der Kaiserin Augusta ausgeschriebene
Preisbuch über kriegschirurgische Technik! Langenbeck, Socin
und ich in Ostende!! Das ist nun Alles vorbei, und Schöneres ist
mir eigentlich nicht gekommen, als der rege Verkehr mit meinen
gleichalterigen Collegen in Zürich!

Ich habe nicht mehr viel Freude am Leben. Meine Gesund=
heit ist oft recht defect. Enorme Arythmie des Herzschlags, oft mit

Bronchialcatarrhen und starker Athemnoth verbunden kehren in
immer kürzeren Zwischenräumen zurück. Den Winter sollte ich jetzt
immer im Süden zubringen, denn hier falle ich von einem Catarrh
in den anderen. Doch, so lange noch zwei meiner Töchter unver-
sorgt sind, möchte ich ohne dringendste Nothwendigkeit meine Stelle
noch nicht aufgeben, und so rackere ich denn immer noch weiter.

Du hast eine derbere Gesundheit; möge sie Dir noch recht lange
erhalten bleiben.

Mit herzlichsten Grüßen

Dein

Th. Billroth.

350) An Dr. Johannes Brahms in Wien.

Wien, 25. Februar 1892.

Lieber Freund!

An Deiner freundlichen Zusendung war Dein Autograph jedenfalls das Werthvollste. Ich hatte schon von dem Unsinn gehört,
der in dem offenen Brief an mich stehen soll, sodaß ich nicht genöthigt bin, ihn zu lesen. Wenn der Verfasser einmal selbst an-
geschossen, etwa 24 Stunden bei einigen Kältegraden auf einem
Schlachtfeld liegen sollte, würde er vielleicht anderer Ansicht sein.

Ich habe übrigens schon seit vielen Jahren das Paradoxon
aufgestellt, daß die steigende Vervollkommnung der ärztlichen Kunst
und die Verhütung von Epidemieen durch die vervollkommneten sanitären Maßregeln wohl dem Individuum zu Gute kommt, die
menschliche Gesellschaft aber ruiniren muß, weil die Vermehrung
und Erhaltung der Menschen auf der Erde schließlich zu einem
Grade von Uebervölkerung führen muß, welcher Allen verderblich
werden wird. — Nun, wir werden das zum Glück für uns nicht
mehr erleben.

Ich habe meine strenge Kur jetzt beendet und fange wieder an,
mehr menschlich zu leben. Hanslick wollte uns ja wieder einmal
zusammenbringen. Ich bin von soviel Schutt überdeckt, fast darin
vergraben, daß man mich schon mit etwas Gewalt herausziehen
muß; doch folge ich der Gewalt willig. Selbst hervorzukriechen habe
ich kaum noch Muth, da ich mich unerträglich langweilig finde,

mich sogar selbst mit mir langweile und mich nach Tarok und
Whist sehne, um die, wenn auch seltene, freie Zeit todt zu schlagen!
Es war einst schöner!

Dein
Th. Billroth.

351) An Dr. von Eiselsberg in Wien, Docent und Assistent
Billroth's.

Wien, 29. Februar 1892.

Lieber v. Eiselsberg!

Willkommen in Wien!*) Ich muß gleich zur Audienz beim
Kaiser und bin auch heute Nachmittag nicht ganz frei. Wir bitten
Sie, heute Abend präcis ½8 Uhr bei uns zu soupiren; die frühe
Stunde ist gewählt, weil Helene nachher zum chinesischen Künstler=
fest fährt. Sie finden nur Groll's, Gersuny's und Gottlieb's
bei uns und müssen uns viel erzählen.

Ihr
Th. Billroth.

352) An Prof. Socin in Basel.

Wien, 7. März 1892.

Lieber Freund!

Ganz zufällig erfuhr ich gestern Abend in einer Gesellschaft
durch eine Frau H., daß Du in Folge einer Verletzung viel gelitten
habest, gefährlich krank gewesen seiest und noch nicht ganz hergestellt
wärest. Die Beschreibungen waren natürlich sehr confus. Bitte, laß
mich doch wissen, wie es Dir jetzt geht. Wenn ich auch in meinem
Alter sehr apathisch geworden bin, so hänge ich doch sehr an meinen
alten Freunden. Greise haben ja keine Zukunft und müssen sich,
um überhaupt noch etwas zu haben, an die freundlichen Erinnerungen
der Vergangenheit halten. Ich bin also doch recht in Sorge, was
Dir eigentlich geschehen ist; bitte also durch irgend Jemand um
Nachricht, falls Du nicht selbst schreiben könntest.

Ich bin Dir noch viel Dank schuldig, lieber Freund, für die
thatkräftige Theilnahme, welche Du meinem armen Salzer hast

---

*) Nach Rückkehr von einer im Auftrage Billroth's gemachten Consultations=
reise nach Odessa.

angedeihen lassen. Es wurde ja ziemlich von allen Seiten nach der Beobachtung in den ersten zwei Monaten der Krankheit eine ungünstige Prognose gestellt; doch höre ich, daß es ihm jetzt recht gut in Utrecht geht. Heimweh, Ungewohnheit der ganz neuen Verhältnisse, übertriebenes Ueberarbeiten scheint besonders schädlich gewirkt zu haben. Er hat jetzt einen jüngeren Bruder und einen alten Onkel bei sich, um derethwillen er einen Haushalt führen und regelmäßige Mahlzeiten einnehmen muß, was er früher nicht that. Hier aß er oft Tage lang nichts, dann plötzlich einmal wieder colossale Massen u. s. w. Die Gefahr vor Recidiven ist ja leider bei diesen Psychosen ziemlich groß. . . . Salzer repräsentirt ganz den Typus der Siebenbürgner Sachsen: ernst, tüchtig, doch zu Heimlichkeiten geneigt, verschlossen.

Herzliche Grüße von meiner Frau, die natürlich sehr an Deiner Krankheit Theil nimmt. Bis 10. April bleibe ich in Wien, dann hole ich meine Else von Rom ab.
Dein
Th. Billroth.

555) An Prof. Socin in Basel.
Wien, 13. März 1892.
Mein lieber Freund!

Ich kann es doch nicht unterlassen, Dir für Deinen lieben Brief zu danken und Dir zu sagen, wie ich mich einerseits freue, daß Du Deine schwere Krankheit glücklich überwunden hast, und Dir meine herzliche Sympathie andererseits auszusprechen für die herben Schicksalsschläge, die Dich getroffen haben. Ich kann Dich nicht genug bewundern, wie tapfer Du Dich bei dem Allen hältst . . . Dazu nimmt man Alles schwerer, je älter man wird; und je weniger Zukunft man vor sich hat, um so mehr sorgt man sich für die Zukunft Anderer. Ist man einmal von Frau „Sorge" angehaucht, so wird man blind gegen die spärlichen Freuden des Lebens.

Wie schön war unser Zusammenleben in der Schweiz!! es war die Idylle meines Lebens. Ich hatte nicht viel, erwarb wenig, war aber innerlich lustig und lebensfroh und glücklich. Auch im ersten Decennium in Wien schwamm ich noch behaglich im Meer des Daseins. Doch das ist lange vorbei, und ich gäbe wahrlich alle meine sogenannte Berühmtheit um meine berühmte Heiterkeit und

Flottheit meines früheren Daseins. Ich bin zum malheureux imaginaire geworden. Doch was nützt es, wenn ich mir täglich sage, daß es wenigen Menschen so gut ergangen ist wie mir; die melancholische Grundstimmung ist einmal da, mit oder ohne Grund, das ist einerlei. Wie gern würde ich Dich einmal wiedersehen, daß wir uns schöner Jugendzeiten gemeinsam erinnerten!

Von meiner Frau die herzlichsten Grüße! Gern möchte ich sagen: auf Wiedersehn! Doch mein degenerirtes Herz macht oft zu dumme Capriolen, sodaß ich nur in fantastischen Stimmungen über Wochen hinaus denke!

Dein alter Freund

Th. Billroth.

334) An Dr. Eiser in Frankfurt a./M.

Wien, 31. März 1892.

Mein lieber, alter Freund!

Im vorigen Jahre ließ mir die Großherzogin von Baden durch ihren Oberhofmeister zu meinem 30. Doktor=Jubiläum gratuliren. Obschon ich dies schon im Jahre 1882 absolvirt hatte, habe ich mich doch sehr bedankt, denn „la grande duchesse l'a dit" dachte ich in Erinnerung an Delibes' reizende Oper: „le roi l'a dit".

Ihr lieber, herzlicher Brief, und Ihre edle Rosen=Lorbeer=Sendung hat mich unendlich erfreut, ja gerührt, obgleich ich mir nicht bewußt bin, gerade jetzt ein Jubelfest zu feiern, außer demjenigen, das ich täglich feiere, wenn ich noch so leidlich frisch bei guter Stimmung meine Lebensarbeit fortsetze. — Ich las neulich in einer hiesigen Zeitung, daß meine Schüler ausgewittert haben, daß ich in diesem Herbst 25 Jahre lang in Wien thätig und 40 Jahre lang Doctor bin, und daß sie mir dazu im October gratuliren wollen. Vielleicht ist diese Zeitungsnotiz, die ausnahmsweise richtig ist, in mehr oder weniger modificirter Form auch zu Ihnen gedrungen.

Thut nichts! Sie haben mir, mit Ihrer lieben Frau vereint, jedenfalls eine große Freude gemacht, und dafür danke ich Ihnen aufs Herzlichste.

Wie lange ist es doch, daß wir uns am Gießbach kennen lernten! vielleicht auch eine Jubiläumszahl! Wie schön war unsere

Schweizer Lebens-Idylle; wir waren jung, und das ist doch das Schönste!

Meiner Frau und meinen Kindern (ich bin schon Großpapa) geht es ziemlich gut ...

Ihr
Th. Billroth.

555) **An Dr. Oehlschläger in Danzig.**

Wien, 24. April 1892.

Mein lieber, alter Freund!

Tausend Dank für Deinen lieben Brief vom 11. d. M. und Deine herzlichen Glückwünsche, die ich dankbarst annehme, wenngleich sie in Folge irriger Zeitungsberichte etwas zu früh kommen. Die Jubiläen, welche mir bevorstehen, fallen nämlich erst in den Herbst. Meine Promotion war am 30. September 1852, und erst mit Ende dieses Sommersemesters bin ich 25 Jahre in Wien.

Daß es Dir wohl geht und Du noch rüstig fortarbeitest, freut mich sehr, ebenso daß Deine Familie gedeiht und sich mehrt.

Von meinen drei Töchtern hat sich die zweite mit einem Dr. jur. Gottlieb verheirathet und hat einen Jungen, der gut gedeiht ... Ich arbeite wohl noch fort, doch mit wenig Vergnügen. Daß ich nicht im Stande bin, den Neubau meiner Klinik durchzusetzen, verstimmt mich arg und verdirbt mir die Freude an meinem Lehrer=Beruf. Mit meiner Gesundheit fängt es auch an immer öfter zu happern ...

Herzlichste Grüße!
Dein
Th. Billroth.

556) **An Prof. Wölfler in Graz.**

Wien, 5. Mai 1892.

Lieber Wölfler!

Ihr lieber Brief von gestern hat mich sehr erfreut. Gewiß haben Sie den günstigen Erfolg in erster Linie Ihrer segensreichen Thätigkeit als Lehrer zu verdanken; die Zustände waren auch gar zu arg.

Meine italienische Osterreise hat mir diesmal nicht viel genutzt; ich hatte meist schlechtes Wetter und bekam, kaum hier angekommen, wieder Bronchialcatarrh. Da ich mich aber sehr schone, so kann ich meine Vorlesungen halten. Im Ganzen strengen mich denn doch jetzt diese längeren Reisen mehr an, als sie mich erfreuen und mir nützen. Ich werde mich daher in Zukunft wohl nur auf Abbazia beschränken, und sowie Ihr neuer Operationssaal fertig ist, werde ich ihn mir gewiß auf einer meiner Abbazia-Reisen ansehen.

Von meinem Klinik-Bau schweigt Alles; ich habe ihn für mich ganz aufgegeben. Auch das Rudolfinerhaus werde ich als Torso zurücklassen. Nur den Bau des Hauses der k. k. Gesellschaft der Aerzte hoffe ich noch zu erleben; er wird in einigen Wochen in Angriff genommen und rasch durchgeführt werden.

Ich hoffe, daß Sie mich in diesem Jahr in St. Gilgen besuchen.
Ihr
Th. Billroth.

357) An Prof. von Gruber in Wien.
Wien, 7. Mai 1892.
Lieber Hofrath!

So dankbar ich Ihnen für Ihren heutigen Brief bin, so bin ich doch noch ganz starr vor Entsetzen über den Inhalt desselben. Das ist also das Ende eines großen Stückes Lebensarbeit, daß sie durch eine Eisenbahn verschandelt, wahrscheinlich sogar ganz vernichtet wird! Wer wird sich in ein Krankenhaus aufnehmen lassen, das so unmittelbar an der Eisenbahn liegt, in einer von Kohlendunst verekelten Atmosphäre!! und doch beruht die Existenz des Hauses gerade auf den zahlenden Kranken, die sich in diesem stillen Winkel mit seinem schönen Garten so wohl fühlten!! Es ist zum Verzweifeln!! ... Doch gegen Utilitätsgründe kämpft die Humanität wahrscheinlich vergebens. Wenn man nur die Abtrennung eines Gebietstheils des Gartens verhindern könnte, so wäre wenigstens etwas gewonnen. Auf alle Fälle wird wahrscheinlich schon durch die Nähe der Eisenbahn das Krankenhaus in seiner Eigenart zu Grunde gehen!! daß ich das erleben muß, es ist schrecklich!!!

Jedenfalls haben Sie Dank für Ihre Sorge. Ich hatte gehofft, daß mein Jahre langer Kampf um das Terrain des Rudolfinerhauses endlich zu Ende wäre; nun fängt er wieder von Neuem an!
Ihr
Th. Billroth
desperatus!!

558) An Prof. Hanslick in Wien.

St. Gilgen, 8. Juni 1892.

Lieber Hans!

Ich habe mir das Sommersemester durch willkürlich auf neun Tage ausgedehnte Pfingstferien in zwei Hälften getheilt. In Wien hatten wir schon recht heiß, sodaß wir Abends gern auf die Rohrenhütte flüchteten. Der Contrast ist enorm, denn seit Sonntag Mittag regnet es hier bis jetzt Tag und Nacht in Strömen, und ist es so kühl, daß wir heizen müssen, um behaglich zu sein. Doch selbst bei diesem sündfluthartigem Wetter (der See beginnt bereits die Ufer zu überschäumen!) thut mir die Stille der Umgebung und die Ruhe im Hause unendlich wohl. Man hat Muße sich wieder einmal auf sich selbst zu besinnen, und es sich mit sich und den Seinen wohl gehen zu lassen. Mit einer gut ausgestatteten Bibliothek, einem Ehrbar-Flügel, einer mir ins Herz singenden Tochter und mancherlei Familien-Plaudereien fühle ich mich hier als Patriarch, fern vom Weltgetümmel, vollkommen befriedigt. Was kann ein alter, kranker Mann mehr erwarten und verlangen! Es wird auch im Herbst nicht viel anders werden, denn in Folge meines immer schwächer werdenden Herzens muß ich die Bergkraxellei ganz aufgeben und selbst im Zimmer langsam gehen, um nicht außer Athem zu kommen. Ich bin nicht mehr melancholisch darüber, sondern ganz resignirt. Mein reiches Leben betrachte ich als abgeschlossen; das Sterben ist nur noch eine Formalität, mit der ich auch noch anständig fertig zu werden gedenke.

Du versprachst mir einen Brief von irgendwoher Deiner Sommerreise. Ich fange dies Mal an. Ich habe dies Mal besonders viel an Dich gedacht, lieber Hans, da Du hier auch so viel Wetterpech schon miterlebt hast, dann auch wegen der Lectüre, die mich augenblicklich wieder sehr fesselt.

Die sechs Bände Briefwechsel zwischen Zelter und Goethe bleiben immer in der St. Gilgener Bibliothek. Man kann beliebig einen Band herausnehmen und findet immer Interessantes genug, um weiter zu lesen oder zurück zu blättern. Wenn ich sage „man", so meine ich Jemand, der sich für Theater, Literatur und Musik, sowie für zwei so bedeutende Menschen interessirt. Goethe ist im Ganzen weniger ausgiebig als Zelter, der immer bedeutender wird, je mehr man von ihm kennen lernt. Zelter hat für Goethe eine geradezu abgöttische Verehrung. Das kann Goethe doch am Ende nicht viel angehabt haben, denn er war es gewöhnt. Die gescheidt=naiven Urtheile und Kritiken Zelter's, zumal über das Theater, dann Zelter's innerste Theilnahme an jeder kleinsten Production Goethe's, das ist es, was Goethe fortdauernd an Zelter fesselt. Goethe, scheinbar immer über den Wolken schwebend, hat doch immer das Bedürfniß, von Zelter Urtheile nicht nur über sich, sondern auch über gemeinschaftliche Freunde und Bekannte zu hören; er braucht immer menschliche Theilnahme und scheut sich nicht, dies offen auszusprechen. So schreibt er einmal: „Ich möchte keinen Vers geschrieben haben, wenn nicht Tausend und aber Tausend Menschen die Productionen läsen und sich etwas dabei, dazu, heraus oder hinein dächten", dann: „Wenn die Deutschen sich einer allgemeinen Untheilnahme befleißigen und auf eine häßliche Art dasjenige ablehnen, was sie mit beiden Händen ergreifen sollten, so ist der Einzelne wirklich himmlisch, wenn er treu und redlich Theil nimmt und freudig mitwirkt."

Wir sprachen neulich einmal über den Werth der Persönlichkeit beim culturellen Fortschritt der Völker; ich bin der Meinung, daß sie mehr geschoben wird als schiebt.

Dein alter, getreuer Freund
Th. Billroth.

359) An Prof. von Rosthorn in Prag.

St. Gilgen, 26. Juli 1892.

Lieber von Rosthorn!

Je älter man wird, um so mehr freut man sich über treue Anhänglichkeit seiner Freunde und Schüler. Und diese Freude wächst um so mehr, wenn man sich dadurch aus melancholischer Stimmung herausgerissen fühlt. So war mir Ihr lieber Brief von gestern eine große Freude.

Sie haben eine schwierige, aber für das Deutschthum in Oesterreich überaus wichtige Stelle in Prag und sind ganz der Mann dazu, mit Gussenbauer und Ihren anderen dortigen Collegen vereint Ihre Stellung zu wahren. Ihre große Verehrung für Gussenbauer's tief ernste und edle Persönlichkeit theile ich mit Ihnen. Wer ihn ganz kennt und selber etwas ist, muß ihn schätzen und lieben. Bin ich nicht ein glücklicher Mann, daß ich eine ganze Reihe trefflicher Schüler fand, von denen Jeder in seiner Art der Welt Respect einflößt!

Doch nun geht es bald zu Ende; ich klage nicht darum, doch muß ich öfter und länger als sonst ausruhen und glaube ein Recht dazu zu haben.

Wenn Sie uns hier im Lauf der Ferien (ich bleibe bis letzten September) besuchen wollten, würde es uns sehr freuen. Es wird sich immer ein Zimmer für Sie bereit finden. Auch meine Frau denkt Ihrer sorglichen Pflege bei meiner Krankheit besonders dankbar. Sie sind uns stets herzlichst willkommen. Freundlichen Gruß Ihrem Wirth.

Ihr
Th. Billroth.

560) An Dr. Gersuny in Wien.

St. Gilgen, 27. Juli 1892.

Mein lieber Freund!

Ich erhielt heute die vierte Auflage unserer „Krankenpflege" und danke Ihnen herzlichst für die Mühe, welche Sie sich wiederum mit dem Büchlein gegeben haben. Die Abbildungen sind recht gut ausgefallen, und das Kapitel über Kinderpflege von Dr. O. Ric finde ich auch ganz zweckentsprechend. Sagen Sie ihm in meinem Namen Dank dafür.

Seit drei Tagen haben wir wunderbares Wetter und befinden uns dementsprechend bei besserem Humor, nachdem derselbe durch achttägigen Regen und besonders durch intensive Kälte etwas schäbig geworden war . . . Christel, Else und Helene sind wohl. Was mich betrifft, so hatte ich anfangs recht schlechte Nächte, zumal dadurch, daß ich selbst bei sehr hoher Kopflage vor Athemnoth nicht schlafen konnte und von Zeit zu Zeit immer aufsitzen mußte. Das ist nun besser: ich kann wieder bei hoher Lage schlafen, und seitdem ich etwas mehr in der Luft sein kann und etwas spaziere, schlafe ich selbst 2—3 Stunden in der Nacht hintereinander, wache dann wohl wieder eine Zeitlang, schlafe gegen Morgen wieder ein. Man wird auch darin genügsam und ist mit wenig zufrieden. Mein Spazieren ist nun freilich mehr ein Schleichen. Doch war ich heute schon bis Aich und von da über Fürberg zurück. Dazu habe ich freilich drei Stunden gebraucht und war dann recht ermüdet; doch schon die Thatsache, daß ein solcher Gang mir noch möglich war, hat mich erfreut und gehoben.

Seit ich hier bin, trinke ich absolut kein alkoholhaltiges Getränk, nur Quellwasser und auch das in mäßiger Menge; auch rauche ich gar nicht. Daß Alkohol und Tabak meinem fleischlichen Herzen sehr unangenehm sind, habe ich in letzter Zeit öfter erfahren; es äußert sich darüber in ganz besonders unregelmäßigen Purzelbäumen und ungeschicktem Flattern. Ich will daher einmal vier Wochen diese beiden Herzgifte ganz fortlassen und freue mich, bisher diese Energie noch aufzutreiben. Aber mit meinem Humor ist es dabei auch ganz vorbei, und jede Spur von Fröhlichkeit ist geschwunden. Stumm sitze ich bei Tisch und bin nach Tisch noch stummer. Ob diese totale Abstinenz von Alkohol und Tabak eine Regelmäßigkeit meines Pulses und eine Verringerung meiner Athemnoth herbeiführen wird? Vederemo. Sollte das nicht der Fall sein, so werde ich mir denn doch von Zeit zu Zeit ein Glas Bier oder Wein und eine leichte Cigarre vergönnen, um einmal wieder mit anderen Menschen gesellig fröhlich zu sein.

Breuer hat mir zugegeben, daß es sich bei mir jetzt nicht mehr um Fettumwucherung und nervöse, abnorme Reiz- oder Schwächezustände, sondern um myocarbitische Processe handelt. Das ist auch vollkommen meine Ansicht. Bei solchen Processen kann man sich ja mit großer Vorsicht und Vermeidung von starken Muskel- und Nerven-Anstrengungen, zumal auch bei Vermeidung von intensiven Bronchitiden oder Pneumonieen eine Zeitlang hinfretten; doch derartige Herzen haben auch die Caprice zuweilen ganz plötzlich still zu stehen, oder zu reißen.

Ich habe also alle Vorsorge für die Meinen getroffen. Mein Testament liegt in meinem Geldkasten (in meinem kleinen Ordinationszimmer); der Schlüssel zum Geldkasten liegt in meinem Cylinder-Bureau inwendig in dem mittleren, durch eine Thür gesperrten, Fach. Es pressirt nach meinem Tode nicht mit der Testaments-Eröffnung, da ich gar keine andere Verfügung über meinen Körper getroffen habe als die, daß ich nicht secirt zu werden wünsche, natürlich mit der Ausnahme, daß dies gesetzlich erforderlich sei (gerichtlich oder sanitätspolizeilich). Ueber Ort und Art des Begräbnisses soll meine Familie entscheiden. Die Schrullen, die ich früher darüber hatte und in ein früheres, seitdem vernichtetes Testament aufgenommen habe, habe ich längst aufgegeben.

Ueber alles Dies bedarf es keiner weiteren Erwähnung. Es erregt mich nicht einmal besonders, indem ich es niederschreibe. Mein Leben war unendlich reich. Ich habe viel empfangen und gern und so reichlich gegeben, als ich es vermochte. Jetzt ist es ausgelebt; es verklingt leise, für mich schön und harmonisch, hoffentlich auch ebenso für meine gute Frau, meine lieben Kinder und meine treuen, lieben Freunde, zu denen Sie und Ihre liebe Frau ja auch gehören.

Ihr
Th. Billroth.

361) An Prof. von Dittel in Wien.

St. Gilgen, 13. August 1892.

Mein lieber Freund!

Ihr lieber, guter Brief von vorgestern hat mir und meiner Frau viel Freude gemacht. Wir danken Ihnen herzlichst dafür und grüßen Sie Beide aufs Herzlichste. Wie Sie Beide sich der Redwitz-Feier angenommen haben, haben wir mit Freuden gelesen. Es ist doch etwas Herrliches, wenn man die Freude am Thun und Mitthun so bewahrt; das ist nicht nur erquicklich für die Freunde, sondern erhält uns selbst frisch . . .

Ich kann mich nur schwer, sehr schwer daran gewöhnen, daß ich ein Herzkrüppel bin und wünsche oft, daß mir das Glück eines plötzlichen Todes zu Theil würde. Der Schritt vom Uebermuth zum Langmuth ist immer schwer, um so schwerer, wenn er in so kurzer Zeit, wie vom vorigen Herbst bis etwa Neujahr, wo ich mir der Schwere meines Zustandes ganz bewußt wurde, gethan werden muß. Meine Stimmungen verliefen immer in steilen Curven, hoch oben auf und tief unten; doch jetzt ist das tief unten schon lange vorwiegend, und ich fühle, wie es auch auf meine Frau und Kinder deprimirend wirkt. Meine dauernde Verstimmung muß Anderen zur Last sein; ich bin menschenscheu geworden und sitze stumm und blöd in der heitersten Gesellschaft, eine Last für Andere. Ich trage mich mit dem Gedanken, meine Stelle niederzulegen, trotzdem ich eigentlich nicht die Empfindung habe, daß ich nicht mehr fähig wäre, meinen Beruf zu erfüllen; denn gerade die Klinik und das Operiren hat mich noch nie ermüdet, es hat mich eher erfrischt und aus desperaten Stimmungen herausgehoben. Breuer und Nothnagel waren so liebenswürdig, mich hier zu besuchen und haben mir aufs Entschiedenste von meinem Vorhaben abgeredet. Ich bin so indolent und träg in Entschlüssen geworden, daß mich diese Entscheidung durch Andere moralisch wieder gehoben hat. Auch ist seit der letzten Woche eine geringe Besserung meines Zustandes eingetreten. Ich gehe etwas leichter und habe gute Nächte, während ich in den ersten 14 Tagen hier oft die Nächte hindurch halb sitzend und wachend im Bett oder auf dem Sofa verbringen mußte. Nun; ich werde die Sache noch etwas abwarten. Doch der frühere lustige, lebhafte und auch wohl energische Billroth ist begraben; nur sein Schatten flackert noch so hin und her.

Ich soll mich vor jeder Anstrengung, jedem Zuviel in Essen und Trinken, vor starken Gemüthsbewegungen und Gott weiß, wovor sonst noch in Acht nehmen! Eine solche eigentlich nur auf Verbote basirte Existenz ist für Kinder wohl oft heilsam und nöthig; im Alter, wo man schon schwerer vorwärts kommt, fühle ich, der ich früher Alles that, wozu ich gerade Lust hatte, diese Verbote wie Ketten auf mir lasten! Doch genug der Raunzerei! es wird drum nicht besser.

Wenn Sie und Ihre liebe Frau uns die große Freude machen wollten, uns auf Ihrer Rückreise hier zu besuchen, so würden wir uns riesig freuen; es wäre eine wohlthuende Freude in unserer Einsamkeit, und ich verspreche, ganz lustig zu sein und gar nicht zu raunzen. Seien Sie Beide wie immer fesch, und senden Sie uns ein Telegramm am Tag vorher: „Wir kommen".

Ihr treuer Freund
Th. Billroth.

562) An Prof. Schmidt in Leipzig.

St. Gilgen, 30. August 1892.

Verehrtester, lieber College!

Heute erfahre ich, daß Sie es waren, der an meinem Geburtshause in Bergen auf Rügen eine Gedächtnißtafel*) anbringen ließ.

---
*) Die von Prof. Dr. Benno Schmidt in Leipzig gestiftete Gedenktafel

Ich bin tief gerührt über Ihre große Güte und Liebenswürdigkeit und fühle mich hochgeehrt durch die große Auszeichnung, welche Sie mir haben zu Theil werden lassen. Denn was könnte mich wohl mehr erfreuen, als die Anerkennung, welche meine speciellen Fachgenossen mir zu Theil werden lassen für das, was ich mit meiner Lebensarbeit angestrebt habe. Nochmals also tausend Dank! Ich hoffe, daß es Ihnen und den Ihrigen gut geht.

Es war mir selbst recht traurig, daß ich nicht zur Einweihung des Langenbeck-Hauses nach Berlin kommen konnte. Nicht das Alter ist es, was mich drückt, sondern ein durch wiederholte myocarditische Attacken defect gewordenes Herz, und dazu ein wenn auch bisher noch mäßiger Grad von Emphysem. Ich erledige meine Berufspflichten ohne alle Anstrengung und, wie ich hoffe, noch leidlich gut. Doch alles Gehen, Treppen-, Bergesteigen, ja jede raschere Bewegung, gebeugte Körperstellung oder gerade Rückenlage macht mich dyspnoisch. Ich muß mich drein finden, doch wird es mir schwer; das gestehe ich. Zumal ist es mir peinlich, bei Gelegenheiten, wie Congressen, mit Collegen und Freunden zusammenzukommen, die mich früher kannten in meinem, jeder schwersten Anstrengung trotzendem, Uebermuth. Auch haben mir meine ärztlichen Freunde und Berather jede Anstrengung untersagt. Nun: „ich grolle nicht". Ich habe ein reiches Leben hinter mir und schätze mich glücklich, meine Ferientage hier in aller Ruhe und Stille mit meiner Familie zu verleben.

wurde in dessen Gegenwart am 16. August an dem Hause der Frau Hauptmann von Düring in der Joachimbergstraße angebracht. Die Broncetafel enthält in vergoldeten, römischen Buchstaben folgende Inschrift:

Am 26. April 1829
wurde hier
Theodor Billroth
geboren.
Nachmals Professor der Chirurgie
in Zürich und Wien.
Einer der hervorragendsten Chirurgen
seiner Zeit.

Der Anzeiger für die Stadt Bergen und die Insel Rügen vom 20. August fügt dieser Mittheilung folgendes hinzu: Christian Albert Theodor Billroth wurde hier geboren als Sohn des Predigers Carl Theodor Billroth und der Johanne Christiane, geb. Nagel. Der Vater war in Bergen Amtsgehilfe des älteren Diakonus Kunst seit Februar 1828 und ging im Jahre 1832 als Pastor nach Reinberg bei Greifswald, wo er bereits i. J. 1834, erst 34 Jahre alt, verstarb.

Ich betrachte jede Freundlichkeit, die mir entgegengebracht wird, als ein schönes, liebes Geschenk und bin von ganzem Herzen dankbar dafür. So auch Ihnen, mein lieber, verehrter College.

Ihr
Th. Billroth.

565) An Frau Benedix in Bergen auf Insel Rügen.*)

St. Gilgen, 30. August 1892.

Liebe Frau Benedix!

Sie haben mir durch Ihren Brief und Ihre Zusendung der Photographie meines Geburtshauses eine sehr, sehr große Freude gemacht, für die ich Ihnen herzlichst danke. Ihr Brief hat mich hier im Gebirge getroffen, wohin ich mich in meinen Ferien während der großen Hitze zurückgezogen habe.

Mit Bedauern höre ich von Ihnen, daß Sie in letzter Zeit Geldverluste gehabt haben. Ich schicke Ihnen per Postanweisung 100 Mark und bitte Sie, diese von Ihrem früheren, dankbaren Pfleglinge anzunehmen. Schreiben Sie mir auch sonst nach Wien,

---

*) Obiger vom Magistrat der Stadt Bergen eingesandte Brief war von nachstehender Mittheilung an den Herausgeber begleitet. Die 78 jährige Frau Benedix, ehemals Kindermädchen im elterlichen Hause Billroth's, hatte mit Rücksicht auf die am Geburtshause angebrachte Gedenktafel und das bevorstehende 25 jährige Professoren-Jubiläum Billroth's an diesen eine nach einer im Jahre 1858 entworfenen Handzeichnung angefertigte Photographie des Geburtshauses geschickt. In dem Begleitschreiben der Frau Benedix vom 26. August 1892 heißt es u. A.:

„Ja, wir Bergener sind stolz auf unseren berühmten Landsmann, und ich — seine Jugendwärterin und Gespielin — erst recht. Sie waren etwa ¼ Jahr alt (ich fünfzehn), als Ihre Amme sich durch Antrinken eines Rausches verging und in Folge dessen von Ihren Eltern aus dem Dienst entlassen wurde. Darauf wurde ich als Kindermädchen bei Ihnen angestellt. Im folgenden Jahre wurde Ihr Bruder Hermann geboren; nun hatte ich meine Aufmerksamkeit auf zwei muntere Knaben zu richten, von denen Theodor jedoch der lebhafteste war. Bei der Uebersiedelung Ihrer Eltern nach Reinberg zog ich mit. Dort wurde Ihnen ein Schwesterchen Namens Marie geboren, das leider, etwa ein Jahr alt, verstarb. Bald darauf verließ ich Reinberg und ging beim Pastor Dabis, der nun in Ihrem Geburtshause wohnte, in Dienst. Die Trennung wurde uns beiden schwer. Es ist mir noch lebhaft erinnerlich, wie der liebe kleine Theodor dem mich abholenden Wagen bis zum Kirchhof nachlief, von wo der Herr Papa ihn zurückholte. Dieser erfreute noch im Jahr 1834 das Dabis'sche Ehepaar durch einen Besuch, starb jedoch leider bald darauf — wie Frau Pastor Dabis mir sagte — an Blutvergiftung der einen Hand. Seit jener Zeit habe ich nichts über Sie erfahren, bis, wie gesagt, Herr Apotheker Möller mir einige Mal von Ihrer außerordentlichen Operationskunst und Ihrem segensreichen Wirken für die Menschheit erzählte" u. s. w.

wenn es Ihnen knapp geht. Ich bin nicht reich, doch gebe ich
gern, wo ich eine Freude damit machen kann.

   Ihr 65jähriger Zögling
          Dr. Theodor Billroth.

564) An Dr. Eiser in Frankfurt a. M.
       St. Gilgen, 18. September 1892.
  Mein lieber, alter Freund!

Ich komme heute mit einer Bitte zu Ihnen.

Meine älteste, unverheirathete Tochter Else hat ihre, wenn auch nicht große, doch sympathische Mezzo-Sopranstimme unter guter Anleitung in Wien recht hübsch ausgebildet. Es ist nun ihr sehnlichster Wunsch, zu weiterer Ausbildung diesen Winter bei Stockhausen zu studiren. Leider verbietet mir mein Gesundheitszustand weitere Reisen, und so wird meine Frau Else etwa Mitte October nach Frankfurt bringen. Stockhausen hat mir freundlichst zugesagt, sie als Schülerin anzunehmen.

Meine Bitte an Sie geht nun dahin, daß Sie die große Güte hätten, uns Andeutungen darüber zu geben, wo Else mit ihrem Dienstmädchen placirt werden könnte. Giebt es in Frankfurt anständige Pensionen für Damen oder Chambres garnies? Es wird sich nicht jedes Haus eine Sängerin, die doch üben muß, gefallen lassen. Doch der Fall ist ja nicht vereinzelt. Die besseren Opernsängerinnen müssen doch auch oft allein wohnen, ebenso Schauspielerinnen und andere unverheirathete Damen. Vielleicht wissen Sie einen Rath.

Natürlich wird meine Frau Sie und Ihre liebe Frau mit Else besuchen, und ich empfehle Ihnen beide freundlichst. Meine Frau wird nach einigen Tagen wieder nach Wien zurückkehren, Else möglicherweise den ganzen Winter in Frankfurt bleiben, für den Fall, daß sich Stockhausen für ihre Stimme interessirt, und ihr freilich ziemlich reizbares Organ vieles Ueben aushält.

Bis 30. September bin ich hier in St. Gilgen und würde Ihnen für eine baldige Antwort sehr dankbar sein. Herzlichste Grüße an Ihre liebe Frau!

          Ihr
          Th. Billroth.

365) An Prof. von Dittel in Wien.

St. Gilgen, 21. September 1892.

Mein lieber Freund!

Herzlichsten Dank für Ihren lieben Brief vom 7. September und alle darin enthaltenen Nachrichten. Vor Allem hat mich der Tod Standthartner's betrübt; wenn ich ihm auch nicht näher stand, so war er mir doch immer eine sehr sympathische Persönlichkeit. So leid es uns gethan hat, Sie diesen Sommer nicht mit Ihrer lieben Frau bei uns zu sehen, so begreife ich Ihre Motive vollkommen. Sie werden die jetzigen herrlichen Herbsttage in Dornbach recht genießen. Auch hier ist es wunderbar: die Tage warm und sonnig, die Nächte kühl, und bei dem reichen Thau und den Morgennebeln ist die Natur noch frisch; man sieht noch wenig herbstliches Laub.

Den Meinigen und mir geht es erträglich. Ich fahre am 1. October zu Seegen's nach Alt-Aussee, während Frau und Kinder das Quartier in Wien bereiten. Am 6. October denke ich in Wien einzutreffen und am 12. October mein 51. Semester in Wien zu beginnen . . .

Ihr treuer Freund und Verehrer

Th. Billroth.

366) An Prof. Hanslick in Wien.

St. Gilgen, 22. September 1892.

Mein lieber Hans!

Aus Deinem hübschen Feuilleton über die italienische Ausstellungs-Oper ersehe ich, daß Du wieder in Wien bist und mit gewohnter Frische an den musikalischen Tages-Ereignissen Theil nimmst. So komme ich denn heute mit einer Bitte an Dich und hoffe, daß Du mir dieselbe nicht abschlagen wirst.

Am 3. October vollendet mein lieber, alter Freund Mundy sein siebzigstes Lebensjahr. Ich habe für diese Gelegenheit ein Feuilleton in Form eines Briefes geschrieben, und es würde mich freuen, wenn Du Herrn Dr. Bacher erweichen könntest, dasselbe in die Neue Freie Presse, und zwar in die Sonntagsnummer des zweiten October aufzunehmen. Ich beanspruche natürlich kein Honorar, doch würde es mich freuen, wenn ich 6 bis 10 Exemplare der betreffenden Nummer haben könnte.

Mundy ist zweifellos eine der bedeutendsten Persönlichkeiten unserer Zeit; ich hätte sonst gewiß nicht meine schwerfällige Feder angesetzt, um ihm meine Ehrerbietung öffentlich zu bekunden. Wenn man überdenkt, was dieser Mann in seinem langen Leben mit unermüdlicher Arbeit und genialem Können für die Menschheit geschaffen hat, so ekelt Einen die Vergötterung eines Mascagni an, die ich immer noch mehr für eine im Interesse der Ausstellung in Scene gesetzte Reclame, als für den Ausdruck der musikalischen Kreise Wiens halte.

Wir haben hier himmlische Herbsttage, und mit Wehmuth sehe ich das Ende meiner Ferien kommen. Wir hatten im Ganzen viel Besuch und erwarten auch jetzt noch einige Freunde. Schade, Schade, daß Du nicht auch gekommen bist. Es wird wohl der letzte Sommer sein, den ich hier erlebe, denn es geht mir eher schlechter als besser. Herzlichsten Gruß!

Dein
Th. Billroth.

367) An Dr. Eiser in Frankfurt a. M.

St. Gilgen, 24. September 1892.

Lieber Freund!

Tausend herzlichen Dank für Ihren ausführlichen Brief. Wenn ich auch einsehe, daß es opportun wäre, sich schon jetzt über eine Wohnung für Else zu entscheiden, so läßt sich doch der Zeitpunkt ihres Eintreffens in Frankfurt im Moment noch nicht entscheiden. Ich bin, wenngleich äußerlich noch rüstig und in meinem Beruf noch leistungsfähig, mit chronischer Myocarditis, etwas Aorten-Atherom und Emphysem behaftet, sodaß ich viel an Dyspnoe leide, zumal in der Nacht, wenn mir das Bett nicht besonders hergerichtet ist; so fürchte ich denn Nachtfahrten und Nächte im Hotel. Wenn Else sich in Frankfurt auch leicht an Selbstständigkeit gewöhnen wird, so möchte ich doch, daß sie durch ihre Mutter dort installirt würde. Nun erwartet meine zweite, in Wien verheirathete Tochter Anfangs October ihre Niederkunft, wobei sie die Gegenwart der Mutter nicht entbehren möchte. Es läßt sich also für den Moment

die Frankfurter Reise noch nicht fixiren. Auch ist es immer mißlich, eine Wohnung zu miethen, die man nicht selbst gesehen hat. Jedenfalls scheint die Wohnungsfrage nach Ihren gütigen Mittheilungen keine allzu schwierig zu lösende in Frankfurt zu sein. — Nun komme ich noch mit einer Bitte. Ich hatte mich nämlich zugleich auch an Frau Dessoff in dieser Angelegenheit gewendet. Diese hat eine Wohnung bei einer Frau N. an der Promenade Westend (Nummer leider nicht angegeben) ganz besonders empfohlen. Kennen Sie dieselbe? Ist sie nicht gar zu weit von Stockhausen's Wohnung entfernt? Etwas Bewegung würde für Else recht gut sein; doch eine gar zu große Entfernung wäre auch nicht zweckmäßig. Verzeihen Sie die neue Bemühung. Ist der Frankfurter Hof noch immer das anständigste Hotel in Frankfurt?

Herzlichste Grüße von Haus zu Haus.

In alter, treuer Freundschaft noch vom Gießbach her

Ihr
Th. Billroth.

368) An Dr. Gersuny in Wien.

Wien, 11. October 1892.

Mein lieber Freund!

Ich kann meinen heutigen Ehrentag*) nicht zu Ende gehen lassen, ohne Ihnen noch einmal für alle Liebe und Freundschaft zu danken, welche Sie mir seit 20 Jahren erwiesen haben. Wie arm wäre mein Leben gewesen, ohne so treue Freunde um mich zu haben wie Sie!

Gewähren Sie mir die Bitte, daß wir von nun an das brüderliche „Du" einführen unter uns, und zwar sans façon.

Behalte mich auch ferner lieb! Deiner lieben Frau herzlichste Grüße!

Dein
Th. Billroth.

---

*) Zur Feier von Billroth's 25 jähriger Thätigkeit an der Wiener Hochschule versammelten sich am Morgen des 11. October die früheren und damaligen Assistenten und Operateure im Hörsaale der Klinik. Prof. Czerny begrüßte den Jubilar und überreichte eine Festschrift. Dieselbe enthielt 30 Beiträge von Schülern Billroth's aus dem Gebiet der Chirurgie, Gynäkologie und Ophthalmologie, und am Schluß eine Zusammenstellung der in dem Zeitraum von 25 Jahren (1867—1892) aus der Billroth'schen Klinik hervorgegangenen Arbeiten. An diese Feier schloß sich im Festsaale der Universität eine akademische Feier, wo Prof. Albert die Festrede hielt.

369) An Prof. Socin in Basel.
                                        Wien, 11. October 1892.
          Lieber, alter Freund!

Herzlichen Dank für Deine Glückwünsche! Man hat mir heute hier ein sehr schönes Fest bereitet. Die Leute sagen, es sei erhebend gewesen. Ich sage Dir heimlich auf gut wienerisch: „A schöne Leich war's!" So ein Dreiviertel=Begräbniß, wobei man zugleich Begrabener und Leidtragender ist. Man hat mich mit Ehre, aber noch mehr mit Liebe zugedeckt. Da wird sich's denn bald sanft ruhen lassen!

Ade! Ade! Ade! — Still, alter Maulwurf!
                                        Dein
                                           Th. Billroth.

370) An Prof. Wölfler in Graz.
                                        Wien, 12. October 1892.
          Lieber Freund!

Wie soll ich Ihnen danken für all die Liebe und Treue, welche Sie in Ihren schönen Worten über mich in der heutigen Nummer der Wiener klinischen Wochenschrift*) mir haben angedeihen lassen! „Euch ist es leicht! mir macht Ihr's schwer!" sagt Hans Sachs am Schluß der Meistersänger. Wäre bei den vielen mir erwiesenen Ehren nicht so viel Liebe, es hätte mich erdrücken müssen. Ich kann immer nur wiederholen: Dank! Tausend Dank!

Es ging mir in diesem Sommer in St. Gilgen oft recht schlecht; auch noch in den ersten Tagen hier war ich Nachts oft athem= und schlaflos. „Das letzte Mal!" klang es mir immer in den Ohren, und das stimmte mich gar wehmüthig und traurig. Seitdem nun die Festtage vorüber sind, fühle ich mich freier und besser.

Als ich Sie Alle in dem Operationssaal um mich sah, hatte ich wohl Ursache mich stolz zu fühlen; doch es überwältigte mich: „Das letzte Mal!"

Ohne alle Anstrengung habe ich vorgestern eine complicirte Ovariotomie gemacht und heute anderthalb Stunden in der Klinik gesprochen. Das hat mir wieder Muth gegeben.

Die gestrige Festfeier war ganz eigenartig erhebend. Albert

------
*) Nr. 41.

hat vortrefflich und sehr schön gesprochen. — Natürlich hatte mich das Ganze innerlich sehr erregt; ich habe eine ruhige, wenn auch absolut schlaflose Nacht gehabt. Dafür denke ich heute Nacht um so ruhiger zu schlafen. Ich konnte den Tag aber nicht hingehen lassen, ohne Ihnen noch zu danken.

Ihrer herzigen Frau meinen freundlichsten Gruß.

Ihr
Th. Billroth.

371) An Prof. Mikulicz in Breslau.

Wien, 14. October 1892.

Lieber Freund!

Ich erhielt heute die Nummer der „Deutschen medicinischen Wochenschrift"*), in welcher Sie so liebenswürdig über mich geschrieben haben. Haben Sie allerherzlichsten Dank für Ihre treue Anhänglichkeit, für Ihren Beitrag zu meiner Festschrift und Ihre Anwesenheit bei meinem Jubelfeste!

Ihr
Th. Billroth.

372) An Prof. von Frisch in Wien.

Wien, 14. October 1892.

Lieber Freund!

Das herrliche Fest, welches mir meine Freunde bereitet haben, hat mir aufs Neue zum Bewußtsein gebracht, wie arm mein Leben ohne diese Freunde gewesen wäre, und wie viel ich ihnen verdanke.

Ich hatte das Bedürfniß, diesen Empfindungen Ausdruck zu geben und habe zunächst Gersuny als dem von mir eingesetzten zukünftigen Berather und Vormund meiner Kinder, sowie als zukünftigen Adoptivvater meines Rudolfinerhauses das brüderliche „Du" angeboten.

Als wir nun gestern nach meinen Festtagen wieder in althergebrachter Weise zusammen arbeiteten, war es mir doch schwer,

---

*) Nr. 41.

einen Unterschied zwischen meinen drei langjährigen, treuen Freunden und Mitarbeitern zu machen, und ich bitte Sie daher auch sans cérémonie, die Brüderschaft von mir anzunehmen.

Also, lieber Toni!
Dein alter Freund
Th. Billroth.

373) An Prof. Gussenbauer in Prag.
Wien, 14. October 1892.

Mein lieber Freund!

Welche traurige Zeit haben Sie durchmachen müssen, seit wir uns in St. Gilgen sahen. Wie sehr Sie mir bei meinem Feste gefehlt haben! Aber besonders die Ursache war so traurig; die Aussicht, mit Ihren früheren Genossen zusammen zu sein und froh vergangener Jugendtage zu gedenken, wurde gar so jäh unterbrochen! Nehmen Sie meinen herzlichsten Antheil an Ihrem schweren Verlust.

Auch die Operation des armen N. rechne ich zu den traurigen Ereignissen. Nach einigen bösen Tagen geht es ihm heute so gut, daß er die schwere Operation wohl überstehen wird. Aber diese infamen infectiösen Sarcome an dieser Stelle! sie scheinen mir nach meinen Erfahrungen ebenso schlimm, wie die Carcinome dieser Gegend; ich fürchte sehr, daß die Recidive nicht lange auf sich warten lassen werden. Doch der Versuch, Alles zu entfernen, war gewiß gerechtfertigt.

Und nun der arme M. Ich höre, daß sein Zustand ziemlich stabil sein soll, die Heiserkeit bald mehr, bald weniger. Wenn je, so hätte ich geglaubt, daß nach Ihrer Operation Alles hätte entfernt sein müssen; doch wer vermag den letzten kleinen Verästelungen der Carcinomausläufer in die Gefäßscheiden nachzugehen! — Klinik halten wird M. wohl nie mehr; man kann ihm nur wünschen, daß das Ende etwa durch eine Blutung ein rasches sein möge. Die arme Frau!

Das sind Alles recht traurige Dinge, zu viel auf einmal! Hoffentlich kommen auch bald wieder bessere Zeiten. Das wünsche ich Ihnen von Herzen!
Ihr
Th. Billroth.

374) An Frau von Glaser z. Z. in Baden.

Wien, 15. October 1892.

Hochverehrte Frau!

Sie haben es vollkommen errathen, — was errathen feinfühlende Frauen wie Sie nicht? — daß ich eine Gratulation von Ihnen in irgend einer Form erwartet habe. Indeß bin ich seit Jahren so außer aller Verbindung mit den Menschen, daß ich mich noch viel mehr darüber gewundert habe, daß man überhaupt von Seiten der Gesellschaft meiner noch gedenkt, und darf gestehen, daß es mich sehr gefreut hat, zu ersehen, daß man mich noch nicht vergessen hat.

Wie Sie immer originell sind in der Erfindung von allerlei neuen Formen von Spenden zu Festlichkeiten, so auch dies Mal. Sie haben die Badener Kipfel, Trauben und Zuckerl in eine so originelle Verbindung mit Lorbeeren gebracht, auf die wohl Niemand so leicht gekommen wäre. Haben Sie herzlichsten Dank für Ihre lieben Worte und Glückwünsche und für Ihr freundliches Gedenken!

Mit der Bitte, mich auch ferner in wohlwollender Erinnerung zu behalten, grüße ich Sie herzlichst!

Ihr
Th. Billroth.

375) An Dr. Johannes Brahms in Wien.

Wien, 18. October 1892.

Mein lieber, alter Freund!

Gern würde ich zu Dir kommen, um Dir auch persönlich für Deinen Glückwunsch von Berlin aus zu danken und zu hören, wie gerade diese illustre Künstlergesellschaft dazu kam, mich in pleno zu beglückwünschen. Doch ist es mir jetzt physisch nicht mehr möglich, die Treppen zu Dir hinaufzusteigen.

Die Ferien in St. Gilgen haben mir keine Erleichterung gebracht. Ich war während 2½ Monate kaum 20 Mal von meinem Hügel bis zur Landstraße herunter zu gehen fähig, und jeder Versuch, auch nur kleinere Spaziergänge zu machen, erschöpfte mich der Art, daß ich es bald unterließ. Einmal war ich in Ischl, wo ich Dich und Brüll in der Post traf und habe diesen Ausflug mit mehrtägigem Unwohlsein büßen müssen. Daß man bei solchen Zuständen nicht heiter gestimmt sein kann, wirst Du begreifen, und ich habe daher gar keinen Versuch gemacht, Dich zu uns einzuladen.

Dennoch habe ich mich mehr als je mit Dir beschäftigt. Ich hatte fast Deine sämmtliche 4 händig arrangirte Musik bei mir und habe sehr viel mit Dr. Fleischl aus Rom gespielt. Er liest vortrefflich, ist sehr musikalisch. Kurz, wir fanden uns gut zusammen, haben alle schwierigeren Stellen ernsthaft studirt und unendlich viel Freude durch Dich gehabt.

Das Uebermaß von Ehre und Liebe zu meinem Jubiläum war wohl schön. Doch war es auch zugleich eine Art Begräbniß. Mit Digitalis und anderen Giften hatte ich meinen Körper soweit vorbereitet, daß ich die beiden Festacte anscheinend gesund mitmachen konnte. Seit 3 Tagen ging es mir wieder schlechter und befinde ich mich jetzt wieder bis Ende der Woche in Digitalisfütterung; es geht mir heute schon wieder besser. Bis Freitag inclusive soll ich Haus und Zimmer hüten. Mach' mir die große Freude, mich zu besuchen. Mit Ausnahme von 1—4 bin ich immer für Dich zu sprechen.

In unveränderter Liebe und Treue
Dein
Th. Billroth.

376) An Prof. Czerny in Heidelberg.

Wien, 25. October 1892.

Lieber Freund!

Herzlichsten Dank für Ihren heute erhaltenen Brief und die darin enthaltenen Mittheilungen. Ich hatte ganz unabhängig von meinen Festtagen eine etwas üble Woche; doch geht es wieder besser. Heute habe ich bereits operirt und beginne meine Klinik morgen.

Am Freitag Abend wird Else nach Frankfurt abreisen.

Ihre Arbeit über Magen- und Darmresectionen*) habe ich mit großem Interesse gelesen, und es hat mich getröstet, daß Ihre Resultate in Summa nicht viel besser sind, wie die meinigen. Die Operationen wegen Carcinom wird man wohl immer mehr einschränken; doch für andere Stricturen und Fisteln ist doch viel gewonnen und wird noch mehr zu erreichen sein. Die folgenden Generationen müssen ja auch noch etwas zu thun haben ...

Ihr
Th. Billroth.

---

*) Czerny und W. Rindfleisch. Ueber die an der Heidelberger chirurgischen Klinik ausgeführten Operationen am Magen und Darm. Beitrag zu Billroth's Festschrift.

577) An Dr. Eiser in Frankfurt a/M.

Wien, 25. October 1892.

Lieber Freund!

In der Wiener „Deutschen Zeitung" steht, daß Capellmeister O. Dessoff in Frankfurt vom Schlag getroffen und halbseitig gelähmt sei. Da aber die „N. fr. Pr." und andere Zeitungen nichts darüber bringen, so hoffe ich, daß an der Sache nichts ist. Immerhin beunruhigt es mich, da ich von Wien aus mit Dessoff befreundet bin und erst kürzlich von Frau Dessoff einen sehr freundlichen Brief erhielt. Ich bitte Sie recht sehr, mir mit ein Paar Worten mitzutheilen, was an der erwähnten Zeitungsnachricht ist.

Der Grund, weshalb Else noch nicht in Frankfurt eingetroffen ist, lag theils in meinem etwas acuteren Unwohlsein, das bereits behoben ist und liegt jetzt andererseits in einem Unwohlsein meiner Frau. Sollte letzteres anhalten, so wird vielleicht Frau Moritz Hartmann (Wittwe des Dichters Moritz Hartmann), eine intime Freundin unseres Hauses, Else nach Frankfurt bringen.

Da ich weiß, welchen liebenswürdigen Antheil Sie an meinem Geschick nehmen, schicke ich Ihnen etwas auf mein Jubiläum Bezügliches. Man mag so ein Jubiläum drehen und wenden wie man will, es bleibt immer ein Stück Begräbniß. Nun, wenn man zufrieden war mit dem, was Einer bis dahin geleistet, so schöpft einer daraus eine Art Berechtigung, sich fernerhin nicht mehr allzu viel zu plagen. Und dieser „Eine" ist

Ihr alter Freund

Th. Billroth.

578) An Dr. Kappeler in Münsterlingen.

Wien, 3. November 1892.

Lieber Kappeler!

Ich habe heute Ihre vortreffliche Arbeit „Narkose mit meßbaren Chloroformmischungen" in meiner Festschrift gelesen und danke Ihnen herzlichst für diesen sehr werthvollen Beitrag zu meinem Buche. Es ist sehr verdienstlich von Ihnen, daß Sie sich so ausdauernd und intensiv mit den Anaestheticis beschäftigen und der Sache immer wieder neue wissenschaftliche Gesichtspunkte abgewinnen.

Nochmals herzlichsten Dank!

Ihr

Th. Billroth.

379) An Dr. Eiser in Frankfurt a/M.

Wien, 5. November 1892.

Lieber Freund!

Ich habe Ihnen für Vieles zu danken. Zunächst für Ihre Berichte über Dessoff's Krankheit und Tod. Ein herber Verlust für die musikalischen Kreise in Frankfurt. Ich habe Dessoff als Musiker und Mensch sehr geschätzt.

Dann für die so überaus liebenswürdige Aufnahme meiner Frau und Tochter. Es wird Else wohl manchmal etwas bange allein in der Fremde werden. Doch sie hatte nun einmal seit langer Zeit den Wunsch, sich bei Stockhausen zu vervollkommnen, daß ich ihr nicht entgegen sein wollte . . . .

Ihrer lieben Frau die herzlichsten Grüße!

Ihr

Th. Billroth.

380) An Prof. Gussenbauer in Prag.

Wien, 12. November 1892.

Lieber Freund!

Meine Festschrift ist so inhaltsschwer, daß ich sie nur langsam lesen kann. Heute habe ich Ihren hochinteressanten Aufsatz über branchiogene Geschwülste gelesen und mich besonders daran erfreut, daß meine Schüler das für mich immer besonders interessante Gebiet der pathologischen Histiogenese weiter cultiviren. Ihre Arbeit zeigt, wie viel Neues und Interessantes da noch zu finden ist.

Unsere jüngsten Generationen gehen mir jetzt gar zu sehr in der chirurgischen Technik und in dem Ueberbieten, ob man nicht noch mehr riskiren könnte, auf. Ich vermisse an unserer jüngsten Generation oft die sinnige Betrachtung der Natur, den Drang nachzuspüren, wie dies oder jenes entsteht, die Zweifel, ob dies oder jenes, was in den Büchern steht, auch wohl so richtig ist. Meine jungen Herren sind in der Anfertigung von schönen Präparaten weit geschickter als ich es je war; doch wenn sie die betreffende Neubildung irgendwo ins Schema untergebracht und kategorisirt haben, dann ist auch das Interesse erschöpft. Schon seit Jahren habe ich keinen Schüler gehabt, der sich bei den Neubildungen die Frage vorlegt: wie ist denn das sonderbare Gewebe entstanden, warum hat es so werden müssen? Es hat sich so Vieles in der Embryologie und Histiogenese verändert, es sind so viele neue Auffassungen hervorgetreten, deren Verwerthung für die pathologische Histiologie noch aussteht.

Das liegt so in der Zeitbewegung. Für jetzt übt die Bacteriologie den größten Zauber auf die talentvollen, jungen Mikroscopiker. Diese Richtung wird auch einmal ein Ende haben, und dann wird man sich wieder mehr der pathologischen Histiologie zuwenden. Der Zeitstrom fließt eben in Wellen!

Mit dem armen M. geht es langsam bergab; er ist schlecht auf uns Chirurgen zu sprechen. Seine Stimmung schwankt zwischen Verzweiflung und Hoffnung! — Mir geht es unerwartet erträglich!

Ihr
Th. Billroth.

381) An Prof. von Winiwarter in Lüttich.

Wien, 13. November 1892.

Lieber Freund!

Sie begreifen, daß man ein so inhaltschweres Buch wie meine Festschrift nicht so hinter einander rasch durchlesen kann, und so bin ich erst heute dazu gekommen, Ihre treffliche Arbeit „Zur Chirurgie der Gallenwege" zu studiren. Ich bewundere Sie wegen Ihrer enormen Arbeitslust und Arbeitskraft, und habe aus Ihrer Abhandlung eine wesentliche Bereicherung meiner Kenntnisse über diesen Gegenstand gewonnen. Nach Ihrer interessanten Darstellung und Ihren mitgetheilten Erfahrungen scheinen mir diese Operationen in der That eine große Zukunft zu haben. Ich hatte erst zweimal in ziemlich einfachen Fällen Gelegenheit, Cholecystotomieen zu machen, beide mit gutem Erfolg. Unsere internen Kliniker scheinen diesen Operationen vorläufig nicht sehr geneigt. — Besonders interessirt mich die von Ihnen gemachte Cholecystoenterostomie; ich hätte kaum den Muth zu einer solchen Operation gehabt, da ich gefürchtet hätte, es könnte Darminhalt in die Gallenblase treten und dort böse, jauchige Entzündungen hervorrufen. Probiren geht eben über Studiren.

Ich muß gestehen, daß meine Festschrift, je mehr ich darin fortschreite, mir immer mehr imponirt. Mindestens die Hälfte der

Arbeiten sind ersten Ranges, die anderen überaus tüchtig, vieles Statistische sehr lehrreich. Ich werde fast noch stolzer auf meine Schule, als ich schon war.

Herzlichen Gruß und Dank!

Ihr

Th. Billroth.

582) An Prof. Mikulicz in Breslau.

Wien, 25. November 1892.

Lieber Freund!

Verzeihen Sie, wenn ich Ihnen erst heute für Ihren werthvollen Beitrag*) zu meiner Festschrift danke. Der von Ihnen mitgetheilte Fall, und die daran geknüpften Bemerkungen haben mich auf das Lebhafteste interessirt. Ich kann mich nicht erinnern, einen ähnlichen Fall gesehen zu haben, welcher dem von Ihnen gegebenen Gesammtbilde ganz entspräche. Wohl sind mir bei der Lectüre ein paar Fälle von diffuser, chronischer Schwellung einer der beiden Parotiden in den Sinn gekommen, die ich nicht als eigentliche Tumoren acceptiren konnte, sondern mehr für eine eigenartige Form chronischer Entzündung hielt. Compression, graue Salbe, innerlich Jodkalium bewirkten starken Rückgang; was schließlich daraus wurde, weiß ich nicht. Ich habe an irgend einen Zusammenhang mit Lues gedacht. Operirt habe ich in diesen Fällen nicht. Die Sache ist jedenfalls unklar, und es ist sehr werthvoll, daß Sie die Aufmerksamkeit auf diese Dinge gelenkt haben. Nochmals herzlichsten Dank!

Mir geht es seit etwa 4 Wochen so gut wie lange nicht. Im Sommer fühlte ich mich so elend, daß ich nicht glaubte den Winter zu überleben; doch muß irgend etwas sich an oder in meinem Herzen ziemlich plötzlich gelöst haben, sodaß es wieder ganz gut functionirt...

Ihrer lieben Frau herzlichste Grüße!

Ihr

Th. Billroth.

*) Ueber eine eigenartige symmetrische Erkrankung der Thränen- und Mundspeicheldrüsen.

383) An Prof. von Rosthorn in Prag.
                              Wien, 28. November 1892.
    Lieber Rosthorn!

Meine Jubiläums-Festschrift, auf die ich sehr stolz bin, ist so inhaltsreich und inhaltsschwer, daß Sie mir verzeihen werden, wenn ich bei voller Berufs- und Praxisthätigkeit erst heute dazu gekommen bin, Ihre so interessante und lehrreiche Arbeit*) zu lesen. Ich finde dieselbe nach Form und Inhalt vortrefflich; sie trägt den Stempel Ihrer gediegenen Arbeitsmethode. Daß Sie dieselbe in meine Fest=schrift gegeben, dafür meinen besten Dank!
    Mit herzlichem Gruß
                              Ihr
                              Th. Billroth.

384) An Dr. von Eiselsberg in Wien, Docent und Assistent Billroth's.
                              Abbazia, 26. December 1892.
    Lieber v. Eiselsberg!

Herzlichen Dank für Ihren Brief und Ihre sowie der anderen Herren freundliche Wünsche, die ich aufs Beste erwiedere... Seien Sie mit Ihrem Catarrh sehr vorsichtig! Machen Sie ja keine forcirten Touren in der Kälte; Sie können sich eine Pneumonie holen, an der Sie Ihr Leben lang einen Knax weghaben können. Ich würde Ihnen Meran, Bozen oder Arco empfehlen, von wo sich sehr schöne und nicht zu anstrengende Partien machen lassen. Seien Sie vorsichtig! Ihrer Mutter und auch mir zu Liebe!
Mein Catarrh schwindet allmählich; das Wetter ist herrlich.
                              Ihr
                              Th. Billroth.

385) An Dr. Gersuny in Wien.
                              Abbazia, 30. December 1892.
    Lieber Freund!

Bei den letzten herrlichen Tagen, die wir hier hatten, habe ich Euch oft hergewünscht. Es ist doch kein leerer Wahn auch im

---
*) Beiträge zur Kenntniß der Tubo-Ovarial-Cysten.

Winter blauen Himmel zu sehen und lichte, warme Sonne zu empfinden! Dazu das dunkelblaue Meer, die hübschen Küstenfelsen, die beschneiten Gebirge in der Ferne! Schade, daß ich nicht hier, statt in Wien Klinik halten kann. Bisher habe ich noch gar keine Sehnsucht in mein dunkles Wiener Zimmer zurückzukehren. Ich gehe hier täglich bergauf bergab, wenn auch piano, drei Stunden spazieren, esse sehr gut, schlafe noch besser und habe diesmal besonders interessante Lectüre (Herbert Spencer's Sociology). Dazu die vollkommene Freiheit und absolute Rücksichtslosigkeit gegen mein secundäres Ich! Kurz, es kann mir eigentlich für meine jetzigen Verhältnisse nicht besser gehen.

Doch ich fürchte die Götter, vielleicht, weil ich sie nicht allzu sehr ehre. Ich denke immer „dieser Adler ist dir nicht geschenkt". Wenn ich daran zurückdenke, in welch' elendem physischen und psychischen Zustand ich in St. Gilgen war, so kann ich noch garnicht an die jetzige Wirklichkeit glauben. Ich fühlte mich damals so elend, daß ich es nicht für denkbar hielt, bis in die Mitte des Winters hinein noch zu existiren. Jedenfalls habe ich die Empfindung, daß ich etwas dafür thun muß, daß es mir jetzt wieder so gut geht.

Wenn ich zurückkomme, werde ich doch noch wieder neue Anstrengungen machen, die 50—60 000 fl., die wir noch zur Vollendung des Rudolfinerhauses brauchen, aufzubringen. Ich habe folgenden Plan. W. v. G. schwärmt für Kinderspitäler. Giebt er uns 60 000 fl., so könnten wir einen kleinen Kinderpavillon (Abtheilung in dem Pav. III. Cl.) mit 10 Freibetten für Kinder einrichten; ein Zimmer mit 6 Kinderbetten war ohnehin projectirt. Die Finanzirung ließe sich machen, wenn wir mit den anderen Freibetten sparsam umgehen. Ueberdenk Dir die Sache.

An Bertha und Dich fröhliches Prosit Neujahr!
Dein
Th. Billroth.

586) An Prof. von Dittel in Wien.

Abbazia, 30. December 1892.

Mein lieber Freund!

Ihr lieber, herzlicher Brief hat mir viel Freude gemacht. Ich brauche Sie wohl nicht besonders zu versichern, wie sehr ich mit

Ihnen sympathisire, und wie werthvoll mir Ihre von mir aufs herzlichste erwiederte Freundschaft ist. Sind wir doch schon ein hübsches Stückl Leben mit einander in gleichem wissenschaftlichen und menschlichen Streben mit einander vorwärts gewandert, und werden diese Wanderung hoffentlich noch eine Zeitlang zusammen fortsetzen.

Alles, was Sie mir über die Gesellschaft der Aerzte schreiben, hat mich sehr interessirt . . .

Mir geht es sehr gut. Das Wetter war bisher herrlich, wohl Morgens und Abends etwas frisch; auch hat es in den Nächten etwas gefroren. Doch den ganzen Tag über schien die Sonne am wolkenlosen, blauen Himmel so hell und warm, daß es eine Freude war.

Das Vergnügen, junge frische Leute um sich zu haben, kann ich Ihnen nachempfinden. Es frischt auch uns etwas auf, wenn man in Fühlung mit dem bleibt, wofür sich die folgenden Generationen interessiren.

Zum neuen Jahre Ihnen, Ihrer lieben Frau, Leo und Frau meine wärmsten Glückwünsche.

In herzlichster Freundschaft

Ihr

Th. Billroth.

587) An Prof. Czerny in Heidelberg.

Abbazia, 2. Januar 1893.

Lieber Freund!

Ihre Neujahrswünsche erwiedere ich für Sie und die Ihrigen aufs Wärmste.

Else wird sich sehr freuen, wenn Sie sie besuchen. Es geht ihr sehr gut dort, sie ist überall freundlich aufgenommen. Sie hatte bisher nur einige technische Fehler unter Leitung einer Hilfslehrerin Stockhausen's auszubessern; jetzt wird der Unterricht bei ihm selbst beginnen.

Mir geht es seit meinem Jubiläum weit besser; einen neu acquirirten Catarrh habe ich hier bereits verloren. Bis gestern hatten wir herrlich sonniges Wetter hier. Heute schneit es; ich habe das vor 6 Jahren um die gleiche Zeit schon einmal erlebt. Der

Schnee kann auch hier 3—4 Tage liegen bleiben; danach pflegt es dann wieder besonders schön zu werden.

Nächsten Sonntag bin ich wieder in Wien, und Montag beginne ich wieder meine Knaben lehren „die Speere werfen und die Götter ehren!"

Ihrer lieben Frau und Kußmaul meine herzlichsten Grüße!

Ihr

Th. Billroth.

388) An Fräulein Else Billroth.

Abbazia, 3. Januar 1893.

Liebe Else!

Vor Allem bitte ich Dich, an die gesammte Familie Rindfleisch meine herzlichsten Grüße und Neujahrswünsche auszurichten und Onkel Edi in meinem Namen für sein liebes Geschenk zu danken; es ist hier gerade der richtige Ort, von Zeit zu Zeit ein Dichterbuch in die Hand zu nehmen.

Ich habe Dir sehr lange nicht geschrieben, weil ich gar so sehr damit beschäftigt war, mir Excerpte für meine Broschüre zu machen. Ich bin noch auf so Mancherlei gekommen, das ich einfügen und erweitern möchte, und konnte doch nicht alle Noten und Bücher, deren ich eine große Anzahl brauchte, mit hernehmen. Was ich schließlich mitgenommen habe, füllte doch noch eine große Kiste. Ich möchte meine Arbeit nicht gelehrt machen; doch es wird darin so Vielerlei berührt, daß doch mehr Arbeit darin steckt, als der Leser merken soll. Auf Unrichtigkeiten möchte ich mich nicht ertappen lassen, und da Physiologie, Psychologie, Musikgeschichte, Aesthetik und Sociologie so ziemlich in gleichem Maße vorkommen, so muß ich, da ich doch nicht auf allen diesen Gebieten gleich zu Hause bin, oft um eines Satzes oder einer Behauptung willen stundenlang nachsuchen. Daher komme ich dann wohl auch auf etwas, was eigentlich ganz von meinem Thema abliegt, was mich aber um seiner selbstwillen interessirt; und so vergeht die Zeit.

Mir ist es mehr um das Vergnügen am Grübeln, als um die Resultate. „Nous ne cherchons jamais les choses, mais la recherche des choses" (Pascal). So habe ich unendlichen Genuß und fühle mich verjüngt in einer imaginären Welt des Geistes lebend, wo es keine Widerwärtigkeiten des alltäglichen Lebens giebt. Die wissenschaftliche wie die künstlerische Production stammen aus derselben Quelle, aus der Fantasie und beglücken den Träumer in gleicher Weise. Mir ist dabei zu Muthe, wie dem jungen Clavigo, da er (gleich in der ersten Scene) zum Carlos sagt, berauscht von den Erfolgen seiner letzten journalistischen Arbeit: „Meine Kenntnisse breiten sich täglich aus, meine Empfindungen erweitern sich, und mein Stil bildet sich immer wahrer und stärker".

Du wirst denken, liebe Else, Dein alter Papa sei übergeschnappt. Ich fürchte nicht, denn ich bin mir vollkommen bewußt, daß das Alles Illusionen sind, und daß fast alle alten Gelehrten ihre Greisenarbeit für ihre beste halten. Doch Illusion ist es, die den Menschen glücklich macht; ob sie ganz oder vielleicht garnicht mit der Wirklichkeit übereinstimmt, ist für den geistig Schaffenden im Moment des Schaffens sehr gleichgültig. Der Katzenjammer kommt dann immer noch früh genug. Mich hat diese gehobene Stimmung diesmal über manche körperliche Unbehaglichkeiten hinweggeholfen, von denen Dir Mama geschrieben hat. Besonders wurde ich durch die sehr hoch gesteigerte, geistige Arbeit fast ganz schlaflos und so aufgeregt, daß die Digitalis bei diesem Hochgang meiner allgemeinen Nervenerregung ihre Wirkung aufs Herz verlor. So reiste ich denn mit starker Athemnoth ab, fast erschöpft durch vier auf einander folgende schlaflose Nächte, — doch innerlich beruhigt das Pensum Arbeit, was ich mir vorgenommen hatte in Wien noch zu absolviren, wirklich absolvirt zu haben. Es giebt doch eine gewisse Beruhigung, das durchgesetzt zu haben, was man sich vorgenommen hat, und so schlief ich dann in der Eisenbahn ohne Morfin 8 Stunden und erwachte höchst erquickt in Laibach.

Hier weht eine Bora, wie ich noch keine erlebte. Il mare fuma; und doch, welch' ein herrlicher Gegensatz gegen Wien. Den ganzen Tag scheint mir die Sonne ins Fenster, daß es eine Freude ist. Ich habe eine freie, herrliche Aussicht aufs Meer, Fiume und die Inseln, und dieser Wechsel der Beleuchtungen! es ist gar herrlich!

389) **An Prof. His in Leipzig.**
Abbazia, 6. Januar 1893.

Mein lieber Freund!

Für Dein liebes Bild herzlichsten Dank; ich finde es vortrefflich und habe eine große Freude daran. Es ist doch ein schönes, festes Band fürs ganze Leben, wenn man einen Theil seiner Jugend mit einander verlebt hat.

Was Du über die größere praktische Wirkung des Klinikers im Verhältniß zum Anatomen sagst, bezieht sich doch mehr auf die Extensität des Wirkens und der Erfolge. Doch Du darfst dabei der inneren Kämpfe nicht vergessen, welche ein Praktiker durchzumachen hat, bevor er zu der nothwendigen Resignation kommt. Auch der Forscher stößt auf unüberwindliche Hindernisse, doch sie haben nicht die traurige Beimischung des menschlichen Elends. Wenn ich z. B. sehe, wie mein lieber College K., im 44. Lebensjahre auf der Höhe seiner Kraft, im vollen Lebensglück so elend am Zungenkrebs zu Grunde gehen muß, und welche verzweifelte Operationen wir an ihm mit nur wenige Monate dauerndem Erfolge vorgenommen haben, so möchte man die ganze Praxis zum Teufel wünschen.

So ungeschmälert glücklich und zufrieden wie früher am Mikroscop war ich selbst bei den erfolgreichsten Operationen nicht. Es hat so Alles seine zwei Seiten. Ein anatomischer Beobachtungsfehler, ein falscher Schluß kann uns später ärgern und unsere Eitelkeit kränken; in der Praxis kann es ein Menschenleben kosten. Was wir an humanitären und socialnützlichen Dingen zu schaffen streben, ist schon dadurch ungemein schwierig, weil wir da mit dem schwierigsten Material, nämlich mit Menschen für die Menschheit arbeiten. Was mir am meisten Freude in meinem reichen Leben gemacht hat, ist die Begründung einer Schule, welche sowohl in wissenschaftlicher, wie in humanitärer Richtung mein Streben fortsetzt und ihm dadurch etwas Dauer verschafft . . .

Morgen kehre ich zur Arbeit nach Wien zurück, nachdem ich mich hier am Quarnero erfrischt habe. Seit October geht es mir entschieden besser; meine Myocarditis scheint einen Stillstand gemacht zu haben.

Dein alter, treuer Freund
Th. Billroth.

390) **An Prof. von Gruber in Wien.**

Wien, 22. Januar 1893.

Lieber Herr Hofrath!

Wenn man hört und liest, wie die neueren Operationssäle in Deutschland jetzt schon wieder umgebaut werden, um den neuesten Anforderungen zu entsprechen, so müssen wir uns in Oesterreich um so mehr schämen, daß wir noch Operationssäle haben, die mühselig aus bestehenden Krankenzimmern hergerichtet sind. Leider genirt das unsere hohe Regierung nicht, welche noch immer behaglich auf dem alten Ruhme und den Lorbeeren der alten Wiener Schule ruht, während uns dieses Lager denn doch schon recht hart und dürftig vorkommt . . .

Ich wollte Ihnen nur wieder ein Zeichen geben, daß ich nicht aufhöre mich mit diesen Dingen zu befassen, obgleich meine Gesundheit immer miserabler wird und mir nur stoßweise gestattet, meinen Pflichten nachzukommen.

Mit herzlichstem Gruß

Ihr

Th. Billroth.

391) **An Fräulein Else Billroth.**

Wien, 31. Januar 1893.

. . . In der höchst wirksamen Schlußscene am See, in welchem die Ophelia ertrinkt, war die L. . . . ganz vorzüglich; sie sang glockenrein und beherrschte die enorm schwere Scene mit vollendeter Meisterschaft. Sie singt abwechselnd ein sehr schönes, melancholisches, schwedisches Volkslied und eine Art Coloratur=Delirium, das ungeheuer schwer sein muß.

Leider habe ich die Bemerkung gemacht, daß das Publikum doch eigentlich für die gesangliche=künstlerische Leistung kaum noch ein Verständniß hat. Es empfindet es kaum noch, ob Jemand in der Oper gut oder schlecht singt, wenn er nur nicht geradezu falsch singt. Von der meisterhaften Phrasirung Ritter's, zumal seiner Schlüsse, haben wohl nur sehr Wenige eine Empfindung. Wenn die L. abgeht, kann hier Niemand die Ophelia singen. Es ist keine Sängerin da, welche diese hohe Sopranpartie technisch auch nur einigermaßen beherrschte. Wozu auch sich plagen! Ueberall machen Sänger und Sängerinnen in den neuen Opern großen Effect, ohne etwas zu können. Leider wird echte Gesangskunst dabei zu Grunde gehen; denn wenn keine Künstler mehr da sind, die singen können, so müssen sich die Componisten auch danach einrichten. Auch sie hören auf, die menschliche Stimme als Instrument zu studiren.

392) **An Dr. Gersuny in Wien.**
Wien, 2. Februar 1893.
Lieber Freund!

Es war immer mein Stolz, daß das Ordinarium des Rudolfiner= haus=Budgets bisher stets mit einem Ueberschuß abschloß. Im Jahre 1892 haben wir ein Deficit von 2774 fl. Wenn man rechnet, daß wir 1891 einen Ueberschuß von 1182 fl. hatten, so haben wir eigentlich 3956 fl. mehr als vorauszusehen im Jahre 1892 aus= gegeben. Dieses Deficit hat mancherlei Gründe, von welchen einige in der Folge fortfallen werden. Aber es sind doch zwei Ausgabe= posten, die jährlich zunehmen, nämlich die Rubriken Verbandzeug und Medicamente, und Vermehrung und Instandhaltung des In= strumenten=Inventars. Diese beiden Rubriken zeigen gegen das Jahr 1891, trotzdem 1892 weniger Kranke waren als 1891, ein Plus von 541 und 713 fl., in Summa von 1254 fl.

Ich habe daher an F. auch zur Kenntnißnahme seines Collegen geschrieben und ihn gebeten, etwas sparsamer mit Verband= materialien ꝛc. umzugehen. Man kann doch erheblich dabei sparen, ohne die Kranken zu schädigen; doch muß man ans Sparen denken, was die jungen Herren wohl selten thun. Das Deficit ist eine Bahn, die, einmal betreten, leicht bei einem solchen Institut zum Rutschen in einen Abgrund führen kann. Wenn Du gelegent= lich einmal zu mir kommst, werde ich Dir den Rechnungsabschluß gern vorlegen.

Für heute Abend gute Nacht!
Dein
Th. Billroth.

393) **An Fräulein Else Billroth.**
Wien, 7. Februar 1893.

... Morgen Abend werde ich die neueste Oper von Mas= cagni „Die Rantzau" hören. Für heute gute Nacht.

Mittwoch Abend.

Ich komme eben aus der Oper. Der Gesammt=Eindruck musikalisch und dramatisch höchst unerquicklich. Der vorwiegende Eindruck der Musik ist musikalische Häßlichkeit. Anfangs ist man empört über die Klangunschönheit, doch interessirt durch das Pikante und durch das Unerhörte, was ein moderner Componist zu bieten wagt. Doch so wunderbar es erscheint, das fortdauernd Unschöne wird auf die Dauer ebenso monoton, wie das fortdauernd Schöne. Immer Sturm, Regen und Donner wird uns ja auch ebenso langweilig, wie ewig blauer Himmel. In dieser Oper ist Alles grau in grau, immer Leidenschaft, Zorn, Wuth. Es wäre garnicht auszuhalten, wenn nicht die Acte so kurz wären, wie sonst eine Scene; man kann sich doch in den Zwischenacten etwas erholen. In mittelmäßiger Aufführung wäre diese Oper undenkbar.

Die hiesige Aufführung ist, wie Alles, was Jahn selbst in die Hand nimmt, großartig. Renard, Ritter in den Hauptrollen, dann Reichenberg, Schrödter, Horwitz, dazu das wunderbare Orchester, als wenn der Capellmeister allein spielte.

Im Ganzen nur melodramatische Behandlung der Stimmen. Drei oder vier Mal dämmert etwas wie Melodie auf, freilich verzwickt, kaum zwei Takte in Einer Tonart. Was Tonart! giebt es da eigentlich garnicht. Tempo! auch nicht; vollständig rhythmische Zerfahrenheit. Meist Andante, oft schleppend. Und doch, es giebt dramatisch hochgespannte und höchst wirksame Stellen. Die Geschichte spielt im Elsaß; zwei Bauernbrüder, die sich hassen, deren einzige Kinder sich lieben. Mütter sind nicht vorhanden; sonst wäre es wohl nicht zu der Geschichte gekommen, wo Alles hart am Todtschlagen vorbeigeht. Daß je ein Vollblut=Italiener eine so unmusikalische Musik schreiben könnte, habe ich bis jetzt nicht für möglich gehalten.

Diese sogenannte Oper, eigentlich ein Melodram des Hasses, wird aber doch durch die unglaublich vollendete Aufführung und wegen einiger enorm wirksamen Scenen sich hier länger halten, als der zu grundlos langweilige, läppische „Amico Fritz".

Von der musikalischen Unverfrorenheit Mascagni's hat man keine Vorstellung. Er kennt von ausländischer Musik offenbar nur slavische und ungarische, durch ihren Rhythmus hervorstechende Motive. Um in den Chören die elsässischen Landleute zu charakterisiren, läßt

er sie abwechselnd slavisch und ungarisch singen. Ich zweifele, ob
er den Unterschied von slavisch und ungarisch gefaßt hat. Als sich
am Schluß die feindlichen Brüder in die Arme fallen, heben drei
Takte eines Czardas an, dann Schrumm Schrumm, der Vorhang
fällt; aus ist's. Man muß es gehört haben, um's zu glauben.
Man könnte meinen, er vermeide die Melodie, wie überhaupt jedes
übersehbare Musikstück absichtlich. Doch glaube ich das nicht. Hätte
er eine, ihn selbst befriedigende, melodiöse Erfindung, so würde er sie
hergeben; doch um nicht trivial zu werden, biegt er jede melodische
Bewegung in ganz unnatürliche Richtungen und unterbricht auch
sofort den Rhythmus (mélodie distinguée, Liszt), damit es nur
nicht zu irgend einer Klangschönheit kommt. Er fällt aber auf
diese Weise ins Manirirte; auch seine Pikanterie der harmonischen
Wendungen ist bald am Ende, er fängt da schon an sich zu wieder=
holen; wie kann es anders sein! Die Fantasie eines Einzelnen ist
doch immer beschränkt, sie geht nie über eine gewisse Grenze hinaus.
Ob sich Mascagni je auf den melodischen Weg zurückmausern
wird, wie sich Verdi ins Dramatische gemausert hat, vermag wohl
Niemand zu sagen. Vielleicht hat er sich noch nicht gefunden.
Man denke an Wagner's Anfang (Feen, Rienzi) und Ende
(Parcival).

Ich möchte wohl nach 50 und nach 100 Jahren wieder einmal
auf die Welt kommen, um zu sehen, was eigentlich aus der „Oper"
als Kunstgenre geworden ist. Wenn es so vom Musikalischen ab ins
Melodramatische übergeht, so wird damit jede eigentliche Gesangs=
kunst aufhören. Vielleicht erwächst wieder aus der Volksposse mit
Couplets und aus der Operette das musikalische Lustspiel, die komische
und romantische Oper.

594) An Dr. Eiser in Frankfurt a. M.

Wien, 9. Februar 1893.

Lieber Freund und College!

Ihr lieber, ausführlicher Brief hat mir viel Freude gemacht,
zumal daß Sie sich bei Ihrer Praxis soviel Interesse an theore=
tischen Fragen bewahrt haben.

Else schreibt uns oft von der freundlichen Aufnahme, welche
sie in Ihrem Hause findet. Seit sie bei Stockhausen selbst Stunde

hat, und dabei Hoffnung hat, eine Verbesserung ihrer Gesangs=
methode zu erreichen, ist sie in der That psychisch und physisch
wohler.

Von meiner Frau die herzlichsten Grüße an Sie und Ihre liebe
Frau; desgleichen von mir.

Ihr
Th. Billroth.

593) An Fräulein Else Billroth.

Abbazia, 25. März 1893.

Eines haben wir gemeinsam: die Scheu sich der Oeffentlichkeit
zu exponiren. Ich habe stets meine volle Befriedigung in meiner
Klinik, in meiner Praxis, meinen literarischen Arbeiten gefunden.
Jede andere Berührung mit dem großen Publikum, bei Jubiläen,
Vereinsangelegenheiten c. ist mir stets äußerst peinlich gewesen;
mich haben auch die äußerlichen Erfolge wohl gefreut, doch hätte
ich sie ganz wohl entbehren können. Das Sprechen vor einem
großen Publikum, ja selbst das Ausbringen eines Toastes, das
Betteln für das Rudolfinerhaus c. ist mir eine fürchterliche Pein.
So sehr ich einzelne Menschen verehre und liebe, so sehr verachte
ich den großen Haufen; ich empfinde es als Erniedrigung, ihm mein
Bestes, meine Persönlichkeit zu zeigen, um seine Gunst zu buhlen.
Nur die Ueberzeugung, daß ich, ohne mich wenigstens theilweise dem
Moloch zu opfern, für die großen, humanitären Unternehmungen
nichts leisten kann, — veranlaßt mich nach langen, inneren Kämpfen
vor dem elenden Haufen, „Publikum" genannt, meinen stolzen Nacken
zu beugen ...

Wie eine künstlerische Persönlichkeit aufs große Publikum wirkt,
ist vorher ebenso unberechenbar, wie ein Autor nie vorher weiß,
ob sein neues Stück (jeder Autor pflegt sein neuestes Werk für sein
bestes zu halten) gefallen wird oder nicht. Die Künstler und Dichter
hören es ungern, wenn man ihnen sagt, daß sie nur vom Publikum
abhängen. Der Erfolg ist das Entscheidende. Beim ausübenden
Künstler muß er sofort eintreffen, beim schaffenden Künstler von
neuer Originalität kann er sich allmählicher entwickeln; doch wenn
er nicht bald einen Anhang von Enthusiasten findet, der wächst, so
ist es auch mit ihm nichts.

Es ist auch in der Wissenschaft nicht viel anders. Wenn eine wissenschaftliche Arbeit nicht bald in dem betreffenden Kreise Anerkennung findet, so ist sie nicht viel werth. Zuweilen wird Jemand durch eine kleine, gerade in eine Zeitfrage eingreifende Arbeit plötzlich berühmt, und da ist es wie in der Kunst: ein erster, großer Erfolg trägt den, dem er geglückt ist, lange.

396) An Prof. von Gruber in Wien.

Abbazia, 31. März 1893.

Lieber Herr Hofrath!

.... Soweit meine Informationen reichen, hat der in der Budget-Commission sehr einflußreiche Abgeordnete Hofrath Beer den Minister wider seinen Willen gezwungen, das Specialgesetz wegen meiner Klinik einzubringen. Als ich Beer wegen der stark reducirten Summe interpellirte, sagte er mir, daß dieselbe nur eine formelle Bedeutung habe, und daß der Minister bei der detaillirten Vorlage auch etwas mehr verlangen könne und erhalten werde...

Ich habe Sie in diese Angelegenheit mit mir hineingeritten, und es wäre mir sehr peinlich, wenn Sie wieder vergebliche Arbeit machten. Freilich ist die Situation eine schwierige. Wird man Ihnen nach aller Ihrer mühevollen Arbeit auch den Bau übertragen? Ich würde nur dann dem Bau mit Freudigkeit entgegensehen, wenn Sie ihn ausführen.

Wir haben hier göttliches Wetter.

Ihr
Th. Billroth.

397) An Fräulein Else Billroth.

Abbazia, 2. April 1893.

.... Die absolut künstlerische, musikalische Schönheit genügt dem modernen Publikum nicht mehr, wenigstens nicht auf die Dauer. Die Venus von Milo, der Apoll von Belvedère, Rafael, Titian, Bach, Händel, Mozart sind gewiß die höchsten Ideale in Plastik, Malerei und Musik. Doch diese abstracte, rein plastische, malerische und musikalische Schönheit wirkt bald monoton. Michelangelo und Beethoven haben das sicher auch empfunden; sie trugen das menschlich Subjective in die Kunst. Mit ihnen verlangen wir moderne Menschen nicht nur das immer Schöne, sondern auch das individuell Interessante. Dieses Verlangen hat sich, ich gestehe es zu, in der Gegenwart so gesteigert, daß es zuweilen zur Carricatur ausartet und das ideal Schöne fast außer Acht läßt.

Es ist nicht nur das Bedürfniß nach Abwechselung, sondern auch die Folge der großen Ausbreitung der Künste auf ein großes Publikum, das innerlich der reinen Kunst fern steht und doch, um nicht zu den Parias zu gehören, daran Theil nehmen will. Eine Kunst zu treiben oder wenigstens daran Theil zu nehmen, ist Mode geworden. Die Künstler müssen für großes Publikum arbeiten, sowohl die schaffenden wie die ausübenden, denn sie wollen Theilnahme und wollen vom großen Publikum leben. Doch auch die modernen Menschen, welche für die reine, hohe Kunst Begabung haben, empfinden anders als die Griechen und als die Menschen, welche zur Zeit der Renaissance lebten. Das individuell Menschliche, welches nun einmal in die Kunst hineingebracht ist, läßt sich nicht mehr herausbringen. Die menschlichen Gefühle, welche eigentlich nichts mit dem rein Kunstschönen und den reinen Kunstformen zu thun haben, wollen jetzt in jeder Kunst ihren Platz haben. Das echte Malertalent denkt bei einem Bilde von Titian nicht daran, was es bedeutet, was es darstellt; es sieht nur die rein malerische Schönheit, Linien, Zeichnungen, Compositionen, Farben. Der Dilettant (wenn auch noch so fein gebildet), der das Bild kaufen will, fragt doch, was es denn eigentlich darstellen soll.

Wenn eine schöne, alte, italienische Arie gesungen wird, stört es mich nicht, wenn ich vom Text nichts verstehe. Erst wenn sie mir musikalisch gefallen hat, frage ich nach dem Text. Ebenso geht es mir mit französischen Gesängen. Nur wenn deutsch gesungen wird, drängt sich mir das Wort auf, und damit tritt auch das Verlangen auf, den Text nicht nur musikalisch schön, sondern auch seinem Wort-Inhalte nach charakteristisch vorgetragen zu hören. Der rein musikalische Vortrag, den man gewöhnlich „Phrasirung" nennt, ist der gleiche für den Instrumentalisten, wie für den Sänger. Hier genügt die Schönheit, das individuell Sympathische des Tones. Hie und da Schwellungen, Abwechslung in Piano und Forte, da und dort ein Rubato, ein Ritenuto ꝛc. Je vollendeter die Technik, um so schöner der Ton. Verständniß dafür haben nur die musikalisch Gebildeten; auf Andere wird diese Art des Vortrags anfangs mit der elementaren Kraft der Klangschönheit als solche wirken, doch diese dauert nur kurze Zeit an, dann wird sie monoton. Das ideal Schönste ist nicht viel modellirbar, sonst wäre es eben nicht das Schönste.

Das moderne Publikum will beim Gesang auch das Wort und den Wortgedanken, — um so mehr, je weniger musikalisch das Publikum ist. In der zunehmenden Größe des unmusikalischen Publikums (für welches immer größere Opernhäuser und Concertsäle gebaut werden müssen) liegt das Geheimniß des Wagnerismus, des Verschwindens der Chormusik, der Arien, Duette ꝛc., des Ensemble-Gesanges, die Ueberwucherung des Liedes in den Concerten. Beim Lied hat das Publikum wenigstens das Wort, wenn es auch von der Musik nicht berührt wird: es ist das allgemein Menschliche mit der Musik Verbundene, was den Unmusikalischen glauben macht, er sei musikalisch. Auch die wirklich Musikalischen wollen und können den in Worte gefaßten Sprach-Gedanken nicht mehr entbehren, wenn die menschliche Stimme, die man sonst nur sprechen hört, anfängt zu singen. Beethoven unterlag einem sonderbaren Irrthum, als er in seiner „Neunten" mit dem Hinzufügen von Wortgedanken am Schlusse die Wirkung der Musik steigern wollte. Die Steigerung liegt im Hinzufügen der menschlichen Stimmmassen als neue Blasinstrumenten-Gruppen; sie hätte zum Schluß sich noch durch die Orgel steigern lassen: im Wort liegt die Steigerung nicht. Im Gegentheil. Durch die Wortgedanken wird unserer reinen Tonfantasie eine bestimmte Form und Bewegung aufgezwungen (philosophisch ausgedrückt: aufgezwungene Ideen und Ton-Association, wie ein Portrait eine aufgezwungene, malerische und persönliche Association ist).

Die Combination von Worten mit Tönen ist nun einmal seit zweihundert Jahren (seit der Existenz unseres modernen Tonsystems) da, und der Wortgedanke macht sich immer breiter. Zumal die unmusikalischen und halbmusikalischen Menschen klammern sich daran und beurtheilen nach seiner Wirkung auf den Hörer den schaffenden Künstler und noch viel mehr den Sänger. Ebenso wie das große Publikum eine Landschaft und ein Portrait fast allein nach seiner Aehnlichkeit oder scheinbaren Naturwahrheit; denn die Begabung für das rein Malerische ist ebenso selten, wie die Begabung für das rein Musikalische.

Bleiben wir beim Sänger, speciell beim Liedersänger. Er hat Wortgedanken, in Worte gefaßte Stimmungen, Erzählungen für ein Publikum zum Ausdruck zu bringen und wird dabei durch Töne unterstützt. Diese Töne sind dem Gedicht entsprechend rhythmisch und melodisch geordnet; in einem guten Liede haben diese Töne eine Form für sich, welche neben oder über dem Text steht. Für den Musikalischen ist die Conform die Hauptsache, die Worte geben nur Stimmung im Allgemeinen. Für den weniger Musikalischen und Unmusikalischen ist der Text die Hauptsache; er will ihn vorerzählt haben mit allerlei mimischen Bewegungen; der Stimmton ist ihm nicht mehr, als eine die Worte erläuternde Klangmimik.

Ziehen wir nun die praktischen Consequenzen. Der Sänger muß mit seinem kleinen oder großen Publikum in Contact treten. Was er vorsingt, muß er auswendig wissen; er muß singen, als hätte er etwas mitzutheilen, wofür er Theilnahme wünscht; Jeder, der ihm zuhört, muß die Empfindung haben, als sänge er ihm besonders vor. Es ist ein Geheimniß erfolgreicher Redner, daß sie ihre Augen so über das Publikum gleiten lassen, daß jeder Zuhörer sich angeredet fühlt. Ich mache das bei Vorträgen in der Klinik immer so. Moderne, dramatische, wenig musikalische Sänger gewöhnen sich auf den großen Bühnen eine so groteske, körperliche und Klang-Mimik an, daß sie für den Concertsaal nur Carricaturen bieten, zumal wenn sie einfache Lieder singen. In dem dramatischen Gesang ist ihr geringer Sinn für einfache, musikalische Schönheit aufgegangen. Selbst „Erlkönig" von M. M. gesungen, ist mir fürchterlich; sie vergessen ganz, daß eine Ballade nicht ein darzustellender dramatischer Vorgang ist, sondern nur eine theilweise dramatisirte Erzählung. Es gehört mehr Intelligenz und Bildung dazu, als die beiden Genannten besitzen, um diese Unterscheidung zur Geltung zu bringen. Der Sänger-Künstler muß eine Empfindung für das haben, was man „Stil" nennt. Jenny Lind hatte diese Empfindung; sie hatte einen dramatischen, einen Lieder-, einen Oratorien-Stil; ebenso Stockhausen. Es läßt sich das schwer lehren; wohl nur durch vieles Hören kommt die Empfindung dafür.

398) An Dr. Kappeler in Münsterlingen.

Wien, 30. April 1893.

Lieber Kappeler!

Soviel ich mich erinnere, haben Sie Jemand in Münsterlingen oder dort in der Nähe empfohlen, der sich mit Sprachunterricht von Patienten nach Uranoplastik befaßt, und bei welchem auch einer meiner Operirten, ein junger Graf N. war. Ich habe jetzt wieder eine derartige Patientin, eine junge Gräfin aus Vicenza, die aber deutsch spricht. Es geht mit der Besserung der Sprache nicht recht vorwärts, und die Eltern der Patientin sind gewillt, das Mädchen irgendwohin zur Sprachbehandlung zu bringen. Darf ich Sie um nähere Auskunft bitten?

Es ist ein Kreuz mit diesen Operirten. Ich bin gespannt, wie es sich in der Folge bei denjenigen Operirten herausstellen wird, die schon im ersten und zweiten Lebensjahre operirt sind. Der verstorbene Salzer, und mein jetziger Assistent v. Eiselsberg haben bereits zwischen 30 und 40 Kinder operirt; über die Resultate für die Sprache weiß ich nichts. — Das 2 jährige Kind, welches ich in Zürich mit vollkommenem Erfolge operirte, sprach später ebenso schlecht, wie die spät Operirten.

Ihr
Th. Billroth.

399) An Dr. von Eiselsberg in Wien, Docent und Assistent Billroth's.

St. Gilgen, 28. Mai 1893.

Lieber v. Eiselsberg!

Ich hatte vor einigen Tagen einen Brief von Engelmann*), der nichts Neues enthielt. E. hat mich wohl nur aus Höflichkeit selbst in die Kenntniß der dortigen Situation setzen wollen. Er spricht sich sehr zuversichtlich über Ihre baldige Ernennung aus. Vederemo.

Man soll nicht lügen, sich nicht einmal vornehmen, lügen zu wollen: ich habe denn wirklich einen schweren Bronchialcatarrh mit allem Zubehör hier durchgemacht und fange eben an, mich zu erholen.

---

* Prof. der Physiologie in Utrecht.

Taufing kann Ihnen erzählen, wie blau ich immer noch aussehe, und daß ich immer noch viel huste und wenig schlafe.

Am Montag, den 5. Juni, hoffe ich, sicher meine Klinik wieder abhalten zu können. Bis dahin beauftrage ich Sie, es statt meiner zu thun; ich habe es dem Decanat bereits angezeigt. Rufen Sie Praktikanten auf, damit wir mit dem großen Schwarm fertig werden.

Es wird Ihnen nicht schaden, wenn Sie mehr schulmeistern als operiren und wird auch den Hörern lieber sein. Für Utrecht müssen Sie sich gewöhnen, langsamer beim Vortrag zu sprechen, weil die Holländer das Deutsche sonst nicht verstehen. Uebrigens kann es auch für die schwerfällige Auffassungsfähigkeit der Majorität unseres Auditoriums nur vortheilhaft sein, wenn der Vortrag recht langsam und deutlich ist. Ich habe freilich mein Temperament nie andauernd dazu zwingen können, weiß aber sehr wohl, daß die Züricher Studenten die erste Hälfte des Semesters verbrauchten, um mich überhaupt zu verstehen.

Freundlichste Grüße von den Meinen. Wir sind alle enorm gespannt.

Ihr
Th. Billroth.

400) An Dr. von Mundy in Wien.

St. Gilgen, 31. Mai 1893.

Lieber, alter Freund!

Für Ihre Zusendung herzlichen Dank; ich kann nur immer aufs Neue Ihre colossale Ausdauer bewundern, Sie Unermüdlicher!

Moleschott*) war eine mehr auf Oratorik und Decoration angelegte und durch diese wirkende Natur; er hat durch Populari=sirung der Wissenschaft sehr segensreich gewirkt. Sein lebhafter Geist ging nicht in die Tiefe, wie derjenige des großen Donders**), der ebenso viel erforscht und kritisirt, als practisch durchgeführt hat. — Bei Erfahrungen, wie sie in dem Artikel „Eine Attaque auf die Rettungs=Gesellschaft" niedergelegt sind, kann man nur immer wieder sagen: „Gegen die Dummheit kämpfen selbst Götter vergebens."

---

*) Prof. der Physiologie in Rom; gest. 20. Mai 1893.
**) Prof. der Physiologie und Augenheilkunde in Utrecht; gest. 1889.

Ich wollte mich hier 14 Tage recht erholen und für die zweite
Hälfte des Semesters stärken, nachdem ich die erste Hälfte leidlich
gut durchgebracht hatte. Doch schon am ersten Tage hier kam ein
Influenza=Catarrh über mich; ich hatte wieder peinliche Tage und
Nächte, wo ich nicht liegen konnte, Schlaflosigkeit 2c., kurz, alle die
alten Geschichten, dazu steigende Herzschwäche. Ich wäre sehr glück=
lich gewesen, wenn mein Herz bei dieser Gelegenheit einmal ganz
still gestanden hätte; doch leider soll mir dies Glück immer noch
nicht werden . . .

Am 5. Juni will ich in Wien wieder meine Klinik beginnen
und das Semester zu Ende führen, so gut es eben geht. Erhole
ich mich dann im Herbst nicht wesentlich (was höchst wahrscheinlich
ist), so werde ich für den Winter Urlaub nehmen, als Einleitung
für meinen Abschied, falls ich ihn erlebe. — „Es ist genug!"

Wir haben beide unsere Schuldigkeit gethan. Wer noch eine
kleine Weile überbleibt, wird des Anderen freundlich gedenken; deß
bin ich gewiß.

Der Andere.

401) An Frau Prof. Seegen in Wien.

St. Gilgen, 10. Juli 1893.

Liebe Freundin!

Martha ist schon seit einer Woche mit ihren Kindern hier,
Christel und Helene kamen heute Morgen an, Else und ich sind
heute Nachmittag hinter unserer Villa vorgefahren. Das hat auch
sein Angenehmes; an das leise Rollen der Züge gewöhnt man sich
bald, die Locomotiven sind höflich und pfeifen nicht immer bei der
Haltestelle Billroth. Nach dem heißen Tage zogen von allen Seiten
Gewitter auf; es kam weder Sturm noch Platzregen, sondern nur
ein feuchtes Flüstern markirte die Situation, und eine erquickende
Kühle löst den schwülen Druck, unter welchem wir bei der Eisen=
bahnfahrt standen.

Ich hatte noch Zeit, meine Rosen zu inspiciren, die in vollster
Pracht sich entfaltet haben. Nachdem sich jeder sein Zimmer be=
haglich gerichtet hatte, nahmen wir unser Nachtmahl auf der Veranda.
Ich war sehr glücklich, da ich seit langer Zeit meine liebe Christel
und unsere drei Kinder zusammen um uns hatte. Nun sind Alle

schlafen gegangen, doch ich bin noch nicht müde. Bei offenem Fenster sitze ich und plaudere, wenn auch einen Monolog mit Ihnen. Der Regen träufelt zu meinem großen Behagen reichlicher. Blitze und fern rollende Donner lassen etwas feuchtere und kühlere Witterung für die nächste Zeit erhoffen, deren mein Garten dringend bedarf. Gleichmäßig rinnt der Brunnen, den ewigen Lauf der Zeit symbolisirend. Nachtfalter umflattern die Lampe, um mit versengtem Flügel das tollkühne Sehnen nach dem Licht zu bereuen und doch immer wieder von Neuem das Spiel zu beginnen: wie die Menschen.

Ich habe in den letzten 5 Wochen manches Ernste in Wien gefördert und bin zufrieden mit mir. Anfang der letzten Woche begannen meine Kräfte zu sinken . . . Nun, ich habe mich schon so leidlich in diese Resignation hineingelebt; doch manchmal drängt sich der Uebermuth als arger Mißmuth an die Oberfläche, und da bin ich für meine Umgebung recht zuwider.

Für Ihren lieben Brief tausend Dank. Viele, viele Grüße von Haus zu Haus!

Ihr alter Freund

Th. Billroth.

402) An Prof. Czerny in Heidelberg.

St. Gilgen, 22. August 1893.

Lieber Freund!

Wir freuen uns sehr, Sie und Kußmaul bei uns zu sehen. Hoffentlich hält das gute Wetter an. Unsere beiden Fremdenzimmer für Honorationen sind durch Stockhausen und Frau besetzt. Wir haben noch ein ziemlich großes Souterrain=Garten=Zimmer zu Ihrer Verfügung mit 2 Betten; Matrazen etwas hart, mehr für junge Leute. Doch sind die bäuerlichen Wirthshäuser in St. Gilgen und St. Wolfgang so voll, daß schwer unterzukommen ist, und die Betten dürften da auch nicht besser sein als bei uns. Und doch möchte ich wünschen, daß Sie hier übernachteten, da jetzt die Mondscheinabende herrlich sind.

Von Salzburg fahren Sie mit der Ischler Localbahn (gegenüber dem Staatsbahnhof) nach Haltestelle „Billroth", dicht hinter meiner Villa, wo Frühstück um $^1/_2 9$, Mittag 1 Uhr, Jause $^1/_2 5$, Nachtmahl

8 Uhr bereit ist. Wir bitten um telegraphisches Aviso der Stunde Ihrer Ankunft, damit wir Sie empfangen können. Also auf baldiges Wiedersehen.
                                        Billroth und Frau.

405) An Frau Prof. Seegen in Wien.
                                   St. Gilgen, 4. October 1893.
        Liebe Freundin!
    Für dieses Jahr der letzte Gruß aus St. Gilgen. Ich hoffe auf ein nächstes Jahr, und habe so Manches dafür hier in meinem lieben Garten angeordnet. Wie thöricht wir Menschen doch sind! Je älter wir werden, und so kürzer unsere Zukunft ist, um so mehr sorgen wir drum, und freuen uns dieser Thorheit! . . .
    Der diesjährige Aufenthalt war mir einer der liebsten hier in dem schönen St. Gilgen. Ich habe hier Besserung meiner Leiden gefunden, an die ich nicht geglaubt habe. Ich habe neuen Lebensmuth und neue Lebensfreude gefunden, und die Resignation auf Vieles, was ich früher als unbedingt nöthig für die Behaglichkeit meines Daseins gehalten habe, stört mich nicht mehr im Lebensgenuß. Ich staune selbst, daß mir das gelungen ist. Ich hätte nicht geglaubt, daß das Alter dieses Wunder an mir vollziehen würde; es hat auch mich, den nimmer zu Sättigenden, gebändigt. Ich bin am Ende des zweiten Theils Faust angelangt. Mögen nun die Lemuren kommen, sie schrecken mich nicht.
    Mein langes Leben hat doch sein Gutes gehabt, vor Allem für Frau und Kinder . . .
    Was mein wissenschaftliches Leben betrifft, so habe ich gethan, was ich vermochte. Meine Thatkraft erlosch, nachdem meine Geduld für die Detailarbeit erlosch. Denn nur so lange wir selbst im Detail forschen, schaffen wir etwas Neues in den Naturwissenschaften. Es ward mir das Glück, dies auf meine Schüler übertragen zu können. Mich zog es zum Allgemeinen hin. Der Wald interessirte mich später mehr als die Pflanzung neuer Bäume, der Rückblick und die Zukunft mehr als die Gegenwart. Beschaulich sitze ich auf dem von mir gepflanzten Baum und sehe, wie die Jüngeren ihre Bäume pflanzen und pflegen. Mehr freut mich der Blick ins Weite, rückwärts und vorwärts. Doch steige ich auch wohl noch

zuweilen gerne herunter und helfe den Anderen bei ihrer Gartenarbeit und freue mich, wenn meine Rathschläge und geringe Mithülfe, meine Erfahrung Anderen zu Gute kommt.

So steige ich auch jetzt gern nach Wien herunter, um zu schauen, was meine letzten Rathschläge genutzt haben. Zwei Bäume, bei deren Pflanzung ich geholfen, scheinen prächtig zu gedeihen. Das Rudolfinerhaus, zu dessen Grundsteinlegung auch Sie mitgeholfen haben, naht seiner Vollendung; der letzte Theil kommt noch dies Jahr unter Dach. — Noch weiter ist das Haus der Gesellschaft der Aerzte. Ich hoffe, daß es am 21. d. M. eröffnet werden kann. Wie werden die Aerzte staunen über das, was sie da zu Stande gebracht haben, ohne es selbst recht zu wissen. Auch Pepi, der so wesentlich dabei mitgeholfen hat, wird staunen, was er da zu Stande gebracht hat.

Sie kennen meine Ansicht über den geringen Werth der Persönlichkeit in der Weltgeschichte. Es kommt nur, was kommen muß. Der Mensch ist ein Stück der Natur; sie hat Gesetze, nach welcher ihre Veränderungen vor sich gehen, Veränderungen, die wir so gern als Entwicklung mit einem Endzweck im Hintergrunde denken, ohne zu wissen, ob denn unser menschlicher Zweckbegriff überhaupt auf die Natur anzuwenden ist. Wir bleiben immer auf dem anthropocentrischen Standpunkte; den archimedischen können wir nicht erreichen und können nicht zu ihm hinauffliegen; und wenn wir zu ihm hinaufklettern könnten, würde er zu einem anthropocentrischen werden, und wir wären „so klug als wie zuvor".

Ich habe heute den letzten Abschnitt meiner kleinen Arbeit, die ich mir auf dem Gipfel meines Lebensbaumes behaglich sitzend ergrübelt habe, skizzirt. Ich bin aber doch nicht ganz schwindelfrei dabei, d. h. ich vergesse oft, mich an meinem Sitz festzuhalten, wenn ich ins Weite schaue — und was heißt das wieder? Das heißt: ich habe fortwährend damit zu kämpfen, nicht alle Augenblicke ins Allgemeine zu verfallen. Wollte ich mein Geschreibsel so drucken lassen, wie die ersten Skizzen sind: kein Mensch würde den Faden in der Hand behalten, ihn oft verlieren und ihn beim Suchen kaum wiederfinden. Das ist der Hauptfehler meiner Tugend, den ich beim Wiederüberlesen durch Streichen, Ausschaltungen, Verlegen in Anmerkungen zu bekämpfen trachte. Und dieser Kampf ist manchmal recht tragisch, da ich dabei die liebsten Kinder meiner Fantasie todtschlagen oder sie bei der Erziehung in eine enge Zwangsjacke bringen muß. Doch das geht nun einmal nicht anders, und man ist beim Todtschlagen nur als Vater gemüthlich betheiligt; es thut ja zum Glück den Kindern nicht weh . . .

✱

404) An Dr. Johannes Brahms in Wien.

Wien, 22. October 1893.

Lieber Freund!

Vielleicht interessirt es Dich, meine jüngste Schöpfung für Wien, das Haus der k. k. Gesellschaft der Aerzte in der Frankgasse 8 (vor der Alserkaserne) zu sehen; es ist recht hübsch ausgefallen. Es würde uns sehr freuen, wenn Du uns die Ehre erweisen wolltest, unserer feierlichen Eröffnungs=Sitzung beizuwohnen, welche nächsten Freitag, den 27. October, um 7 Uhr stattfindet. Ich möchte Dich auch einmal schön decorirt sehen.

Paßt Dir das nicht, so bist Du uns auch in Straßen=Toilette willkommen, wo Du Dich auf der (nicht hohen) Gallerie unter den jüngeren Aerzten vertheilen kannst.

Paßt Dir auch das nicht, so kommst Du vielleicht zur Beleuch=tungsprobe mit Damen am Donnerstag (26.) Abends zwischen 7 und 8 Uhr.

Am Freitag ist ein etwa $^3/_4$ Stunde dauernder Vortrag von Prof. Puschmann „Aerztliches Vereinswesen in alter und neuer Zeit". Mein Hauptaugenmerk bei Construction des Sitzungssaales war darauf gerichtet, daß man lautlos durch eine der 20 Thüren verschwinden kann, wenn es langweilig wird; nur ich muß auf meinem Präsidentenstuhl ausharren.

Jedenfalls wird es mich sehr freuen, Dich zu sehen.

Dein

Th. Billroth.

✱

405) An Prof. von Eiselsberg in Utrecht.

Mailand, 1. November 1893.

Carissimo Tonio!

Heute ist das Leben doch wieder einmal schön! Prächtige Fahrt von Wien hierher. Die Landschaft ist hier in der lombardischen

Ebene noch herrlich grün, die Wiesen saftig, die Bäume durch herbstliches Gelbroth bunt; dazu am Abend glänzender Mondschein. Mailand, so oft ich es auch schon gesehen, erfreut immer wieder durch sein lebendiges Dasein, durch seine fleißigen, intelligenten Menschen, seine schönen Gebäude und Kunstschätze. Mir geht es unter diesen Umständen, und zumal in der Begleitung meines treuen Domenico recht erträglich.*)

Wir haben Ihrer oft gedacht. Vor Allem freut es mich, daß Ihr Bruder wieder hergestellt ist; herzlichsten Dank für Ihren lieben Brief. Da Sie in Holland keine Berge zu besteigen haben, so wünsche ich Ihnen, daß Ihre Praxis bald so gedeiht, daß Sie sich ein Pferd halten und in den schönen Alleen um Utrecht bei Puszta=Beleuchtung umherreiten können. An Engelmann herzlichste Grüße!

Ihr alter

Th. Billroth.

406) An Fräulein Else Billroth.

Wien, 5. November 1893.

.... Nun muß ich Dir vom Paulus erzählen. Das Werk, welches so eng mit meiner Kindheit verflochten ist, sowie in der Folge mit meiner musikalischen Entwicklung, hat wieder mächtig auf mich gewirkt. Ich habe in Greifswald noch als Gymnasiast einem Freund den Paulus fürs dortige Concert mit Begeisterung eingebläut und kenne daher jede Note. Die gestrige Aufführung war im Ganzen gut, wenngleich die Nuancirungen beim Vortrag der Chöre unter einem anderen Dirigenten hätten besser sein können. Doch die Klangwirkung des Mendelssohn'schen Satzes, sowie unseres Chores und Orchesters mit der Orgel ist doch immer wundervoll, daß man über den Mangel an detaillirtere Ausbildung des Vortrags hinwegkommt. Aufgefallen ist mir, daß in den Chorstimmen doch hie und da etwas Bewegung à la Händel fehlt. Auch könnte man da und dort nach unserem jetzigen Geschmack etwas mehr Härten in der Dissonanz als Gegensatz zu dem immer schönen Klang brauchen. Das Ueble bei den hiesigen Aufführungen ist die Mittagsstunde, und die damit zusammenhängende Abhetzung

---

*) Billroth war mit seinem Privatassistenten Dr. Barbieri in Mailand, wo er eine Osteotomie bei Genu valgum machte.

des Ganzen in zwei Stunden. Dadurch wirkt selbst diese klare, schöne Musik ermüdend. Nach meiner Empfindung sollte der sehr lange, erste Theil einen Abschnitt mit 10 Minuten Pause, etwa nach dem Tode Stephanus, haben.

Walter (etwa 60 Jahre alt) hat den Vogel abgeschossen; er war so gut bei Stimme, wie in seinem besten Mannesalter und hat ohne Uebertreibung wundervoll vorgetragen. N. war offenbar nicht disponirt. So sehr er mir als Faust bei Schumann gefallen hat, so wenig hat er mich als Paulus und noch weniger als Saulus befriedigt.

Paulus und Saulus bleiben immer dieselbe Person, der gleiche Charakter; trotz der Wandlungen in Betreff des Glaubens an diesen oder jenen Gott ist er immer Fanatiker, Kämpfer. Von dem Moment an, wo er mit seiner Verfolgungs=Arie auftritt bis zum Schluß, ist er der Held des Stückes, vor dessen Stimme und Persönlichkeit Alles verschwinden muß. Man könnte ihm selbst etwas Rohheit verzeihen.

407) An Prof. Kassowitz in Wien.

Wien, 25. November 1893,
IX. Kolingasse 6.

Sehr verehrter Herr College!

Im Interesse eines Falls, der mir sehr am Herzen liegt, erlaube ich mir die Anfrage, ob Sie immer noch in gleicher Weise mit den Erfolgen des Phosphor zufrieden sind bei der Rhachitis, und ob Sie bei 3—6monatlichem Gebrauch keine Intoxications= erscheinungen, Darm= oder Lebererkrankungen beobachtet haben. Auch bitte ich Sie um Belehrung, in welcher Form und Dosis Sie bei Kindern von 12—16 Jahren den Phosphor verabreichen. Ich würde Sie nicht mit diesen Fragen belästigen, wenn ich nicht aus eigener Erfahrung wüßte, daß man doch zuweilen nachträglich auch an veröffentlichten Mittheilungen ändert, wenn sich die eigene Erfahrung gehäuft hat.

Hochachtungsvoll

Dr. Th. Billroth.

408) **An Prof. von Gruber in Wien.**

Wien, 18. December 1893.

Verehrtester Herr Hofrath und treuer Leidensgefährte!

Endlich! Endlich sehe ich Land auf unserer Entdeckungsreise nach der neuen chirurgischen Zukunftsklinik.

Durch den Sectionschef Herrn Grafen L. ist es mir gelungen, den betreffenden Act den Händen unseres größesten Feindes zu entreißen. Der Mann, welcher jetzt die Angelegenheit in Händen hat, ist der Sectionsrath Dr. Z., ein Mann, der sich sehr warm unserer Sache annimmt. Ich war vor einigen Tagen bei ihm im Ministerium. Der Act ist jetzt zur Statthalterei geleitet, und wird letztere aufgefordert: 1) Sie zu fragen, ob Sie bereit sind, den Bau als Architekt zu übernehmen, und in bejahendem Falle 2) Sie zu ersuchen, mit thunlichster Beschleunigung die Detailpläne des zweiten, billigeren Entwurfes auszuarbeiten. Ihr Elaborat wird dann noch einmal in calculatorischer Beziehung überprüft, und dann ein Baucomité ernannt, in welches ich auch hineinberufen werde.

Wenn nun nicht böswillige Retardationen erfolgen, so kann im Frühjahr 1894 begonnen werden. Bis zum October müßte der Bau unter Dach sein, und im October 1895 könnte ich die Klinik im neuen Pavillon eröffnen, falls ich dann noch lebe. Nun, das werden wir ja bald sehen.

Damit Sie nicht glauben, ich fasele (ich kann mir selber kaum vorstellen, daß ich die Beendigung dieser Angelegenheit erleben sollte!) lege ich die soeben vom Sectionsrath Dr. Z. erhaltene Karte bei.

Ich habe für Januar und Februar Urlaub genommen, um während dieser Zeit in Abbazia zu leben und beabsichtige am 25. d. M. Abends dorthin abzureisen. Für den Augenblick sieht es freilich nicht darnach aus, denn ich bin durch intensive, rheumatische Schmerzen im linken Oberschenkel an ein Fauteuil gefesselt und möchte bei jeder Erhebung vor Schmerz laut aufschreien.

Ihr

Th. Billroth.

409) An Dr. Johannes Brahms in Wien.

Wien, 18. December 1893.

Lieber Freund!

Unser gestriges Gespräch war mir ungemein lehrreich; und daß es auch Dich interessirt hat, beweist mir Deine heutige Statistik, für die ich Dir ungemein dankbar bin. Es beweist mir, daß man bei jeder wissenschaftlichen Arbeit nicht sorgfältig genug in der Controlle der Thatsachen sein kann, bevor man zu reflectiren anfängt. Daß das mir gerade bei Dur und Moll passiren muß, während ich in meiner Wissenschaft grade durch eine sehr exacte Kritik der Thatsachen eine ganz neue Basis für die Statistik geschaffen habe, — beweist wohl, daß ich auf musikalischem Gebiet mich recht dilettantisch gewissen allgemeinen Empfindungs=Eindrücken hingegeben habe, die ich in meiner Wissenschaft fortgeschafft habe.

Daß Stücke in Moll in uns modernen Menschen leichter haften, giebst Du ja zu; es ist das wohl damit zu vergleichen, daß uns in unserer nächsten Umgebung mattere, sanftere Farben im Ganzen angenehmer sind, als grellere. Zur Zeit unserer Jugend war das anders. Der moderne Mensch liebt auch in den Zimmern kein grelles Licht. Moderne Vorliebe für gemalte Fenster. Helle, scharfe Stimmen sind uns unangenehm. Man spricht im Salon in Moll. Es wäre als ein Ausdruck des Zeitgeschmacks aufzufassen, der ja mannigfach wechselt, wobei die Ursache des Wechsels und die Richtung des Neuen selten exact zu begründen, nie vorauszusagen ist. Ich halte von den metaphysischen Gesetzen der Psychologie gar nichts. Auf dem Wege der exacten Naturforschung können wir diesen Dingen bisher in keiner Weise beikommen; es ist sehr wichtig, daß wir uns darüber nicht täuschen.

Mein Eindruck war im Allgemeinen, daß mit Händel und Haydn die Dur=Periode beginnt, und daß vorher, und zumal bei den ältesten Volksliedern Moll vorherrscht. Daß dies unrichtig ist in Betreff der Volkslieder, hast Du mir neulich schon bewiesen, wenn auch vielleicht bei schottischen und schwedischen Volksliedern mehr Moll vorkommt, wie bei anderen Völkern. Was die altfranzösischen Tanzlieder betrifft, so sind die 3 Bände Echo du temps passé freilich meine einzige Quelle. Es ist aber sehr möglich, daß der Herausgeber schon mit Vorliebe Lieder in Moll ausgesucht hat, und daß die Dur=Lieder, die in diesen Heften vorhanden sind, mir wenig gefallen haben, sodaß sie mir deshalb nicht im Gedächtniß geblieben sind. Alle Volkslieder in Dur machen mir, ebenso wie viele moderne Volkslieder in Dur leicht einen trivialen, die in Moll einen distinguirten Eindruck. Eine alte Melodie in Moll erscheint mir weniger veraltet, als eine alte Melodie in Dur.

Wie steht es nun mit Rameau, Couperin, Muffat, Schütz? Ich habe sie alle in Moll in Erinnerung, was ich davon kenne, während mir die alten Italiener vorwiegend als Dur-Meister vorschweben. Leider steht mir da wenig Literatur zu Gebote. Am liebsten hätte ich mich gleich auf das losgestürzt, was ich habe; doch ich bin seit gestern Nachmittag ein gelähmter Kranich und habe schauderhafte Schmerzen in meinem linken Bein, sodaß ich mich kaum rühren kann. Diese Schmerzen waren in der Nacht so colossal, daß ich viel Morfin genommen habe, um sie zu ertragen; und da bin ich jetzt kaum in der Verfassung, Dur und Moll zu unterscheiden. Auch diese Nacht werde ich wohl schlaflos verbringen, wie die vorige.

Ist es Dir nicht zu fad, Couperin, Rameau, Muffat, Schütz und zwei alte Italiener statistisch auf Moll zu prüfen, ebenso die Volkslieder der Schotten, Russen, Schweden, Ungarn, Böhmen, Deutschen, Italiener, Franzosen, so würde mich das ungemein interessiren. Ich meine nicht, daß Du das selber thun sollst; doch weißt Du vielleicht einen zuverlässigen, jungen Mann, der auf Deine Aufforderung sich dieser Mühe unterziehen würde, und dem Du die Literatur zur Verfügung stellen könntest. Es wäre damit für alle Zeiten die in der Luft schwebende Idee, daß ein Volk erst durch höhere Cultur zum Dur gelangt, abgethan.

Was den Prinzen Heinz anlangt, so waren die in Wolken sitzenden Weisen auch wohl früher auf der Erde und haben Possen getrieben.

Haben die relativ vielen Cantaten in Moll bei Bach nicht vielleicht darin ihre Begründung, daß sie für die Passionszeit gemacht sind?

Sieben Mal bin ich bei diesem Brief unterbrochen und außerdem etwas morfinisirt: verzeih daher, wenn nicht Alles an seinem richtigen Platz steht.

Wie denkst Du über Folgendes? Ich habe den Eindruck, als wenn das, was Du das „eigene Gesicht" eines Componisten nennst, und was man sonst auch seine specifische Originalität oder seinen neuen Stil nennt, hauptsächlich auf neuen, harmonischen Combinationen durch die Mittelstimmen beruht, außerdem auf der Eigenartigkeit der verwendeten Rhythmen (Meyerbeer). Das Aufhören, die Motive durch Variation zu steigern, sie immer nur zu wiederholen, sowie sie einmal sind, scheint mir für Wagner und moderne Franzosen und Italiener charakteristisch. Das organische Wachsen des Musikstückes hört dabei auf; es ist mehr ein Zusammenlegen mit unveränderlichen Steinen, ein Mosaik oder ein Kaleidoscop mit unveränderlichen, bunten Steinen. Das kann sehr hübsch sein; doch es ist dabei keine andere Steigerung möglich, als durch die Intensität des Farbenglanzes. Nun fange ich wohl an zu faseln. Schluß.

Dieser Brief würde wohl nie fertig werden; ich „unterfertige" ihn daher auch nicht; Du weißt auch wohl ohnedies, von wem er ist.

410) (An Dr. Büdinger in Wien, Assistent Billroth's.)
An seine Schüler.*)

Wien, 18. December 1893.

Geehrte Herren!
Meine lieben Schüler!

Ich hatte die Absicht, die erste Hälfte dieses Semesters bis zum nächsten Freitag zu Ende zu führen; leider bin ich durch sehr heftige Schmerzen im linken Bein daran gehindert. Für die Monate Januar und Februar habe ich meines Bronchialcatarrhs wegen Urlaub erbeten und erhalten. Einer meiner vorzüglichsten Schüler, der Docent Herr Dr. v. Hacker, wird mich vertreten und den Unterricht ganz in meinem Geiste fortführen. Ich bitte Sie, meinem Stellvertreter die gleiche Sympathie entgegen zu bringen wie mir und hoffe, Sie am 1. März wieder freudig begrüßen zu können.

Billroth.

---

*) Billroth übergab jenes Schreiben seinem Assistenten Dr. Büdinger mit dem Auftrage, dasselbe in der Klinik vorzulesen.

411) An Dr. Büdinger in Wien, Assistent Billroth's.

Wien, 23. December 1893.
Lieber Konrad!

1) Giebt es Recruten, welche nie lernen rhythmisch im Marsch=takt zu marschiren?

2) Wie lange dauert es, bis es die Ungeschickten, wie lange, bis es die Ungeschicktesten marschiren lernen?

Ich weiß wohl, daß Sie mir diese Fragen nicht beantworten können; doch haben Sie oder Einer der anderen Herren vielleicht Beziehungen aus Ihrer Dienstzeit zu irgend einem intelligenten Unterofficier, der etwas darüber aus seiner Erfahrung sagen könnte.

3) Ich füge noch einige Fragen hinzu. Wie groß ist die Zahl der Ungeschickten (Hälfte? Drittteil? Vierteil? oder weniger?) ungefähr anzugeben?

4) Giebt es Recruten, welche mit großer Sicherheit im Takt zu marschiren meinen, und doch ganz falsch marschiren?

Bitte um briefliche Antwort nach Abbazia. Ich kann bis 14 Tage warten. Je mehr Erfahrungen, vielleicht von verschiedenen Exerciermeistern, um so besser.

Ihr
Th. Billroth.
P. S.

5) Giebt es unter den österreichischen Nationen welche, die ganz besonders schwer im Takt marschiren lernen?

✱

412) An Dr. Johannes Brahms in Wien.

Wien, 23. December 1893.
Lieber Freund!

Ich habe bereits Manches bei Dommer gelesen, was mir sehr gefallen hat; er spricht sehr zuversichtlich und klar ... Er erwähnt des Werkes von Helmholtz nur in einer Anmerkung und erklärt sich ganz kurz nicht einverstanden mit H.'s Erklärungsversuch des Dissonirenden aus den Schwebungen. Sollte er sich nicht irgendwo ausführlicher darüber ausgesprochen haben? Vielleicht hat er das

Buch irgendwo gründlich recensirt, angezeigt, wie man früher sagte. Man muß sich doch sehr vorsehen, einen Mann wie H. anzugreifen. Er ist unter den größesten deutschen Denkern einer der allergrößten, Physiolog und Philosoph zugleich. Es wird jetzt Mode unter den Jüngeren, an dem alten Löwen herum zu nergeln.

Leider ist mein lieber College N., sonst sehr hervorragend und vielseitig gebildet, so absolut unmusikalisch, daß ich nichts mit ihm anfangen kann. Er hört gern Musik, besonders Singen, geht auch zuweilen mit seiner musikalischen Frau in Concerte. Ich spielte ihm gestern „Wir winden dir" in Fis-dur mit Begleitung in F-dur; er sagte gleich, das ist aus dem Freischütz, machte aber keine weitere Bemerkung. Dann spielte ich die Melodie in G-dur, die Begleitung in F-dur und fragte ihn, ob er einen Unterschied merke. Antwort: Das erste gefiel mir besser. — Kannst Du Dir eine Vorstellung von einem solchen Ohrzustande machen? Es wäre interessant, öfter solche Versuche zu machen. Man weiß noch gar nicht, wie weit das Unmusikalische selbst bei Leuten geht, welche sich an der Musik als rhythmisch geordneten Klang doch in gewisser Weise erfreuen.

Es wäre mir doch ungemein wichtig, Dich noch einmal vor meiner Abreise über die Versuche von Helmholtz zu sprechen . . . Ich kann zu Hause sein, wann Du willst, bin es eigentlich immer. Bei meinem augenblicklichen Zustande käme ich ohne Lebensgefahr kaum zu Dir hinauf. Laß Dich nicht abschrecken, wenn Du eine Tafel an meiner Thür findest, daß ich schon abgereist bin. Ich bleibe incognito noch bis Mittwoch Abend!

Dein
Th. Billroth.

413) An Dr. Jankau in München.

Wien, 23. December 1893.*)

Geehrter Herr!

Ich würde die einfachste romanische Sprache, also spanisch, als Gelehrtensprache empfehlen; darnach würden sich italienisch und französisch, von den germanischen Sprachen nur englisch dazu eignen.

---

*) Obiger Brief war die Antwort auf die Anfrage, welche Sprache Billroth als Gelehrtensprache für geeignet halten würde.

Letztere Sprache wäre am empfehlenswerthesten, weil sie auch eine der einfachsten Sprachen ist. Da aber die romanischen Völker so absolut talentlos in Betreff der Erlernung fremder Sprachen sind, so müßte man ihnen wohl in Rücksicht auf ihre großen culturellen Leistungen die Concession machen, eine romanische Sprache als Gelehrten= respective Weltsprache zu wählen.

Hochachtungsvoll

Dr. Th. Billroth.

414) An Prof. Wölfler in Graz.

Abbazia, 1. Januar 1894.

Lieber Freund!

Wie lieb war es von Ihnen, mein Zimmer durch die schönen Blumen zu schmücken! Sie haben mich herzlichst dadurch erfreut! — Ihre Neujahrswünsche erwiedere ich aufs Wärmste. Vor Allem möge ein gütiges Geschick Sie in der Folge vor den allerlei kleinen und großen Störungen bewahren, welche Ihnen in letzterer Zeit allerlei Krankheiten gebracht haben.

Was die 20 Jahre betrifft, so wäre mir das zu viel des Alters= Lebens. Ich wäre mit 2 Jahren recht zufrieden, damit ich meine neue Klinik fertig sähe. — Und dann! nur kein längeres Siechthum; ich habe so wenig Geduld, es zu ertragen! — Es ist mir für jetzt unmöglich, den Berg zu Ihnen hinaufzuklimmen.

Vor Allem behalten Sie mich lieb!

Ihr

Th. Billroth.

415) An Prof. Czerny in Heidelberg.

Abbazia, 2. Januar 1894.

Lieber Freund!

Herzlichen Dank für Ihre lieben Zeilen vom 24./12. 93. Ich erwiedere Ihre Wünsche aufs Wärmste. Möge es Ihnen und den Ihrigen im Jahre 1894 recht gut gehen.

Ich bereite so allmählich meinen Rücktritt vor. Allem Anschein nach wird nun in diesem Jahre der Neubau meiner Klinik im I. Hof des allg. Krankenhauses beginnen. Bleibe ich am Leben, so werde ich die neue Klinik im Herbst 1895 eröffnen und mich dann im Lauf des Jahres 1896 vom Amt zurückziehen. Es ist mir aber bei meiner immer stärker hervortretenden Herzschwäche sehr zweifelhaft, ob ich das erlebe. Mir ist Alles recht. Ich bin reisefertig. Gedenken Sie freundlichst meiner!

Ihr
Th. B.

416) An Dr. Büdinger in Wien, Assistent Billroth's.

Abbazia, 11. Januar 1894.

Lieber Konrad!

Ich danke Ihnen sehr für die Mittheilungen übers Marschiren*). Sie sind mir außerordentlich werthvoll und vollkommen genügend.

Ihr
Th. Billroth.

417) An Dr. Johannes Brahms in Wien.

Abbazia, 12. Januar 1894,
Freitag.

Lieber Freund!

Daß die national-deutsche Tanz-Musik schließlich am Ländler und Walzer hängen geblieben ist, scheint mir zweifellos; ebenso, daß diese Melodieen 4 resp. 8-taktig gegliedert geblieben sind, wenigstens der überwiegend größten Zahl nach.

Wie steht es aber bei den deutschen Volksliedern (ich besitze leider keine Sammlung) in Betreff des Taktes und der Taktgliederung? Ist auch in den Volksliedern zumal auch in unserem Jahrhundert, und zumal seit sie (außer den Schnadahüpfel, die ich aus Beobachtung gut kenne) nicht mehr als Tanzlieder gebräuchlich sind — der $^3/_4$-Takt vorwiegend geblieben? Hat sich die 4 und 8-taktige Gliederung bei der Melodieenbildung auch in den Volksliedern beibehalten? In der classischen Musik herrscht letztere entschieden vor. 6 und 9-taktige Melodieen sind ungemein selten (interessante Ausnahme Dein wundervolles 9-taktiges D-dur-Thema mit Variationen). Viel eher kommt

---

*) Jene Mittheilungen hat Billroth noch zu einer Arbeit benutzt, welche nach seinem Tode Prof. Eduard Hanslick unter dem Titel: „Wer ist musikalisch?" (Berlin 1895, Gebr. Paetel) herausgegeben hat.

sowohl in Tanzgesängen, als selbst Marschliedern (Prinz Eugen) 3=taktiger Rhythmus vor, und zu Zeiten überhaupt Rhythmus=Wechsel oft. Warum der 4 und 8=taktige große Rhythmus so sehr vor dem 3 und 6=taktigen bevorzugt ist, sehe ich eigentlich nicht ein.

Wenn Du Hanslick siehst, grüße ihn herzlichst von mir; ich lasse ihm sehr für seinen Brief danken.

Mir geht es hier trotz des wundervollsten Wetters immer noch nicht gut. Ich schlafe fast gar nicht und habe keinen Athem. Meine Grübeleien sind meine einzigen Unterhaltungen. Ich kann wenig ausgehen.

Dein
Th. Billroth.

418) An Prof. von Gruber in Wien.

Abbazia, 17. Januar 1894.

Lieber Herr Hofrath!

Ich bitte Sie, mir nur mit zwei Worten auf einer Correspondenz=karte zu schreiben, ob Sie den bewußten Auftrag erhalten haben oder nicht. Ich mißtraue den Herren der Art, daß ich Gewißheit darüber haben möchte.

Ihr ergebenster
Th. Billroth.

419) An Prof. von Gruber in Wien.

Abbazia, 18. Januar 1894.

Verehrtester Herr Hofrath!

Unsere Gedanken und Briefe haben sich gekreuzt. Ich wittere Hinterlist dabei, daß man Ihnen noch nicht definitiv den Bau über=tragen hat. Man wird Alles aufbieten, um es zu verhindern. Im Unterrichts=Ministerium ist Sectionsrath Z. der Sache günstig; sonst wünscht Niemand, daß Sie die Klinik bauen. Wir haben da nur Feinde. Bitte, behalten Sie die Sache im Auge. Wenn es nicht weiter geht, bitte, gehen Sie dann zu Z.

Die Intriguen gegen mich sind stärker als je. Man kann den Zeitpunkt nicht abwarten, daß ich abtrete. Ich werde es aber nicht thun, bis die Klinik nicht unter Dach ist.

Ihr
Th. Billroth.

420) An Prof. von Dittel in Wien.

Abbazia, 19. Januar 1894.

Mein lieber, alter Freund!

Vielen herzlichen Dank für Ihre lieben Briefe, die mir den Unterschied zwischen dem wissenschaftlichen Leben in Wien und dem faulen hiesigen Dasein so recht zum Bewußtsein bringen.

So ganz, wie ich es wünschte, ist es mit mir hier noch keinesfalls. Daß ich Abends ein Mal ein bischen länger im Saal saß, um einer besonders guten Zigeunertruppe zuzuhören und mir einige von ihr gespielten Lieder notirte, beweist eigentlich nichts für die Besserung meiner Athemnoth und meiner Schlaflosigkeit. Es ist auch in der That nicht weit her mit dieser Besserung dieser Zustände, wenn auch bessere Tage und Nächte neben recht schlechten vorkommen. Doch es hat im letzten Frühjahr auch lange gedauert, bevor es in St. Gilgen langsam etwas besser wurde, daß ich mich nicht beklagen will.

Ich bin ungemein erfreut über die Nachricht von Ihnen, daß der Vortrags=Saal im Aerztehaus sich bei der strengen Kälte der letzten Wochen heizen ließ .... In der Bestellung der bisherigen Büsten sind wir etwas willkürlich vorgegangen; ich glaube, daß alle gerechtfertigt sind, theils aus ärztlichen Gründen (weil sie Präsidenten waren), theils wegen ihrer Bedeutung für den Ruhm unserer Schule nach außen ...

Ihrer lieben Frau, Bergmeister und Paltauf die besten Grüße!

Ihr treuer Freund

Th. Billroth.

Namen-Register.

Baum, Wilhelm (Prof. der Chirurgie in Göttingen. Gest. 1883).
2, 3, 4, 5, 6, 7, 8, 10, 11, 12, 13, 15, 16, 18, 19, 20, 22,
23, 24, 27, 93, 134, 153, 155, 172, 180.

Baum, Wilhelm (dirigir. Arzt in Danzig). 162, 197, 199.

Benedix, Frau (Kindermädchen im elterlichen Hause Billroth's). 363.

Bergmeister, Otto (Prof. der Augenheilkunde in Wien). 320, 345.

Billroth, Frau Pastor (in Greifswald, Mutter Billroth's. Gest. 1851). 1.

Billroth, Frau Hofrath (Gattin Billroth's). 69, 70, 71, 72, 73, 74, 76, 77, 79, 80, 81, 82.

Billroth, Fräulein Else (Tochter Billroth's). 139, 388, 391, 393, 395, 397, 406.

Brahms, Johannes (Dr. phil. Componist in Wien). 46, 53, 54, 103, 120, 130, 133, 141, 151, 163, 188, 194, 211, 214, 222, 223, 226, 228, 229, 231, 233, 241, 248, 253, 260, 270, 273, 298, 321, 330, 373, 404, 409, 412, 417.

Büdinger, Konrad (Assistent Billroth's in Wien). 410, 411, 416.

Czerny, Vincenz (Assistent Billroth's in Wien, Prof. der Chirurgie in Freiburg i/Br., Heidelberg). 100, 117, 129, 138, 143, 163, 169, 170, 171, 173, 174, 202, 203, 224, 227, 233, 254, 256, 268, 273, 280, 285, 335, 347, 376, 387, 402, 413.

v. Dittel, Leopold, Ritter (a. o. Prof. der Chirurgie in Wien). 185, 233, 272, 304, 322, 329, 332, 361, 363, 386, 420.

v. Eiselsberg, Anton, Freiherr (Assistent Billroth's in Wien, Prof. der Chirurgie in Utrecht). 257, 266, 294, 299, 303, 318, 351, 384, 399, 403.

Eiser, Otto (pract. Arzt in Frankfurt a/M). 42, 43, 44, 47, 50, 220, 310, 354, 364, 367, 377, 379, 394.

v. Esmarch, Friedrich (Prof. der Chirurgie in Kiel). 28, 30, 31, 32, 34, 35, 40, 41, 49, 53, 56, 57, 58, 60, 62, 63, 349.

Fick, Adolf (Prof. der Physiologie in Zürich, Würzburg). 243.

Fischer, Georg (dirigir. Arzt in Hannover). 63, 66, 67, 68, 84, 87, 89, 91, 92, 97, 104, 126, 127, 139, 152, 166, 178.

Fock, Carl (dirigir. Arzt in Magdeburg. Gest. 1863). 17, 21, 26.

v. Frisch, Anton, Ritter (Assistent Billroth's in Wien, a. o. Prof. der Chirurgie in Wien). 179, 286, 372.

Garfinkel, H. (Dr. med. Wirkl. Staatsrath in Petersburg). 132, 192.

Gersuny, Robert (Privat=Assistent Billroth's in Wien, dirigir. Arzt in Wien). 175, 176, 177, 183, 186, 195, 204, 215, 230, 232, 234, 242, 246, 249, 295, 323, 360, 368, 385, 392.

v. Glaser, Frau Jenny (Wien). 374.

v. Gruber, Franz, Ritter (Architekt, Prof. in Wien). 200, 203, 206, 208, 212, 213, 219, 221, 261, 262, 263, 264, 276, 279, 282, 289, 290, 291, 293, 297, 301, 306, 307, 308, 309, 311, 312, 316, 326, 327, 331, 346, 357, 390, 396, 408, 418, 419.

Gurlt, Ernst (Prof. der Chirurgie in Berlin). 39, 73, 83, 198, 230, 231, 239, 303.

Gussenbauer, Carl (Assistent Billroth's in Wien, Prof. der Chirurgie in Lüttich, Prag, Wien). 348, 375, 380.

Habart, Johann (Regimentsarzt, Docent für Kriegschirurgie in Wien). 341.

Hanslick, Eduard (Dr. juris et phil. Ord. Prof. der Musik in Wien.) 98, 113, 142, 144, 156, 187, 190, 209, 210, 277, 315, 333, 334, 358, 366.

His, Wilhelm (Prof. der Anatomie in Basel, Leipzig). 9, 14, 25, 29, 37, 38, 45, 48, 51, 52, 64, 78, 86, 93, 101, 106, 107, 110, 134, 168, 217, 389.

Jankau, L. (Dr. med. Redacteur der internationalen medicinisch=photographischen Monatsschrift in München). 413.

Kappeler, Otto (Assistent Billroth's in Zürich, dirigir. Arzt in Münsterlingen). 59, 140, 158, 167, 184, 378, 398.

Kassowitz, Max (Prof. der Kinderheilkunde in Wien). 407.

König, Franz (Prof. der Chirurgie in Rostock, Göttingen). 83, 201.

Krönlein, R. U. (Assistent der chir. Klinik in Zürich, Prof. der Chirurgie in Zürich). 94.

Küster, Ernst (Prof. der Chirurgie in Berlin, Marburg). 302.

v. Langenbeck, Bernhard (Prof. der Chirurgie in Berlin. Gest. 1887). 112, 119, 121.

Lauenstein, Carl (dirigir. Arzt in Hamburg). 181, 314.

Lewinstein, Gustav (Dr. Redacteur der deutschen Tabak=Zeitung in Berlin). 284.

Lossen, Hermann (a. o. Prof. der Chirurgie in Heidelberg). 182.

Meißner, Georg (Prof. der Physiologie in Basel, Freiburg i/Br., Göttingen). 33, 109, 116, 122, 285, 287.

Menzel, Arthur (Assistent Billroth's in Wien, dirigir. Arzt in Triest. Gest. 1878). 88.

Mikulicz, Johann (Assistent Billroth's in Wien, Prof. der Chirurgie in Krakau, Königsberg, Breslau). 125, 135, 136, 149, 150, 160, 161, 191, 207, 243, 323, 371, 382.

Müller, Max (dirigir. Arzt in Cöln). 61, 102.

v. Mundy, Jaromir, Freiherr (Gründer der Wiener freiwilligen Rettungs=Gesellschaft. Gest. 1894). 267, 269, 274, 330, 336, 337, 338, 339, 340, 342, 343, 344, 400.

Neudörfer, Ignaz (Generalstabsarzt a. D., Docent der Chirurgie in Wien). 128.

Oehlschläger, Joh. Gottlieb (pract. Arzt in Danzig). 353.

Pacher, Fräulein Henriette (später Gattin von Dr. Joh. Mikulicz in Wien). 148.

v. Renz, Theodor (K. Badearzt a. D. in Wildbad). 111.

v. Rindfleisch, Eduard (Prof. der pathologischen Anatomie in Zürich, Bonn, Würzburg). 124, 145, 157, 189, 237, 239, 240, 247, 300.

Rogowicz, Jacob (in Warschau, ehemals Redacteur der Warschauer medicinischen Wochenschrift). 137.

v. Rokitansky, Victor, Freiherr (Prof. für Gesang a. D. am Conservatorium in Wien). 313.

v. Rosthorn, Alfons (Assistent von Prof. Chrobak in Wien, Prof. der Geburtshilfe und Gynäkologie an der deutschen Universität in Prag). 288, 319, 359, 383.

Schmidt, Benno (Prof. der Chirurgie in Leipzig). 36, 362.

Schuchardt, Karl (Docent der Chirurgie in Halle, dirigir. Arzt in Stettin). 218.

Seegen, Frau Hermine (Gattin von J. Seegen, a. o. Prof. der Balneologie in Wien, ehemals Arzt in Carlsbad). 90, 99, 103, 164, 252, 258, 296, 324, 401, 403.

Socin, August (Prof. der Chirurgie in Basel). 96, 108, 118, 244, 278, 352, 353, 369.

Toppius, Rudolf (Rittergutsbesitzer auf Paterhof in Eldagsen, Provinz Hannover). 193, 196, 216, 328.

Toppius, Frau Emma (Gattin von Rud. Toppius). 271.

v. Volkmann, Richard (Prof. der Chirurgie in Halle. Gest. 1889). 114, 115, 131.

v. Winiwarter, Alexander (Assistent Billroth's in Wien, Prof. der Chirurgie in Lüttich). 123, 146, 147, 225, 265, 381.

Wölfler, Anton (Assistent Billroth's in Wien, Prof. der Chirurgie in Graz, Prag). 236, 258, 281, 292, 317, 356, 370, 414.

www.ingramcontent.com/pod-product-compliance
Lightning Source LLC
Chambersburg PA
CBHW051845300426
44117CB00006B/269